食品科学与工程系列教材

发酵食品工艺学

主　编　樊明涛　张文学
副主编　葛武鹏　朱丽霞

科学出版社
北　京

内 容 简 介

本书分为15章，内容涵盖食品发酵共性技术、传统发酵食品和现代发酵食品的基础理论、基本技术，涉及发酵食品的多种产品，同时包括食品发酵企业的废物处理，力求通过对农产品原料的“综合”和“高效”利用，减少发酵企业的废物排放，实现经济效益与生态效益的和谐统一。

本书可供食品科学与工程、食品质量与安全、发酵工程、生物科学、生物技术等专业的学生作为教材使用，也可作为相关领域的科研、生产单位从业人员的参考用书。

图书在版编目（CIP）数据

发酵食品工艺学/樊明涛，张文学主编. —北京：科学出版社，2014.2（2025.6重印）

ISBN 978-7-03-039722-5

Ⅰ.①发… Ⅱ.①樊… ②张… Ⅲ.①发酵食品–生产工艺–高等学校–教材 Ⅳ.①TS26

中国版本图书馆CIP数据核字（2014）第020477号

责任编辑：刘 琳/责任校对：彭 映

责任印制：罗 科/封面设计：墨创文化

科学出版社 出版

北京东黄城根北街16号

邮政编码：100717

http://www.sciencep.com

成都锦瑞印刷有限责任公司印刷

科学出版社发行 各地新华书店经销

*

2014年2月第 一 版 开本：787×1092 1/16

2025年6月第十次印刷 印张：30 1/2

字数：720 000

定价：56.00元

（如有印装质量问题，我社负责调换）

《发酵食品工艺学》编委会

主　编：樊明涛（西北农林科技大学）　张文学（四川大学）

副主编：葛武鹏（西北农林科技大学）　朱丽霞（塔里木大学）

编　委：王伟华（塔里木大学）　贺　江（湖南文理学院）

王　雅（兰州理工大学）　毛相朝（中国海洋大学）

田建军（内蒙古农业大学）　朱传合（山东农业大学）

乔明武（河南农业大学）　吴正云（四川大学）

张宝善（陕西师范大学）　张保军（内蒙古农业大学）

张　静（西北农林科技大学）　邵威平（甘肃农业大学）

陈忠军（内蒙古农业大学）　罗　璠（西南民族大学）

唐仁勇（成都大学）　郭秀兰（成都大学）

谢新华（河南农业大学）　魏新元（西北农林科技大学）

孙万成（青海大学）　杨希娟（青海大学）

前　言

发酵食品历史悠久且具有丰富的营养价值和保健功能，深受广大消费者的喜爱，在食品工业和人们的日常生活中占据重要地位。我国地域广阔，农产品种类和气候差异较大，发酵食品种类多，口感和风味多样，极大地丰富了我国人民的日常生活。然而，我国发酵食品生产多采用传统工艺，总体技术含量及工业化程度低，劳动强度大，产品质量不稳定，技术发展相对滞后，亟须对传统的发酵工艺进行技术革新，整体提升水平，特别是在液体发酵中，采用无菌管道输送、自动接种、智能控制发酵、全自动灌装等技术，既能提高生产效率及产品品质，又能更好保证产品安全。近年来，生物技术、机械制造技术得到了迅猛发展，大批具有生产潜力的微生物菌种以及自动化程度高的发酵设备相继应用于发酵领域，极大地推动了传统发酵食品的工业化进程。

本书在汲取国内外相关教材的基础上，力求做到：理论体系完善，从微生物各种发酵的物质转化、代谢途径、微生物的保存选育一直到应用，都在各个章节有体现；理论联系实际，微生物各种代谢途径及对物质利用的原理尽可能贯穿在实际的发酵工艺中；内容取舍有度，尽量做到重点突出，层次分明，以新成果、新成就以及新知识替代陈旧的内容和实例。

本书共分为15章，由樊明涛、张文学等组织编写，编写分工如下：第1章发酵食品概述（樊明涛编写），第2章食品发酵的微生物学原理（朱丽霞编写），第3章食品发酵微生物的多样性（张文学编写），第4章食品发酵微生物菌种保藏与扩大培养（张宝善、樊明涛编写），第5章食品发酵生产的过程控制（毛相朝编写5.1～5.3节，贺江编写5.4～5.6节），第6章食品发酵生产的后处理工艺（谢新华、乔明武编写），第7章发酵食品的质量分析检验（孙万成、杨希娟编写），第8章发酵酒类生产工艺（邵威平编写8.1节，张保军编写8.2节，陈忠军编写8.3节，朱传合编写8.4节），第9章发酵调味品与豆制品生产工艺（王雅编写），第10章发酵蔬菜生产工艺（吴正云、魏新元编写），第11章发酵肉与鱼制品生产工艺（唐仁勇、郭秀兰编写），第12章发酵乳制品生产工艺（葛武鹏、张静编写），第13章有机酸发酵（王伟华编写），第14章食品发酵工业废水的生

（罗璠编写），第 15 章食品发酵工业废渣的生态化利用（田建军编写）。全书最后主要由樊明涛、张文学审稿、统稿和定稿。

参加本书编写的人员均为国内多年从事发酵工艺学教学、科研的高校科技工作者，具有较丰富的经验，在编写过程中力求做到重点突出、言简意赅、科学系统、深入浅出、理论联系实际，但由于作者的学识和水平有限，加之生物技术已深入应用于食品发酵领域，涉及的范围很广泛，书中难免存在各种各样的缺陷、不足甚至错误，恳请读者不吝赐教，提出宝贵意见，以便今后在教学实践及再编中得以改正。

编　者

2014 年 1 月

目　　录

第1章　发酵食品概述

中国有句俗话，“国以民为本，民以食为天，食以安为先”，这充分说明食品在人们日常生活中的重要性。自改革开放以来，我国大力发展经济和农业生产，基本解决了人们的食物数量安全问题，但随之出现了一系列的食品质量安全问题，在一定程度上制约了社会经济的发展，影响人们的身心健康。如何在发展的同时，提供既富有营养又食用安全的食品是当前迫切需要解决的问题之一，发酵食品也许可在这方面作出更多的贡献。

1.1　食品发酵现象及发酵过程的发展

发酵一词英文是fermentation，源于拉丁语ferver，发酵过程从表面上看伴随发热、发泡、翻涌等现象，在液体发酵时，上述现象特别明显，而在固体发酵时，不一定能看到发泡、翻涌现象，但有明显的发热，往往需要翻料以降温，这是人们最早对发酵现象的认识，如早期在黄酒和啤酒的酿制过程中，就是以气泡涨落作为发酵进程的标志。我国民间酿酒的历史，可以追溯到四千多年前，而在古文明发源地埃及，民间酿酒和醋的时期大约在三千年前，比我国要晚将近一千年。在古希腊的石刻上，记有酿酒的操作过程，古埃及人很早就掌握了面包制作和果酒酿制技术；北魏贾思勰的《齐民要术》(成书于公元533～544年)中，列有谷物制曲、制酱、酿酒、造醋和腌菜等工艺，这些都是人类自发地利用发酵技术生产食品的过程。虽然人们对发酵现象认识很早，但由于对发酵的本质没有认识，发酵过程的控制基本是凭经验进行的，因而发酵产品的质量不甚稳定，发展也比较缓慢。

人们对发酵现象的本质有初步认识得益于荷兰的列文虎克(Leeuwenhoek)对微生物世界的揭示。他用自制的单式显微镜首次观察到微小的生物个体，并且描述了它们的形态，但遗憾的是，他并没有将发酵现象与这些微小的生物联系起来，他的发现也没有引起人们的重视，用“自然发生说”解释发酵现象仍占主导地位。直到1861年，路易斯·巴斯德(Louis Pasteur，1822～1895)利用曲颈瓶实验，把微生物和发酵真正地联系了起来，彻底否定了“自然发生说”。巴斯德认为一切发酵都与微生物有关，经过大量的工作，他分离得到许多与发酵有关的微生物，并证明酒精发酵是由酵母引起的，乳酸发酵、醋酸发酵和丁酸发酵是由不同的细菌引起的，这为微生物的后续利用和许多分支学科的诞生奠定了坚实的基础。罗伯特·柯赫(Robert Koch，1843～1910)建立了微生物的纯培养技术，他用固体培养基进行细菌的分离纯化，容易获得微生物的纯培养。微生物的纯培养技术使发酵过程易于控制，可以在培养料中人为接种微生物以获得发酵产品，而在巴斯德时期，发酵过程还不能利用纯种培养，基本都是混菌的自然发酵。

1897年，德国爱德华·布赫纳(Eduard Buchner，1860～1917)发现酵母破碎后的提取液仍能像酵母一样完成发酵，从而证明了使碳水化合物发酵的是酵母所含的各种酶而不是酵母本身，这一发现揭示了酿造过程中化学反应的本质，并将微生物学和生物化学彼此紧密联系起来，为此后酿造技术的发展奠定了理论基础。1904 年英国生物化学家哈登(Harden，1865～1940)等发现无细胞的酵母汁液经透析后会失去发酵活性，从而证明了辅酶的存在。此时尽管对发酵现象和代谢机理方面有了更多的了解，但基本还没有真正的工业化发酵技术。直到 20 世纪 40 年代，由于二战的原因，战场上需要大量的盘尼西林(Penicillin，现称青霉素)，迫切需要发展工业发酵技术生产大量的抗生素，于是抗生素工业像雨后春笋一样发展起来，形成了强大的现代化产业，这是工业微生物发酵学的一个重要应用领域。与之同时兴起的还有乙醇、丙酮、丁醇、甘油、各种有机酸、氨基酸、蛋白质、油脂等的工业化生产，这些都是现代发酵技术和产业的雏形。

这一时期的发酵与酿造技术主要还是依赖于微生物的自然特性，人们对微生物的控制还仅限于对环境因素的调控，如向发酵罐中通入大量无菌空气，调节温度、pH，添加营养料等来满足微生物生长代谢的需要，从而获得最大量的目标产物，但都不能从代谢途径上对微生物的生长加以调控。因此，这一时期的发酵产量往往较低，微生物对营养物的利用也不彻底。

从 20 世纪 50 年代开始，由于对微生物生理生化(尤其是遗传变异规律)的研究，使人们清楚地知道，无论是多细胞、单细胞生物，还是非细胞的分子生物，它们在基本生物学规律上有着惊人的一致性。由于微生物特别是原核微生物的结构简单，营养要求低，培养迅速，生理类型多，多数为单倍体，容易发生变异及累积中间代谢产物，这使得人们可以利用人工诱变技术和代谢调控技术对微生物菌株进行诱变和调控，获得适于生产某种产物的突变株，并人为控制发酵条件，大量生产人们需要的某种产物，这一技术首先在氨基酸生产上获得成功，而后在核苷酸、有机酸、抗生素等其他产品上都获得了成功。人工诱变育种技术使工业发酵取得了极大的进步。

随着矿产资源的开发和石油化学工业的迅速发展，微生物发酵产品不可避免地与化学合成产品产生了竞争。矿产资源和石油为化学合成法提供了丰富而低廉的原料，利用这些原料可以生产一些低分子的有机化合物。由于当时世界粮食的生产非常有限，价格昂贵，因此，不可能用农产品来进行发酵生产食品，发达国家有相当一部分发酵产品改用合成法生产。但随后由于对化工产品的毒性有顾虑，化学合成的食品类产品，消费者无法接受，而且对一些复杂物质，化学合成法也无能为力，于是就采用化学合成结合微生物发酵的方法，如生产某些有机酸，先采用化学合成法合成其前体物质，然后用微生物转化法得到最终产品，这样就将化学合成与微生物发酵有机地结合起来，这可以说是最早的发酵工程技术。

这一时期的微生物发酵除采用常规的微生物菌体发酵外，很多产品还采用一步酶法转化，即仅仅利用微生物生产的酶进行单一的化学反应，如果葡糖浆的生产，就是利用葡萄糖异构酶将葡萄糖转化为果糖的。因此，准确地说，这一时期是微生物酶反应生物合成与化学合成相结合的应用时期。

随着现代工业的迅速发展，食品发酵与酿造工程技术也得到了迅猛发展，工业生产过程中已经拥有了多样化、连续化和自动化的大型发酵罐。发酵过程的大部分参数，如温度、pH、罐压、溶解氧、氧化还原电位、空气流量、CO_2 含量等均可自动记录并控制。发酵过程的连续化、自动化也成为这一时期重点发展的内容。

20 世纪 70 年代发展起来的基因工程技术，又极大地推动了现代化发酵工业的发展。DNA 重组技术能够在短时间内获得大量具优良功能的生物品种(菌株)，而这些优良的品种(菌株)在产量、抗性、底物利用率等方面较亲本都有极大优势，加之现代制造业的迅猛发展，发酵设备可以满足不同规模、不同类型的要求，而且连续化、自动化的程度更高，真正体现了现代工业发酵的特点，大大提高了生产效率，减少了污染，保证了产品的质量。例如，啤酒发酵、葡萄酒发酵中200t的自控发酵罐已经司空见惯。

随着转基因动植物的问世，发酵设备(生物反应器)也不再是传统意义上的材料设备，昆虫的躯体、动物细胞的乳腺、植物细胞的根茎、果实都可以看做是一种生物反应器，可以对某些成分进行定向的转化。因此，随着基因工程、细胞工程、酶工程和生化工程的发展，传统的发酵与酿造工业已被赋予崭新的内容，现代发酵与酿造技术将会在更加广阔的领域发挥无穷的作用。

1.2　发酵食品与食品发酵的基本概念

发酵的概念在工业方面和生物方面有一定的区别。工业发酵是指利用微生物(主要是微生物)生产一切有用产品或将某些底物转化而达到某一目的的过程，如酱油制造、啤酒酿造、食醋酿造过程都可以认为是工业发酵。在生物学方面，发酵的概念则更加严格，是指微生物细胞在无氧条件下，将有机物氧化释放的电子直接交给由底物不完全氧化产生的某些中间产物，部分释放能量，并有各种不同的中间产物生成的过程。微生物发酵过程中，有机物只是部分地被氧化，释放出一小部分能量，大部分能量仍存在于中间产物中。人们常说的酿造，实际也是微生物转化有机化合物的过程，但酿造往往指微生物对复杂成分的转化过程，其产物的成分也十分复杂，风味较浓郁，大多数情况下，产物不需要后续的分离纯化过程，直接可以食用，如黄酒、啤酒、葡萄酒等酒精饮料以及酱油、食醋、面酱、豆腐乳、豆豉、纳豆、酱腌菜等的生产过程。与之相对，成分相对简单、风味要求不高、微生物作用后往往需要分离纯化、产物常作为工业用原料或食品添加剂的微生物作用过程称为发酵，如酒精、柠檬酸、谷氨酸的生产过程。

2009 年 6 月 1 日实施的新食品安全法对食品的定义是，指各种供人食用或者饮用的成品和原料以及按照传统既是食品又是药品的物品，但是不包含以治疗为目的的物品。按照这一定义，把过去传统意义上的初级农畜产品、微生物产品都归于食品的范畴，而发酵食品的范围相对就要小多了，可以认为发酵食品是指利用可以食用的农产品(畜产品、微生物产品)，经过有益微生物的活动而加工生成的产品，如酸奶、干酪、酒酿、泡菜、酱油、食醋、豆豉、豆腐乳、黄酒、啤酒、葡萄酒等都可以认为是发酵食品。一般而言，发酵食品在加工过程中都伴随微生物对原料成分的转化过程，往往具有独特的风味。按照这一含义，大多数初级农畜产品、微生物产品以及一些加工品(如果汁、豆腐、食用菌、单细胞蛋白、蒸煮肠)都不属于发酵食品的范畴。

食品发酵是指利用微生物生产发酵食品的过程。发酵食品工艺学主要研究发酵食品的原料特性、菌种筛选、菌种代谢途径和机理、发酵工艺参数控制、发酵设备选型与特性、食品工业废弃物微生物处理等，是食品加工工艺学的重要组成部分。

1.3　食品发酵的特点与发酵食品的主要种类及功能特性

1.3.1　食品发酵的特点

食品发酵是利用微生物细胞或其产生的酶进行大分子物质转化的过程，与化学工业最大的区别是，食品发酵在常温、常压以及比较温和的条件下进行，其特点主要体现在：

(1)发酵过程安全，设备要求简单。食品发酵大多是在常温、常压及比较温和的条件下进行的，生产过程安全，对发酵设备要求也相对简单，设备成本较低。

(2)原料广泛，成本低廉。食品发酵的原料来源非常广泛，以淀粉、糖蜜或其他农副产品为主原料，辅加少量营养因子，大多数反应就可以进行。

(3)反应专一，副产物少。食品发酵是通过生物体产生的酶来完成的，而酶催化反应具有高度的专一性，因而可以有选择性地转化底物和生成产物，成分较为单一，这非常有利于后续的分离纯化。

(4)代谢多样，适应范围广。由于可用于发酵的微生物种类很多，各微生物的代谢途径不一致，所以整体发酵的代谢方式、过程呈现多样性。目前，大部分化合物都可以找到能将其分解代谢并获得相应代谢产物的微生物，因而发酵与酿造适用的范围非常广。

(5)营养丰富，易受污染。由于发酵过程所用原料的营养非常丰富，各种微生物都很容易生长，所以食品发酵过程要严格控制，防止杂菌污染。有许多产品必须在密闭条件下进行发酵，在接种前对设备和培养基彻底灭菌，反应过程中所需的空气或添加营养物必须保持无菌状态。

(6)菌种十分关键。食品发酵的主要任务是成分的降解和转化，这些过程是由微生物完成的，所以微生物菌种的代谢能力以及适用性是发酵成功的关键因素之一。在工业生产中常利用各种育种和筛选手段，获得优良的微生物菌种，来达到不同的目的。当前，基因工程技术发展迅猛，已成为获得优良菌种的重要手段。同时，在发酵过程中，还要不断对菌种进行复壮，以保持其应有的特性和活力。

1.3.2　发酵食品的主要种类

理论上，食品发酵可以利用的生物种类很多，但目前具有实用性的还只是酵母菌、霉菌(以曲霉为主)以及细菌中的部分种类。发酵食品如何进行分类，目前也没有一个统一的标准，以产品种类和原料来源为依据，可以把发酵食品归为以下几类：

(1)酒精饮料类。主要是利用酵母菌的作用，将原料中的糖类转化为酒精以及其他风味物质，如蒸馏白酒、黄酒、果酒、啤酒等。

(2)乳制品类。以动物乳为主要原料，利用各种微生物的作用生产出来的乳制品，如酸奶、酸性奶油、马奶酒、干酪等。

(3)豆制品类。以富含蛋白的各种豆类为原料，主要利用各种曲霉产生的蛋白酶使豆(初级品)中所含的蛋白质部分降解而制成的产品，如豆腐乳、豆豉、纳豆等。

(4)发酵蔬菜类。主要是利用乳酸菌分解蔬菜中的糖类产生乳酸而生产的各种蔬菜制品，如泡菜、酸菜、浆水等。

(5)发酵调味品类。这一类产品种类繁多，原料来源差异很大，所用微生物种类也各式各样，产品的主要用途是调节食品的风味，如醋、黄酱、酱油、甜味剂、增味剂(如5′-核苷酸)、味精等。

(6)发酵面制品。以小麦面粉为主，经过酵母的作用产生 CO_2，部分 CO_2 被蛋白质网络截留，在随后的加热处理中，CO_2 膨胀使产品疏松，富于弹性，如馒头、面包、饼干、蛋糕等。

(7)发酵肉制品。目前这类产品主要是发酵肠类，其他发酵肉制品不多。

1.3.3　发酵食品的主要功能特性

发酵食品是初级农畜产品经过微生物的进一步作用而生产的食品，因而具有更多的功能特性，主要表现在以下方面：

(1)有利于消化吸收。农畜产品经过微生物的作用后，一些大分子物质及营养因子的抑制剂部分或全部被降解，而且微生物作用还产生了一些消化酶等，有利于营养成分的消化吸收，提高了农畜产品的营养价值，如酸奶、豆腐乳、豆豉、面包、馒头等。

(2)解毒作用。发酵过程中，酵母菌大量生长繁殖，而酵母菌具有很强的抗氧化特性，其所含的硒、铬等矿物质具有抗衰老、抗肿瘤、预防动脉硬化的作用，因此发酵食品可以大大提高人体的免疫力。

(3)调节肠道菌群。乳类经过发酵后，各种成分被降解，增加了可溶性的磷和钙，并合成了一些维生素，使营养成分增加，酸奶中的活菌还能调整肠道菌群，预防便秘和腹泻，降低结肠癌的发病率，提高蛋白质和维生素的代谢，产生抗菌素，缓解乳糖不耐症，增强免疫，降低胆固醇等。

(4)软化血管，降压作用。发酵泡菜有减肥、预防心血管疾病、缺铁性贫血、增强免疲力的功效；酸菜有开胃理气、降低胆固醇的功效。红葡萄酒具有预防心血管疾病、抗癌、抗菌、保护肝脏的作用；山楂酒能清痰利气、消食化滞、健胃益脾；苹果酒能软化血管、降脂减肥；梅子酒能提神开胃、抗过敏、解暑生津；枸杞酒能补肾益精、养肝明目。

(5)增强风味。食品在发酵过程中，因各种大分子物质经历了复杂的生物化学转化，有许多风味性化合物生成，因此，发酵食品的风味一般都比较浓郁、诱人。

1.4 食品发酵的主要研究对象

发酵食品是食品工业的重要组成部分，涉及的农畜产品种类很多，发酵工业也是许多工业产品的重要生产方式，与人民的生活及国民经济的发展密不可分。由于食品发酵的研究对象很多，很难有统一的分类方法，比较公认的是按产业种类和产品性质分类。

1.4.1 按产业种类来分

食品发酵涉及的原料种类很多，可以说所有的农产品都可以作为食品发酵的原料，但因有些原料发酵后的产品并不一定适于人类消费，所以实际生产中，使用的原料种类仍然有限。

(1)酿酒工业。主要利用含糖的农产品原料，制取各类酒类饮料，如黄酒、啤酒、白酒、葡萄酒及各种果酒等。

(2)传统酿造工业。主要利用含糖或蛋白质的原料，制取人们日常生活的调味品或乳制品，如酱、酱油、食醋、腐乳、豆豉、酸乳、乳酸菌饮料等。

(3)有机酸发酵工业。主要利用含淀粉类原料，经过淀粉糖化、液化以及后续的发酵，制取各类有机酸，有机酸既可作为工业原料，也可作为食品添加剂，如柠檬酸、苹果酸、酒石酸、乳酸、葡萄糖酸等。

(4)酶制剂发酵工业。主要以含一定淀粉、蛋白的农产品(如玉米粉、豆饼粉等)为原料，接种一定的微生物，经过一定时间的培养，产生大量的酶类，发酵可以采用固态发酵，也可采用液态深层发酵。所用菌种因酶种类不同而有较大差异，如淀粉酶多采用枯草芽孢杆菌、地衣芽孢杆菌，蛋白酶多采用黄曲霉、米曲霉等，产脂肪酶的微生物种类多，各生产企业使用的菌种不尽相同。

(5)氨基酸发酵工业。主要利用含淀粉类原料，经过淀粉糖化、液化以及利用特定的菌种进行发酵，如利用北京棒状杆菌、钝齿棒状杆菌发酵生产谷氨酸。氨基酸即可作为工业原料，也可作为食品添加剂。目前工业发酵氨基酸的种类还不是很多。

(6)功能性食品生产工业。利用含糖和蛋白质的原料，培养特定的菌类，在菌类生长过程中，在其体内合成特定的功能性物质，如低聚糖、真菌多糖、红曲等。

(7)食品添加剂生产工业。与功能性食品生产类似，利用特定的菌类在生产过程中产生特定的物质，如黄原胶是一种由假黄单胞菌属发酵产生的单胞多糖，海藻糖是由节杆菌属、棒杆菌属、短杆菌属微生物产生的一种非还原性二糖，这些物质可作为食品添加剂。

(8)菌体制造工业。在一定的培养基质中培养特定的菌体而获得产物，目前主要是利用酵母细胞获得单细胞蛋白、酵母粉等。

(9)维生素发酵工业。利用部分微生物能合成维生素的特性，培养后从培养液中提取微生物获得产物，如维生素 B_2、维生素 B_{12}、维生素 C 等。

(10)核苷酸发酵工业。目前主要指 5′-肌苷酸(IMP)和 5′-鸟苷酸(GMP)以及钠盐的发酵，这些物质具有很强的鲜味，是第二代调味品(超鲜调味品)、第三代调味品(复合调味品)及新一代鸡精调味品的主要原料。理论上，可以用微生物生产的核苷酸及其衍生物有 60 多种，但实际生产的种类以 IMP 为主。

1.4.2　按产品性质来分

按产品性质来分，可将食品发酵的研究对象分为如下几类：

(1)生物代谢产物发酵。在这种类型中，主要是利用微生物细胞将底物中的有机物进行转化，生产许多类型的中间代谢物。生物细胞在代谢过程中，分解代谢(异化作用)和合成代谢(同化作用)同时进行，在这一复杂的代谢过程中，生成了许多重要的代谢产物，各类酒类、酱油、食醋、氨基酸、有机酸、维生素等的生产过程都属于这类发酵，其在工业发酵中占有很大的比例。

(2)抗生素类发酵。严格来讲，这类发酵也应该属于生物代谢产物发酵，但往往是微生物细胞的初级发酵，其产量和底物的消耗有直接的关系，而抗生素类发酵，往往是细胞的次级发酵，其产物是细胞在代谢过程中产生的一些代谢副产物，其产量和底物的消耗直接关系不密切，产量往往较低，但价值却大，如利用放线菌生产各种抗生素、利用某些细菌细胞产生细菌素等。

(3)酶制剂发酵。酶制剂现在已经应用到各个方面，在工农业生产中发挥着极大的作用。虽然酶普遍存在于动植物细胞和微生物细胞内，可以从中提取，但现在主要以微生物发酵法生产酶，而且有些工业用酶不需要纯化，连同微生物细胞一起利用，如传统白酒发酵所用的曲，实际就是混合微生物的发酵剂，用其糖化原料获得的酒风味更加圆润柔和，而用纯化的糖化酶反而使酒的风味平淡。目前，可用于生产酶制剂的微生物种类很多，细菌、真菌(特别是各种霉菌)都是常用的发酵菌种，如工业用 α-淀粉酶、β-淀粉酶、葡萄糖苷酶、支链淀粉酶、转化酶、葡萄糖异构酶、纤维素酶、碱性蛋白酶、酸性蛋白酶、中性蛋白酶、果胶酶、脂肪酶、凝乳酶、过氧化氢酶、青霉素酰化酶、胆固醇氧化酶、葡萄糖氧化酶、氨基酰化酶等都可以利用微生物生产。

(4)生物转化发酵。生物转化是指利用生物细胞中的酶，作用于一些化合物的特定部位(基团)，使化合物的结构发生变化，结构发生变化后的化合物往往具有更大的经济价值。生物转化和生物代谢产物是有很大区别的，生物代谢往往包含底物的裂解或分解，中间产物较多，而生物转化只是对某些底物分子的结构进行转变，可进行的转化反应包括脱氢、氧化、脱水、缩合、脱羧、羟化、氨化、脱氨、异构化等，如利用葡萄糖异构酶转化葡萄糖为果糖，就是生物转化的典型例子。生物转化反应除具有工艺简单、操作方便、反应条件温和等优点外，其最大的特点是反应的特异性强，包括反应类型特异性、结构位置特异性、立体特异性，其中反应的立体特异性显得尤为重要。

(5)微生物菌体发酵。这是以获得具有特定用途的生物细胞为目的的一种发酵(实际是细胞培养)，其结果是获得大量的细胞聚集体，这些细胞聚集体往往含有大量的功能性成分，如单细胞蛋白、藻类、冬虫夏草、蜜环菌、灵芝、茯苓、香菇、云芝等，都已大规模发酵生产。

(6)生物工程细胞发酵。这是利用基因工程菌或细胞融合所得到的“杂交”细胞进行的发酵，可生产胰岛素、干扰素、特异蛋白、单克隆抗体等附加值很高的产品。

1.5 食品发酵的发展趋势

从上述论述中，我们能够看到，食品发酵的实质是利用生物细胞(微生物、动植物细胞)或其组成部分(细胞器、酶)，在最适条件下，对培养基中的底物进行分解代谢或转化，生产有价值的产物。发酵过程涉及许多学科，如分子生物学、细胞生物学、遗传学、微生物学、化学、工程学等，是一门综合性的科学技术。随着生物技术的发展，发酵技术的工业化应用更加依赖基因工程、细胞工程、发酵工程、酶工程和生化工程等技术。

从食品发酵与生物技术的关系以及生物技术发展的趋势来看，将来食品发酵的发展主要集中在以下几个方面。

(1)筛选和培育优良菌种。发酵过程主要是利用细胞进行物质分解或转化的过程，其发酵效率以及发酵产物的特性与细胞的特性有密切的关系，因此，筛选和培育优良的菌种在发酵工业中显得尤为重要。传统菌种筛选主要是从发酵产品、原料、产地分离纯化等而获得一些性状优良的菌种，也可以对这些菌种进行一些诱变处理，诱发符合需要的正向突变，而随着基因工程技术的发展，人们可以在短时间内获得具优良性状的工程菌，这是常规育种方法无法做到的。目前，利用基因工程技术手段，人们已能使微生物细胞产生许多动植物细胞才能产生的产品，如胰岛素、干扰素等。可以说，基因工程为发酵技术提供了无限的潜力和发展空间。

(2)用发酵技术进行动植物细胞培养。动植物细胞能产生很多微生物细胞所不具备的特有代谢产物，利用工程技术，进行动植物细胞的大量培养，就能生产这些特有物质。例如，动物细胞可产生生长激素、疫苗、免疫球蛋白等，植物细胞可产生生物碱类、色素、类黄酮、花色苷、苯酚、固醇、萜烯、植物生长激素、调味品、香料等。利用植物细胞培养还可以生产一些人类还不能合成的稀有化合物，如从红豆杉中提取的紫杉醇对治疗癌症有很好的疗效，但这种植物资源已经非常稀少，很难获得大量的提取原料，而现在利用细胞培养的方法，从红豆杉的早期细胞培养物中提取紫杉醇，可以获得良好的效果。

(3)固定化酶或细胞将发挥更大的作用。发酵过程中所发生的所有反应都是在酶的催化作用下进行的，将酶或细胞固定在不溶性、易于分离的膜状或颗粒状聚合物上，这些酶或细胞在连续催化反应过程中不再流失，从而可以回收并反复利用，这样可以节约成本，且酶也不会混杂在反应产物中，使下游提取纯化工艺变得相对简单。但存在的问题是，酶的固定化过程比较困难，现在多数采用包埋的办法，效果不是很理想，今后还要进一步研究，以获得更好的固定方法。

(4)重视设备与下游分离纯化方法的开发。为便于控制发酵条件，大部分发酵过程都是在发酵罐中进行的，在罐型较小时，各种参数很容易控制，但当罐型放大到一定程度时，各种参数的控制就变得困难，因此对设备的各种参数进行有效控制就变得非常重要，这也是设备开发的重心之一，其开发涉及流体力学、传质、传热和生物化学反应动力学等学科。目前，发酵中绝大多数反应器属于非均相反应器，主要为机械搅拌式、鼓泡式、环流式，要实现反应器的自动化、连续化，生物传感器是必不可少的，因此，生物传感器的研究和设计也是今后发酵工业发展的方向之一。生物发酵的下游工程技术——成分分离、纯化更能体现发酵的价值，因此开发新的成分分离、纯化方法，将会获得更加有价值的一些生物反应纯品，大大提高其附加值。

(5)发酵法生产单细胞蛋白。在世界经济、科技飞速发展的今天，人们既有更多的机遇，也面临着更多的问题和困境，能源短缺、环境恶化以及食物供给不平衡是人类目前面临的主要问题，这些问题一时难以解决。有科技工作者认为，开发单细胞蛋白是解决上述问题的有效途径之一。以工农业废料及石油废料等作为原料，以各种辅料作为营养基质，利用微生物对这些基质进行转化，既可以获得微生物的代谢产品(单细胞蛋白)，又可以处理掉废料中许多影响环境的物质。单细胞蛋白最主要的用途是作为动物饲料。目前的单细胞蛋白主要以酵母为主，其他生物的单细胞蛋白还有待于开发利用。

(6)更多采用冷杀菌。冷杀菌过程中发酵液的温度并不升高，这样既可以很好地保持发酵液中功能性成分的生物活性，又有利于保持产品的色、香、味及营养成分，但目前冷杀菌技术在食品及发酵产品中的应用还不多，主要原因是设备的成本相对较大，且生产者对冷杀菌的效果不是很放心，担心杀菌不彻底，因此今后还需要进行进一步研究并予以标准化，使冷杀菌的优势得以很好的体现。冷杀菌包括超高压杀菌、辐射杀菌、高压脉冲电场杀菌、磁力杀菌、感应电子杀菌等。

(7)加强代谢研究，进一步搞好代谢控制，开发更多代谢产品。由于生物代谢的多样性和复杂性，人们对生物的许多物质代谢途径不甚清楚，目前能够做到的只是通过改变外部环境条件获得更多的目标产物，而没有根本的办法从代谢途径或机理上予以控制，因此，需要加强代谢途径的研究，迫使微生物的代谢向着有利于人类需要的方向发展，提高效率，减少副产物的生成，开发出更多有价值的生物代谢产品。

(8)构建代谢网络，计算理论得率，设法提高实际产率。在搞清代谢途径的基础上，用代谢物流分析的方法建立代谢网络和化学计量模型，计算细胞内代谢物的物料平衡，以获得最大的理论得率。目前建立代谢网络和物料平衡的方法是基于细胞代谢中间物的物料“平衡”，即其产物生成和消耗速率相等，利用一些可检测的胞外代谢物指标，如底物浓度的消耗量，菌体生产量，乙酸、乙醇、乳酸等产物的浓度，建立代谢方程矩阵，可以从理论和实际两个方面来指导生产。目前，代谢网络和化学计量方法在氨基酸和抗生素生产中得到了应用，在其他发酵代谢中的应用还比较少。

思 考 题

1. 试论述发酵食品和人类日常生活的关系。
2. 什么是发酵食品和发酵食品工艺学?
3. 发酵食品如何进行分类?
4. 发酵食品具有哪些特点和功能特性?
5. 试论述发酵食品和发酵设备的发展趋势。

第 2 章　食品发酵的微生物学原理

2.1　食品发酵过程的生化机理

微生物发酵与微生物的代谢活动紧密联系。微生物代谢是指微生物与周围环境进行物质交换和能量交换的过程，包括合成代谢和分解代谢，能量代谢和物质代谢，如图 2-1 所示。微生物发酵是将微生物代谢活动人为地引入生产中，利用不同的代谢活动，完成生物转化，形成发酵工业(含发酵食品)所需的代谢产物。在发酵活动中，单个的微生物细胞是有效的动态生物转化场所，即最小生产工具，它们既要完成自身的制造(生长与繁殖)，又要完成目的产物的转化与积累(发酵活动)。因此，微生物为维持自身生命活动发生的各种代谢活动，是微生物发酵的基本理论基础。

新陈代谢
- 合成代谢(同化)
  - 生物小分子合成生物大分子 ⎫
  - 耗能 ⎫
- 分解代谢(异化)
  - 产能 ⎭ 能量代谢
  - 生物大分子分解为生物小分子 ⎭ 物质代谢

图 2-1　微生物新陈代谢类型

2.1.1　微生物的生长繁殖及食物大分子物质的降解

微生物的生长与繁殖交替进行，如果微生物在适宜条件下，不断从环境中吸收各种营养物质，并按一定的代谢方式进行多种多样的代谢活动，细胞的原生质总量就增加。由于细胞分裂而出现细胞个体数目的增加，称为繁殖。在多核细胞生物中，细胞质的增加伴有个体数目的增加，仍称为生长。

1. 微生物生长曲线

在单细胞微生物的分批培养中，在适宜的培养基中接入少量微生物，以培养时间为 x 轴和细胞群体量的对数为 y 轴作图，可绘制出细胞群体量随培养时间的变化曲线，该曲线称为微生物生长曲线，可分为四个时期：①延滞期(适应期)；②对数生长期；③稳定期(平衡期)；④衰亡期。

实践表明，放线菌等丝状菌在分批培养过程中，其细胞群体量的变化规律与上述变化规律相似。每个生长时期有各自的特点，请参考食品微生物有关教材。

2. 微生物生长环境因素与其三大代谢体系

在不同环境条件下，微生物以微小单细胞状态生存增殖，这说明细胞具有适应环境而调节代谢活性的能力。典型的酱油酵母，既能在没有食盐的情况下增殖，又能在 18%

左右的浓盐情况下增殖，尽管生长速度有差异，但其形状变化不大，原因在于细胞随着环境的变化而很好地保持了维持生命所必需的基本代谢活性。微生物对环境具有广适性，在一定的环境变化范围内，微生物能相应改变其代谢活性，维持基本代谢体系。

代谢体系可分为以生成5′-磷酸核糖、α-酮戊二酸、丙酮酸及获得能量为目的的碳源分解体系，以生成1-磷酸葡萄糖、氨基酸、核苷酸等小分子化合物为目的的代谢体系(素材性生物合成体系)，以及以生成蛋白质、核酸、多糖体、类脂等高分子细胞结构物质为目的的大分子生物合成体系(结构生物合成体系)，其相互间的联系或紧密或松弛(图2-2)。细胞必须将这三种代谢体系相互联系起来才能适应外界环境，维持其生命。

分解体系的目标是ATP的生成，而小分子物质代谢体系强烈受到分解体系代谢所生成的物质的种类和总量的影响，两者联系紧密。与之相反，大分子物质生物合成体系与分解体系几乎仅以ATP相联系，两者之间的联系颇为松弛。分解体系和小分子物质代谢体系可实现各种代谢产物的大量积累，当这些代谢产物只在细胞内积累而不分泌时，很有可能存在反馈阻遏作用，甚至会改变细胞内部环境而造成对整个代谢体系的致命影响，故对微生物细胞来说，旺盛的分泌能力可起到解毒效果。分泌能力不仅对各代谢体系的有效运转具有重要作用，且有利于代谢产物的大量积累。

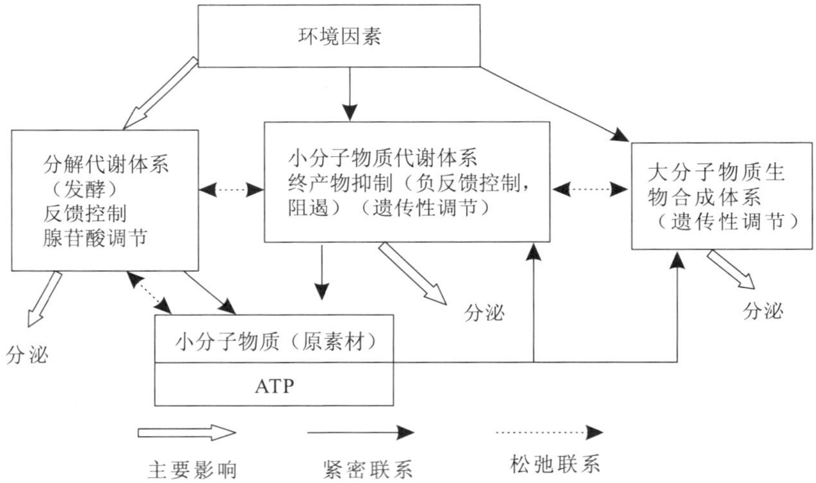

图2-2　主要代谢体系的相互联系

外界环境除影响膜透性外，还影响分解体系和其他生物合成体系。细胞内的代谢(如糖酵解途径、磷酸解酮酶途径、三羧酸循环及乙醛酸循环等分解代谢)容易受到外界环境条件的影响，同时细胞内具有控制分解代谢形式的调节机制，这种调节机制使微生物能较好地适应外界环境。微生物细胞对糖、蛋白质、脂肪、核酸大分子物质的生物分解与生物合成形成生命活动的有效循环。

食品的发酵实际就是微生物将自然界的糖、蛋白质、脂肪、核酸等物质作为营养物质和能源物质，在完成其生命活动过程中积累来自于三大代谢体系(图2-2)的各种代谢产物，完成微生物对原料的生物转化，形成风味各异的发酵食品。

3. 食物大分子物质的降解

食品发酵的原料多为糖、蛋白、脂类等，原料被微生物转化的过程，实际就是微生物将多糖、脂肪、蛋白质、纤维素等大分子物质降解的过程，同时也是醇类、有机酸、氨基酸等小分子物质形成的过程，以及后期对前两个阶段微生物转化产物进行生物与非生物的再平衡过程，如图 2-3 所示。

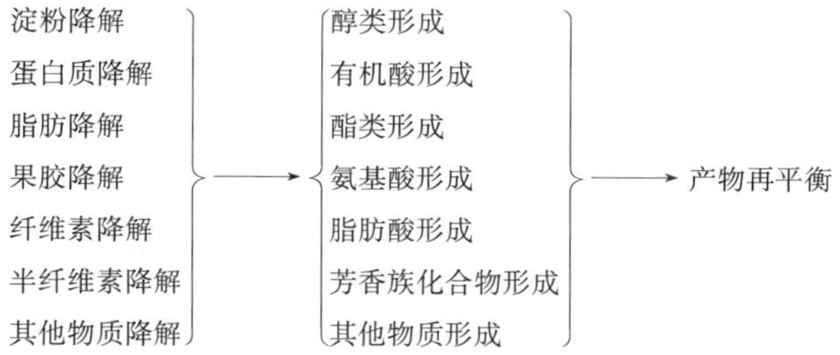

图 2-3　食品发酵一般历程

2.1.2　微生物的中间代谢及小分子有机物的形成

1. 微生物的中间代谢

分解代谢为生物合成代谢提供大量的能量(ATP)及还原力［H］，同时产生连接两个代谢体系的中间代谢产物。分解代谢保证了正常合成代谢的进行，而合成代谢又反过来为分解代谢创造了更好的条件，两者相互联系，促进了生物个体的生长繁殖和代谢产物的积累。分解代谢和合成代谢的相互关系如图 2-4 所示。

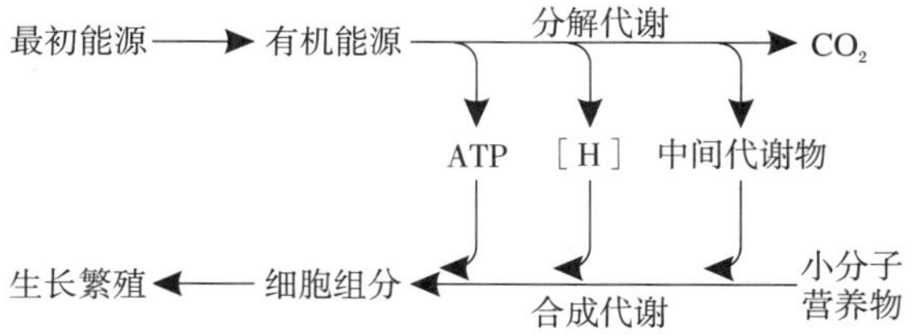

图 2-4　分解代谢和合成代谢的相互关系

联系分解代谢和合成代谢的中间代谢物主要有 12 种(表 2-1)，如果在生物体中只进行能量代谢，则有机能源的最终产物是 ATP、H_2O 和 CO_2，这时便没有任何中间代谢物积累，因此，合成代谢不能正常进行。相反，如果要进行正常的合成代谢，需利用大量分解代谢正常进行所必需的中间代谢物，这会影响分解代谢的正常运转，从而影响其新陈代谢的正常循环运转，因此中间代谢产物需通过兼用代谢途径和代谢物回补两种方式(图 2-5)得到及时补充，使分解代谢体系及生物合成代谢体系产生有效联系。

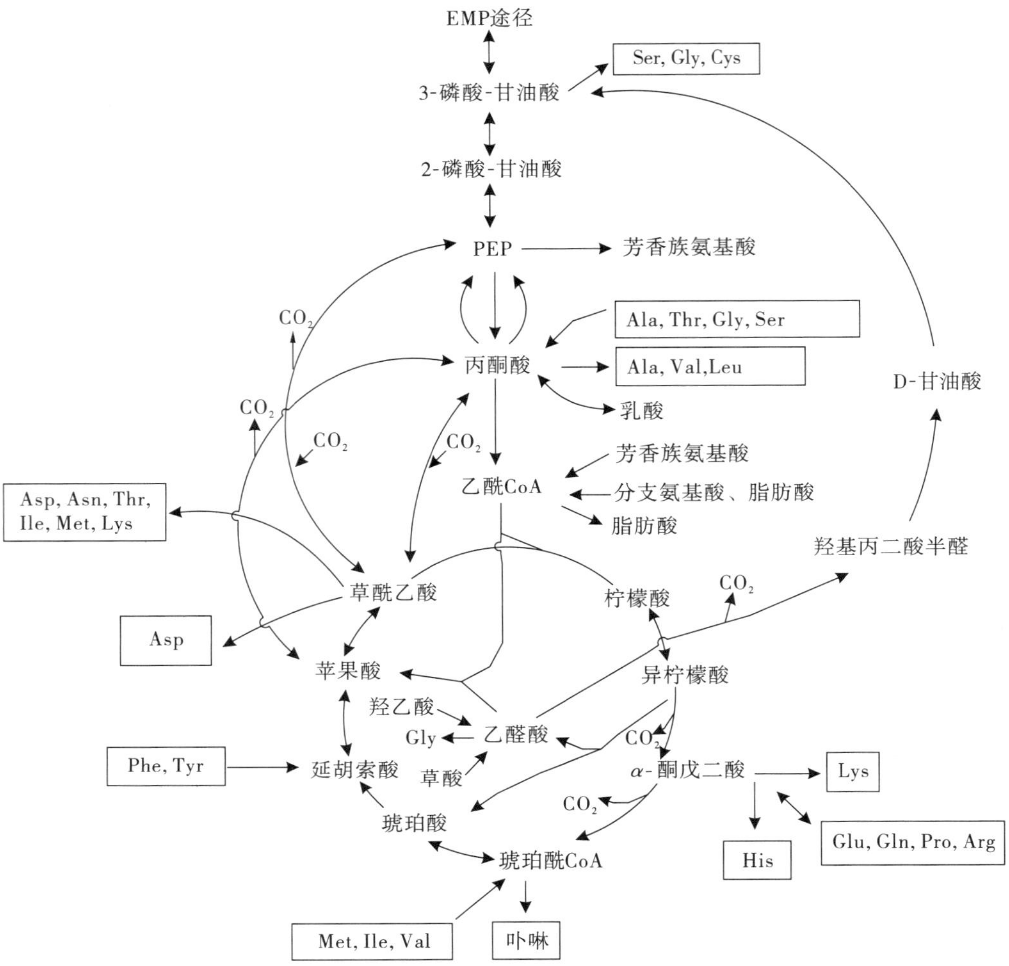

图 2-5　以三羧酸循环为中心的各种中间代谢物回补途径

表 2-1　联系分解代谢和合成代谢的中间代谢物

中间代谢物	分解代谢起源	在生物合成中的作用
葡萄糖-1-磷酸	葡萄糖、半乳糖、多糖	核苷糖类
葡萄糖-6-磷酸	EMP 途径	戊糖、多糖贮藏物
核糖-5-磷酸	HMP 途径	核苷酸、脱氧核糖核苷酸
赤藓糖-4-磷酸	HMP 途径	芳香氨基酸
磷酸烯醇式丙酮酸	EMP 途径	磷酸转移酶系(糖的运送)、芳香氨基酸、葡萄糖异生作用、糖回补反应(CO_2固定)、胞壁酸合成
丙酮酸	EMP 途径、磷酸酮醇酶(戊糖发酵)	丙氨酸、缬氨酸、亮氨酸、糖回补反应(CO_2固定)
3-磷酸甘油酸	EMP 途径	丝氨酸、甘氨酸、半胱氨酸
α-酮戊二酸	TCA 循环	谷氨酸、脯氨酸、精氨酸、赖氨酸

续表

中间代谢物	分解代谢起源	在生物合成中的作用
草酰乙酸	TCA 回补反应	天冬氨酸、赖氨酸、甲硫氨酸、苏氨酸、异亮氨酸
琥珀酰 CoA	TCA 循环	氨基酸(亮氨酸、蛋氨酸、缬氨酸)，卟啉
磷酸二羟丙酮	EMP 途径	甘油(脂肪)
乙酰 CoA	丙酮酸脱羧、脂肪酸氧化、嘧啶分解	脂肪酸、类异戊二烯、甾醇、赖氨酸、亮氨酸

凡在分解代谢和合成代谢中具有双重功能的途径均称为兼用代谢途径，EMP、HMP 和 TCA 循环是重要的兼用代谢途径。微生物在正常情况下，必须从分解代谢途径中获取大量中间代谢物以满足其合成细胞基本物质的需要。如果这些中间代谢物没有补充，便会造成分解代谢不能正常运转，进而影响产能。例如，在 TCA 循环中，如果因合成谷氨酸而消耗 α-酮戊二酸，就会使循环中断。回补反应解决了这一问题。回补反应是指能补充兼用代谢途径中因合成代谢而消耗的中间代谢物的反应。回补反应保证了当重要产能途径中的关键中间代谢物必须被大量用作生物合成的原料时，能量代谢仍能正常进行。例如，在通常情况下，TCA 循环中约有一半中间代谢物被用于氨基酸和嘧啶的合成。同一种微生物在不同的碳源条件下，回补途径不同。与 EMP 和 TCA 循环有关的回补途径约有 10 条，它们都围绕着回补 EMP 途径中的磷酸烯醇式丙酮酸(PEP)和 TCA 循环中的草酰乙酸这两种关键性中间代谢物进行。

微生物特有的乙醛酸循环(又称乙醛酸支路)，是 TCA 循环的一条回补途径，其重要功能是丙酮酸和乙酸等化合物不断地合成 4 碳二羧酸，以保证微生物正常生物合成的需要；对某些以乙酸为唯一碳源的微生物来说，更有至关重要的作用。这条途径中关键酶为异柠檬酸裂合酶和苹果酸合酶。具有乙醛酸循环的微生物，普遍是好氧菌。

微生物的中间代谢不仅将同一类物质(如糖)的降解与再生有机联系起来，还将看似不相干的蛋白质、脂类、核酸等大分子物质也联系起来，完成各类物质的相互转化(图 2-6)，极大地扩展了微生物的能源物质与营养，增强了其环境适应能力。一般情况下，微生物将自然界广泛存在的糖、脂类、蛋白质及核酸等物质作为最初的能源物质与营养物质，对这些物质进行分解，释放大量的能量及生成小分子物质(部分为中间代谢物质)，后者被用于合成细胞所需的糖、脂类、蛋白质及核酸等。上述过程中，各类大分子物质的分解代谢、小分子(中间产物)物质的生成及大分子物质的再合成都伴有丰富的代谢产物分泌。人类利用微生物的这种性能以获取所需的目的代谢产物，便形成了发酵工业。

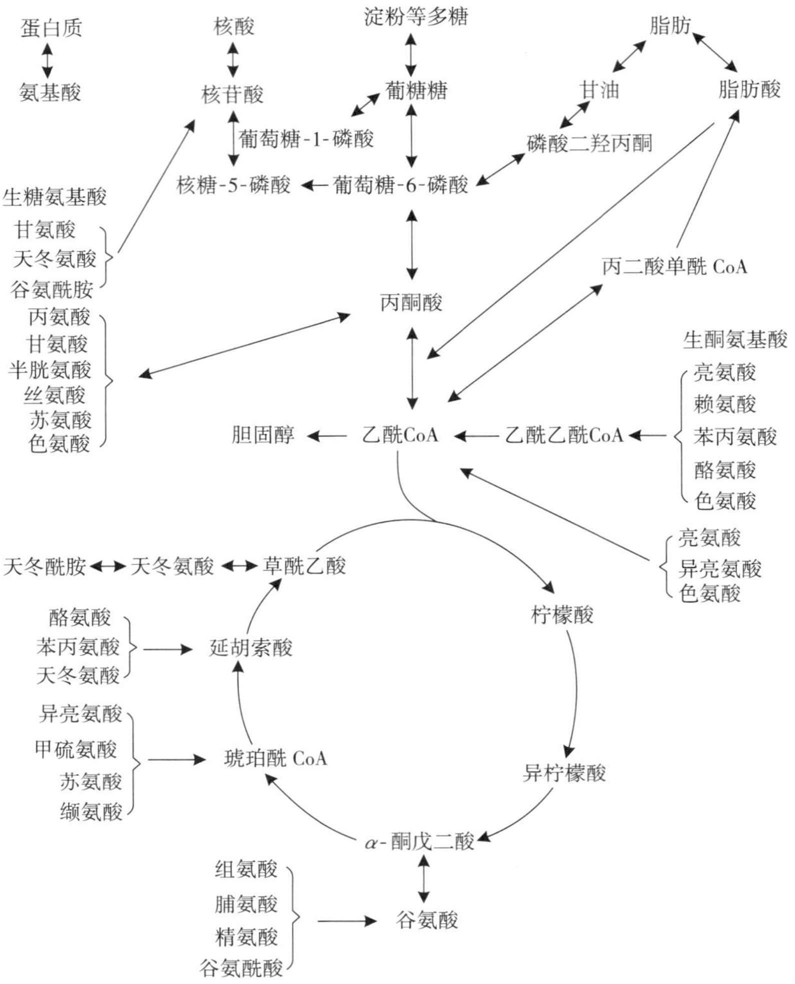

图 2-6　糖、脂类、蛋白质及核酸代谢的相互关系

2. 小分子有机物的形成

1)氨基酸的生物合成

氨基酸是生物体合成蛋白质的原料，也是高等动物中许多重要生物分子，如激素、嘌呤、嘧啶、卟啉和某些维生素等的前体。微生物合成氨基酸的能力差异很大，如溶血链球菌可合成 17 种氨基酸，而大肠杆菌能合成全部氨基酸。许多细菌和真菌还能利用硝酸和亚硝酸合成氨基酸，固氮菌能利用大气氮源合成氨及氨基酸。生物体合成氨基酸的主要途径有还原性氨基化作用、转氨作用及氨基酸间的相互转化作用等。

不同氨基酸的生物合成途径虽各异，但都与机体的几个代谢环节有密切联系，如糖酵解途径、磷酸戊糖途径、三羧酸循环等。将这些代谢环节中与氨基酸生物合成有密切关联的物质看做氨基酸生物合成的起始物，可将氨基酸生物合成分为 α-酮戊二酸衍生类型、草酰乙酸衍生类型、丙酮酸衍生类型和 3-磷酸甘油酸衍生类型(图 2-7)。

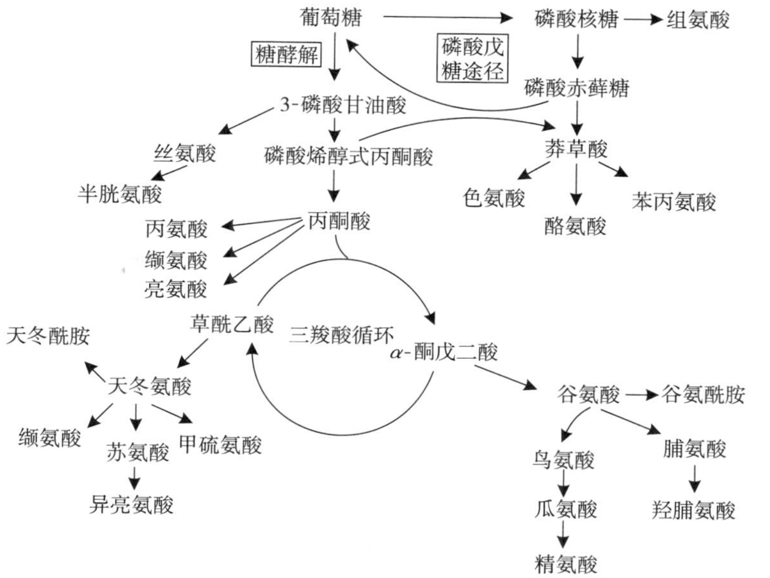

图 2-7　各种氨基酸的合成途径及其相互关系

2)脂肪酸的生物合成

脂肪酸是脂类物质中最基本的组成单位，大多数脂类物质都含有脂肪酸，生物体能利用糖类物质或简单碳源合成脂肪酸。脂肪酸的合成主要在细胞液中以从头合成方式进行，也可以在线粒体和微粒体中以延长的方式进行，两者的机制不同。

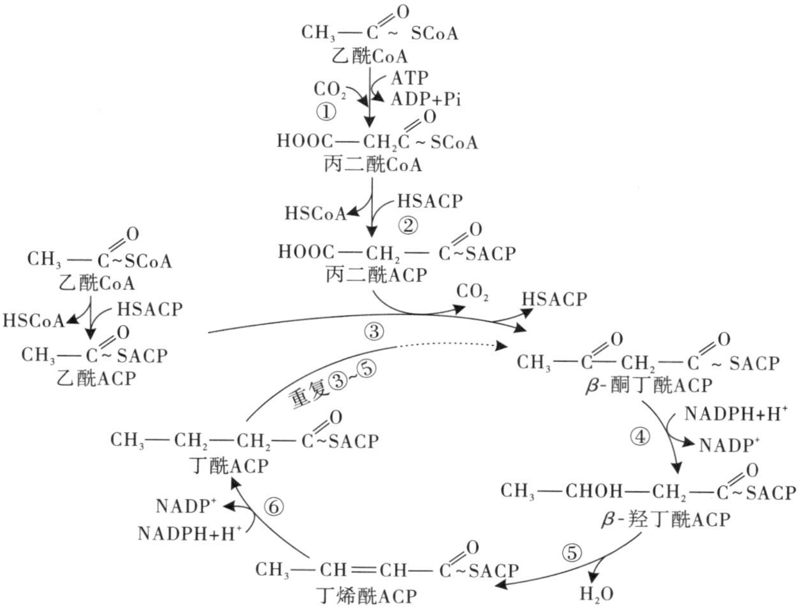

①乙酰 CoA 羧化酶；②丙二酰 CoA-ACP 转酰基酶；③β-酮脂酰 ACP 合成酶；④β-酮脂酰 ACP 还原酶；⑤β-羟基酰 ACP 脱水酶；⑥烯脂酰 ACP 还原酶

图 2-8　细胞液中脂肪酸的合成途径

脂肪酸从头合成在细胞液中进行，合成原料是乙酰 CoA，乙酰 CoA 由线粒体中的丙酮酸氧化脱羧、氨基酸氧化降解、脂肪酸 β-氧化生成。脂肪酸的合成是以其中 1 分子乙酰 CoA 作为引物，以其他乙酰 CoA 作为碳源供体，通过丙二酸单酰 CoA 的形式，在脂肪酸合成酶系的催化下，经缩合、还原、脱水、再还原反应步骤来完成的(图2-8)。

从头合成途径只能合成 C_{16} 以下的脂肪酸。碳链长度在 C_{16} 以上的饱和脂肪酸，则是在延长系统的催化下，以软脂酸为基础，进一步延长碳链形成的。在线粒体中可以进行与脂肪酸 β-氧化相似的逆向过程，使得一些脂肪酸碳链(C_{16})加长。在此过程中缩合酶先将脂酰 CoA 与乙酰 CoA 缩合形成 β-酮脂酰 CoA，再经还原型辅酶Ⅰ和还原型辅酶Ⅱ供氢还原产生比原来多 2 个碳原子的脂酰 CoA，后者尚可通过类似过程并重复多次而加长碳链(延长至 C_{24})。微生物脂类中的脂肪酸大多含 16 碳或 18 碳。

3)嘌呤、嘧啶核苷酸的生物合成

核苷酸的生物合成途径有利用磷酸核糖、氨基酸、一碳单位、CO_2 等小分子(图 2-9)为出发物质的从头合成途径，还有由嘌呤碱基伴随核糖基化及磷酸化而合成的补偿合成途径。核苷酸的生物合成途径是直接发酵生产核苷酸的基础。

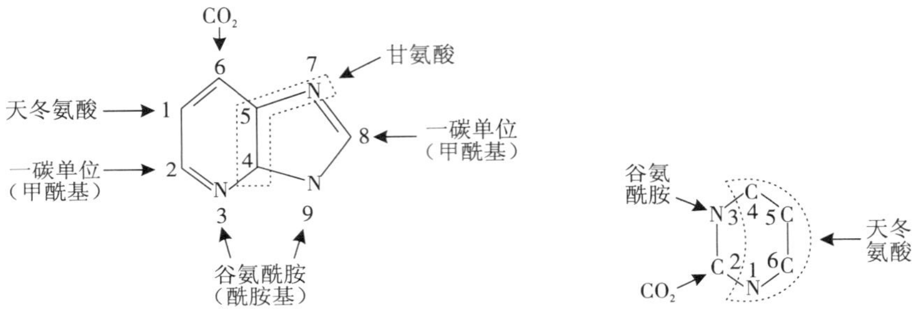

(a)嘌呤环上各原子的来源　　(b)嘧啶环上各原子的来源

图 2-9　嘌呤环、嘧啶环上各原子的来源

嘌呤、嘧啶核苷酸从头合成过程中的产物是一磷酸核苷，它可以转化成二磷酸核苷或三磷酸核苷，一磷酸核苷是合成核酸的原料，三磷酸腺苷是能量的储存形式。嘌呤核苷酸的从头合成在胞液中进行，其过程可分为两个阶段：第一阶段合成次黄嘌呤核苷酸(IMP)，第二阶段 IMP 转变成 AMP 和 GMP，合成途径如图 2-10 所示。

嘧啶核苷酸的从头合成途径，与嘌呤核苷酸从头合成途径不同，嘧啶核苷酸的“从头合成”是先合成嘧啶环，再与 5-磷酸核糖-1-焦磷酸(PRPP) 中的磷酸核糖连接起来形成乳清酸核苷酸(OMP)，之后生成尿嘧啶核苷酸(UMP)，最后由 UMP 转变成其他嘧啶核苷酸，如图 2-11 所示。

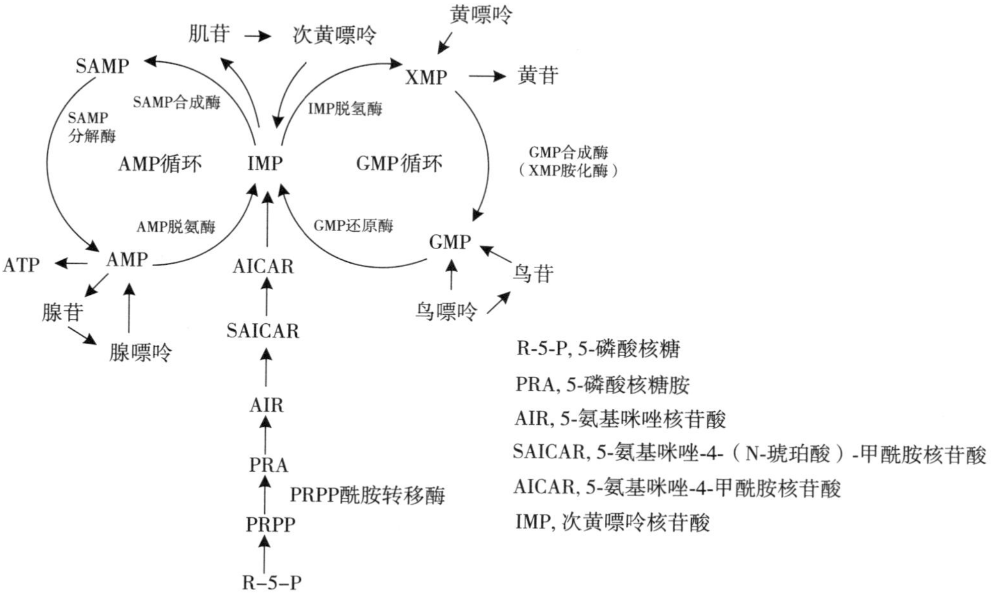

图 2-10　嘌呤核苷酸生物合成途径

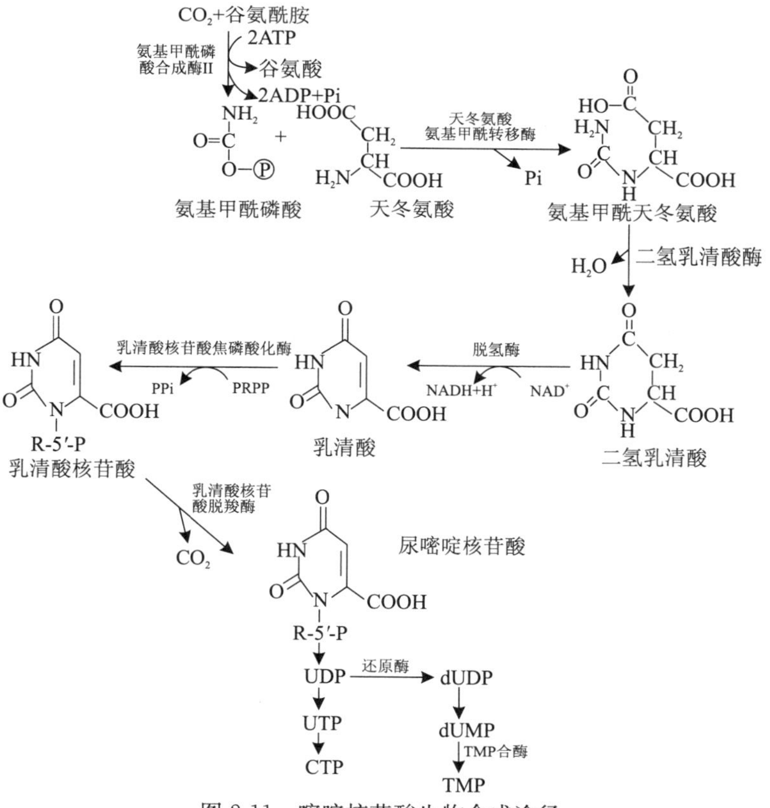

图 2-11　嘧啶核苷酸生物合成途径

2.1.3 食品产物成分的再平衡及发酵食品风味的形成

对发酵食品而言，改变食品风味、香气乃至原有的组织状态是微生物作用的主要结果，微生物完成食物原料中大分子物质的降解代谢及产物生成转化，完成了实际意义上的发酵过程。但对发酵食品来说，这并不意味着发酵过程的结束，大多数发酵食品还要经过后发酵阶段。后发酵阶段是原料原有物质与经微生物改变或产生的新物质，在短期或长期的贮藏条件下，经过一系列有机、无机、生物与非生物等的错综复杂反应，形成色香味俱全且风味独特的酿造食品。经过自然陈酿的平衡阶段有时也未必能达到预期风味效果，对发酵食品人为控制或勾兑，进行后修饰，也十分重要。

发酵食品最大的特点是风味的多样性与独特性。发酵食品的风格特征不仅取决于其色、香、味、体物质及其构成比例和组合方式，还取决于其文化底蕴。随着科学技术的发展，目前人们对构成发酵食品色、香、味、体的主要构成成分能够进行有效检测与分析，如对发酵乳品的风味组成、各种名优白酒的香气组成等都了解得比较透彻。但在实际生产中，如何控制原料品质、菌种性能及生产工艺，使这些风味物质能够与人体感官感觉达到完美统一，使其特有风格有效表达，是一个无止境的科学问题。

2.2 食物主要大分子物质的微生物利用及转化

2.2.1 淀粉的降解及相关酶类

淀粉有直链淀粉和支链淀粉之分。一般天然淀粉中，直链淀粉约占20%，支链淀粉约占80%。直链淀粉是由α-1，4糖苷键连接的直链分子；支链淀粉在支点处由α-1，6糖苷键连接。淀粉酶是水解淀粉和糖原的酶类的总称。

淀粉酶的种类很多，主要有液化型淀粉酶（又称α-淀粉酶）和糖化型淀粉酶，不同种类的淀粉酶的作用方式及产物也不尽相同。液化型淀粉酶可以任意分解淀粉的α-1，4糖苷键，而不能分解α-1，6糖苷键。淀粉经该酶作用以后，黏度很快下降，最终产物为糊精、麦芽糖和少量葡萄糖，这种酶称为液化型淀粉酶。由于生成的麦芽糖在光学上是α型，故称为α-淀粉酶。

糖化型淀粉酶是将淀粉水解为麦芽糖或葡萄糖，它主要包括如下几种淀粉酶：①β-淀粉酶，它是从淀粉分子的非还原性末端开始水解α-1，4糖苷键，顺次切下麦芽糖单位，但其既不能作用于α-1，6糖苷键，也不能越过α-1，6糖苷键，因此分解到最后，仍会剩下较大分子的极限糊精，生成的麦芽糖由于在光学上是β型，所以又称其为β-淀粉酶；②糖化酶，它既能作用α-1，4糖苷键，又能作用α-1，6糖苷键，所以最终产物几乎全是葡萄糖；③异淀粉酶，可以分解淀粉中的α-1，6糖苷键，生成较短的直链淀粉，异淀粉酶用于水解由α-淀粉酶和由β-淀粉酶产生的极限糊精。

产生α-淀粉酶的微生物很多，细菌、霉菌、放线菌中的许多种都可产生淀粉酶。来源于不同微生物的α-淀粉酶，其稳定性及分解限度不同。β-淀粉酶最早从高等植物中提取，后来相继发现假单胞菌、多黏芽孢杆菌、某些放线菌等也能产生此酶。常用于生产糖化酶的菌种有根霉、曲霉等。常用于生产异淀粉酶的菌种有产气气杆菌、中间型埃希氏杆菌、链球菌和链霉菌等，不同微生物产生的异淀粉酶性质不同(表2-2)。

用于生产淀粉酶的霉菌有曲霉和根霉。曲霉有黑曲霉、白曲霉、黄曲霉和米曲霉。黑曲霉类中以邬氏曲霉、泡盛曲霉和甘薯曲霉应用最广。白曲霉实为邬氏曲霉的变种，其中以河内白曲霉和轻研2号最常用。根霉存在于酒曲中，是淀粉发酵主要的糖化曲，其中以河内根霉和爪哇根霉最为著名。

表2-2　不同微生物产生的α-淀粉酶的性质

项　目	酶的来源			
	细菌	根霉	黑曲霉	节卵孢属
耐热性(处理15 min)/℃	65～80	55～65	55～70	50～70
最适pH	5.4～6.0	3.6	4.9～5.2	5.6
pH稳定性	4.8～10.6	5.4～7.0	4.7～9.5	6.0～10.3
Ca^{2+}的保护作用	有	无	有	无
淀粉分解限度/%	35	48	48	37
淀粉分解主要产物	糊精、麦芽糖	麦芽糖	麦芽糖	糊精、麦芽糖

2.2.2　脂质化合物的降解及相关的酶类

脂质化合物包括脂肪、磷脂、游离脂肪酸、蜡类及油类等。脂质化合物水解的主要产物是脂肪酸和甘油。在有氧条件下脂肪酸可进行β-氧化(Knoop的β-氧化学说)。脂肪酸的降解比较缓慢，在厌氧条件下更加缓慢。分解脂肪的细菌有极毛杆菌、色杆菌、无色杆菌、黄杆菌及芽孢杆菌中的一些种，真菌有曲霉、芽枝霉、念珠霉及青霉中的一些种。在此仅介绍脂肪酸与磷脂的降解。

1. 脂肪酸的降解

微生物分解脂肪酸的β-氧化途径是从羧基端开始，逐步将碳原子成对地从脂肪酸链上切下，即以每氧化一次失去两个碳原子的方式逐步使碳链缩短。因为脂肪酸碳链氧化断裂发生在β-位碳原子上，所以称为β-氧化作用。每次切下的C_2(乙酰CoA)通过TCA循环被彻底氧化。

脂肪酸降解的β-氧化途径包括以下5个步骤：

(1)活化作用，激活脂肪酸，生成脂酰CoA。在ATP、CoA存在的条件下，脂肪酸通过脂肪酸激酶(也称脂酰CoA合成酶、脂酰硫激酶)的催化，生成脂酰CoA。

(2)脱氢作用。在辅基FAD的参与下，脂酰CoA被脂酰CoA脱氢酶所催化，在α和β位上脱氢，生成烯脂酰CoA，FAD还原成$FADH_2$。

(3)加水或水化作用。烯脂酰CoA经烯脂酰CoA水合酶(或称巴豆酸酶)催化，水合生成β-羟(基)脂酰CoA。

(4)脱氢作用。在NAD存在的条件下，β-羟基脂酰CoA通过β-脂酰CoA脱氢酶的催化，脱氢生成β-酮(基)脂酰CoA，NAD为受氢体。

(5)硫解作用。β-酮基脂酰CoA经β-酮硫解酶催化，通过与CoA结合的硫酸分解，分解为乙酰CoA和比原来少了2个碳的脂酰CoA。新生成的少了2个碳的脂酰CoA再重复(2)～(5)的反应，又生成乙酰CoA和少2个碳的脂酰CoA。如此重复反应，形成螺旋降解途径。

偶数碳链(C_{2n})脂肪酸最终产生n个乙酰CoA，而奇数碳链(C_{2n+1})脂肪酸可产生$n-1$个乙酰CoA和1个丙酰CoA。丙酰CoA与ATP、CO_2反应，生成甲基丙二酸单酰CoA，经分子内部重排转变成琥珀酰CoA，进入TCA循环。

微生物除可以通过β-氧化作用分解脂肪酸外，还可通过ω-氧化作用(即脂肪酸ω位的碳原子首先氧化)，生成二羧酸，再通过β-氧化作用脱下二碳化合物。

2. 磷脂的降解

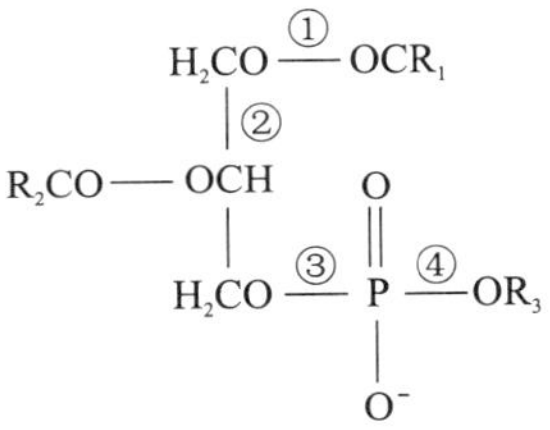

图 2-12 磷脂分子及其水解键位

磷脂分子中各种键的水解可被磷脂酶所催化，各种磷脂酶所作用的键位如图2-12所示，R_1、R_2为脂肪酸，R_3为胆碱、乙醇胺、丝氨酸或肌醇等。磷脂酶A作用于键①或键②，如卵磷脂被磷脂酶A作用，键①或键②水解，失去1分子脂肪酸残基，生成溶血磷脂酰胆碱(溶血卵磷脂)和脂酰甘油磷酸胆碱。磷脂酶B作用于溶血卵磷脂的键①。磷脂酶C作用于键③，如在细菌中，磷脂被磷脂酶C所作用，生成1，2-甘油二酯和磷酸胆碱。磷脂酶D作用于键④。在植物中，卵磷脂被磷脂酶D所作用，生成胆碱和磷脂酸。磷酸酯酶作用于磷脂酸的键③，生成1，2-甘油二酯和磷酸。甘油磷酸胆碱二酯酶作用于甘油磷酸胆碱的键④，磷酸单酯酶作用于磷酸甘油的键③或磷酸胆碱的键④。

2.2.3 蛋白质及其生物降解

1. 蛋白质的降解及相关的酶类

蛋白质水解是在酶的催化下，通过加水分解，使蛋白质肽链断裂，生成氨基酸的生化过程。微生物利用蛋白质是先分泌蛋白酶至体外，将蛋白质分解为大小不等的多肽或氨基酸等小分子化合物，然后使这些小分子化合物进入细胞并加以利用，通式如下：

$$\text{蛋白质} \xrightarrow{\text{蛋白酶}} \text{多肽或氨基酸}$$

产生蛋白酶的菌种很多，如细菌、放线菌、霉菌等。不同的菌种可以产生不同的蛋白酶，如黑曲霉主要产生酸性蛋白酶，短小芽孢杆菌产生碱性蛋白酶。不同的菌种也可产生功能相同的蛋白酶，同一个菌种也可产生多种性质不同的蛋白酶。

蛋白酶按其降解多肽的方式可分成内肽酶和端肽酶两类。前者可把相对分子质量大的多肽链从中间切断，形成相对分子质量较大的肽或胨；后者又可分为羧肽酶和氨肽酶，它们分别从多肽的游离羧基末端或游离氨基末端逐一将肽链水解，生成氨基酸。在微生物的生命活动中，内肽酶的作用是初步降解蛋白质分子，使蛋白质便于进入细胞，属于胞外酶。端肽酶则常存在于细胞内，属于胞内酶。工业上应用的蛋白酶多属胞外酶。目前蛋白酶的分类多以产生菌的最适 pH 为标准，分为酸性、中性和碱性蛋白酶。

2. 氨基酸的分解

微生物对氨基酸的分解，主要是脱氨作用和脱羧基作用。脱氨方式随微生物种类、氨基酸种类以及环境条件的不同而不同，主要有以下 5 种方式：

(1)氧化脱氨。在有氧条件下进行，专性厌氧菌不能进行氧化脱氨。微生物催化氧化脱氨的酶有两类：一类是氨基酸氧化酶，以 FAD 或 FMN 为辅基；另一类是氨基酸脱氢酶，以 NAD 或 NADP 作为氢载体。氧化脱氨生成的酮酸一般不积累，被微生物继续转化成羟酸或醇，如丙氨酸氧化脱氨生成丙酮酸，丙酮酸可借 TCA 循环而继续氧化。

(2)还原脱氨。还原脱氨在无氧条件下进行，生成饱和脂肪酸。能进行还原脱氨的微生物是专性厌氧菌和兼性厌氧菌。腐败的蛋白质中常分离到的饱和脂肪酸便是由相应的氨基酸生成的，如梭状芽孢杆菌可使丙氨酸还原脱氨生成丙酸。

(3)水解脱氨。不同氨基酸经水解脱氨生成不同的产物。同种氨基酸水解之后也可形成不同的产物，如丙氨酸水解之后可形成乳酸，也可形成乙醇。

(4)减饱和脱氨。氨基酸在脱氨的同时，其 α，β 键减饱和，生成不饱和酸，如天冬氨酸减饱和脱氨生成延胡索酸。

(5)脱水脱氨。含羟基的氨基酸在脱水过程中脱氨，如丝氨酸脱水生成 α-氨基丙烯酸、α-亚氨基丙酸，这两种物质再水解脱氨成丙酮酸。

脱羧基作用常见于许多腐败细菌和真菌中。不同的氨基酸由相应的氨基酸脱羧酶催化脱羧，生成减少一个碳原子的胺和 CO_2。脱羧酶具有高度专一性，需要磷酸吡哆醛为辅酶，大多数是诱导酶。一元氨基酸脱羧后变成一元胺，如谷氨酸脱羧后变成 γ-氨基丁酸。在谷氨酸生产上应用此反应来测定其含量。二元氨基酸脱羧后变成二元胺，这类物质统称为尸胺，有毒性。肉类蛋白质腐败后常生成二元胺，故不能食用，如赖氨酸脱羧后变成尸胺。在食品发酵中，生物胺的生成是发酵食品的安全隐患之一，因此，选育菌株及控制发酵工艺以降低生物胺的生成显得十分必要。

2.2.4 核酸的降解及相关的酶类

核酸是多个核苷酸通过磷酸二酯键连接起来的多聚物。RNA 主要含有的碱基是腺嘌呤、鸟嘌呤、胞嘧啶和尿嘧啶，而 DNA 主要含有腺嘌呤、鸟嘌呤、胞嘧啶和胸腺嘧啶。RNA 的碳水化合物是 *β*-D-核糖，而 DNA 则为 *β*-D-脱氧核糖。核苷酸经核苷酸酶催化，水解为核苷及无机磷酸。核苷经核苷磷酸化酶作用，分解生成嘌呤碱或嘧啶碱和 1-磷酸核糖，后者在磷酸核糖变位酶催化下转变为 5-磷酸核糖，参与磷酸戊糖途径或核苷酸合成代谢。嘌呤碱或嘧啶碱可进一步分解为尿酸、*β*-丙氨酸或 *β*-氨基异丁酸(图 2-13)而排出，也用于核苷酸的补救合成。

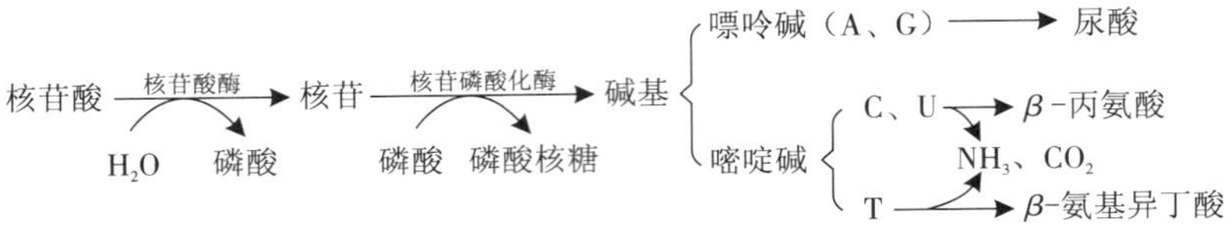

图 2-13　核苷酸的降解流程示意图

现发现链霉菌、芽孢杆菌、半知菌(如镰刀菌、长蠕孢等)、子囊菌(如链孢菌、小丛壳、曲霉等)均含有核糖核酸酶，能分解核糖核酸为 2′或 3′-核苷酸或寡核苷酸，有些微生物可以降解核糖核酸为 5′-核苷酸，也可以水解脱氧核糖核酸为 5′-脱氧核糖核苷酸。

当微生物遇到生长不利的各种条件时，普遍引起 RNA 自溶，降低核糖体含量，防止因不平衡生长而引起死亡的一种调节机制。事实证明，RNA 自溶对延长大肠杆菌的生存十分重要。温度过低或过高均会破坏细胞膜的通透性，引起 RNA 自溶；缺乏碳源、氮源等营养时，也会使核糖体或 rRNA 自溶。

微生物受到某种刺激时，菌体内的 RNA 就会受自身酶的作用而发生分解，高效地生成核苷酸类物质。利用这样的过程生产核苷酸的方法，称为“RNA 自溶法”或“分泌法”。在发酵工业中，常采用利用特定的微生物(如桔青霉、放线菌)的自溶作用对 RNA 及 DNA 进行有效降解，形成所需核苷酸。所需的降解底物(核糖核酸)主要由细菌及酵母菌发酵积累而成。丧失色素生产能力、盛产核酸酶 P_1 的青霉菌及多重筛选出的链霉属的部分链霉菌(如天蓝色链霉菌、浅白色链霉菌等)为核糖核酸降解菌。这类菌分泌的核酸酶类及其对应产物见表 2-3，对 RNA 的分解途径如图 2-14 所示。

表 2-3　核酸分解酶及其产物

核酸酶		底物	分解产物
5′-磷酸型	核酸酶	RNA、DNA	5′-单核苷酸或/和 5′-磷酸寡核苷酸
	脱氧核糖核酸酶	DNA	
	核糖核酸酶	RNA	

续表

核酸酶		底物	分解产物
3′-磷酸型	核酸酶	RNA、DNA	3′-单核苷酸或/和 3′-磷酸寡核苷酸
	脱氧核糖核酸酶	DNA	
	核糖核酸酶(Ⅰ)	RNA	
	核糖核酸酶(Ⅱ)	RNA	2′：3′-环核苷酸或/和 2′：3′-环磷酸-寡核苷酸
	核糖核酸酶(Ⅲ)	RNA	2′：3′-单环核苷酸(经 2′：3′-环核苷酸)

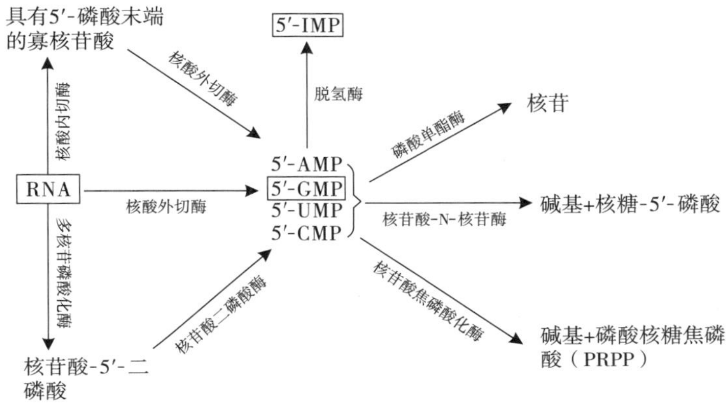

图 2-14　分解 RNA 生产 5′-IMP 和 5′-GMP 有关酶

2.2.5　其他食物大分子物质的降解及相关酶类

1. 纤维素的分解

纤维素是葡萄糖由 β-1，4 糖苷键组成的大分子化合物，广泛存在于自然界，是植物细胞壁的主要组成成分。人和大部分动物均不能消化纤维素。但是很多微生物，如木霉、青霉、某些放线菌和细菌均能分解利用纤维素，原因是它们能产生纤维素酶。

纤维素酶是一类纤维素水解酶的总称。它由 C_1 酶、C_X 酶和 β-葡萄糖苷酶组成。纤维素在 C_1 酶和 C_X 酶共同作用下，被水解成纤维二糖，再经过 β-葡萄糖苷酶作用，最终变为葡萄糖。用于生产纤维素酶的菌种有绿色木霉、康氏木霉、某些放线菌和细菌等。

2. 果胶质的分解

果胶是植物细胞的间隙物质，使邻近的细胞壁相连。它是半乳糖醛酸以 α-1，6 糖苷键相连形成的直链大分子化合物，其羧基大部分形成甲酯，而不含甲酯的称为果胶酸。在浆果中，果胶的含量最丰富，会引起果汁加工、葡萄酒生产的榨汁困难。

果胶酶是一类分解果胶的酶的总称，主要有果胶酯酶和聚半乳糖醛酸酶两种。这两种酶在果胶分解中起着不同的作用。果胶酶广泛存在于植物、霉菌、细菌和酵母菌中，其中以霉菌产的果胶酶为最好，不仅产量高，而且澄清果汁的能力强，因此在工业上常用霉菌作为生产菌种，如文氏曲霉、黑曲霉等。果胶酶大多属于诱导酶，故生产时必须添加含果胶的物质，才会提高产量。

3. 木质素及芳香族物质的分解

1)木质素的降解

木质素的降解一向被发酵行业所忽视，因为木质素分解困难，所以在原料成分中很少测定其含量。其实木质素的代谢产物和某些重要的芳香成分的形成有关，可能与大多数名特优发酵食品的香气之间有某种关系。

木质素是植物组织的成分之一，存在于次生细胞壁和细胞间质中。在植物体中的含量仅次于纤维素和半纤维素，在某些辅料中含量比较高，如稻壳中含量为21.4%，而幼嫩草本植物及豆科植物含量较少，只占3%～6%，某些真菌藻类也有木质素。木质素在植物细胞壁中与纤维素紧密结合，它的含量明显影响纤维素的分解，这可能是它包裹了纤维素，对纤维素起了保护作用。

木质素的基本单位是苯基丙烷(C_6～C_3)型的结构：图2-15所示的单位结构可能存在三种形态：第一种是R及R′为H；第二种是R为H，R′为甲氧基(-OCH_3)；第三种是R及R′都是甲氧基(-OCH_3)。这些不同形态的苯环化合物以很强的酯键(—C—O—C—)及C—C键结合成大分子化合物，其相对分子质量为一万至几万。

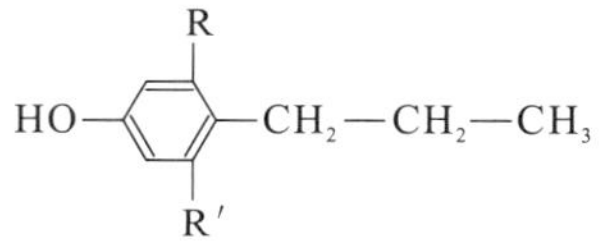

图2-15　木质素的基本单位

一般情况下，木质素分解很慢，在土壤中6个月也只损失干重的1/3。木质素分解的生化途径还不很清楚，但用纯木质素作材料进行分解时，培养液出现大量简单的芳香族化合物(常出现的有香草酸、对羟基苯酸、对羟基肉桂酸、阿魏酸、4-羟基-3-甲氧基苯丙酮酸、香草酸、松柏酸及愈创木酚等，这些物质大都在名特食品中检出过)，或某些香气成分的前体物质(如酒类及酱油等)，产品中这些芳香物质含量尽管很少，但它们能起到很大的作用。这些芳香物质的形成途径目前的解释是来源于木质素代谢途径假说(Schubert，1968)，如图2-16所示。

2)其他芳香族化合物的分解

原料中存在着各种芳香族化合物，如植物组织中含有带一个苯环的化合物及较复杂的环状化合物，如维生素、生物碱、萜类、单宁等，某些氨基酸也带有苯环，如水稻秸秆分解时就释放出对羟基苯酸、香草酸、阿魏酸及丁香酸等。近年来大量使用的农药很多是芳香族化合物的衍生物，这些物质也会随着原料带入。这些物质尽管含量不大，但是与成品风味不无关系，它们在成品中，痕量情况下就能显示出强烈的气味，如4-乙基愈创木酚，在很多名优酒中及酱油中都曾检出，它具有酱油特有的香味，含量为0.1 mg/L时人就能闻到其香味，含量低时的香味比含量高时更接近于酿造酱油的香味。

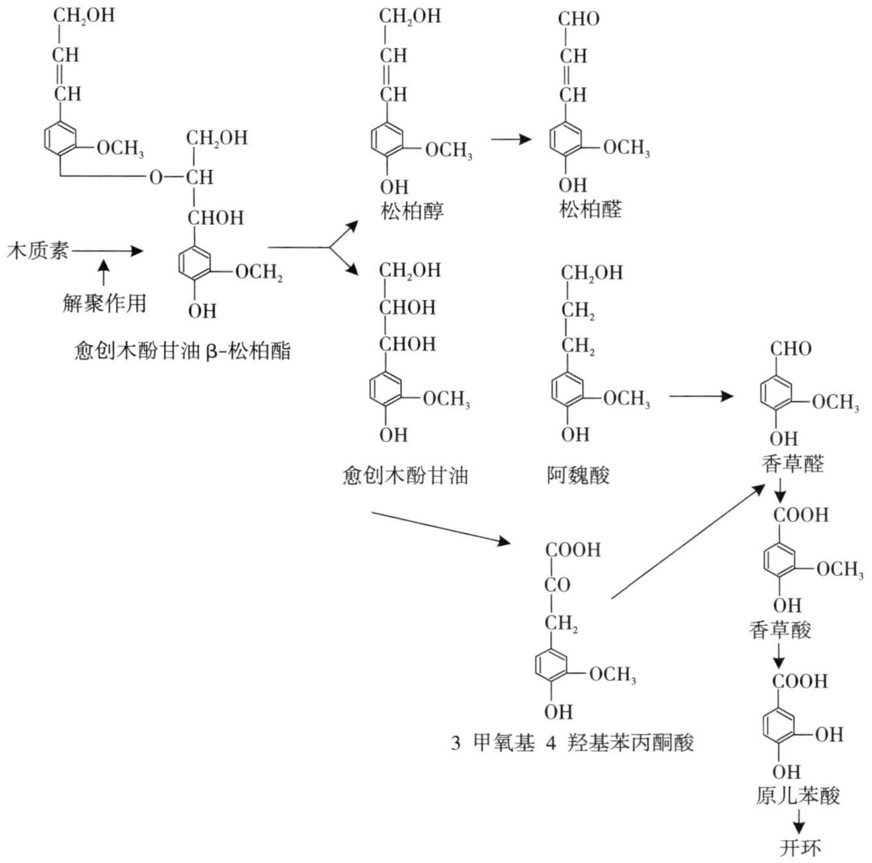

图 2-16　木质素微生物代谢假设途径

微生物对芳香族化合物及其衍生物进行氧化时，开始的步骤虽然不一样，但往往有共同的中间产物——双酚化合物生成。例如甲苯上的甲基经过一系列转变，成为-OH 基；又如，氨基苯甲酸及硝基苯酸上的氨基及硝基都被-OH 基所取代。如图 2-17 所示，各种不同的环状化合物经微生物氧化都变成邻二苯酚、原儿茶酚及少量龙胆酸等中间产物。

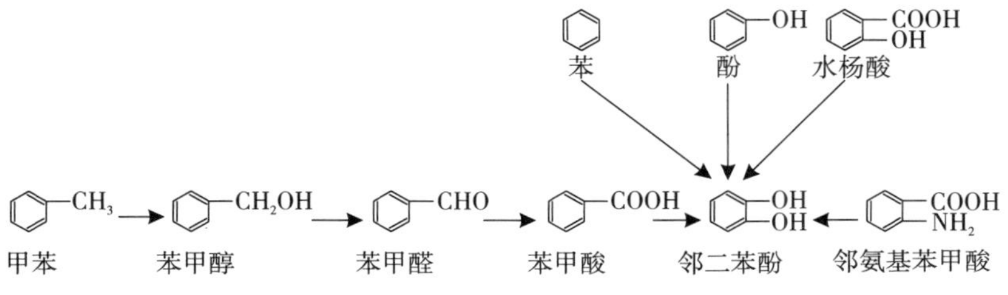

图 2-17　几种不同环状化合物的氧化中间产物

微生物不仅能分解单环化合物，还能分解两环化合物（萘、萘酚）及三环化合物（菲、蒽)。微生物对这些分子的作用是一次移走一个环，并且这种两环及三环化合物经不断转化也变成中间产物儿茶酚及龙胆酸等。极毛杆菌、分枝杆菌等细菌能进行这种转化作用。芳香族化合物也能进行厌氧分解成为相应的有机酸。儿茶酚、原儿茶酸及龙胆酸这类单环衍生物经高度专性的氧化酶作用可使环键断裂，生成乙酸、乙醛、丙酮酸、琥珀酸及延胡索酸等化合物。这些化合物又可继续进入 TCA 循环进一步氧化成 CO_2 和 H_2O。

2.3 食品微生物的主要代谢途径及发酵类型

生物的代谢活动是获得发酵产物的根本，底物可通过微生物的各种代谢途径形成不同的代谢产物。微生物对底物的转化途径和产物的积累不仅取决于细胞内的酶系，而且受到复杂生存环境的作用与影响。因此，难于对微生物代谢途径及代谢产物进行逐一介绍。这里仅从碳架入手，介绍产生单一初级产物的发酵途径，为微生物的发酵类型的掌握奠定必要基础。

2.3.1 由 EMP 途径进行的发酵

经 EMP 途径发酵至丙酮酸后，随着微生物种类的不同，可进行不同分支代谢途径的发酵，因而其最终发酵产物也不一样，如基于对丙酮酸的代谢，有乙醇发酵、同型乳酸发酵、丙酸发酵、2，3-丁二醇发酵、混合酸发酵、丁酸发酵等，如图 2-18 所示。

1. 乙醇及甘油发酵

乙醇发酵是酵母菌将葡萄糖发酵为丙酮酸，丙酮酸由脱羧酶催化脱羧成乙醛，乙醛被乙醇脱氢酶还原成乙醇的过程。

酵母菌在无氧条件下所生成的乙醇是由乙醛获得氢而形成的。如果改变条件，使乙醛这个中间产物不存在，那么酵母菌就不会产生乙醇。例如，在发酵液中加入亚硫酸氢钠（$NaHSO_3$），乙醛就与 $NaHSO_3$ 起加成作用，生成难溶的结晶状亚硫酸钠加成物，使乙醛不能作为受氢体，而迫使磷酸二羟丙酮作为受氢体，在 α-磷酸甘油脱氢酶(NAD^+ 为辅酶)催化下生成 α-磷酸甘油，α-磷酸甘油水解便生成 α-甘油，这就是工业上用酵母菌发酵(碱法)制备甘油的理论依据。碱法甘油发酵的产品有甘油、乙醇、乙酸，发酵过程中不产生 ATP，所以此法只能在酵母的非生长情况下进行发酵，此过程也称为酵母菌的Ⅲ型发酵。

在不加 $NaHSO_3$ 时，磷酸二羟丙酮也可作为还原辅酶Ⅰ的受氢体，形成磷酸甘油，因此正常的酵母菌发酵也有极少量的甘油生成。在果酒的发酵中，由于使用 H_2SO_3 作为杀菌剂，故副产物——甘油的生成量较大，而甘油具有调味功能，使酒的口感圆润。

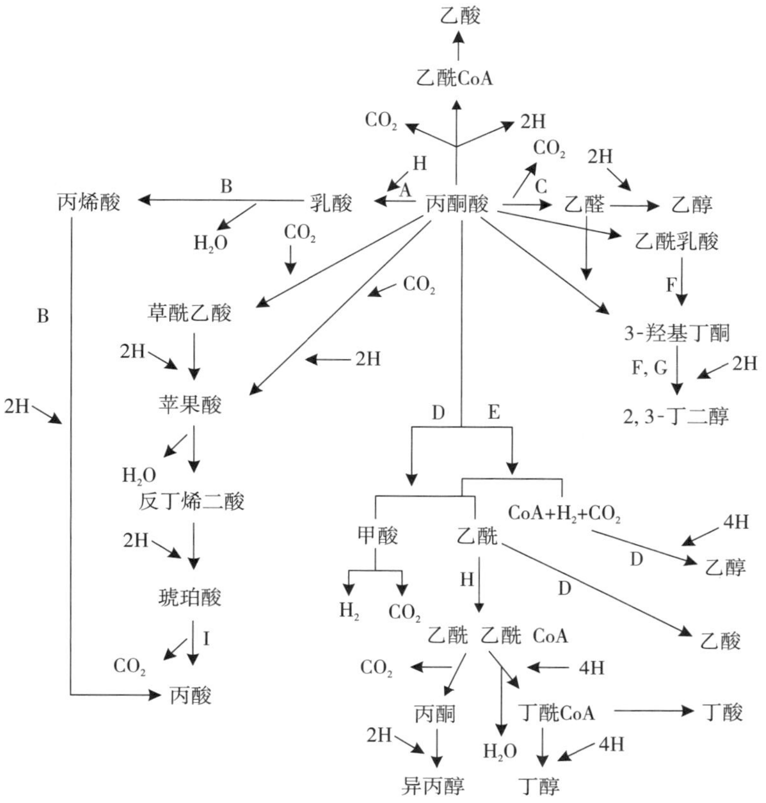

A—产乳酸细菌(链球菌、乳杆菌)；B—丙酸梭状芽孢杆菌；C—酵母、醋酸杆菌、发酵单胞菌、胃八叠球菌、梨头疫病欧氏杆菌；D—肠道杆菌；E—梭状芽孢杆菌；F—可氏杆菌；G—酵母；H—梭状芽孢杆菌(产丁酸细菌)；I—丙酸细菌

图 2-18　基于丙酮酸的发酵产物

2. 同型乳酸发酵

同型乳酸发酵是乳酸菌在厌氧条件下利用葡萄糖经 EMP 途径生成丙酮酸，丙酮酸在乳酸脱氢酶作用下(需还原型辅酶Ⅰ)接受氢被还原为乳酸的过程。能进行同型乳酸发酵的细菌有德氏乳杆菌、乳酸链球菌、酪乳杆菌、保加利亚乳杆菌等。同型乳酸发酵菌可以将大部分葡萄糖转化为乳酸(至少 80%以上)，没有或很少有其他产物。

3. 丙酸发酵

丙酸发酵是丙酸细菌以葡萄糖、甘油、乳糖、乳酸等作为碳源，代谢发酵生成丙酸，同时伴随有乙酸、琥珀酸、CO_2 等副产物生成的过程。其中，丙酸和乙酸的产量比因菌种、培养条件的不同而不同，以葡萄糖、乳酸为基质发酵，丙酸和乙酸的生成比大多在 2∶1 左右。

丙酸杆菌一般由底物经 EMP 途径及伍德-沃克曼循环途径、乙酸和 CO_2 合成途径、琥珀酸合成途径、糖原异生途径、三羧酸循环途径等生成丙酸及副产物。其中，以葡萄糖经 EMP 途径代谢生成丙酮酸之后，由伍德-沃克曼循环途径代谢生成丙酸最为常见。

丙酸杆菌多见于动物肠道和乳制品中。工业上常用傅氏丙酸杆菌和薛氏丙酸杆菌等发酵生产丙酸。丙酸发酵是一条较难进行的代谢途径，且丙酸杆菌生产丙酸时受到终产物(丙酸和乙酸)抑制，故难以使产物积累到较高程度。

4. 混合酸发酵

进行混合酸发酵的主要是肠道细菌，如大肠杆菌等，其发酵产物除甲酸、乙酸、乳酸等有机酸外，还有 CO_2 和 H_2，有的还有 2，3-丁二醇。所有上述产物的种类及含量都因菌种不同而不同，故可用来鉴定菌种。

甲酸又称蚁酸，它是在丙酮酸甲酸裂解酶的作用下将丙酮酸裂解而成的。甲酸在酸性条件下($pH<6.2$)易被分解为 CO_2 和 H_2，该反应由甲酸氢解酶催化。在肠道菌中，有些菌不具甲酸氢解酶，如志贺氏菌，故发酵葡萄糖时只产酸不产气，据此可将其与其他产气菌种区分开。乙酸是在乙酰辅酶 A 的作用下，由乙酰磷酸分解而产生的。乳酸来自丙酮酸的还原。琥珀酸和甲酸发酵途径类似，由丙酮酸演变而来。

5. 2，3-丁二醇发酵

产气杆菌也可进行混合酸发酵，不过由葡萄糖发酵而来的丙酮酸又可缩合、脱羧成乙酰甲基甲醇，后者可还原成 2，3-丁二醇。在碱性条件下，2，3-丁二醇易被氧气氧化成二乙酰。

6. 丁酸发酵

丁酸发酵的代表菌主要是专性厌氧的梭状芽孢杆菌。发酵产物中，除丁酸外，还有乙酸、CO_2 和 H_2 等。工业上的丙酮丁醇发酵便是丁酸发酵的一种。进行丙酮丁醇发酵的菌种是丙酮丁醇梭菌，发酵产物除乙酸、丁酸、CO_2 和 H_2 外还有丙酮、丁醇。在丙酮丁醇发酵过程中，发酵前期主要产酸，后期酸量下降，大量积累丙酮、丁醇。丙酮来自乙酰乙酸的脱羧；丁醇来自丁酸的还原。

2.3.2 基于磷酸戊糖途径的发酵

磷酸戊糖(HMP)途径又被称为单磷酸己糖途径，经 HMP 途径，1 分子 6-磷酸葡萄糖转变成 1 分子 3-磷酸甘油醛、1 分子 CO_2 和 1 分子 NADPH。一般认为，HMP 途径不是产能途径，而是为生物合成提供大量的还原力(NADPH)和中间代谢产物，如 5-磷酸核酮糖、赤藓糖等。通过 HMP 途径的逆转途径，在羧化酶作用下可固定 CO_2，对于光能自养菌、化能自养菌具有重要意义。

HMP 途径生理学意义如下：为核苷酸和核酸的生物合成提供戊糖-磷酸；产生大量的 $NADPH_2$，参与脂肪酸、固醇等细胞物质的合成也可通过呼吸链产生大量的能量；积累四碳糖(赤藓糖)，四碳糖可用于芳香族氨基酸的合成；在反应中存在 3～7 碳糖，使微生物的碳源谱更广泛；通过该途径可产生核苷酸、氨基酸、辅酶、乳酸等。

HMP 途径与 EMP 途径有着密切的关系，因为 HMP 途径中产生的 3-磷酸甘油醛可以进入 EMP 途径，因此该途径又可称为磷酸戊糖支路。大多数好氧和兼性厌氧微生物中都有 HMP 途径，而且在同一微生物中往往同时存在 EMP 途径和 HMP 途径，单独具有 EMP 途径或 HMP 途径的微生物较少见。

由 HMP 途径进行发酵的典型例子是异型乳酸发酵。异型乳酸发酵是指发酵产物中除乳酸外，还有乙酸、乙醇和 CO_2(图 2-19)。进行异型乳酸发酵的微生物有肠膜状明串株菌、甘露醇乳杆菌、番茄乳杆菌、短乳杆菌、戊糖乙酸乳杆菌及根霉等。这些菌不能进行同型乳酸发酵，主要是因为缺乏裂解磷酸糖的关键性酶——果糖二磷酸醛缩酶。

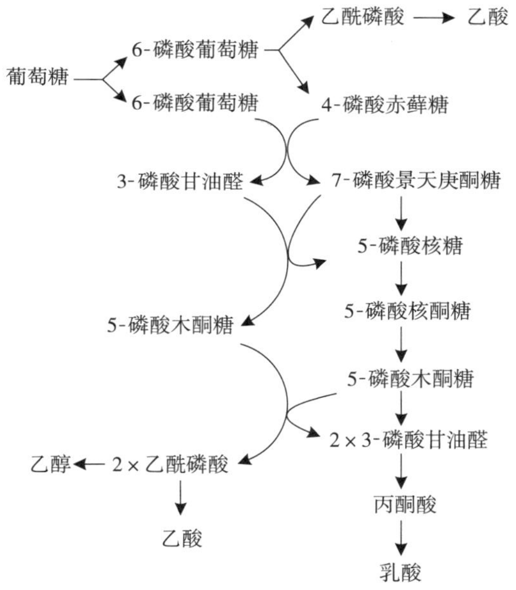

图 2-19　异型乳酸发酵途径

2.3.3　基于 ED 途径的发酵

许多细菌都能利用葡萄糖发酵产生乙醇，但不同细菌的发酵途径各不相同。少数假单胞菌，如林氏假单胞菌能利用葡萄糖经 ED 途径进行酒精发酵(图 2-20)，在末端假单胞菌中能使 2 分子丙酮酸脱羧，然后还原脱羧生成 2 分子乙醇和 2 分子 CO_2，在其他假单胞菌中氢载体氧化后，生成 1 分子乙醇、1 分子乳酸和 1 分子 CO_2。而胃八叠球菌则是利用 EMP 途径进行乙醇发酵。葡萄糖经 HMP 途径的前部分生成 6-磷酸葡萄糖酸后，不再氧化脱羧，而是在脱水酶的催化下进行脱水，生成2-酮-3-脱氧-6-磷酸葡萄糖酸，再由脱氧酮糖酸醛缩酶催化裂解为3-磷酸甘油醛和丙酮酸。3-磷酸甘油醛再转入EMP途径，转化为丙酮酸，即1分子葡萄糖降解为2分子丙酮酸，最后变为乙醇。

细菌酒精发酵是20世纪70年代发现的，其特点是代谢速率快，发酵周期短，比酵母菌的酒精产量高，细菌具有厌氧和耐高温的特点，且能利用各种糖类。

在微生物细胞中，有的同时存在EMP、HMP、ED等途径来降解葡萄糖，有的只有一条途径，如嗜糖假单胞菌只有ED途径。在某一具体条件下，拥有多条途径的某种微生物究竟经何种途径代谢，对发酵产物影响很大。据资料分析，一般微生物多以EMP途径为主；少数以ED途径为主；酵母菌和一些霉菌通常两条途径并用，且EMP：HMP=(70%～80%)：(30%～20%)。

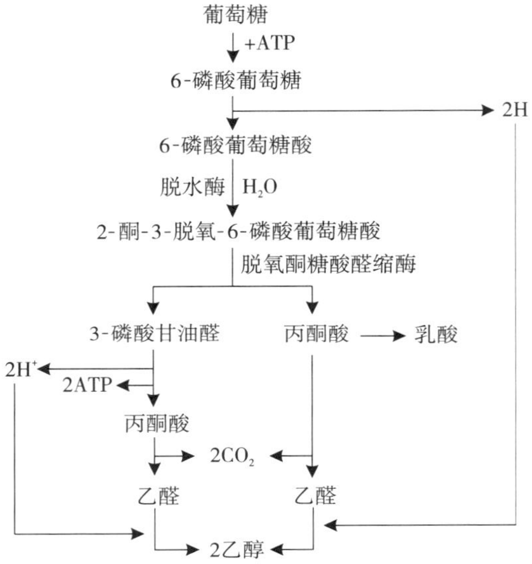

图2-20　细菌酒精发酵途径

2.3.4　基于TCA途径的发酵

许多好氧和兼性厌氧微生物都能通过TCA途径进行发酵，在一定条件下，生成许多产物。微生物利用葡萄糖，经过EMP途径生成丙酮酸，在无氧条件下还原成乙醇、乳酸等发酵产物。但在有氧条件下，丙酮酸经过TCA循环代谢途径，不断被分解，最终被彻底氧化成CO_2和H_2O，并释放出大量能量。在这个循环代谢途径中，由于有几个中间产物是含有3个羧基的化合物，故称为三羧酸循环或称柠檬酸循环。

TCA循环可分为两个阶段：第一阶段，由EMP途径生成的丙酮酸经氧化脱羧作用，形成乙酰辅酶A；第二阶段，乙酰辅酶A进入TCA循环，被彻底氧化成CO_2和H_2O，并释放出能量。

微生物经过TCA循环进行发酵，可以生产出多种有机酸，如柠檬酸、α-酮戊二酸、琥珀酸、延胡索酸和苹果酸等。另外，通过这些有机酸，还可以与氨基酸代谢发生密切关系，相应发酵产生出其他多种氨基酸，如谷氨酸、赖氨酸等。下面以柠檬酸、谷氨酸发酵为例，分别介绍由 TCA 循环途径进行的发酵。

1)柠檬酸发酵

许多微生物能利用葡萄糖发酵生产柠檬酸，其中黑曲霉是工业上最常用的生产菌种。黑曲霉利用葡萄糖经 EMP 途径生成丙酮酸，丙酮酸被丙酮酸氧化酶氧化成乙酸和 CO_2，乙酸在乙酸激酶的作用下生成乙酰磷酸，乙酰磷酸合成乙酰 CoA，乙酰 CoA 在柠檬酸合成酶的作用下，和草酰乙酸合成为柠檬酸。由 TCA 代谢环可知，在发酵过程中，当微生物体内的乌头酸水合酶和异柠檬酸脱氢酶活性很低而柠檬酸合成酶活性高时，才有利于柠檬酸的大量积累。

2)谷氨酸发酵

能利用糖质发酵生产 L-谷氨酸的微生物很多，但主要是一些细菌。目前工业上应用的谷氨酸产生菌有谷氨酸棒状杆菌、乳糖发酵短杆菌、散枝短杆菌、黄色短杆菌、噬氨短杆菌等。我国常用的菌种有北京棒状杆菌、钝齿棒状杆菌等。

谷氨酸的生物合成途径大致如下：葡萄糖经糖酵解(EMP 途径)和己糖磷酸支路(HMP 途径)生成丙酮酸，再氧化成乙酰 CoA，然后进入三羧酸循环，生成 α-酮戊二酸。α-酮戊二酸在谷氨酸脱氢酶的催化及有 NH_4^+ 存在的条件下，生成谷氨酸。生物素是影响谷氨酸产量的重要因素之一，当生物素缺乏时，菌种生长十分缓慢，当生物素过量时，则转为乳酸发酵。一般将生物素控制在亚适量条件下，才能得到高产量的谷氨酸。在谷氨酸发酵中，如果能够改变细胞膜的通透性，使谷氨酸不断地排到细胞外面，也会大量生成谷氨酸。研究表明，影响细胞膜通透性的主要因素是细胞膜中的磷脂含量，磷脂的合成量减少，会导致细胞膜结构不完整，从而提高细胞膜对谷氨酸的通透性。

2.3.5　基于微生物的一些特殊代谢途径的发酵

在碳的同化方面，除一般的代谢类型外，微生物还有许多特殊的代谢途径，这些代谢途径既可以产生有机酸、脂肪酸、维生素、多糖等，也可以产生氧化烃、芳香族化合物等。另外，微生物还可产生抗生素、色素、毒素、甾体化合物等次级代谢产物。

1. 次级代谢

次级代谢是指微生物在一定的生长时期(一般是稳定生长期)，以初级代谢产物为前体，合成一些对微生物的生命活动没有明确功能的物质的过程。这一过程的产物即为次级代谢产物，具体步骤如图 2-21 所示。另外，也有把初级代谢产物的非生理量的积累，看成是次级代谢产物，如微生物发酵产生的维生

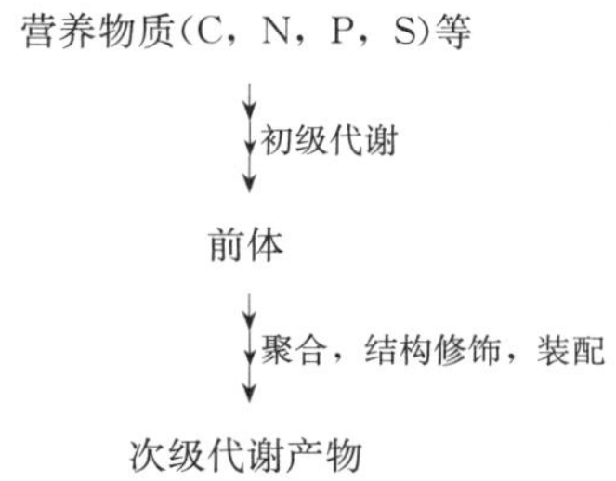

图 2-21　次级代谢产物形成步骤

素、柠檬酸、谷氨酸等。根据次级代谢产物的作用，可以将其分为抗生素、激素、生物碱、毒素及维生素等类型。根据次级代谢产物的合成途径，可以将其分为如下 5 种类型：

(1)与糖代谢有关的类型。以糖或糖代谢产物为前体合成次级代谢产物有 3 种情况：①直接由葡萄糖合成次级代谢产物，如曲霉属产生的曲酸、放线菌产生的链霉素以及大环内酯抗生素中的糖苷等；②由预苯酸合成芳香族次级代谢产物，如放线菌产生的氯霉素、新霉素等；③由磷酸戊糖合成的次级代谢物质，磷酸戊糖首先合成重要的初级代谢产物——核苷类物质，初级代谢产物进一步合成次级代谢产物，如狭霉素、嘌呤霉素、抗溃疡间型霉素、杀稻瘟菌素 S 以及多氧霉素等。

(2)与脂肪酸代谢有关的类型。以脂肪酸代谢产物为前体合成次级代谢产物有两种情况：①以脂肪酸为前体，经过几次脱氢、β-氧化，生成比原脂肪酸碳数少的聚乙炔脂肪酸，这种次级物质多在高等植物中存在，担子菌中也能见到；②次级代谢产物不经过脂肪酸，而是从丙酮酸开始生成乙酰 CoA，乙酰 CoA 在羧化酶催化下生成丙二酰 CoA，在初级代谢中由丙二酰 CoA 进一步合成脂肪酸，而在次级代谢中所生成的丙二酰 CoA 等链中的羰基不被还原，而生成聚酮或 β-多酮次甲基链，这些产物进一步发生反应生成不同的次级代谢产物，如四环素、红霉素等。

(3)与萜烯和甾体化合物有关的类型。与萜烯和甾体化合物有关的次级代谢产物主要由霉菌产生，如烟曲霉素(由 3 个异戊烯单位聚合而成)、赤霉素(由 4 个异戊烯单位聚合而成)、梭链孢酸(由 6 个异戊烯单位聚合而成)及 β-胡萝卜素(由 8 个异戊烯单位聚合而成)等。

(4)与 TCA 环有关的类型。与 TCA 环相连的次级代谢产物可以分为 2 类：一类是从 TCA 环得到的中间产物进一步合成次级产物，如由 α-酮戊二酸还原生成戊烯酸，由乌头酸脱羧生成衣康酸；另一类是由乙酸得到的有机酸与 TCA 环上的中间产物缩合生成次级产物，如脂肪酸 α-亚甲基与草酰乙酸或 α-酮戊二酸羧基或羰基缩合。担子菌产生的松蕈(三)酸(α-十六烷基柠檬酸)就是由十八烷酸($C_{17}H_{33}COOH$)的 α-亚甲基与草酰乙酸的羰基缩合而成的。

(5)与氨基酸代谢有关的类型。与氨基酸代谢有关的次级代谢可以分为 3 类：①由 1 个氨基酸形成的次级代谢产物，如放线菌产生的环丝氨酸、氮丝氨酸，担子菌由色氨酸合成口磨氨酸、鹅膏氨酸、二甲基-4-羟色胺磷酸以及靛蓝等；②由 2 个氨基酸形成的次级代谢产物，如曲霉酸、支霉粘毒，是由 2 个氨基酸先以肽键结合，闭环生成二酮吡嗪进一步形成的，半胱氨酸和缬氨酸以另外的缩合方式形成 6-氨基青霉素烷酸；③由 2 个以上氨基酸缩合而成的次级代谢产物，氨基酸之间多以肽键结合成直链状，如镰刀菌产生的恩镰孢菌素及放线菌产生的短杆菌肽 A、放线菌素、短杆菌酪素、多粘菌素、杆菌肽，以及由 2 个以上氨基酸经过复杂缩合后形成的含氮芳香环(如麦角生物碱)等。

次级代谢一般只是在菌体对数生长后期或稳定生长期进行。因此，此类微生物的生长和次级代谢过程可以区分为 2 个阶段，即菌体生长阶段和代谢产物合成阶段。例如，链霉素、青霉素、金霉素、红霉素、杆菌肽等都是在合成阶段形成的。但是，次级代谢产物的合成时期，可以因培养条件的改变而改变(例如，氯霉素在天然培养基中是在菌体繁殖期合成，而在合成培养基中，其合成与生长平行)。次级代谢中存在 2 个生理阶段，一般认为是由于碳分解产物产生阻遏作用的结果，阻遏解除后，合成阶段才能开始。

2. 高级醇代谢及酯类物质的形成

高级醇(又称杂醇油)是酵母在发酵过程中形成的代谢副产物，是指 3 个碳原子以上的一元醇类，如正丙醇、正丁醇、异丁醇、戊醇、异戊醇、活性戊醇、辛醇、β-苯乙醇、色醇和酪醇等。高级醇为酒类主要香气成分之一，是增甜和助香的主要物质。有的高级醇还具有特殊的香味。例如，丁醇有极好的脂肪香味，过多则味苦；异丁醇有香味及杂醇油气，味苦；丙醇有风信子香味，极苦；异戊醇进口香，具特殊的酒精气味，有辣味。一般酒精产量高的酵母菌其高级醇产量低，而某些产酒精能力不强的酵母菌往往产高级醇及酯的能力强。酵母高级醇的代谢途径主要有降解途径和合成途径两种。

降解代谢途径又称埃尔利希代谢途径，由德国化学家 Ehrlich 于 1907 年首先提出，随着其后研究的不断完善，降解代谢途径可归纳为酵母酒精发酵过程中，氨基酸在转氨酶的作用下，将氨基转移到 α-酮戊二酸上形成相应的谷氨酸和 α-酮酸，α-酮酸在酮酸脱羧酶的催化作用下，脱羧转化成少 1 个碳原子的醛，醛再经醇脱氢酶作用进一步还原为相应的高级醇，其代谢过程如图 2-22 所示。特定的高级醇与其相应的氨基酸关系如下：亮氨酸被降解为异戊醇，缬氨酸被降解为异丁醇，苯丙氨酸被降解为 β-苯乙醇，异亮氨酸被降解为活性戊醇，酪氨酸被降解为酪醇，色氨酸被降解为色醇。因此，如果发酵醪液中含有过多的氨基酸，则会诱导酵母的高级醇降解代谢，形成更多的高级醇。

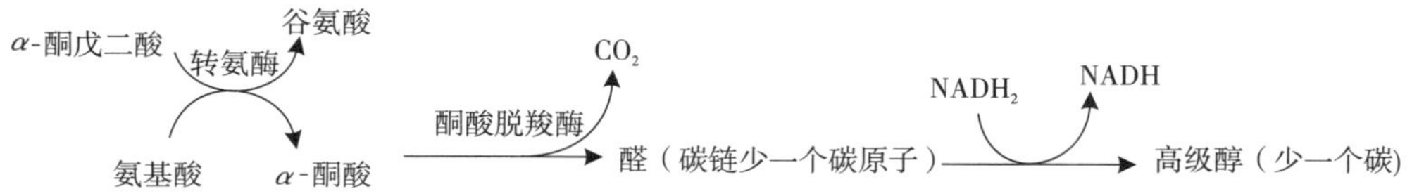

图 2-22　生成高级醇的降解途径

合成代谢途径又称 Harris 代谢途径，是 Harris 于 1953 年提出的。葡萄糖经糖酵解途径形成丙酮酸，丙酮酸在乙酰羟酸合酶的作用下进入氨基酸的生物合成途径，在合成代谢的最后阶段形成 α-酮酸中间体，进一步在相应酶的催化作用下还原形成相应的高级醇。在由糖生物合成高级醇的途径中，其代谢末期与降解代谢途径形成高级醇的机理一样，也是由相应的 α-酮酸脱羧形成少一个碳原子的高级醛，再在脱氢酶的作用下被还原为相应的高级醇，其代谢过程如图 2-23 所示。

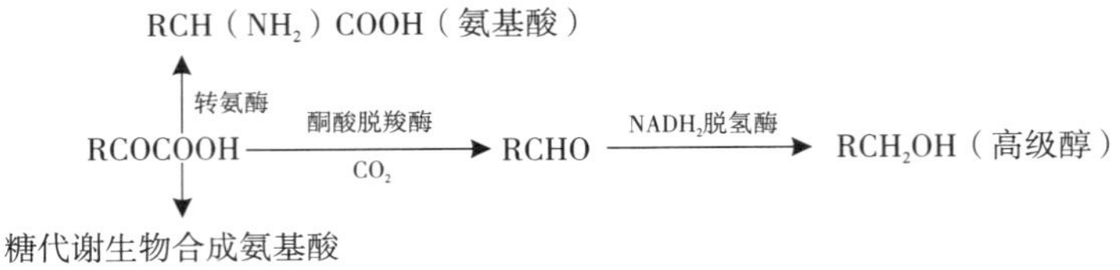

图 2-23　生成高级醇的合成途径

基于上述两条途径，Growall 于 1961 年提出高级醇的综合合成途径(图 2-24)所示。

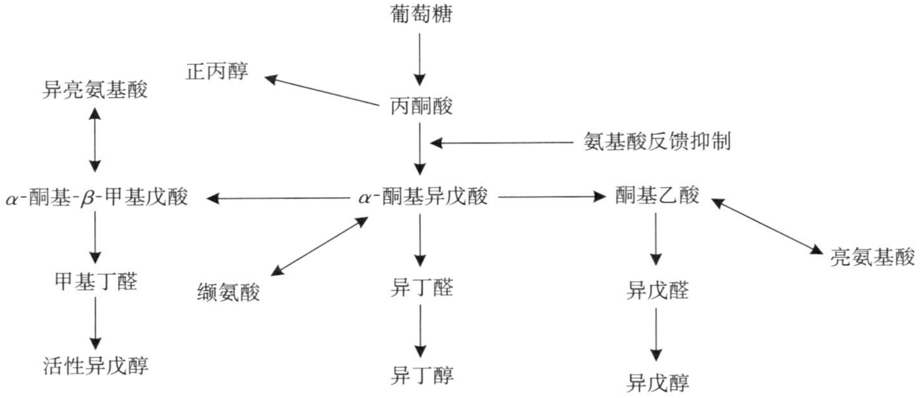

图 2-24　高级醇综合合成途径

梭状芽孢杆菌产生一系列的有机溶剂，特别是丁醇、丙醇、异丙醇、丁醇、乙醇等，其形成量由菌种和培养条件而定。在浓香型白酒及酱香型白酒的酒窖中分离到大量的梭状芽孢杆菌，据报道，窖龄越长梭状芽孢杆菌越多，酒质越好。由酵母对糖进行乙醇转化的过程中，不仅会产生不等的高级醇，还会分泌酯类物质，如图 2-25 所示。

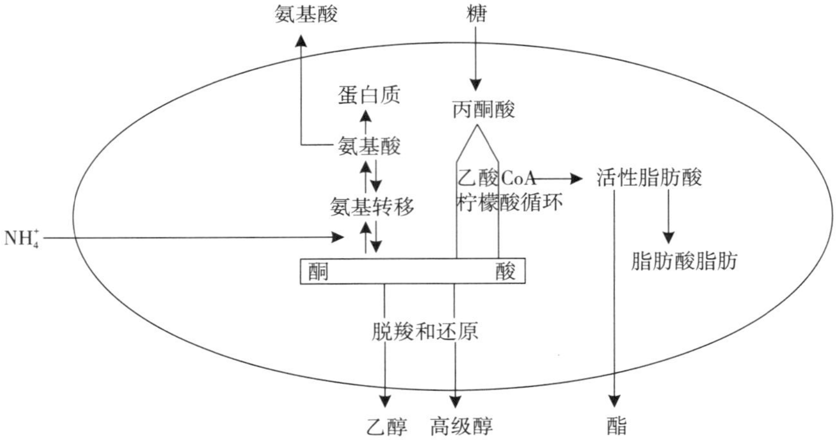

图 2-25　乙醇、高级醇、酯的生成及在酵母细胞内代谢

酯类是具有芳香气味的挥发性化合物，例如，乙酸乙酯有愉快的香蕉味，带有微弱的苹果味、味淡、微辛；丙酸乙酯似芝麻香；丁酸乙酯有甜菠萝味、辣、微酸，量多时

有不愉快的汗臭味；己酸乙酯有愉快的窖底香味或菠萝香味，微有辣味。

酯类是由酰基 CoA 和醇类缩合而成的，泛酸盐对其形成有促进作用。酰基 CoA 是酯类合成的关键物质，它是一种高能化合物，可以通过脂肪酸的活化、α-酮酸的氧化及高级脂肪酸合成的中间产物等途径形成。

思 考 题

1. 简述微生物生长规律与发酵活动之间的关系。
2. 微生物三大代谢体系之间的联系是什么，基于三大代谢的体系的发酵产物都有哪些类型？三大代谢体系与食品发酵历程之间的联系是什么？
3. 微生物糖代谢途径都有哪些，相对应的发酵类型及其生产菌是什么？
4. 氨基酸发酵途径有哪些，各途径的不同点是什么？
5. 生产核酸的途径有哪三大类？
6. 脂类物质的降解途径及产物是什么，合成法一般可生成哪些类型的脂肪酸？
7. 酵母菌中酯类物质与醇类物质积累的联系是什么？
8. 形成食品风味的组成都有哪些？影响酿造食品风味的因素都有哪些？
9. 次级代谢是微生物的特殊代谢途径，对酿造食品有何影响？

第 3 章 食品发酵微生物的多样性

发酵食品的种类很多，利用天然微生物发酵的食品，微生物种类多，食品风味复杂，具明显的地方特色，但食品感染腐败菌的可能性也大，而现代接种发酵食品，涉及的微生物种类少，食品的安全卫生程度提高，但往往风味单调，地域特色不鲜明。

3.1 发酵乳制品

发酵乳制品是指以动物乳(牛乳、羊乳、马乳等)及加工品为原料，经乳酸菌或酵母发酵而制成的乳制品，是具有特殊风味的糊状或液状产品。主要的产品种类包括发酵乳、干酪、乳酸菌制剂和酸乳粉等类别，其中以发酵乳和干酪的生产量最大。无论是哪一类发酵乳制品，均要求在销售时乳制品中的微生物菌群保持活性，且不得含有任何有损于人体健康的致病微生物。世界乳品协会(IDF)明确规定，发酵乳制品的乳固体含量在 8% 以上，乳酸菌活菌数在 1000 万个/mL 以上，大肠菌群属阴性。

3.1.1 发酵乳制品中的微生物区系

19 世纪末以来，人们已开展了大量的有关传统发酵乳制品中微生物类群构成的研究，发现多种微生物均与发酵乳制品的生产密切相关(表 3-1)。

表 3-1 传统发酵乳制品中的微生物类群

类群	主要发酵微生物分类属	次生微生物分类种
细菌	乳杆菌(*Lactobacillus*)	德式乳杆菌(*L. delbruckii*)、德式乳杆菌乳酸亚种(*L. delbrueckii* subsp. *lactis*)、德式乳杆菌保加利亚亚种(*L. delbrueckii* subsp. *bulgaricus*)、瑞士乳杆菌(*L. helveticus*)、嗜酸乳杆菌(*L. acidophilus*)、干酪乳杆菌(*L. casei*)、发酵乳杆菌(*L. fermentum*)、短乳杆菌(*L. brevis*)
	乳球菌(*Lactococcus*)	乳酸乳球菌乳酸亚种(*L. lactis* subsp. *lactis*)、乳酸乳球菌亚种双乙酰亚种(*L. lactis* subsp. *diacetyl*)、乳酸乳球菌乳脂亚种(*L. lactis* subsps. *cremoris*)
	明串珠菌(*Leuconostoc*)	肠膜明串珠菌(*L. mesenteroides*)、肠膜明串珠菌葡聚糖亚种(*L. mesenteroides* subsp. *dextranicum*)、肠膜明串珠菌乳脂亚种(*L. mesenteroides* subsp. *cremoris*)、乳明串珠菌(*L. lactis*)
	链球菌(*Streptococcus*)	嗜热链球菌(*S. thermophilus*)
	片球菌(*Pediococcus*)	戊糖片球菌(*P. pentosaceus*)、乳酸片球菌(*P. acidailactici*)
	醋酸杆菌(*Acetobacterium*)	醋酸杆菌(*A. aceti*)

续表

类群	主要发酵微生物分类属	次生微生物分类种
酵母	克鲁维氏酵母(*Kluyveromyces*)	马克斯克鲁维氏酵母马克斯亚种(*K. marxianus* sp.)、马克斯克鲁维氏酵母保加利亚亚种(*K. marxianus bulgaricus* sp.)、乳酸克鲁维氏酵母(*K. lactis*)
	假丝酵母(*Candida*)	糙醭假丝酵母(*C. mycoderma*)
	酵母属(*Saccharomyces*)	酿酒酵母(*S. cerevisiae*)、乳酸糖酵母(*S. lactis*)
	有孢圆酵母(*Torulaspora*)	德氏有孢圆酵母(*T. delbrueckii*)
霉菌	地霉(*Geotrichum*)	白地霉(*Geo. candidum*)

根据乳的种类、主要发酵微生物的种类及主要代谢产物，将发酵乳划分为 3 个主要的类型(图 3-1)：①酵母-乳酸菌发酵类；②乳酸菌发酵类；③霉菌-乳酸菌发酵类。

- 发酵乳
  - 酵母-乳酸菌发酵类
    - 酸乳酒
    - 马奶酒
    - 嗜酸性酵母菌乳
  - 乳酸菌发酵类
    - 嗜温性：酪乳、Tafil、Filmjolk、Tactmjolk、Lanjofil、发酵酪乳
    - 嗜热性：酸乳、保加利亚酪乳、Zabadi、Labneh、Chakka
    - 疗效性：Bifighurt、嗜酸菌乳、ABT、Yakult、BRA、Biogarde
  - 霉菌-乳酸菌发酵类——Villi

图 3-1　发酵乳制品分类示意图

1. 酸奶

酸奶属于乳酸菌发酵乳，起源于保加利亚，是以鲜牛奶为主要原料，经加热处理和加入乳酸菌培养物发酵后，乳糖变为乳酸，蛋白质遇酸凝固而制得的一类发酵乳制品。

在传统酸奶生产中，涉及的微生物菌群非常复杂。研究发现，酸奶发酵中起主导作用的是保加利亚乳杆菌和嗜热链球菌，其他如嗜温乳球菌和明串珠菌在风味成分及抑制物的产生上起到辅助作用，而广泛分布的酵母，如糙醭假丝酵母、克鲁斯假丝酵母、热带假丝酵母等，则主要是一些腐败菌。

乳酸菌大量存在于环境中，种类多，目前已知的乳酸菌类群至少可以包含 23 个属，分别为乳杆菌属、肉食杆菌属、双歧杆菌属、链球菌属、肠球菌属、乳球菌属、明串珠菌属、片球菌属、气球菌属、奇异菌属、漫游球菌属、利斯特氏菌属、芽孢乳杆菌属、芽孢杆菌属的少数种、环丝菌属、丹毒丝菌属、孪生菌属、糖球菌属、四联球菌属、酒球菌属、乳球形菌属、营养缺陷菌属和魏斯氏菌属。

2. 奶酪

奶酪是另一类重要的以乳酸菌发酵为主的传统发酵食品。奶酪起源于中东，是以牛奶等动物乳为主要原料，经凝乳并分离出乳清而制得的新鲜或发酵成熟的乳制品。成熟的干酪，被誉为“奶黄金”，在世界各地已发展到 900 多个品种。

奶酪中除存在细菌类的乳酸菌群外，还有丙酸菌和丝状菌。常见的细菌类乳酸菌有乳酸乳球菌、嗜热链球菌、保加利亚乳杆菌、干酪乳杆菌、瑞士乳杆菌、噬柠檬酸明串珠菌、嗜热乳杆菌、植物乳杆菌等。

奶酪中的次生菌群包括霉菌、酵母、细菌的一些种类(表 3-2)。其中，霉菌类主要有青霉属的沙门柏干酪青霉、酪生青霉、娄地青霉以及地霉属的白地霉等；酵母类主要与蛋白质及脂类的降解及风味物质的形成有关；细菌类(如扩展短杆菌)与涂抹和去皮干酪的橘红色及含硫氨基酸的特征风味有关；弗氏微球菌具高蛋白、脂类水解能力，在干酪成熟中起重要作用；弗氏丙酸杆菌能转化乳酸为风味成分丙酸、乙酸以及能产生导致干酪孔眼形成的CO_2等，其他的如干酪乳杆菌及其亚种、植物乳杆菌、弯曲乳杆菌、短乳杆菌等也发挥着一定的作用。

表 3-2　奶酪中的主要和次生微生物类群

类别	主要发酵微生物分类种	次生微生物分类属
细菌	乳酸乳球菌乳脂亚种、乳酸乳球菌乳酸亚种、肠膜明串珠菌乳脂亚种、乳明串珠菌、嗜热链球菌、德氏乳杆菌 、保加利亚乳杆菌 、乳酸乳杆菌、干酪乳杆菌、植物乳杆菌、片球菌、嗜酸乳杆菌、布氏乳杆菌、双歧杆菌等	微球菌属(*Micrococcus*)、乳杆菌属(*Lactobacillus*)、片球菌属(*Pediococcus*)、棒状杆菌属(*Corynebacterium*)、丙酸杆菌属(*Propionbacterium*)、短杆菌属(*Brevibacterium*)
酵母	克鲁维氏酵母属、假丝酵母属	酵母属(*Saccharomyces*)、德巴利氏酵母属(*Debaryomyces*)等
霉菌		青霉属(*Penicillium*)、地霉属(*Geotrichum*)

3.1.2　发酵乳制品的微生物腐败及预防

乳酸菌类发酵乳制品由于发酵所产生的酸性环境、多种细菌素以及优势菌竞争抑制等因素，正常情况下可以抑制各种致病菌的生长而成为“卫生安全”的发酵乳制品。然而霉菌和酵母作为腐生菌，低 pH 对它们几乎没有影响，在乳糖等糖类物质存在的情况下可以迅速生长而可能使乳制品腐败变质。

1. “鼓盖”现象

酸奶杯口的铝箔膜出现隆起的现象被称为“鼓盖”，这是酵母污染的典型特征之一，多数是因为厌氧性酵母的污染而引起的。另外，当出现好气酵母污染时，会在酸奶，特别是凝固型酸奶表面出现由酵母生长引起的斑块。从“鼓盖”酸奶中分离出的酵母包括克鲁维氏酵母属、酵母属、德巴利氏酵母属、红酵母属、毕赤氏酵母属和掷孢酵母属等。由于某些酵母常常在车间设备或墙壁表面附着，同时果料中的酿酒酵母等经巴氏杀菌可能仍然存留，甜的酸奶为这些微生物的生长和代谢提供了十分理想的环境，从而导致酸奶的污染。

2. 发霉及霉菌毒素

一些奶酪的成熟需要霉菌的促进作用，但是对于大多数奶酪而言，霉菌生长是引起奶酪腐败变质的因素。霉菌会破坏奶酪产品的外观，并产生霉味，还可能产生毒素。对酸奶制品而言，一般酸奶中霉菌计数达到 1～10 cfu/g 时就必须引起注意，特别是当发现有青霉存在时，酸奶产品中就有霉菌毒素存在的可能。

3. 斑块及变色

一些霉菌(如毛霉属、根霉属、曲霉属或青霉属等)在酸奶与空气的接触面生长后，可出现纽扣状斑块。另外，由于奶酪成熟室中常常有交链孢霉属、芽枝孢霉属、念珠霉属、曲霉属、毛霉属、青霉属等霉菌的存在，而高水分含量的软质奶酪、农家奶酪和稀奶油奶酪等容易受到地霉属霉菌的污染，因而奶酪成熟过程中，奶酪表面容易因为霉菌生长而出现斑块及颜色变化。黑曲霉会在硬质奶酪的表面形成黑斑；干酪唇红霉在青纹奶酪表面形成红斑。而一些细菌(如植物乳杆菌和短乳杆菌)的有色变种，可能会在一些种类的奶酪内部形成“锈斑”。

4. 产气及烂边

在农家奶酪的制作及成熟过程中，大肠菌群的存在可能产生腐败性气体，加上乳酸菌发酵剂本身产生的气体，导致凝块上浮，造成可能在成品中形成大小不同的孔隙或裂纹。产气问题主要发生在成熟过程中，由于污染原因的不同，干酪的产气问题有三种类型：早期产气、中期产气和晚期产气。气杆菌属和埃希氏杆菌属等细菌主要导致早期产气，发酵乳糖的酵母菌也可能引起干酪早期产气而形成水果味；乳酸菌主要在中期产气，某些乳球菌可能产生一些特别的异味，如水果味的丁酸乙酯、己酸乙酯以及麦芽香味的甲基丁醇等；生孢梭菌等梭状芽孢杆菌主要在晚期产气。

在硬质奶酪的制备中，如果奶酪水分积聚，则可能导致成膜酵母、霉菌和蛋白分解性细菌等微生物的生长，从而引起奶酪变软、变色，甚至产生异味，这种现象被称为“烂边”，可以通过定期翻转的方式保持表面干燥而防止。

3.2　发酵肉制品

发酵肉制品是指在自然或人工控制条件下，利用微生物或酶的作用，使原料肉发生一系列生物化学变化及物理变化，而形成具有特殊风味、色泽、质地以及较长保存期的肉制品。发酵肉制品以发酵灌肠制品为主，也包括部分火腿。常见分类方法如下。

按产地分类，可分为德国、美国、意大利、匈牙利等产品，如塞尔维拉特香肠、黎巴嫩大香肠、萨拉米香肠等。

按加工过程中水分散失程度和水分蛋白含量比分，可分为半干发酵肉制品和干发酵肉制品。半干发酵肉制品的含水量为40%～45%，干发酵肉制品的含水量为25%～40%。

按发酵程度及成品的pH分，可分为低酸发酵肉制品和高酸发酵肉制品。前者是指在0～25 ℃低温下进行腌制、发酵、干燥，产品pH在5.5以上的发酵肉制品，如各种发酵火腿、萨拉米等干制发酵香肠；而后者是指在25 ℃以上进行发酵、干燥，产品pH值在5.5以下的发酵肉制品，如各种美式半干发酵香肠。

按发酵加工温度分，可分为低温发酵产品和高温发酵产品。

按产品加工与食用肉制品形态分，可分为块状发酵肉制品、馅状发酵肉制品与可食发酵副产品。

3.2.1 发酵肉制品中的微生物区系

灌肠类发酵肉制品的生产历史悠久，现在多是选用接种合适的微生物发酵剂而制成，具有柔和的酸味和特殊的芳香味，保存期较长。

目前应用于肉制品发酵剂的微生物种类有细菌、酵母和霉菌(表3-3)。

表3-3 发酵肉制品中的主要微生物分类

微生物类别		微生物分类种
霉菌		产黄青霉(*P. chrysogenum*)、纳地青霉(*P. nalgiovense*)
酵母		汉逊氏德巴利酵母、法马塔假丝酵母
细菌	乳酸菌(Lactic acid bacteria)	植物乳杆菌、清酒乳杆菌、乳酸乳杆菌、弯曲乳杆菌、干酪乳杆菌、乳酸片球菌、戊糖片球菌、乳酸乳球菌
	小球菌(Micrococci)	易变小球菌(*Mic. varians*)
	葡萄球菌(Staphylococci)	肉食葡萄球菌(*S. camosus*)、木糖葡萄球菌(*S. xylosus*)
	链霉菌(Streptomyces)	灰色链霉菌(*Str. griseus*)
	肠细菌(Entero bacteria)	气单胞菌(*Aeromonas* sp.)

从各种微生物的作用来看，乳酸菌类主要是产生乳酸，抑制病原微生物的生长和毒素的产生，将碳水化合物分解成乳酸从而降低pH，促进蛋白质变性和分解，改善肉制品的组织结构，提高营养价值，形成良好的风味，促进H_2O_2的还原和NO_2^-的分解，从而促进发色，防止肉色的氧化变色；微球菌类和葡萄球菌类具有很强的亚硝酸分解能力，可以提高香肠的风味；对酵母而言，主要是通过消耗氧气，抑制酸败，通过降解蛋白质和脂肪等，改善产品风味、延缓酸败，形成过氧化氢酶，防止肉品氧化变色，有利于发色稳定，酵母菌还能一定程度地抑制金黄色葡萄球菌的生长；霉菌则主要是通过消耗氧，抑制其他好氧腐败菌的生长，并防止氧化褪色和减少酸败，菌丝体在肉制品表面形成“保护膜”，减少肉品感染杂菌的概率，并能控制水分的散失，形成肉制品独特的外观。

3.2.2 发酵肉制品的微生物腐败

能引起肉类发生腐败变质的微生物主要有假单胞菌属、无色杆菌属、产碱杆菌属、变形杆菌属、芽孢杆菌属、梭状芽孢杆菌属、埃希氏杆菌属、假丝酵母属、贝霉丝孢酵母、芽枝孢霉属、卵孢霉属、枝霉属、毛霉属、青霉属及交链孢霉属等。

1. 湿度不适

发酵肉肠的干燥成熟阶段，需要发酵肉制品表面水分的蒸发速度与肉制品水分扩散的速度相一致。如果湿度过低，表面水分蒸发过快，则会出现“干壳”现象，而发酵肉制品内部含水量过高，易造成内部的腐败。如果湿度过高，肉制品表面潮湿，则易造成杂菌的繁殖，使肉制品品质下降。由于发酵肉制品的 pH 降低，在接近等电点的范围内水分易蒸发，所以可促进干燥。一般保持干燥室温度为 10～21 ℃，相对湿度为 70%～85%比较适宜。

2. 糖度不适

乳酸菌发酵糖类后迅速产酸，使 pH 降低，产生乳酸菌素，抑制金黄色葡萄球菌和肉毒梭菌等腐败菌的生长，但如果乳酸产生不足，导致腐败菌生长。同时明串珠菌、魏斯氏菌、异型发酵乳杆菌等在一些成熟发酵肉肠中所占比例虽低于 10%，却也能发酵糖产生气体，个别菌株甚至能发酵蔗糖产生黏液，影响外观及质量。

3. 发霉及产生抗生素

霉菌可在经空气干燥的未烟熏或轻度烟熏的发酵肉肠表面形成菌落，也可以在温暖、潮湿环境中保存的烟熏肉肠上生长。导致发酵肉肠发霉的青霉菌主要有疣孢青霉、产黄青霉、纳地青霉、常现青霉和变换青霉等。另外，从高储存温度和低水活度的肉肠中，也能分离到曲霉，如匍匐曲霉、红色曲霉和杂色曲霉等。

4. 致病菌感染

发酵肉肠出现致病菌污染的可能性较小，但引起的因素却较多，温度、湿度、含糖量、噬菌体感染、含菌比率、菌体生长强度等因素的失调，都可能成为发酵肉肠出现致病菌污染和大量繁殖的原因。特定条件下，发酵肉肠中存在极少的金黄色葡萄球菌可能异常繁殖和产生肠毒素，影响肉肠的质量和风味。

3.3　豆类发酵食品

用豆类作原料的发酵食品很多，如豆腐乳、臭豆腐、酸豆浆、豆豉、豆酱、酱油，以及日本纳豆、印尼天培等，都是常见的豆类发酵食品。这些豆类发酵食品一般作为副食品，如作为调味品或饮料等被人们食用，由于风味独特，深受各国人民喜爱。

3.3.1　豆类发酵食品的主要微生物区系

1. 豆豉

豆豉是一种以大豆为原料，经微生物发酵而制成的传统发酵食品，源于我国先秦，距今已有两千多年的历史，其风味物质主要是氨基酸、有机酸和酯类等，挥发性风味物以脂肪酸和酯类为主(表3-4)。

表 3-4　不同类型豆豉中的风味物质

豆豉类型	鉴定方法	主要风味物质
细菌型	气相色谱法、质谱法、吹扫捕急法	月桂醛、12-羟基-7-桉叶-4-烯-6 酮、月桂醇、4-甲基-2，6-二叔丁基-4-羟基-2，5-己二烯-1-酮、2，6-二叔丁基对-1-苯醌、4-甲基-2，6-二叔丁基苯酚、2-丁基-5-异丁基噻吩、1-(2-辛基环丙基)辛酮、丙烯酸月桂醇酯、乙偶姻、2-甲基丁酸、吡嗪、二甲基二硫化物、2-戊基呋喃等
毛霉型	蒸馏萃取法、气相色谱-质谱法	2-甲基-1-丙醇、2-呋喃甲醇、3-甲基-1-丁醇、苯甲醇、苯乙醇、戊醛、2，4-癸二烯醛、3-甲基丁酸、肉豆桂酸、棕榈酸、异丁酸、己酸、苯乙酸甲酯、苯乙酸乙酯、2-戊基乙酸乙酯、棕榈酸甲酯、亚麻酸甲酯、油酸乙酯等
曲霉型	蒸馏萃取法、气相色谱-质谱法	2-甲基-1-丙醇、2-呋喃甲醇、3-甲基-1-丁醇、苯甲醇、糠醛、5-甲基-2-呋喃羧醛、苯甲醛、3-甲基丁酸、肉豆桂酸、棕榈酸、乙偶姻、1-辛烯-3-酮、苯乙酸甲酯、苯乙酸乙酯、2-戊基乙酸乙酯、棕榈酸甲酯、亚麻酸甲酯、油酸乙酯、4-乙基苯酚、4-乙基愈创木三甲基三硫化物、3-甲硫基丙醛等

根据豆豉制作工艺的不同，参与豆豉发酵的微生物优势菌分别有霉菌类的根霉、毛霉、曲霉以及细菌类的纳豆杆菌、小球菌等类别(表 3-5)。由不同优势菌系发酵而成的豆豉，其形态外观和风味特征各不相同。例如，永川豆豉属毛霉型豆豉；广东阳江豆豉和浏阳豆豉属曲霉型豆豉；印尼天培属根霉型豆豉；我国云南、贵州、山东一带民间制作的家常豆豉和日本纳豆属细菌型豆豉。

永川豆豉和浏阳豆豉是典型的中国豆豉代表，采用自然发酵制曲和厌氧发酵成熟的制作方式，大都局限于冬春季生产。毛霉豆豉曲中的微生物以总状毛霉为主，兼有产纤维素酶活力高的绿色青霉及少量酵母以及乳酸菌等细菌类微生物。高产纤维素酶霉菌的存在，能彻底分解豆粒外层的纤维素，使成品豆豉入口化渣，风味好。而一些革兰氏阴性杆菌则能合成维生素 B_{12} 等。曲霉豆豉曲中的微生物以米曲霉为主，也包括毛霉、青霉、酵母以及乳酸菌等。

表 3-5　不同种类豆豉中的主要微生物类群

豆豉类型	豆豉名称	优势微生物菌群分类种
细菌型	浏阳豆豉	芽孢杆菌属的细菌(*Bacillus* spp.)
	土家豆豉	短芽孢杆菌属的细菌(*Brevibacillus* spp.)
	Hawaijar	枯草芽孢杆菌(*B. subtilis*)、蜡状芽孢杆菌(*B. cereus*)等
	纳豆	纳豆杆菌(*B. natto*)

续表

豆豉类型	豆豉名称	优势微生物菌群分类种
霉菌型	浏阳豆豉	根霉(*Rhizopus* spp.)、曲霉(*Aspergillus* spp.)、毛霉(*Mucor* spp.)、青霉(*Penicillium* spp.)
	土家豆豉	毛霉(*Mucor* spp.)、根霉(*Rhizopus* spp.)、曲霉(*Aspergillus* spp.)和青霉(*Penicillium* spp.)
曲霉型	浏阳豆豉	埃及曲霉(*A. egyptiacus*)和米曲霉(*A. oryzae*)原变种
根霉型	天培	米曲霉(*A. oryzae*)、少孢根霉(*R. oligosporus*)等
混合型	Doenjang	枯草芽孢杆菌、马胃葡萄球菌、清酒乳杆菌和米曲霉等

日本纳豆一般指丝引纳豆，是把煮熟的大豆接种纳豆杆菌后，经高温发酵和冷藏后熟而制得。发酵温度要求为 40～45 ℃，以利于发芽和抑制乳酸菌等细菌类微生物的过快生长。从自然发酵的纳豆中以及当纳豆生产现场的清洁卫生条件不够好时，可分离到微球菌、梭状芽孢杆菌、大肠菌群气杆菌、乳酸菌、毛霉等，因而生产现场要尽量干净。

印尼天培是大豆经较长时间浸泡后，经蒸煮、接种发酵而成的。浸泡时，在产乳酸菌(如植物乳杆菌)的作用下，pH 可降低到 4.0～5.0，有效地抑制腐败菌和有毒菌的污染，并对霉菌的生长有利。接种的霉菌属于根霉菌属的一些种，如少孢根霉、匍枝根霉、米根霉和少根根霉等都可产生理想的菌丝体。

2. 豆腐乳

豆腐乳是将豆腐坯自然接种或纯种接种制曲后，经盐浸、调味和后熟而制成的。后熟过程属于厌氧发酵，各种酶类和酵母、厌氧细菌等促进蛋白质和淀粉等大分子物质降解，形成氨基酸、酒精、有机酸和酯类等风味物质。而制曲过程则属于好氧自然发酵，空气、原料、工具中的各种微生物都有可能侵入并参与发酵，因而成品豆腐乳及其发酵过程中检出的微生物种类十分繁多。

豆腐乳发酵生产用微生物多为丝状真菌，包括毛霉属、根霉属的一些种(表 3-6)。

表 3-6　豆腐乳生产常用微生物

微生物分类种	豆腐乳产地
五通桥毛霉(*Muc. wutumgkiao*)	四川五通桥
腐乳毛霉(*Muc. sufu*)	浙江绍兴、江苏苏州
总状毛霉(*Muc. racemosus*)	台南
雅致放射毛霉(*Actinmucor elegans*)	北京
根霉(*Rhizopus* spp.)	南京

在各地不同品种的豆腐乳中，除生产用优势菌种之外，从豆腐乳中还分别分离到一些其他微生物种类，如霉菌、酵母、细菌等(表 3-7)。

表 3-7　豆腐乳中分离到的微生物

微生物分类种	豆腐乳产地	微生物分类种	豆腐乳产地
紫红曲霉(*M. purpureus*)	红豆腐乳生产厂家	枝孢霉(*Dodosporium* spp.)	江苏
普雷恩毛霉(*Muc. prainii*)	台湾	链球菌(*Streptococcus.* spp.)	江苏
黄色毛霉(*Muc. flavus*)	四川	棒状杆菌(*Corynebacterium* spp.)	江苏
溶胶根霉(*R. ligusfaciens*)	江苏	藤黄小球菌(*Mic. luteus*)	黑龙江

续表

微生物分类种	豆腐乳产地	微生物分类种	豆腐乳产地
米曲霉(*A. oryzae*)	江苏、四川	芽枝霉(*Dodosporium* spp.)	湖北
青霉(*Penicilliu* spp.)	江苏	粘质沙雷氏菌(*Serratia marcescens*)	浙江
酵母(*Saccharomyces* spp.)	江苏	裂殖酵母(*Schizos accharomyces* spp.)	湖北
芽孢杆菌(*Bacillus* spp.)	四川、黑龙江	华根霉(*R. dhinensis*)	台湾

注：表中不包括生产用菌。

3.3.2 豆类发酵制品的微生物腐败

1. 肉毒素

在豆豉、豆瓣酱、臭豆腐等豆类发酵制品中时有发现。由于豆类发酵制品多采用自然接种制曲，且后熟过程的厌氧发酵和非加热处理，使低酸发酵的豆豉、豆腐乳、豆酱中可能存在的肉毒梭菌孢子具备发芽、生长并产生毒素的较好环境。肉毒梭菌产生的可溶性神经外毒素毒性极强，特别是A型毒素，无色、无臭、无味，通过食物源传布，食用者中毒后病死率极高。

2. “臭笼”

豆类发酵制品的生产中，由于工艺控制不当，接种后，菌种不能很好生长并产生杂菌污染，发酵坯产生不良气味而不得不中止发酵，生产上称为“臭笼”。“臭笼”现象在豆腐乳制作过程中较容易出现，由于喷洒接种时菌液量过大造成豆腐坯表面含水量过大，在炎热季节，易感染杂菌，导致坯子发黏，影响毛霉的生长。另外，冷却时速度过快，豆腐坯内热外冷，表面出现“浮水”，也易感染杂菌，同时由于散热不均，上冷下热，不利于接种菌种的生长。要防止此类“臭笼”现象，主要是通过工艺控制和管理，抓好散热和水分两个控制点，并注意生产现场的清洁卫生，减少杂菌的存在。

3.4 蔬菜发酵制品

蔬菜发酵是利用有益微生物的作用，控制一定生产条件对蔬菜进行加工的一种方式。蔬菜发酵体系是一种微生态环境，其中含有乳酸菌、酵母菌和醋酸菌等微生物，蔬菜的泡制、腌制、酱制等不同的加工方法都是不同程度地利用微生物的发酵活动，蔬菜发酵加工是一种冷加工方式，对蔬菜的营养、色香味的保持极为有利，产品既有良好的感官品质，又节约能源，具有设备简单、操作容易、成本低廉、原料丰富、食用方便等优点。本节主要以发酵泡菜为例，介绍发酵蔬菜的微生物菌群构成及其变化。

3.4.1 发酵蔬菜制品的主要微生物区系

对泡菜中微生物的研究主要包括两个方面：一是自然发酵过程中的微生物；二是人

工发酵所用菌种的选择。新鲜的蔬菜含有大量的真菌类微生物菌群，包括许多具有潜在危害的微生物和极少量的乳酸菌。收获后的蔬菜表面的微生物多是好氧的，如假单胞菌属、黄杆菌属、无色杆菌属、气杆菌属、埃希利氏菌属和芽孢杆菌属等。但蔬菜发酵时候，由于缺氧和高浓度盐等因素，发酵过程受到影响，微生物类别趋于减少。发酵蔬菜中的微生物主要包括细菌、酵母菌和霉菌(表3-8)。

表3-8　泡菜中的主要微生物类群

类别	分类种
细菌	粪链球菌、肠膜明串珠菌、啤酒片球菌、植物乳杆菌、短乳杆菌、干酪乳杆菌、布氏乳杆菌、乳酸片球菌、戊糖片球菌、片球菌属、粪肠球菌、嗜盐四联球菌(*Tetra. halophilus*)、弯曲乳杆菌(*L. curvatus*)、米酒醋杆菌(*A. sake*)、融合乳杆菌(*L. confuses*)、醋酸片球菌(*P. acetis*)、巴氏葡萄球菌(*S. pasteuri*)等
酵母	易变圆酵母(*T. versatilis*)、霍尔姆球拟酵母(*T. holmu*)、亚膜汉逊酵母(*Han. Subpelliculosa*)、罗斯酵母(*S. rosei*)、拜耳酵母(*S. elegans*)、德尔布酵母(*S. delbrueckii*)、球形酒香酵母(*Brett. sphaericus*)、异常汉逊酵母、膜醭德巴利酵母(*Dedarryomyces membranaefaciens*)、巴斯德毕赤氏酵母(*P. pastoris*)、奥梅尔拟内孢酵母(*Endo. ohmeri*)、盐膜接合酵母(*Zygosaccharomyces halomembranis*)、克鲁斯氏假丝酵母(*C. krusei*)、红酵母(*Rhodotorula* sp.)等
霉菌	草酸青霉(*P. oxalicum*)、黄瓜壳二孢霉(*Ascochyta cucumis*)、芽枝状枝孢霉(*Cladosporium cladosporioides*)、细链格孢霉(*Alternaria tenuis*)、粉红镰孢霉(*F. roseum*)、尖链孢霉(*F. oxysporum*)、腐皮链孢霉(*F. solani*)等

1. 泡菜中的细菌菌群

细菌类微生物以乳酸菌群为主，包括链球菌属、明串珠菌属、乳杆菌属、片球菌属、肠球菌属的一些种以及嗜盐四联球菌等。

肠膜明串珠菌、乳酸片球菌一般在发酵前期出现，短乳杆菌则在主发酵的中后期占优势，尤以植物乳杆菌最常见。在德国酸白菜的发酵中，发酵初期以肠膜明串珠菌的异型乳酸发酵为主，大量产气，随着酸度的增加，乳酸菌的同型乳酸发酵逐渐占优势，产气较少，短乳杆菌、植物乳杆菌类逐步取代肠膜明串珠菌得以大量生长繁殖。另外，其他的一些乳酸细菌，如弯曲乳杆菌、米酒醋杆菌、粪肠球菌、融合乳杆菌、醋酸片球菌、啤酒片球菌等，也能从发酵酸白菜中分离得到。

2. 泡菜中的酵母菌群

酵母类微生物主要出现于主发酵期，其中发酵酵母是引起二次发酵的因素。主要包括球拟酵母属、酵母菌属、汉逊酵母属的一些种以及球形酒香酵母等。

后发酵阶段，主要的氧化酵母除膜醭德巴利酵母、奥梅尔拟内孢霉、盐膜接合酵母和克鲁斯氏假丝酵母外，其他发酵和氧化酵母很少出现。

3. 泡菜中的霉菌菌群

霉菌类微生物主要出现于发酵糖逐步耗尽的后发酵期，局限于与空气接触的盐水表面，是发酵蔬菜制备中不受欢迎的微生物类群，尤其是溶解果胶能力较强的菌株的生长，是蔬菜软化腐败的重要因子。这些霉菌大多属于5个属中的7个种，包括草酸青霉、黄瓜壳二孢霉、芽枝状枝孢霉、细链格孢霉、粉红镰孢霉、尖链孢霉和腐皮链孢霉等。

3.4.2　蔬菜发酵制品的微生物腐败

引起发酵蔬菜变质的腐败微生物主要有大肠杆菌、丁酸菌等(表3-9)，这些有害微生物大量繁殖，会使产品变质。

表 3-9　蔬菜发酵过程中的主要腐败微生物及其危害性

微生物类别	分类属	分类种	危害性
细菌	梭状芽孢杆菌属(*Clostridium*)	丁酸菌(*Cl. butyricum*)	产生丁酸产生强烈的不愉快气味
	沙门氏菌属(*Salmonella*)	猪伤寒沙门氏菌(*S. typhisuis*)	产生毒素，引起食物中毒
	葡萄球菌属(*Staphylococcus*)	金黄色葡萄球菌(*S. aureus*)	产生毒素，引起食物中毒
细菌	变形杆菌属(*Proteus*)	变形杆菌(*Proteus* spp.)	分解蛋白质生成有臭味的物质
	埃希氏菌属(*Escherichia*)	大肠杆菌(*E. coli*)	有致病作用，将硝酸盐还原为亚硝酸盐
	梭状芽孢杆菌属(*Clostridium*)	肉毒梭菌(*Cl. botulinum*)	产生毒素，引起食物中毒

1. 软化

发酵蔬菜的主要品质指标是质地清脆，而蔬菜的脆性主要与鲜嫩细胞的膨压和细胞壁原果胶成分的变化有关。失去脆性的原因除蔬菜在腌制前因失水萎缩、膨压降低而变软外，腌制过程中一些细菌或霉菌(如产气气杆菌属、气单孢菌属、欧文氏菌属、假单胞菌属、芽孢杆菌属、青霉属、芽枝孢霉属等)的活动及其分泌的果胶酯酶的分解作用(使果胶成为果胶酸)，是发酵蔬菜失去脆性而软化的主要原因。可以考虑在蔬菜腌制中，正确控制环境条件(如盐浓度、pH、温度、离子浓度等)从而恢复和保持蔬菜的膨压，抑制有害微生物的活动，利用果胶酸钙(铝)恢复其胶凝性质等，使蔬菜组织保持脆性。

2. 产气性腐败

在蔬菜的发酵和贮存期间，一些微生物的生长会产生不愉快的风味和气味。这些变化大都发生在乳酸出现前，由于杂菌的生长导致恶臭发酵。例如，丁酸菌属的细菌会产生某种哈败味，丙酸杆菌、梭状芽孢杆菌可能引起产酸产硫化氢的变黑。通过适当的碱液处理和洗涤以及采用有助于乳酸菌早期生长的盐水浓度可以避免蔬菜发生产气性腐败。

3. 变色或着色

在蔬菜的腌制发酵过程中，除容易发生速度较快的非酶褐变外，酵母或细菌等微生物(如假丝酵母属、红酵母属、假单胞菌属、微球菌属、产碱杆菌属、芽孢杆菌属及盐杆菌属的一些种)的其生长繁殖等代谢活动，也是导致发酵蔬菜变色或着色的一个重要原因。嗜盐的红酵母等，即使在过量盐浓度下也能生长，从而使泡菜变成粉红色；短乳杆菌则能形成粉红色至褐色的斑点。

4. 产生毒素

发酵蔬菜中的细菌除非致病菌外，还包括致病菌，有些致病菌还是引起食物中毒的原因。沙门氏菌广泛分布于自然界，已从人和家畜等哺乳动物、禽类、蛇、龟、蛙等两栖动物中分离出该菌。该菌常污染鱼、肉、禽、蛋、乳等食品，在食品中增殖，人食入后可在消化道内增殖，引起急性胃肠炎和败血症等，该菌是重要的食物中毒性细菌之一。金黄色葡萄球菌可产生肠毒素等毒素及血浆凝固酶等，该菌存在于人和动物的化脓处、健康人的鼻腔、手指、皮肤和毛发上，并广泛分布于动物体表、垃圾及人类的生活环境中，污染食品后可在其中繁殖，产生毒素，人食入受污染的食品后可引起食物中毒。该菌感染人或动物后，可引起各种化脓性疾病、肺炎、败血症、心内膜炎等。

3.5　发酵调味品

调味品包括天然调味品、化学调味品、复合调味品和风味调味品等类别，是人们日常生活中不可缺少的一大类食品。酱油、食醋、酱类以及各民族的传统风味调味品，由于均通过微生物发酵而产生，因而又被称为发酵调味品。发酵调味品历史悠久，种类繁多，深受世界各国人民所喜爱。

3.5.1　发酵调味品的主要微生物区系

传统的发酵调味品大都以粮谷类或其加工品，如大麦、小麦、大豆、豆饼、麸皮、淀粉等作为原料，经过原料预处理、制曲发酵、陈酿后熟以及加热灭菌等过程制备而得。传统的酱油、食醋、酱类等调味品，在酿制生产中均有制曲的重要工序，通过制曲发酵，各类微生物协同作用形成了调味品色、香、味、体的特异风格，而整个酿制过程，是极其复杂的各种生物化学反应链的有序整合和食品原料物性变化的综合体现。

1. 酱油

在酱油制备中，发酵初期利用曲霉制成酱曲，经 β-淀粉酶等淀粉酶作用将原料淀粉转化为糖，再经曲霉、酵母和细菌的协同作用而产生诸如乙醇、有机酸、醛等风味物质。另外，在曲霉分泌的蛋白酶作用下，原料中的蛋白质被分解成多种氨基酸并形成盐类物质。同时，乙醇与有机酸生成酯类而产香，糖分解产物与氨基酸结合而产生褐色。

在酱油酿造过程中，一系列的生物化学反应形成了酱油独特的色、香、味、体，这主要体现在制曲和酱醪(酱醅)发酵这两个重要阶段。在制曲过程中，米曲霉分泌并积累大量的蛋白酶、淀粉酶等，将蛋白质和淀粉分解为氨基酸和糖等；微生物分泌和积累的酶对酱醪发酵的快慢、色素和鲜味成分的生成量以及原料的利用率等都有直接关系；在发酵阶段，酵母菌、乳酸菌的发酵产物对酱油的风味形成也有重要作用。除产酶的各种优势霉菌外，与酱醪发酵直接相关的细菌主要就是酱油乳酸菌等耐盐的乳酸菌群。在高盐稀态发酵酱醪中生长并参与发酵的耐盐性乳酸菌包括酱油片球菌、酱油四联球菌、植物乳杆菌以及嗜盐片球菌等乳酸菌种(表 3-10)。

表 3-10　酱油中的主要微生物类群

类别	分类种
细菌	醋酸菌、酱油片球菌(*P. sojae*)、酱油四联球菌(*Tetra. sojae*)、植物乳杆菌、嗜盐片球菌(*P. halophilus*)、肠球菌属(*Enterococcus* spp.)、芽孢杆菌属、克雷伯氏菌属(*Klebsiella* spp.)、乳酸杆菌属(*Lactobacillus* spp.)、微球菌属(*Micrococcus* spp.)、葡萄球菌属(*Staphylococcus* spp.)等
酵母	红酵母(*Rhodotrorula* spp.)、假丝酵母、酿酒酵母、德巴利氏酵母(*Dobaryomyces* spp.)、针孢酵母(*Nematospora* spp.)、掷孢酵母(*Sporebolomyces* spp.)、鲁氏酵母(*S. rouxii*)、易变球拟酵母、埃契氏球拟酵母(*T. etchellsii*)、蒙奇球拟酵母(*T. mogii*)、大豆结合酵母(*Zygosaccharomyces soyac*)、酱醪结合酵母(*Zygosaccharomyces major*)等
霉菌	米曲霉(*A. oryzae*)、酱油曲霉(*A. sojae*)、红曲霉(*Monascus* spp.)等

2. 食醋

食醋的种类极多，从大类上分为水果醋和粮食醋，两者均包括酒精发酵和醋酸发酵。水果醋大多采取液态发酵方式，糖类物质能直接被酵母和细菌利用，发酵过程主要由糖化酵母和醋酸杆菌先后完成。粮食醋由于大多采用固态发酵，淀粉质原料需经传统曲或糖化发酵剂水解糖化后才能被用于发酵，因而发酵醪中的微生物类群更为复杂。

传统工艺的固态法食醋酿造是利用野生菌自然接种制曲发酵，由曲中的霉菌代谢提供淀粉、蛋白质等降解酶类并参与酯化反应，自然发酵过程涉及的微生物包括霉菌、酵母和细菌等菌种(表 3-11)。

表 3-11　食醋中的主要微生物类群

类别	常用生产菌种	分离到的微生物分类种
细菌	奥尔兰醋酸杆菌(*A. orleanense*)、许氏醋酸杆菌(*A. schutzebanchii*)、恶臭醋酸杆菌(*A. rancens*)、巴斯德醋杆菌(*A. pasteurianus*)等	巨大芽孢杆菌(*B. megatherium*)、凝结芽孢杆菌(*B. coagulans*)、坚强芽孢杆菌(*B. firmus*)、环状芽孢杆菌(*B. circulans*)、乳酸杆菌、醋杆菌(*Acetobacter* spp.)、葡萄糖杆菌(*Gluconobacter* spp.)、气杆菌(*Aerobacter* spp.)等
酵母	酵母属(*Saccharomyces*)	汉逊氏酵母(*Hansenula* spp.)、糖化酵母(*Saccharomyces* spp.)、假丝酵母(*Candida* spp.)等
霉菌	黑曲霉、米曲霉、黄曲霉、红曲霉(*Monascus* spp.)等	根霉属(*Rhizopus* spp.)、曲霉属(*Aspergillus* spp.)、毛霉属(*Mucor* spp.)、梨头霉属(*Absidia* spp.)等

3. 酱类

传统的豆酱、甜酱、辣酱以及新型的各种复配型方便调味酱等，都属于酱类调味品的范畴。其中，面酱是以面粉为主要原料，通过制曲发酵和厌氧后熟过程而生产的酱类。在制曲发酵中，霉菌产生的淀粉酶及蛋白酶等，将蒸熟面粉的糊化淀粉分解为糊精、麦芽糖及葡萄糖，将蛋白质分解成为氨基酸，从而赋予面酱特有的甜味和鲜味，再通过酵母、细菌等(表 3-12)的协同作用，使面酱成为人们所喜爱的特殊调味品。

在面酱的发酵过程中，霉菌类微生物大量生长繁殖，产生各种水解酶类参与大分子物质的降解，从前期酱醪中可以分离得到米曲霉、酱油曲霉、高大毛霉和黑曲霉等霉菌。而酵母的主要活动则是在霉菌的高峰活动之后(即在霉菌淀粉酶、蛋白酶作用后)，酵母开始繁殖和进入发酵代谢，从酱醪中可以分离得到的酵母主要有鲁氏酵母、球拟酵母等。

表 3-12　面酱中的主要微生物类群

类别	分类种
细菌	微小球菌(*Micrococcus* spp.)、芽孢杆菌、植物乳杆菌、嗜盐片球菌等
酵母	鲁氏酵母、球拟酵母、保定固囊酵母(*Citeromyces baodingensis*)等
霉菌	米曲霉 、酱油曲霉、毛霉、黑曲霉等

3.5.2　发酵调味品的微生物腐败

在酱油、食醋、酱类等调味品生产中，由于传统生产工艺是自然接种发酵，是在开放的环境下进行的，不可避免地会受到杂菌的污染。当发酵醅条件及发酵优势菌的抑制作用不能有效地防止杂菌的生长繁殖时，就有可能引起发酵调味品的腐败和变质。

1. 染菌异常及毒素产生

酱油生产中，酱醪的盐浓度较高，一般不太容易出现杂菌污染，但一些产芽孢菌(如枯草杆菌等)耐受高盐、高温的能力很强，制曲或发酵过程中一旦污染了这类有害菌，就会出现染菌异常代谢，而一般加热方法又难以将其杀灭，不仅降低酱油生产的原料利用率，还会大大败坏酱油的风味。

从酱油曲中分离出的有害微生物还有根霉属、毛霉属、青霉属、毕赤氏酵母属、汉逊氏酵母属、小球菌属的一些微生物种类以及粪链球菌等。

2. 产膜及“生花”

调味品由于含有多种营养成分，是微生物的天然培养基，一些被称为白菌的好气性产膜酵母能够在酱油的表面生长繁殖，使酱油浮面“生花”，产生白色斑点，渐成皮膜、增厚、变皱，并由白变为黄褐色，形成令人嫌恶的菌膜，使酱油香气甜味及鲜味变淡，口味变淡发苦、酸味增加，严重者甚至发泡起沫，生成酒精与 CO_2，并产生臭味。

生醋未经加热灭菌而贮存、销售，很容易引起再次发酵，特别是醋酸含量在 3.5% 左右的醋，因为在酿醋厂周围空气中经常有许多野生醋酸菌(如木质醋杆菌)，当食醋装入容器时可由空气或容器壁带入，这些好气性菌能在醋表层生长繁殖产生厚厚的皮膜，而且越长越厚，以后受自重而下沉，又重新产生皮膜，使食醋酸度显著下降，随后其他细菌也一起生长繁殖，致使食醋浑浊变质。

3.6 葡萄酒

葡萄酒是指以鲜葡萄或葡萄汁为原料，经全部或部分发酵酿制而成的、含有一定酒精度的发酵酒。葡萄或葡萄汁能转化为葡萄酒主要是靠酵母的作用，酵母菌可将葡萄浆果中的糖分解为乙醇、CO_2 和其他副产物。

3.6.1 葡萄酒的主要微生物区系

1. 与葡萄酒酿造有关的酵母菌群

葡萄酒酿造所需的酵母，必须具有良好的发酵力，通常把葡萄酒酿造中具有良好发酵力的酵母统称为葡萄酒酵母，把对葡萄酒酿造无用甚至有害的酵母，统称为野生酵母。

产地、成熟期的气候状况、葡萄的卫生状况等不同，每粒葡萄浆果表面的酵母菌细胞数量也不相同，但一般为 10^3～10^5 cfu/mL，而在采收并破碎后的葡萄汁中，酵母菌细胞数量通常能达到 10^6 cfu/mL。

从葡萄浆果上分离出的酵母菌种类有限，主要是红酵母属中进行严格氧化代谢的和少量发酵力弱的酵母菌种。在发酵力弱的种中，主要有尖端酵母(即柠檬形克勒克酵母)及有性世代的孢汉逊氏酵母。数量很小的其他酵母包括美极梅奇酵母、无名假丝酵母、星形假丝酵母、膜醭毕赤氏酵母、发酵毕赤氏酵母和异常汉逊氏酵母等。

2. 葡萄酒中的乳酸菌种类

乳酸菌存在于所有葡萄醪(汁)和葡萄酒中。在苹果酸一乳酸发酵结束时，葡萄酒中的乳酸菌群体可达 10^7 cfu/mL。它们主要归类于乳酸杆菌科和链球菌科的四个属(表 3-13)。其中，属于乳酸杆菌科的乳酸菌仅有乳酸杆菌属，该属细菌细胞呈杆状，革兰氏阳性。属于链球菌科的有三个属，即酒球菌属、片球菌属和明串珠菌属，这三个属的乳酸菌细胞呈球形或球杆形，革兰氏阳性。以上乳酸菌都能把存在于葡萄酒中的天然 L-苹果酸变成 L-乳酸。按照乳酸菌对糖代谢途径和产物种类的差异，可以把它们分为同型乳酸发酵细菌和异型乳酸发酵细菌，分别进行同型和异型乳酸发酵。在同型乳酸发酵中，葡萄糖经发酵后产物中只生成乳酸和 CO_2；在异型乳酸发酵中，产生乳酸、乙醇(或乙酸)和 CO_2 等多种发酵产物。由于葡萄酒中多为异型乳酸发酵细菌，所以经苹果酸-乳酸发酵后，葡萄酒中的挥发酸含量都有不同程度的上升。

表 3-13　与葡萄酒酿造相关的乳酸菌类群

分类科	分类属	发酵类型	分类种
乳酸杆菌科	乳杆菌属（*Lactobacillus*）	同型发酵菌	瑞士乳杆菌、嗜酸乳杆菌、小鼠乳杆菌（*L. murinus*）、德式乳杆菌、干酪乳杆菌、同型腐酒乳杆菌（*L. homohiochii*）、植物乳杆菌、清酒乳杆菌
		异型发酵菌	希式乳杆菌（*L. hilgardii*）、短乳杆菌、发酵乳杆菌、食果糖乳杆菌、高加索奶乳杆菌（*L. kefir*）、立形乳杆菌（*L. collinoides*）
链球菌科	明串珠菌属（*Leuconostoc*）	异型发酵菌	肠膜明串珠菌、肉明串珠菌、柠檬色明串珠菌、乳明串珠菌、假肠膜明串珠菌、阿根廷明串珠菌、欺诈明串珠菌（*L. fallax*）
	片球菌属（*Pediocooccus*）	同型发酵菌	有害片球菌、乳酸片球、小片球菌、戊糖片球菌
	酒球菌属（*Oenococcus*）	异型发酵菌	酒酒球菌（*O. oeni*）

3.6.2　葡萄酒的微生物病害

微生物的活动，会导致贮藏过程中的葡萄酒的成分发生变化，因而影响葡萄酒的质量。引起葡萄酒病害的微生物既包括好氧性微生物，也包括厌氧性微生物。好氧性微生物病害主要是氧化乙醇，导致酒精含量降低、变酸等；厌氧性微生物病害在还原条件下发生，不氧化乙醇，但分解葡萄酒的其他成分，如残糖、某些发酵副产物（如甘油）、有机酸等。

1. 酒花病

酒花病属于好氧性微生物病害，由葡萄酒假丝酵母引起。这种酵母菌为侵染性酵母，出芽繁殖很快，大量存在于葡萄酒厂的表土、墙壁以及罐壁和管道中。葡萄酒假丝酵母主要引起葡萄酒的酒度和总酸降低，染病的葡萄酒一方面味淡像掺水葡萄酒，另一方面由于乙醛含量的升高而具有过氧化味。酒花病并不危险，而且很好预防，只需做好添罐，防止葡萄酒与空气接触即可。

2. 变酸病

变酸病属于好氧性微生物病害，由醋酸菌引起。醋酸菌的活动将酒精氧化成乙酸和乙醛，然后形成乙酸乙酯，降低了葡萄酒的酒度和色度，提高了挥发酸的含量。这是一种很严重的病害，需要采取措施加以预防，包括：①保持良好的卫生条件；②在发酵过程采取措施，使葡萄酒的固定酸含量足够高，尽量降低挥发酸含量；③正确使用 SO_2，以最大限度地除去醋酸菌；④严格避免葡萄酒与空气接触。

3. 残糖再发酵病

残糖再发酵病属于厌氧性微生物病害。干型葡萄酒和甜型葡萄酒中的残糖可由酵母菌进行再发酵，主要的酵母菌有以下几种：①酿酒酵母，正常发酵酵母，其抗 SO_2 能力强，可发酵最后的糖，并在葡萄酒的贮藏过程中存活下来，是引起再发酵的主要酵母菌种；②拜耳酵母，抗 SO_2 能力强，主要引起酒度低于 15%(体积分数)的葡萄酒的再发酵；③路式类酵母，是引起经 SO_2 处理后的白葡萄酒再发酵的酵母，它在葡萄酒中形成白色絮状菌落，菌落表面的细胞可通过形成乙醛而结合游离 SO_2，更有利于其活动和菌落的繁殖；④巴斯德毕赤氏酵母在葡萄酒表面形成膜，并发酵葡萄酒和果糖，导致葡萄酒挥发酸升高；⑤酒香酵母可引起葡萄酒的再发酵，并形成具典型“鼠尿味”的乙酰胺，这类酵母不论是在好氧条件下还是在厌氧条件下都很易繁殖，且不需维生素。

4. 酒石酸发酵病

酒石酸发酵病也属于厌氧性微生物病害。乳酸菌一方面可进行苹果酸一乳酸发酵，而有益于某些葡萄酒，另一方面则可引起厌氧性病害而有害于葡萄酒。这主要取决于糖和 pH 两个因素。pH 一方面决定活动的微生物种类，另一方面又决定被分解物质。细菌分解糖或分解有机酸，主要取决于其 pH 临界值。如果某细菌分解糖和分解酸的 pH 临界值不同，则在某一 pH 条件下，它只能分解一种物质，这种细菌为同型发酵细菌。相反，如果 pH 临界值相近，则细菌在给定 pH 条件下可分解多种物质，这种细菌为异型发酵细菌。葡萄酒病害常由异型发酵乳酸杆菌引起，产生大量 CO_2 气体，使葡萄酒变浑，平淡无味，失去色泽，变得昏暗，如果摇动生病的酒，可见移动缓慢的光亮的丝状沉淀。

为了预防酒石酸发酵病的产生，可采取以下措施：①在发酵过程中防止温度过高；②发酵彻底；③贮藏温度足够低。

如果发病不是很重，挥发酸含量低于 0.9 g/L H_2SO_4，则可采取以下治疗措施：50～70 mg/L SO_2 处理以杀死细菌；加入 300～500 mg/L 柠檬酸和 150～250 mg/L 单宁，提高葡萄酒的抗性；SO_2处理 24 h 后，下胶、过滤以除去被杀死的细菌。

5. 苦味病

苦味病属于乳酸菌引起的厌氧性微生物病害，主要发生于瓶内陈酿红葡萄酒。发病葡萄酒具有明显的苦味，并伴随 CO_2的释放、颜色的改变及色素沉淀。如果苦味病开始出现，应进行 1～2 次下胶处理，但这很难将病原菌完全除去。

6. 甘露糖醇病

甘露糖醇病属于乳酸菌引起的厌氧性微生物病害。感病葡萄酒变浑，味既酸又甜，像烂水果味。这种病主要发生在较热地区，发酵温度过高，pH 较高时，可在发酵罐内发生。发病主要有两种情况：一种是由于发酵温度过高，酒精发酵停止；另一种是葡萄酒中含有糖。对甘露糖醇病只能预防，即在发酵过程中尽量防止温度过高而导致发酵停止，并且正确进行 SO_2 处理。

7. 油脂病

油脂病属于乳酸菌引起的厌氧性微生物病害。主要发生于酿造不好、酒度低、pH 高的白葡萄酒中。其症状是葡萄酒变浑，失去流动性，变黏，像油一样，在酒杯中摇动时最为明显，口感平淡无味。为了防止出现该病，在发酵过程中应正确控制发酵条件和使用 SO_2，对生病葡萄酒先进行搅拌以去除其黏滞性，然后与酒石酸发酵病同样处理。

3.7　浓香型大曲酒窖池

中国白酒由于在酿酒原料、酿造工艺、产品特征等方面的复杂多样性，与白兰地、威士忌、伏特加、金酒、朗姆酒 5 种世界名酒并称世界六大蒸馏酒。而浓香型大曲酒(也称泸香型白酒)作为中国传统型发酵蒸馏酒的典型代表，凭借其“窖香浓郁，绵甜爽净”的产品特征而深受广大消费者所喜爱，如五粮液、剑南春、泸州老窖等。

中国浓香型大曲酒采用传统自然培菌制曲、泥窖堆积发酵的独特生产工艺，随着发酵的进行，栖息在窖池糟醅和窖泥中的庞大微生物区系，在糟醅固、液、气三相界面发生复杂的物质能量代谢反应。伴随着粮食、曲药、糟醅的进窖发酵和出窖蒸馏，窖池中重复进行曲药微生物、环境微生物、窖泥微生物的相互迁徙及微生物菌群在糟醅中的演化交替和趋于稳定的过程。每一轮次窖池微生物区系的动态平衡过程，形成新一轮的糟醅微生物平衡体系，对窖池内物质代谢和能量代谢的走向、大曲酒特殊风味特征的形成产生极大影响。

3.7.1　浓香型白酒糟醅中微生物的研究

浓香型大曲酒糟醅中含有丰富的营养成分，为多种微生物提供了生长繁殖代谢所需要的营养，使得糟醅中生长了纷繁复杂的微生物体系。目前，对于酒醅中微生物的研究主要集中于发酵过程中各微生物菌群结构、代谢规律及其与白酒品质之间的关系等。

1. 微生物菌群区系及其主要优势菌群

白酒糟醅中的微生物主要包括细菌、霉菌、酵母菌和放线菌。由于酿酒企业处于不同的地域，其土壤、水源、空气、原料中所含有的微生物种类及其特性存在差异，加之酿酒工艺的区别，使得微生物区系的研究结果存在差异性(表 3-14)。

表 3-14 浓香型白酒窖池糟醅中的主要微生物类群

类别	分类属
细菌	醋酸杆菌属、乳酸杆菌属、节杆菌属(*Arthrobacter*)、短杆菌属(*Brevibacterium*)、链球菌属、葡萄球菌属、丁酸杆菌属(*Butylibacillus*)、芽孢杆菌属、芽孢梭菌属(*Clostridium*)、微球菌属、甲烷杆菌属(*Methanobacterium*)等
酵母	酵母属、伊萨酵母属、汉逊氏酵母属、假丝酵母属 、丝孢酵母属、固囊酵母属(*Citeromyces*)、球拟酵母属、德巴利氏酵母属、珍孢酵母属等
霉菌	犁头霉属、根霉属、曲霉属、红曲霉属、毛霉属、青霉属、散囊菌属

四川大学窖池微生态课题组率先将免培养分子生物学技术应用到白酒发酵酒醅微生物群落结构的分析后，直接利用 PCR-DGGE 等基因指纹图谱技术研究微生物群落结构差异，结果表明发酵前微生物群落结构呈明显多样分布，发酵结束后优势菌明显改变。经同源性比较，*Lactobacillus plantarum* 成为绝对优势菌，*Weissella* 属细菌在酒醅中稳定存在。根据细菌菌群的变化及分布推测，在盛夏习酒(浓香型)酒醅发酵过程中，*Lactobacillus* 和 *Weissella* 细菌为重要菌群。

2. 微生物代谢的动态研究

浓香型白酒酿造过程中，微生物主要存在于窖泥、大曲、糟醅中。随着发酵的进行，窖池中不同位置的微生物不断发生迁移，共同协调参与整个发酵过程，研究糟醅中微生物的数量、种类及其代谢有助于调控发酵过程，同时为阐述发酵机理提供了数据基础。

通过对发酵过程的全程跟踪取样，对五粮液技术中心试验窖池酒醅中的微生物区系及其生态因子进行研究。结果显示，在发酵初期，窖池内存在大量氧气，同时，酒醅中有机酸和酒精含量都相对较低，好氧细菌、酵母菌、霉菌等需氧微生物得生长增殖迅速。随着发酵过程中窖内氧气迅速耗尽，好氧细菌、霉菌迅速消亡。酵母菌在发酵 2～5 天边生长边发酵，而后随着酒醅中酒精含量的逐渐提高，大量对环境耐受力差的酵母菌发生自溶消亡。在发酵中后期，窖池酒醅处于厌氧环境，乳酸菌的代谢活动开始活跃。

3.7.2 窖池微生态研究的发展趋势及展望

1. 微生物菌种资源数据库及菌种基因库的建立和完善

浓香型白酒发酵窖池是一类复杂的和特殊的微生物生态系统，窖池中菌种资源极其丰富。但由于技术手段落后，窖池内存在的多种微生物资源并未被人们充分认识，各种类型的微生物菌种尚未得到充分利用。因而有必要集中人力和物力，合理地组合各种常规菌种分离鉴定方法和多种分子生物学分类鉴定技术，加强窖池微生物区系研究，弄清影响窖池微生物分布及演变的各种因素，通过分离培养、分析保藏这些微生物菌种及其菌种基因，从而有效地保存和利用这些资源，并进一步把对有益微生物的研究和利用逐步从酿酒行业发展到其他相关的微生物工程领域。

2. 发酵过程中主要生化代谢途径的认识和分析

浓香型白酒发酵过程中存在多种物质代谢反应，但目前大多是定性的描述，很多代谢反应途径实际上并不清楚，更谈不上定量分析，因而有必要充分利用现有的先进分析测试技术及自动化监测手段，对窖池内的物质代谢过程进行分析测定及代谢监控，弄清窖池发酵过程中的各种化学物质变化与酶学反应的相关性，主要窖池功能菌与发酵过程物质变化的相关性，特定生化代谢反应与曲酒风格和质量变化的相关性等。特别是研究关键物质成分(如人体功能性成分)的来源、变化及走向，分析对人体有保健作用的物质基础，这些工作的开展可以为中国浓香型白酒的工艺改良和品质提高提供必要的理论依据和技术支撑。

3. 窖池微生态数据库的建立和微生态系统的人工模拟

中国传统固态发酵浓香型白酒窖池实际上是依托一定的地理环境形成的特定微生态系统，满足物质循环、能量流动和信息传递“三流运转”的系统法则，因而在充分了解和弄清窖池发酵过程中各种微生物消长规律及物质变化规律的基础上，建立窖池微生态数据库，可以指导生产和改善工艺；同时，通过开发多菌种复合发酵剂，实现窖池微生态系统的再现和模拟，可进一步加深对窖池物质能量代谢规律的认识，打破地域和品牌的限制，促进高品质中国浓香型白酒在中国及其他国家和地区的普及和推广。而且，由于微生态系统分析方法具有相通性，因此中国浓香型白酒窖池微生态研究的成果，对其他领域(如其他香型白酒、其他发酵食品)微生态系统的研究和应用也具有积极的指导意义和有效的借鉴作用。

思　考　题

1. 简述发酵乳制品的概念及主要产品类别。
2. 根据微生物类群，发酵乳可以分为哪几类？
3. 说明奶酪中的主要微生物菌群和次生菌群。
4. 发酵乳制品中的主要微生物腐败现象有哪些？
5. 简述发酵肉制品的概念及常见的分类方法。
6. 发酵肉制品中的腐败微生物主要有哪些？
7. 发酵肉制品微生物腐败的主要表现是什么？
8. 举例说明不同种类豆豉中的主要微生物类别。
9. 简述发酵豆类制品的主要微生物腐败现象及其预防措施。
10. 面包中微生物腐败的主要表现有哪些？

11. 泡菜中的微生物菌群主要有哪些?
12. 发酵蔬菜的微生物腐败现象主要有哪些?
13. 发酵调味品中的微生物腐败现象主要有哪些?
14. 说明葡萄酒中的主要微生物类别。
15. 葡萄酒中的微生物危害主要有哪些? 如何预防?
16. 简述窖池微生态研究的发展趋势及展望。

第 4 章　食品发酵微生物菌种保藏与扩大培养

菌种保藏的目的是保证菌种在长时间内尽可能保持原有菌株优良的生产性能且不被污染，提高菌种的存活率，减少菌种的变异，以利于生产上长期使用。菌种保藏的基本原理是根据菌种的生理、生化特点，创造条件使菌种的代谢活动处于不活泼状态。

4.1　食品发酵微生物菌种保藏与复壮

4.1.1　食品发酵微生物菌种的保藏方法

1. 定期移植低温保藏法

将菌种接到培养基斜面进行斜面培养或穿刺培养，也可进行液体培养，待其长成健壮的菌体(对数期细胞、有性孢子、无性孢子等)后，置于 4 ℃冰箱保存，间隔一定时间需要重新进行移植。细菌通常 1 个月移种一次，芽孢杆菌 3～6 个月移种一次，放线菌 3 个月移种一次，酵母菌 4～6 个月移种一次，丝状真菌 4 个月移种一次。定期移植保藏法在工厂和实验室中普遍使用，具有简单易行、代价小，且可随时观察保藏菌种的死亡、变异、退化或染菌等优点，但因微生物在保藏期间仍有活动，所以存在保藏时间偏短、菌种易退化等不足。表 4-1 列出了微生物菌种保藏时常用的培养基。

表 4-1　微生物菌种保藏时常用的培养基

菌类	保藏培养
好气性细菌	TYC 琼脂：胰蛋白胨 5 g，酵母汁 5 g，葡萄糖 1 g，K_2HPO_4 1 g，琼脂 20 g，水 1000 mL
有孢子杆菌	土豆汁琼脂：蛋白胨 5 g，牛肉汁 3 g，豆汁 250 mL，琼脂 15 g，水 750 mL，pH 7.0(此为形成孢子用，若加入 $MnSO_4$ 5 mg/L 左右，能促进长孢子)
	酵母汁 7.0 g，葡萄糖 10 g，pH 7.0
醋酸细菌	胰蛋白胨 5 g，酵母膏 10 g，琼脂 20 g，蒸馏水 900 mL，待琼脂溶化后加葡萄糖 20 g，$CaCO_3$ 10 g/L，并使 $CaCO_3$ 悬浮在整个培养基中
	麦芽汁，$CaCO_3$ 0.5%
乳酸细菌	MRS 培养液：蛋白胨 10 g，肉汁 10 g，酵母汁 5 g，K_2HPO_4 2 g，柠檬酸钠 2 g，葡萄糖 20 g，吐温 80 g，醋酸钠 5 g，盐溶液($MgSO_4 \cdot 7H_2O$ 11.5 g，$MnSO_4 \cdot 2H_2O$ 2.45 g 蒸馏水 100 mL)5 mL，蒸馏水 1000 mL，pH 6.2～6.6
兼气性有孢子细菌	糖蜜培养基：糖蜜(黑色)100 g，大豆粕 100 g，$(NH_4)_2SO_4$ 1.0 g，蛋白胨 5 g，蒸馏水 1000 mL，pH 7.2，灭菌后加入 $CaCO_3$ 5 g
放线菌	天冬酰胺-葡萄糖琼脂：天冬酰胺 0.5 g，K_2HPO_4 0.5 g，牛肉膏 2.0 g，葡萄糖 10 g，琼脂 17 g，水 1000 mL，pH 6.8～7.0
	Emerson 培养基：NaCl 2.5 g，蛋白胨 4.0 g，酵母汁 1.0 g，牛肉膏 4.0 g，蒸馏水 1000 mL，pH 7.0(用 KOH 调节)
	高氏合成琼脂：可溶性淀粉 20 g，KNO_3 1 g，K_2HPO_4 0.5 g，$MgSO_4 \cdot 7H_2O$ 0.5 g，NaCl 0.5 g，$FeSO_4$ 0.01 g，琼脂 20 g，蒸馏水 1000 mL，pH 7.2

续表

菌类	保藏培养
丝状真菌	玉米粉琼脂：玉米粉6.0 g，水1000 mL，同水混合成奶油状，文火烧1 h，用布过滤，加入琼脂并加热至溶化，恢复原体积，灭菌30 min，此培养基适用于暗色霉菌的保藏
	马铃薯浸汁琼脂：25%马铃薯浸汁1000 mL，葡萄糖10 g，琼脂20 g
曲霉、青霉	察氏琼脂：$NaNO_2$ 3 g，K_2HPO_4 1 g，$MnSO_4 \cdot 7H_2O$ 0.05 g，$FeSO_4 \cdot 7H_2O$ 0.01 g，蔗糖或葡萄糖30 g，琼脂15～20 g，蒸馏水1000 mL，pH 6.0
	麸皮培养基：新鲜麸皮与水，以1∶1混合，121 ℃灭菌30 min
毛霉	菠菜-胡萝卜琼脂培养基：菠菜200 g，胡萝卜(去皮薄切)200 g，琼脂20 g，蒸馏水1000 mL，菠菜和胡萝卜放入适量水中，煮沸1 h后用布过滤，加琼脂，0.1 MPa灭菌20 min
酵母菌	GM培养基：蛋白胨3.5 g，酵母汁3.5 g，K_2HPO_4 2 g，$MnSO_4 \cdot 7H_2O$ 1.0 g，$(NH_4)_2SO_4$ 1.0 g，葡萄糖20 g，琼脂20 g，水1000 mL
	MY培养基：酵母汁3 g，麦芽汁3 g，蛋白胨5 g，葡萄糖10 g，琼脂20 g，水1000 mL
	麦芽汁琼脂：麦芽汁1000 mL，琼脂15 g，pH 6.0

2. 液体石蜡保藏法

该种方法是定期移植保藏法的补充。在生长良好的斜面表面覆盖一层无菌的液体石蜡，液面高出培养基1 cm，将其置于试管架上以直立状态低温保藏。液体石蜡可以防止水分蒸发、隔绝氧气，所以能延长保藏时间。但其缺点是必须直立放在冰箱内，占据较大的空间。液体石蜡要求优质无毒，一般为化学纯规格。可以在121 ℃下湿热灭菌2 h，或150～170 ℃下干燥灭菌1 h。

3. 液氮超低温保藏法

需要液氮罐或液氮冰箱、圆底安瓿管或塑料液氮保藏管。由于保藏采用低温(−196～−150 ℃)，因此必须按照“先慢后快”的原则进行操作。具体操作步骤如下：①将10%甘油或二甲亚砜作为保护剂分装于安瓿瓶中；将长有菌落的琼脂悬浮于已灭菌的保护剂中；②熔封安瓿瓶口；③以1 min下降1 ℃的速度降至−35 ℃，使瓶内悬浮液体冻结，然后将安瓿瓶置于液氮冰箱中，于−130 ℃以下贮藏；④恢复培养时，从液氮中取出安瓿瓶，立即于38～40 ℃水浴中摇动，至冰融化，按常法培养。

4. 甘油低温保藏法

与液氮超低温保藏法类似，采用含10%～30%甘油的蒸馏水悬浮菌种，置于−80～−70℃下保藏。该法保藏期较长，特别适于基因工程菌株的保藏。

5. 土壤、沙土保藏法

此法适用于芽孢杆菌、放线菌、曲霉菌等的保藏。土壤(河沙需要用10%～20% HCl

溶液洗去有机质)经风干、过 24 目筛、分装灭菌后，加入 10 滴制备好的细胞或孢子悬液，在干燥器中吸干水分，然后用火焰熔封管口，在室温或低温下可保藏数年。

6. 麸皮保藏法

又称为曲法保藏，常用于放线菌、霉菌等产孢子的微生物保藏。将麸皮或其他谷物与培养基或水按一定比例(一般质量比为 1∶1)拌匀，分装、灭菌后加入菌种培养，至长出菌丝，用干燥器干燥后在 20℃条件下可长期保藏而不退化，故工厂经常采用。

7. 冷冻干燥保藏法

冷冻干燥保藏法简称冻干法。该法同时具备干燥、低温、缺氧的菌种保藏条件，保藏期长、变异小、适用范围广，是目前较理想的保藏方法，也是各类菌种保藏机构广泛采用的保藏方法。

4.1.2　食品发酵菌种退化与复壮

1. 菌种退化的表现

菌种退化是指群体中退化细胞在数量上占一定比例后，表现出菌种生产性能下降或丧失的现象。菌种退化常表现为以下几种情况：

(1)菌落和细胞形态改变。菌种典型的形态特征逐渐减少，就表现为退化，如菌落颜色改变、畸形细胞出现等。有的表现为生长缓慢，孢子产生减少，如某些放线菌或霉菌在斜面上多次传代后，产生“光秃”现象，出现生长不齐或不产生孢子的退化，从而造成生产上用孢子接种困难。

(2)生产性能下降。生产性能下降，对生产来说是十分不利的。发酵菌株的发酵能力下降、代谢产物减少等都是菌种退化的表现。

(3)对生长环境的适应能力减弱。例如，抗噬菌体菌株变为敏感菌株、利用某种营养物质的能力下降等。

2. 菌种退化的原因

(1)基因突变。基因自发突变是一种自然现象，虽然概率很低，但随着移植次数的增加，退化细胞的数量会不断增加。一般来说，基因发生突变的频率较大，基因突变会导致产量下降，菌种退化。

(2)育种菌落不纯。育种后未经很好地分离纯化，在许多微生物细胞中含有一个以上的核，经诱变处理后往往容易形成不纯的菌落，即使是单核细胞，也会出现不纯的菌落。不纯的菌落如果不很好地分离纯化，在经过几次传代后，很容易导致核分离，使某些性状发生变化。

(3)培养条件。培养条件主要包括温度、pH、培养基等。如果一个菌种长期生活在不适宜的环境中，其优良性状很难保持，容易退化。

(4)污染杂菌。如果菌株污染了杂菌，或感染了噬菌体，就很容易退化。

3. 防止菌种退化的方法

(1)减少传代次数。尽量避免不必要的移种和传代，以减少自发突变的概率。菌种的传代次数越多，繁殖越频繁，产生突变的概率就越高，发生退化的机会也就越多。因此，不论在实验室中还是在生产实践中，均必须严格控制菌种的传代次数。目前发酵工厂的生产菌种的传代基本上都按照图 4-1 的方法进行。

(2)菌种经常纯化。要经常进行菌种的复壮工作，复壮一般采取常规的分离纯化方法来进行。当获得一个优良菌种时，通过分离纯化，根据菌落形态特征，归纳成几个菌落类型。每种类型分别进行摇瓶培养和生产性能的测定，从中确认产量最高的、具有特定形态的菌落类型。以后每次移种时，有意识地挑选这种菌落类型进行传代，就可以较长时期地保持优良的性状。

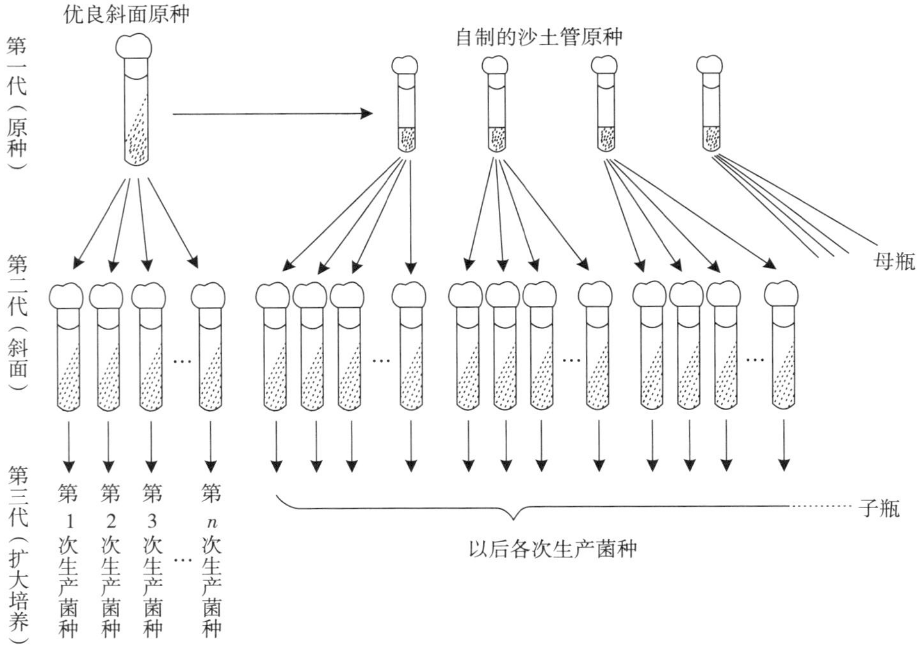

图 4-1 菌种传代方法

(3)选择合适的培养条件。培养条件对菌种退化有一定的影响，选择一个适合原种生长的条件可以防止菌种退化。各种生产菌株对培养条件的要求和敏感性不同，培养条件应有利于生产菌株、不利于退化菌株的生长。例如，营养缺陷型生长菌株培养时应保证充分的营养成分，尤其是生长因子。

(4)利用不同类型的细胞进行传代。在放线菌和霉菌中，由于菌丝细胞常含有许多核，甚至是异核体，因此用菌丝接种就会出现退化和不纯的子代。而孢子一般是单核的，利用孢子来接种，可以达到防止退化的目的。但也必须注意微生物细胞本身的特点，对构巢曲霉来说，分生孢子传代易发生退化子囊孢子移种则不易退化。

(5)选择合适的保藏方法。采用合适的菌种保藏方法也可以防止菌种的退化。由于菌种退化的情况不同，目前对有些退化原因还不甚了解，因此要切实解决具体问题，需根据实际情况，通过实验正确地加以运用。

4. 退化菌种复壮

1)菌种复壮的概念

通过人工选择法从退化菌种中分离筛选出那些原有优良性状的个体，使菌种获得纯化，称为复壮。这种狭义的复壮是一种消极措施，它是在菌种已发生退化的情况下，通过分离纯化和测定生产性能等方法，从退化的群体中找出少数尚未退化的个体并进一步繁殖，以达到恢复该菌种原有典型性状的一种措施。而目前生产中提倡的广义的复壮是在菌种的生产性能尚未退化前就经常有意识地进行纯种分离与生产性能的测定工作，以保持菌种生产性状的稳定，甚至使其逐步有所提高。

2)菌种复壮的方法

(1)纯种分离法。通过纯种分离，将退化菌种细胞群体中的一部分仍保持原有典型性状的单细胞分离出来，经过扩大培养，就可恢复原菌株的典型性状。常用的分离纯化方法很多：一类较粗放，一般只能达到“菌落纯”的水平，即从种的水平来说是纯的；另一类是较精细的单细胞或单孢子分离方法，它可以达到细胞纯，即“菌株纯”的水平。

(2)淘汰法。淘汰已退化的个体。有人曾对产生放线菌素的 *Streptomyces microflavus* 菌株的分生孢子采用－30～－10 ℃低温处理 5～7 天，使其死亡率达到 80%。结果发现，在抗低温的存活个体中，留下了未退化的健壮个体，从而达到复壮的目的。

(3)宿主体内复壮法。在宿主体内生长进行复壮。对于寄生性微生物的退化菌株，可通过接种至相应的动植物宿主体内来提高其活性。

4.2　食品发酵微生物菌种扩大培养的基本过程

4.2.1　食品发酵菌种扩大培养的目的、任务

菌种扩大培养是将保存的菌种接入试管斜面或液体培养基中活化后，经过三角瓶(或茄形瓶)液体摇床培养(或固体培养)以及种子罐逐级扩大培养而获得一定数量和质量的纯

种的过程。这些纯种培养物又称种子。菌种扩大培养的目的是为每次发酵罐的投料提供相当数量、代谢旺盛的种子。

4.2.2 食品发酵菌种扩大培养的类型和方法

按照不同的划分标准，食品发酵菌种的培养可以分为以下几种基本类型和方法。

1. 静止培养和通气培养

根据菌种对氧的要求，可分为静止培养和通气培养。静止培养又称嫌气培养或厌氧培养，是指将发酵菌种接种于含有培养基的培养器中，进行不通气培养的方法。该方法适用于厌氧性微生物的培养，如双歧杆菌发酵、乳酸发酵、丙酮-丁醇发酵的菌种培养。通气培养又称好气(氧)培养，是指发酵过程中进行人工通气。

2. 固体培养和液体培养

根据培养基的性质，可分为固体培养和液体培养。固体培养又称曲法培养，是指将发酵菌种接种于固体培养基中进行培养的方法，如酿酒、制醋中各种曲的培养，酱油酿造和食用菌生产中的菌种培养。液体培养是指将发酵菌种接种于液体培养基中进行培养的方法，这是发酵工业中菌种培养的主要方法。

3. 浅层培养和深层培养

根据培养基的厚度，可分为浅层培养和深层培养。浅层培养又称表面培养，是指在三角瓶、茄形瓶、克氏瓶、蘑菇瓶、瓷盘或曲盘(盒)中进行液体或固体培养的方法，其料液厚度一般小于 5 cm。浅层培养适用于需氧型培养发酵。一般来说，实验室一级种子常采用浅层培养。深层培养是指在种子罐、发酵罐或曲池中进行液体或固体培养的方法，料液层较厚。一般来说，生产现场的二级种子、三级种子及发酵罐种子常采用深层培养。

4.2.3 食品发酵工业对微生物菌种的要求

微生物广泛分布于土壤、水和空气等自然界中，资源非常丰富。作为大规模生产的微生物工业用菌种，应尽可能满足下列要求：①菌种细胞的生长活力强，移种至发酵罐后能迅速生长，延缓期短；②生理性状稳定；③菌体总量及浓度能满足大容量发酵罐的要求；④无杂菌污染；⑤保持稳定的生产能力；⑥菌种不是病原菌，在培养和发酵过程中不产生任何有害物质和毒素，以保证食品的安全。

4.2.4　食品发酵菌种扩大培养与级数确定

1. 一般工艺流程

食品发酵菌种扩大培养过程可分为实验室和生产车间种子制备两个阶段。其一般工艺流程如图 4-2 所示。

原种活化

↓

试管固体或液体培养

↓

三角瓶液体振荡培养（或茄形瓶斜面培养或三角瓶固体浅层培养）　一级种子

↓

种子罐培养　二级种子

↓

扩大的种子罐培养　三级种子

↓

发酵罐

图 4-2　发酵菌种扩大培养流程

2. 食品发酵菌种扩大培养

1)实验室发酵菌种制备

保藏的菌种经无菌操作接入适合于孢子发芽或营养体生长的斜面培养基中，经培养成熟后挑选菌落正常的孢子或营养体再一次接入试管斜面，反复培养几次，这一阶段也称菌种活化。活化的目的是使贮藏的菌种达到正常稳定的生长代谢速度。斜面活化的菌种进一步扩大培养，根据菌种特性不同可采用不同的培养方法。

(1)细菌。常见的细菌斜面培养基多采用碳源限量而氮源丰富的配方。培养温度为 37 ℃，时间为 1～2 天，产芽孢的细菌培养则需要 5～10 天。放线菌的孢子培养一般采用琼脂斜面培养基，培养基中含有一些适合产孢子的营养成分，如麸皮、豌豆浸汁、蛋白胨和一些无机盐等。培养温度一般为 28 ℃，培养时间为 5～14 天。

(2)霉菌。霉菌为好气性微生物，实验室培养时多采用浅层固态培养，孢子的培养一般以大米、小米、玉米、麸皮、麦粒等天然农产品为培养基。培养温度一般为 25～28 ℃，培养时间一般为 4～14 天。

(3)酵母菌。酵母菌为兼性厌氧性微生物，对氧的要求不甚严格，易在糖基培养基上生长繁殖。培养温度为 20～30 ℃，时间为 1～2 天。

2)生产车间种子制备

实验室制备的孢子或液体种子移种至种子罐扩大培养，种子罐的作用在于使实验室制备的有限数量的菌种营养体或孢子发芽、生长并繁殖成足够量的营养体，接入发酵罐培养基后能迅速生长，达到一定菌体量，以利于产物的合成。

3)种子罐级数的确定及扩大培养

种子罐级数是指制备种子需逐级扩大培养的次数。种子罐种子制备的工艺过程因菌种不同而不同，一般可分为一级种子、二级种子和三级种子。采用茄形瓶孢子、营养体或摇瓶种子接入体积较小的种子罐培养得到的种子称为一级种子，将一级种子接入体积较大的种子罐内，经培养得到的种子称为二级种子，将二级种子接入发酵罐内发酵，称为三级发酵。同理，使用三级种子的发酵称为四级发酵。

细菌种子罐级数及扩大培养：对于细菌种子的培养，由于细菌生长快，种子用量比例少，级数也较少，一般常采用二级发酵。其制备过程为茄形瓶→种子罐→发酵罐

霉菌种子罐级数及扩大培养：由于霉菌生长较慢，种子制备需要较长的时间，因此常采用三级发酵。其制备过程为孢子悬浮液→一级种子罐(27 ℃，40 h孢子发芽，产生菌丝)→二级种子罐(27 ℃，10～24 h，菌体迅速繁殖，粗壮菌丝体)→发酵罐。

放线菌种子罐级数及扩大培养：放线菌菌体生长很慢，所以常采用四级发酵。

酵母种子罐级数及扩大培养：由于酵母的生长速度比细菌慢，但比霉菌、放线菌快，所以通常直接使用一级种子。

4.2.5 影响种子质量的主要因素

菌种扩大培养的关键就是做好种子罐的扩大培养，影响种子罐培养的主要因素包括营养条件、培养条件、染菌的控制、种子罐的级数和接种量控制等。

1. 培养基

培养基对微生物生长繁殖、酶的活性与产量都有直接的影响。不同微生物对营养的要求不一样，但它们所需的基本营养大体上是一致的，其中以碳源、氮源、无机盐、生长素和金属离子等最为重要。不同类型的微生物所需要的培养基成分与浓度配比并不完全相同，必须按照实际情况加以选择。

2. 种龄与接种量

种子培养期应选取菌种的对数生长期。种龄过短或过长，不但会延长发酵周期，而且会降低产量。因此，对种子的种龄必须严格掌控。接种量直接影响发酵周期。大量接入成熟的菌种，可以缩短生长过程的延缓期，缩短发酵周期，有利于降低染菌的概率。因此，一般都将菌种扩大培养，进行二级发酵或三级发酵。

3. 温度

大多数微生物的最适生长温度为25～37 ℃，细菌的最适生长温度大多比霉菌高些。

如果所培养的微生物能承受稍高一些的温度进行生长、繁殖，则可降低染菌的概率，减少夏季培养所需的降温辅助设备，对工业生产有很大好处。

4. pH

各种微生物都有自己生长与合成酶的最适 pH。同一菌种合成酶的类型与酶系组成可随 pH 的改变而产生不同程度的变化。培养基 pH 在发酵过程中能被菌体代谢所改变，阴离子(醋酸根、磷酸根)被吸收或氮源被利用后产生 NH_4^+，使 pH 上升；阳离子(Na^+、K^+)被吸收或有机酸的积累，使 pH 下降。一般来说，高碳源培养基倾向于向酸性 pH 转移，高氮源培养基倾向于向碱性 pH 转移，这都跟碳氮比直接相关。

5. 通气和搅拌

需氧菌或兼性需氧菌的生长与合成酶都需要供给氧气。不同微生物要求的通气量不同，即使是同一菌种，在不同生理时期对通气量的要求也不相同。因此，在控制通气条件时，必须考虑到既能满足菌种生长与合成酶的不同要求，又要降低电耗，以提高经济效益。通气量最好按氧溶解的量确定。一般来说，培养罐深、搅拌转速大、通气管开孔小或多，气泡在培养液内停留时间就长，氧的溶解速度也就大，且在这些因素确定的条件下，培养基的黏度越小，氧的溶解速度就越大。因此，根据罐的结构和培养液的黏度，增减通气量，使溶解氧达到菌体所需的浓度，满足菌体呼吸的需要。

6. 泡沫

菌种培养过程中产生的泡沫与微生物的生长和酶合成有关。泡沫的持久存在影响微生物对氧的吸收，阻碍 CO_2 的排除，不利于发酵。此外，由于泡沫大量地产生，导致培养液的体积一般只占种子罐容量的一半左右，大大影响设备的利用率，甚至发生跑料现象，导致染菌，增加损失。

微生物工业目前使用的消泡剂有各种天然的动植物油以及来自石油化工生产的矿物油、改性油、表面活性剂等，这类消泡剂往往因培养液的 pH、温度、成分、离子浓度以及表面性质的改变，在消泡能力上呈现很大的差别，且在培养液内残留量也高，给净化处理造成一定的困难。而新型的有机硅聚合物(如硅油、硅酮树脂等)，则具有效率高、用量省、无毒性、无代谢性、可提高微生物合成酶的效率等优良特性。

7. 染菌

染菌是微生物发酵生产的大敌，一旦发现染菌，应及时进行处理，以免造成更大的损失。染菌的原因，除设备本身结构存在“死角”外，还包括设备、管道、阀门漏损，灭菌不彻底，空气净化不好，无菌操作不严或菌种不纯等。要控制染菌继续发展，必须及时找出染菌的原因，采取措施，杜绝染菌事故再现。

4.3 常见细菌类食品发酵菌种的扩大培养

细菌发酵食品种类繁多，表 4-2 列举了一些常见的细菌类发酵食品及其发酵微生物。

表 4-2 细菌类发酵食品及其发酵微生物

食品种类		菌种	发酵类型
食醋、水果醋酸饮料、果蔬醋		醋酸杆菌	醋酸发酵
酸牛乳、酸羊乳		保加利亚乳杆菌、嗜酸乳杆菌、嗜热链球菌、乳链球菌、两歧双歧杆菌、婴儿双歧杆菌、长双歧杆菌	乳酸发酵
人工发酵奶油		乳酸链球菌、乳油链球菌、噬柠檬酸链球菌、副噬柠檬酸链球菌、丁二酮乳链球菌等	
发酵干酪制品：法国羊奶奶酪，荷兰圆形奶酪		乳酸链球菌、乳油链球菌、干酪杆菌、丁二酮链球菌、嗜酸乳杆菌、保加利亚乳杆菌以及噬柠檬酸明串珠菌等	
植物蛋白饮料：酸豆奶和花生乳酸发酵酸奶		乳杆菌属、链球菌属、明串珠菌属、德氏乳杆菌、保加利亚乳杆菌、植物乳杆菌、嗜酸乳杆菌、嗜热链球菌、豆乳链球菌等，常用两种或两种以上菌株混菌发酵	
乳酸发酵谷物制品：酸面包、谷物乳酸发酵饮料、乳酸发酵糕点等		保加利亚乳杆菌和嗜热链球菌混合发酵	
乳酸发酵肉类食品：发酵香肠、乳酸肉		乳酸杆菌(植物乳杆菌、弯曲乳杆菌、乳酸乳杆菌、干酪乳杆菌)，片球菌(戊糖片球菌、乳酸片球菌、啤酒片球菌)，微球菌(变异微球菌)	
果蔬乳酸发酵制品	泡酸菜	植物乳杆菌、黄瓜乳杆菌、短乳杆菌、肠膜明串珠菌及双歧杆菌等	
	蔬菜乳酸发酵饮料	保加利亚乳杆菌和嗜热链球菌混合发酵	
氨基酸	谷氨酸	谷氨酸棒杆菌、乳糖发酵短杆菌、黄色短杆菌、北京棒杆菌、钝齿棒杆菌	氨基酸发酵
	缬氨酸	北京棒杆菌、乳糖发酵短杆菌	
	丙氨酸	凝结芽孢杆菌	
	脯氨酸	链形寇式杆菌、黄色短杆菌	
	赖氨酸	黄色短杆菌、谷氨酸棒杆菌	
	苏氨酸	大肠杆菌	
	鸟氨酸	黄色短杆菌、谷氨酸棒杆菌	
	亮氨酸	黄色短杆菌	

4.3.1 谷氨酸发酵菌种的扩大培养

1. 谷氨酸生产菌的特征

我国筛选的第一个谷氨酸生产菌株 As1.299，是从北京清河粉丝厂的废浆中分离得到的一株革兰氏阳性、无芽孢的谷氨酸生产菌。因它分离自北京，故定名为北京棒状杆菌，1965 年应用于生产。此后，又分离出钝齿棒杆菌 As1.542、黄色短杆菌 T6-13 等谷氨酸生产菌株。

现有谷氨酸生产菌分别为棒状杆菌属、短杆菌属、小杆菌属和节杆菌属，它们在形态及生理方面有许多共同特征，归纳起来主要有以下几点：①细胞形态为球形、棒形、短杆形；②革兰氏阳性，无芽孢、无鞭毛，不能运动；③都是需氧型微生物；④都是生物素缺陷型；⑤脲酶强阳性；⑥不分解淀粉、纤维素、油脂、酪蛋白以及明胶等；⑦发酵时菌体发生明显的形态变化，同时发生细胞膜渗透性变化；⑧CO_2 固定反应酶系活力强；⑨异柠檬酸裂解酶活力欠缺或微弱，乙醛酸循环弱；⑩α-酮戊二酸氧化能力缺失或微弱；⑪NADPH 进入呼吸链能力弱；⑫柠檬酸合成酶、乌头酸酶、异柠檬酸脱氢酶以及谷氨酸脱氢酶活力强；⑬能利用醋酸，不能利用石蜡；⑭具有向环境中泄漏谷氨酸的能力；⑮不分解利用谷氨酸，并能耐高浓度的谷氨酸。

2. 谷氨酸生产菌的种类

根据诱变出发菌株的不同，目前国内使用的谷氨酸生产菌主要分为 3 类：①天津短杆菌 T6-13 及其诱变株 FM8209、FM415、CMTC6282、TG863、TG866、S9114、D85 等；②钝齿棒杆菌 Asl.542 及其诱变株 B9、B9-17-36、F-263 等；③北京棒状杆菌 As1.299 及其诱变株 7338、D110、WTH-1 等。

按照生长要求和培养条件划分，生产谷氨酸的菌种有 3 种：①生物素亚适量型，其工艺特点是控制生物素用量，发酵时菌体量少、通风量小、发酵热较小，由于糖蜜和玉米浆用量少，发酵液质量好，适用直接等电点提取，且提取率高；②高生物素及表面活性剂型，其工艺特点是在发酵适当时间添加青霉素及表面活性剂，发酵时菌体量多、通风量大、发酵热大，需低温冷却，由于以糖蜜为原料，发酵液色泽深，不利于提取；③温度敏感型，其工艺特点是在发酵适当时间提高温度，发酵时菌体量多、通风量大、发酵热大，需低温冷却，由于糖蜜和玉米浆用量多，发酵液质量较差。

大多数味精厂所用的生物素亚适量菌种为 S9114 和 FM415，其特点是产酸稳定、提取率高、发酵周期短、不易染菌。

3. 生产菌种的扩大培养

在谷氨酸发酵前必须先培养好一定数量、健壮、均匀、活力旺盛的种子。

国内普遍采用二级种子扩大培养，其流程为斜面菌种→活化培养→一级种子培养→二级种子培养→发酵罐。

1)斜面菌种的培养

培养基以多含有机氮而不含或少糖为原则。培养基组成：葡萄糖 0.1%(传代和保藏斜面不加葡萄糖)，蛋白胨 1.0%，牛肉膏 1.0%，氯化钠 0.5%，琼脂 2.0%～2.5%，pH 7.0～7.2。

培养条件：7338、B9 类菌种 30～32 ℃，T6-13、S9114 类菌种 33～34 ℃，培养 18～24 h。培养完成后，仔细观察菌苔的颜色和边缘等特征是否正常，有无感染杂菌和噬菌体的征兆，然后置于 4 ℃冰箱中保藏待用。

2)一级种子培养

一级种子培养的目的在于大量繁殖活力强的菌体，培养基组成应少含糖分、多含有机氮，培养条件从有利于长菌考虑。

培养基组成：葡萄糖 2.5%，尿素 0.5%，硫酸镁 0.04%，磷酸氢二钾 0.1%，玉米浆 2.5%～3.5%(按质量增减)，硫酸亚铁、硫酸锰各 2 mg/kg，pH 7.0。培养基成分可因菌种不同酌情增减。

培养条件：用 1000 mL 三角瓶装入培养基 200 mL，灭菌后摇床培养 12 h。采用恒温控制：7338、B9 类菌种 30～32 ℃；T6-13、S9114 类菌种 33～34 ℃。

一级种子质量要求：种龄 12 h，pH 6.4±0.1，*OD* 值净增 0.5 以上，残糖 0.5%以下，无菌检查(无)，噬菌体检查(无)，镜检菌体生长均匀、粗壮、排列整齐，革兰氏阳性反应。

3)二级种子培养

为了获得发酵所需要的足够数量的菌种群体，在一级种子培养的基础上进行扩大到种子罐的二级种子培养。种子罐容积大小取决于发酵罐大小和种量比例。二级种子培养基配方见表 4-3。

表 4-3 二级种子培养基配方

培养基成分	T6-13	B9	7338	As1.299
水解糖/%	2.5	2.5	2.5	2.5
玉米浆/%	2.5～3.5	2.5～3.5	2.5～3.5	3.5
磷酸氢二钾/%	0.15	0.15	0.2	0.1
硫酸镁/%	0.04	0.04	0.05	0.04
尿素/%	0.4	0.4	0.5	0.5
Fe^{2+}/(mg·L^{-1})	2	2	2	2
Mn^{2+}/(mg·L^{-1})	2	2	2	2
pH	6.8～7.0	6.8～7.0	7.0	6.5～6.8

在实际生产中，应根据菌体生长情况，酌情增减生物素等用量，调整培养基组成。传统的二级种子培养是采用一次添加尿素作为无机氮源，在单位容积种子罐内无法获得高浓度的菌体。若改用流加液氨作为培养种子的无机氮源，并适当增大生物素和初糖浓度，则可适当延长培养时间来获取高浓度的菌体，这样不需扩大种子罐容积，也能达到增大种量的目的。

培养条件：接种量 0.5%～1.0%，培养温度 32 ℃(T6-13 菌为 33～34 ℃)，培养时

间 7～8 h，通风量 1∶0.2，搅拌转速 180～340 r/min。

二级种子的质量要求：种龄 7～8 h，pH 6.8～7.2，ΔOD 值 0.5 左右，无菌检查(无)，噬菌体检查(无)，镜检菌体生长均匀、粗壮、排列整齐，革兰氏阳性。

4.3.2 酸奶发酵菌种的扩大培养

1. 酸奶发酵常用的微生物菌种

用动物乳发酵的乳制品琳琅满目，酸奶是发酵乳制品中最常见的一类。早期的天然发酵酸奶中除保加利亚乳杆菌之外，还有许多其他的细菌参与，表 4-4 中列出了发酵乳生产中常用的微生物菌种及其作用。

国际上根据酸奶发酵剂的产品性能将其分为三种类型：①YO-Flex 酸奶发酵剂，由嗜热链球菌和保加利亚乳杆菌组成；②AB 发酵剂，由嗜酸乳杆菌(A)和双歧杆菌(B)组成；③NU-Trish 发酵剂，由四种单菌种嗜热链球菌与 AB 发酵剂菌种混合而成，也可称为 ABT 发酵剂。

表 4-4 发酵乳生产常用的微生物菌种及其作用

发酵菌种	菌种	主要机能	制作的发酵乳
乳酸杆菌	保加利亚乳杆菌(*L. bulgaricus*)	产酸、产香	酸奶、凯费尔
	瑞士乳杆菌(*L. helveticus*)	产酸、产香	酸奶、凯费尔
	嗜酸乳杆菌(*L. acidophilus*)	产酸	嗜酸乳杆菌乳
	干酪乳杆菌(*L. casei*)	产酸	液体发酵乳
乳酸球菌	嗜热链球菌(*S. thermophilus*)	产酸	酸奶
	乳链球菌(*S. Lactis*)	产酸	人工酪乳、酸性奶油
	乳脂链球菌(*S. cremoris*)	产酸	人工酪乳、酸性奶油
	双乙酰链球菌(*S. diacetilactis*)	产酸、产香	人工酪乳、酸性奶油
	乳脂链球菌(*L. cremoris*)	产香	人工酪乳、酸性奶油
酵母	乳酒假丝酵母(*Candida kefyr*)	产乙醇和 CO_2	克非尔
	脆壁克鲁维酵母(*Kluyveromyces fragilis*)	产乙醇和 CO_2	克非尔

2. 酸奶发酵剂的类型

(1)传代式发酵剂(液态发酵剂)。使用前一般需要经过菌种活化、母发酵剂、中间发酵剂、工作发酵剂等工艺过程。优点是制作工艺简单，菌种可反复多次使用，成本低。缺点是：使用过程需多次扩培，生产周期较长，菌种经过多级扩大培养和繁衍，批与批之间质量不够稳定；菌体在多次传代培养过程中易出现比例失调、噬菌体污染、性状变异等一系列问题；液体发酵剂的活菌含量低(10^7～10^8 cfu/g)、接种量大(2%～3%)、保藏期短(4 ℃，1～2 天)，导致酸奶及乳酸菌饮料产品质量不稳定和生产效率低下。

(2)冷冻浓缩型发酵剂。冷冻浓缩型发酵剂是乳酸菌种经液体增殖培养、浓缩分离，与冷冻保护介质混溶，再经冷冻制成的发酵剂。这类发酵剂主要以两种不同的方式来保藏：深度冻藏（－80～－30℃）和超低温冻藏（－196 ℃）。冷冻浓缩型发酵剂活菌含量高，保藏期长。

（3）干燥发酵剂。乳酸菌若直接进行冷冻干燥，死亡率将达 90％以上。在加有某些添加剂的生长培养基上培养菌体，然后冷冻干燥，对细胞膜的破坏可降至最低。选择保护剂的技术是制备冷冻干燥酸奶发酵剂的一项关键技术。

3. 发酵剂的制备

（1）菌种的活化及保存。取待活化菌种，用灭菌脱脂乳将其溶解，接种于预先灭菌的培养基中，置于恒温箱或培养箱中培养。凝固后取出 1％～3％的培养物接种于灭菌培养基中，反复活化数次。待乳酸菌充分活化后，即可调制母发酵剂。

（2）母发酵剂的制备。一般取脱脂乳 100～300 mL 装入三角瓶中，121 ℃下高压灭菌 15 min，并迅速冷却至 40 ℃左右进行接种。取已活化的菌种，接种于盛有灭菌脱脂乳的三角瓶中，接种量为 1％～3％，混匀后，在恒温箱中培养。凝固后移入灭菌脱脂乳中，反复活化 2～3 次。

（3）生产发酵剂（工作发酵剂）的制备。生产发酵剂是取实际生产量的 3％～4％脱脂乳，装入经灭菌的容器中，90 ℃下灭菌 15～30min，并冷却，按 1％～5％量接种母发酵剂，充分混匀后，42 ℃下恒温培养 2～2.5 h，待发酵到酸度大于 0.8％后冷却到 4 ℃。此时生产发酵剂的活菌数达 10^8～10^9 cfu/mL。

4. 发酵剂的质量检验

在使用前必须对发酵剂进行质量检验。乳酸菌发酵剂的质量必须符合下列要求：

（1）感官指标。①凝块需有适当的硬度，均匀细腻，组织均匀富有弹性，表面无变色、龟裂、无气泡，乳清析出少；②需具有一定的芳香味和酸味，不得有腐败味、苦味、饲料味和酵母味等异味；③凝块完全粉碎后，质地均匀，细腻滑润，略带黏性，不含块状物；④接种后在规定时间内产生凝固，无延缓现象。活力测定（酸度、感官、挥发酸、滋味）符合规定指标。

（2）化学性质检查。主要测定酸度和挥发酸，酸度以 90～110°T 为宜。

（3）细菌检查。用常规的方法测定总菌数和活菌数，必要时选择适当的培养基测定乳酸菌等特定的菌群。同时，要进行杂菌总数及大肠杆菌群的测定。

（4）发酵剂的活力测定。发酵剂的活力是指菌种的产酸能力，请参阅相关文献。

4.3.3 食醋发酵菌种的扩大培养

食醋发酵时必须靠醋酸菌将酒精氧化形成醋酸，因此，醋酸菌为食醋发酵最主要的菌种之一。目前能进行醋酸发酵的醋酸菌主要为醋杆菌属、葡萄糖杆菌属和葡萄糖醋杆菌属。在食醋工业上常用和常见的醋酸菌有奥尔兰醋酸杆菌、许氏醋酸杆菌、恶臭醋酸杆菌、攀膜醋酸杆菌、浑浊变种、巴氏亚种沪酿1.01和巴氏醋杆菌等菌株。

1. 醋酸菌种的培养及保藏

(1)试管斜面培养基。下列三种培养基可以任意选用一种：①酒精含量6%的酒液100 mL，葡萄糖0.3 g，酵母膏1 g，$CaCO_3$ 1 g，琼脂2.5 g；②葡萄糖1 g，酵母膏1 g，酒精2 mL，$CaCO_3$ 1.5 g，水100 mL，琼脂2.5 g；③6～7 °Bé米曲汁94 g，酒精4 g，$CaCO_3$ 2 g，琼脂2 g。pH自然，先将其他成分混合灭菌，再将酒精加入。

(2)培养。接种后置于30～32 ℃恒温箱内培养48 h。

(3)保藏。醋酸菌因为没有孢子，所以容易被自己所产生的醋酸杀灭。醋酸菌中，特别是能产生香酯的菌种，过十几天即死亡，因此宜保藏在0～4 ℃冰箱内备用。由于培养基中已加入碳酸钙，以中和产生的酸，所以保藏时期较长。

种子罐培养的醋酸菌用于液体深层发酵制醋。配有50 L不锈钢耐酸种子罐2只，各附有360 r/min搅拌器1套；500 L陶瓷耐酸种子罐2只，各附有250 r/min搅拌器1套。

2. 一级种子

(1)培养基。葡萄糖1%，酵母膏1%，$CaCO_3$ 1.5%，酒精2%，pH自然。先将葡萄糖、酵母膏及碳酸钙溶在水中，分装于容量为1000 mL的三角瓶内，每瓶装入150 mL。以0.1 MPa蒸汽灭菌30 min。冷却后，在无菌条件下加入酒精。

(2)接种量。每支斜面试管接1个三角瓶。

(3)培养。于32～34 ℃下，在往复式摇瓶机上振荡培养24 h，镜检菌体生长正常，无杂菌即可使用。

3. 二级种子

(1)培养基。与一级种子相同。1000 mL三角瓶，每瓶装入量为250 mL。

(2)接种量。接入一级种子10%。

(3)培养。于32～34 ℃下，在往复式摇瓶机上振荡培养16 h，镜检菌体生长正常，无杂菌即可使用。

4. 三级种子

(1)培养基。将糖化好备用的糖液抽入50 L种子罐内，定容至35 L，用蒸汽升温至100 ℃，维持灭菌10 min，然后用冷水降温至32 ℃，按接种量10%接入酵母菌进行酒精发酵，于30 ℃静置培养30 h，酒精含量达4%～6%即可。

(2)接种量。接入二级种子10%。

(3)培养。接入醋酸菌后，开始通风搅拌培养。通风量为每分钟1∶0.3(体积比)。

罐压要求为 0.03 MPa，不宜过高。培养温度为 32～34 ℃，培养 12～14 h，要求酸度达到 2 g/100 mL 左右，必要时可适当延长或缩短时间。镜检菌体生长正常即可使用。

5. 四级种子

(1)培养基。用 500 L 种子罐，定容至 350 L。培养基制备与三级种子相同。

(2)接种量。接入三级种子 10%。

(3)培养。与三级种子培养相同，通风量为每分钟 1∶0.25(体积比)。镜检菌体生长正常即可用于大生产。

4.3.4 常见酵母菌类发酵菌种的扩大培养

酵母菌广泛用于发酵食品中，所有的酒精饮料、调味品、食用酒精、面包和单细胞蛋白等发酵品在生产时主要的发酵菌种均是酵母菌；一些乳制品、腌菜制品和肉制品等的发酵也需要酵母菌的参与来改善风味和提高品质(表 4-5)。

表 4-5 发酵食品常用的酵母菌

食品种类		微生物种类
面包		糖化酵母菌(*Saccharomyces diastaticus*) 鲁氏酵母菌(*Zygosaccharomyces rouxii*) 罗茜酵母菌(*Saccharomyces rosei*)
香肠		西弗汉逊氏酵母菌(*Hansenula ciferrii*) 异常汉逊氏酵母菌(*Hansenula anomala var schneggil*) 加拿大汉逊氏酵母菌(*Hansenula Canadensis*) 莫格假丝酵母菌(*Candida mogii*) 酸酒假丝酵母菌(*Candida vini*) 特修库假丝酵母菌(*Candida tsukubaensis*) 鲁氏接合酵母菌(*Zygosaccharomyces rouxii*) 好树布勒掷孢酵母菌(*Bullera aendrophila*) 季也蒙毕赤氏酵母菌(*Pichia guilliermondii*) 汉逊德巴利酵母菌(*Debaryomyces hansenii*)
油脂		圆红冬孢酵母菌(*Rhodosporidium toruloide*) 粘红酵母菌(*Rhodotorula glutins*) 产油酵母菌皮状丝孢酵母(*Trichosporon cutaneum*) 斯达油脂酵母(*Lipomyces starkeyi*) 产油酵母(*Rhodosporidium toruloides*) 斯达油脂酵母(*Lipomyces starkeyi*) 斯达油脂酵母 *HL* 型(*Lipomyces starketi HL*)
谷胱甘肽		假丝酵母(*Candida* sp K_{11}UE126) 面包酵母菌 BY-14(*Saccharomyces cerevisiae*)
维生素	V_D	酿酒酵母菌(*Saccharomyces cerevisiae*) 热带假丝酵母菌(*Candida tropicalis*) 产朊假丝酵母菌(*Candida utilis*)

续表

食品种类		微生物种类
维生素	维生素 D	红酵母菌(*Rhodtorula* sp.) 油脂酵母菌(*Lipomyces starkeyi*) 卡尔斯伯酵母菌(*Saccharomyces carlsberyensis*)
	维生素 C	以掷孢酵母菌(*Sporoblomyces roseus*)作为伴生菌与氧化葡萄糖酸杆菌(*Gluconobacter oxydans*)组成新混菌体系
酒类	啤酒	啤酒酵母菌(*Saccharomyces cerevisiae*)
	白酒	酿酒酵母菌(*Saccharomyces cerevisiae*) 产膜酵母菌(*Mycoderma* sp.) 汉逊氏酵母菌(*Hansenula anomala*) 假丝酵母菌(*Candida* sp.)
	枣酒	啤酒酵母菌(*Saccharomyces cerevisae*)
	葡萄酒	葡萄酒酵母菌(*Saccharomyces cerevisiae*)
单细胞蛋白		产朊假丝酵母菌(*Candida utilis*) 啤酒酵母菌(*Saccharomyces cerevisae*)
食用色素		菲氏酵母菌、红酵母菌(*Rhodtorula* sp.) 隐球酵母菌(*Cryptococcus aerius*) 掷孢酵母菌(*Sporoblomyces roseus*)
酱油		鲁氏酵母菌(*Zygosaccharomyces rouxii*) 拟球酵母菌(*Torulopsis utilis*)
醋		酿酒酵母菌(*Saccharomyces cerevisiae*) 鲁氏酵母菌(*Zygosaccharomyces rouxii*)
普洱茶		异型汉逊氏酵母菌(*Hansenula anomala*) 鲁氏酵母菌(*Zygosaccharomyces rouxii*)
新科斯糖		法夫酵母菌(*Phaffia rhodozyma*)
SOD		克洛德巴利酵母菌(*Debaryomyces hansenii*)

1. 食品发酵常见的酵母菌分类及主要特性

1)酵母属

酵母属的酵母细胞为圆形、卵圆形，常形成假菌丝，多极出芽繁殖，能产生子囊，每个囊产孢子 1～4 个，能发酵多种糖类。例如，啤酒酵母为一种上面酵母，能发酵葡萄糖、蔗糖、麦芽糖、半乳糖、棉子糖等；卡尔斯伯酵母为一种典型的下面酵母，可发酵葡萄糖、半乳糖、蔗糖、麦芽糖及全部棉子糖；鲁氏酵母、蜂蜜酵母能在含高浓度糖溶液的食品中生长，可引起高糖食品(如果酱)变质，也能抵抗高浓度的食盐溶液，如它能在酱油中生长，酱油液面即生成灰白色粉状的皮膜，时间长后皮膜增厚变成黄褐色。

(1)啤酒酵母菌。又称酿酒酵母，为子囊菌纲，内孢霉目，酵母菌科，酵母菌属。营养细胞可直接形成子囊，每一子囊有孢子 1～4 个。在麦芽汁琼脂培养基中 25 ℃培养 3 天，啤酒酵母菌细胞呈圆形、椭圆形或腊肠形。在麦芽汁琼脂上的菌落为乳白色、有光泽、平坦、边缘整齐。在加盖片的玉米琼脂上培养，不生假菌丝或产生不典型的假菌丝。

(2)葡萄汁酵母菌。属于酵母科，酵母菌属。它与啤酒酵母的主要区别是全发酵棉子糖。在麦芽汁琼脂培养基中 25 ℃培养 3 天，细胞呈圆形、卵形、椭圆形或长细胞形。在麦芽汁琼脂培养基上生长的菌落为乳白色、平滑、有光泽、边缘整齐。在加盖玻片的玉米粉琼脂培养基上培养，不形成假菌丝或有不发达的假菌丝。葡萄汁酵母常可由果酒厂和啤酒厂分离出，常存在于葡萄汁、果汁、果园土壤等处，可做食用、药用和饲料酵母。

(3)卡尔斯伯酵母菌。由丹麦 Carlsberg 而得名，是啤酒酿造中典型的下面酵母。此菌于麦芽汁琼脂培养基中 25 ℃培养 24 h，细胞呈椭圆形或卵形，大小为(3～5)μm×(7～10)μm。出芽的幼细胞继续生长，培养 3 天后产生沉淀，培养 2 个月后产生薄皮膜。在麦芽汁琼脂培养基上，菌落呈浅黄色、质软，具光泽，有微细的皱纹，边缘出现细的锯齿状，难以形成孢子。能发酵葡萄糖、半乳糖、蔗糖、麦芽糖及全部棉子糖。不同化硝酸盐，稍能利用酒精。该酵母可供食用、药用和饲料用。

2)假丝酵母属

假丝酵母属细胞为球形或圆筒形，以出芽繁殖为主，细胞常在一起形成假菌丝，它们对糖类有较强的分解能力，能氧化有机酸，有些能以石油作为碳源。工业上利用它们来生产蛋白质、脂肪酶和有机酸等。

(1)产朊假丝酵母菌。其蛋白质含量和维生素 B 含量都比啤酒酵母高，它能以尿素和硝酸盐作为氮源，在培养基中不需加入任何刺激生长的因子即可生长。特别是它能利用五碳糖和六碳糖，还能利用糖蜜、土豆淀粉废料和木材水解液等，可生产单细胞蛋白。

(2)解脂假丝酵母菌。能利用煤油等正烷烃，同化长链烷烃的效果比其他假丝酵母效果好。可用烃类培养解脂假丝酵母来生产蛋白质。

(3)乳酒假丝酵母菌。未脱脂的牛奶(全乳)和乳酒是适于乳酒假丝酵母繁殖的场所，乳酒假丝酵母可用于奶酪和乳酒的酿造。

(4)热带假丝酵母菌。氧化烃类能力强，可利用煤油及在 230～290 ℃的石油中馏分，是石油蛋白生产的重要酵母菌。用农副产品和工业废料也可培养该菌做饲料。

3)德巴利酵母属

德巴利酵母属细胞有不同形状，营养繁殖为多端芽殖，有时形成假菌丝。产生子囊孢子，它们常从腐败的肉、香肠、酒等食品中分离到。

4)汉逊酵母属

汉逊酵母属细胞为球形、细长形或卵圆形，常形成假菌丝。营养繁殖为多端芽殖，产生子囊孢子，孢子为帽形。它们常存在于柑橘、葡萄及其制品和浓缩果汁中。

5)克勒克酵母属

克勒克酵母属细胞营养繁殖为二端芽殖，不产生子囊孢子。它们既有发酵作用又具有氧化能力，常存在于被污染的水果上，能引起酒的异味和浑浊。

6)醭酵母属

醭酵母属细胞常生长在啤酒、泡菜卤、果汁及其制品上，产生很厚的一层“醭”，常称为“生花”。

7)毕赤酵母属

毕赤酵母属细胞具不同形状，多端芽殖，多数种形成假菌丝，产生子囊孢子，孢子为球形、帽形。能利用正癸烷、十六烷，分解糖的能力弱，不产生乙醇。它是酒类饮料的污染菌，常在酒的表面生成白色干燥的菌醭。

8)红酵母属

红酵母属细胞呈圆形、卵形或长形，多端芽殖，不形成子囊孢子。许多种能在食物上或培养基上产生红色素。该属中有较好的产脂肪的菌种，但也有几个种为人类及动物的致病菌。在自然界分布较广。

9)裂殖酵母属

裂殖酵母属细胞呈椭圆形、圆柱形，营养繁殖为裂殖，能产生 4～8 个卵圆形、球形或肾形的子囊孢子。具有发酵能力，常存在于糖类及其制品中。粟酒裂殖酵母能发酵葡萄糖、麦芽糖、蔗糖、棉子糖，不发酵乳糖、半乳糖和蜜二糖，是生产工业用酒精的主要菌株之一，其发酵速度和发酵效率均比啤酒酵母好。

10)球拟酵母属

球拟酵母属细胞呈球形、卵形或稍带些长形，多端芽殖，对多数糖有分解作用，具有耐受高浓度的糖和盐的特性。例如球形球拟酵母，能在炼乳、蜜饯、果脯上生长。它们在自然界分布很广，常出现在冰冻食品中，使食物腐败变质。

11)丝孢酵母属

丝孢酵母属细胞连接呈菌丝状，多端芽殖。在液体培养基中生长，能产生浮膜。常在各种食品(如果蔬汁、肉和啤酒等)中出现。

2. 酵母菌类发酵菌种的扩大培养过程

酵母菌是兼性厌氧型的微生物，在菌种扩大培养中对氧气的需求不甚严格，故菌种的扩大培养相对简单。下面仅以用于酒精生产的酵母菌菌种扩大培养为例，说明酵母菌种扩大培养的两个阶段。

1)实验室酵母菌扩大培养

(1)工艺流程。斜面菌种→液体试管→三角瓶培养→大三角瓶(或卡氏罐)。

(2)操作要点。①斜面试管接种后，可在 28～30 ℃恒温培养箱中培养3～4天，待斜面上长成菌苔，即培养成熟，4 ℃保存备用。常用的固体斜面培养基为麦芽汁固体培养基或 MYPG 固体培养基(0.3%麦芽浸出物，0.3%酵母浸出物，0.5%蛋白胨，1%葡萄糖，2%琼脂)。液体试管培养基组成为 10%～12%的麦芽汁、米曲汁或 10%蔗糖溶液。②液体试管培养。在无菌条件下，自活化斜面菌种挑取一环酵母菌体，接入装有 10 mL 10%～12%无菌米曲汁培养液或麦芽汁培养液试管中，摇匀，置于 28～30 ℃恒温培养箱中培养 24 h 即培养成熟。③三角瓶培养，在 250 mL 三角瓶中装入100 mL麦芽汁等，灭菌后，无菌接入液体试管培养液，28～30 ℃保温培养 15～20 h 即培养成熟。④大三角瓶培养，取 3000 mL 容量的大三角瓶数个，分别装入 500 mL 麦芽汁和 500 mL 经过滤后的酒母糖化醪，经灭菌后备用。

在无菌条件下，将上述 250 mL 三角瓶中的培养液全部接入大三角瓶中，28～30 ℃保温培养 15～20 h。大三角瓶酒母培养成熟后，送往车间，准备接入小酒母罐。至此完成实验室酵母菌的培养阶段。

2)酒母罐扩大培养阶段

(1)工艺流程。大三角瓶→小酒母罐→大酒母罐→成熟酒母醪。

(2)培养方法。

①酒母间歇培养工艺。此法分一级菌种扩培罐培养和二级酵母扩培罐培养两个阶段进行。酒母培养罐多为小型锥底圆柱形罐，罐内中央有搅拌器，转速为 100r/min。小酒母罐一般的容量为大酒母罐的 1/10。先将小酒母罐洗刷干净并对管道和罐体进行灭菌，然后用泵输入酒母糖化醪，如果没有专门制酒母糖化醪的设备，则小酒母用的酒母糖化醪在小酒母罐中进行制备。糖化醪进入小酒母罐后，接入相应数量的卡氏罐或扩培的酵母菌，通入无菌空气，使酒母和醪液充分混合，使溶解氧量增加，以供酵母增殖用。温度控制在 28～30 ℃，待醪液糖分降低 40%～45%(通过外观糖测定)，酒精浓度升至 3.5%(体积分数)左右，液面出现大量 CO_2气泡时，即培养成熟。将成熟小酒母接入已装有糖化醪的大酒母罐中，培养条件同小酒母罐。酒母培养成熟，送往发酵车间使用。②酒母半连续培养工艺。半连续培养法也叫分割培养法，根据实际操作过程又分成小酒母分割法和大酒母分割法两种。小酒母分割法即将大三角瓶酒母接入小酒母罐，培养成熟后，将 2/3 的小酒母醪送入大酒母罐做菌种，进行大酒母培养。大酒母培养成熟后，全部酒母醪送往发酵车间。小酒母罐中留下的酒母醪做下一批小酒母的种子。在无菌操作和车间卫生条件好的工厂，可以 7～10 天换一次酵母菌种，或者时间更长。大酒母分割法即大酒母培养成熟后，检查酒母质量，如果酒母质量良好，特别是无杂菌污染，则可将 4/5 的酒母成熟醪送往发酵车间，其他做下一批大酒母的菌种，补入新鲜酒母糖化醪，培养成熟后，再视情况进行分割或全部送去发酵车间。③酵母连续培养工艺。酵母连续培养是按顺流方式，在一只或几只顺次连接的罐中进行。它为连续发酵准备了种子扩培的必要条件。酵母糖化醪连续加入首罐，同时添加酵母种液。酵母糖化醪沿酵母扩培罐或罐组流动，酵母不断增殖，当醪液从酵母罐或酵母罐组最后一罐流出时，已是成熟的生产用酵母菌种，应及时送往发酵罐。图 4-3 所示为酵母顺流式连续培养工艺简图。

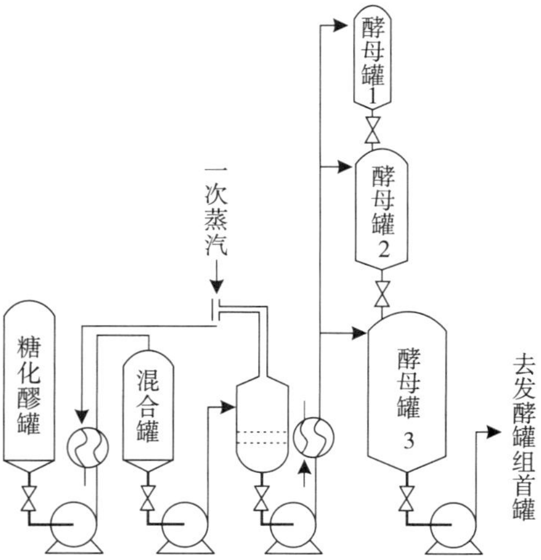

图 4-3 酵母菌顺流式连续培养流程

消毒后的糖化醪用泵经换热器冷却至 28～30 ℃，送往三个酵母增殖罐。然后向三个酵母罐连续流加糖化醪。二级酵母罐接受来自一级酵母罐的酵母种液，同时流加 30 ℃的糖化醪。培养时间与一级种子罐相同。调节糖化醪流加量，使酵母细胞密度保持在$(8\sim9)\times10^8 \cdot mL^{-1}$的水平。三级酵母罐的操作原则同二级酵母罐，充满时间也相同，其容积与连续发酵罐组的首罐相等。

3. 活性干酵母菌的使用方法

活性干酵母菌是将发酵用的酵母菌种经过大量培养、增殖后，收集菌体细胞，在低温条件下脱水、干燥、包装的酵母菌剂。

1)干酵母菌的用量

常温性干酵母的用量一般为原料量的 0.08%～0.12%；耐高温干酵母的用量一般为原料量的 0.05%。另外，干酵母的用量还应根据干酵母的活性和活细胞率而定。

2)干酵母菌复水活化

干酵母菌含水量通常在 5%以下，需经复水活化才能逐步恢复正常细胞活性。活性干酵母复水活化的方法常用的有如下 3 种：①清水复水活化。用 5～10 倍量 38～40 ℃的清水，将干酵母投入搅匀，放置15 min左右即投入发酵罐，此时酵母并未恢复活性，有待在罐中继续完成活化。②糖水复水活化。用 10～50 倍量 38～40 ℃的 2%蔗糖水，将干酵母投入搅匀，使酵母菌复水。15～30 min 后将温度降至 34 ℃以下(30～34 ℃)活化 1～3 h 即可投入发酵罐。酵母菌经 3h 的活化可基本恢复活性，开始出芽，6 h 后进入旺盛繁殖期。③糖化醪复水活化。用 5～10 倍量 38～40 ℃的 4～5 °Bé 的糖化醪复水 15 min，降温至 31～33 ℃活化 1～3 h。在复水活化过程中进行适当搅拌，促使 CO_2的排出和氧的溶入，提高酵母菌增殖的速度和数量。

上述 3 种复水活化方法中，以糖化醪法最好，其次为糖水法。

4.4　常见霉菌类发酵菌种的扩大培养

4.4.1　食品发酵常用霉菌分类及用途

霉菌在食品发酵中广泛应用，表 4-6 列出了在食品发酵中常用霉菌种类及主要用途。

表 4-6　食品发酵常用霉菌种类及主要用途

属	种	主要用途
毛霉属(*Mucor*)	高大毛霉(*M. mucedo*)	具有较强的糖化发酵力，可用于酒曲、酒精和有机酸工业原料的糖化和发酵，如鲁氏毛霉、爪哇毛霉等；有些菌种具有分解蛋白质的能力，如制造腐乳时，可使腐乳产生芳香的物质及使蛋白质分解产生鲜味等，豆豉制作参与的毛霉主要是总状毛霉。毛霉还可用于生产有机酸、酶制剂等
	总状毛霉(*M. racemosus*)	
	微小毛霉(*M. pusillus*)	
	爪哇毛霉(*M. javanicus*)	
	鲁氏毛霉(*M. roxianus*)	

续表

属	种	主要用途
根霉属(*Rhizopus*)	黑根霉(*R. nigricans*)	有酒精发酵力，但极微弱，能产生果胶酶，常引起果蔬软腐病
	匍枝根霉(*R. stolonifer*)	
	米根霉(*R. oryzae*)	在我国酒药和酒曲中常看到，有淀粉糖化及蔗糖转化性能，能产生乳酸、反丁烯二酸及微量的酒精。其中产 L-乳酸最强，最高可达总酸的 70%左右
	华根霉(*R. chinensis*)	多出现在我国酒药和药曲中，淀粉液化力强，能产生酒精、芳香脂类、乳酸及反丁烯二酸，能转化甾族化合物
	无根根霉(*R. arrhizus*)	能产生乳酸、反丁烯二酸、脂肪酶等，能发酵豆类和谷类，转化甾族化合物等
曲霉属(*Aspergillus*)	黑曲霉(*A. niger*)	自然界中分布极为广泛，在各种基质上普遍存在。有多种活性强大的酶系，可用于工业生产，如淀粉酶用于淀粉的液化、糖化，以生产酒精、白酒、食醋、制造葡萄糖和酶制剂等。耐酸性蛋白酶用于蛋白质分解或酶制剂的制造及毛皮软化。果胶酶用于水解聚半乳糖醛酸、果汁澄清和植物纤维精炼等
	甘薯曲霉(*A. batatae*)	糖化力极强，用于食醋制造
	宇佐美曲霉(*A. usamil*)	从黑曲霉中选育出来，含有较多的糖化型淀粉酶，耐酸度高，并含有较多的单宁酶，对制曲原料适应性强
曲霉属(*Aspergillus*)	米曲霉(*A. Oryzae*)	含有多种酶类，其中糖化型淀粉酶和蛋白质分解酶都较强。主要用作酿酒的糖化曲和酱油生产的酱油曲
	栖土曲霉(*A. Terricola*)	含有丰富的蛋白酶
	黄曲霉(*A. Flavus*)	产生液化型淀粉酶能力较黑曲霉强。蛋白质分解力次于米曲霉，黄曲霉中的某些菌株能产生黄曲霉毒素，特别在花生或花生饼粕上易于形成
青霉属(*Penicillium*)	产黄青霉(*P. chrysogenum*)	主要用于生产青霉素，并用于生产葡萄糖氧化酶或葡萄糖酸、柠檬酸和抗坏血酸等。此菌普遍存在于空气、土壤及腐败的有机材料上
	桔青霉(*P. citrinumthom*)	产生桔青霉素，也能产生脂肪酶、葡萄糖氧化酶和凝乳酶等，还可用来生产 5′-核苷酸
	娄地青霉(*P. roqueforti*)	具有分解油脂和蛋白质的能力，可用于制造干酪等
	扩展青霉(*P. expansum*)	主要用以生产灰黄霉素
红曲霉属(*Monascus*)	紫色红曲霉(*M. purpureus*)	能产生淀粉酶、麦芽糖酶、蛋白酶、柠檬酸、琥珀酸、乙醇、麦角甾醇等，有些种能产生鲜艳的红曲霉红素和红曲霉黄素
木霉属(*Trichoderma*)	康氏木霉(*T. koningii*)	含有多种酶，尤其是纤维素酶含量很高，是生产纤维素酶的重要菌。此外，木霉还可生产柠檬酸、合成核黄素，用于甾体转化、生产抗生素等
	绿色木霉(*T. viride*)	
地霉属(*Geotrichu*)	白地霉(*G. Candidum*)	对葡萄糖、甘露糖、果糖发酵力弱，有的菌株可部分发酵半乳糖，同化甘油、乙醇、山梨醇

4.4.2　霉菌类发酵菌种的扩大培养

1. 麸曲扩大培养

麸曲是白酒、酒精、食醋和黄酒等发酵食品生产中使用的糖化剂，是以麸皮为主要原料，加入适量的新鲜酒糟或稻壳等疏松剂，接入纯种曲霉菌或其他霉菌培养制成的。麸曲具有糖化力强、酶系纯正单一的特点，广泛用于发酵工业中。

1)麸曲生产工艺

制曲工艺包括 4 个过程，即斜面试管菌种培养、三角瓶扩大曲种培养、种曲培养和机械通风制曲。以黑曲霉 As. 3. 4309 培养工艺为例介绍如图 4-4。

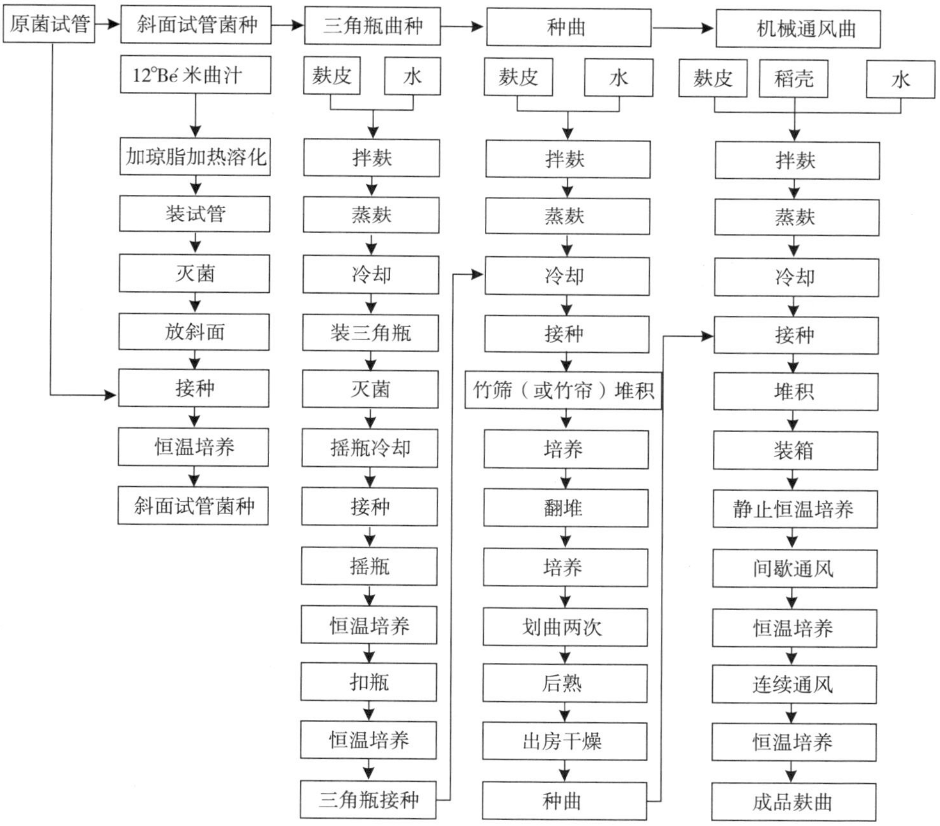

图 4-4　麸曲生产工艺流程

(1)斜面试管菌种培养。在 12°Bé 的米曲汁或麦芽汁(也可用豆芽汁、马铃薯汁、察氏培养基)中加入 2.0%的琼脂，调节 pH 为 5.0～6.0。分装试管，用 98 kPa 压力灭菌 20 min 后放置斜面。放在 30 ℃恒温箱内培养 2～8 天，证明无杂菌即可接入原菌试管孢子，放在 30～32 ℃恒温箱内培养 4～5 天，孢子生长致密，即可用于扩大培养。

(2)三角瓶扩大曲种培养。取一定量麸皮，加水 90%～100%(视麸皮含水量而定)，拌匀后用纱布包好，用 98 kPa 压力蒸汽蒸 30 min，取出冷却过筛后分装于 500 mL 三角瓶内，每瓶 25～40 g，厚 0.8～1.0 cm，塞好棉塞，用牛皮纸包好，在 98 kPa 压力下灭菌 40 min，冷却到 30～32 ℃接种，每瓶接 1～2 环试管菌种孢子，拌匀，呈堆积状，在 30～32 ℃培养。每隔 8 h 摇瓶一次，仍为堆积状；32 h 摊平，36～40 h 菌丝连接后应扣瓶或将曲饼斜置，使其上下均能接触空气，以增加生长孢子的面积；50～55 h 开始生长孢子；总培养时间约为 4～5 天，要求菌丝健壮、整齐、丰满，无杂菌，孢子稠密、圆形，颜色一致。

(3)种曲培养。种曲培养可分为曲盘培养法、竹帘培养法和竹筛培养法等。因为竹筛透气性较好，使用轻便，洗刷与灭菌比较容易，也较耐用，所以值得推广。①配料与蒸麸。一定量的麸皮，加水 90%～100%，拌匀后常压蒸麸 1 h，关汽后再焖麸 15～20 min。②冷却接种与堆积。蒸好的麸皮在培养室内冷却降温至 34～35 ℃（夏秋）或 37～38 ℃（冬春）接种，接种量为 0.2%左右，拌匀后放入事先灭菌的竹筛（或竹帘）内堆积。品温为 31～33 ℃，若温度低于 28 ℃，则易污染青霉菌，特别是东酒一号，由于发育慢，更应注意；堆积期间，室温控制在 30～33 ℃时，干湿球差 1～1.5 ℃。待品温升至 33～34 ℃时，翻堆一次，降温至 30～31 ℃，再进行堆积培养，当品温再升至 34～34.5 ℃时，装筛培养（竹筛直径以 80 cm 左右为好）。总堆积时间为 5～10 h。装筛时要求快、松、匀。曲层厚度为 1～2 cm，曲层太厚，升温快，温度难以控制，也容易失水。

(4)培养过程的管理。不同期的管理措施有一定的差异。①前期（装筛起 1～19 h），孢子膨胀发育，开始蔓延菌丝，产生热量不多，品温控制在 32～33 ℃，干湿球差 0.5～1 ℃。湿度太低，不易保潮，影响菌丝生长，湿度太高，易生杂菌。②中期（20～45 h），此时菌丝生长旺盛，呼吸作用较强，放出热量多，使品温迅速上升。品温控制在 34～35 ℃，干湿球差 0.5 ℃。在 24～26 h 时品温升至 35～36 ℃，菌丝已结成饼，可进行划曲，曲块大小约为 2 cm。划曲后继续保温保湿培养，大约在 36h 后开始生长孢子，这个时期既要注意保温，也要注意保湿，不允许迅速升温和超过 37℃，以防污染与水分蒸发过快。曲料水分充足，则孢子生长良好。③后期（46～60 h），菌丝生长缓慢直至停止，结成大量孢子，曲颜色全部变好，进入后熟阶段。此时应停止喷雾洒水，并逐渐放潮，干湿球差由 0.5 ℃渐增至 1 ℃，52～54 h 时干湿球差增至 1.5～2 ℃，将品温提高到 37 ℃，进行排潮。在此时期若品温太低，则不利于排潮，后熟也难以完成；若不及时排潮，则易生杂菌，但排潮宜由缓而速，逐步进行，否则过早干燥，后熟就不能完成。④出房干燥，至 58～60 h，曲子已完全成熟，转入温度为 36～37.5 ℃的干蒸房干燥，干燥后的成品曲水分应为 8%～15%，存放在低温、干燥、通风处。⑤成品曲质量要求为菌丝粗壮、整齐，孢子肥大、稠密，具有本菌固有色泽和曲应有之香味，无生心，无霉点，无丝状菌丝，水分不超过 15%，孢子发芽率在 85%以上。

4.4.3 柠檬酸生产菌种——黑曲霉的扩大培养

曲霉特别是黑曲霉能分泌大量的柠檬酸。现有的高产菌种主要是野生黑曲霉菌株或生产菌种诱变选育得到的遗传性状和生产性能比较稳定的变种。

柠檬酸高产菌黑曲霉具有分解淀粉、蛋白质、果胶、脂肪等物质强大的酶系，其生理特征如下：能耐高浓度的柠檬酸(15%以上)，而不利用和分解柠檬酸；耐高浓度葡萄糖，能产生和分泌大量的酸性 α-淀粉酶和酸性糖化酶，其 α-淀粉酶在 pH 2.0 条件下仍能保持原活力的 80%以上，在 pH 2.5、40℃下作用 30 min 尚不失活，其糖化酶最适作用 pH 为 4.0～4.6，最适温度为 60～65 ℃，在柠檬酸发酵条件下，当培养 pH 下降至 2.0 以下时，仍能保持大部分活力；能抗微量金属离子，尤其能抗较高浓度的 Mn^{2+}、Zn^{2+}、Cu^{2+}；在液体深层发酵培养时，能形成大量的细小菌球体，菌球体直径为0.1 mm，菌球量达 10^4 cfu/mL 以上；在以葡萄糖为唯一碳源的合成培养基上，生长不好，生成小菌落，孢子形成能力弱；在生长繁殖期，细胞内具有较高水平的氨基酸，即 NH_4^+ 水平高；菌丝体中含有低水平的甘油三酯和磷酸酯；细胞壁几丁质含量高，但 β-葡聚糖和聚半乳糖含量低；在生长和产酸期，细胞内蛋白质、核酸水平低；具有很强的侧系呼吸链活性，此侧系呼吸链不产生 ATP。

1. 生产菌种的扩大培养

1)扩大培养基本工艺

黑曲霉菌种的扩大培养一般要经过 3 个阶段，即一级、二级和三级种子培养。

国内采用三角瓶麸曲孢子扩大培养黑曲霉柠檬酸生产菌，其工艺流程如下：

原种⟶斜面⟶茄形瓶⟶三角瓶麸曲⟶种子罐⟶发酵罐（三角瓶麸曲 —直接接种→ 发酵罐）

国外许多国家采用的接种物是干孢子。其工艺流程的第一级是斜面培养，第二级是三角瓶液体表面培养，第三级是液体表面培养，容器采用体积较大的铝盆等。最后将表面培养的菌膜干燥，干孢子单独收集备用，整个过程可简单表示如下：

原种⟶斜面⟶三角瓶⟶铝盆⟶菌膜干燥⟶干孢子收集

也有将黑曲霉柠檬酸生产菌接种于固体培养基中，在圆盘制曲机中培养至长满成熟的黑褐色孢子，通入 35～40 ℃无菌空气干燥 4～5 h，将孢子收集于按吸尘器原理设计的孢子收集器内，密封包装后即为成品干孢子粉，产品中干孢子量为$(2.5～3)\times10^{10}$ cfu/g。

2)斜面培养

菌种的斜面培养必须有利于菌种的生长和孢子的着生且不产酸，培养条件应有利于菌种的繁殖和孢子生长，培养基以多含碳源少含氮源为原则。

3)三角瓶麸曲培养

麸曲培养期间要保持适当的温湿度(室温在 35 ℃左右，相对湿度为 60%～70%)。品温低于 33 ℃生长缓慢，孢子生长不健壮；高于 40 ℃孢子数减少。麸曲质量要求为孢子稠密、整齐、黑亮，无杂色孢子及气生菌丝，摇瓶产酸达 15%以上，无杂菌感染。

4)种子罐培养

(1)培养基配方。发酵原料不同，应采用不同的种子罐培养基配方。常用配方有：薯干粉 9%～13%，$(NH_4)_2SO_4$ 0.3%～0.5%或麸皮 2%～3%，pH 自然；淀粉 9%～14%，麸皮 2%～3%或$(NH_4)_2SO_4$ 0.3%～0.5%；玉米液化液(总糖)11%～15%，麸皮 2%～3%或 $NaNO_3$ 0.3%～0.5%，pH 自然。

(2)接种。将上述检查合格的三角瓶麸曲，每瓶加入 500～600 mL 无菌水，摇匀得到孢子悬浮液，在火焰下开瓶或倒入接种钢瓶中，瓶口密封并包扎纱布。将接种钢瓶提至车间，打开钢瓶橡皮管的纱布，对准火焰，将钢瓶橡皮口套入已用火焰消毒的种子罐接种口。移去火焰，打开种子罐接种阀门，使钢瓶与种子罐连通，两容器即形成等压。然后打开种子罐排汽阀减压，利用压差将钢瓶内的孢子悬浮液吸到种子罐内。接种量一般为 5000 L 种子罐接入 20 瓶麸曲种子。

(3)培养条件。温度为(35±1)℃，压力为 0.1～0.12 MPa。对 Co827 菌种来说，搅拌转速为 150 r/min，通风量为 0.3～0.4 m^3/min。以薯干粉为原料，培养时间为 16～20 h，酸度为 0.3%～0.8%，此时糖化活力相当高，以后增长缓慢。

4.4.4 液体曲生产工艺

将曲霉培养在液体基质中，并通空气使它生长和产酶，这种培养方法称为深层通风培养，其含酶的培养液称为液体曲。其特点是单位原料产生的淀粉酶活性高，生产过程可以完全机械化，且是在无菌状态下进行生产，保证了糖化发酵过程的无菌条件，其生产工艺如图 4-5 所示。

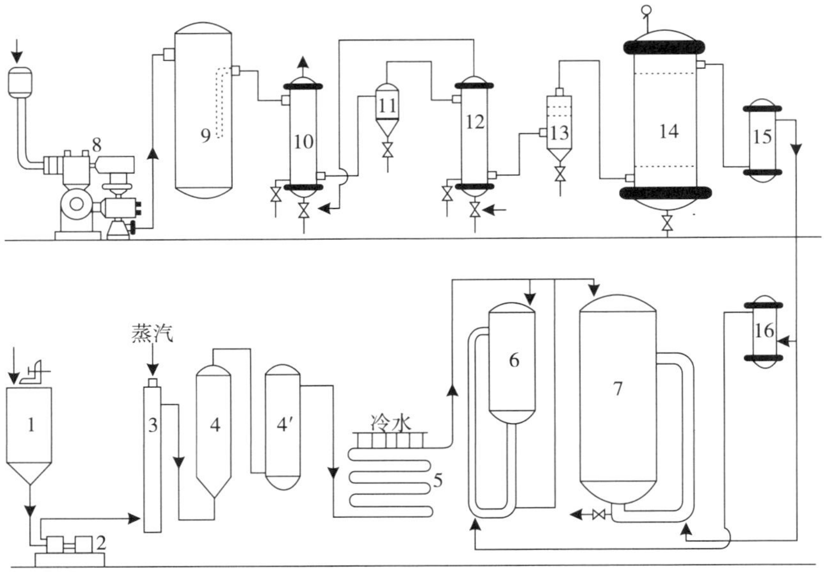

1—配料罐；2—料泵；3—两套管加热器；4、4′—第一、第二后熟器；5—喷淋冷却器；6—种子罐；7—培养罐；8—空压机；9、13—贮气罐；10—冷却器；11—油水分离器；12—第二冷却器；14—空气总过滤器；15—分过滤器；16—第二分过滤器

图 4-5 液体曲制作工艺流程

1. 孢子悬浮液的制备

液体曲生产对糖化菌的要求与固体曲相同，糖化力要强，并且能耐酸耐热，但多数固体曲用的菌种不适合在液体中培养，液体曲常用的菌种多为黑曲霉类，如 As. 3. 4309 就是较好的菌株。

(1)生产菌种的培养。液体曲菌种要求孢子多，宜采用营养丰富的小米或大米曲汁为培养基。小米培养基的制备及生产菌种的培养过程如下：先将优质小米洗净，加入 15%～20%麸皮，按 1∶1.2 的比例加水，常压蒸熟 30 min，然后分装试管，每支装 3～5 g，制成斜面，在 147 kPa 压力下杀菌 60 min，冷却后接种。30～32 ℃下培养 5～7 天，前 2～3 天长菌丝，后 2～3 天长孢子，直至布满整个斜面，即可保存用作孢子悬浮液。

(2)孢子悬浮液的制备。用无菌水把生产菌种的孢子洗下，制成孢子悬浮液，置冰箱中备用。使用时用微孔针刺法，利用突然减压，接入种子罐。

2. 液体曲培养基的制备

为了生产高活力糖化酶，培养液要富含氮素物质及其他养分(如磷等)。常用液体曲培养基配方如下：酒精废糟粗滤液 96.6%，玉米粉 1.95%，玉米浆 0.6%，硝酸铵 0.5%，碳酸钙 0.2%；薯干粉 5.2%，米糠 2%，豆饼粉 1.2%，硝酸铵 0.16%；玉米粉 4%，米糠 3%，薯干粉 2.4%，麸皮 1%，硫酸铵 0.15%。

曲霉菌液体曲培养基中的碳源以玉米为最好，其次是米糠和甘薯粉。而氮源用玉米浆和豆饼粉等，其中以玉米浆使用效果较好。除这些有机氮源外，工厂还常采用无机氮源，如硫酸铵等。培养基配方中，要求各种成分的比例要适当，特别应注意控制好碳氮比。如果培养基中的碳源过多，菌体不能充分利用，则易造成浪费；如果氮源过多，营养过于丰富，会出现只长菌不产酶的现象。相反，如果碳源不足，菌种没有足够的营养，则易引起菌体衰老和自溶，影响菌体产酶；如果氮源不足，则菌体生长缓慢。

3. 液体曲种子培养

(1)种子罐培养基本工艺流程。

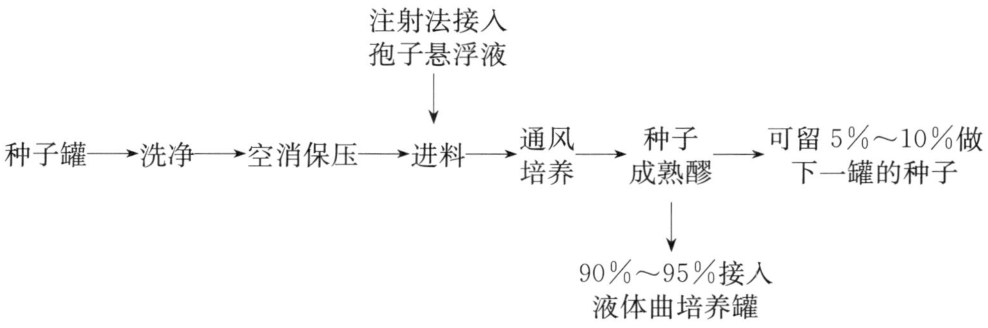

(2)种子罐接种操作条件。种子罐空消后，接入曲霉孢子悬浮液。液体曲种子罐的接

种方法有两种，一种是压差法，又称微孔接种法，该方法是用酒精棉消毒罐的接种口，降低罐压至 49 kPa，迅速拔去孢子液瓶针头上的玻璃罩，将针插入接种口，然后升高罐压至 78 kPa，再降低罐压，孢子液自动注入罐中，拔出针头，用酒精棉擦净接种口；另一种是火焰封口倒种法，将酒精浸湿的棉花圈套在接种口周围，燃火形成火焰圈，然后将罐压降至零，迅速打开接种口，在火圈封口中倒入孢子悬浮液，旋紧盖，升罐压后去除火圈，接种完毕。

(3)种子罐培养条件。喷嘴压力为 117～147 kPa(表压)，罐压为 29～49 kPa(表压)，通风压力差(进喷嘴压力与罐压差)，40 h 前为 98 kPa，40 h 后为 98～137 kPa，培养温度为 30～32 ℃。用孢子悬浮液接种培养至成熟需 24～40 h，一般培养 24 h 后即可作为种子使用。

4. 大罐液体曲培养

(1)大罐培养的工艺流程。

成熟种子醪
↓
培养罐──→洗净──→空消──→保压进料──→通风培养──→成熟液体曲──→供糖化车间

(2)液体曲培养。发酵罐空消压力为 196 kPa，温度为 126～132 ℃，时间为 20 min。喷嘴压力 196 kPa，罐压 29 kPa，培养温度 30～32 ℃，培养时间 48～56 h，通风培养 8～10 h，用肉眼能见菌丝，醪液开始变黏。接种量为 5%～10%，通风量为 20%，即 1 m^3醪液通入空气 0.2 m^3/min，醪液循环周期为 2.5～3.5 min，不大于 4 min。

5. 成熟液体曲的指标

外观似浓厚纸浆，气味清醇，口尝稍有甜味。pH 为 3.3～3.5，糖化力高。

6. 液体曲培养应注意的问题

(1)培养罐的连续使用。通常液体曲采用间歇培养法，每次成熟使用后，培养罐均需清洗与空消。

(2)成熟液体曲的保存及应用。液体曲成熟后暂不用时，可在低温(26～27℃)保压下贮存 1 周。在贮存期间虽会由于菌体自溶而使液体曲变稀，但酶活力仍可保持不变。虽然酸度略有提高，但对淀粉糖化无大影响(此种做法应慎重)。此外，成熟的液体曲可似种子罐留种一样，分割一部分作种醪用，这便是半连续液体曲生产方法。

(3)二次风的利用。培养罐的通风培养，氧的利用率并不高，于是有人曾将第一个培养罐排出的风引入第二罐使用。经试验，利用二次风并不影响第二罐的糖化力和培养时间，但应特别注意杂菌和 CO_2 含量问题。

4.5　传统曲的制造

4.5.1　传统曲的分类及作用

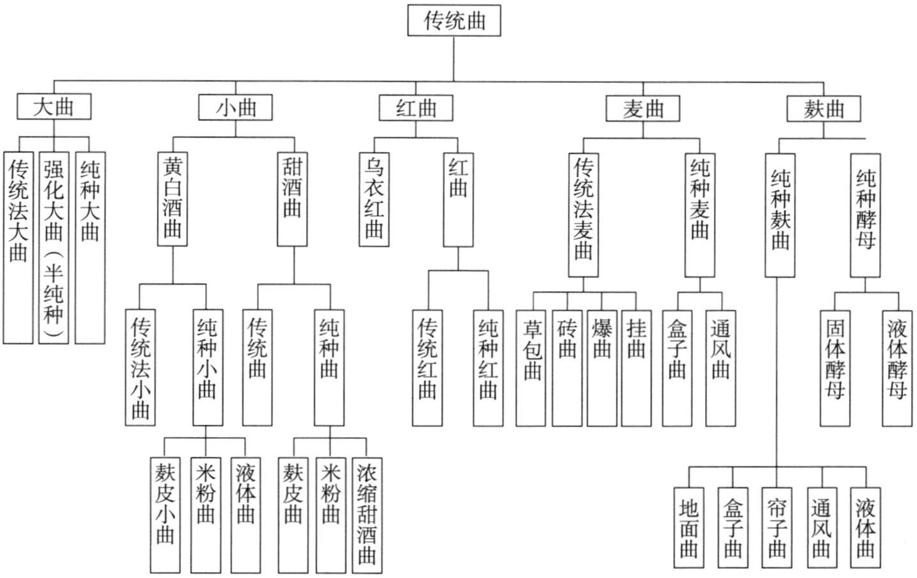

图 4-6　曲的基本分类

曲又称曲蘖，是米、小麦、大麦、黑麦、燕麦、豆类等粮食作物及其外皮碾磨而成的白色粉末米糠或麦麸等受到微生物感染或接种，经培养使微生物有效繁殖，并产生大量的酶系的制品。中国的制曲技术，历史悠久，源远流长，《书经·说命篇》有“若作酒醴，尔惟曲蘖”，从曲蘖到酒曲是经过几千年的实践而形成的独特制曲技术。

曲种类繁多，按制曲原料来分主要有小麦和稻米，故分别称为麦曲和米曲。按原料是否熟化处理来分，可分为生麦曲和熟麦曲。按曲中的添加物来分，如加入中草药的称为药曲，加入豆类原料的称为豆曲(豌豆、绿豆等)。按曲的形体可分为大曲(草包曲、砖曲、挂曲)、小曲(饼曲)和散曲。按曲中微生物的来源，分为传统曲(微生物的天然接种)和纯种曲(如米曲霉接种的米曲，根霉菌接种的根霉曲，黑曲霉接种的麸曲)。曲的基本分类如图 4-6 所示。

4.5.2　常见传统曲的生产方法

1. 大曲生产技术

大曲是以小麦、大麦、豌豆为主要原料，经粉碎、加水、加或不加母曲压成砖状的曲胚，依靠自然界带入的各种野生菌，在一定温度、湿度条件下进行富集和扩大培养，再经风干、贮藏而成的多菌种混合曲。大曲富含各类淀粉水解酶，主要用在淀粉的糖化中，是生产白酒、食醋的主要糖化剂。

1)大曲中的有关微生物及酶系

大曲中的微生物，经一定时间在曲坯培养基上培养之后，富集成菌落，才可以根据菌落的形态、结构、大小、色泽、黏稠度、透明度等情况进行分类。大曲中的微生物主要可分为3个类型。

(1)霉菌类。大曲中的霉菌分为曲霉(米曲霉、黑曲霉、红曲霉)、根霉、毛霉、犁头霉、青霉。霉菌的菌落与其他微生物明显不同。菌落最初生长时往往是白色、灰白色，这是长菌丝的现象，等菌丝上长出孢子，便变成各种颜色，如绿、黄、青、棕、橙等，所以人们把曲坯中的各种颜色叫做“五色衣”，并说“五色衣不成，则难收好曲”。

(2)酵母类。白酒生产用大曲随着培养温度的降低，其中酵母的含量增高。在高温曲中酵母含量最低，清香型大曲中酵母含量最高。酵母在白酒发酵中起发酵产酒精和产酯、产香的作用。目前大曲中已发现的酵母有10余种，而自然界里酵母有几百种。在大曲中主要酵母有酒精酵母、产脂酵母、汉逊氏酵母、假丝酵母、拟内胞霉、牙裂酵母等。酒精酵母可发酵糖变成酒精，而产酯酵母可产酸或酯类。

(3)细菌类。大曲中的细菌类主要有醋酸菌、乳酸菌、芽孢杆菌等。细菌的各种代谢产物对白酒的香型、风格具有极其重要的作用。细菌发酵对白酒质量、产量的影响越来越被人们所重视，因白酒的风格、香型的形成受已酸、乳酸、乙酸以及乙酸乙酯、己酸乙酯、乳酸乙酯含量的影响极大，而它们都是细菌代谢产物。大曲中生长的细菌主要是杆状细菌，有的不长芽孢(如乳酸菌、醋酸菌)，也含有相当数量的芽孢杆菌。酱香型高温大曲中含有较多的嗜热芽孢杆菌，它们能产生不同程度的酱气香味。

2)大曲的特点

(1)用生料制曲。用生料制曲有利于保存原料中的水解酶类，使它们在酿造过程中仍能发挥作用，有助于可直接利用生料的微生物的富集、生长、繁殖，为酿酒提供了所需的微生物混合体系。由于微生物在曲块上的生长、繁殖，积累了大量的酶类，使大曲具有较强的液化、糖化、蛋白质分解力与发酵能力，因此大曲也称为酿酒的粗酶制剂。

(2)自然接种。在大曲制造过程中，不需要人工接种，主要利用曲房环境中自然野生菌，因此生产受到季节的限制。大曲的踩曲季节不同，各种微生物繁殖的比例也不同。一般来说，春秋季酵母比例大，夏季霉菌比例大，冬季细菌比例大。故踩曲选在春末或夏初直至中秋前后为合适，但最佳时段为春末夏初。

(3)强调使用陈曲。贮存中大量产酸细菌失活或死亡，避免发酵过程中过多地产酸，同时酵母也减少，使曲的活性适当钝化，避免在酿酒过程中前火过猛，升酸过快。大曲是糖化剂，也是酿酒、酿醋原料的一部分。

3)大曲的分类

(1)高温大曲。培养制曲的最高温度达60 ℃以上。酱香型白酒多用高温大曲，浓香型白酒有部分也用高温大曲。高温制曲的特点是“堆曲”，即曲块堆放在一起并用稻草相隔，以提高曲块的培养温度。一般认为高温大曲是提高大曲酒酒香的一项重要技术措施。

(2)中高温大曲。又称偏高温大曲或浓香型中温大曲，培养温度为 50～59 ℃。生产浓香型大曲酒的工厂将中高温大曲与高温大曲按比例配合使用，使酒质醇厚，有较高的出酒率。

(3)中温大曲。也称为清香型中温大曲，培养温度为 45～50 ℃。制曲工艺着重于“排列”，操作严谨，保温、保潮，各阶段环环相扣，控制品温最高不超过 50 ℃。

4)大曲的生产工艺

(1)高温曲生产工艺

母曲(↓拌和)　水(↓踩曲)　稻草(↓堆积)　谷壳(↓出房)

小麦→润料→磨粹→粗麦粉→拌和→踩曲→曲坯→堆积→出房→贮存→成品曲

①选料、润料。要求麦粒干燥，无霉变，无农药污染。麦粒经除杂后，需要加入 5%～10%的水，水温为 60～80 ℃，拌匀并润料 3～4 h。完全用小麦制的曲，品质最好。

②磨碎。用钢磨将麦粒粉碎，要求麦皮呈薄片，麦心呈粗粉和细粉状(俗称梅花瓣)，要求通过 20 目孔筛的细粉与通不过孔筛的粗粉之比为 1∶1。

③拌曲料。将水、曲母和麦粉按一定比例混合，配成曲料。加水量一定要适当，一般为麦粉质量的 37%～40%。水量大，曲砖容易被压制过紧，有益微生物不易从表及里生长，表面易长毛霉、黑曲霉，且曲砖升温快，易引起酸败细菌繁殖。水量小，曲砖不易黏合，而且失水也快，不利于微生物生长繁殖。生产高温曲与生产中温曲不一样，为了保证有足够数量的微生物，在和曲时特意加入曲母。曲母选用隔年的含菌种类和数量都较多的白色曲为好，夏季用量为麦粉质量的 4%～5%，冬季为 5%～8%。

④踩曲(曲坯成型)。有人工踩曲和机器压制两种。人工踩曲用的木制曲模如图 4-7 所示。用踩曲机踩曲时，要求松而不散。踩曲季节，以春末夏初到中秋节前后为宜。

图 4-7　木制曲模

⑤曲的堆积培养。覆盖严密，以保温保潮为主。堆积培养可分堆曲、盖草及洒水、翻曲、拆曲 4 步来完成。堆曲，将刚压制好的曲砖放置 2～3 h，使表面干燥，曲砖略变硬，移入曲室培养。曲砖移入曲室前，在曲室的地面上铺上一层 15 cm 厚的稻草，起保温作用，然后将曲砖三横三竖相间排列，曲砖间距离为 2 cm，当排满一层后，在曲砖上铺一层 7 cm 厚的稻草，横竖排列应与下层错开，以达到通风保温作用，促进霉衣生长。一直排列四五层后，紧挨着再排第二行，最后要留一行或两行的空位置，作为以后翻曲

时转移曲坯的场所。盖草及洒水，曲砖堆好后即用稻草盖上，进行保温保湿。以后经常在草层上洒些水，水量不能大，以水不流入草下的曲堆为准。夏季洒水量比冬季多些。翻曲、洒水后，将曲室门窗关闭，任微生物在曲砖上生长繁殖。在此过程中，品温逐渐升高，冬季经 7～9 天，夏季经 5～6 天，曲砖堆内温度高达 63 ℃左右，当曲坯表面霉衣长出，口尝曲砖有甜香味，即可进行第 1 次翻曲。再过 1 周左右进行第 2 次翻曲。翻曲的目的是调节曲砖的温度和湿度，翻曲时间依据曲坯温度和口味来决定。当曲坯中层品温达 60 ℃，并口尝曲坯有甜香味时即可进行。拆曲、翻曲后，一般品温会下降 7～12 ℃，6～7 天后逐渐回到最高点，以后又逐渐降低。翻曲后 15 天左右，可略开门窗，进行换气；约 40 天后(冬季要 50 天)，品温降到接近室温，大部分曲块已干燥，即可拆曲出房。

⑥成曲的贮存。刚踩出的大曲要经过 3～4 个月的贮存，成为陈曲后再使用。使用陈曲酿酒发酵温度上升缓慢，酿酒时间虽相对延长，但酿出的酒香味好。制成的高温曲根据其颜色可分为黄、白、黑 3 种，以红心的金黄色曲为最好，此曲制酒酱香味好。

(2)中温大曲的生产工艺

①工艺流程。60％大麦＋40％豌豆→混合粉碎→加水搅拌→踩曲→曲坯→入曲房培养→出曲房→贮存→成品曲

②原料配比及其粉碎度。大麦和豌豆分别磨碎，其要求冬夏稍有不同，按表 4-7 中所示配料比例混合后，准确加水并充分拌和均匀。

表 4-7　原料配比及其粉碎度

季节	原料配比/％			粉碎比例/％	
	大麦	豌豆	水	粗瓣	细粉
冬	70	30	温水 50	40	60
夏	70	30	冷水 50	45	55

③踩曲。将拌匀的曲料置于曲模内，踩实，要求踩好的曲坯厚薄均匀，四角结实，每块曲重 3.5 kg 以上。

④入室。曲室地面铺上粗谷糠，将踩好的曲坯搬入室内，先在地面上摆成两层，每层之间用苇秆隔开，并撒上粗谷糠。两层曲坯的间隔为 1.5 cm。然后四周用苇席遮盖，一般冬季用席两层。遮盖时先用水把苇席喷湿，入室时要求室温冬季为 14～15 ℃，夏季为 25～26 ℃。入室后关闭门窗。

⑤上霉。上霉期冬季需 4～5 天，夏天仅需 2 天。室温保持暖和，使原料、苇秆、粗谷糠及空气中的霉菌孢子迅速在曲坯上开始发芽，生长发育。当见到稍有发白现象，品温能升至 40～41 ℃时，表示上霉良好，即可揭去苇席。

⑥晾霉。晾霉时间为 12 h，一般夏季晾至 32～33 ℃，冬季晾至 23～25 ℃。然后把曲坯上下倒置调换位置，同时堆积成 3 层。曲坯之间的距离改为 4 cm，再使品温上升至 36～37 ℃(不低于 34～35 ℃)，晾霉期为 2 天。

⑦起潮火。晾霉后当品温继续升温至 43～44 ℃时，将曲坯 3 层翻成 4 层，曲坯之间

的距离增至 5 cm，品温降至 36～37 ℃。以后品温又继续上升至 46～47 ℃。再翻曲 1 次，曲坯仍翻成 4 层。这个阶所需时间为 3～4 天。

⑧大火。品温上升进入大火后，取去苇秆，改成木架，将曲坯翻成 6 层，曲坯之间的距离增至 10.5 cm。待品温上升至 47～48 ℃后，晾冷至 37～38 ℃，再将曲坯翻成 7 层，上下内外互换位置，曲坯之间的距离增至 13 cm。当品温继续上升至 47～48 ℃时，再晾冷至 38 ℃左右。以后每隔 2 天翻 1 次，总共翻曲 3～4 次。大火时间为 7～8 天。大火期间曲的水分要尽量排除。

⑨后火。曲在后火期间尚有余水，当品温高达 42～43 ℃时，晾至 36～37 ℃。翻曲仍维持 7 层，曲坯之间的距离上面缩小为 5 cm，下面仍为 13 cm，上下内外互换位置。由于曲心最后尚有一点生面，宜用温火攻之，需 2～3 天；

⑩养曲。曲全部成熟后进入养曲期，翻曲后仍维持 7 层，但曲坯之间距离全部缩小为 3.5 cm，曲温保持 34～35 ℃，此时宜继续以微火温之，养曲时间为 2～3 天。制曲周期共需 21 天 左右。

曲制成后，成曲在移出曲室以前，尚需大晾数天，使曲晾干，以利于贮存。成曲应放置于阴凉透风处，堆放时还需保留空隙，以防止发热。如欲制备红心曲，则在曲将成熟时，继续保温，使曲皮边温度向中心夹击，两边温度达到中心时红心即成。

(3)大曲的病害处理。

大曲制备过程中，应注意如下事项：

①不生菌苔。曲坯入室后 2～3 天，如表面仍不生菌苔，这是温度过低或曲表面水分蒸发太大所致。应关好门窗保持室温，并在曲上盖席子及麻袋，用喷雾器洒 40 ℃温水补救。

②受火。当温度超过 45 ℃，把曲烧黑或产生黑心时，应拉宽曲间距，逐步降低品温，切勿大开门窗，使品温急剧下降。

③受风。曲坯表面干燥不长菌，内生红心，此系对着门窗受风所致，应防止直接受风吹。

④生心。曲料过细、过粗，或因前期温度过高致使水分蒸发过多，都会使菌未长满而停止繁殖。如发现早，可将曲块放到上层，周围盖麻袋补救。

⑤厚皮。晾霉时温度骤降，表皮收缩，曲内热量、水分散不出，使内部呈暗灰色、长黄黑圈等。小圈无大妨碍，圈过大时则曲质低下。

如无上述毛病，曲表面光硬，皮薄，内外茬口一致，气味清香，入口苦涩，呈青白色青花茬即为好曲。

2. 小曲生产技术

小曲(也称酒药、白药、酒饼等)是以米粉(米糠)为原料，添加少量中草药或辣蓼草，接种曲母，人工控制培养温度而制成混合物。小曲是黄酒、白酒和食醋的糖化发酵剂。

1)小曲的种类及特点

(1)小曲的种类。小曲种类繁多，按用途可分为甜酒曲和白酒曲；按添加中草药与否可分为药曲和无药白曲；按形状可分为酒曲丸、酒饼曲及散曲；按主要原料可分为粮曲(全部大米粉)与糠曲(全部米糠或多量米糠少量米粉)。此外，还有一类观音土曲，从其外观来看，多为白色或淡黄色，也有黑褐色(如乌衣红曲)，在湖北、湖南等地区多用绿衣观音土曲。

(2)小曲的特点。具有以下特点：①采用自然培菌或纯种培养；②以米粉、米糠及少量中草药为原料；③制曲周期短，一般为7～15天。制曲温度较低，一般为25～30 ℃；④曲块比大曲小，有圆球形、圆饼形、方形等；⑤种类多。

2)小曲中的微生物

小曲中的主要微生物因培养方式不同而不同。纯种培养制成的小曲中主要是根霉和纯种酵母，自然培养制成的小曲中主要有霉菌、酵母和细菌。

小曲中的霉菌一般有根霉、毛霉、黄曲霉和黑曲霉等，其中主要是根霉，常见的有河内根霉、米根霉、爪哇根霉、自曲根霉、中国根霉和黑根霉等。

传统小曲(自然培养)中，含有的酵母种类很多，有酒精酵母、假丝酵母、产香酵母和耐较高温酵母。它们与霉菌、细菌共同作用，赋予传统小曲白酒特殊的风味。

传统小曲中，含有大量的细菌，主要是醋酸菌、丁酸菌及乳酸菌等。在小曲白酒生产中，只要工艺操作良好，这些细菌不但不会影响成品酒的产量和质量，反而会增加酒的香味物质。但是若工艺操作不当(如温度过高)，就会使出酒率降低。

由于配料与酿制工艺的不同，各具特色，其中以四川邛崃米曲和糠曲、厦门白曲、汕头糠曲、桂林酒曲丸、浙江宁波酒药和绍兴酒药等较为著名。

3)无药糠曲生产工艺

无药糠曲的创制是小曲制造方面的一大进步，由于无药糠曲中没有刺激霉菌生长与抑制杂菌的药物，所以在制造时，更需注意卫生，且必须以优良的药曲为曲母。

(1)工艺流程。

```
  水                       曲母   水         曲母
  ↓                         ↓     ↓           ↓
统糠、米粉→煮制→冷却→配料→制坯→切块→裹粉→培曲→出曲→干燥
```

(2)操作要点。①原料处理及配料。先将统糠碾细，因为粗料难以保持水分，后期穿心时难以长透。制曲时菌的代谢需要淀粉作碳源，根据经验需要20%～25%的淀粉才能达到必需的发热量。为增加碳源宜加入少量碎米。碎米粉碎成粉，并加入25%的清水。配料为统糠87%～92%、碎米粉5%～10%、曲种3%，最后加入曲母共同碾碎。每100 kg混合粉，加水量应为64～70 kg。要求入室曲坯水分掌握在45%～48%。②制坯。先在拌料场将曲母、碎米、糠粉按比例拌和均匀，拌匀后过秤装入拌料盒。掺水时边掺边和，要和得快、和得散、和得匀，和3～4遍，要求达到无生粉，无疙瘩，并仔细检验水分。踩坯要踩紧踩干，用切刀按紧抹平，切成3.7 cm^3的曲块。切曲要切断，团曲要无棱

角而光滑。表面提浆，曲皮光润能保持水分，并有松心紧皮的效果，以利于霉菌生长匀壮。团曲时每 100 kg 撒粉 0.3 kg(在 3%曲母中扣出)，要散布均匀。当天拌好的原料必须当天用完，绝对不能剩到第二天使用。工具要清洗。团曲成型后送入曲室，由上而下，由边角向中央进行摆放，曲与曲的间隔保持不靠拢即可。③培曲。根据小曲中微生物的生长过程，培曲大致可分为 3 个阶段进行管理。第一阶段，大约 0～8 h，温度 22～26 ℃，第 2 阶段，从 26 ℃升温到 36 ℃，时间大约 40 h；第 3 阶段维持 36～38 ℃，时间 35～40 h。④成曲的鉴定。成品一般采用外观鉴定，即气味，皮片(曲块表皮的皱褶及其厚度，可以表示微生物生长的程度)，泡度(发泡程度，可表示曲块的质量，因为微生在曲块中繁殖的同时，消耗曲中的营养成分并产生相应的 CO_2，而且挥发水分，形成空隙，才使曲块“发泡”)，菌丝颜色等符合规定要求。成曲的水分应控制在 9%～11%之间。

3. 福建红曲的生产方法

红曲是以红曲菌为发酵菌种或主要发酵菌种，以大米，主要是早籼米为原料的固体发酵产物，通常人们所讲的红曲就是指红曲米。红曲的生产主要分布在福建、浙江、台湾等省，其中福建古田红曲最著名。红曲不仅用于酿酒，还用于食品着色和作为中药的配料。目前根据用途，红曲可分为酿造用红曲、色素红曲(色曲)和功能性(药用)红曲 3 类。久负盛名的中国台湾的红露酒，福建、浙江的红曲酒等都是以红曲为酒曲生产的，乌衣红曲是红曲霉、黑曲霉和酵母混合的米曲，用于黄酒、红曲腐乳生产。

1)传统红曲生产方法

(1)工艺流程：

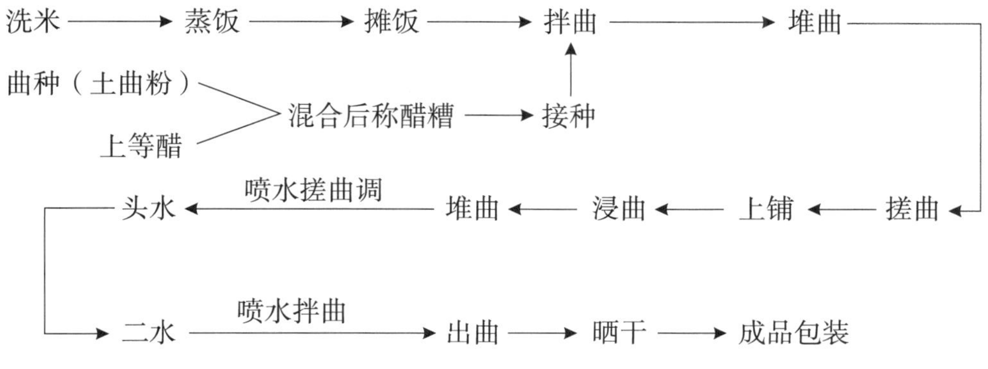

(2)操作要点：①浸米。将米装入米篮内，放在水中淘去糠秕，再浸水 1～1.5 h(用手指搓即碎为度)，捞起，淋水沥干(含水分 22%～24%)。②蒸饭。用猛火蒸 40～60 min，使大米熟度达到湿手摸饭面不粘手，而饭又熟透为度。③接种。将饭摊散在竹簟上，冷却至 40 ℃左右，即可接种。原料配比见表 4-8。根据以上配方，拌匀，使饭粒全部染成微红色时，即可入曲房。也有用黏米 50 kg，经浸米、淋米、沥干、蒸饭，摊晾至 40 ℃，拌入土曲粉 20～24 kg，然后装入坛内，经 12 天的糖化发酵，再掺入醋 30～50 kg，贮存 2～3 个月后使用。④入房培养。曲房俗称曲埕，系土木结构，埕底要用土

筑坚实，两边墙上开窗，以调节温度、湿度，入曲房前必须进行曲房消毒。将接种后的饭放于曲房内，用麻袋覆盖，保温 24 h，待品温升到 35～36 ℃时，进行翻曲，把曲粒摊开，厚 4～5 cm，每隔 4～6 h 搓曲一次，入房 3～4 天，红曲菌丝逐渐进入饭粒中心部分，呈红色斑点，称为“上铺”。这时把它装入麻袋，在水中漂洗约 10 min，使曲粒吸收水分，有利于红曲霉繁殖。淋干后，堆放半天，使其发热升温，然后摊平，此后每隔 6 h 时翻拌一次，促进红曲霉繁殖，当曲中水分有干燥现象(用手触动曲面有响声)，可适当喷清洁水，调节曲中水分，保持 30 ℃，这一阶段又称“头水”，历时 3～4 天，曲面全呈绯红色。此后主要是适时、适量喷水，以满足红曲霉繁殖对水分的需要，故必须严加掌握，每隔 6 h 要翻曲一次，注意控制合适繁殖的品温，这个阶段需经 3～8 天，俗称“二水”，这时曲粒里外透红并有曲香。⑤出曲。用太阳直接晒干。库曲 8～10 天，轻曲 10～13 天，色曲 13～16 天。库曲出曲率为 45%～50%，轻曲出曲率为 35%～38%，色曲出曲率为 28%～30%。

表 4-8　红曲生产配料　　单位：kg

曲类	配料			成品数量
	米	土曲糟	醋	
库曲	200	5	7.5	100
轻曲	300	7.5	10.75	100
色曲	400	10	15	100

2)纯种固态培养生产红曲

(1)红曲曲种生产：用冰醋酸调节 12 °Bé 麦芽汁或米曲汁的 pH 至 4.5～5.0，加 1.8%琼脂，在 98 kPa 下灭菌 30 min 后摆成试管斜面，接种生产用红曲菌，32 ℃恒温培养 7～10 天，挑选生长正常菌株备用或贮藏于 4 ℃左右冰箱中。三角瓶菌种，选择优质籼米，水浸渍后沥干，蒸熟，装瓶(50 g 米饭/500 mL 三角瓶)后 98 kPa 灭菌 30 min。每个三角瓶接种试管菌液 3～4 mL，混匀(一支斜面菌种可扩接 5 瓶左右)，35 ℃恒温培养 7～10 天即可得到外观色泽鲜红的成熟曲种。成熟的红曲在显微镜下镜检时，应有较多近球形的子囊壳。将培养好的曲种置 40 ℃烘干或在太阳下晒干，使水分在 8%～10%之间，用小塑料袋密封，置阴凉干燥处保存备用。

红曲菌的保藏，可用常规试管斜面置 4 ℃冰箱保藏，半年左右扩接一次。也可将红曲菌制成红曲米保藏，用籼米制曲后，密封置低温干燥处，可较长时间保藏。

(2)通风曲池红曲生产：原料籼米经浸渍、沥干、蒸熟后，摊晾至 36～38 ℃。按籼米的 0.5%～1%接入液状红曲种。红曲种用 2 倍量米醋(醋酸含量为 3%)或相同浓度的冰醋酸浸泡 5～10 h 后磨浆备用。接种拌匀后，装麻袋或直接堆码在曲房的曲池中。室温控制在 25～35 ℃，以 30 ℃为好。曲料置保温的曲房培养，当最高品温升至45～47 ℃时，要迅速拌匀曲料并运至通气曲池培养。常规箱式制曲，曲料层高 25 cm，用通风机通风，每池可设点接触式温度控制装置自动控制制曲温度。定时人工翻料，定时喷水。断水后，红曲菌进入后期培养，品温控制在 32～34 ℃，定期开关曲房的门窗以实现降温换气。通常用作色素的红曲米培养 7～8 天。

出曲后在温度不超过 45 ℃的烘曲池中干燥，或晴天在阳光下晒干，要求红曲的含水量在 12％以下。成品曲装袋入库备用。

思 考 题

1. 叙述保藏食品发酵菌种常用的方法及其优缺点。
2. 叙述用真空冷冻干燥法保藏发酵菌种的操作过程及技术要点。
3. 简述发酵菌种退化的原因及复壮方法。
4. 简述优良发酵菌种所具备的基本特征。
5. 如何确定菌种扩大培养时的种子罐级数？
6. 叙述谷氨酸发酵菌种扩大培养的工艺流程及操作要点。
7. 叙述发酵酒精用的酵母菌扩大培养的操作要点。
8. 叙述麸曲生产的工艺流程及操作要点。
9. 叙述以霉菌为发酵菌种的液体曲生产方法。
10. 简述中国传统发酵食品使用的曲的分类及其主要作用。
11. 叙述大曲、小曲、红曲和麸曲的主要用途及使用方法。

第 5 章　食品发酵生产的过程控制

菌种是微生物发酵工业实现从原料到目标产物转化的关键，它直接决定生产效率、产品成本和产品质量，所以在使用之前必须经过菌种活化与扩大培养，才能应用于发酵工业，而发酵过程中各参数的控制与调节，对发酵过程是否可以顺利完成及发酵产品品质都有直接影响。

5.1　发酵的基本工艺过程

5.1.1　菌种活化与扩大培养

1. 种子制备工艺

种子制备的过程大致可分为实验室制备阶段和生产车间制备阶段。

1)实验室种子制备

实验室种子制备包括孢子制备和摇瓶液体种子制备。对于产孢子能力强及孢子发芽、生长繁殖快的菌种可以采用固体培养基培养孢子，孢子可直接作为种子罐的种子，这样操作简便，不易污染杂菌。对于产孢子能力弱或孢子发芽慢的菌种，可以用液体培养法培养。细菌的斜面培养基多采用碳源限量而氮源丰富的配方，培养温度一般为 37 ℃。细菌菌体培养时间一般为 1～2 天，产芽孢的细菌培养则需要 5～10 天；放线菌类孢子的培养多采用人工合成的琼脂培养基，其中碳源、氮源不能太丰富，碳氮比(C/N)大一些为好，避免菌丝的大量形成，以利于大量产生孢子。培养基中含有一些适合产孢子的营养成分，如麸皮、豌豆浸汁、蛋白胨和一些无机盐等。放线菌类孢子的培养温度大多为 28 ℃，部分菌种为 30 ℃或 37 ℃，培养时间因菌种不同而异，一般为 4～7 天。孢子成熟后，置于 4 ℃冰箱内保存备用，存放时间不宜过长。霉菌类孢子的培养一般以大米、小米、玉米、麸皮、麦粒等天然农产品为培养基，培养的温度一般为 20～28 ℃，培养时间一般为 4～14 天。对于产孢子能力弱或孢子发芽慢的菌种，如灰色链霉菌可用摇瓶液体培养法。将孢子接入装有液体培养基的摇瓶中，于摇床上恒温振荡培养，获得菌丝体并将其作为种子。

2)生产车间种子制备

将实验室制备的孢子或液体种子接种至种子罐扩大培养，种子罐的培养基虽因菌种而异，但原则均为采用易被菌种利用的成分，如葡萄糖、玉米浆、磷酸盐等。若是需氧菌，还需供给足够的无菌空气，并不断搅拌，使菌(丝)体在培养液中均匀分布。种子原液一般采用微孔接种法接种，摇瓶菌丝体种子可在火焰保护下接入或采用压差法接入种子罐。种子罐之间或发酵间的接种方式，主要采用压差法，由种子接种管道进行接种。接种过程中要防止接受罐的表压降到零，否则会染菌。

2. 种子质量的控制

1)影响种子质量的因素

菌种扩大培养的关键就是做好种子罐的扩大培养。主要影响因素如下：

(1)原材料质量。生产过程中经常出现种子质量不稳定的现象，其主要原因是原材料质量的波动。培养基原材料的产地、品种、加工方法及颗粒大小，蛋白胨、琼脂的质量，以及水的硬度、污染程度等都会对孢子质量产生不同程度的影响。

(2)培养条件。培养温度、空气湿度、通气量等都会影响种子的数量和活力。

(3)斜面保藏时间。斜面冷藏对孢子质量的影响与孢子成熟程度有关，如产蛋白酶的链霉菌孢子在斜面上培养 4 天左右时置 4 ℃冰箱中保存，冷藏 7～8 天后菌体细胞开始自溶；而培养 5 天以后冷藏，20 天未发现自溶。冷藏时间对孢子的生产能力也有影响。

2)种子质量的控制措施

种子质量的最终指标是考察其在发酵罐中所表现出来的生产能力，因此在生产过程中通常进行以下两项检查：

(1)菌种稳定性的检查。生产上所使用的菌种必须具有稳定的生产能力，虽然菌种保藏在休眠状态的环境中，但微生物或多或少有变异的危险，因此定期检查及挑选稳定菌株投入生产是十分重要的。

(2)无(杂)菌检查。在种子制备过程中每一步接种均需进行杂菌检查。通常采用种子液显微镜观察、肉汤或琼脂斜面接入种子液培养进行无菌试验、对种子液进行生化分析 3 种方法。

5.1.2　发酵原料的预处理与培养基制备

1. 发酵原料的预处理

发酵培养基所用的原料，有些必须经过适当的预处理，如谷物、薯干或山芋干等农产品，使用前要去除杂草、泥块、石头、小铁钉等杂物以避免损坏粉碎机。有些谷物(如大麦、高粱等)原料最好先去皮，这样可以防止将皮壳中的有害物质(如单宁等)带入发酵醪，影响微生物的生长和产物的形成。

由于糖蜜中含有大量的无机盐、胶体物质和灰分，因此在使用糖蜜时必须进行预处理。例如，在柠檬酸生产时，糖蜜中富含的铁离子会导致异柠檬酸的形成，故需预先向糖蜜中加入黄血盐除铁。在利用酵母生产酒精时，由于糖蜜中干物质浓度大、糖分高、产酸菌多、灰分和胶体物质也很多，酵母无法生长，因此必须经过稀释、酸化、灭菌、澄清和添加营养盐等处理后才能使用。

2. 培养基的配制和优化

培养基是微生物纯种培养的基础，直接影响菌体的生长、代谢及产物的合成和纯化。一个恰当的培养基配方，对发酵产品的产量和质量有着极大的影响。工业生产所用培养基应考虑经济效益，原料必须来源丰富、价格低廉、质量稳定。

选择培养基成分以及设计培养基配方时虽然有一些理论依据，但最终还需通过实验的方法进行确定。微生物发酵培养基的优化一般经过以下步骤：①所有影响因素的确认；②影响因素的筛选，以确定各个因素的影响程度；③根据影响因素和优化的要求，选择优化策略；④实验结果的数学或统计分析，以确定其最佳条件；⑤最佳条件的验证。

3. 培养基的灭菌

生产过程中如果培养基受到杂菌的污染，可能会造成生产能力的下降，甚至导致生产失败，故发酵培养基都要经过灭菌。

1)微生物的热死定律及理论灭菌时间

在一定温度下，微生物的热死遵照分子反应速度理论。在灭菌过程中，活菌数逐渐减少，其减少量随残留活菌数的减少而递减，即微生物的死亡速率与任一时刻残存的活菌数成正比。如果 N 表示活菌数，则活菌减少率(即受热死亡速率)与 N 成正比，即

$$-\frac{\mathrm{d}N}{\mathrm{d}t}=k_{\mathrm{d}}N \tag{5-1}$$

式中，N 为任一时刻的活菌数，cfu/mL；t 为灭菌时间，min；k_{d}为比死亡速率，min^{-1}。

若开始灭菌时($t=0$)，培养基中活菌数为 N_0，则将式(5—1)积分得

$$\int_{N_0}^{N_t}-\frac{\mathrm{d}N}{N}=k_{\mathrm{d}}\int_0^t\mathrm{d}t \tag{5-2}$$

$$N_t=N_0\mathrm{e}^{k_{\mathrm{d}}t} \tag{5-3}$$

两边取对数得

$$t=-\frac{1}{k_{\mathrm{d}}}\ln\frac{N_0}{N_t}\text{或}t=\frac{2.303}{k_{\mathrm{d}}}\lg\frac{N_0}{N_t} \tag{5-4}$$

式(5-4)被称为微生物的热死定律，也称对数残留定律。从式(5-4)可知，灭菌时间取决于污染程度(N_0)、灭菌程度(残留活菌数 N_t)和 k_{d}值。在培养基中有各种各样的微生物，灭菌时不可能逐一加以考虑，值得注意的是，由式(5-4)得出的是理论灭菌时间，在实际设计和操作计算时可作适当比例的延长或缩短。

2)湿热灭菌对营养成分的破坏

在培养基湿热灭菌时，不仅微生物会死亡，培养基中的一些热敏性物质(如氨基酸、维生素等)也会被破坏。在生产中必须选择既能达到灭菌效果又能使培养基成分破坏达到最小的条件。灭菌过程中微生物的死亡属于一级反应动力学类型［式(5-1)］。在其他条件不变时，反应速率常数与温度的关系可用阿仑尼乌斯方程式表示：

$$K=Ae^{-\Delta E/RT} \tag{5-5}$$

式中，A 为比例常数；E 为杀死细菌所需的活化能，4.18 J/mol；R 为气体常数，1.987×4.18 J/mol；T 为绝对温度，K。式(5-5)也可写成：

$$\lg K=\frac{-E}{2.303RT}+\lg A \tag{5-6}$$

以 $\lg K$ 对 $1/T$ 作图得一直线(图 5-1)，其斜率为 $-E/2.303R$，截距为 $\lg A$，根据斜率和截距可求得 A 和 E 的值。

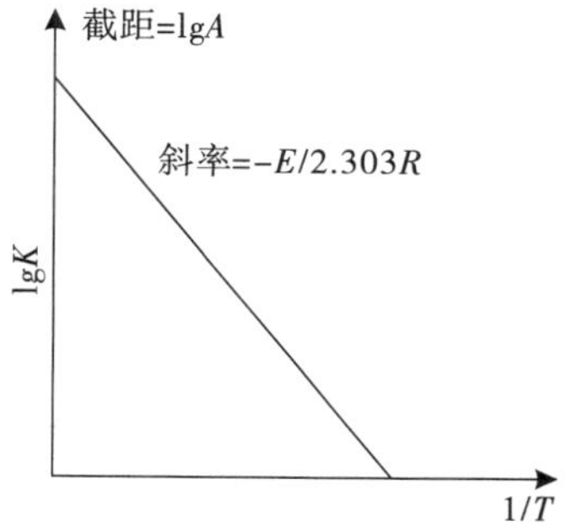

图 5-1　温度与速度常数的关系

培养基成分受热破坏是化学分解反应，为一级动力学反应，可用下式表示：

$$-\frac{dc}{dt}=k_c c \tag{5-7}$$

式中，c 为热敏性物质的浓度，mol/L；t 为灭菌时间，min^{-1}；k_c 为分解速率常数，min^{-1}。

分解速率常数 k_c 随物质种类和灭菌温度的不同而不同。当其他条件不变时，温度对 k_c 的影响亦遵循阿仑尼乌斯定律［式(5-5)］。

在灭菌过程中，当温度变化时，活菌分解速度常数 k_c 和培养基比死亡速率 k_d 都发生变化。当灭菌温度从 t_1 上升到 t_2 时，k_c 与 k_d 有如下关系：

$$\frac{\ln(\frac{k_{d2}}{k_{d1}})}{\ln(\frac{k_{c2}}{K_{c1}})}=\frac{\Delta E_d}{\Delta E_c} \tag{5-8}$$

式中，ΔE_d 为微生物的死亡活化能；ΔE_c 为培养基营养成分分解活化能。

对大多数过程，微生物的死亡活化能都大于培养基营养成分分解活化能，即 $\Delta E_d>\Delta E_c$，因此有

$$\ln(\frac{k_{d2}}{k_{d1}})>\ln(\frac{k_{c2}}{k_{c1}}) \tag{5-9}$$

式(5-9)的意义如下：①当灭菌温度上升时，微生物死亡速率的提高要超过培养基成分破坏速率的增大；②在热灭菌过程中，微生物死亡和培养基成分破坏的速率都随温度的升高而增大，但微生物的死亡速率随温度的升高增大得更为显著；③在灭菌时选择高温短时，这样既可达到需要的灭菌程度，又可减少营养物质的损失。

3)影响培养基灭菌的其他因素

影响培养基灭菌的因素除所染杂菌的种类、数量、灭菌温度和时间外，还有培养基的成分、物理状态、pH 及培养基中的颗粒物质、泡沫等。

(1)培养基的成分。油脂、糖类及蛋白质都是传热不良的介质，会增加微生物的耐热性；高浓度的有机物会在细胞的周围形成一层薄膜，影响热的传入，也会影响灭菌效果。例如，大肠杆菌在水中加热到 60～65 ℃便死亡；而在 10%的糖液中，需在 70 ℃下加热 4～6 min 才死亡；在 30%的糖液中，需在 70 ℃下加热 30 min 才死亡。

(2)培养基的物理状态。液体培养基比固体培养基更易灭菌，这是因为灭菌时，液体培养基有热对流和传导，而固体培养基只有热传导。

(3)培养基的 pH。pH 对微生物的耐热性影响很大，pH 为 6.0～8.0 时微生物最耐热，当 pH 小于 6.0 时，氢离子易渗入细胞内，改变细胞的生理反应促使其死亡，故培养基的 pH 越低，灭菌所需的时间就越短。

(4)培养基中的颗粒物质。培养基中的颗粒物质大，灭菌困难，反之则灭菌容易。一般说来，含有粒径小于 1 mm 的颗粒对培养基灭菌的影响不大，但如果培养基混有较大颗粒，特别是存在凝结成团的胶体时，则会影响灭菌效果，必须过滤除去。

(5)泡沫。培养基形成泡沫对灭菌极为不利，因为泡沫中的空气形成隔热层，使传热困难，难以杀灭其中的微生物。对易产生泡沫的培养基，可加入少量消泡剂。

4)培养基的分批灭菌

培养基的分批灭菌就是将配制好的培养基放在发酵罐或其他容器中，通入蒸汽将培养基和所用设备一起灭菌的操作过程，也称实罐灭菌，是中小型发酵罐常采用的一种灭菌方法。分批灭菌的过程包括升温、保温和降温 3 个阶段。灭菌主要在保温过程中实现，在升温段后期，也有一定的灭菌作用。

如果不计升温阶段所杀灭的菌数，把培养基中所有的菌均视为在保温阶段(灭菌温度)被杀灭，则可简单地求得灭菌所需的时间：

$$t=\frac{1}{k}\ln\frac{N_0}{N_t}=\frac{2.303}{k}\lg\frac{N_0}{N_t} \tag{5-10}$$

【例 5-1】有一发酵罐内装 40 m^3 培养基，在 121 ℃下进行实罐灭菌。原污染程度为每毫升有 2×10^5 个耐热细菌芽孢，121 ℃时灭菌速率常数为 1.8 min^{-1}。求灭菌失败概率为 0.001 时所需要的灭菌时间。

解：根据题意得

$$N_0=40\times10^6\times2\times10^5=8\times10^{12}(\text{个})$$

$$N_t=0.001(\text{个}),\ k=1.8\ \text{min}^{-1}$$

则灭菌时间为

$$t=\frac{2.303}{k}\lg\frac{N_0}{N_t}=\frac{2.303}{1.8}\times\lg\frac{8\times10^{12}}{0.001}=20.34(\text{min})$$

5)培养基的连续灭菌

培养基的连续灭菌是指将配制的培养基在发酵罐输送的同时进行加热、保温和灭菌的过程，也称为速消。其基本流程包括：①配料预热罐，将配制好的料液加热到 60～70 ℃，以避免连续灭菌时由于料液与蒸汽温度相差过大而产生水汽撞击声；②连消塔，其作用是使高温蒸汽与料液迅速接触混合，并使料液的温度很快上升到灭菌温度(126～132 ℃)；③维持罐，连消塔加热的时间很短，光靠这段时间的灭菌是不够的，维持罐的作用是使料液在灭菌温度下保持 5～7 min，以达到灭菌的目的；④冷却管，从维持罐出来的料液要经过冷却管进行冷却，生产上一般采用冷水喷淋冷却，冷却到 40～50 ℃后，输送到预先已经灭菌的罐内(图 5-2)。

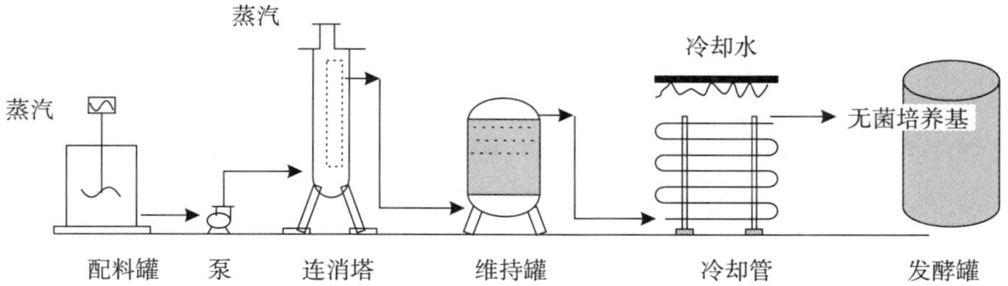

图 5-2　培养基连续灭菌流程图

培养基采用连续灭菌时需要注意，发酵罐应在连续灭菌开始前进行空罐灭菌。加热器、维持罐及冷却器也应先行灭菌。培养基的不同成分(耐热与不耐热、糖与氮源)可在不同温度下分开灭菌，以减少培养基受热破坏的程度。无论在理论上还是在实践上，与分批灭菌过程相比，连续灭菌的优点十分明显(表 5-1)，因此，连续灭菌越来越多地被用于培养基的灭菌。

表 5-1　连续灭菌与分批灭菌的比较

灭菌方式	优点	缺点
连续灭菌	1. 灭菌温度高，时间短，可减少培养基中营养物质的损失 2. 操作条件恒定，灭菌质量稳定 3. 易于实现管道化和自动化 4. 提高了热的利用率 5. 提高了发酵设备利用率高	1. 对设备的要求高，需另外设置加热、冷却装置 2. 操作较麻烦 3. 不适于含大量固体物料的灭菌 4. 对蒸汽的要求高
分批灭菌	1. 设备要求低，不需另外设置加热、冷却装置 2. 操作要求低，适于手动操作 3. 适合于小批量生产规模 4. 适于含有大量固体物质的培养	1. 培养基的营养物质损失较多，灭菌后培养基的质量下降 2. 需进行反复的加热和冷却，能耗较高 3. 不适合于大规模生产过程的灭菌 4. 发酵罐的利用率较低

5.1.3　发酵液的处理

从微生物发酵液中分离、精制有关生物化工产品的过程，是生物工程的一个重要组成部分，该过程称为发酵的下游过程。发酵的下游过程主要包括发酵液的预处理与固液分离、初步纯化(提取)、高度纯化(精制)、成品加工等过程，具体流程如图 5-5 所示。下游过程取决于产品的性质和纯度要求。若产品为菌体本身，则工艺比较简单，只需经过滤得到菌体，再经干燥即可(如单细胞蛋白的生产)；若为胞外产物，则可直接进行固液分离，获得澄清的滤液，再进行分离纯化；若为胞内产物，则应先进行固液分离，获得菌体细胞，再对细胞进行适当处理获得含产物的清液并进行分离纯化。

1. 发酵液的预处理与固液分离

1)发酵液的预处理

从发酵液中提取所需的目标产物，首先需要对发酵液进行预处理。其目的主要有两个方面：一是分离菌体和其他悬浮颗粒(细胞碎片、核酸和蛋白质的沉淀物)；二是除去部分可溶性杂质和改变滤液性质，以利于提取和精制的顺利进行。

由于所需的产品在发酵液中往往浓度很低，并与许多可溶和不溶的杂质夹杂在一起，且发酵液属于非牛顿型流体，所以必须进行预处理。经过预处理，发酵液的一些物理性质会发生改变，从悬浮液中分离固形物的速度随之提高，使过滤操作更易进行。在预处理过程中，产物大多转移进入易于进行后处理的相中(一般为液相)。同时，发酵液中的部分杂质也被去除。

发酵液的预处理过程一般包括以下几个部分：①发酵液杂质的去除，包括除去蛋白质、无机离子以及色素、热原质、毒性物质等有机物质；②改善培养液的处理性能，主要通过降低发酵液的黏度、调节 pH 和温度来实现。在活性物质稳定性的范围内，常用酸化、加热法以降低发酵液的黏度。另一种有效的方法是加入絮凝剂，使细胞或溶解的大分子凝聚成较大的颗粒。发酵液预处理之后，进行固液分离，进入后续的分离纯化工艺。

表 5-2　主要的固液分离技术及其特点

方法	原理	设备	优点	缺点
离心	在离心产生的重力场作用下，加快颗粒的沉降速度	高速冷冻离心机	适用于粒径小、热稳定差的物质的回收，常用于实验室	产量小，连续操作困难，大规模工业应用差
		碟片式离心机	适用于大规模工业应用，可连续或批式操作，操作稳定性较好，易放大、推广	半连续或批式操作时出渣、清洗复杂，连续操作固形物含水量高，总的分离效率低
		管式离心机	批式操作，转速高，固液分离效果较好，含水量低，易放大推广	容量有限，拆装频繁，处理量小，噪声大
		倾析式离心机	连续操作，易放大，易工业应用，操作稳定	对小颗粒的固形物回收困难，设备投资高
		框式离心机	实质上为离心力作用下的过滤。适用于大颗粒固形物的回收，放大容易，操作较简单、稳定，适用于工业应用	批式操作或半连续操作，转速低，分离效果较差，操作繁重，离心设备投资高，操作成本高

续表

方法	原理	设备	优点	缺点
过滤	依据过滤介质的孔隙大小进行分离	板框过滤机、平板过滤机、真空旋转过滤机、管式过滤器、蜂窝式过滤器、深层过滤器	设备简单，操作容易，易于大规模工业应用，适用于大颗粒固形物过滤	分离速度低，分离效果受物料性质变化的影响，劳动强度大
膜分离	依据被分离分子和膜孔大小进行分离	板框式膜过滤器、管式膜过滤器、中空纤维式膜过滤器和螺旋卷式膜过滤器等	主要用于分离细胞。操作简单，效果好，可无菌操作，适用性好，易放大	膜易污染，需要精心保养、清洗，分离效果与操作技术及物料性质密切相关

2)固液分离

固液分离的方法有分离筛、悬浮分离、重力沉降、离心和过滤等。在这些方法中，用于发酵液固液分离的主要是离心和过滤操作。具体的固液分离方法和设备应根据发酵液的特性进行选择。对于丝状菌，如霉菌和放线菌，其菌体比较大，一般采用过滤的方法处理发酵液；而单细胞的细菌和酵母菌，高速离心的效果比较好。表 5-2 给出了主要的固液分离技术，并从原理、设备和优缺点 4 个方面进行了比较。

2. 细胞破碎

1)细胞破碎技术概述

微生物发酵或动植物细胞培养时，如果目标物为胞外产物(如霉菌产生的糖化酶等)，则提取过程较简单，只需直接进行固液分离，获得澄清的滤液，再进行分离纯化操作；如果目标生化物质为胞内产物(如碱性磷酸酶等胞内酶、部分外源基因表达产物或植物细胞产物等)，则要对菌体或细胞进行适当的处理，选择性地释放目标产物到液相中，然后进行固液分离去除细胞及其碎片，再进行目标产物的分离纯化。

2)细胞破碎的原则

细胞破碎的原则是，在细胞内存在的多种物质中，选择性地释放目标物，而使其他物质尽量少地释放出来，并且尽量降低细胞的破碎程度，在保证目标物有较高回收率的前提下，使下游加工过程的成本最低，这对下游分离纯化操作的顺利实施是非常重要的。例如，利用珠磨法破碎酵母细胞时，酵母内各种酶的释放速率常数不同。一般靠近细胞壁和细胞膜的酶释放速率快，而细胞内部或细胞器内的酶释放较为缓慢。

选择性地释放目标产物的关键是要根据目标生化物质的性质和在细胞内存在的位置来选择适当的破碎方法和操作条件。①仅破坏或破碎目标产物所在位置的周围：当目标产物存在于细胞膜附近时，可采用较温和的方法，如酶解法、渗透压冲击法和冻融法等。当目标产物存在于细胞质内时，则需采用强烈的机械破碎法。②选择性溶解目标产物。当目标产物处于与细胞膜或细胞壁结合的状态时，调整溶液 pH、离子强度或添加与目标产物具有亲和性的试剂(如螯合剂、表面活性剂等)，使目标产物溶解释放。

3)常用的破碎技术

细胞破碎技术按照是否存在外加作用力可分为机械破碎法和非机械破碎法两大类(表5-3)。机械破碎中细胞所受的机械作用力主要有压缩力和剪切力，非机械破碎主要利用化学或生化试剂(酶)改变细胞壁或细胞膜的结构而释放胞内物质。

表 5-3　机械破碎法与非机械破碎法的比较

比较项目	机械破碎法	非机械破碎法
破碎机理	切碎细胞	溶解局部壁膜
破片大小	碎片细小	细胞碎片较大
内含物释放	全部	部分
黏 度	高(核酸多)	低(核酸少)
时间、效率	时间短、效率高	时间长、效率低
设 备	需专用设备	不需专用设备
通用性	强	差
经 济	成本低	成本高
应用范围	实验室、工业范围	实验室范围

微生物细胞破碎技术的未来发展方向主要集中在如下几个方面：

(1)多种破碎方法相结合。机械破碎法和非机破碎械法相结合可起到“取长补短”的作用，大大提高破碎效果。例如，在机械破碎前，先用硫醇处理酵母细胞，以激活糖苷酶，从而去除细胞壁中的糖，使细胞壁强度减弱，可以大大提高胞内蛋白的收率。又如，用溶菌酶预处理面包酵母，然后采用高压匀浆机，在 9.5 MPa 压力下匀浆 4 次，总破碎率接近 100%，而单独采用高压匀浆法，同样条件下破碎率只有 32%。化学法和冻融法相结合也可使破碎效果大大提高。冻融法是一种较温和的破碎方法，单独使用时破碎率较低，若与其他方法结合起来，则可起到很好的效果。

(2)与上游过程相结合。在上游细胞培养过程中，通过改变培养基成分、生长期或操作参数(pH、温度、通气量、稀释率等)，使细胞破碎变得容易，如克隆噬菌体溶解基因、表达耐高温产品的基因等。

(3)与其他下游操作相结合。从整体角度考虑细胞的破碎程度，避免因细小碎片无法除净而导致后续固液分离和纯化的难度增大。

表 5-4 列出了细胞破碎的一些主要方法，其中高速湿法珠磨法和高压匀浆法已经在工业生产中广泛应用，酶解法和化学溶胞法也大量应用于实验室规模的细胞破碎中，超声破碎法和微波破碎法的实验室研究开发相当活跃。

表 5-4　细胞破碎主要方法

分类		作用机理	适应性(或选用策略)
机械法	高速湿法珠磨	固体剪切作用	可达较高破碎率，可较大规模操作，大分子目标产物易失活，浆液分离困难
	高压均浆法	液体剪切作用	可达较高破碎率，可较大规模操作，不适合丝状菌和革兰氏阳性菌
	超声破碎法	液体剪切作用	对酵母菌效果较差，破碎过程升温剧烈，不适合大规模操作

续表

分类		作用机理	适应性(或选用策略)
非机械法	酶解法	酶分解作用	具有高度专一性，条件温和，浆液易分离，溶酶价格高，通用性差
	化学溶胞法	改变细胞膜的渗透性	具有一定选择性，浆液易分离，但释放率较低，通用性差
	渗透压冲击法	渗透压剧烈改变	破碎率较低，常与其他方法结合使用
	冻结融化法	反复冻融	破碎率较低，不适合对冷冻敏感的目的产物
	干燥法	改变细胞膜的渗透性	条件变化剧烈，易引起大分子物质失活

4)细胞破碎率的测定

细胞破碎率是指被破碎的细胞数量占原始细胞数量的百分数，即

$$Y=\frac{N_0-N}{N_0}\times 100\% \tag{5-11}$$

式中，N_0为原细胞数；N为破碎后残存的正常细胞。

3. 初步纯化(提取)

经固液分离或细胞破碎及碎片分离后，活性物质存在于滤液中。滤液仍是混合物，它既包含目标产物，也包含各种杂质，而且杂质的数量大大超过目标产物的数量。杂质既有大分子，也有小分子，既有有机化合物，也有无机化合物，因此必须进行初步纯化。初步纯化的方法有吸附法、离子交换法、沉淀法、溶剂萃取法、双水相萃取法、超临界流体萃取法、逆胶束萃取法和膜过滤法等。

4. 高度纯化(精制)

滤液经初步纯化后体积已大大缩小，但纯度提高不多，需要进一步精制。大分子(蛋白质)和小分子物质的精制方法有类似之处，但侧重点有所不同。大分子物质的精制依赖于色层分离，而小分子物质的精制常常利用结晶操作。

5.2　微生物发酵动力学

5.2.1　发酵动力学概述

1. 发酵动力学的研究内容

发酵动力学是以化学热力学(研究反应的方向)和化学动力学(研究反应的速度)为基础，研究发酵过程中菌体生长、基质消耗、产物生成的动态平衡及其内在规律。发酵动力学的研究内容主要包括：①细胞生长和死亡动力学；②基质消耗动力学；③氧消耗动力学；④CO_2生成动力学；⑤产物合成和降解动力学；⑥代谢热生成动力学。以上各个方面不是孤立的，它们既相互依赖又相互制约，构成错综复杂的发酵动力学体系。

必须注意的是，发酵动力学的研究对象是运动着的细胞，因此不能单纯地用传统的

静态变量(如残余基质量、溶氧量、菌体量等)进行描述，研究中必然会涉及许多动态变量(如细胞比生长速率、基质比消耗速率、比耗氧速率、CO_2比释放速率、产物比生产速率等)，而这些动态变量一般不能直接测量，只能根据动力学方程式间接估计。

2. 研究发酵动力学的目的

研究发酵动力学的目的在于认识发酵动力学的过程，提高发酵产量、效率和转化率。发酵过程中菌体浓度、基质浓度、温度、pH 、溶解氧等工艺参数的控制方案，也可在此研究的基础上进行优选。另外，设计合理的发酵过程必须以发酵动力学模型为依据，利用计算机设计程序，模拟最合适的工艺流程和发酵工艺参数，从而使生产控制达到最佳。它的应用为探索发酵中各种因素的作用和最佳控制开辟了广阔的前景。发酵动力学的研究正在为试验工厂数据的放大及由分批发酵过渡到连续发酵提供理论依据。

3. 细胞反应计量学

反应计量学是对反应物系的组成与反应转化程度的数量化描述。根据反应计量学，可以知道反应过程中各有关组分的变化规律以及各反应之间的数量关系。借助于反应计量学，可进一步研究细胞生长、产物生成和底物消耗的数量关系，这对培养基配制、生物反应过程设计及优化控制都很重要。

反应计量学本来是针对基元化学反应的定量研究，将反应计量学应用于底物消耗、细胞生长和产物生成的复杂过程，实际上是将细胞生长系统视为与环境进行物质交换的“黑箱”，不考虑“黑箱”内的过程是怎样进行的，只研究“黑箱”的最初和最终状态及输入和输出物流的变化，并将“黑箱”内所进行的众多反应归并为一个单一的总反应。

1)元素衡算

虽然细胞的生长是一个极其复杂的过程，但这个过程仍然服从质量守恒定律。描述细胞反应过程中各组分之间的数量关系，最常用的方法是对各元素进行原子衡算，但在进行原子衡算前要进行一定的简化处理：

(1)细胞组成。不同细胞的组成不同，即使同一细胞，在不同生长阶段，其组成也有差别，但可用其平均性质代表，构成细胞的主要元素是 C、H、O 及 N 四种元素，一般用 $CH_{\alpha}O_{\beta}N_{\delta}$通式表示每种细胞的平均组成。许多微生物的典型组成为 $CH_{1.8}O_{0.5}N_{0.2}$。

(2)培养基。细胞的营养要求多种多样，培养基的成分非常复杂，但影响细胞生长和产物合成的主要成分是碳源和氮源，一般只考虑一种有机碳源和一种无机氮源，通式分别为 CH_mO_n和 NH_3。

(3)代谢产物。代谢产物的形成分为两种情况，一是有氧发酵过程中对底物完全氧化，产物为 H_2O 和 CO_2；二是不完全氧化，如厌氧发酵或部分氧化的好氧发酵，虽然代谢产物种类很多，但目标产物往往只有一种有机物，通式为 $CH_xO_yN_z$。

(4)电子受体。假设细胞反应的电子受体是分子态氧(O_2)。

上述所有通式都是以一碳物质的量来定义的，即为含有 1 mol 碳原子的细胞质量。

由上述分析可知，可将细胞反应视为生成多种产物的复合反应，即

$$\text{碳源}+\text{氮源}+\text{氧}=\!=\!=\text{细胞}+\text{产物}+CO_2+H_2O$$

则细胞生长和产物形成的总反应式为

$$CH_mO_n+aO_2+bNH_3=\!=\!=cCH_xO_yN_z+dH_2O+eCO_2 \tag{5-12}$$

对 C、H、O、N 作原子平衡，可以得到如下公式：

C $$1=c+e \tag{5-13}$$

H $$m+3b=cx+2d \tag{5-14}$$

O $$n+2a=cy+d+2e \tag{5-15}$$

N $$b=cz \tag{5-16}$$

式(5-13)至式(5-16)中包含 5 个未知的计量系数 a、b、c、d 和 e，无法求出全部未知计量数，为此引入了还原度的概念。某一化合物的还原度为该组分中每一个碳原子的有效电子当量数，用 γ 表示。实际上，还原度的衡算考虑了对任何化学反应都应该满足的氧化—还原平衡的需要。C、H、N、O、P、S 的还原度分别为 4、1、－3、－2、5、6，可以看出，在某一化合物中，任意元素的还原度同其化合价相同。表 5-5 列出了一些常见物质的还原度。

表 5-5　一些常见物质的还原度

单质或化合物	有效电子数	还原度
氧气(O_2)	$2\times(-2)=-4$	$\gamma=-4$
二氧化碳(CO_2)	$4+2\times(-2)=0$	$\gamma=0\div1=0$
氨气(NH_3)	$-3+3\times1=0$	$\gamma=0\div1=0$
甲烷(CH_4)	$4+4\times1=8$	$\gamma=8\div1=8$
葡萄糖($C_6H_{12}O_6$)	$6\times4+12\times1+6\times(-2)=24$	$\gamma=24\div6=4$
乙醇(C_2H_5OH)	$2\times4+6\times1+1\times(-2)=12$	$\gamma=12\div2=6$

由于 NH_3、CO_2 及 H_2O 的还原度都是 0，故只需考虑氧气、底物、细胞及产物的还原度。

氧气： $$\gamma_{O_2}=-4 \tag{5-17}$$

底物： $$\gamma_S=4+m-2n \tag{5-18}$$

细胞： $$\gamma_X=4+\alpha-2\beta-3\delta \tag{5-19}$$

产物： $$\gamma_P=4+x-2y-3z \tag{5-20}$$

故还原度平衡式为 $$\gamma_S-4a=c\gamma_X+d\gamma_P \tag{5-21}$$

整理得 $$1=\frac{c\gamma_X}{\gamma_S}+\frac{d\gamma_P}{\gamma_S}+\frac{4a}{\gamma_S} \tag{5-22}$$

等价地 $$1=\varepsilon_X+\varepsilon_P+\varepsilon \tag{5-23}$$

式中，ε_X 为底物进入细胞中有效电子数的分数；ε_P 为底物进入细胞外产物的有效电子数的分数；ε 为底物传递到氧的有效电子数的分数。

试验发现，许多微生物即使在不同的底物中培养，所得到细胞的还原度(γ_X)值都非常接近，一般取其平均值 4.291±0.172。

根据上述讨论可知，在求式(5-13)中的5个未知计量系数时，已建立4个元素平衡式和一个还原度平衡式，还缺少一个。此时可引入另一个变量——呼吸商(RQ)，RQ为每消耗1 mol O_2所产生的CO_2的物质的量，即

$$RQ=\frac{CO_2\text{ 释放速率}}{O_2\text{ 消耗速率}}=\frac{e}{a} \tag{5-24}$$

上述讨论的虽然是最简单的情况，但所阐述的原则可以推广到更复杂的体系。

2)细胞生长的得率系数

在分批培养中，人们常用得率系数来描述微生物生长的特征。得率系数常用$Y_{i/j}$表示，它所表示的是在细胞反应过程中，细胞利用底物所产生的细胞物质和代谢产物与底物消耗量之间的一种数量比值。得率系数可以对细胞生长、底物消耗和产物生成动力学进行关联。如果能够了解某个特定生长过程中的得率系数，就能设计一种能满足细胞生长和产物合成需要的培养基，使其中的某种营养物质成为生长限速的底物。因此，得率系数是描述细胞反应过程的一个重要参数。

(1)底物的细胞得率$Y_{X/S}$。细胞生成量与底物消耗量之比为底物的细胞得率，其定义式为

$$Y_{X/S}=\frac{\text{细胞生成量(干重)}}{\text{底物消耗量}}=\frac{\Delta X}{-\Delta S} \tag{5-25}$$

$Y_{X/S}$又称细胞生长得率或得率系数，单位为g/g(细胞/底物)。

分批培养时，反应液中的细胞浓度和底物浓度均随反应时间的变化而变化，故$Y_{X/S}$一般不为常数。某一时刻的细胞得率称为瞬时得率或微分得率，其定义式为

$$Y_{X/S}=\frac{v_X}{v_S} \tag{5-26}$$

式中，v_X为细胞生长速率；r_S为底物消耗速率。

分批培养过程中，总的细胞得率(积分得率)为

$$Y_{X/S}=\frac{C_{Xt}-C_{X0}}{C_{S0}-C_{St}} \tag{5-27}$$

式中，C_{X0}、C_{S0}分别为反应开始时细胞和底物的质量浓度；C_{Xt}、C_{St}分别为反应结束时细胞和底物的质量浓度。

$Y_{X/S}$值与微生物和底物的种类以及反应条件等因素有关。对于相同的微生物和培养基，有氧培养时的$Y_{X/S}$远比无氧培养时高，这是由于有氧和无氧条件下生化反应中ATP的生成速率不同。对于同一微生物，分别在最低培养基、合成培养基和复合培养基中培养时，细胞得率系数是按上述顺序递增的，这是由于在合成或复合培养基中，碳源成为主要的能源，而且微生物可直接利用培养基中的诸多营养成分生长。使$Y_{X/S}$值保持不变的条件为化学合成培养基、唯一碳源、无胞外产物或生长偶联型、胞内不积累贮藏性能源物质。类似地，可以定义氧的细胞得率系数$Y_{X/O}$和底物的产物得率系数$Y_{P/S}$，其定义式如下：

$$Y_{X/O}=\frac{\text{细胞生成量}}{O_2\text{ 消耗量}}=\frac{\Delta X}{-\Delta O} \tag{5-28}$$

$$Y_{P/S}=\frac{\text{产物生成量}}{\text{底物消耗量}}=\frac{\Delta P}{-\Delta S} \tag{5-29}$$

$Y_{P/S}$又称为代谢产物收率。

在好氧培养过程中，由于绝大部分能量来源于氧化磷酸化途径，因此$Y_{X/O}$反映了细胞生长过程中异化代谢的效率。$Y_{X/O}$随微生物种类和底物的不同而不同，以葡萄糖、果糖、蔗糖等糖类物质为底物进行好氧培养时，大多数微生物的$Y_{X/O}$值在 1 g/g 左右。

(2)碳的细胞得率系数Y_C。以碳源为底物时，无论是在需氧条件下还是在厌氧条件下，碳源的一部分被同化为细胞的组成物质，其余部分则被异化分解为CO_2和其他代谢物。用碳的细胞得率系数Y_C(即细胞中碳的质量与底物中碳的质量之比)来表征由碳同化为细胞过程的转化效率：

$$Y_C=\frac{\text{细胞生成量}\times\text{细胞含碳量}}{\text{底物消耗量}\times\text{底物含碳量}}=\frac{\Delta X\sigma_X}{-\Delta S\sigma_S}=Y_{X/S}\frac{\sigma_X}{\sigma_S} \tag{5-30}$$

式中，σ_X、σ_S分别为单位质量细胞、单位质量底物中含碳原子的质量。

Y_C反映出底物中的碳有多少转化为细胞中的碳，所以又可称为碳转化效率。显然，$(1-Y_C)$则表示底物中的碳转化为细胞以外其他产物中的碳的效率。Y_C值一般小于 1，在 0.4～0.9 之间，由于Y_C定义式中细胞生成与底物消耗都是针对同一基准物质的碳而言，故Y_C要比$Y_{X/S}$合理。

(3)能量的细胞得率系数Y_{ATP}。细胞通过基质的氧化而获得细胞合成、物质代谢、物质传递过程等生命活动所必需的能量，但它并未利用基质氧化的全部能量，而只能利用以 ATP 形式储存的自由能，其余部分作为反应热释放到环境中。因此，异化代谢过程中每生成 1 mol ATP 时所增加的细胞量可以作为细胞得率系数的一个衡量基准(单位为 g/mol)，其定义式为

$$Y_{ATP}=\frac{\text{细胞生成量}}{\text{消耗 1 mol 碳源由分解代谢产生的 ATP 的量}}=\frac{\Delta X}{\Delta ATP}=\frac{Y_{X/S}M_S}{Y_{ATP/S}} \tag{5-31}$$

式中，$Y_{ATP/S}$为相对于底物的 ATP 生成得率，即每消耗 1 mol 底物所生成的 ATP 的量，mol/mol；M_S为底物相对分子质量，g/mol；$Y_{X/S}$为底物的细胞得率。

试验研究表明，大肠杆菌在只含葡萄糖和无机盐的培养基中进行有氧发酵，因此可估算出Y_{ATP}的最大值为 28.8 g 细胞/mol ATP；厌氧发酵条件下，Y_{ATP}的平均值为 10.7 g 细胞/mol ATP。典型的Y_{ATP}值的范围为 8.3～12.0 g 细胞/mol ATP。复合培养基中厌氧发酵试验结果表明，Y_{ATP}值与微生物、基质的种类几乎无关，基本为常数，为 10 g 细胞/mol ATP。将Y_{ATP}的近似值代入(式 5-31)，得

$$Y_{X/S}=10\frac{Y_{ATP/S}}{M_S} \tag{5-32}$$

通过式(5-32)，如果能够准确地计算出利用最低培养基厌氧培养、利用复合培养基需氧培养及利用最低培养基需氧培养时每摩尔底物所能生成的 ATP 的量，就能很方便地

计算出对应条件下的 $Y_{X/S}$。

4. 微生物发酵的分类

根据操作方式，微生物发酵可分为分批发酵、连续发酵和补料分批发酵(半分批)3种类型。图 5-3 定性地表示了 3 种类型操作时菌体及底物浓度随时间的变化情况。目前工业上所用的微生物反应系统，大部分为分批或补料分批操作。

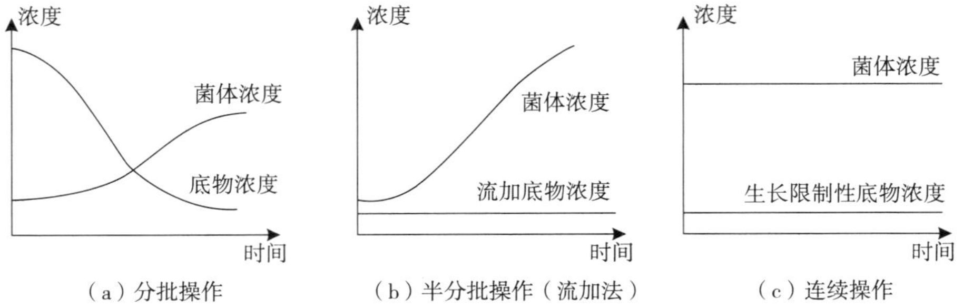

图 5-3　分批、补料及连续操作时菌体及底物浓度随时间的变化情况

5.2.2　分批发酵动力学

分批发酵又称间歇性发酵，是指在一个密闭系统内投入有限数量的营养物质后，接入少量的微生物菌种进行培养，使微生物在特定的条件下只完成一个生长繁殖周期的培养方法。该法操作简单，向发酵罐内一次性投入微生物菌种和已灭菌的培养基，整个培养过程中，除供给氧气、排出发酵尾气、添加消泡剂以及控制 pH 时加入酸(或碱)外，培养系统与外界不存在任何物料交换。在分批培养过程中，营养物质不断减少，因此分批培养是一种非稳态的培养方法。

1. 分批发酵中的速率参数

1)细胞生长速率

分批发酵中常采用微生物群体表示发酵反应的动力学，微生物群体的生长速率反映群体生物量的生长速率。细胞生长速率 v_X 与微生物细胞的质量浓度 C_X 成正比，即

$$v_X = \frac{\mathrm{d}C_X}{\mathrm{d}t} = \mu C_X \tag{5-33}$$

式(5-33)中，μ 为比生长速率，是指单位细胞的生长速率 s^{-1}，其计算公式如下：

$$\mu = \frac{1}{C_X}\frac{\mathrm{d}C_X}{\mathrm{d}t} \tag{5-34}$$

比生长速率除受细胞自身遗传信息支配外，还与培养温度、pH、培养基质成分和限制性底物浓度等环境因素有关。

2)底物消耗速率

底物消耗速率［g/(L·s)］为：

$$v_S = -\frac{dC_S}{dt} \tag{5-35}$$

底物比消耗速率(s^{-1})为：

$$q_S = -\frac{1}{C_X}\frac{dC_S}{dt} \tag{5-36}$$

底物消耗速率与细胞生长速率之间的关系为

$$-v_S = \frac{v_X}{Y_{X/S}} \tag{5-37}$$

3)产物生成速率

微生物的代谢产物多种多样，既有胞内产物又有胞外产物，而且微生物细胞内的生物合成途径与代谢调节机制各有特色，因此很难用统一的生成速率模式来表示。产物生成速率类似于生长速率与底物消耗速率，可作如下表示：

产物生成速率［g/(L·s)］

$$v_P = \frac{dC_P}{dt} \tag{5-38}$$

产物比生成速率 s^{-1}

$$q_P = \frac{1}{C_X}\frac{dC_P}{dt} \tag{5-39}$$

2. 分批发酵的生长动力学

单细胞微生物在分批培养的条件下，表现出典型的生长特点。在此只讨论对数期和衰亡期。

1)对数期

对数生长期时培养基的成分虽然发生改变，但细胞的生长速率维持恒定。当培养基中营养物质过量时，生长速率与营养物质浓度无关，因此细胞质量浓度的变化率与细胞质量浓度成正比，故有

$$\frac{dC_X}{dt} = \mu C_X \tag{5-40}$$

式(5-40)经积分得

$$\ln\frac{C_{Xt}}{C_{X0}} = \mu t \tag{5-41}$$

$$\ln C_{Xt} = \ln C_{X0} + \mu t \tag{5-42}$$

$$C_{Xt} = C_{X0}e^{\mu t} \tag{5-43}$$

细胞质量浓度增加 1 倍所需要的时间为

$$t_d = \frac{\ln 2}{\mu} = \frac{0.693}{\mu} \tag{5-44}$$

t_d称为细胞倍增时间，也称世代时间，一般细菌为 15～60 min，酵母菌为 45～120 min，

霉菌为 2～8 h，哺乳动物细胞为 15～100 h，植物细胞为 24～74 h。

μ 和 t_d 是代表微生物在对数生长期时生长特性的两个重要参数，两者均可反映细胞生长的速率。一般来说，μ 大或 t_d 小表明细胞生长迅速。

分批培养过程中，虽然培养基中营养物质的浓度随时间的延长而降低，但通常在特定条件下，其比生长速率却是恒定的。1942 年，Monod 指出在温度、pH、营养物质类型和营养物质浓度等条件一定时，微生物细胞的比生长速率与限制性营养物质的质量浓度之间存在如下关系式(即 Monod 方程)：

$$\mu=\frac{\mu_m C_S}{K_S+C_S} \tag{5-45}$$

式中，μ_m 为微生物的最大比生长速率，s^{-1}；C_S 为限制性营养物质的质量浓度，g/L；K_S 为饱和常数，在数值上为 $\mu=\mu_m/2$ 时限制性营养物质的质量浓度，mg/L。K_S 越大，表示微生物对营养物质的吸引亲和力越小，反之越大。对于许多微生物来说，K_S 值很小，一般为 0.1～120 mg/L，这表示微生物对营养物质有较高的吸收亲和力。在对数生长初期，营养物质浓度大大高于 K_S，μ 趋于 μ_m，为常数；在对数生长末期，营养物质迅速消耗，一旦营养物质质量浓度接近 K_S(时间很短)，即转入稳定期。最大比生长速率 μ_m 在工业生产中有重要意义，μ_m 随微生物和培养条件的不同而不同，通常为 0.09～0.65 h^{-1}。一般而言，细菌的 μ_m 值大于真菌。就同一细菌而言，培养温度升高时 μ_m 变大；营养物不同，μ_m 也会改变。对于易被利用的营养物质，其 μ_m 大，若营养物碳链加长，则 μ_m 变小。图 5-6 列出了一些微生物的 K_S 值。

表 5-6　一些微生物的 K_S 值

微生物	底物	K_S 值/mg·L^{-1}	微生物	底物	K_S 值/mg·L^{-1}
产气肠道细菌	葡萄糖	1.0	多形汉逊酵母	甲醇	120
大肠杆菌	葡萄糖	2.0～4.0	产气肠道细菌	氨	0.1
啤酒酵母	葡萄糖	25.0	产气肠道细菌	镁	0.6
多形汉逊酵母	核糖	3.0	产气肠道细菌	硫酸盐	3.0

在纯培养的情况下，只有当微生物生长受一种限制性营养物质制约时，Monod 方程才与试验数据一致，当培养基存在抑制剂或多种营养物质时，则必须对 Monod 方程加以修正，才与试验数据一致。当存在多种限制性营养物质时，Monod 方程可改写为

$$\mu=\mu_m\left(\frac{K_1C_{S_1}}{K_1+C_{S_1}}+\frac{K_2C_{S_2}}{K_2+C_{S_2}}+\cdots+\frac{K_nC_{S_n}}{K_n+C_{S_n}}\right)\left(\frac{1}{\sum\limits_{i=1}^{n}K_i}\right) \tag{5-46}$$

如果所有营养物质过量，均能满足 $S\geqslant K_S$，则 μ 为常数 μ_m，细胞处于对数生长期，生长速率达到最大值。

2)衰亡期

由于营养物质耗尽或有害代谢产物大量积累，细胞的生活环境恶化，使细胞内的分解代谢大大超过合成代谢，导致菌体死亡，进入衰亡期。其特点如下：①细胞死亡数增加，死亡数大大超过新增殖的细胞数，群体中的活菌数急剧下降，出现“负生长”；②因为营养缺乏，细胞进行内源性呼吸，出现多形态、畸形或衰退形，芽孢开始释放；③菌

体自溶，其生长曲线表现为向下跌落的趋势。

生物群体的死亡通常可用以下方程描述：

$$\mu_{\mathrm{d}}=\mu_{\mathrm{dm}}\left(1-\frac{C_S}{K_{\mathrm{d}}+C_S}\right) \tag{5-47}$$

式中，μ_{d}为细胞的比死亡速率，s^{-1}；μ_{dm}为细胞最大比死亡速率，s^{-1}；K_{d}为细胞死亡常数，g/L 或 mol/L。

图 5-4 给出了由式(5-47)表达的死亡动力学曲线，其中使细胞比死亡速率达到最大比死亡速率的一半时的底物质量浓度即为细胞死亡常数。如果考虑到细胞的死亡，那么微生物生长可以分成表观(净)生长和真生长两种，并有

$$\mu=\mu_{\mathrm{g}}-\mu_{\mathrm{d}} \tag{5-48}$$

式中，μ 为表观比生长速率，s^{-1}；μ_{g}为真比生长速率，s^{-1}。

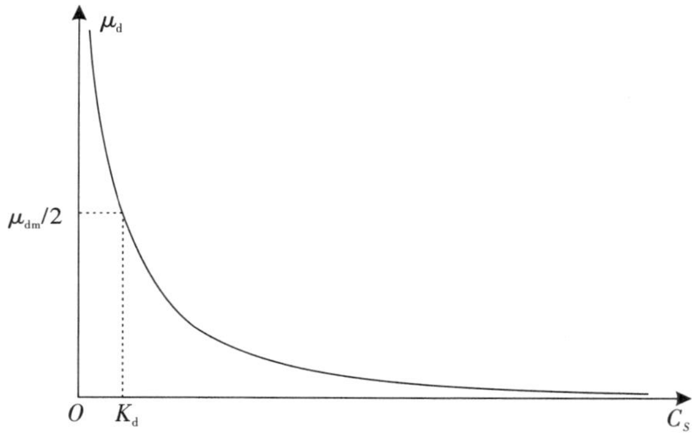

图 5-4　微生物生长中的死亡动力学曲线

3. 分批发酵中底物的消耗和产物的生成

1)分批发酵中底物的消耗

培养过程中底物消耗用于三个方面，即合成细胞生长繁殖所需的物质、提供能量及合成胞外物质。所提供的能量用于进行细胞内的反应及胞外物质的合成，维持细胞内物质的浓度与环境的差别。因此，底物的消耗与细胞的生长、维持和产物的生成有密切关系。根据物料衡算及得率系数的定义，可以得出

$$\frac{\mathrm{d}C_S}{\mathrm{d}t}=\frac{\mathrm{d}C_{S1}}{\mathrm{d}t}+\frac{\mathrm{d}C_{S2}}{\mathrm{d}t}+\frac{\mathrm{d}C_{S3}}{\mathrm{d}t} \tag{5-49}$$

即

$$-\frac{\mathrm{d}C_S}{\mathrm{d}t}=\frac{\mu C_X}{Y_{X/S}}+\frac{\pi C_X}{Y_{P/S}}+mC_X \tag{5-50}$$

由底物比消耗速率公式［式(5-37)］可将上述公式转化为

$$q_S=\frac{\mu}{Y_{X/S}}+\frac{\pi}{Y_{P/S}}+m \tag{5-51}$$

式中，π 为产物比生成速率；m 为维持细胞结构和生命活动所需能量的细胞维持系数，

定义为单位质量细胞在单位时间内因维持代谢而消耗的底物量，是微生物菌种的一个特征值，对于特定的菌株、特定的底物和特定的环境因素(如温度、pH 等)它是一个常数，因此又称维持常数，维持系数越低，细胞能量代谢效率越高。

2)分批发酵中产物的生成

Gaden 根据产物生成与细胞生长之间的动态关系，将代谢产物的生成模式分成生长偶联型、生长部分偶联型(混合型)和非生长偶联型三种(图 5-5)。

(1)生长偶联型。该类型系指产物的生成直接与细胞的生长相偶联，产物的积累是细胞能量代谢的直接结果。其动力学特征如下：产物生成速率与细胞生长速率是同步和完全偶联的，都在同一时间出现高峰；两者质量浓度变化的模式相同；产物的生成与底物的消耗直接相关，并存在化学计量关系。该类型的动力学特性曲线如图 5-5(a)所示，多见于初级代谢产物的生产，如乙醇、葡萄糖酸、乳酸，其产物生成速率为

$$\frac{dC_P}{dt}=Y_{P/X}\frac{dC_X}{dt} \tag{5-52}$$

产物比生成速率为

$$q_P=\mu\cdot Y_{P/X} \tag{5-53}$$

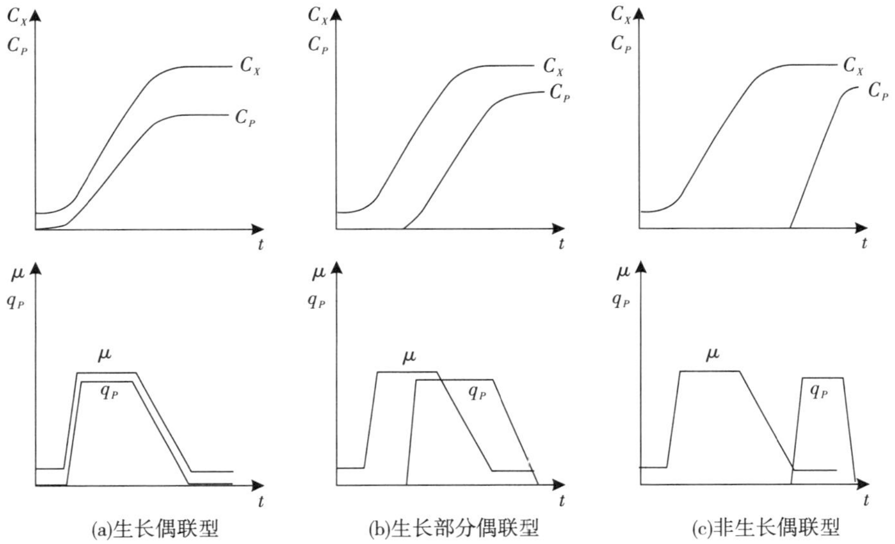

图 5-5　产物比生成速率和细胞比生长速率的关系

(2)生长部分偶联型。该类型系指产物的生成是细胞能量代谢的间接结果，产物生成与细胞生长部分偶联，属于中间类型。其动力学特征如下：反应前期，细胞快速生长而产物不生成或很少生成；反应后期，产物快速生成而细胞也可能出现第二个生长高峰。此时的底物既要满足细胞生长所需的能量，又要合成产物，底物消耗速率将出现两个高峰，即细胞最快生长期和产物最快合成期。该类型的动力学特性曲线如图 5-5(b)所示，多见于初级代谢产物的生产，如氨基酸、柠檬酸。其产物生成速率为

$$\frac{dC_X}{dt}=\alpha\frac{dC_X}{dt}+\beta C_X \tag{5-54}$$

产物比生成速率为

$$q_P=\alpha\mu+\beta \tag{5-55}$$

式中，α为生长偶联型产物的生成系数；β为生长部分偶联型产物的生成系数。式(5-55)又被称为 Luedeking-Piret 方程，为一经验性方程。常令 $\alpha=Y_{P/X}$，β为经验参数。

(3)非生长偶联型。该类型系指产物的生成与细胞生长无直接关系。产物不是胞内分解代谢或能量代谢的结果，而是由细胞的独立生物合成反应生成的，属于次级代谢产物。其动力学特征如下：细胞生长时无产物合成；当细胞停止生长后，有大量产物积累。产物生成速率只与细胞积累量有关，产物比生成速率为一常数。该类型的动力学特性曲线如图 5-5(c)所示。从图中可以看出，该类细胞反应过程可分为细胞生长和产物合成两个阶段，因此也将此类发酵工艺称为二阶段发酵。属于此类型的产物有抗生素、微生物毒素等次级代谢产物。其比生成速率与比生长速率的关系较为复杂，原则上可以表示为

$$\frac{dC_P}{dt}=\beta C_X \tag{5-56}$$

$$q_P=\beta \tag{5-57}$$

4. 分批发酵过程的生产率

在评价发酵过程的成本和效率时应考虑到生产率，它可以定义为

$$生产率(p)=\frac{产物质量浓度(g/L)}{发酵时间(h)} \tag{5-58}$$

生产率是个综合指标，在讨论分批发酵时，必须考虑所有因素。在计算时间时，不仅要考虑到发酵时间，也需考虑放罐、清洗、装料和消毒时间以及迟滞期所消耗的时间。图 5-6 所示为整个发酵过程所经历时间的典型分析及平均生产率和最大生产率。

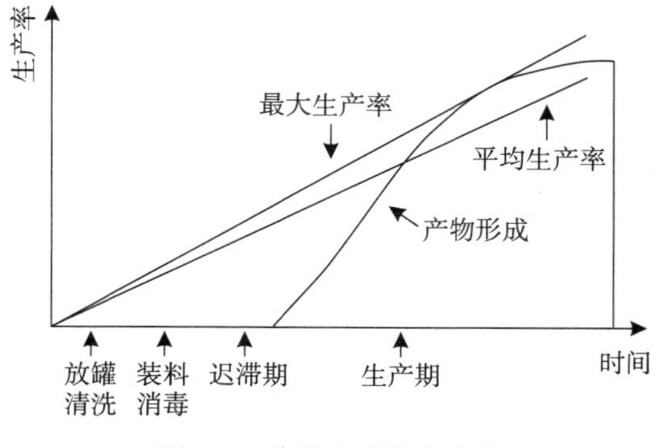

图 5-6　分批发酵的生产率

发酵总时间计算如下：

$$t=\frac{1}{\mu_m}\ln\frac{C_{X_t}}{C_{X_0}}+t_c+t_d+t_e \tag{5-59}$$

式中，t_c为放罐清洗时间；t_d为装料消毒时间；t_e为延滞期时间；C_{X_0}和C_{X_t}分别为细胞最初和最终浓度。

若令$t_L = t_c + t_d + t_e$，则平均生产率可表示为

$$p_{avg} = \frac{C_{X_t} - C_{X_0}}{\frac{1}{\mu_m}\ln\frac{C_{X_t}}{C_{X_0}} + t_L} \tag{5-60}$$

通过式(5-60)可以估算发酵过程中各因素的变化对平均生产率的影响。接种量大，C_{X_0}就大，发酵时间就会缩短，减少t_c和t_d，也能缩短发酵周期。对于周期短(18～70 h)的发酵(如谷氨酸发酵)而言，t_c和t_d非常重要，而对周期长(3 天以上)的发酵(如抗生素生产)，t_c和t_d就不太重要了。迄今为止，分批发酵是常用的发酵方法，广泛用于各种发酵过程。

5.2.3　连续发酵动力学

连续发酵是指以一定的流量连续向发酵罐内添加新鲜培养基，同时以相近的流量抽出发酵液，从而使发酵罐内的液量维持恒定，使培养物在近似恒定的状态下生长。在恒定的状态下，微生物所处的环境条件以及比生长速率等可始终维持不变，甚至还可以根据需要来调节生长速率。与分批发酵相比，连续发酵具有生产能力高，易于实现自动控制并使发酵过程最优化，产量高，易于研究菌体生长的优点。

连续发酵分为恒浊法和恒化法两种。前者利用浊度仪来检测微生物细胞的质量浓度，并通过自控仪调节流入培养基或输出发酵液的量，以维持反应器内浓度达到恒定值；后者控制恒定输入的培养基中某一生长限制底物的质量浓度，通过细胞自身的生长与代谢特性，使反应过程达到稳定态。常用的生长限制底物有作为碳源的葡萄糖、麦芽糖和乳糖，以及作为氮源的氨或氨基酸以及生长因子和无机盐等。

1. 单级连续发酵

图 5-7 所示为单级连续发酵的示意图。反应器中的培养基接种后，通常先进行一段时间的分批发酵，待细胞达到一定浓度后，以恒定的流量 F 将新鲜培养基输入反应器，同时将发酵液以同样的流量抽出，使反应器中的发酵液体积 V 保持不变。假定反应器中发酵液的混合处于理想状态，即反应器中各处的细胞质量浓度、底物(包括溶氧)质量浓度和产物质量浓度浓度分别相同，则流出液的组成与反应器中完全相同。

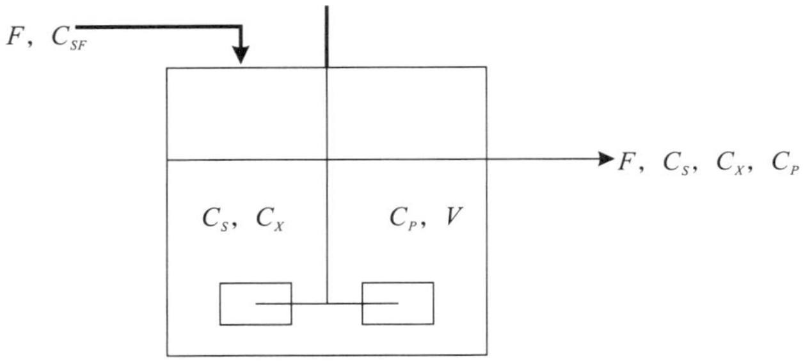

图 5-7　单级连续发酵示意图

在这样一个系统中，分别对细胞、限制性底物和产物进行物料衡算，公式如下：

积累速率=流入速率-流出速率-变化速率

细胞(忽略细胞死亡)

$$V\frac{\mathrm{d}C_X}{\mathrm{d}t}=FC_{X_0}-FC_X+\mu C_XV \tag{5-61}$$

限制性基质

$$V\frac{\mathrm{d}C_S}{\mathrm{d}t}=FC_{SF}-FC_S-\mu\frac{C_XV}{Y_{X/S}} \tag{5-62}$$

产物

$$V\frac{\mathrm{d}C_P}{\mathrm{d}t}=FC_{P_0}-FC_P+q_PC_XV \tag{5-63}$$

式中，F 为发酵液体积流量；C_X、C_S 和 C_P 分别为反应器中细胞、限制性底物和产物质量浓度；C_{X_0}、C_{S_0} 和 C_{P_0} 分别为输入培养基中的细胞、限制性底物和产物质量浓度。

对于单级连续发酵，由于加入的培养基已灭菌，故其中不含细胞和产物，即 $C_{X_0}=0$，定义稀释率 $D=\frac{F}{V}$，则式(5-61)可简化为

$$\frac{\mathrm{d}C_X}{\mathrm{d}t}=\left(\mu-\frac{F}{V}\right)C_X=(\mu-D)C_X \tag{5-64}$$

当达到稳定状态时，细胞质量浓度、基质质量浓度和产物质量浓度均恒定，因此由式(5-64)可得

$$\mu=D \tag{5-65}$$

由式(5-65)可知，连续发酵时的稳定条件是 $\mu=D$，如果 $\mu\neq D$，则为非稳定操作。连续发酵具有自平衡能力。所谓自平衡能力，是指即使稳定操作遭到破坏，连续发酵系统依据其自身的特点，最终仍能建立稳定的能力。例如，当 $D<\mu$ 时，$\frac{\mathrm{d}C_X}{\mathrm{d}t}>0$，此时稳定操作遭到破坏，但微生物浓度将随着时间变化而增加，导致营养物质被微生物大量消耗，从 Monod 方程可知，μ 与底物质量浓度 C_S 有关，所以 C_S 降低，微生物的比生长速率 μ 也随着下降，直至 $\mu=D$，系统将在新的条件下建立新的稳定。同理，当 $D>\mu$ 时，$\frac{\mathrm{d}C_X}{\mathrm{d}t}<0$，此时微生物量减少，底物消耗也减少，$C_S$ 增大，μ 随之上升，直至 $\mu=D$。

在连续发酵时，微生物的比生长速率取决于稀释率，也就是说，稀释率改变，微生物的比生长速率也将随之改变，最终在新的情况下达到 $\mu=D$。根据这一特点，在一定的范围内，人为地调节培养基的流加速度，可以使细胞按希望的比生长速率生长，并可研究其生长特性。同样，在稳态下，由式(5-62)和(5-63)，可分别得到：

$$C_X=Y_{X/S}(C_{SF}-C_S) \tag{5-66}$$

$$C_P=Y_{P/X}C_X \tag{5-67}$$

2. 多级连续发酵

将多个反应器串联起来，前一反应器的出料作为后一反应器的进料，即成为多级连

续发酵系统(图 5-8)。多级连续发酵具有以下优点：①不同级的发酵罐内可以预先设定不同的培养条件；②操作时可在第二级以后的各反应器中加入新培养基；③有利于多种碳源的利用和次级代谢产物的生产。

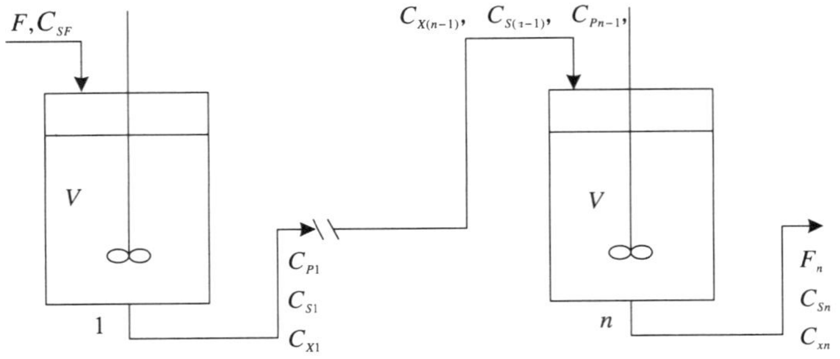

图 5-8　多级连续发酵示意图

下面讨论较为简单的一种操作方式，即各级反应器中的培养液体积相同，均为 V，且不进行中间补料操作，同时各级流量均为 F，则第 n 级的物料平衡关系可表示为：

细胞

$$V\frac{dC_{Xn}}{dt}=FC_{X(n-1)}-F_{Xn}+\mu_nC_{Xn}V \tag{5-68}$$

限制性底物

$$V\frac{dC_{Sn}}{dt}=FC_{S(n-1)}-FC_{Sn}-\frac{\mu_nC_{Xn}V}{Y_{X/S}} \tag{5-69}$$

产物

$$V\frac{dC_{Pn}}{dt}=FC_{P(n-1)}-FC_{Pn}+\mu_nY_{P/X}C_{Xn}V \tag{5-70}$$

式中，n 和 $n-1$ 分别表示第 n 和 $n-1$ 级反应器。

稳态时，由式(5-68)至式(5-70)可得

$$\mu_n=D\left[1-\frac{C_{X(n-1)}}{C_{Xn}}\right] \tag{5-71}$$

$$C_{Xn}=D\frac{Y_{X/S}[C_{S(n-1)}-C_{Sn}]}{\mu_n} \tag{5-72}$$

由式(5-71)和式(5-72)可得

$$C_{Xn}=X_{n-1}+Y_{X/S}[C_{S(n-1)}-C_{Sn}] \tag{5-73}$$

$$C_{Sn}=C_{S(n-1)}-\frac{\mu_nC_{Xn}}{DY_{X/S}} \tag{5-74}$$

$$C_{Pn}=C_{P(n-1)}+\frac{Y_{P/X}\mu_nC_{Xn}}{D}=C_{P(n-1)}-Y_{P/X}Y_{X/S}(C_{S(n-1)}-C_{Sn}) \tag{5-75}$$

由式(5-71)可知，从第 2 级发酵罐开始，细胞的比生长速率不再与稀释率相等。在较大的稀释率范围内，随着发酵罐级数的增加，细胞的比生长速率越来越小，这是因为发酵罐中的限制性底物的质量浓度越来越低。

5.2.4　补料分批发酵动力学

1. 补料分批发酵概述

补料分批发酵又称半连续发酵、流加发酵，是介于分批发酵与连续发酵之间的一种特殊培养模式，首先由 Yoshide 于 1973 年提出。该法的特点是在进行分批发酵时，间歇或连续地向发酵罐内添加营养物质，以达到延长生产期和控制发酵过程的目的。随着补料操作的进行，培养液的体积逐渐增大，到了一定时候即需结束发酵，或者将部分培养液抽出，剩下的培养液继续进行补料分批培养。图 5-9 所示为补料分批发酵示意图。

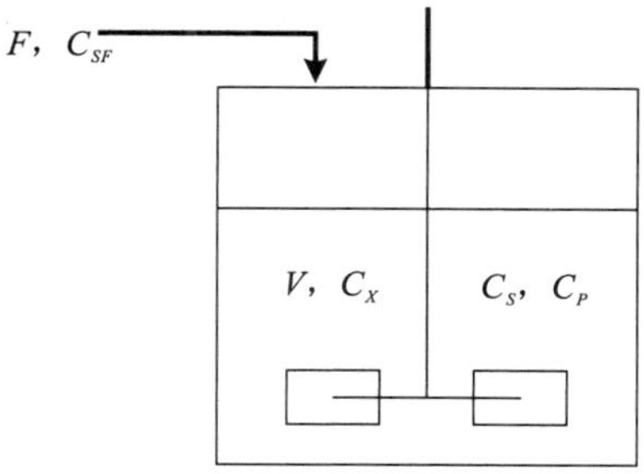

图 5-9　补料分批发酵示意图

2. 补料分批发酵分类

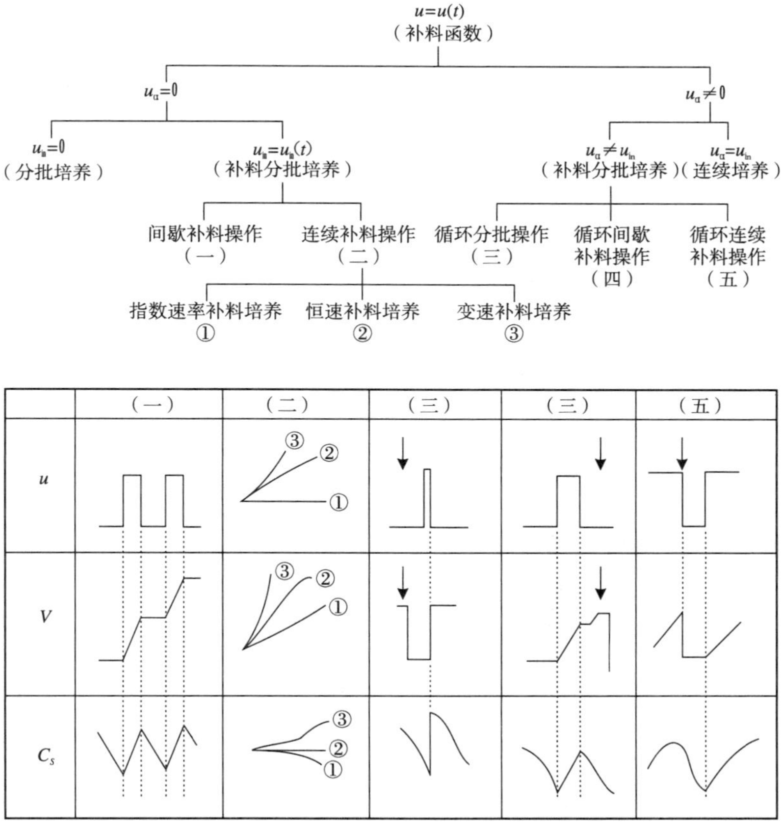

u-流速；u_{in}-流入速率；u_{ex}-流出速率；V-发酵液体积；C_S-限制性底物质量浓度

图 5-10　微生物培养类型及其操作过程

目前，补料分批发酵的类型很多(图 5-10)，各研究者所用术语不尽相同，因此分类比较混乱，很难统一起来。就补料方式而言，有连续流加、不连续流加和多周期流加；从反应器中发酵体积来分，有变体积和恒体积之分；从反应器数量来分，有单级和多级之分；从补加的培养基成分来分，有单一组分补料和多组分补料之分。另外，还可以按物料流入速率和流出速率来分类。

3. 单一补料分批发酵

假定发酵罐中进行理想的混合、发酵液中只存在一种底物限制细胞的生长，细胞的得率系数恒定不变，若在某一时刻 t 发酵液中的细胞、限制性底物和产物质量浓度分别是 C_X、C_S 和 C_P，发酵液体积为 V，新鲜培养基中的限制性底物浓度为 C_{SF}，流量为 F。由于培养基的流加，发酵液的体积不断变化，因此对发酵过程进行物料衡算，可得

细胞

$$\frac{\mathrm{d}(VC_X)}{\mathrm{d}t}=\mu C_X V \tag{5-76}$$

限制性底物

$$\frac{\mathrm{d}(VC_S)}{\mathrm{d}t}=FC_{SF}-\frac{1}{Y_{X/S}}\frac{\mathrm{d}(VC_X)}{\mathrm{d}t} \tag{5-77}$$

产物

$$\frac{\mathrm{d}(VC_P)}{\mathrm{d}t}=q_P VC_X \tag{5-78}$$

$$\frac{\mathrm{d}V}{\mathrm{d}t}=F \tag{5-79}$$

对式(5-76)的左边求全微分得

$$\frac{\mathrm{d}(VC_X)}{\mathrm{d}t}=V\frac{\mathrm{d}C_X}{\mathrm{d}t}+C_X\frac{\mathrm{d}V}{\mathrm{d}t} \tag{5-80}$$

将(5-79)式和式(5-80)式带入式(5-76)式，得

$$\frac{\mathrm{d}C_X}{\mathrm{d}t}=\left(\mu-\frac{F}{V}\right)C_X=(\mu-D)C_X \tag{5-81}$$

对于限制性底物和产物，类似地可推出：

$$\frac{\mathrm{d}C_S}{\mathrm{d}t}=D(C_{SF}-C_S)-\frac{\mu C_X}{Y_{X/S}} \tag{5-82}$$

$$\frac{\mathrm{d}C_P}{\mathrm{d}t}=q_P C_X-DC_P \tag{5-83}$$

虽然式(5-81)和连续发酵中的式(5-64)具有相同的形式，但其中 F/V 的意义是完全不同的。连续发酵中的 F/V 表示因不断抽出发酵液而使其被稀释，在这里 F/V 则是因体积变大而使其被稀释。式(5-76)至式(5-78)分别描述了补料分批发酵中细胞质量浓度、限制性底物质量浓度和产物质量浓度的变化规律。

4. 补料分批发酵的优点及应用

补料分批发酵介于分批发酵和连续发酵之间，兼有两者的优点，克服了两者的缺点。同传统的分批发酵相比，补料分批发酵的优越性很明显：①可解除底物抑制、产物反馈抑制和葡萄糖的分解阻遏效应；②对于耗氧过程，可控制细胞的生长和氧供应不足，提高目标产物的转化率；③在真菌培养中，菌丝的减少可以降低发酵液的黏度，便于物料输送及后处理；④菌体可被控制在一系列连续的过渡态阶段，可用补料分批发酵作为控制细胞质量的手段，如在以出芽率作为质量标准的酵母生产中，控制补料速率可以提高产芽酵母的比例；⑤可重复某个时间细胞培养的过渡态，因此可用作理论研究。同时，研究补料分批发酵是达到自动控制和最优控制的前提。

与连续发酵相比，补料分批发酵具有以下优点：①不需要严格的无菌条件；②不会产生菌种老化和变异问题；③最终产物浓度较高，利于产物的分离；④使用范围广、操作方便。目前在发酵工业上，补料分批发酵技术在生产和研究中运用十分广泛，包括单细胞蛋白、氨基酸、生长激素、抗生素、维生素、酶蛋白、有机溶剂、有机酸、核苷酸、高聚物等，几乎遍及整个发酵行业。可以预期，补料分批发酵必将在发酵工业中得到更为广泛的应用，产生更大的经济效益。

5.3　液态发酵及其工艺控制

液态发酵是在生物反应器中，将营养基质配制成液体培养基，灭菌后进行接种，提供适宜的培养条件，利用微生物的生长代谢获得发酵产品的技术。

液态发酵的特点如下：①产量高，发酵速度快，生产周期短；②生产效率高，经济效益好；③发酵条件易于控制；④操作规范标准化，易于实现产业化生产；⑤对生产环境要求高；⑥设备复杂，一次性投入大。

5.3.1　发酵温度的影响与控制

1. 影响发酵温度的因素

发酵过程中既产生热能(如生物热 Q_B 和搅拌热 Q_A)，又散失热能(如蒸发热 Q_V、辐射热 Q_R 和显热 Q_S)，因此发酵过程中温度是不断变化的。发酵热 Q_E 就是产生的热能减去散失的热能所得的净热能，即

$$Q_E = Q_B + Q_A - Q_V - Q_R - Q_S \tag{5-84}$$

它是发酵温度变化的主要因素。

1)生物热

微生物在生长繁殖过程中，分解营养基质产生大量的热能，这些热能部分用于产生

ATP以供给合成代谢所需的能量，其余的以热能的形式释放出来，形成生物热。

生物热随培养基成分、微生物种类和生长时期的不同而不同。某一微生物在同一条件下，培养基成分越丰富，利用营养物质的速度越快，生物热就越高；不同微生物的生物热不同，即使同一菌株，在不同的生长时期生物热也不同。菌体处于迟滞期，生长缓慢，产生的生物热有限；进入对数生长期，释放出大量的热能；到稳定期，生物热开始减少，并随菌体逐步衰老而下降。因此，在对数生长期释放的生物热最大，常作为发酵热平衡的主要依据。

2)搅拌热

搅拌热是在发酵过程中，由于搅拌器转动而引起液体之间以及液体与设备之间摩擦而产生的热能。

3)蒸发热和显热

空气进入发酵罐后，引起水分蒸发，由此带走的热能即为蒸发热。高温废气由发酵罐进入外界环境，由于温差损失的热能即为显热，其计算公式如下：

$$Q_S = mC(t_2 - t_1) \tag{5-85}$$

式中，m 为废气的质量；C 为比热容；t_1、t_2 分别为环境的温度和废气的温度。

水的蒸发热和废气所带的显热一起散失到发酵体系之外，由于外界的空气温度和湿度是变化的，所以蒸发热和显热也是变化的。

4)辐射热

发酵体系和外界的温度存在差异，使发酵体系通过罐体向外界辐射热能，这部分热能即为辐射热。辐射热的大小取决于发酵体系和外界的温差，差值越大，散热越多。

2. 温度对微生物生长的影响

不同的微生物有不同的最适生长温度和耐受温度范围。依据微生物适宜生长的温度范围，一般把微生物分成三类：①嗜温微生物，最适生长温度为25～37 ℃，包含了已知的大多数种类；②嗜冷微生物，只能在20 ℃以下生长，或者在20 ℃以下生长良好，在20 ℃以上也能生长；③嗜热微生物，能在高于40～50 ℃的条件下生长，最适生长温度在55 ℃左右。

在一定范围内，温度升高，酶反应速率增大，微生物生长繁殖旺盛。酶反应速率随温度升高而增大的程度可用温度系数 Q_{10} 表示，Q_{10} 一般为2～3，但有一个温度范围，超过这个范围，酶的催化活力迅速下降，微生物生长变慢或停止。

3. 温度对发酵过程的影响

温度直接改变发酵液的理化性质和各种酶反应的速率，间接影响微生物的代谢调控机制、改变菌体代谢产物的合成方向，从而影响发酵的动力学特性和产物的合成。

1)温度影响代谢产物的合成速率

产物的合成速率受底物在发酵液中的溶解度和传递速率以及酶催化反应速率的影响。在一定范围内，温度升高，底物溶解度增加，传递速率加快，催化反应速率增大，使得产物合成速率增大。温度超过温度上界时，酶活力迅速下降，使得催化反应速率骤降，致使产物合成速率减小。

2)温度影响代谢产物的合成方向

发酵过程需要维持适当的温度，才能使菌体生长及代谢产物的合成顺利进行。例如，四环素发酵中金色链霉菌能同时生产金霉素，在低于 30 ℃时，合成金霉素的能力较强，而合成四环素的比例随温度的升高而增大，在 35 ℃时只产生四环素，而金霉素的合成几乎停止。

5.3.2　pH 的影响与控制

大多数微生物生长适应的 pH 跨度较小，一般为 3～4 个单位，其最佳生长 pH 跨度为 0.5～1 个单位。pH 对微生物的生长、代谢及产物形成都有很大的影响，不同种类的微生物对 pH 的要求不同。大多数细菌的最适 pH 为 6.5～7.5，酵母为 3.8～6.0，霉菌为 4.0～5.8，放线菌为 6.5～8.0。如果培养液的 pH 不合适，则微生物的生长受到影响。因此，控制一定的 pH 不仅是保证微生物正常生长的主要条件之一，而且是防止杂菌污染的一个措施。当 pH 偏高或偏低时，都会影响微生物的生长繁殖和代谢产物的积累。

1. 发酵过程中 pH 的变化规律

发酵过程中 pH 是变化的。例如，在对黄酒发酵过程的 pH 进行监测时发现，一种半甜型黄酒的主发酵过程中 pH 一直在变化，但变化幅度不大，pH 在 3.8～4 之间，但对于有些发酵过程，如食醋的发酵，则 pH 的变化比较大。

2. 影响发酵 pH 的因素

发酵液的 pH 变化是菌体产酸和产碱代谢反应的综合结果，它与微生物种类、基础培养基的组成、培养条件和产物性质有关。

1)微生物种类对 pH 的影响

菌种本身对 pH 有一定的自我调节能力，但是如果外界条件变化较大，单纯依靠菌体自身的调节，pH 难以达到平衡。

2)基础培养基的组成对 pH 的影响

不同的基础培养基成分会导致发酵过程中 pH 变化。培养基成分被利用后，往往产生有机酸(如丙酮酸、乳酸、乙酸等)，使 pH 下降。

当培养基中不添加糖类物质时，细菌会水解酪蛋白或者短肽为碳源，该过程包括氨基酸的脱氨过程和脂肪酸的吸收利用过程。由于脂肪酸的利用速度大于氨的吸收速度，而脂肪酸的吸收伴随质子的吸收，氨的吸收伴随质子的释放，所以以水解酪蛋白为碳源的发酵过程必然伴随着培养基的碱化。当培养基添加糖类物质时，糖和水解酪蛋白成为竞争性碳源，菌体优先利用糖类，从而抑制水解酪蛋白。糖类的吸收利用不引起 pH 升高，甚至在缺氧条件下还可以引起 pH 下降，因此糖类物质的存在抑制了吸收利用水解酪蛋白时引起的培养液 pH 升高，甚至出现酸化现象。在碳源竞争吸收过程中，糖类物质越容易被菌体吸收，对培养液碱化的抑制作用就越强。补加糖的培养基，在发酵结束时 pH 都比不添加糖的培养液低。

3)培养条件对 pH 的影响

培养条件的不同也会影响发酵液的 pH。培养基中糖和脂肪被利用时，pH 会随通气条件的不同而变化。通气充足，糖和脂肪完全氧化，产生 CO_2 和 H_2O；通气不足，糖和脂肪不完全降解，产生有机酸类中间产物。两种代谢方式都会使发酵液的 pH 下降，其差别在于通气充足时 pH 降低程度小，通气不足时 pH 降低程度大。

4)产物性质对 pH 的影响

产物的酸碱性会影响发酵液的 pH。糖类未完全氧化时分解为酸、醇等，使 pH 下降，当糖类不足时，发酵液 pH 上升，这是需要补料的标志之一；氨基酸中的—NH_2 被利用后，产生 H^+ 导致 pH 下降；脂肪部分氧化产生的脂肪酸和铵盐(硫酸铵等)氧化产生的酸根离子都会使 pH 下降；培养基中的蛋白质及其他含氨有机物被利用后释放出氨，pH 迅速上升，而氨被菌体利用后，pH 又会下降。

此外，菌体自溶或杂菌污染都可能引起发酵液 pH 的变化，所以确定最适 pH 以及采取有效的控制措施是使菌种发挥最大生产能力的保证。

3. 最适 pH 的选择

选择最适 pH 的标准是获得最大比生产速率和适当的菌体数量，以获得最高产量。正如最适生长温度和生产温度不同，微生物生长和产物合成阶段的最适 pH 通常也是不一样的。最适 pH 既与微生物的种类有关，也受产物特性的影响。例如，链霉素和红霉素合成最适 pH 为 6.8～7.3，金霉素，四环素为 5.9～6.3，青霉素为 6.5～6.8。

研究表明，最适生长温度高的菌种，其最适 pH 相应也高。这一规律对微生物最适 pH 的选择有指导意义，有助于控制杂菌的生长。

5.3.3 发酵空气的影响及供氧的控制

1. 微生物对氧的需求及影响需氧量的因素

根据微生物与氧的关系，可将其分为五类：①专性好氧微生物，有完整的呼吸链，具有超氧化物歧化酶和过氧化氢酶，以分子氧作为最终氢受体，必须在较高浓度分子氧(0.2×10^5 Pa)的条件下才能生长；②兼性厌氧菌，以在有氧条件下的生长为主，也可在厌氧条件下生长的微生物，有时也称“兼性好氧菌”；③微好氧菌，只能在较低的氧分压

[(0.01～0.03)×10^5 Pa，正常大气中的氧分压为 0.2×10^5 Pa] 下才能正常生长的微生物，也是通过呼吸链并以氧为最终氢受体；④耐氧菌，即耐氧性厌氧菌，是一类可在分子氧存在条件下进行发酵性厌氧生活的厌氧菌，其生长不需要任何氧，但分子氧对其无害；⑤厌氧菌，只能在无氧条件生活，有一般厌氧菌与严格厌氧菌(专性厌氧菌)之分。

溶解氧是好氧微生物生长所必须具备的条件。临界氧浓度指不影响微生物呼吸的最低溶氧浓度。临界氧浓度不仅取决于微生物种类及其呼吸强度，还受培养基的组分、黏度、代谢产物的积累、培养温度、通风搅拌强度等条件的影响。

2. 发酵过程氧的传递及其影响因素

耗氧的发酵反应需要有分子态的氧作为微生物细胞呼吸链电子传递系统末端的电子受体，并释放大量能量以供细胞维持、生长和产物合成。

1)氧的传递过程

发酵过程中氧的传递是从气相主体传递到达细胞，如图 5-11 所示。

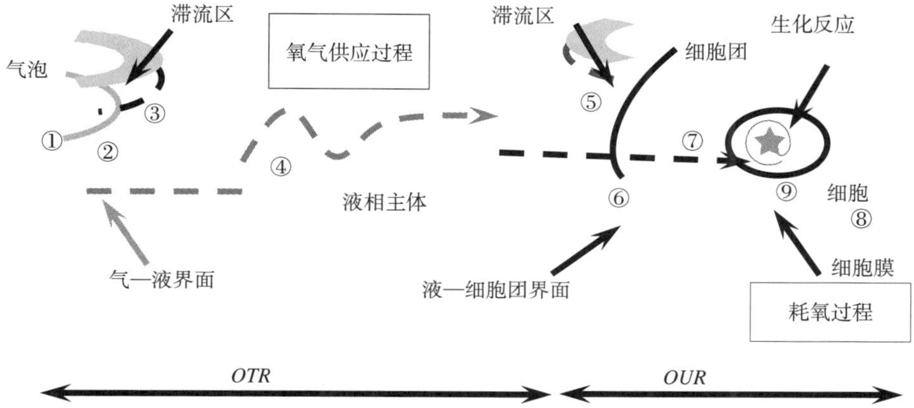

OTR—传氧速率；*OUR*—摄氧速率；1→2—氧气从气相主体扩散到气—液界面；2→3—氧气通过气—液界面；3→4—氧气通过在气泡外侧的滞流区扩散到达液相主体；4→5—氧气从液相主体到达细胞或细胞团外的滞流液膜；5→6—氧气通过滞流区与细胞团之间的界面；6→7—氧气扩散进入细胞团、菌丝体等；7→8→9—氧气进入细胞

图 5-11　发酵过程中氧的传递过程

2)影响氧传递的因素

稳定情况下，氧分子从气相主体扩散到液相主体的传递速率(即氧的传质方程式)为

$$OTR = k_L a(c_{OL}^* - c_{OL}) \tag{5-86}$$

式中，OTR 为单位反应体积的氧传递速率，mol/(m^3 · s)；k_L为液膜传递系数，m/s；a 为气液比表面积，m^{-1}；$k_L a$ 为体积传递系数，s^{-1}；c_{OL}^*、c_{OL}分别为饱和溶氧浓度、液相主体氧浓度，mol/m^3。

由式(5-86)可知，氧传递速率取决于传质推动力($c_{OL}^* - c_{OL}$)和体积传质系数($k_L a$)。故影响氧传递速率的因素可归结为液膜传质系数 k_L、气液比表面积 a、饱和溶氧浓度 c_{OL}^* 和反应体系的流变特性。

(1)液膜传质系数 k_L。氧的传递阻力主要存在于气—液界面附近的液膜中。根据双膜

理论，液膜中氧分子的扩散服从 Fick 第一定律，即

$$k_L = \frac{D_L}{\delta_L} \tag{5-87}$$

式中，D_L为氧在液膜中的扩散系数；δ_L为液膜厚度。

研究表明，扩散系数与绝对温度成正比，而液膜厚度一般难以直接计算，故实际情况下 k_L由实验测定。实验表明，对不同尺寸的机械搅拌反应器，k_L与搅拌功率之间有如下关系：

$$k_L = KD_L^{0.5}\left(\frac{P}{V_R\eta}\right)^{0.25} \tag{5-88}$$

式中，K 为系数；η为液体黏度；P 为搅拌功率；V_R为反应器有效体积。
因此，培养液黏度大则 k_L小，单位有效体积的搅拌功率大则 k_L大。

(2)气液比表面积。计算式如下：

$$a = \frac{6V_G}{d_B V_L} \tag{5-89}$$

式中，V_L为液体体积，mL；V_G为液体中截留的气体体积，mL；d_B为气泡直径，mm。

定义培养液的气含率 ε_G为

$$\varepsilon_G = \frac{V_G}{V_G + V_L} \tag{5-90}$$

则

$$a = \frac{6\varepsilon_G}{d_B(1-\varepsilon_G)} \tag{5-91}$$

由式(5-91)可知，培养液中气含率 ε_G越大，气液比表面积 a 越大；要获得较大的气液比表面积 a，应使气泡直径 d_B变小。

(3)饱和溶氧浓度 c_{OL}^*。发酵液中饱和溶氧浓度 c_{OL}^*主要与操作温度、压力和培养基组成有关。氧在水中的溶解服从亨利定律，即

$$c_{OL}^* = \frac{p}{H} = \frac{y_O p_T}{H} \tag{5-92}$$

式中，p、p_T分别为气体中的氧分压和反应器操作气压，Pa；y_O为气体中氧的摩尔分数，mol/mol；H 为亨利系数，亨利系数是温度的函数，所以式(5-92)表明与气相的氧分压平衡的饱和氧浓度是温度与压力的函数。

此外，有一类不溶于培养液、对微生物无毒、具有较高溶氧能力的有机体，如血红蛋白、烃类碳氢化合物(煤油、石蜡、甲苯与水等)、氟碳化物等能提高传氧速率，这类物质是传氧中间介质。

(4)反应体系的流变特性。发酵液的流变特性即发酵过程中流体混合时的流动特性，会影响反应器传质和传热效率，进而影响生物反应速率和细胞生长代谢。流变特性也会影响反应器中氧的溶解与传递。

3. 发酵供氧的控制管理

发酵液中的溶氧浓度由供氧和需氧两个方面决定。当供氧量大于需氧量时，溶氧浓度就上升，直至饱和；反之则下降。因此，生产过程中需要调节供氧量以满足需氧量。控制溶氧的工艺手段有改变通气速率、搅拌速度、气相中的氧分压、罐压、发酵液的理化性质和加入传氧介质等。综合考虑各种调节手段的优缺点，运用一种或多种工艺手段实现对溶氧浓度的控制。

(1)改变通气速率。起始通气速率较低时，增大通气速率能显著增大 k_La，在通气速率已经很大时再提高通气速率，则对增加溶氧的作用不明显，而且可能引起泡沫生成、水分蒸发和杂菌感染等。

(2)改变搅拌速率。提高搅拌速率可以充分破坏通气泡沫，增加有效气液接触面积，使气泡周围的液膜和菌体周围的液膜厚度减小，并延长气泡在液体中的停留时间，进而增大 k_La，但是提高搅拌速率要充分考虑发酵细胞的抗剪切能力，尤其是在动植物细胞培养时，选择本工艺时要谨慎。

(3)改变气相中的氧分压。提高气相中的氧分压，可增大 c^*_{OL}值，从而提高供氧能力。该法在动植物培养体系中已用于短时间提高溶氧浓度，但是若使气相中氧浓度过高，则存在爆炸的危险，所以目前只应用于小规模生产。

(4)改变罐压。改变罐压对罐强度要求高，且在增大 c^*_{OL}的同时，也增大了 CO_2的分压，提高了 CO_2的溶解度，改变了发酵液的 pH，同时增加了空压机的出口压力，导致动力消耗增加，所以本方法对增大溶氧浓度的效果有限。

(5)改变发酵液的理化性质。菌体的代谢导致发酵液的理化性质(表面张力、黏度、离子强度等)发生改变，使溶氧速率发生改变。因此，可通过控制发酵液温度、调节底物浓度、添加表面活性剂和无菌水来调节发酵液的理化性质，但是这些工艺对溶氧的调节作用不确定，需要试验探索。

(6)加入传氧中间介质。传氧中间介质作为非连续相加入培养液中，在搅拌的气液体系中被分散成比气泡还小的微滴。氧载体一方面使气—液界面之间形成一层薄膜，增大传氧推动力，从而提高传氧速率；另一方面还起到表面活性剂的作用，降低表面张力，增大气含率，进而提高溶氧浓度。

5.3.4　CO_2和呼吸商对发酵的影响及其控制

1. CO_2对发酵的影响和发酵过程中对 CO_2浓度的控制

CO_2是呼吸和分解代谢的终产物，同时是微生物某些代谢的底物。当 CO_2浓度较低(0.02%～0.04%)时，大多数微生物都能正常生长；CO_2浓度达到 4%以上，多数微生物的生长和代谢速率都会下降，细胞生长和产物合成均受抑制。CO_2对细胞的作用机理是通过改变细胞膜的结构来调节膜的通透性，从而影响细胞生长和产物合成。CO_2的作用位点是细胞膜的脂肪酸核心，HCO_3^-的作用位点是磷酯亲水头部带电荷表面及细胞膜表面上的蛋白质。当细胞膜脂质相中的CO_2浓度达到某一临界值时，膜的流动性及表面电荷密度就会发生变化，膜运输基质的能力下降，细胞处于“麻醉”状态，生长受抑制，形态发生变化。当CO_2浓度升高时，pH下降，间接影响微生物的生长代谢。

2. 呼吸商与发酵的关系及控制方法

测得发酵过程中进气和排气中O_2和CO_2的含量，可以通过下列公式求得摄氧率(OUR)和CO_2的释放率(CER)：

$$OUR = Q_{O_2}X = \frac{F_{in}}{V}\left(\frac{C_{O_2\,in} - C_{insert}C_{O_2\,out}}{1-(C_{CO_2\,out}+C_{O_2\,out})}\right)f \tag{5-93}$$

$$CER = Q_{CO_2}X = \frac{F_{in}}{V}\left(\frac{C_{insert}C_{CO_2\,out}}{1-(C_{CO_2\,out}+C_{O_2\,out})-C_{CO_2\,in}}\right)f \tag{5-94}$$

式中，Q_{O_2}为呼吸强度，mol O_2/(g·h)；Q_{CO_2}为比CO_2释放率，mol CO_2/(g·h)；X为菌体干重，g；F_{in}为进气流量，mol/h；V为发酵液体积，L；C_{insert}、$C_{O_2\,in}$、$C_{CO_2\,in}$为别为进气中的惰性气体、O_2和CO_2浓度(体积分数)；$C_{O_2\,out}$、$C_{CO_2\,out}$分别为排气中的O_2和CO_2浓度(体积分数)；$f=\frac{273}{273+t_{in}}P_{in}$；$t_{in}$为进气温度，℃；$P_{in}$为进气绝对压强，$10^5$Pa。

由上述参数可求出微生物的呼吸商RQ值($RQ=CER/OUR$)。RQ值可以反映菌体的代谢情况。理论上，$RQ=1.0$意味着细胞内葡萄糖完全通过TCA循环途径转化成CO_2和H_2O，细胞能最高效地将葡萄糖转化成ATP以供细胞生长繁殖；较低的RQ(如RQ在0.4～0.6之间)意味着由于碳源的缺乏，细胞利用氧化度低的碳源，如长链脂肪酸、甘油或中间代谢物(乙醇等)进行代谢；而较高的RQ(如$RQ>1.0$)说明细胞代谢葡萄糖以厌氧发酵途径为主，即通过底物水平磷酸化形成少量能量和大量CO_2，细胞内形成能量的效率明显低于TCA循环途径，造成碳循环得不到最有效的利用。

5.3.5 基质浓度对发酵的影响及其补料控制

发酵液中的基质包括底物和产物，随着微生物的生长繁殖，底物不断消耗，产物逐渐产生，相应的浓度也不断发生变化。

1. 发酵过程中底物浓度的代谢变化及其控制

起始培养基中底物浓度对发酵有较大影响。底物浓度过高，菌体生长过盛，发酵液黏稠，传质状况差，对产物的合成不利，同时较高的底物浓度对代谢有抑制作用，所以应控制培养基中的底物浓度在合适的范围内。

发酵初期，底物浓度较大，随着代谢的进行浓度下降，但是仍能满足细胞生长和产物合成的需要，细胞生长和产物合成速率增长较快；发酵中后期，菌体大量繁殖，产物合成增多，底物消耗较快，底物浓度降低到一定程度时，微生物生长和产物合成受到限制，这时应补料，保证产物在较高速度下合成。

2. 发酵过程中产物浓度对代谢的影响及其控制

随着发酵地进行，产物由无到有，浓度由低到高。产物浓度升到较高浓度时，产物与酶形成酶产物复合物［EP］后，就停止反应，特别是产物浓度较高时会出现“产物抑制”现象，对代谢过程造成反馈抑制或阻碍。其反应机理如下：

$$E+P \underset{k_{-3}}{\overset{k_{+3}}{\rightleftharpoons}} [EP] \tag{5-95}$$

$$E+S \underset{k_{-1}}{\overset{k_{+1}}{\rightleftharpoons}} [ES] \xrightarrow{k_{+2}} E+P \tag{5-96}$$

式中，E 为游离酶；ES 为酶底物复合物；S、P 分别为底物和产物；k_{+1}、k_{-1}、k_{+2}、k_{+3}、k_{-3}为各反应的反应速率常数。

可推导出此时的反应速率方程为

$$v=\frac{V_{\max}C_S}{K_{\mathrm{m}}(1+\frac{C_P}{K_P})+C_S} \tag{5-97}$$

式中，$V_{\max}$为最大反应速率；C_S、C_P分别为底物质量浓度、产物质量浓度；K_{m}为米氏常数；K_P为产物抑制解离常数，$K_P=\frac{k_{-3}}{k_{+3}}$。

由公式(5-97)可知，有产物反馈抑制时，K_{m}增大 $1+\frac{C_P}{K_P}$倍，反应速率下降，代谢变慢，产物产量减少。可采用反应分离耦合技术，即当产物浓度升高到一定程度时，释放部分发酵液，同时补加等体积的新鲜培养基，以消除产物抑制或阻遏，提高产物产量。

3. 中间补料方法的选择及控制管理

连续流加补料方式适用于高浓度底物对菌体吸收有抑制作用的发酵类型，采用这种方法可严格控制发酵环境中的基质浓度。补料控制系统可分为反馈控制和非反馈控制两类。反馈控制系统由传感器、控制器、驱动器组成。该系统通过实时监测发酵液中的溶氧、pH、呼吸商，排气中CO_2的分压，代谢产物浓度等指标，对发酵液进行补料控制。一般选择与代谢过程直接相关并且可以实时监测的参数。比如，通气发酵常把排气中CO_2的分压作为监测的量；非反馈控制系统不是通过实时监测发酵过程中的相关参数进行控制，而是通过经验模拟或数学最大优化模型法，得到最优流加操作曲线，依此对发酵进行补料控制。

由于对微生物代谢规律尚未充分掌握，现有的各种补料措施都是通过实验确定的。下面具体介绍不同培养基成分的补料方式及其控制管理。

(1)碳源的补料控制。控制碳源补料时，常采取经验性验证和动力学方法相结合的方式。经验性验证是指根据不同代谢类型确定补糖时间、补糖量和补糖方式；动力学方法是根据菌体的比生长速率、糖的比消耗速率及产物的比生产速率等生长和动力学曲线进行控制。因此，碳源的补料可以通过反馈控制系统和非反馈控制系统进行控制。

(2)氮源的补料控制。菌种发酵期间，往往需要中途补加氮源来控制浓度、调节 pH。一般生产上采用的方法是补充无机氮源和有机氮源。根据发酵情况，在发酵过程中添加某些无机氮源(如氨水)，既可补充氮源，又可调节 pH。但通氨时要掌握细流，注意泡沫情况，为了避免一次加入过多造成局部过碱，也有把氨水管道接到空气分管内，使其随气流进入并迅速与培养液混合均匀。在某些发酵过程中补充酵母粉、玉米浆等有机氮源，可以有效提高发酵单位产量。例如，在谷氨酸发酵中，由于 pH 持续下降，对菌体生长不利，因此必须定时流加尿素，以控制 pH 在适当的范围，保证生产正常进行。

(3)磷酸盐的补料控制。磷是微生物生长及合成代谢产物所必需的元素。由于微生物生长及合成次级代谢物所需的磷酸盐浓度相差较大(几十至上百倍)，因此，要根据具体的发酵过程控制磷酸盐的补加，以少量多次为好。

总之，补料是控制中间代谢较为灵活的措施。不同微生物或者同一微生物的培养条件不同，控制方法也略有差异。因此，在生产实践中不能照搬套用，需要根据具体情况，通过实践确定最适的中间补料控制方法。

5.4 固态发酵工艺及其控制

5.4.1 固态发酵的定义及特点

固态发酵是指培养基呈固态，在几乎没有自由流动水的状态下进行的一种或多种微生物发酵过程。固态发酵中的底物是不溶于水的聚合物，它不仅可以提供微生物所需的碳源、氮源、无机盐、水及营养物质，而且是微生物生长的场所。

与其他培养方式相比，固态发酵具有如下优点：培养基简单且来源广泛，多为便宜的天然底物或工业生产的下脚料；投资少，能耗低，技术较简单；产物的产率较高；底物含水量低，可大大减少生物反应器的体积，不需要废水处理，环境污染较小，后处理加工方便；发酵过程一般不需要严格的无菌操作；通气一般可由气体扩散或间歇通风完成，不需要连续通风，空气一般也不需严格无菌。

5.4.2 固态发酵的形式

1. 按固态发酵固相的性质分

根据发酵中固相的不同，可以将固态发酵分为同体底物固态发酵与惰性载体吸附固态发酵两种类型。

1) 同体底物固态发酵

同体底物固态发酵属于传统固态发酵，是以农作物(如麸皮、豆饼等)为底物的固态发酵方式，这些底物既是固态发酵过程中的固相组成部分，又为微生物生长提供营养。例如，麸皮、马铃薯、谷子、豆饼以及其他含淀粉和纤维素的农作物产品。

该种发酵方式只适用于对纯度要求低的发酵产品。该发酵有几个缺点：①固体培养基既是碳源，又是结构组成部分，在微生物发酵生长过程中，培养基被分解后，底物容易结块，孔隙率也降低，由于底物的外形和物理特性都发生了变化，导致发酵过程中的传质和传热特性降低；②固体物中的杂质容易进入发酵提取液中，难以应用于纯度要求高的发酵产品；③由于底物不均匀，难以维持发酵反应的稳定性和一致性，生物量和代谢产物的成分不易分析，也不利于发酵过程控制以及动力学研究与模型建立等。

2)惰性载体吸附固态发酵

惰性载体吸附固态发酵是以惰性固态载体为固态发酵的固相，微生物生长的营养是吸附在载体上的培养液。惰性载体可以是天然的，也可以是人工合成的。这些载体材料有大麻、珍珠岩、聚氨酯泡沫体、蔗糖渣和聚苯乙烯等。

惰性载体吸附固态发酵来源于曲法培养，同时又吸收了液体培养的优点，是近年来新发展起来的一种培养方法。在惰性吸附载体固态发酵过程中，使用的载体材料多是孔隙率均匀一致的人工合成材料，如聚氨酯泡沫塑料。这类材料不仅各处均匀一致，而且还可以根据需要调节其孔径大小、吸附能力等，从而解决了传统固态发酵存在的底物结块、传质和传热差等问题，提高了发酵过程中环境的均匀性与一致性；多孔吸附载体是在无游离水状态下发酵，利于气—液—固传递，尤其是氧及热的传递，使得发酵水平比液体发酵有很大的提高，而设备投资比液体深层发酵低得多；惰性吸附载体固态发酵过程中的相对静止状态避免了液态发酵中搅拌通气对菌及酶造成的损伤。该技术拓宽了固态发酵的应用范围，具有广泛的适用性与推广意义。

2. 按使用的微生物的情况和形成的产品条件不同分

按照使用的微生物的情况和形成的产品条件不同，可以将固态发酵分为自然富集固态发酵、强化微生物混合固态发酵、单菌固态纯种发酵和限定微生物混合固态发酵。

1)自然富集固态发酵

自然富集固态发酵是指利用自然界中微生物，由不断演替的微生物进行的富集混合发酵过程。例如，传统的酒曲、酱油、腌菜、茶叶发酵、青贮、堆肥等。自然富集固态发酵不需要人工接种微生物，其所需发酵的微生物主要依赖于空气和物料中的自然微生物区系，菌的种类和数量大都是未知的，发酵过程中，由这些微生物演替成最适于生长代谢或共生协作的小生态环境，其微生物富集区系不仅与当地空气和物料中的自然微生物区系有关，还与小生态环境自然变化密切相关。这一点在白酒发酵过程中体现的尤为明显，如茅台酒就只能在茅台镇生产。

2)强化微生物混合固态发酵

强化微生物混合固态发酵是指在自然富集固态发酵的基础上，利用人们对微生物代谢机制的了解，人为接种某种已知的微生物培养物或微生物菌系不明确的富集培养物所进行的混合发酵过程。这种方式通过添加微生物，使发酵过程更大程度地朝对人类有利的方向进行。在生产实践中，人们发现不少生命活动及其效应是借助于两种以上的生物在同一环境中的共同作用进行的，如废物的处理、纤维素和本质素的降解、甲烷的产生和利用等。因此，强化微生物混合固态发酵微生物资源具有非常广阔的应用前景。

3)单菌固态纯种发酵

单菌固态纯种发酵是指将已知的单一微生物接种在灭菌的固态培养基中，在无菌条件下进行固态发酵的过程。现在的许多工业发酵过程多采用此种发酵，其后续处理相对简单，是固态发酵的一个重要方向。

4)限定微生物混合固态发酵

限定微生微生物混合固态发酵是指使用两种或两种以上经过分离纯化的微生物纯种，同时或先后接种于灭菌的培养基中，在无污染条件下进行固态发酵的过程。限定微生物混合固态发酵建立在对微生物相互作用和群落认识的基础上，所接种混合培养的微生物是已知和确定的。研究者通过利用纯培养技术对单一目的菌株进行了研究，丰富了人们对微生物形态、结构、生理和遗传特性的认识。但是，在长期的生产实践中，人们逐渐发现单株微生物只能微弱进行或不能完成很多重要生化过程。

3. 按固态发酵过程中反应器的类型分

根据反应器的类型，可以将固态发酵分为静态固态发酵和动态固态发酵。

1)静态固态发酵

静态固态发酵的反应器属于结构比较简单的固态发酵反应器，常见的有浅盘式和填充床式两种。浅盘式反应器是最简单的固态发酵反应器，在一个特定空间内放置着一系列的托盘，通过控温、控湿来达到发酵所需的条件。填充床式反应器是将静态的发酵基质填充在圆柱中，在圆柱的下面有打孔的支撑板，通过这个孔板强制通风来为发酵过程供氧、调节基质的湿度和温度。填充床反应器的优势是可以在发酵过程中很好地控制发酵温度和湿度。因此，相对于托盘式反应器来说，填充床反应器使用更加广泛。填充床的缺点是出料较困难，微生物在反应器中的生产不均匀，传热困难，不易规模化生产。

2)动态固态发酵

动态固态发酵是在发酵过程中连续或间歇搅拌培养基的培养方式，这种方式可有效解决静态培养过程代谢热难以散失的问题，搅拌可以加快代谢热的散失，同时也使发酵环境均一，为提高发酵效率提供了必要的条件。目前常用的动态固态发酵反应器主要有转鼓式、搅拌式和气固流化床式。

4. 按固态发酵的操作方式分

根据操作方式的不同，可以将固态发酵分为分批发酵、连续发酵和补料分批发酵，这几种发酵在前面已有所介绍，这里不再赘述。

5.4.3　固态发酵动力学

菌体生长量测定一直是固态发酵中重要的研究内容及技术难点，菌体生长的好坏从不同侧面反映了固态发酵过程参数控制的结果。通过对菌体生长量的测定及研究，提出了微生物细胞生长动力学模型以及固态发酵比生长速度的经验公式等。

发酵过程动力学常常使用的变量有细胞生长速率、底物消耗速率及代谢产物的变化、O_2消耗量或CO_2产生量以及产热等，在这些变量中，细胞生长速率和底物消耗速率的确定代表了所有发酵过程的动力学过程。

在广义上，发酵过程中细胞生长速率的变化如下：

$$\frac{\mathrm{d}C_X}{\mathrm{d}t}=f(C_X, C_S, T) \tag{5-98}$$

式(5-98)表示单位时间细胞质量浓度的变化，固态发酵过程可以用一种简单的方式描述，并且可以确定以下参数：发酵过程可以达到的最大细胞浓度；反应器中细胞浓度增长的延迟时间；过程中任意时刻的基质消耗量；过程中产物的产出率。虽然这个过程中隐含动力学过程，但是还没有以合适的参数进行描述。

Monod 是第一个对发酵过程进行数学描述的科学家，他在 1942 年提出一个方程描述了底物质量浓度与细胞的比生长速率之间的关系［式(5-45)］，此方程也适于描述固态发酵过程，其参数代表的意义相同。大约在 2000 年，Mitchell 提出了，描述微生物在填充床式反应器内进行的固态发酵的细胞生长动力学经验公式：

$$\frac{\mathrm{d}W_X}{\mathrm{d}t}=\mu W_X\left(1-\frac{W_X}{W_{Xm}}\right) \tag{5-99}$$

式中，W_X 为细胞质量分数，kg/kg（酶作用底物质量）；W_{Xm} 为最大细胞质量分数，kg/kg(酶作用底物质量)；μ 为此生长速率，h^{-1}。

在此基础上，他提出了黑曲霉在固态发酵中的比生长速率的经验公式：

$$\mu=\frac{A_{\exp}\left[\frac{-E_{a1}}{R(T+273.16)}\right]}{1+B\exp\left[\frac{-E_{a2}}{R(T+273.16)}\right]} \tag{5-100}$$

式中，$A=7.483\times10^{-7}\,\mathrm{s}^{-1}$；$B=1.300\times10^{47}$；$E_{a1}=70225$ J/mol；$E_{a2}=283356$ J/mol；$R=8.314$ J/(mol・℃)。

容易看出，在其他条件固定的情况下，比生长速率只和温度有关。

通过动力学研究可以确定特定的生长速率、过程产出率、热能产出率、过程控制标准、特定产物的生产策略及放大生产的影响因素等重要参数，因此研究固态发酵过程中微生物生长动力学是十分重要的，但这些经验公式还不能很好用于指导生产。

5.4.4 固态发酵工艺条件及过程控制

在固态发酵过程中，因微生物生成的热导致水分蒸发，使发酵体系具有气、液、固不均匀的三相，存在严重的浓度梯度及传热、传质困难，使发酵产量大大下降。但通过对发酵工艺条件的控制，可以有效地保证微生物的正常生长及代谢，达到理想的发酵效果。

固态发酵工艺条件控制的常规项目包括物料水分含量、温度、通风(风量、温度、湿度、回风比)、搅拌(翻料)时机及次数、补水时机及次数。

1. 固态发酵温度控制

在固态发酵初始阶段，底物各个部位的温度相同，但随着发酵的进行，产生代谢热，尤其是在发酵前期，菌体生长旺盛时产生大量代谢热，但因固态发酵底物热传导性很差，同时菌丝生长，导致物料结构更加致密，阻碍热量传递和扩散。这些热量如果不及时排除，菌体的生长和代谢就会受到影响，严重时可导致菌体大量死亡，使发酵彻底失败。例如，在固体曲的发酵过程中，培养基内的温度可从设定温度 20～30 ℃(真菌最适生长温度)升高到 50～60 ℃(真菌致死温度)。散热困难在搅拌固态发酵体系中也同样存在，在 20 L 的转鼓式固态发酵反应器中，当装料量为 3 kg (干料)时，发酵过程中基质内温度可从设定的 30 ℃升高到 45 ℃。

在大规模固态发酵系统中，维持固体培养基内较理想的温度分布很难做到，大多采用干燥的无菌空气对固体培养基进行强制通风，以移走大量代谢热。同时，为防止固体培养基干燥，还要定期对培养基喷入无菌水，以维持固体培养基的含水量。

2. 固态发酵物料水分的控制

底物含水量的变化必然会对微生物的生长及代谢能力产生重要影响。当培养基的含水量较高时，会导致其多孔性降低，减少培养基内气体和气体交换，通风和降温难增加杂菌污染的危险性；含水量低，造成培养基膨胀程度低，微生物生长受抑制。

通常微生物能否在底物上生长取决于该底物的水活度 A_w，它与底物的含水量有关。

$$A_w = \frac{P}{P_a} \tag{5-101}$$

式中，P 为湿料饱和蒸气压；P_a为同样温度下的纯水饱和蒸气压。

水活度除受底物本身的影响外，还与溶质的种类和数量有关：

$$A_w = \frac{nM\phi}{55.5} \tag{5-102}$$

式中，n 为离子数；M 为溶质的摩尔浓度；ϕ 为分子渗透压系数；55.5 为纯水的摩尔浓度。

底物的性质(细度、持水性等)、微生物的特性(厌氧、兼性厌氧或需氧)、培养室条件(温度、湿度、通风状况)、最终产物的类型等共同决定底物含水量。同时，不同的微生物对水活度的要求也不同。一般而言，细菌要求 A_w 在 0.90～0.99 之间；大多数酵母要求 A_w 在 0.80～0.90；真菌及少数酵母要求 A_w 在 0.60～0.70 之间。

在发酵阶段，微生物要经历不同的生长期，物料也发生相应的变化。对于许多固态发酵产品而言，前期的水分基本上能满足微生物生长的需求，但进入对数生长期，微生物大量繁殖，分解底物并产生热量，导致水分蒸发，此时一般要及时补充水分。

3. 固态发酵反应器的通风

通风对固态发酵过程中微生物的生长代谢有着非常重要的影响，主要体现在通风可以为菌体提供氧、调节发酵温度、调节物料水分含量和促进 CO_2 的排出等方面。

在好氧微生物的固态发酵中，气体的传递往往是限制微生物生长和产物形成的主要因素之一。气体与固体培养基颗粒间的传质和颗粒内氧的扩散是影响固态发酵的两个传质过程，发酵过程中进行通风有利于这两个过程的进行。

通风对于调节发酵温度也是很重要的。在微生物的生长阶段，通风量适宜，微生物生长旺盛，发酵温度快速上升，为了控制温度，必须加大通风量降温，而加大通风量或延长通风时间，客观上来说又利于菌体快速生长，形成一种良性循环。当然，通风量及通风时间对温度的影响是双重的，即加大通风量和延长通风时间，则供氧充足，使微生物生长加快，从而放出更多的热量，但也可能使物料温度降低，从而抑制微生物的生长，因此要掌握好合适的通风量及通风时间。

通风也会促进 CO_2 的排出。由于菌体呼吸产生的 CO_2 相对密度较大，易沉积在底部，对菌体生长有强烈的抑制作用。通风有利于排出发酵反应器底部的 CO_2，解除其对微生物生长代谢的抑制，加快氧气的循环供应速度。

4. 固态发酵的翻料

固态发酵翻料的主要目的是使固态物料疏松，避免物料颗粒结成团块；通过翻拌可使发酵菌种在物料内均匀分布，使物料更均匀、更充分地与氧气和水分接触，改变物料的缺氧和失水状态，利于好氧微生物的大量繁殖，将物料内部积累的气体和热量释放出来，达到降温(或升温)、释放有害气体的目的。

固态发酵翻料的方法有以下几种：①人工翻料，可用手或铁锹等工具进行人工翻料；②机械搅拌翻料，搅拌器插入到物料层中，搅拌器转动时，带动物料运动；③转动生物式反应器翻料，通过反应器的旋转带动物料翻动，使物料充分混合，如转鼓式反应器，即通过转鼓的旋转，使反应器内的物料滚动而达到混合的目的，转鼓内若安装挡板(也称为物料提升板)，则更有利于物料的径向或轴向混合；④流化床式生物反应器翻料，依靠气流运动，使物料悬浮于气流之中，从而达到混合均匀的目的；⑤气动双脉冲生物反应器式翻料，通过反应器内压力的升高及骤降，使物料松动，达到通风换气的目的。

翻料带来的负面作用是翻料所产生的剪切力破坏微生物菌丝，从而对微生物的生理活动造成不利影响。尤其是当孢子萌发成菌丝体时，菌丝体还不成熟，不具备正常的繁衍能力，物料翻拌对这些幼嫩的菌丝体所造成的机械损伤将是致命的，故在固态发酵的初期，一般都不进行物料的翻拌操作。

5. 固态发酵 pH 的控制及测定

发酵过程中，pH 的变化取决于所用的菌种、培养基的成分和培养条件。培养基中营养物质的代谢是引起 pH 变化的重要原因。每一类微生物都有其最适的和能耐受的 pH 范围，大多数细菌生长最适 pH 为 6.3～7.5；大多数真菌对环境 pH 不太敏感，一般在 pH 3～9 时能很好地生长，但最适 pH 为 5～8。

微生物生长阶段和产物合成阶段的最适 pH 往往不一样，为了确保发酵的顺利进行，必须使其各个阶段经常处于最适 pH 范围之内，这就需要在发酵过程中不断地调节和控制 pH。但是在发酵过程中因缺乏在线测量湿润物料 pH 的办法，所以 pH 很难有效控制。研究发现，采用具有优良缓冲能力的物质做底物时，只要把初始 pH 调到所需要的值，发酵过程中就可以不用检测和控制 pH。培养基中氮源对 pH 影响较大，如使用铵盐做主要氮源时，易引起培养基酸化，为了消除 pH 变化所带来的不利影响，可以用含氮无机盐(如脲)做氮源来中和发酵过程中酸的生成。

5.5 发酵过程的主要设备

在发酵与酿造过程中用到的设备种类很多，限于篇幅，原料预处理的一些设备(如分选、提升、粉碎、输送设备等)在此不作论述，本节主要介绍发酵反应器。

5.5.1 固体发酵设备

固态发酵生物反应器为微生物在固态物料上生长并产生代谢产物提供适宜的环境及条件。反应器应满足以下基本条件：可容纳物料(密闭或半密闭)；尽可能防止外界微生物对发酵微生物的污染，并防止发酵微生物泄漏；使发酵微生物保持适宜的温度和湿度，给好氧微生物应提供足够的氧气，给厌氧微生物则应创造厌氧环境；反应器的设计应便于物料的翻拌和进出；尽可能便于发酵产物的提取；尽可能使物料分布均匀。

目前用于固态发酵的反应器可归类为六种型式。

1. 浅盘式生物反应器

浅盘式生物反应器是一种没有强制通风装置的固态发酵生物反应器，特别适合于酒曲的加工。这种反应器构造简单，由一个密室和许多可移动的托盘组成。托盘可以由木料、金属(铝或铁)、塑料等制成，底部打孔，以保证生产时底部通风良好。工作时，将培养基灭菌、冷却并接种后平铺于托盘内(最大厚度一般为 15 cm)，放置于培养室的层架上，层架与层架之间以及同一层架的托盘与托盘之间留有一定空隙，以便进行传质与散热，然后打开空气过滤与加热控制系统，根据产品发酵要求，调节控制培养室内的温度与氧气的含量。也可以根据需要打开水压阀，让自来水经紫外灯杀菌后，通过湿度调节装置调控培养室的湿度。培养结束后将浅盘移出，即可对产品进行后续处理。

2. 填充床式生物反应器

填充床式生物反应器是静置式反应器，其典型代表是圆筒形生物反应器(图 5-12)。圆筒形生物反应器主要由罐体、加热器、冷却水管、温度与湿度探头等组成。工作时，首先将无菌水注入加湿器中，将灭菌冷却接种后的固体培养基无菌操作装入灭菌的反应器罐体内，在反应器罐体下部(物料层下端)放置一块不锈钢筛孔板，接通反应器的加热器电源，通入无菌空气。无菌空气经过加湿器底部的无菌水进入罐体下部，在罐体下部经加热控制相对湿度后，进入物料层中，为物料通气、加热和增湿。

填充床式生物反应器的主要特点是在空气入口处通入饱和空气，防止因床层干燥导致床层湿度变化，进而影响微生物的生长。填充床式生物反应器的另一特点是可以对物料同时进行通气、加热与增湿，通过计算机控制可以实现自动化。但是由于固态培养基位于塔式罐体中无法搅拌，所以上下层物料存在一定的温差和湿度差，故这种塔式发酵容器不能过大，物料层厚度一般限制在 40 cm 以下。

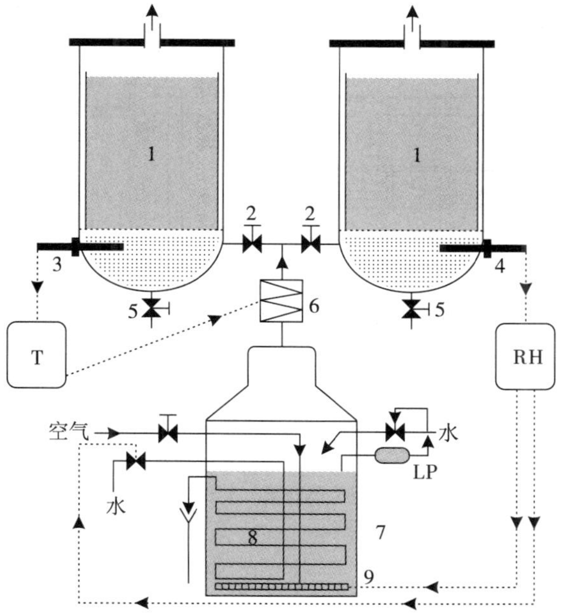

1—物料层；2—空气流量调节阀；3—空气温度传感器；4—相对湿度测定传感器；5—排水阀；6—空气温度控制装置；7—加湿器；8—冷却盘管；9—循环水加热器；LP—水泵；RH—相对湿度调节器；T—温度测定仪

图 5-12　圆筒形生物反应器结构示意图

3. 转鼓式生物反应器

转鼓式生物反应器是一个包括基质床层、气相流动空间和转鼓壁等部件的多相反应系统，由转鼓、空气调节装置、传动系统等组成(图 5-13)。转鼓式生物反应器的核心部件是一个水平或倾斜安装于中轴上的圆柱体，圆柱体可随中轴向正反两个方向旋转。工作时，转鼓内的物料随转鼓转动而翻动，也可以在转鼓内安装搅拌装置与挡板以强化物料的搅拌，通过转鼓内喷嘴喷水可调节物料湿度，由转鼓顶部进入的空气通过与翻动的物料接触，进行供氧与气体交换，并带走部分发酵热，在转鼓外部的空气调节装置可对空气进行净化。另外，还可以通过对空气增湿来控制物料的湿度，实现空气的循环使用。

该反应器的主要特点是空气从基质的顶部吹过，空气和基质的热量和物质交换是通过反应器的转动来促进的。热量的传递主要有两种途径：一是直接通过对流和蒸发将热量传递到反应器的顶部空气中；二是由反应器的壁通过传导传递。这种反应器可以用于空气增加基质的水分蒸发来降温，因为这样的反应器可以通过从顶部喷水来调节基质的水分含量。与传统固体发酵反应器不同的是，该反应器的基质床层不是铺成平面，而是由处于滚动状态的固体培养基颗粒构成，占总反应器容积的 10%～40%，一般转鼓式反应器的装料系数是 0.3。转鼓可以连续转动也可以间歇转动，采用间歇转动可以有效地控制对霉菌菌丝的损伤，并可降低转动能耗。

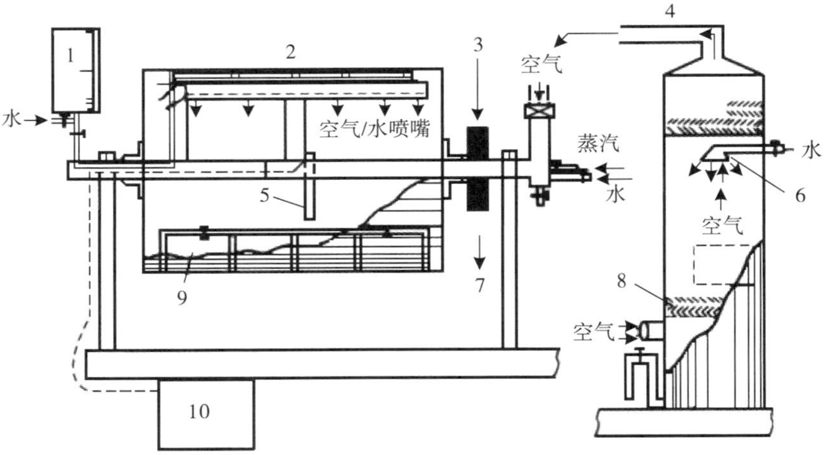

1—水箱；2、6—喷嘴；3—变速箱；4—空气调节器；5—温度传感器；7—电动机；8—拉西环；9—不锈钢丝网盖；10—控制板

注：拉西环为一种人造填料，通常由陶瓷或金属片做成。

图 5-13 转鼓式生物反应器结构示意图

4. 搅拌式生物反应器

搅拌式生物反应器和填充床式生物反应器有许多类似之处，不同的地方就是搅拌式生物反应器装有搅拌桨。搅拌式生物反应器由圆筒式发酵容器、搅拌轴、搅拌桨、夹套、空气进出口等组成。其中，发酵容器与搅拌器是核心部件，发酵容器有卧式和立式两种，相应的搅拌轴在这两种发酵容器中分别为水平的和垂直的，轴上安装有多个搅拌桨，桨叶与轴平行。搅拌器的设计和操作在这种反应器中是一个重要的考虑对象。搅拌式反应器已经被成功地用在大规模的固态发酵过程中。

1)卧式搅拌式生物反应器

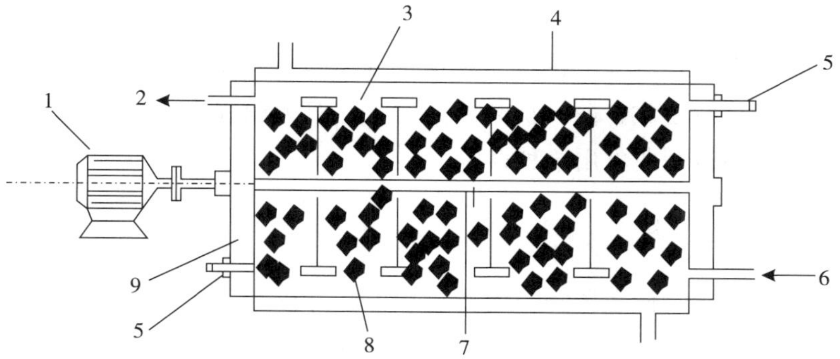

1—搅拌电机；2—空气出口；3—搅拌桨；4—水夹套；5—温度探针；6—空气进口；7—搅拌轴；8—固体培养物料；9—发酵容器

图 5-14　卧式搅拌式生物反应器的结构示意图

图 5-14 所示为卧式搅拌式生物反应器，器内搅拌轴为水平单轴，多个搅拌桨叶均匀分布于轴上，叶面与轴平行，相邻两叶相隔 180°。搅拌轴与减速机、电动机相连，构成搅拌传动系统。而发酵容器部分有空气进出口，夹层冷却水进出口和温度探针等。

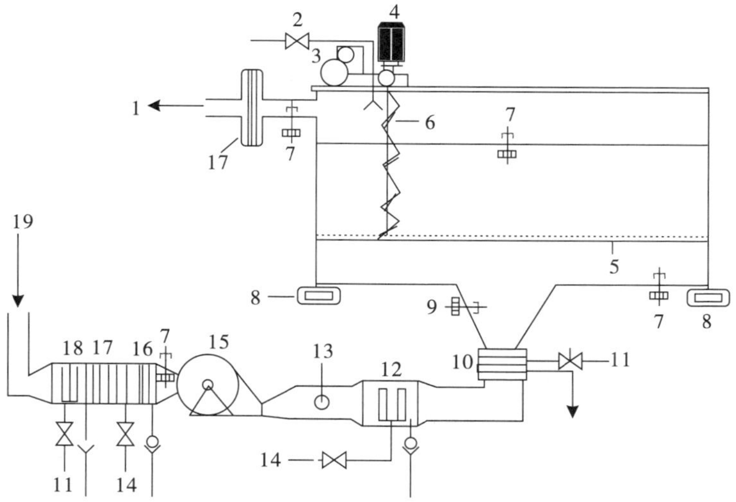

1—空气出口；2—接种和喷水口；3—搅拌架电机；4—搅拌桨电机；5—圆盘；6—旋转式搅拌桨；7 —温度传感器；8—测重仪；9—湿度传感器；10—冷却器；11—冷水入口；12—湿度调节器；13—空气流量器；14—蒸汽；15—鼓风机；16—加热器；17—空气过滤器；18—空气冷却器；19—空气进口

图 5-15　圆盘搅拌式固态生物反应器结构示意图

卧式搅拌式生物反应器可以实现无菌培养，且同时控制温度和湿度，用于不同生产目的，但是在搅拌过程中容易导致丝状真菌的菌丝体受到损伤，大规模生产效率较低。

2)圆盘搅拌式生物反应器

图 5-15 所示为圆盘搅拌式生物反应器。该反应器是以圆盘替代圆筒作为发酵容器，发酵物料置于圆盘上，通过旋转式搅拌桨实现搅拌，以加热、加湿空气控制温度与湿度。反应器的圆盘大小可以根据生产量确定，实现深层通风发酵，物料层可以很厚。通过与计算机连接，还可以对温度、湿度、空气流速、搅拌速度等进行自动化控制，实现大规模自动化生产。但是这种设备的灭菌困难，温度与湿度控制不易，易受杂菌污染，发酵基质易结块，而且在搅拌过程中也容易对丝状真菌的菌丝体产生损伤，所以这种发酵设备通常仅用于生产比较粗放、菌种抗杂菌能力强、对无菌程度要求不高的固态发酵，如酱油生产过程的米曲霉制曲可用这种设备。

5. 流化床式生物反应器

通过流体的上升运动使固体颗粒维持在悬浮状态进行反应的装置称为流化床式反应器，向上流动的气流使颗粒或粉粒物料维持在悬浮状态形成流化床而培养微生物。流化床中固体颗粒与流体的混合较充分，传热传质性能好，床层压力较小，结构如图 5-16 所示。工作时，空气由发酵容器底部的分布器流入，其流速和流量应保证固体颗粒流态化，底部的搅拌器可以打散结团的物料，上部的分离器和喷嘴可以打碎一些未悬浮的物料，并补充水与营养物质。塔式发酵容器上粗下细的结构便于控制塔内空气流速，使塔上部空气流速下降，以促使处于流化状态的物料颗粒沉降。

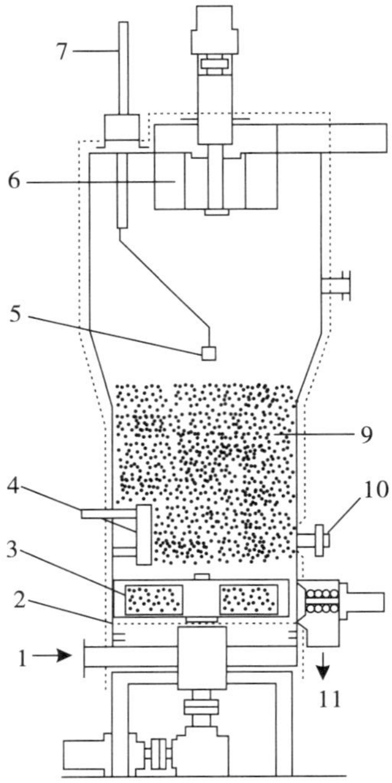

1—空气入口；2—空气分布器；3—搅拌器；4—温度传感器；5—喷嘴；6—分离器；
7—水入口；8—空气出口；9—塔式发酵容器；10—接种口；11—产物出口

图 5-16　流化床式生物反应器结构示意图

由于在流化床式生物反应器中基质颗粒处于流化悬浮状态，所以它具有以下优点：①可以有效增加微生物的培养面积；②物料颗粒与空气的接触面积大，供氧充足，微生物生长快；③物料层混合良好，基质所处条件均一；④补充水和营养物质以及控制 pH 比较简单；⑤易去除代谢热和 CO_2。但流化床式生物反应器也存在以下缺点：①要想基质颗粒处于流化状态，空气流速必须大，故设备能耗高；②对基质颗粒的特性与大小要求严格，有些颗粒会相互黏结形成更大的积聚体，不适合流化床培养，而且当颗粒过大时，质量也大，不易被悬浮，而小颗粒或粉状物料则易被空气带到更高的位置，甚至带出容器外；③流化状态的物料颗粒经常相互碰撞与摩擦，大小经常发生变化，颗粒表面的微生物也可能受到损伤；④塔式发酵容器必须有足够的高度，以满足处于流化状态的物料膨胀的需求，所以比较耗材。目前，流化床式生物反应器主要用于酵母生产。

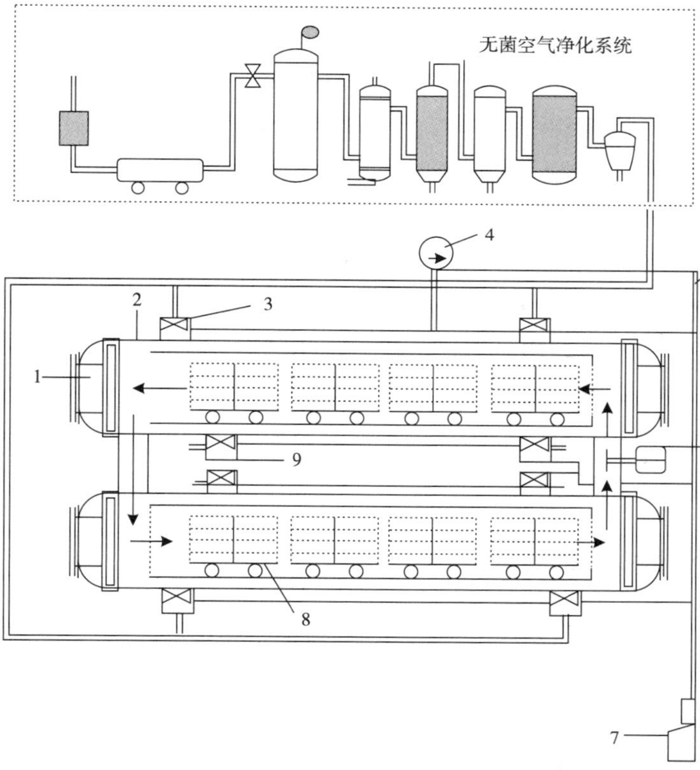

1—快开门；2—圆筒体发酵容器；3—进气电磁阀；4—电触点式压力表；5—进、排气控制线；6—鼓风机；7—控制器；8—小推车架；9—排气电磁阀

图 5-17　双筒体压力脉动式生物反应器结构示意图

6. 压力脉动式生物反应器

压力脉动发酵技术是通过外界周期性刺激强化生物反应及细胞内外传递速率的一种发酵方式，主要以流体静力学理论为基础(固相培养基静态)，以法向作用力为动力源(气相动态周期作用力)，强调生物反应器是一个非线性活细胞代谢与周围环境进行质量、热量、能量、信息交换的生态系统，是由生命系统和环境系统组成的特定空间。

压力脉动式生物反应器由卧式圆筒体发酵容器、压力脉动控制系统、空气循环系统、盘架系统和机械输送系统等组成(图 5-17)。圆筒体发酵容器可以是单个(单筒体),也可以两个串联(双筒体)在一起。筒体内有供小推车运动或供曲盘移动的固定轨道,物料置于曲盘内,曲盘置于小车上或直接放在轨道上,从位于筒体一端的快开门放入筒体内。筒体内还有空气循环风道和冷却水盘(排)管等结构。

利用无菌空气对密闭发酵容器施以周期性脉动。峰压时间与谷压时间人为设定,并随发酵时间的变化而变化,一般在菌体对数生长期变化频率高,而在延迟期与稳定期频率低。周期一般为 15 min,但具体随不同微生物及其生长阶段需要而定。在加压阶段,气体分子“无孔不入”,压力脉动很容易在单颗粒水平上变分子扩散为对流扩散,使菌体周围小尺度上的温度、湿度均匀一致,加大供氧与排出 CO_2 的速度;在减压阶段,突然快速排气,颗粒间的气相因减压膨胀,对固体颗粒起松动作用,有利于菌丝体的生长。

压力脉动式生物反应器具有以下特点:通过物料、气体脉动以及气体循环等达到传质与传热要求,保证了反应器内的温度、湿度均匀一致,同时反应器结构简单,易密封,便于工业放大;发酵反应器为一受压密封容器,可用压力蒸汽进行严格的空罐或实罐灭菌,无死角,便于清扫;在发酵过程中,采用无菌压缩空气供氧,反应器为正压状态,可防止外部微生物进入,故能严格达到纯种固态培养的要求;利用气体压力的周期性变化,可促进微生物代谢、强化细胞内外的传质,减少代谢产物的反馈抑制,从而缩短发酵周期、提高转化率;反应器内设置冷却排管,再加循环风机配合,强制罐内空气顺次通过物料和冷却排管,降低发酵物料的温度,并便于反应器内温度与湿度的调控;气相的脉动周期、振幅与波形由进出气阀自动控制系统实现,可以随发酵过程对供氧与发热要求进行计算机在线优化控制。

5.5.2 液体发酵设备

按照不同的划分标准,液体发酵生产设备的类型也不同。根据菌种生理特性,可以分为好氧发酵设备和厌氧发酵设备;根据发酵培养基厚度,可以分为浅层发酵设备和深层发酵设备;根据操作工艺,可以分为分批式发酵设备和连续式发酵设备。在此主要介绍几种常见的厌氧和好氧液体发酵设备。

1. 厌氧液体发酵设备

厌氧发酵设备是指在发酵过程中不需要通入空气或氧气,根据菌体的厌氧程度,有时甚至要通入 CO_2 或 N_2 等惰性气体,维持发酵罐内的罐压,防止染菌,满足生物体的厌氧水平的设备。厌氧液体发酵设备常用于酒精、啤酒、丙酮丁醇的发酵生产。

1)酒精发酵设备。

酒精发酵罐的主要作用是利用酒精酵母菌将糖转化为酒精,因此对发酵设备的基本要求除要满足酒精发酵的工艺以外,还要满足酵母生长和代谢的必要工艺条件(包括将发酵热及时排出)及设备清洗、维护和制造安装等方面的要求。

酒精发酵罐的罐体为圆柱形，顶盖和底盖为弧形或锥形，罐圆柱体径高比为 1：(2～2.5)；发酵罐采用密闭式，便于回收 CO_2 及其所带出的部分酒精，罐顶装有入孔窥镜、CO_2 回收管、进料管和接种管、压力表、喷淋水入口等；罐底装有发酵液、喷淋水收集槽和喷淋水出口；罐身下部装有取样口和温度计接口(图 5-18)。对于大型发酵罐，为了便于维修和清洗，往往在近罐底装有入孔。

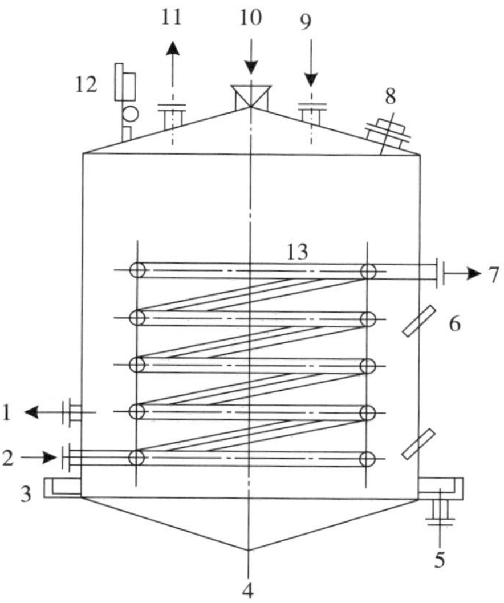

1—取样口；2—冷却水入口；3—喷淋水收集槽；4—产品出口；5—喷淋水出口；6—温度计；7—冷却水出口；8—观察孔；9—进料；10—喷淋水；11—排气；12—压力表；13—冷却盘管

图 5-18 酒精发酵罐结构示意图

对于中小型发酵罐，多采用罐顶喷水淋于罐外壁表面进行膜状冷却；对于大型发酵罐，罐内装有冷却蛇管或罐内蛇管和罐外壁喷淋联合冷却装置。为了避免发酵车间的潮湿和积水，要求在罐体底部和罐体四周装有集水槽。

2)丙酮—丁醇发酵设备

丙酮—丁醇发酵罐与酒精发酵罐类似，但比酒精发酵罐高，罐身需要耐高压，罐壁较厚，用钢板制成。由于灭菌要求较高，罐顶盖和底部采用球形封头，罐内表面平整光滑，采用表面喷淋冷却。

3)啤酒发酵设备

传统的啤酒发酵工艺分为前发酵和后发酵，前发酵设备大多为方形或长方形的槽子。早期的啤酒厂多采用开放型的木板槽，后来改用水泥槽或金属(铝板、钢板)槽，池中装有冷却蛇管或排管。后发酵罐为立式或卧式的内刷防腐涂料的圆筒形金属密闭容器，在贮酒室内呈品字形排列，中间用钢枕架开。我国小型啤酒厂仍采用该传统发酵设备。

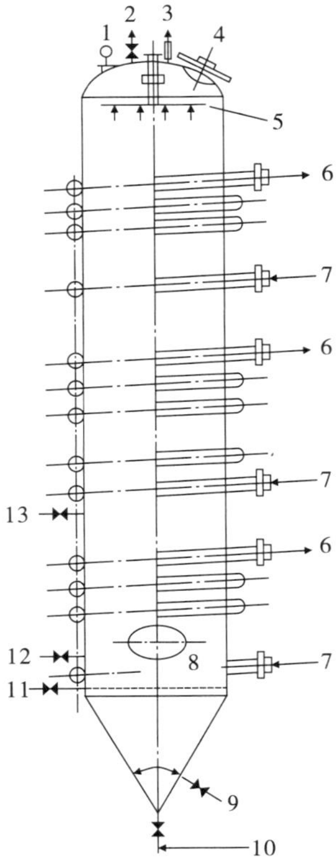

1—压力表；2—CO_2排出口；3—安全阀；4—入孔；5—清洗器；6—冷溶剂出口；7—冷溶剂入口；
8—入孔门；9—啤酒出口；10—料液、酵母进口；11—通风口；12—洗水、CO_2进口；13—取样口

图 5-19 圆柱体锥底密闭发酵罐结构示意图

现代啤酒发酵设备均采用大型露天圆柱体锥底密闭发酵罐(图 5-19)，进行一罐法发酵(前发酵和后发酵在一个发酵罐中)。圆柱体锥底密闭发酵罐的优点是发酵速度快，易于沉淀和收集酵母(下面酵母)，有利于减少啤酒及其苦味物质的损失，泡沫稳定性得到改善，对啤酒业的发展极为有利。

该发酵罐罐身呈圆柱形，罐顶为椭圆封头，罐底呈圆锥状，罐的锥体高度为总高度的 1/4～1/3，锥角为 70°～75°(以一定体积沉降酵母在锥底中占有最小比表面积、摩擦力最小为宜)，罐高与直径比例一般为(1.5～6)∶1，常采用 3∶1 或 4∶1。

罐顶装有压力表、安全阀、玻璃视镜、CO_2排出口、加压及真空装置和入孔；罐内上部安装有清洗器，便于罐内清洗，罐身外部装有取样管、温度计以及 2～4 段冷却夹套和盘管，内通乙二醇或酒精或液氨等冷却剂；罐底装有净化的 CO_2充气管，以使在后发酵中进行 CO_2的饱和；锥底部设有一段冷却夹套和盘管，利于发酵后酵母的沉积。整个罐体外部包扎隔热保温材料。隔热层材料有聚酞氨树脂、自熄式聚苯乙烯塑料、膨胀珍珠岩和矿渣棉等。外保护层一般采用 0.7～1.5 mm 厚的合金铝板或 0.5～0.7 mm 厚的不锈钢。由于锥型罐体积大，所以设备清洗均采用 CIP 清洗系统。

2. 好氧液体发酵设备

根据搅拌方式的不同，好氧液体发酵设备分为机械搅拌式、气升式和自吸式等。前两者是在发酵过程中通入空气或氧气，后者则可自行吸入空气满足生物体的需求。

1)机械搅拌式发酵罐

机械搅拌式发酵罐利用机械搅拌器将通入的空气气泡打碎，使空气和发酵液充分混合，以提高溶氧量供微生物生长繁殖。机械搅拌式发酵罐在生物工业中使用广泛，占发酵罐总数的 70%～80%，因此又称为通用型发酵罐。

机械搅拌式发酵罐的结构如图 5-20 所示其主要结构部件包括罐体、搅拌器、挡板、通风管、热交换器(冷却器)、消泡器、联轴器、中间轴承、端面轴封、变速装置、入孔及视镜等。发酵罐的罐体由不锈钢的圆柱体及椭圆形或碟形封头焊接而成，一般容量 50 m^3 为小型，100 m^3 为中型，500 m^3 及以上为大型。

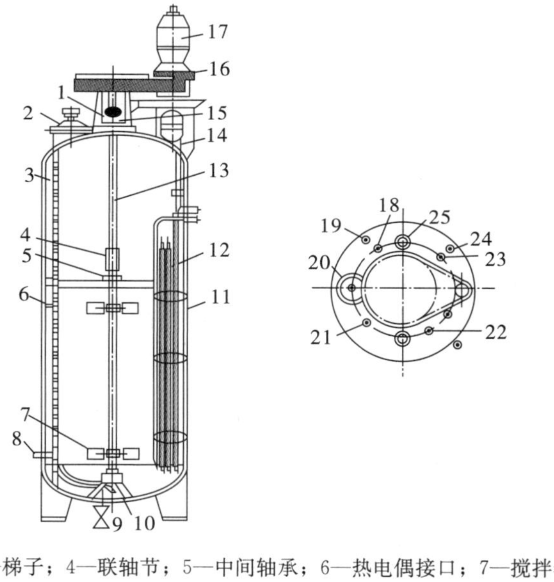

1—轴封；2、20—入孔；3—梯子；4—联轴节；5—中间轴承；6—热电偶接口；7—搅拌器；8—通气管；9—放料口；10—底轴承；11—温度计；12—冷却管；13—轴；14、19—取样口；15—轴承柱；16—三角皮带传动；17—电动机；18—压力表；21—进料口；22—补料口；23—排气口；24—回流口；25—窥镜

图 5-20　机械搅拌式发酵罐结构示意图

小型发酵罐罐顶和罐身采用法兰连接，材料一般为不锈钢。为了便于清洗，小型发酵罐顶部设有清洗用的手孔。中大型发酵罐装有快开入孔及清洗用的快开手孔。罐顶还装有窥镜及灯镜。罐顶上的接管有：进料管、补料管、排气管、接种管和压力表接管。排气管尽量靠近罐顶中心位置，进料管、补料管、接种管可合而为一。罐身上的接管有冷却水进出管、进空气管、取样管、温度计和测控仪表接口。取样管可以装在罐顶或罐身，但罐身上的管路越少越好。

搅拌器的主要作用是延长气液接触时间，加速和提高溶氧，有利于传质和传热。常用的搅拌器有平桨式、螺旋桨式、涡轮式，其中以涡轮式使用最为广泛。

为防止搅拌器运转时流体产生大的漩涡，促使流体在各个方向的混合，增加溶氧，提高搅拌效率，在发酵罐内壁需安装挡板。挡板的设计需满足“全挡板条件”。所谓全挡板条件，是指在发酵罐中再增加挡板或者其他附件时，搅拌功率不再增加。挡板的数目通常为4～6块，一般为长方形，宽度为罐直径的1/12～1/8，垂直向下，接近罐底，上部与液面相平。同时，为了避免挡板与罐壁形成死角，挡板与罐壁应留有一定的空隙，其值为罐直径的1/8～1/5。发酵罐内竖立的列管、排管或蛇管也可以起挡板的作用。

发酵罐的换热装置用于发酵培养基的加热、消毒、灭菌、冷却，并能调节发酵温度。其类型如下：①夹套式热交换器，传热系数较小，适用于小型发酵罐或种子罐；②立式蛇管热交换器，传热系数大，适用于大中型发酵罐，一般分为4～8组安装在罐内托架上，上端不超过液面，下端距罐底100 mm左右，每组4～5圈；③立式排管热交换器，传热系数比蛇管热交换器低，用水量大，用于气温较高、水源充足地区，以排管形式分组对称安装在管内。

培养基中的蛋白质或多肽及细胞生长过程中向培养介质中释放的蛋白质都是表面活性剂，在通气和搅拌的条件下会使发酵体系表面产生泡沫，过量的泡沫会使发酵液随排气而外溢，增加感染杂菌的机会。机械搅拌式发酵罐在设计和操作上应进行泡沫控制。为了防止泡沫溢出罐体，机械搅拌式发酵罐的装液量一般不能超过罐容的70%～80%。同时应在罐顶部安装消泡桨，其作用是通过机械作用消除泡沫。消泡桨可直接安装在搅拌轴上，长度约为罐径的0.65倍，其常用型式有锯齿式、孔板式及梳状式等。

机械搅拌式发酵罐的主要优点如下：溶氧系数较高，适合于多数好氧发酵的溶氧要求；发酵液内气泡分散均匀，混合效果好，氧气的利用率较高且不易产生沉淀。其缺点是：结构复杂，造价较高；单位溶氧功耗较大，操作费用较高；清洗及维修不太方便；机械搅拌产生的剪切力容易对抗剪切性较差的菌体造成损伤，影响菌体的生长和代谢。

2)气升式发酵罐

气升式发酵罐分为内循环式和外循环式两种，其主要结构包括罐体、上升管、空气喷嘴等，如图5-21所示。

气升式发酵罐属于非机械搅拌发酵罐，在发酵罐的上升管下部设有喷嘴，无菌空气从罐底喷射进发酵液中，通过气液混合物的湍流作用而使气泡分割细碎；同时含气量高的发酵液密度低而向上升，含气量低的发酵液密度高而向下沉，产生压力差，推动发酵液在罐内循环，实现混合与溶氧传质。

与机械搅拌式发酵罐的复杂结构和能量消耗相比，气升式发酵罐没有机械搅拌装置，不易染菌，且其发酵液分布均匀，溶氧速率和溶氧效率较高，剪切力小，对生物细胞损伤小，较适合于单细胞蛋白等的生产，但不适合固形物含量高、黏度大的发酵液。同时气升式发酵罐在设备要求上需要空压机或鼓风机来完成气流搅拌，有时还需有循环泵。

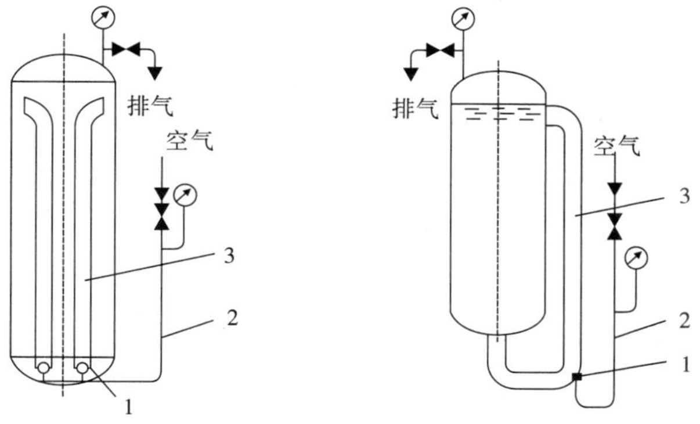

(a)内循环式　　(b)外循环式

1—空气喷嘴；2—空气管；3—上升管

图 5-21　气升式发酵罐结构示意图

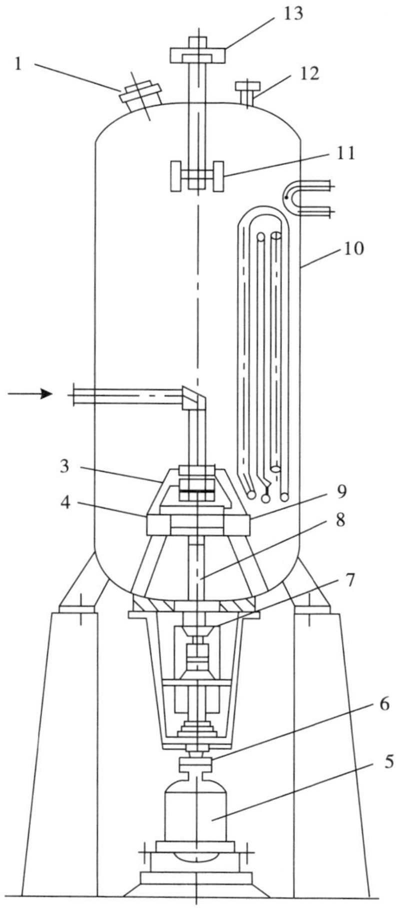

1—入孔；2—进风管；3—轴封；4—自吸式搅拌器；5—电机；6—联轴器；7—轴封；8—搅拌轴；9—导轮；10—冷却蛇管；11—消泡器；12—排气口；13—消泡转轴

图 5-22　自吸式发酵罐结构示意图

3)自吸式发酵罐

自吸式发酵罐是一种不需要空气压缩机和通气管，利用特殊设计的搅拌吸气装置，在搅拌过程中自动吸入无菌空气，同时实现混合搅拌与溶氧传质的设备。自吸式发酵罐包括罐体、自吸搅拌器及导轮、轴封、换热装置、消泡器等部分，其主要构件是自吸式搅拌器和导轮，又称为转子和定子，如图 5-22 所示。

自吸式搅拌器是带有中央吸气口的搅拌器，其作用相当于离心泵的叶轮，内部空心，四周有叶片，叶片一般有 6 叶、9 叶等。当反应器内装有发酵液且叶轮高速旋转时，液体被甩向叶轮外缘，因而在叶轮中心造成负压，空气通过导气管被引入，气液通过导向叶轮均匀分布而被甩出，并使空气在循环的发酵液中分裂成细碎的气泡，气泡在湍流状态下混合、湍动和扩散。因此，自吸式搅拌装置在搅拌的同时完成了充气作用。

根据搅拌器的不同及相应装置的改进，自吸式发酵罐又有喷射自吸式、溢流喷射自吸式及溢流单层自吸式及溢流双层自吸式等类型。

该发酵罐的特点如下：节省了空气压缩系统，减少了设备投资；溶氧系数高；应用范围广；便于实现自动化和连续化。但是，进罐空气处于负压状态，容易增加杂菌侵入的机会，不适合无菌要求较高的发酵过程；装料系数较低(约 40%)；搅拌容易导致转速提高，有可能使某些微生物的菌丝被切断，影响细胞的正常生长。

5.5.3　培养基灭菌系统与设备

1. 液体培养基灭菌系统与设备

液体培养基灭菌以湿热灭菌法应用最普遍，灭菌效果也好，工业发酵中多采用该法灭菌。湿热灭菌主要有两种方式：分批灭菌和连续灭菌。

1)分批灭菌系统与设备

分批灭菌又称间歇灭菌，是将配制好的培养基倒入发酵罐内或其他装置中，通入蒸汽将培养基和所用设备加热至灭菌温度后保持一定时间，再冷却到接种温度，这一工艺过程也称为实罐灭菌。分批灭菌过程包括升温、保温和冷却三个阶段。

图 5-23 所示为分批灭菌的进汽、排汽及冷却水管路系统。在培养基灭菌之前，通常应先将与罐相连的空气过滤器用蒸汽灭菌并用空气吹干。分批灭菌时，先将输料管路内的污水放掉冲净，然后将配制好的培养基用泵送至发酵罐(种子罐或补料罐)内，同时开动搅拌器进行加热灭菌。

在保温的过程中应注意，在培养基液面下的各种入口管道均应通入蒸汽，即“三路进汽”，蒸汽从通风口、取样口和出料口进入罐内直接加热；而在液面以上的管道口则应排放蒸汽，即“四路出汽”，蒸汽从排汽、接种、进料和消泡剂管排出。保温结束，先关闭排汽阀门，再关闭进汽阀门，待罐内压力低于无菌空气压力后，立即向罐内通入无菌空气，以维持罐压。在夹套或蛇管中通冷水快速冷却，使培养基的温度降至所需温度。

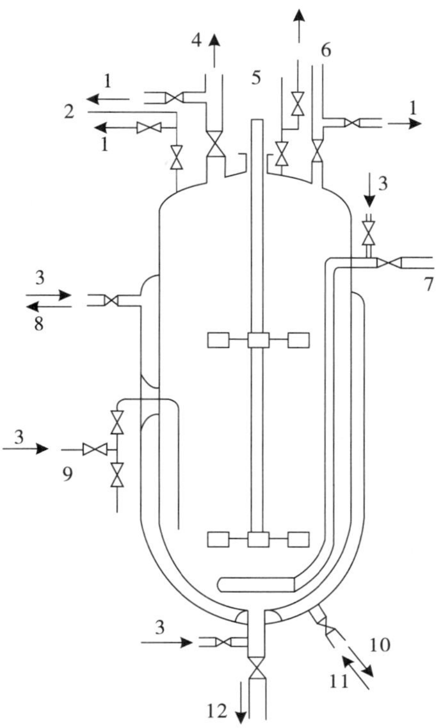

1—排汽口；2—消泡剂管；3—进汽口；4—出汽口；5—接种管；6—进料口；7—进汽管；
8—冷却水出口；9—取样管；10—冷凝水出口；11—冷却水进口；12—排料管

图 5-23　分批灭菌时发酵罐的管道配制示意图

2)连续灭菌系统与设备

连续灭菌又称连消，是将培养基在发酵罐外通过专用灭菌装置，连续不断地加热、保温和冷却后，送入已灭菌的发酵罐内的工艺过程。其加热、保温、冷却三个阶段在同一时间、不同设备内进行，需设置加热器、保温设备及冷却设备等。其优点是灭菌在流动过程中完成，灭菌温度高，时间短，因而培养基营养成分受破坏较少；灭菌不在发酵罐内进行，发酵罐的利用率高；连消过程不排汽，热能利用较合理，适于自动化控制。

目前，液体培养基的连消技术在生产应用中主要有以下三种工艺：

(1)连消塔加热喷淋冷却连消工艺。连消塔加热喷淋冷却连消工艺流程如图 5-24 所示。该工艺中的主要设备有配料罐、连消塔、维持罐和喷淋冷却器等。

先在配料罐中将配好的培养基预热到 60～75 ℃，接着用泵将其输入连消塔，与塔内饱和蒸汽迅速接触、混合，然后在 20～30 s 内将培养基温度升至灭菌温度(一般为 126～132 ℃)，输送到维持罐内，自维持罐的底部进入，逐渐上升，然后从罐上部侧口处流出罐外。培养基在维持罐内要持续保温灭菌 5～7 min，罐压维持在 2.0×10^5 Pa 左右。培养基由维持罐流出后进入喷淋冷却器，冷却到 40～50 ℃，输送至已灭菌的空罐内。灭菌成败的关键在于罐内维持的温度及时间。一般控制培养基输入连消塔的速度小于 0.1 m/s。

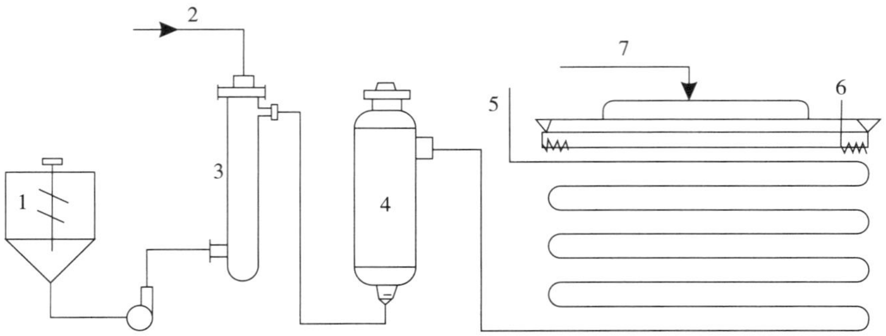

1—配料罐；2—蒸汽入口；3—连消塔；4—维持罐；5—灭菌冷却后的培养基；6—喷淋冷却器；7—冷却水

图 5-24 连消塔加热喷淋冷却连续灭菌流程

(2)喷射加热真空冷却连消工艺流程及设备。该灭菌流程由喷射加热器、管道维持器和真空冷却器三部分共同完成，如图 5-25 所示。

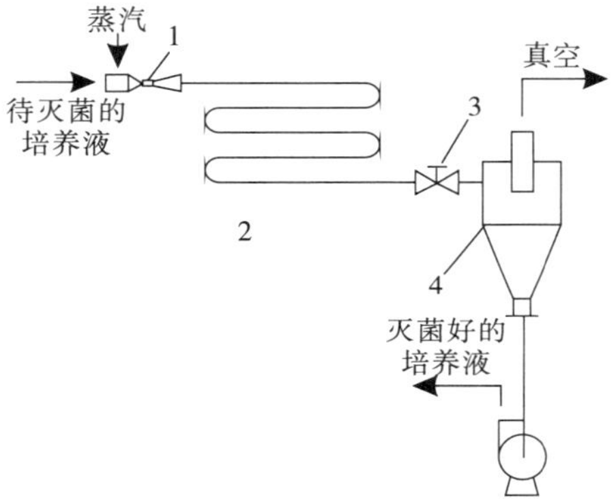

1—喷射加热器；2—管道维持器；3—膨胀阀；4—真空冷却器

图 5-25 喷射加热真空冷却连续灭菌流程

培养液进入喷射加热器后，与直接进入加热器的蒸汽相遇瞬时升温至灭菌温度(一般为 140 ℃)，然后流入维持段蛇形管，在灭菌温度下维持 2～3 min，维持时间由维持段蛇形管长度保证；灭菌后的培养液通过膨胀阀门进入真空冷却器，迅速冷却至接种温度。此工艺的特点是加热和冷却时间短，培养基营养成分损失小；避免了培养液过热和灭菌不彻底。本系统要求真空系统密封严格，以避免已灭菌的培养基再次污染。

(3)薄板换热器连续灭菌流程及设备配置。薄板换热器连续灭菌(图 5-26)是采用薄板换热器作为培养液的加热和冷却器，同时利用已灭菌待冷却的培养液的热量对冷培养液进行预热，这一过程作为热回收段，提高了热利用率。在薄板换热器的加热段，蒸汽使来自热回收段的培养液的温度升高，经维持段保温一定时间后，进入热回收段初步冷却，然后进入薄板换热器的冷却段进行冷却，从而使培养基的预热、加热及冷却过程可在同一设备内完成。该流程的加热和冷却时间比喷射加热真空冷却连续灭菌流程要长一些。在 20 s 内培养基温度由 27 ℃升高至 145 ℃，在该温度下保持 2～3 min后，在 20 s 内将培养基温度冷却至 27 ℃。在预热未灭菌培养基的同时也对灭菌培养基起到了冷却作用，因而节约了蒸汽和冷却水的用量。

薄板换热器由许多不锈钢薄板组成，薄板被冲压成沟纹板，在四角各开一个圆形孔，其中两个孔与薄板一侧的通道相通，另两个孔与另一侧的通道相通；板的四周有橡胶密封垫圈，使两种流体介质不会窜漏。板与板之间的空隙用垫圈的厚度调节；沟纹板横挂在横杠上，压紧板通过压紧螺杆将多片薄板压紧，冷却介质和热介质在相邻的通道内逆向流动进行换热，人字形波纹能增加对流体的扰动，使流体在低速下能达到湍流状态，获得高的传热效果。薄板换热器具有结构紧凑、单位体积传热面积大、装卸方便等优点。

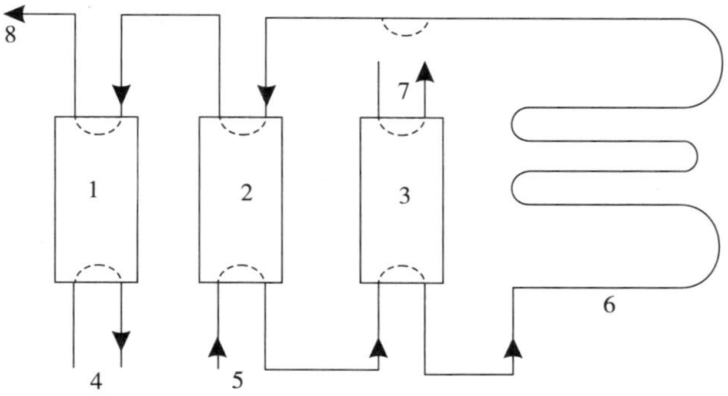

1—冷却段；2—回收段；3—加热段；4—冷却水；5—待灭菌培养液；6—维持段；
7—加热蒸汽；8—已灭菌培养液

图 5-26　薄板换热器连续灭菌流程

2. 固体培养基灭菌系统与设备

固体培养基的灭菌一般称为蒸料，通过蒸料不但可以杀灭原料中的微生物，防止制曲时杂菌污染，而且可以使原料中的淀粉充分糊化，有利于淀粉酶的糖化作用，同时使原料中的蛋白质适度变性，有利于蛋白酶的降解作用。蒸料是目前固态发酵酿造酱油和食醋中应用最为广泛的方法。固态培养基灭菌主要是采用高温蒸汽灭菌(湿热灭菌)。常用的蒸煮与灭菌设备为常压蒸煮锅、加压蒸煮锅、转鼓式蒸煮灭菌器以及连续蒸煮设备。

1)常压蒸煮锅

常压蒸煮锅一般为木质蒸桶或钢筋水泥桶，蒸汽管由蒸桶底部进入桶内，并使之均匀分布，桶顶用木质锅盖予以密闭。常压蒸料法为手工操作，先将原料润水，翻拌均匀，堆积 30 min，然后将其倒入蒸锅内，原料入锅 30 cm 厚时，用长铲将底层的原料全部铲松，使之均匀冒气，再投料 30 cm 厚，摊匀，在冒汽处均匀撒料，不冒汽处用铲铲松，使之冒气，达到蒸料温度均匀，上料完毕，盖上锅盖，常压蒸煮 1 h，再焖锅 0.5 h，此时原料全部熟透，取出冷却。常压蒸料耗能大，效率低，原料蒸煮不均，易发生褐变，蛋白质易过度变性。此法多应用于城镇条件较差的小型企业。

2)加压蒸煮锅

加压蒸煮锅为能承受一定压力的圆筒形钢板蒸煮锅，它是利用饱和蒸汽进行消毒灭菌，配有压力表、温度计、控制阀，外层的夹套结构有利于预热、消毒、干燥等连续操作，内壁为优质不锈钢材料，并装有安全连锁装置，安全可靠。操作时，先排尽蒸汽管道中的冷凝水，待冒汽后，缓慢将润水后的固态培养基均匀洒入，洒料要尽量疏松，切忌进料太快把蒸汽“压死”，造成不透汽。进料完毕，待表层冒汽后加盖并旋紧，升温，当压力升至 4.9×10^4 Pa 时，关蒸汽，开启锅盖上的排汽阀，当压力上升到 11.77×10^4 Pa 左右时，保持 15 min，关闭蒸汽再焖 15 min 后排尽余汽，打开锅盖出锅。

3)转鼓式蒸煮灭菌器

转鼓式蒸煮灭菌器由一个转鼓用钢板焊制而成，转鼓固定在轴上，轴则装在支架两端的轴承中，由齿轮传动，转鼓中心有空心横轴，可用来通入蒸汽进行加热或抽真空冷却物料，转鼓两端有原料进出口。工作时，将固态培养基加入后旋紧进出口，进料量一般不超过总反应器容积的 40%，启动转鼓，转速控制在 0.5～1 r/min，通过翻动使培养基受热均匀，将排除冷却水的蒸汽沿轴中心通入转鼓内，加热固体培养基，加热到一定温度后，进行保温灭菌。灭菌完毕，用真空泵沿空心横轴抽真空，降低转鼓内压力，热培养基得到迅速冷却。冷却时转鼓仍照常旋转，冷却后，将固体培养基卸出。

4)连续蒸煮设备

连续蒸煮设备工作时，粉碎的固体原料进入螺旋输送机中润水，然后用提升机将原料送至蒸煮锅上部，由输入管送入蒸汽管进行蒸煮处理，处理完毕经脱压小室排出。这个装置的特点是蒸煮均匀，原料不易黏结成团，连续处理，操作简便。

5.6 发酵终点的判断

发酵终点的判断标准由发酵的目的确定。原材料及发酵成本占整个生产成本主要部分的发酵，其发酵终点的判断标准是获得较高的产率 [$kg/m^3 \cdot h$]、得率(kg 产物/kg 基质)、发酵系数 [kg 产物/m^3罐容积 · h 发酵周期]；下游提取精制成本占主要部分的发酵，产品价格也较高，发酵终点的判断标准就是获得高的产率、发酵系数和产物浓度。

微生物发酵终点的判断对提高产物的生产能力和经济效益很重要。初级代谢产物及次级代谢产物的发酵，到了发酵末期，菌体的分泌能力下降，产物的生产能力也相应下降或停止，甚至菌体衰老、自溶，因此，需综合考虑各因素来确定合理的放罐时间。

(1)经济因素。发酵时间需要考虑经济因素，即以最低的综合成本来获得最大生产能力的时间为最适发酵时间。在实际生产中，以发酵周期缩短、设备利用率提高，即使不是最高产量，但在除去消耗和费用支出后的综合成本最低，为最合理发酵时间。

(2)产品质量因素。发酵时间长短对后续工艺和产品质量影响很大。如果发酵时间太短，则有过多尚未利用的营养物质(如可溶性蛋白、脂肪等)残留在发酵液中，这些物质对后续分离纯化都不利。如果发酵时间太长，则菌体会自溶，释放出的菌体蛋白或体内水解酶又会改变发酵液的性质或破坏产物，增加过滤工序的难度，甚至破坏一些不稳定的活性产物。所有这些都可能导致产物质量下降及产物中杂质含量增加，因此必须把握合适的发酵周期。

(3)考虑异常发酵。在生产过程中还要考虑异常发酵的情况。例如，当发现发酵液染菌、代谢异常时，就应根据不同情况进行适当处理。为了能够得到尽可能多的产物，应及时采取措施，改变温度或补充养料等，并适当提前或拖后放罐时间。

合理的放罐时间由实验决定，即根据不同发酵时间得到的产物量计算出发酵罐的生产能力和产品成本，采用生产力高而成本低的时间作为放罐时间。

放罐时间对产物的提取分离影响很大，放罐时间过早，会残留较多的糖、脂肪、可溶性蛋白等，这些物质会增加发酵液的乳化作用或干扰树脂的交换，对提取不利；放罐时间太晚，菌丝自溶，会延长过滤时间，还会使一些不稳定的产物产量下降，给后续提取工艺造成麻烦，因此发酵时应选择罐内营养物质消耗殆尽而菌体又未大量自溶的时间为发酵终点。

思　考　题

1. 种子扩大培养的目的是什么？
2. 为什么种子要逐级扩大培养？什么情况下可采用一级种子？
3. 培养基灭菌的方法主要有哪些？
4. 一发酵罐内装 50 m^3培养基，在 121 ℃下进行实罐灭菌。培养基污染程度为每毫升有 1×10^5个耐热细菌芽孢，121 ℃时灭菌速率常数为 2.0 min^{-1}。求灭菌失败概率为 0.001 时所需要的灭菌时间。
5. 简述细胞比生长速率的概念。
6. 什么是 Monod 方程，其使用条件如何？各参数的意义是什么？如何求解？
7. 一种细菌连续(恒化器)培养中获得如下数据。μ 为比生长速率，C_S 为限制性底物质量浓度，如反应适用 Monod 方程，求 μ_m 和 K_S。

$C_S(g\cdot L^{-1})$	0.05	0.3	1.0	2.0	3.0
$\mu(h^{-1})$	0.08	0.20	0.25	0.26	0.27

8. 某一发酵过程是在一连续搅拌釜式反应器中进行，反应底物 S 连续稳定地以流速 V(L/h)加入，反应产物连续稳定流出。

假设发酵反应可表示为 $S+X\rightarrow X+P$，反应器体积 $V_R=1$ L，现改变 V 和 C_{Si}，同时测定反应器出口处 C_{So}和 C_{Xo}，数据如下表所示：

序号	$V/L\cdot h^{-1}$	C_{Si} /$(mol\cdot L^{-1})$	$C_S=C_{So}$ /$(mol\cdot L^{-1})$	C_X/ $(g\cdot L^{-1})$	μ/h^{-1}	$1/C_S$ /$(L\cdot mol^{-1})$
1	2	200	22	17.8	0.5	0.045
2	4	100	50	5.0	0.25	0.020
3	6	100	85	1.5	0.17	0.012

序号	V/L·h^{-1}	C_{Si} /(mol·L^{-1})	$C_S=C_{So}$ /(mol·L^{-1})	C_X/ (g·L^{-1})	μ/h^{-1}	$1/C_S$ /(L·mol^{-1})
4	10	250	200	5.0	0.1	0.005

在稳态条件下，如何计算细胞的物料平衡？

9. 在甘露醇中培养大肠杆菌，其动力学方程为

$$\mu_X=\frac{1.2C_S}{2+C_S}C_X$$

已知 $C_{So}=6$ g/L，$Y_{X/S}=0.1$。试求：

(1)当甘露醇溶液以 $F_0=1$ L/min 的流量进入体积 $V_R=5$ L 的 CSTR 中进行反应时，其反应器内细胞的浓度 C_X及其生长速率 v_X是多少？

(2)如果要求大肠杆菌在 CSTR 内的生长速率达到最大，则最佳的加料流量 F_{OPT}应为多少？此时大肠杆菌的生长速率 $V_{x(max)}$是多少？

10. 液态发酵的特点是什么？

11. 对液态发酵影响较大的因素有哪些？

12. 影响发酵温度的因素有哪些？

13. 温度对发酵过程有什么影响？如何选择最适温度？

14. 如何控制 pH 使之有利于发酵的进行？

15. 发酵过程中影响氧传递的因素有哪些？如何控制供氧使发酵顺利进行？

16. CO_2和呼吸商对发酵有什么影响？如何控制？

17. 泡沫过多有什么危害？消除泡沫的方法有哪些？

第 6 章 食品发酵生产的后处理工艺

发酵食品经过发酵后，为了提高其质量或达到长期保存的目的，还要进行一系列的后处理。本章主要介绍一些常见的后处理工艺及过程。

6.1 低温、后酵处理

6.1.1 发酵食品低温处理的主要方式

通常采用的低温处理方式有人工低温处理和自然低温处理。其中，自然低温处理就是利用季节环境的自然温度低对产品进行的处理；人工低温处理有多种方式，最常用的是间接降温处理，即将产品送到冷却室进行低温处理。

1. 啤酒

啤酒发酵温度的高低是相对而言的，8～9 ℃为低温发酵，而 10～13 ℃为高温发酵。采用低温发酵所生产的啤酒质量较好，主要是在发酵过程所形成的副产物，特别是高级醇和酯较少，泡沫状况良好，口味醇厚性比较突出。而高温发酵，发酵周期缩短，设备利用率高，经济上比较合理，但发酵产生的副产物较多，口味较低温发酵差。

主发酵结束温度一般控制在 4～5 ℃，从最高发酵温度向主发酵结束温度降温的过程中，可采用缓慢降温的方法。由于酵母对急剧降温很敏感，所以每天降温不得超过 1℃，而且降温要均匀，降低温度使酵母开始凝聚并沉淀，但酒液中还有一定量的悬浮酵母细胞，它们对双乙酰还原及后发酵至关重要。

2. 黄酒

黄酒是在低温环境下生产的，这可有效地减轻各种有害杂菌的干扰，同时在生产淋饭酒或淋饭酒母时，通过搭窝操作，使酒药中的有益微生物(根霉、酵母等)在有氧条件下很好地繁殖，并在初期生成大量有机酸，降低酒醅的 pH，有效地控制有害杂菌的侵袭并净化酵母菌，一旦加曲冲缸进入酒醪发酵，酵母菌就迅速繁殖，使发酵顺利进行。

黄酒发酵有一个低温长时的后发酵阶段，在此阶段酒醅品温较低，淀粉酶和酵母酒化酶活性仍然保持较高的水平，还在进行缓慢的糖化发酵作用，酒精及各种副产物、高级醇、有机酸、酯类、醛类、酮类和微生物细胞自身的含氮物质等还在形成，低沸点的易挥发性成分逐步消散，使酒味变得细腻柔和。一般低温长时发酵的酒比高温短时发酵的酒香气足、口味好。由于在高浓度下进行低温长时间的边糖化边发酵，并且酒醅的酵母浓度高达(5～10)×10^8个/mL，醪液可多达 15％。

6.1.2 发酵食品的后酵作用

刚发酵结束的产品色泽、口感、香味都不是特别柔和，所以许多发酵产品在发酵结束后都需要经过后酵处理，后酵也称后熟、陈酿。

后酵主要是酶同微生物协同参与生化反应的过程。在后酵过程中残糖继续发酵，同时在酶的作用下会发生一系列的氧化、还原、酯化和缩合等化学反应，产生醛、醇、酯类物质，还可以沉降杂质，使产品澄清、稳定，在此主要介绍几类酒的后酵作用。

1. 啤酒

(1)糖类继续发酵。主发酵结束后，酒液中有大量酵母沉淀于器底，但在酒液中还有一定量的悬浮酵母及可发酵糖，这些酵母凝聚成细胞颗粒，由于温度较低，发酵过程缓慢，通过下酒作用，已沉淀和悬浮的酵母细胞颗粒在外力作用下，重新均匀地分散于发酵液中，使发酵得到强化。在后酵中发酵的糖类，主要是麦芽糖和麦芽三糖，在12 °P麦汁中有1.0%～1.4%的糖类未被发酵。对麦芽三糖的利用能力，酵母菌株之间存在差异。麦芽三糖是影响啤酒发酵度的一个重要因素。一般凝聚特性好的酵母对麦芽三糖的利用较差，只有45%～55%，而凝聚性差的酵母对麦芽三糖的发酵可达85%～90%。

(2)CO_2饱和。CO_2是啤酒的重要组成部分，它赋予啤酒起泡性和杀口性，并起到防止酒液氧化和杂菌污染的作用。成品啤酒中CO_2的质量分数为0.5%左右，传统的主发酵溶解在酒中的CO_2的质量分数仅为0.2%～0.28%。还有部分CO_2是在后酵过程中产生的，在生产中由于工艺和操作等问题，使后酵酒液中的CO_2没有达到饱和，酒液过滤后应采用人工充CO_2气体的方法，使酒液中的CO_2达到饱和。

2. 黄酒

黄酒的后酵是使一部分残留的淀粉和糖分继续糖化发酵，转化为酒精，经过20～30天的后酵，其酒精含量达到15%以上。此过程对酵母的驯化有一定作用，后酵完成后经挑选，优良者可用来酿制摊饭黄酒。

6.2 固液分离及萃取处理

6.2.1 发酵食品后处理中的固液分离技术及原理

1. 过滤

按料液流动的方向不同，过滤可以分为常规过滤和错流过滤。

1)常规过滤

常规过滤是指料液垂直穿过滤饼和过滤介质的微孔，其设备主要有板框压滤机和真空鼓式过滤机。

(1)板框压滤机。这是目前较常用的一种过滤设备。它具有过滤面积大，能耐受较高压差，结构简单，耗能少等特点，适合于不同特性的发酵液。这种设备不能连续操作，劳动强度大，非生产时间长。而自动板框过滤机是一种较新型的压滤设备，它使板框的拆装、滤渣的去除和滤布的清洗等操作都能自动进行，大大缩短了非生产的辅助时间，并降低了劳动强度。

(2)真空鼓式过滤机。真空鼓式过滤机能连续操作，实现自动控制，其基本原理是普通的真空吸滤。主要适用于霉菌发酵液的过滤，而对于细小的菌体或黏度大的发酵液，需加入助滤剂或在转鼓面上预铺一层助滤剂。操作过程分为四个阶段：吸滤、洗涤、吸洗液、刮除固形物。

2)错流过滤

错流过滤的介质通常为微孔滤膜或超滤膜，适用于处理含有微小悬浮粒子的发酵液。但固—液不易完全分离，滤膜易被污染，膜和污染层容易吸附产物，使产率下降。

2. 离心分离

离心分离速度快，效率高，操作时卫生条件好，占地面积小，能实现自动化、连续化和程序控制，适合于大规模的分离过程。但是设备投资费用高、能耗也较高。离心分离设备有过滤式和沉降式两种，过滤式离心设备主要用于分离晶体和母液，沉降式离心设备主要适用于固形物含量较低的发酵液。

6.2.2　发酵食品后处理中的萃取技术及原理

萃取法是用一种溶媒将发酵产品中的一种成分自发酵液中提取出来。这种溶媒不能与发酵液混溶或部分混溶，以形成两相而便于分离；所选用的溶媒对发酵产品应有较大的溶解度和选择性，用量较少就能完全提取，并使发酵产品和杂质分离，达到浓缩和提纯的目的。传统萃取技术主要是指溶剂萃取法和双水相萃取法。溶剂萃取又有物理萃取和化学萃取之分。物理萃取的理论基础是分配定律，而化学萃取服从相率及一般化学反应的平衡规律。双水相萃取法是利用物质在互不相溶的相间分配系数的差异来进行萃取的方法。

6.3　蒸馏、浓缩处理

6.3.1　发酵食品后处理中的蒸馏技术及原理

1. 白酒蒸馏

1)固态发酵法蒸馏

采用传统的固态发酵法生产白酒时，发酵成熟的酒醅采用甑桶蒸馏而得白酒。甑桶是一个上口直径约2 m，底口直径约1.8 m、高1 m左右的锥形蒸馏器。甑桶中用多孔箅子将酒醅与下部加热器隔开，上部活动盖与冷却器相接。甑桶是一种不同于世界上其他酒蒸馏器的独特蒸馏设备，是根据固态发酵酒醅的特性设计发明的。随着生产量的大幅度增长及技术改造，甑桶由小变大，材质由木材改为钢筋水泥或不锈钢，冷却器由天锅(蒸酒甑桶由三大部件组成，下面烧水的锅叫地锅，中间木制装料部分叫甑，上面加冷水凝酒的锅叫天锅)改成直管式，提高了冷却效率。但间隙式人工装甑的基本操作要点仍然不变，连续进料及排料至今未实现机械化。

酒精蒸馏是将含酒的发酵醪连续向塔内加入，在恒定的蒸汽加热条件下，各层塔板的酒精浓度是恒定的，在一定酒精浓度和温度下，根据不同的挥发系数，各层塔板上的杂质含量也是特定的。甑桶蒸馏是将含有60%水分及酒精和数量众多的微量香味成分的固态发酵酒醅，通过人工装甑逐渐形成甑内的填料层，在蒸汽不断加热下，使甑内酒醅料温度不断升高，下层醅料的可挥发组分浓度逐层变小，上层醅料的可挥发组分浓度逐层变大，使酒醅中的酒精及香味成分经过汽化、冷凝，达到多组分浓缩、提取的目的。

甑桶蒸馏的作用主要如下：①将含酒精4%左右的发酵酒醅浓缩成含酒精55%～65%的高度白酒，在混蒸混烧工艺中，蒸酒的同时，还担负着新投粮食的淀粉糊化作用；②将发酵酒醅中存在的微生物代谢副产物，即微量香气成分，有效地浓缩提取到成品酒中；③存在于发酵酒醅中的某些微生物代谢产物，在蒸馏过程中进一步发生化学反应，产生新的物质，这通常称为蒸馏热变作用；④对发酵酒醅进行消毒杀菌，用于入窖配料。

蒸酒开始时有一股不凝结气体排出，随后流酒。整个蒸酒过程的进汽，必须缓慢，使流酒速度均衡地保持在2.5 kg/min左右，酒温要求在30 ℃以下。初馏的0.5～1 kg作为酒头，摘取后单独做勾兑调香用酒，中馏酒也可按不同香型及各厂的实际情况分段摘取。在实际生产操作中，以看酒花掌握蒸酒过程中酒精浓度的变化，在“小清花”过后的一瞬间酒花消失，过花后所流的酒均为酒尾，这样所摘的中馏酒混合样的酒精浓度在65%左右，不同香型酒对摘取的酒尾有不同的要求。浓香型及清香型酒摘酒的酒精浓度要高些，以减少乳酸乙酯进入酒中。酱香型及芝麻香型酒摘酒的酒精浓度则较低，以增加高沸点香气成分流入酒内。当开始流酒尾时，可加大蒸汽量，追尽酒尾后，蒸馏结束。以老五甑混蒸法操作时，去除甑盖后可继续敞盖蒸醅10 min，以保证粮食蒸透，达到熟而不黏、内无生心的要求。

2)液态发酵醪蒸馏法

液体混合物的蒸馏是根据混合物内各种液体具有不同的挥发性，即处在同一温度下具有不同蒸汽压力的原理进行的。例如，酒精水溶液，在任何温度下，其酒精的蒸汽压总是比水的蒸汽压要大得多，所以蒸汽中的酒精含量要比被蒸发的酒精水溶液中含量大。

在标准压力下，水的沸点为100 ℃，酒精的沸点为78.3 ℃。随着酒精含量的逐渐增高，被蒸馏液体的沸点可以接近于纯酒精的沸点，当酒精含量降低时，混合物的沸点可一直升高到 100 ℃。酒精和水混合物的酒精含量、沸点以及沸腾时在蒸汽中的酒精含量之间的关系，对白酒蒸馏具有现实意义。当然在实际生产中，发酵醪内还存在除酒精以外的挥发性成分和固体物质等不挥发性成分，同时在蒸汽直接加热时，水蒸气冷凝成水而使醪液稀释，使情况更为复杂。

3)固、液结合的串香蒸馏法

采用固态长期发酵，以小曲酒放置于底锅加热，酒蒸汽经固态发酵酒醅串蒸得白酒。20 世纪 60 年代中期将其引用到酒精串蒸固态发酵香醅制成新工艺白酒，开创了固、液结合的生产工艺，解决了液态发酵法生产白酒的质量风味关键问题，发展至今已成为白酒生产的主要方法之一，串香工艺既能生产名酒又能生产普通白酒。串香酒的质量决定于酒精的提纯和固态发酵香醅的质量以及必要的蒸馏条件。对于串香过程中的酒损，王献炬、王敬新研究的 JBZ-A 型白酒薄层串蒸馏，采用了酒精直接汽化后与生产蒸汽混合进行串蒸，从而可以调整和控制串蒸酒精蒸汽的浓度，实施恒压串蒸，以达到最佳的蒸馏效果，使酒损降低到 1%以下，并且可减少固态酒醅用量 1 倍以上。串香蒸馏应当视作一项在传统工艺基础上发展起来的先进技术，它体现了产酒和产香为主的分工发酵及蒸馏合一的特点。采用了生产效率高的液态发酵生产酒精，可取用多种原料排杂提纯并经产香为主的固态发酵生产酒醅，两者经串蒸而得白酒。

串蒸酒由于有固态香醅作为填充层，因此蒸馏过程中在一段相当长时间内酒精含量在 72%左右，酒汽温度为 88 ℃左右，在此期间蒸入酒中的酸、酯含量也较平稳。酯在酒头及酒尾中均多，酒头中主要是乙酸乙酯，酒尾中主要是乳酸乙酯。

6.3.2　发酵食品后处理中的浓缩技术及原理

1. 味精

在味精生产过程中，要进行中和除铁液的浓缩结晶，通常用减压浓缩的方法来浓缩中和除铁液。浓缩时，pH 控制在 6.7～7.0，温度为 65～70 ℃，真空度在 80 kPa 以上，边补料边浓缩，当浓缩液达到 30～32 °Bé 后，投入晶种，进行结晶。

2. 柠檬酸

柠檬酸发酵液经酸解后置于 60℃下进行减压蒸发，浓缩至 70%以上。具体操作如下：柠檬酸料液经过滤器后进入外循环蒸发器，减压蒸发到预定浓度后(温度不超过 60 ℃，维持蒸发室的压力不超过 14 kPa)，经过滤除去 $CaSO_4$ 等固体，放入结晶罐，降温结晶。

6.4 沉淀、结晶及干燥处理

6.4.1 发酵食品后处理中的主要沉淀、结晶技术

1. 沉淀技术

沉淀法也称为溶解度法，是利用某种沉淀剂使需提取的物质在溶液中的溶解度降低而形成无定形固体沉淀的过程，常用于生化物质的浓缩和纯化。根据发酵提取工艺条件和所得沉淀物，一般可分为直接沉淀法和间接沉淀法两种类型。直接沉淀法是利用某些发酵食品具有两性化合物的性质，使其在等电点时从水溶液中游离而沉淀出来，直接得到成品的沉淀方法。间接沉淀法是利用发酵液在一定的 pH 条件下，与某些金属离子或其他化合物的整个分子结合形成难溶盐或复盐沉淀出来，以达到浓缩和提纯的目的。

常用的沉淀技术有盐析沉淀、有机溶剂沉淀、金属离子沉淀和等电点沉淀等。

1)盐析沉淀

盐析沉淀主要适用于蛋白质等大分子物质，在高浓度中性盐存在的条件下，在水溶液中的溶解度降低而沉淀。

蛋白质在水中的溶解度与其表面性质有关。蛋白质等大分子物质以亲水胶体的形式存在于水溶液中，无外界影响时，呈稳定的分散状态。蛋白质分子的表面除带有电荷基团外，还含有由憎水基团形成的区域，在憎水基团的周围，水分子有序排列。当向蛋白质溶液中逐渐加入中性盐时，会产生如下现象：开始蛋白质溶解度增大，这是由于蛋白质的活性系数降低，这种现象称为盐溶；继续加入电解质，蛋白质的溶解度随之减小，这种现象称为盐析。蛋白质的盐析作用是由于静电作用引起的盐溶和憎水作用引起的盐析相互作用的结果。例如，碱性蛋白酶的提取，所用菌种地衣芽孢杆菌菌体小，发酵液黏度大，直接采用常规的离心或板框过滤方法进行固液分离十分困难，而且也得不到澄清滤液。目前，国内一般工厂都采用无机盐凝聚法或直接对发酵液进行盐析。前者即向发酵液中加入一定量的无机盐，使菌体及杂蛋白质聚集成大一些的颗粒，再进行过滤。后者即直接对发酵液进行盐析，得到酶、菌体、杂蛋白混合体系。

在蛋白质盐析中，一般阴离子的盐析效果比阳离子好，尤其以高价阴离子效果更为明显。影响盐析作用的因素主要有：①无机盐的加入量；②蛋白质的种类和浓度；③溶液的 pH；④温度；⑤操作和搅拌方式。

2)有机溶剂沉淀法

有机溶剂沉淀法是利用与水互溶的有机溶剂能使蛋白质沉淀的性质来减小蛋白质的溶解度的方法。该方法适用于蛋白质、酶、核酸、多糖等物质的提取。常用的有机溶剂有甲醇、乙醇、异丙醇和丙酮等，其中乙醇最常用。

一般来说，溶质分子质量越大越容易被有机溶剂沉淀。有机溶剂沉淀的机理如下：加入有机溶剂后，会使系统的介电常数减小，因而在不同蛋白质粒子表面上，具相反电性的离子基团之间的吸引力增加，促使它们相互聚集并沉淀出来。

例如，在肌苷酸提取过程中，洗脱液浓缩后加入 2 倍体积的 95%乙醇，冷藏析出肌苷酸粗品，粗品加水溶解，加乙醇放冷库结晶、过滤，晶体用 30%乙醇洗 2～3 次，烘干制得肌苷酸精品。

3)等电点沉淀法

对于两性生化物质，处于等电点时其净电荷为零，分子间排斥电位降低，因此吸引力增大，能相互聚集沉淀。等电点沉淀法只适用于水化程度不大、在等电点时溶解度很低的物质，如憎水性较强的蛋白质(如酪蛋白)在等电点时能形成粗大的凝聚物。

4)金属离子沉淀法

某些生化物质(如核酸、蛋白质、多肽等)能与金属盐形成难溶性的复合物而沉淀。一些高价金属离子对沉淀蛋白质很有效，可以将金属离子分为三类：①Mn^{2+}、Fe^{2+}、Cu^{2+}等能和羧酸、含氮化合物以及杂环化合物相结合；②Ca^{2+}、Ba^{2+}、Zn^{2+}等能与羧酸结合但不能与含氮化合物结合；③Ag^{+}、Hg^{2+}、Pb^{2+}能和巯基相结合。

例如，采用钙盐法提取苹果酸，即在发酵醪液中边搅拌边加入无砷硫酸，调节 pH 至 1.5 左右，过滤除去沉淀，在滤液中加入碳酸钙，至无 CO_2 放出，滤液中的苹果酸反应生成苹果酸钙溶液，将 pH 调至 7.5，静置 6～8 h；过滤，收集苹果酸钙，而后进行酸化、活性碳和离子交换处理等可得苹果酸。

金属沉淀法的主要缺点是，有些复合物解离较为困难，容易使蛋白质变性，应注意选择适当的操作条件。

2. 结晶技术

结晶是溶质呈晶态从液相或气相中析出的过程，也可以看做同体物质溶解的可逆过程。结晶纯化分离历史悠久，食盐最早就是使用结晶技术分离出来的。晶态就是外观形状一定、内部的分子(或原子、离子)在三维空间进行有规则的排列而产生的物质存在形态。结晶与沉淀的生成原理是一致的，二者的区别在于沉淀是无规则排列、无定形的粒子，结晶是内部结构有序、形状一定、致密的固体粒子。结晶过程具有选择性，只有同类分子或离子才能结合成晶体，因此，析出的晶体纯度一般较高。

1)结晶

结晶包括三个过程：①形成过饱和溶液；②形成晶核；③晶体生长。溶液达到过饱和是结晶的前提，过饱和是结晶的推动力。

(1)浓度。一般情况下，要求结晶液具有较高的浓度，这样有利于溶液中溶质分子间的相互碰撞聚合，以得到较高的结晶收率。但是浓度过高时，相应杂质的浓度及溶液黏度也增大，反而不利于结晶析出，有时会生成纯度较差的粉末结晶，甚至形成无定形沉淀。因此，应根据工艺和具体情况确定或调整合适的浓度，才能得到较好的晶体。

(2)纯度。各种物质在溶液中均需达到一定的浓度才能析出晶体，杂质分子的存在将影响结晶物质分子的规则排列。一般来说浓度越高越容易结晶，结晶母液中目标产物的浓度一般应不低于50%。有时虽然浓度不高，但通过改变母液的条件(如加入有机溶剂)，也能得到结晶。

(3)pH。结晶与目标产物在母液中的溶解度密切相关，生物分子在其等电点附近时溶解度最低，所以一般将结晶母液的pH调整到待结晶物质的等电点附近，这样有利于晶体析出。实际上，大分子带有少量净电荷对结晶是有利的，尤其是希望获得较大晶体时。例如，5%的溶菌酶溶液，将pH调整到9.5～10.0，在4 ℃下放置过夜便可析出晶体。

(4)温度。在低温下结晶，不仅能以降低溶解度，有利于溶质过饱和，而且不易使生物活性物质变性失活，还可以抑制细菌的繁殖。降温快，则结晶粒小；降温慢，则结晶粒大。

(5)时间。结晶的形成和生长需要一定的时间，如果在合适的条件下，小分子物质在几小时或几分钟内便可析出晶体。对于蛋白质等生物大分子，由于分子量大、立体结构复杂，其结晶的过程比小分子物质要困难得多。

(6)晶种。对于不易结晶的物质(即难以形成晶核)常常需要在结晶母液中加入晶种，以加速结晶，提高晶体的质量。例如，在蛋白酶溶液中加入微量蛋白酶结晶后，可导致大量结晶形成。有时用玻璃棒摩擦器壁也能促进某些物质晶体析出。需要加入晶种形成结晶的制品，大多数收率不高。

例如，在味精生产过程中，先将谷氨酸氨溶液经过活性碳脱色及离子交换柱除去金属离子，可得高纯度的谷氨酸钠溶液，而后将其导入结晶罐，进行减压蒸发，当谷氨酸钠浓度达到30 Bé时投入晶种，进入育晶阶段，经过12～20 h的蒸发结晶，将料液放到助晶槽，结晶长成后分离出味精，送去干燥和筛选。

2)重结晶

利用结晶物质与杂质在不同溶剂中或不同温度下溶解度不同，将粗制品以适当溶剂溶解，经脱色等处理后，以适当的方法将活性物质结晶出来称为重结晶。

例如，在味精结晶过程中，脱色液可以直接结晶，但一次结晶后，结晶母液中仍含有50%～55%的谷氨酸钠，需要重新结晶。

6.4.2 发酵食品后处理中的主要干燥技术

物料水分汽化一般是用加热方法来实现的。在干燥过程中，水分先从物料的内部扩散到表面，然后汽化转移至气相中，带走水蒸气的气体称为干燥介质，干燥介质除带走水蒸气外，还供给水分汽化所需要的热能。

1. 减压干燥

减压干燥除能加速干燥外，还能使干燥后的产品疏松、易于粉碎，减少空气对产品的污染等。真空干燥器主要由密闭干燥室、冷凝器和真空泵三部分组成。

2. 喷雾干燥

喷雾干燥是利用喷嘴将浓缩液或悬浮液喷成雾滴，使其在热空气中迅速干燥成细粉的方法。喷雾干燥的原理是液体经喷雾后具有极大的总表面积，与热空气混合进行热交换，在数秒内即被干燥。喷雾干燥可以省去蒸发、结晶、分离和粉碎等工序而直接获得粉末，非常方便，但是介质用量多、处理量小、收率低，所以生产能力小。喷雾干燥适用于热敏性物质的干燥，如链霉素、庆大霉素、万古霉素及新霉素等。

3. 气流干燥

气流干燥是将被干燥的颗粒状湿物料在流态化热空气中迅速进行干燥的方法。气流干燥的基本原理是被干燥的固体湿物料在高温快速热空气作用下，均匀分散成悬浮状态，从而增大物料与热空气接触的总表面积，强化热交换的作用，仅在几秒钟就使物料达到干燥的要求。气流干燥的优点是干燥强度大、受热时间短、产品质量较高，适用于热敏性物质；缺点是对物料的颗粒大小、分散度要求高，热的利用率较低等。

4. 冷冻干燥

冷冻干燥又称升华干燥，是在低温、低压条件下使物料中的水分直接升华的一种干燥方法。冷冻干燥是根据升华的基本原理进行的，冷冻干燥在较低温度下进行，适用于不耐热的发酵产品，又因为温度较低，在整个过程中免受微生物和酶类污染，因而干燥后产品可长期保存，药品可保持疏松状，水溶性好，保持原有药性效果，其缺点是设备精密度高，结构复杂，动力消耗大且间歇操作，干燥效率低，生产周期长，生产成本高。

5. 红外线干燥

红外线干燥是利用红外线产生的热效应来进行干燥的方法。热量以辐射的形式照射到湿物料上对其进行干燥，被干燥物料吸收红外线时，就能使物料内部的水分很快向表面扩散，表面温度低于内部温度，使内部温度再迅速向表面扩散，因此红外线干燥所需的时间较短，物料层的最适宜厚度可通过实验确定。

红外线干燥的优点是设备简单，因为干燥时热量传递大大超过对流干燥，因而可达到快速干燥的目的；其缺点是耗电量大、成本高、产量小、占厂房面积大等。

6.5 调配、腌制及陈贮处理

6.5.1 发酵食品后处理中的调配技术

1. 复合酒的调配

柑橘原酒较好地保持了果实中的营养，具有浓郁的香味和柔和的色泽，而苹果原酒酒香优雅、酒味醇和。如果将它们以一定比例混合在一起勾兑成柑橘苹果复合酒，不但可以取长补短，集两种酒的优点于一体，还可以给消费者以全新的感觉。不同的勾兑配比，所得的酒体质量不同。

2. 葡萄酒的调配

各种级别的葡萄酒，其主要化学成分指标相差不大，关键在于其感官品质有明显的区别。因此，酿酒师的职责在于纠正酒的某些缺点，使其品质得以改善。

1)色泽调整

葡萄酒的色泽应是天然的、与酒龄相适应的色泽。漂亮的宝石红色是新酿并具有活力的葡萄酒的色泽，随着陈酿、瓶贮时间的延长，色泽由紫红向红中带棕转变。葡萄酒的色泽直观地给人以酒质优劣的信息，构成红葡萄酒颜色的花青素和单宁组分能给人们带来微涩和厚实的感受。味醇厚、丰满的红酒，不会是色泽浅淡的红酒。一款微黄带绿、晶莹剔透的白葡萄酒，会给人以冰清玉洁的美感，而深黄带棕的白葡萄酒则往往与氧化褐变联系在一起。因此，葡萄酒色泽的调整，与感官品质的改善是同步的。红葡萄酒色泽的调整可以采取以下措施：①色泽较深的同类原酒合理搭配，提高配成酒色度；②添加中性的染色葡萄原酒，如烟 73、烟 74、紫北塞原酒，这些葡萄皮红、汁红，酿造的原酒色泽很深，酒本身无明显的特殊香气，不会对调配酒的酒质造成干扰，而其含有的呈味物质，还可丰富酒的口感，但可能使酒微酸；③葡萄皮色素，浓稠状液体，也有粉状的，以液态的使用效果较好，但如果用量较多，会增加调配酒的残糖和总酸；④花色苷，可从黑米中提取，其分子结构与葡萄花色素相同，是国家认可使用的天然色素，可溶于酸度较高的介质中，能溶于葡萄酒中，但溶解很慢，有的厂家用液态花色苷调色，但因含有酒精，多少对酒质有影响。

葡萄酒色泽的调整，只能限于以上几种方法，不能添加化学合成的色素。色泽的调整应与香味调整和口味调整同步进行。

白葡萄酒色泽调整，大都与口感调配相结合，如果色泽过深，可适当添加 PVPP，去除酒中过多的酚类化合物和氧化产物。经过 PVPP 处理后，白葡萄酒的色泽变浅，氧化感也明显减轻。

2)香气调整

除加香葡萄酒可以加些植物的花、根、茎、叶的浸出液和蒸馏液外，其他葡萄酒，禁止加入任何香精、香料。葡萄酒中添加某些微量的香精、香料，都可以明显地闻出来，并判定为假酒。葡萄酒香气调整可以从以下几个方面入手：①对于一般葡萄酒，可以通过选购同一葡萄品种在不同地区酿造的原酒，进行香气调整，如西部葡萄原酒适当地加入东部酒中，可以实现优势互补，使香气和口感都会有所改善，对于中高档葡萄酒，首先应选用充分成熟的葡萄酿造，只有这样才能使酒具有该品种葡萄特有的芳香，如因当年原料质量较差，致使酒香不足，除国内东西部酒进行调节外，也可以进口部分国外优质酒，加大调配力度；②红葡萄酒在橡木桶中贮存一段时间或适当添加橡木素的浸出液，也可以丰富其香气。以上这些做法已有一些葡萄酒厂应用，并收到了良好的效果。

6.5.2　发酵食品后处理中的腌制技术

腌制就是让食盐或食糖渗入食品组织内，降低其水分活度，提高渗透压，借以控制微生物的活动和发酵，抑制腐败菌的生长，从而防止食品腐败变质，该方法也称腌渍。

腌制和发酵在同一种食品加工中经常会同时应用，如在腌制时食盐用量较低，腌制过程中就会有明显的乳酸发酵，这里腌制成为控制发酵的一种手段，因此根据用盐量、腌制过程和产品的状态，腌制品可分为发酵性腌制品和非发酵性腌制品两大类。

1. 盐渍菜类

盐渍菜是一种腌制方法比较简单的、大众化的蔬菜腌制品，利用较高浓度的盐溶液腌制而成，如咸菜。有时也有轻微的发酵，或配以各种调味料和香辛料。根据产品状态不同可将其分为以下几种：①湿态盐渍菜，蔬菜腌制中有水分和可溶性物质渗漏出来形成菜卤并伴有乳酸发酵，其制品浸没于菜卤中(即菜不与菜卤分开)如腌雪里蕻、盐渍黄瓜、渍白菜等；②半干态盐渍菜，以不同方式脱水后，腌制成不含菜卤的蔬菜制品，如榨菜、大头菜、冬菜、萝卜干等；③干态盐渍菜，以反复晾晒和盐渍的方式脱水加工而成的含水量较低的蔬菜制品，或利用盐渍先脱去一部分水分，再经晾晒或干燥使其产品水分下降到一定程度的制品，如梅干菜、干菜笋等。

2. 酱渍菜类

酱渍菜是以蔬菜为主要原料，经盐渍成咸坯后，浸入酱或酱油酱渍而成的。酱渍菜种类很多，口味不一，但其基本制造过程和操作方法是一致的。一般酱渍菜都要先经过盐渍，成为半成品，然后用清水漂洗去一部分盐，再酱渍。若腌后即进行酱渍，则可减少用盐量。也有少数的蔬菜，可以不经腌制直接制成酱渍菜。在酱渍过程中酱料中的可溶性物质通过蔬菜细胞的渗透而进入蔬菜组织内，由于各种营养成分和色素的渗透和吸附而制成滋味鲜甜、质地脆嫩的酱渍菜。酱渍菜加工各地均有传统制品，如扬州“四美”

酱菜、北京“六必居”酱菜都很有名。优良的酱渍菜除应具有所用酱料的色香味外，还应保持蔬菜固有的形态和质地脆嫩的特点。

3. 糖醋渍菜类

糖醋渍菜是蔬菜盐腌制成咸坯，经过糖和醋腌制而成的蔬菜制品，如武汉的糖醋藠头，南京的糖醋萝卜、糖醋大蒜等。

4. 盐水渍菜类

盐水渍菜是将蔬菜直接用盐水或盐水和香辛料的混合液生渍或熟渍，经乳酸发酵而成的制品，如泡菜、酸黄瓜等。

5. 清水渍菜类

清水渍菜的典型特点是在渍制过程中不加入食盐。它是以新鲜蔬菜为原料，用清水生渍或熟渍，经乳酸发酵而成的制品，如酸白菜等。

6. 菜酱类

菜酱是以蔬菜为原料，经过处理后，经盐渍或不经盐渍，加入调味料、香辛料等辅料而制成的蔬菜制品，如辣椒酱、蒜蓉辣酱等。

6.6 加热、灭菌及罐藏处理

6.6.1 发酵食品加热处理的主要技术方式及目的

1. 柠檬酸

柠檬酸发酵结束放罐时，用蒸汽加热发酵液升温至85～90 ℃，保温。对发酵醪进行热处理的目的如下：①及时热处理可杀灭柠檬酸产生菌和杂菌，终止发酵，防止柠檬酸被代谢分解；②使蛋白质变性而絮凝，破坏胶体，降低料液黏度，利于过滤；③使菌体中的柠檬酸部分释放出来。

但热处理要注意以下两个问题：①温度过高和受热时间过长会使菌体破裂而自溶，释放出蛋白质，反而使料液黏度增加，颜色变褐，不利于净化；②过长时间的直接蒸汽加热，会增加料液稀释度，有损于收率(最好间接加热)。

深层法发酵醪可在发酵罐内间接或直接加热，或在过滤加压罐中加热，或用换热器间接加热，或在输送过程中用混合式加热器加热，但不能破坏菌球体，否则影响过滤。

2. 啤酒

国内啤酒厂普遍采用蒸汽常压煮沸法。它是在麦芽汁的体积盖过加热层后开始加热，使麦芽汁温度保持在 80 ℃左右，待麦糟洗涤结束后即加大蒸汽量，使麦芽汁达到沸腾。同时测量麦芽汁的体积和浓度，计算煮沸后麦芽汁产量。

压力小于 1×10^4 Pa(100～120 ℃)的加压煮沸，称为低压煮沸。常用的低压煮沸设备是在煮沸锅内安装加热器或用锅外热交换器与煮沸锅结合起来。

麦芽汁煮沸的目的如下：①蒸发水分、浓缩麦芽汁；②钝化全部酶和麦芽汁杀菌；③溶出酒花的有效成分；④蛋白质变性和絮凝；⑤降低麦芽汁的 pH；⑥形成还原物质；⑦挥发出不良气味。

3. 酱油

酱油的蒸煮在国内主要采用旋转式蒸煮锅蒸料。日本连续蒸煮设备有两种：一种为山崎式连续蒸料设备；另一种为 FM 式连续蒸料设备。蒸煮要求达到熟、软、疏松、不粘手、无夹心、有熟料固有的色泽和香气。

蒸料的目的如下：①使原料中的蛋白质适度变性，便于被米曲霉生长发育所利用；②使原料中的淀粉吸水膨化糊化，并产生少量糖类，这些成分是米曲霉生长繁殖适合的营养物，而且易于被酶所分解；③杀灭附着在原料上的微生物，给米曲霉的正常生长发育创造有利条件。

蒸煮是否适度，对酱油质量和原料利用率影响极为明显。适度变性的蛋白质能被米曲霉分泌的蛋白酶分解，未蒸熟的蛋白质称为 N 性蛋白，不能被米曲霉中的酶系所分解，含有 N 性蛋白的酱油经稀释或加热后会产生浑浊物质(这是通过检验酱油，了解蒸料质量的简便方法)。过度变性使蛋白质中氨基与糖结合，形成褐变，也不被米曲霉分泌的蛋白酶所分解。

6.6.2　发酵食品灭菌处理的主要技术方式及目的

1. 巴氏灭菌

巴氏灭菌一般是指在 60～70 ℃下对一些液体食品的消毒过程，主要用于果汁、酱油、食醋、奶、啤酒和果酒等产品上。经过巴氏灭菌处理的啤酒称为熟啤酒，未经过巴氏灭菌的啤酒称为鲜啤酒。不经过巴氏灭菌，但经过无菌过滤等处理的啤酒则称为生啤酒。

酒精度低于 13%的葡萄酒，在装瓶后均应进行杀菌。用巴氏杀菌法，使瓶中心温度达到 65～68 ℃，保持 30 min 即可。

2. 高温杀菌

均质后的牛乳热处理若采用高温灭菌或 UHT 温度，均质温度可以在 85 ℃以上。均质与热处理相结合，适度蒸发以降低氧气含量，可以促进酸奶菌种的发酵酸化活力。

思 考 题

1. 黄酒低温处理的主要目的是什么?
2. 葡萄酒后发酵的作用?
3. 稀奶油为什么要进行均质处理?
4. 发酵食品过滤方法的差别是什么?
5. 发酵食品后处理中几种蒸馏技术的区别是什么?
6. 发酵食品后处理中的沉淀技术都有哪些?
7. 简述发酵食品后处理中几种干燥技术的优缺点。
8. 简述葡萄酒发酵后处理中的调配技术的作用。

第 7 章　发酵食品的质量分析检验

发酵食品同其他食品、农产品一样，需要对其进行感官指标、理化指标和微生物指标的质量检验。由于发酵类食品加工环节比较多，有些环节持续时间长，容易受到外界各种因素的影响，部分产品销售时本身还有活菌，因此对其进行质量检验应该更加严格。

7.1　发酵食品的取样方法

样品的采集简称采样(又称检样、取样、抽样等)，是为了进行检验而从大量物料中抽取一定数量的具有代表性的样品。在实际工作中，采样的最高原则就是具有代表性，分析结果必须能代表全部样品，因此必须采取具有代表性的“平均样品”，并将其制备成分析样品，如果采集的样品不具有代表性，分析的结果就失去了意义。

7.1.1　共同性技术方法及原则

1. 取样的共同性技术方法

样品分检样、原始样品和平均样品。由整批食物的各个部分采取的少量样品称为检样。把许多份检样合在一起称为原始样品。原始样品经过处理再抽取其中一部分作检验用称为平均样品。

样品采集分随机抽样和代表性取样两种方法。随机抽样，即按照随机原则，从大批物料中抽取部分样品。操作时，可用多点取样法，即从不同部位、不同区域、不同深度，上、下、左、右、前、后多个位置采取样品，使物料的各个部分都有机会被抽到。代表性取样，是用系统抽样法进行采样，即已经了解样品随空间和时间的变化而变化的规律，按此规律进行取样，以便采集的样品能代表其相应部分的组成和质量。例如，分层采样，依生产程序流动定时采样，按批次、件数采样，按货架上陈列的食品采样。

随机抽样可以避免人为倾向因素的影响。但在某些情况下，某些难以混匀的食品(如发酵面制品)，仅用随机抽样法是不够的，必须结合代表性取样，从有代表性的各个部分分别取样，才能保证样品的代表性，从而保证检测结果的正确性。具体采样方法视样品不同而异。

取样数量的确定，应考虑分析项目、分析方法的要求及被检物的均匀程度。样品应一式三份，分别供检验、复验及备查使用。每份样品数量一般不少于 0.5 kg。检验掺假样品，因分析项目事先不明确，属于捕捉性分析，因此，取样数量要多一些。

2. 采样的原则与程序

(1)代表性原则：采集的样品能真正反映被采样本的总体水平，也就是通过对具体代表性样本的监测能客观推测食品的质量。

(2)典型性原则：采集能充分说明达到监测目的的典型样本，包括污染或怀疑污染的食品、掺假或怀疑掺假的食品、中毒或怀疑中毒的食品等。

(3)适时性原则：因为不少被检物质总是随时间发生变化的，为了保证得到正确结论应尽快检测。

(4)适量性原则：样品采集数量应满足检验要求，同时不应造成浪费。

(5)不污染原则：所采集样品应尽可能保持食品原有的品质及包装形态，所采集的样品不得掺入防腐剂、不得被其他物质或致病因素污染。

(6)无菌原则：需要进行微生物项目检测的样品，采样必须符合无菌操作的要求，一件采样器具只能盛装一个样品，防止交叉污染，并注意样品的冷藏运输与保存。

(7)程序原则：采样、送检、留样和出具报告均按规定的程序进行，各阶段均应有完整的手续，交接清楚。

(8)同一原则：检测及留样、复检应为同一份样品，即同一单位、同一品牌、同一规格、同一生产日期、同一批号。

7.1.2 特殊取样技术

1. 均匀的固体物料

有完整包装(袋、桶、箱等)的食品可先按$\sqrt{总件数/2}$确定采样件数，然后从样品堆放的不同部位，按采样件数确定具体采样袋(桶、箱)，再用双套间转取样管采样。将取样管插入包装中，回转180°取出样品，每一包装需由上、中、下三层取出三份检样；把许多检样综合起来成为原始样品；用“四分法”将原始样品做成平均样品。

无包装的散堆样品采用三层五点法取样，先划分等体积层，然后在每层的四角和中心点用双套回转取样器各取少量样品，从各点采出的样品要作感官检查，感官性状基本一致，可以混合成一个样本，如果感官性状明显不同，则不能混合，要分别盛装。得到检样，再按上法处理得平均样品。

2. 较稠的半固体物料

这类物料不易充分混匀，可先按$\sqrt{总件数/2}$确定采样件(桶、罐)数。开启包装，用采样器从各桶(罐)中分层(上、中、下)取出小样，混合缩减到所需数量的平均样品。

3. 液体物料

采样前摇动或搅拌液体，尽量使其达到均质。采样前应先将采样用具浸入液体内略加漂洗，然后取所需量的样品。包装体积不太大的，可先按$\sqrt{总件数/2}$确定采样件(桶、罐、缸)数。开启包装，充分混合。混合时可用混合器。对桶(罐、缸)装样品，用虹吸法分上、中、下三层，各采取少部分检样，然后混合分取，缩减到所需数量的平均样品。

4. 不均匀的固体食品

发酵产品因在发酵前已做了一些处理，在一定程度上缩小了部位、个体间的差异，一般分批次取样比较合理。

(1)肉类。视不同的目的和要求而定，有时从不同部位采样，综合后代表该只(头)动物，有时从很多只动物的同一部位采样混合后代表某一部位的情况。

(2)水产品。个体较小的鱼类可随机多个取样，切碎、混合均匀后，缩减至所需数量的平均样品；个体较大的样品，可从若干个体上切割少量可食部分，切碎后混匀，缩减至所需。

(3)果蔬。只采取可食部分。体积小的果蔬，如豆、枣、葡萄等，随机取多个整体，切碎混合均匀后，缩减至所需数量的平均样品；体积大的果蔬，如西红柿、茄子、冬瓜、苹果、西瓜等，按成熟度及个体的大小比例，选取若干个个体，对每个个体单独取样，以消除样品间的差异，取样方法是从每个个体生长轴纵向切成 4 份或 8 份，取对角线 2 份，再混合缩分，以减少内部差异；体积膨松型的蔬菜，如油菜、菠菜、小白菜等，应由多个包装(棚、筐)分别抽取一定数量，混合后做成平均样品。

5. 小包装食品

这类食品一般按班次或批号连同包装一起采样。如果小包装外还有大包装(如纸箱)，可在堆放的不同部位抽取一定量的大包装，打开包装，从每箱中抽取小包装(瓶、袋等)，再缩减至所需数量的平均样品。

7.1.3　发酵食品采样的要求

样品的采集，除应注意样品的代表性之外，还须遵循以下原则：

①采样应随机抽取；②小包装食品，送验时应保持原包装的完整，并附上原包装上的一切商标及说明，供检验人员参考；③盛装样品的容器不得含有待测物质及干扰物质，一切采样工具都应清洁、干燥、无异味，在检验之前应防止一切有害物质或干扰物质带入样品。供细菌检验用的样品，应严格遵守无菌操作规程；④采样后应迅速送检，尽量避免样品在检验前发生变化，使其保持原来的理化状态。检验前不应发生污染、变质、成分挥发、水分变化；⑤要认真填写采样记录，包括采样单位、地址、日期、样品批号，采样条件，采样数量，现场卫生状况，运输，贮藏条件，外观，检验项及采样人等。

另外，有些发酵样品具有生物活性或酶活性，这些样品在送检前还需采取冷藏或冷冻措施，以减少样品质量的变化。

7.2 发酵食品的感官评价

7.2.1 感官评价的一般原则

食品的感官特征，历来都是食品的重要质量指标，随着人民生活水平、消费水平的提高，对食品的色、香、味、外观、组织状态、口感等感官指标也提出了更高的要求，而食品的感官检验也是一种直接、快速而且十分有效的检验方法。通过感官检验，能对食品的嗜好性和其他品质作出判断。有时食品感官检验还可鉴别出精密仪器难以检出的轻微劣变。如果食品感官检验不合格，即可判定产品不合格，不需进行理化检验。

感官评价是指用于唤起、测量、分析和解释产品内在质量的科学方法，主要通过视觉、嗅觉、触觉、味觉和听觉所引起的反应进行评判。通俗地讲，就是以人为工具，利用科学客观的方法，借助人的眼、鼻、嘴、手及耳，并结合心理、生理、物理、化学及统计学等方法，对食品进行定性、定量的测量和分析。

7.2.2 食品感官评价的内容

食品的感官评价主要是根据人的感觉器官对食品的各种质量属性所产生的感觉，以及通过大脑对各种感觉信息的逻辑思维而对食品的质量作出判断与评价。

1. 视觉与视觉的评价

1)视觉的产生及其特征

在适宜的光照条件下，物体发出的波在人眼球的视网膜上聚焦，形成物像。物像刺激视网膜上的感觉细胞，使细胞产生神经冲动，神经冲动沿视神经传入大脑皮层的视觉中枢，产生视觉。能产生视觉的光刺激是波长为380～780nm的可见光，而在不同的光照强度下，眼睛对被观察物的感受性(即敏感性)不同。在适当强度的光线作用下，人能分辨出不同的颜色，可以看清物体外形及细小的地方；在较弱的光线作用下，只能看到物体的外形，而无色彩视觉，只有黑、白、灰的视觉；在极强的光线作用下，人眼球的视网膜将无法承受刺激，甚至会因受到伤害而影响视力。

2)视觉的评价

在感官检验中，视觉评价极其重要。市场上销售的产品，能否受到消费者的欢迎，往往取决于第一印象，即视觉印象，几乎所有产品的检验，都离不开视觉评价。在感官检验的程序中，首先由视觉判断物体的外观，确定物体的外形、光泽、色泽。任何食品都有其一定的外观及形态特征，而食品形态特征的变异，往往与其内在质量紧密相关。从色泽可以判断水果、蔬菜的成熟状况；从包装的外观情况可以判断酸奶是否变质；例如，可以通过视觉检查控制面包和糕点的烘烤温度和时间。

2. 听觉与听觉的评价

1)听觉的产生及其特征

声波经外耳道传入鼓膜，引起鼓膜振动，鼓膜振动刺激耳蜗内感受器产生神经冲动，神经冲动经神经传导至大脑皮层的听觉中枢形成听觉。

声波是物体振动所产生的一种纵波，必须借助于气体、液体或固体媒介才能传播。频率是声波每秒振动的次数，决定音调的高低。振幅是决定声音强弱的因素，以分贝(dB)表示。振幅越大，声音越强。频率为 16～20000 Hz 的声波是人耳听觉的感觉域。人耳对不同频率的声波敏感性不同，对某一固定频率的声波的敏感性随着声音强度的降低而增强，1000 Hz 的声音，强度为 20 dB 时，差别阈为 1.5 dB；强度为 40 dB 时，差别阈仅为 0.7 dB。

2)听觉的评价

人耳对一个声音的强度或频率的微小变化是很敏感的，因此可以利用听觉进行感官检验。对于同一物品，在外来的敲击下，应该发出相同的声音。但当其中的一些成分、结构发生变化后，会导致原有声音发生一些改变，如发酵产气带来的声音变化。

3. 嗅觉与嗅觉的评价

1)嗅觉的产生及其特征

嗅觉能辨别各种气味，而嗅觉的敏感器官是鼻子。鼻中的嗅觉细胞位于嗅区，嗅区位于鼻腔的上部，嗅区的界限极不整齐，嗅觉的嗅黏膜位于嗅区内。嗅觉感受器位于嗅黏膜表面的嗅上皮内，嗅上皮面积很小，却包含众多的嗅觉细胞。当嗅觉感受器接受有气味分子的刺激时，就产生了嗅觉。

引起嗅觉的刺激物，必须具有挥发性及可溶性，否则不能刺激鼻黏膜，无法引起嗅觉。嗅味气体扩散至嗅区刺激嗅觉细胞时，嗅觉响应强度很快增加，并且达到最大值，嗅觉反应处于平衡状态，以后就不存在嗅味物浓度差的动力，嗅觉细胞敏感性逐渐降低，嗅觉响应趋于平衡。例如，当人们进入一个新的环境时，很快能够感受到气味异常，一旦时间较长就会适应这一环境而感觉不出原来已经被辨别出的气味，这是因为嗅细胞容易产生疲劳。连续的气味刺激使其敏感性降低，甚至使嗅觉受到抑制，气味感消失，也就是对气味产生了适应性。因此，进行嗅觉评价时，应按气味由淡到浓的顺序进行，且检验的数量及延续时间应尽量缩减并间断进行。

2)嗅觉的评价

在食品生产、检验和鉴定方面，嗅觉起着十分重要的作用，有许多方面是无法用仪器和理化检验来替代的。例如，在食品的风味化学研究中，通常由色谱和质谱将风味组分定性和定量，但整个过程中提取、捕集、浓缩等都必须伴随感官的嗅觉校查，才可保证试验过程中风味组分无损失。许多发酵食品，如白酒、葡萄酒香味的研制都有赖于嗅觉的评价。

嗅觉试验最方便的方法就是把盛有嗅味物的小瓶置于离鼻子一定距离的位置，用手掌在瓶口上方轻轻煽动，然后轻轻地吸气，让嗅味气体刺激鼻中嗅觉细胞，产生嗅觉。以被测样品和标准样品之间的相对差别来评判嗅觉响应强度。在两次试验之间以新鲜空气作为稀释气体，使得鼻内嗅觉气体浓度迅速下降。

4. 味觉与味觉的评价

1)味觉的产生及其特征

人类的味觉感受器是覆盖在舌面上的味蕾。味蕾分布于舌面的乳头状组织中，味蕾中含有味细胞，可溶性呈味物质刺激味细胞，这种刺激通过味觉神经传入神经中枢，进入大脑皮层，产生味觉。

位于不同种类乳头状组织中的味蕾对不同味的敏感性不同，因此造成舌头各个部位感觉不同味道的灵敏度有差别，一般味觉在舌尖部、两边敏感，中间和舌根部较迟钝。味觉的敏感度及味觉产生的时间及维持时间与温度及呈味物质的溶解度有关。接近舌温(30 ℃左右)，味觉最敏感，高于或低于此温度，味觉都有所减弱。从刺激味觉感受器到出现味觉，一般需 0.15～0.4 s，这与呈味物质的溶解性有关。呈味物质先在舌表面溶解，而后才产生味觉，水溶性好的物质，味觉产生快，消失也快；水溶性较差的物质，味觉产生慢，但维持时间较长。一般咸味感觉最快，苦味感觉最慢。基本的味觉有酸、甜、苦、咸四种，其余都是混合味觉。

2)味觉的评价

味觉是人的基本感觉之一，味觉一直是人类对食物进行辨别、挑选和决定是否予以接受的主要因素之一。味觉在食品感官评价上占有重要地位。进行味觉评价前，评价员不能吸烟或吃刺激性强的食品，以免降低感官的灵敏度。评价时取出少量被检食品，放入口中，细心咀嚼、品尝，然后吐出，用温水漱口，再检验第二个样品。以被测样品和标准样品之间的相对差别来评判味觉响应强度。例如，原汁发酵葡萄酒与调配葡萄酒、高纯度味精的味觉差异可做为评价产品质量的依据之一。

5. 触觉与触觉的评价

1)触觉的产生及其特征

皮肤的感觉称为触觉，触觉主要用于辨别物体表面的力学特性和温度的差异。皮肤上的触觉感受器受机械刺激产生神经冲动，神经冲动传入大脑皮层即产生触感。在感官检验中，利用手触摸食品，手部肌肉主动参与触摸及触压。皮肤分布着冷点与温点，若以冷或温的刺激作用于冷点或温点，便可产生温度觉。在 10～60 ℃的适宜刺激下均能产生温度觉。温度刺激作用于皮肤时所产生的感觉强度直接取决于被刺激部位皮肤的面积，因为同样的刺激作用于较大的皮肤表面，就会引起强烈的感觉。皮肤区感受点的密度越大，对温度变化越敏感，说明温度觉有显著的空间总和。这些触觉在感官检验中，对感知被测样品的表面属性有着重要作用。

2)触觉的评价

触觉的评价是通过人的手、皮肤表面接触物体时所产生的感觉来分辨、判断产品质量特性的一种评价方法。进行食品触觉评价时，通过手触摸食品，对食品表面的粗糙度、光滑度、软、硬、柔性、弹性、韧性、塑性、冷、热、潮湿、干燥、稀稠等作出评价。触觉评价往往与视觉、听觉配合进行。例如，传统黄酒发酵初期，技师通过触摸发酵罐的温度和听气泡声音，可以确定糖化醪是否可以开耙；传统白酒续槽发酵工艺中，技师通过触摸和观察出窖酒醅状况，可判断酒醅淀粉的利用程度和发酵是否正常。

6. 口感的评价

食品的口感指食品在口腔中，通过牙齿的咀嚼，与口腔、舌面接触及机械摩擦的过程中所产生的物理性的感觉，如感受到食品的硬度、黏度、弹性、酥性、脆性、韧性、附着力、润滑感、粗糙感、冷感、热感、细腻感、咀嚼性、胶性等物理特性。在品尝食品时，苏打饼干的脆性、酥性，口香糖的耐嚼性，酸奶的细腻感等都是食品口感的描述内容，所以口感实际上是食品的某种质量特征在人的口腔内产生的综合感觉。

7.3　主要发酵食品的感官评价

7.3.1　发酵肉制品的感官评价

1. 香肠质量的感官评价

1)外观

优质香肠(香肚)，肠衣(或肚皮)干燥而完整，紧贴肉馅，表面有光泽；次质香肠，肠衣稍有湿润或发黏，肉馅易于分离，表面色泽稍暗，有少量霉点，但抹拭后不留痕迹；劣质香肠，肠衣湿润、发黏，极易与肉馅分离并易撕裂，表面霉点严重，抹拭后仍有痕迹。

2)色泽

优质香肠，切面有光泽，肉馅呈红色或玫瑰色，脂肪呈白色或微带红色；次质香肠(香肚)，部分肉馅有光泽，深层呈咖啡色，脂肪呈淡黄色；劣质香肠(香肚)，肉馅无光泽，肌肉碎块的颜色灰暗，脂肪呈黄色或黄绿色。

3)组织形态

优质香肠(香肚)，切面平整坚实，肉质紧密而富有弹性；次质香肠(香肚)，组织稍软，切面平齐但有裂隙，外围部分有软化现象；劣质香肠(香肚)，组织松软，切面不齐，裂隙明显，中心部分有软化现象。

4)气味

优质香肠(香肚),具有香肠(香肚)特有的风味;次质香肠(香肚),风味略减,脂肪有轻度酸败味或肉馅带有酸味;劣质香肠(香肚),有明显的脂肪气味或有其他异味。

2. 灌肠质量的感官评价

1)外观

优质灌肠,肠衣(或肚皮)干燥而完整,并紧贴肉馅,表面有光泽;次质灌肠,肠衣(或肚皮)稍有湿润或发润或发黏,易与肉馅分离,表面色泽稍暗,有少量霉点,但抹试后不留痕迹;劣质灌肠,肠衣(或肚皮)湿润、发黏,极易与肉馅分离并易撕裂,表面霉点严重,抹试后有痕迹。

2)色泽

优质灌肠,切面有光泽,肉馅呈红色或玫瑰色,脂肪呈白色或微带红色;次质灌肠,部分肉馅有光泽,深层呈咖啡色,脂肪呈淡黄色;劣质灌肠,肉馅无光泽,肌肉碎块颜色灰暗,脂肪呈黄色或黄绿色。

3)组织状态

优质灌肠,切面平整坚实,肉质紧密而富有弹性;次质灌肠,组织松软,切面平齐但有裂隙,外围部分有软化现象;劣质灌肠,组织松软,切面不齐且裂隙明显,中心部分有软化现象。

4)气味

优质灌肠,具有灌肠特有的风味;次质灌肠,风味略减,脂肪有轻度酸败味或肉馅带有酸味;劣质灌肠,有明显的脂肪酸败气味或其他异味。

3. 火腿质量的感官评价

1)色泽

优质火腿,肌肉切面为深玫瑰色、桃红色或暗红色,脂肪呈白色、淡黄色或淡红色,具有光泽;次质火腿,肌肉切面呈暗红色或深玫瑰红色,脂肪切面呈白色或淡黄色,光泽较差;劣质火腿,肌肉切面呈紫色,上有斑点,脂肪切面呈黄色或黄褐色,无光泽。

2)组织状态

优质火腿,结实而致密,具有弹性,指压凹陷能立即恢复,基本上不留痕迹,切面平整、光洁;次质火腿,肉质较致密,弹性差,指压凹陷恢复较慢,切面平整,光泽较差;劣质火腿,组织疏松稀软,甚至呈黏糊状,尤以骨髓及骨周围组织更加明显。

3)气味

优质火腿,具有正常火腿所特有的香气;次质火腿,稍有酱味、花椒味、火豉味,无哈喇味,有微弱酸味;劣质火腿,具有腐败臭味或严重的酸败味及哈喇味。

4. 腊肠质量的感官评价

1)色泽

优质腊肠，色泽斑驳鲜明，有光泽，肌肉呈鲜红色或暗红色，脂肪透明或呈乳白色；次质腊肠，色泽稍淡，肌肉呈暗红色，脂肪呈淡黄色，表面可有霉斑，抹拭后无痕迹，切面有光泽；劣质腊肠，肌肉灰暗无光，脂肪呈黄色，表面有霉点，抹拭后仍有痕迹。

2)组织状态

优质腊肠，肉质干爽，结实致密，坚韧而有弹性，指压后无明显凹痕；次质腊肠，肉质轻度变软，但仍有弹性，指压后凹痕尚易恢复；劣质腊肠，肉质松软，无弹性，指压后凹痕不易恢复，肉表面附有黏液。

3)气味

优质腊肠，具有广式腊肠固有的正常风味；次质腊肠，风格略减，伴有轻度脂肪酸败味；劣质腊肠，有明显脂肪酸败味或其他异味。

7.3.2　发酵乳制品的感官评价

1. 酸牛奶质量的感官评价

酸牛奶是指以牛乳为原料，添加适量的砂糖，经巴氏杀菌和冷却后加入纯乳酸菌发酵剂，经保温发酵而制成的含有活菌的乳制品。酸牛奶的感官评价标指包括：色泽、组织状态、气味、滋味。

酸牛奶的感官评价方法如下：取适量试样于 50 mL 烧杯中，在自然光下观察其色泽和组织状态，并闻其气味，然后用温开水漱口，再评尝样品的滋味。感官评价标准按百分制评定，总分 100 分，其中滋味和气味 40 分，组织状态 50 分，色泽 10 分。具体评分细则参见表 7-1。

表 7-1　酸牛奶感官指标评分标准

项目	特征		扣分/分
	酸牛奶、原味酸牛奶、果料酸牛奶		
	凝固性	搅拌型	
组织状态（50 分）	组织细腻，均匀，表面光滑，无干裂，无气泡，无乳清析出	组织细腻，凝块细小均匀爽滑，无气泡，无乳清析出	0～10
	组织细腻，均匀，表面光滑，无干裂，无气泡，有少量乳清析出	组织细腻，凝块细小均匀爽滑，无气泡，有少量乳清析出	10 ～20
	组织粗糙，有裂纹，有少量乳清析出	组织不均匀，无气泡，有少量乳清析出	20～30
	组织粗糙，有裂纹，有乳清析出	组织粗糙，不均匀，无气泡，有乳清析出	30～40
	组织粗糙，有裂纹，有大量气泡，乳清析出严重，有颗粒	组织粗糙，不均匀，有大量气泡，乳清析出严重，有颗粒	40～50

续表

项目	特征		扣分/分
	酸牛奶、原味酸牛奶、果料酸牛奶		
	凝固性	搅拌型	
滋味和气味（40分）	具有酸牛乳固有的滋味和气味或相应的果料味，酸味和甜味比例适当		0～5
	过酸或过甜		5～20
	有涩味		20～30
	有苦味		30～35
	异常滋味或气味		35～40
色泽（10分）	呈均匀乳白色、微黄色或果料固有的颜色		0～2
	淡黄色		2～4
	浅灰色或灰白色		4～6
	绿色、黑色斑点或有霉菌生长，颜色异常		6～10

2. 硬质干酪质量的感官评价

干酪是以牛乳为原料，经巴氏杀菌、添加发酵剂、凝乳、成型、发酵等过程而制成的产品。

奶酪感官评价按百分制评定，其中滋味和气味 50 分，组织状态 25 分，纹理图案 10 分，色泽 5 分，外形 5 分，包装 5 分；特级产品要求总评不低于 87 分（滋味和气味得分不低于 42 分），一级产品要求总评分不低于 75 分（滋味和气味得分不低于 35 分）（表 7-2）。

表 7-2　硬质干酪感官指标评分标准

项目	特征	扣分/分
滋味和气味（50分）	具有特有的滋味和气味，香味浓郁	0
	具有特有的滋味和气味，香味良好	1～2
	滋味、气味良好但香味较淡	3～5
	滋味、气味合格，但香味淡	6～8
	具有饲料味	9～12
	具有异常酸味	9～15
	具有霉味	9～18
	具有苦味	9～15
	具有氧化味	9～18
	有明显的其他异常味	9～15
纹理图案（10分）	具有该品种正常的纹理图案	0
	纹理图案略有变化	1～2
	有裂痕	3～5
	有网状结构	4～5
	契达干酪具有孔眼	3～6
	断面粗糙	5～7

续表

项目	特征	扣分/分
色泽（5 分）	色泽呈白色或淡黄色，有光泽	0
	色泽略有变化	1～2
	色泽有明显变化	3～4
组织状态（25 分）	质地均匀，软硬适度，组织极细腻，有可塑性	0
	质地均匀，软硬适度 ，组织极细腻，可塑性较好	1
	质地基本均匀，稍软或稍硬，组织较细腻，有可塑性	2
	组织状态粗糙，较硬	3～9
	组织状态疏松，易碎	5～8
	组织状态呈碎粒状	6～10
	组织状态呈皮带状	5～10
外形(5 分)	外形良好，具有该品种正常的形状	0
	干酪表皮均匀、细致、无损伤，无粗厚表皮层，有石蜡混合物涂层或塑料膜真空包装	0
	无损伤但外形稍差	1
	表层涂蜡有散落	1～2
	表层有损伤	1～2
	轻度变形	1～2
	表面有霉菌	2～3
包装（5 分）	包装良好	0
	包装合格	1
	包装较差	2～3

注：1. 有轻度苦味、轻度饲料味、轻度霉味作合格论，滋味和气味评分低于 39 分者不得用作加工干酪原料；2. 荷兰干酪允许有微酸味；3. 不杀菌加工的荷兰干酪允许有气孔。

7.3.3　发酵酒制品的感官评价

1. 白酒的感官评价

人们在饮酒时很重视白酒的香气和滋味，目前对白酒质量的品评以感官指标为主，即从色、香、味、风格四个方面进行鉴别。

1)色泽、透明度

将白酒倒入白色透明高脚玻璃杯中，用手指夹住酒杯的杯柱，举杯于适宜的光线下，进行直观或侧观。观察酒液的色泽是否正常、有无光泽、有无悬浮物、沉淀物等。如光照不清，可以用白纸作底以增强反光，或借助于折光罩，使光束透过杯中酒液，白酒应无色透明、无悬浮物和沉淀物。杯壁上不得出现环状不溶物、浑浊和沉淀。在冬季，如果白酒中有沉淀，则可用水浴加热到 30～40 ℃，沉淀消失为正常。

2)香气

白酒的香气有溢香、喷香、留香三种。当鼻腔靠近酒杯口时，白酒中的芳香成分溢散在杯口附近，容易使人闻到香气，这就是溢香，也称闻香。用嗅觉即可直接辨别香气的浓度及特点。酒液饮入口中，香气充满口腔，叫喷香。留香是指酒已咽下而口中仍持续留有酒香气。

在对白酒的酒香进行感官评价时，最好使用大肚小口的玻璃杯，将白酒注入杯中稍加摇晃，即可用鼻子在杯口附近短促呼吸以仔细嗅闻其香味。也可采用下列方法对酒进行细致鉴别：①用一条吸水性强、无味的纸，浸入酒杯吸一定量的酒样，闻纸条上散发的气味，然后将纸条放置 8～10 min 再闻一次。这样可以鉴别酒液香气的浓度和持续时间，同样也易于辨别有无不快气味以及气味的浓淡；②在手心中滴几滴酒样，把手握成拳头，从大拇指与食指的缝隙间闻其气味；③在手心或手背上滴几滴酒样，然后两手相搓，使酒样迅速挥发，及时闻其气味，此法可用于鉴别酒香的浓淡。

闻酒气味时要先呼气，再对准酒杯吸气。还应注意酒杯和鼻子的距离，呼气时间的长短、间歇、呼气量应尽可能相同。一般白酒都具有一定的溢香，很少有喷香或留香。名酒中的五粮液，就是以喷香著称；而茅台酒则以留香而闻名。

3)滋味

白酒的滋味应有浓厚、淡薄、软绵、辛辣、纯净和邪味之别。酒咽下后，又有回甜、苦辣之分。白酒以醇厚、无异味、无强烈刺激性为上品。感官评价白酒的滋味时，酒饮入口中要慢而稳，使酒液先接触舌头，而后两侧，再至舌根部位，然后鼓起舌头打卷，使酒液铺张到整个舌上，进行味觉的全面判断。

4)风格

风格评价是对酒的色、香、味进行全面评价的综合体现，主要靠鉴评人员平日广泛接触各种名酒积累的经验。不同香型的白酒其香味和口味要求如下：①酱香型，要求酱香突出，优雅细致，酒体醇厚，回味悠长，以茅台酒为代表；②浓香型，其特点是窖香浓郁，绵软甘洌，尾净余长，即有“香、甜、浓、净”四个特征，如泸州老窖、五粮液、剑南春、洋河大曲等；③清香型，其特点是清香醇正，口味协调，微甜绵长，余味爽净，如山西汾酒；④米香型，其特点是米香洁雅醇正，入口绵软，落口干洌，回味怡畅，以桂林三花酒为代表；⑤兼香型，其特点是浓酱协调，香气浓郁，纯正柔和，后味回甜，如白沙液酒；⑥混合型或特殊香型的白酒，如西凤酒、董酒等。

2. 黄酒的感官评价

黄酒是我国特有的传统饮用酒，因其色泽黄亮而得名。黄酒的主要原料是糯米、粳米、黄米等，通过酒药、曲的糖化发酵，再经压榨制成，属于低度发酵酒，酒精含量一般为 14.5%～20%。黄酒酒性醇和，适于长期贮存，具有越陈越香的特点。

(1)色泽。黄酒是琥珀色或淡黄色的液体，清澈透明，光泽明亮，无沉淀物和悬浮物。

(2)香气。黄酒香气馥郁者为佳，即具有黄酒特有的酯香。

(3)滋味。黄酒应该是醇厚而稍甜，酒味柔和无刺激性，不得有辛辣酸涩等异味。

(4)酒度。黄酒酒精含量一般为 14.5%～20%。

3. 啤酒的感官评价

1)基本程序

啤酒的感官评价的基本程序可以简单地归纳为看、闻、品。

(1)看。首先是看啤酒的透明度、色泽和泡沫。瓶装啤酒对着光线观察其透明度，然后将酒瓶倒置，这样可明显地观察是否有沉淀物。开瓶后将酒倒入透明玻璃杯中，观察其颜色的深浅、是否有光泽。啤酒的泡沫是啤酒质量感官评价的一项重要指标。除要求泡沫洁白、细腻外，还要求啤酒泡沫具有持泡性和挂杯性。持泡性就是要求泡沫消失较慢，泡层厚 3 cm 左右能持泡 3 min 以上者为优。挂杯性就是在啤酒泡沫散落后，杯壁仍挂有泡沫。

(2)闻。靠近啤酒杯上口处，轻轻吸气。凡有明显的酒花香、纯洁的麦芽香和醇香者为优。如有生酒花味、老化味、铁腥味、酸味、异味或其他怪味者为劣。

(3)品。优质啤酒落口既有清爽、鲜美的感觉，又有酒花和麦芽的清香，口感协调、醇厚、柔和、无甜味，苦味清爽消失快而无明显涩味感。回味舒适醇正，有碳酸气刺激感(即所谓杀口感)者质量上乘。如回味甜涩，有酵母臭味、焦糖味、焦皮味、酸味等异味或饮后感到似水单调无味，均属劣质啤酒。

2)具体内容

啤酒感观评价具体可从色泽、泡沫、香气和口味等方面进行。

(1)色泽。优质啤酒，浅黄色带绿，有醒目光泽，清澈透亮，无明显悬浮物；次质啤酒，色淡黄或稍深，透明或有光泽，有少许悬浮物或沉淀；劣质啤酒，色泽暗而无光或失光，有明显悬浮物和沉淀物，严重者酒体浑浊。

(2)泡沫。优质啤酒，倒入杯中起泡力强，泡沫达 1/2～1/3 杯高，洁白细腻，挂杯 4 min以上；次质啤酒，倒入杯中起泡升起，色较洁白，挂杯时间持续 2 min 以上；劣质啤酒，倒入杯中稍有泡沫且消散很快，有的根本不起泡沫，起泡者泡沫粗黄，不挂杯。

(3)香气。优质啤酒，有明显的酒花香气，无生酒花味，无老化味及其他异味；次质啤酒，有酒花香气但不明显，也没有明显的异味和怪味；劣质啤酒，无酒花香气，有怪异气味。

(4)口味。优质啤酒，口味纯正，酒香明显，无任何异杂滋味；酒质清冽，酒体协调柔和，杀口力强，苦味细腻微弱且略显愉快，无后苦；次质啤酒，口味较醇正，无明显异味，酒体较协调，具有一定杀口力；劣质啤酒，味不正，有明显的杂异味、怪味。

4. 葡萄酒的感官评价

1)葡萄酒感官评价的条件

品评葡萄酒时，需要注意以下几点：①时间，品酒有盲目测试及比较测试之分，最佳试酒、品酒时间为上午 10：00 左右。这个时间不但光线充足，而且人的精神及味觉也比较集中；②杯子，品尝葡萄酒的酒杯应是杯身薄、无色透明且杯口内缩的郁金香杯，杯脚长 4～5 cm，这样才能避免用手拿杯身时，手的温度间接影响到酒温，而且也方便观察酒的颜色；③次序，若同时品尝多款酒时，应该从口感淡的到口感重的，这样才不会因为前一款酒的浓重而破坏后一款酒的味道，所以一般先品尝干白；④温度，在最适合的温度饮用，不仅能让香气完全散发出来，而且在口感的均衡度上，也可以达到最完美的境界，新酿单宁重的红酒的最适饮用温度为 14～17 ℃，成熟红酒为 15～18 ℃，年轻味淡红酒为 12～14 ℃，新酒为 10～12 ℃，玫瑰红酒为 7～10℃，清淡型白葡萄酒为 7～10 ℃，浓郁型白葡萄酒 12～16 ℃，半干型葡萄酒为 7～8 ℃，甜白葡萄酒为 4～6 ℃，起泡葡萄酒为 7～8 ℃。

2)葡萄酒品酒的步骤

一般按照下列步骤品评葡萄酒：

(1)视觉。摇晃酒杯，观察缓缓流下的酒脚，再将杯子倾斜 45°，观察酒的颜色及液面边缘(自然光最理想)，由此可以判断酒的成熟度。一般而言，白葡萄酒在短时间内是无色的，随着时间的延长，颜色会逐渐由浅黄并略带绿色到成熟的麦秆色、金黄色，最后变成金铜色。若变成金铜色，则表示白葡萄酒已经太老而不适合饮用了。红葡萄酒则相反，它的颜色会随着时间的延长而逐渐变淡，年轻时深红带紫，然后会渐渐转为深红或樱桃红，再转为红色偏橙红或砖红色，最后呈红褐色。

(2)嗅觉。将酒摇晃过后，将鼻子深深置入杯中吸至少 2 s，重复此动作可分辨多种气味。尽可能从三个方面分析酒的香味：强度(弱、适中、明显、强、特强)、质地(简单、复杂或愉悦、反感)、特征(果味、骚味、植物味、矿物味、香料味)。

(3)味觉。小酌一口，并以半漱口的方式让酒在口中充分与空气混合、接触到口中的所有部位，此时可归纳、分析出单宁、甜度、酸度、圆润度、成熟度。也可将酒吞下，以感觉酒的终感及余韵。

7.4 发酵食品的风味成分分析

7.4.1 一般内容及原则

发酵食品本身所固有的、独特的气味，大体由以下途径形成：

(1)生物合成。食品原料在发酵过程中，直接通过生物合成途径形成香味成分。例如，在白酒酿制过程中，许多高级醇的形成使其醇香浓郁。

(2)直接酶作用。酶直接作用于香味前体物质，形成香味成分，表现出香味。例如，在葡萄酒发酵过程中，葡萄糖苷在糖苷酶的作用下生成香气化合物。

(3)氧化作用。氧化作用也可以称为间接酶作用，即在酶的作用下生成氧化剂，氧化剂再使香味前体物质氧化，生成香味成分，表现出香味。例如，红茶的浓郁香气就是通过这种途径形成的。

(4)高温分解。通过加热或烘烤等处理，使原料中存在的香味前体物质分解而产生香味成分。例如，芝麻、花生在加热后可产生诱人的香味。

(5)添加香料。为保证和提高食品的感官品质，引起人的食欲，在食品本身没有香味、香味较弱或者在加工中丧失部分香味的情况下，为了补充和完善食品的香味，可有意识地在食品中添加所需要的香料。例如，在肉肠发酵中，添加许多香辛料以改善肉肠的风味。

(6)发酵作用。发酵过程也是食品生香的重要途径，如酒、酱、油、食醋的许多香味都是通过发酵而产生的。

7.4.2　发酵食品风味的研究分析方法

研究发酵食品的风味，首先要了解风味物质的成分和组成，即要对风味物质进行成分分析。精密分析仪器的出现，使发酵食品风味的研究方法不断得到改进和完善，目前已基本建立了一套比较完整的研究程序和分析鉴定方法。对于难度较大的嗅感风味成分，通常的研究分析步骤是，先从食品样品中提取(分离)风味成分，经过初步的分级分离后，再逐个分离得到单一组分，然后对各组分进行鉴定。在上述过程完成后，还要进行化学或生物合成，并混合为该食品的风味，以确证分析鉴定的准确性。由于目前还没有任何一种仪器能准确测定各种食品的风味类型和质量，因此，任何风味物质的鉴定都必须同时伴随感官评定。

风味物质收集常用的方法有蒸馏、萃取、液上气体分析等，分别介绍如下：

(1)蒸馏。有蒸汽蒸馏和分子蒸馏。蒸汽蒸馏包括常压蒸馏、减压蒸馏和真空蒸馏等手段。分子蒸馏采用使蒸发表面和冷阱之间的距离小于分子平均自由程的方法，使蒸发分子直接运动到冷阱，从而达到分离的目的。气体的分压越小，分子运动的平均自由程越大，所以体系要求有较高的真空度，以使气体分子无需冷凝而直接进入冷阱。

(2)萃取。萃取主要是根据化合物在溶剂中分配系数的不同而得到分离。常用的方式有固—液萃取、液—液萃取和液态CO_2萃取三种。其中，液态CO_2是低沸点溶剂，可溶解挥发性物质，因此采用液态CO_2萃取时要求装置精巧，耐高压，能接触热、光和氧气。

(3)液上气体分析。这是近年发展起来的从气相分离出挥发物的一种方法。目前采用的有直接注样法、动态加热法、活性柱吸附法等。直接注样法是在容器内放入粉碎的食料，充入氮气(5～10 min)或抽真空后，控制恒温并静置一定时间，再用注射器穿透橡胶塞获得一定量的气体样品即可进行分离鉴定。此法简单易行，但灵敏度低，仅能测定含量多的组分。动态加热法是将切碎的食品样品放入一个三颈瓶内，加入微量甲醇作内标，并加入一定量的水，瓶外加水浴套以保持瓶内恒温在50 ℃。从三颈瓶的另一入口以一定速度注入纯氮气约2 h，然后将装在第三个瓶口的活性炭吸附剂转入另一试管，再用二硫化碳萃取其挥发成分，以便进行分离和仪器鉴定。

7.4.3　主要发酵食品风味成分

1. 白酒风味

白酒的香气成分有200多种，包括醇类、酯类、酸类、羰基化物、硫化物等，这些物质在恰当的比例下组成了白酒的特殊芳香。

浓香型白酒的主要香气成分是己酸乙酯和适量的丁酸乙酯及其他酯类、有机酸类，高级醇及醛类等为助香成分。酱香型白酒的香气成分较复杂，其主要呈味物质是高沸点羰基化合物和酚类化合物(如4-乙基愈疮木酚、香兰醛和4-乙基酚等)，有机酸类、酯类、醇类等为助香成分。清香型白酒的主要香气成分是乙酸乙酯和乳酸乙酯，还含有较多的高级醇、乙酸及双乙酰等，并含极少量的己酸乙酯。米香型白酒的主要香气成分是β-苯乙醇和己酸乙酯，其他微量成分为助香成分。表7-3中列出了几种白酒的香气成分(GC法)。

表7-3　几种白酒的香气成分　　单位：mg/L

成分		大曲	汾酒	茅台	三花	薯干白酒
醇类	甲醇	275	174	210	65	2116
	丙醇	155	95	220	197	752
	丁醇	86	11	95	8	20
	仲丁醇	28	33	45	—	181
	异丁醇	120	116	172	462	569
	戊醇、2-戊醇	—	—	196	—	741
	异戊醇	346	546	494	960	—
	庚醇、辛醇	—	—	157	—	—
酯类	甲酸乙酯	111	—	212	—	—
	乙酸乙酯	1700	3059	1470	229	310
	丁(戊)酸乙酯	192	—	313	—	—
	乙酸异戊酯	47	—	25	—	—
	己酸乙酯	1506	22	424	—	10
	庚(辛)酸乙酯	63	—	17	—	—
	乳酸乙酯	1650	2616	1378	995	1110
酸类	甲酸	31	18	69	4	26
	乙酸	643	945	1110	216	634
	丙(丁)酸	125	15	254	2	59
	己(戊)酸	236	3	258	3	17
	庚(辛)酸	—	—	8	—	8
	乳酸	378	284	1057	978	54
醛类	乙缩醛	440	140	550	35	41
	乙(甲)醛	3	29	19	19	25
	丙醛	440	140	550	35	41
	异(正)丁醛	38	3	11	1	2
	异(正)戊醛	83	15	98	1	2
	糠醛	19	4	294	4	7
酮类	丙酮	—	2	—	—	—
	丁酮	1	8	25	—	1
	2-己酮	1	—	16	—	—

1)醇类化合物

醇类化合物是白酒中含量最多的一类物质，除乙醇外，还含有丙醇、丁醇、异丁醇、戊醇、异戊醇等，这些醇类也常被统称为高碳醇(或高级醇)。高碳醇是形成白酒独特风味的重要成分之一，尤其是异戊醇，它的香气值接近 1，有一种独特香气，与其他成分之间存在相乘效果，这些高碳醇一般由原料中的氨基酸发酵而生成。

一般说来，高碳醇中异戊醇含量最多，其次是异丁醇、丙醇、仲戊醇等。异戊醇(包括仲戊醇)量与异丁醇量的比值对酒的风味也有影响。在果酒中，由于原料果汁内氨基酸含量少，高碳醇主要由丙酮酸脱羧、还原而生成。例如，通过 4-甲基-α-酮戊酸生成异戊醇，通过 α-酮异戊酸生成异丁醇。在这种情况下生成高碳醇的量一般较少，而且异戊醇量与异丁醇量的比值较高。而在白酒或啤酒的发酵过程中，由于原料内氨基酸的含量较高，使酶合成高碳醇系统受到抑制，高碳醇便直接从亮氨酸、异亮氨酸和缬氨酸生成。这时酒中高碳醇的含量较多，且异戊醇量与异丁醇量的比值和原料中的亮氨酸量(包括异亮氨酸)与缬氨酸量的比值大致成比例。一般说来，谷类酒的异戊醇量与异丁醇量的比值较果酒低。因此，制酒原料内的蛋白质含量要适当。若蛋白质含量过低，则生成的高碳醇太少或比例不当，使酒香平淡；若蛋白质含量过高，则生成的高碳醇含量过多或比不协调，给酒带来刺激性气味或苦味。在国产名牌白酒中，茅台酒高碳醇的种类最多，三花酒高碳醇的含量最高。

2)酯类化合物

酯类化合物是白酒中最重要的一类香味成分，形成了各种白酒的香型。一般名牌白酒的酯类含量都较高，而普通白酒的含量较低。主要的酯类化合物是偶数碳原子的脂肪酸所形成的乙酯和乳酸乙酯。此外，还有由乙酸与异戊醇、异丁醇或 β-苯乙醇所形成的乙酸酯。各种白酒的香味成分大致相同，但含量有差别。大曲酒中含乙酸乙酯、乳酸乙酯、己酸乙酯最多，香气浓郁；汾酒的酯类几乎全是乙酸乙酯和乳酸乙酯，清香扑鼻；茅台酒的乙酸乙酯、乳酸乙酯和己酸乙酯均比大曲少，但丁酸乙酯多，香气醇厚持久，俗称“留杯香”；三花酒中各种酯类的含量相对都较少，香气清淡。谷类酒与杂粮酒相比，后者中的乙酸异戊酯含量很少，其他酯类含量也少。当酒中含有微量的 M-碳基(或羟基)异己酸乙酯时，它与异戊醇共存会使酒的香气更为强烈。若将酒浆在发酵最盛期挥发的香气经冷却、捕集后放回酒中，可以提高酒香。有人用乙酸乙酯、乳酸乙酯、己酸乙酯和乙酸异戊酯按比例调配后加入清酒内，也能得到类似于某香型的白酒。

3) 羰基化合物

羰基化合物也是白酒中较为重要的香气成分。茅台酒中的羰基化合物成分最多，主要有乙缩醛、丙醛、糠醛、异戊醛、丁二酮等；大曲酒和汾酒中主要是乙缩醛和丙醛，其中汾酒的含量低些；三花酒中羰基化合物的含量很少。

很多醇类如乙醇、异戊醇、仲戊醇等，都可以通过上述反应形成乙缩醛。乙缩醛具有柔和的香气。少数羰基化合物还可以在酒的蒸馏和贮藏过程中，通过美拉德反应和醇类的氧化反应而生成。日本有人据此将白酒中的 3-脱氧葡萄糖醛酮作为白酒熟化管理的指标，规定新酒中该物质的含量为 50 μmol/L，陈酒中的含量为 350 μmol/L。

来自原料中的某些物质经过复杂的微生物发酵作用，不但生成了一些含量较多的香气成分，有时还会形成一些含量极微的主体香气成分。例如，在酱香型白酒中除酯香和醇香成分外，还发现有微量的呈现酱香和焦香的吡喃类、呋喃类化合物。

除此以外，某些白酒中还含有微量的酚类，如4-乙基苯酚、愈创木酚等。

2. 果酒的香气成分

葡萄酒是最重要的果酒，虽然葡萄酒的种类繁多，但主要香型有相似之处，其主要香气成分见表7-4。有些香气来自果实本身，是果酒的特征香气，有些则是在发酵和陈酿过程中产生的。

1)醇类化合物

葡萄酒中的高碳醇含量以红葡萄酒较多，比啤酒高些，但比白酒少。葡萄酒中的高碳醇主要是异戊醇，而异丁醇、仲戊醇含量很少。高碳醇的性质和含量对葡萄酒的风味有重要影响，极少量的高级醇也会带来良好香气。例如，葡萄牙的包尔德葡萄酒，就含较多的高级醇，风味很好。甘油是发酵的副产物，味甜浓厚，会影响葡萄酒的风味。果酒中有的醇类来自果实，如麝香葡萄酒含有许多芳樟醇、香茅醇等萜烯类化合物，用这种葡萄酿成的酒中也含有这些成分，从而呈现麝香气味。有些品种的葡萄酒还含有3，7-二甲基-1，5，7-辛三烯-3-醇、己醇及3-己烯醇等。

表7-4　几种酒类的重要香气成分　　单位：mg/L

成分		葡萄酒	啤酒	威士忌（苏格兰）	白兰地（法国）	朗姆酒
醇类	丙醇	—	15	—	300	—
	异丁醇	70	17	290	530	300
	异戊醇、仲丁醇	340	68	340	1590	600
	苯乙醇	50	20	15	3	—
酯类	乙酸乙酯	15	25	100	200	200
	乙酸异戊(丁)酯	0.1	0.6	2.8	4	11.5
	乙酸苯乙酯	0.5	0.3	1.2	5	1
	丁酸乙酯	—	0.05	1.0	1	220
	己(辛)酸乙酯	4	0.3	3.7	20	25
	壬(癸)酸乙酯	0.5	0.2	7.9	50	25
	乳酸乙酯	—	3	1.8	—	10
	月桂酸乙酯	—	—	5.5	5	15
	棕榈(油)酸乙酯	—	—	3.3	—	51.5
羰化物	乙缩醛	—	—	14～17	1～100	120
	乙醛	40～120	3～17	45～62	60～140	60～8
	丙酮	—	0.5～2	9～10	—	—

2)酯类化合物

葡萄酒的酯类含量比啤酒多，比白酒少，主要成分是乙酸乙酯，其次是己酸乙酯和辛酸乙酯。由于酒中的酯类化合物较少，故香气较淡。在发酵过程中，还会生成一些内酯类，如γ-内酯等，这些成分与葡萄酒中的花香有关。例如，5-乙酰基-2-二氢呋喃酮、乳酸乙酯和琥珀酸二乙酯是雪利葡萄酒在发酵过程中形成的香气。

3)羰基化合物

葡萄酒中的羰基化合物主要是乙醛，有的含量高达0.1 mg/kg，这是因为乙醛、α-酮戊二酸、丙酮酸等碳化物都能与酒中的二氧化硫结合。当乙醛与乙醇、水等缩合成乙缩醛后香气就变得柔和。葡萄酒中含有的丁二酮为2～4 mg/kg时能增加香气强度，尤其是有微量的 2，3-戊二酮共存时，可使葡萄酒的香气更加浓郁芬芳。但丁二酮的含量若超过这个范围则会导致香气劣化。

4)酸类

葡萄酒中含有多种有机酸，如酒石酸、苹果酸、乙酸、乳酸、琥珀酸、柠檬酸、葡萄糖酸等，总量一般在 7 g/kg 以上。其中，酒石酸的含量可达 0.5%，它们主要来自果汁。在酿造过程中，酒石酸会发生沉淀，苹果酸在乳酸菌作用下变成乳酸，使葡萄酒的酸度降低。

5)酚类化合物

葡萄酒中含有种类繁多的酚类化合物。从果皮中溶出的花色苷、黄酮醇以及儿茶酚、单宁等多酚类物质有时多达 2 g/kg，从而易使红葡萄酒产生涩味，甚至苦味。人们通常不希望葡萄酒的涩味太强，因此在生产过程中应设法降低与花色苷有关的多酚类物质的含量。葡萄酒陈酿时所用的橡木桶也会对葡萄酒贡献一些酚类，如表现木香的对乙基苯酚、苯酚、对乙烯基酚等，呈现丁香气味的 4-乙基(或乙烯基)-2-甲氧基苯酚等均来自橡木桶。

3. 啤酒的风味成分

啤酒发酵过程中形成的风味化合物很多，已被认知的风味化合物有 600 种，其中已确定阈值的有 200 种。有些化合物的量很微小，却是构成啤酒风味不可缺少的物质。表 7-5 是几种典型风味物质及辨别参考阈值。

表 7-5　啤酒中各种典型风味物质及辨别阈值　　单位：mg/L

成分		辨别阈值	啤酒中正常含量	在啤酒中的味感
乙醇		14000	15000～50000	
高级醇	正丙醇	25	5～25	刺激的酒精味
	异丁醇	75	15～30	干、辣的醇味
	异戊醇	50	30～100	杂醇油味
酯类	乙酸乙酯	30	8～50	略甜、刺激香味
	乙酸异戊酯	2	1.5～3.0	水果、香蕉味
醛类	乙醛	25	3～15	青草味
	异丁醛	1	0.02～0.5	麦芽样气味
	异戊醛	0.8	0.1～0.3	干酪味
	反-2-壬烯醛	0.0001	0.0002(鲜)、0.00015(老化)	纸板味
酮类	丁二酮(双乙酰)	0.1	0.03～0.25	馊饭味
	2，3-戊二酮	1.0	0.01～0.6	面包、微甜气味
酸类	正丁酸	2.2	0.6～3	干酪味
	己酸	8	1～6	膻味
	乳酸	40	3～20	酸味
	醋酸	175	40～145	醋味
酒花香味成分	香叶烯	0.20	0.1～1.0	酒花香
其他	硫化氢	0.01	0.0005～0.004	臭蛋味
	二甲基硫(DMS)	0.15	0.01～0.25	煮菜的异味、硫味

1)老化味

老化味又称氧化味、纸板味。随着啤酒保存时间的延长，老化味强烈。不因氧化而出现老化味的时间称风味稳定期，老化味出现越晚风味保持得越好，因此控制老化味是啤酒厂家非常重视的问题。形成老化味物质的前体物质包括脂肪酸、还原糖、类黑色素、多酚、氨基酸等，它们存在于酒液中，成品酒制成后经过一段时间的贮存，这些物质就会在溶解氧的作用下，经过一系列的反应形成饱和或不饱和的羰基化合物，即老化味物质。啤酒的老化在制麦、糖化、发酵、包装过程就已开始，在成品酒贮存过程中进一步形成，从而影响啤酒风味。控制啤酒老化的途径有：①严格控制各工序氧的溶入，尽量避氧操作(麦汁充氧阶段除外)；②使用新鲜的麦芽、大米、酒花等原料；③适量添加抗氧化剂。

2)高级醇

高级醇在啤酒中适量存在能使酒体丰满、香气协调，正常含量为 50～90 mg/L，如含量超过 100 mg/L，就会造成口味腻厚、有刺激的汗臭味(杂醇油臭)、苦涩并易使人感觉头痛，俗称“上头”。高级醇中以异丁醇、异戊醇最具代表性，它的形成途径有两条：①由氨基酸降解生成，占总量的 25%；②糖类代谢生成丙酮酸，丙酮酸再反应生成高级醇，占总量的 75%。高级醇在主发酵期形成，可采用以下方法予以控制：①选择酵母菌种，控制增殖倍数为 3～4 倍，或添加量为每度 1000 万个细胞/mL 麦汁(浓度不大于 13°P)；②控制麦汁中含有适量的 α-氨基氮，α-氨基氮含量过低时，酵母的糖代谢过程易导致生成大量的丙酮酸，生成较多的高级醇，α-氨基氮含量过高时，会促进氨基酸脱氨脱羟基形成高级醇，一般控制 α-氨基氮的含量为 170～200 mg/L；③制定合理的发酵工艺，酵母接种温度低于 10 ℃，主酵温度为 10～12 ℃，带压发酵(0.08～0.2 MPa)。

3)酯

酯是主要发酵的副产物之一。适量的酯能使香味丰满协调，但过量时会有损啤酒风味的典型性，典型物质为乙酸乙酯和乙酸异戊酯，能使啤酒带有明显的酯香味。在发酵中酯的生成主要依赖于酵母的生物合成，在酵母酯酶催化下由酵母形成的酯酰 CoA 和醇化合形成酯。影响酯生成的主要因素如下：①麦汁的浓度和麦汁含氮量，麦汁通风量；②酵母菌种特性及添加量；③发酵的温度与压力。

4)醛

在麦汁煮沸和发酵过程中均有醛类生成，对啤酒风味影响较大的是乙醛。乙醛对风味的影响标志着啤酒的成熟度。乙醛在啤酒中的含量如超过 10mg/L 时，有不成熟口感、腐败性气味和类似麦皮的不愉快苦味，含量超过 25 mg/L 时，有强烈的刺激性辛辣感，口感郁闷，超过 50 mg/L 已无法下咽。影响乙醛生成的主要因素有：①酵母接种量；②麦汁通风量；③发酵温度与压力；④微生物污染。

5)酮

酮类中对啤酒风味影响最大的是连二酮类，包括 2，3-戊二酮和丁二酮(双乙酰)，它们都是挥发性的、有强烈刺激性的化合物，含量被视为啤酒成熟与否的决定性指标，当含量超过 0.5 mg/L 有馊饭味。因双乙酰味阈值低于 2，3-戊二酮，含量又是 2，3-戊二酮的 3～6 倍，因而主要研究双乙酰的影响。双乙酰前驱物质 α-乙酰乳酸是酵母合成缬氨酸时形成的，其消除依赖于酵母的醇脱氢酶将其还原成丁二醇，可见双乙酰值的变化直接受酵母合成代谢作用的影响。可采用以下方法予以控制：①选择优良的酵母菌株；②适当提高麦汁中 α-氨基氮水平；③使用外加酶制剂，添加 α-乙酰乳酸脱羧酶，简化双乙酰还原途径，缩短主发酵期；④控制成品酒中氧含量。

6)酸

啤酒中适量的酸，使啤酒口感活泼爽口，缺乏酸类则啤酒呆滞、黏稠、不爽口，而过量的酸会使啤酒口感粗糙、不柔和、不协调，也意味着啤酒发酵不正常，是污染产酸菌的标志。啤酒中的酸来自原料、糖化发酵的生化反应、水及工艺调节外加酸。啤酒国家标准(GB 4927—2008)规定：10.1～14.0°P 的啤酒，总酸≤2.6 mL/100 mL。

7)含硫化合物

硫是酵母代谢中不可缺少的微量元素。啤酒中存在的含硫化合物 94%是不挥发性的，它们不是影响风味的重要物质，而其余的 6%是挥发性的，主要有 H_2S 和二甲基硫(DMS)等，它们在啤酒中含量十分少，却对啤酒风味有重要影响。

啤酒中的 H_2S 主要来自半胱氨酸，在半胱氨酸脱硫酶作用下生成，影响 H_2S 生成的因素有酵母菌株特性及麦汁中含硫氨基酸的量和发酵温度。DMS 的形成主要在麦芽制造阶段，在煮沸时大部分能够蒸发。控制 DMS 生成在制麦阶段和煮沸阶段。影响啤酒风味的因素非常多，酿造口味纯正、酒体协调的啤酒是一项细致的工作，可以通过对半成品、成品的品评，判断风味的波动，从而对原材料、设备管理和卫生管理以及改善工艺条件进行指导，保证啤酒的质量稳定。

4. 食醋的风味

食醋的主要成分——乙酸的含量一般为 3.5%～5.0%。在米醋和酒糟醋中，琥珀酸、苹果酸和乳酸含量多，可达 100～200 mg/kg；而苹果醋含有 50～70 mg/kg 的苹果酸，葡萄醋含 250～280 mg/kg 的酒石酸，这些酸部分酯化后可生成各种特征香气。

各种醋含有的共同香气成分除各种酸类外，还有乙醇、辛醇、乙酸乙酯、3-羟基丁酮、糠醛，以及少量的异戊醇、戊醇、乙酸丁酯、乙酸戊酯、乙酸异戊酯、丙醛等物质。在葡萄醋和麦芽醋中还含有苯乙醇与甲酸、乙酸形成的酯类，以及苯乙醛、己醇、庚醇、乙基异丙基醚等成分。在葡萄醋中还有安息酸甲酯、乙酸苯甲酰酯等。米醋中含有己酸乙酯。

7.5　发酵食品的质量控制及伪劣食品检查

食品中的病原菌、生物毒素和化学污染物等不安全因素引起的食品安全问题不仅对人类健康和生命安全造成严重的危害，而且给个人、家庭和社会带来巨大的经济损失。在过去的几十年里，由肠出血性大肠杆菌、沙门氏菌、金黄色葡萄球菌、空肠弯杆菌等引起的食物中毒案例居高不下，食源性疾病与食品污染已成为一个世界性的公共卫生问题。因此，对食品特别是含有活菌的发酵食品进行检验和质量控制显得更为重要。

7.5.1 发酵食品质量控制的一般内容及原则

1. 发酵食品质量控制概述

食品质量管理是质量管理理论、技术和方法在食品加工和贮藏过程中的应用。食品是一种与人类健康有着密切关系的特殊有形产品，它既符合一般有形产品质量特性和质量管理的特征，又具有其特殊性和重要性，因此食品质量管理也有一定的特殊性。

(1)发酵食品质量管理在空间和时间上具有广泛性。发酵食品质量管理在空间上包括田间、原料运输车辆、原料贮存间、生产车间、成品贮存库房、超市或商店、运输车辆、冰箱、再加工、餐桌等环节的各种环境。在时间上主要涉及三个时间段：原料生产段、加工段、消费段，其中原料生产段时间特别长。任何一个时间段的疏忽都可使食品质量发生变化，因此每一生产加工环节都要加强管理，保证食品的质量。

(2)发酵食品质量管理的对象具有复杂性。发酵食品原料种类多，性质差异大，多数原料在采收以后必须立即进行预处理、贮存和加工，否则就会变质或丧失加工价值。原料处理需要适当的温度、气体分压、pH 等环境条件才能保持其鲜活状态，保证发酵食品的质量。发酵食品原料产地、品种、季节、采收期、生产条件、环境条件等都影响最终产品的质量，因此，发酵食品质量管理对象的复杂性增加了食品质量管理的难度，需要随原料的变化不断调整工艺参数，才能保证产品质量。

(3)在产品质量特性中将安全性放在首位。在发酵食品的诸多质量特性中，始终要把安全性放在首位。一种发酵食品的产品质量特性再好，只要安全性不过关它就丧失了作为产品和商品存在的价值。发酵食品不应含有可能损害或威胁人体健康的有毒有害化学物质或生物危害，避免食源性疾病的发生。

(4)在食品质量监测控制方面存在着相当大的难度。一般来说，常量成分的检测较为容易，微量成分的检测比较困难，而活性成分检测最难，也没有统一标准。感官指标和物性指标的检测往往要综合评审小组和专门仪器的检测数据，才能作出合理的研判，这种研判往往误差较大，结果的可靠性还有待提高。

(5)发酵食品企业卫生状况需要改进。发酵食品种类多，除各种酒类发酵外，设备一般比较落后，卫生条件差，科技含量低，从业人员素质低，管理不善。行政管理部门也存在法规不健全以及执行和监督不力、设置准入门槛过低等问题。因此，发酵食品行业应向其他行业学习，不断提高管理水平。

2. 发酵食品质量管理

食品良好操作规范(GMP)、危害分析关键控制点(HACCP)系统和 ISO-9000 标准系列是行之有效的食品卫生与质量控制的保障制度和体系。GMP 是发酵食品企业自主性的质量保证制度，是构筑 HACCP 系统和 ISO-9000 标准系列的基础。HACCP 系统是在严格执行 GMP 的基础上，通过危害风险分析，在关键点实行严格控制及纠正，从而避免生物、化学和物理危害因子对发酵食品的污染。ISO-9000 标准系列是更高一级的管理阶段，包含GMP和HACCP的主要内容，体现了系统性和法规性，已成为国际通用的发酵食品标准和发酵食品进入欧美市场的通行证。

7.5.2　发酵食品中掺假及检测技术

食品掺假后有两种情况：一种情况是所掺物质本身有害，这是性质最为恶劣的，需要严厉处罚；另一种情况是所掺物质本身无毒，或者用价格便宜、可食用的一种物质掺加到一种价格相对高的食品中，欺骗消费者。

1. 调味品的掺假种类

(1)掺兑。主要是在调味品中掺入一定数量的外观类似的物质，以获得更大量的产品或使原来的某一指标达标，如香油掺米汤，食醋掺游离矿酸、食用乙酸等。

(2)混入。在固体调味品中掺入一定数量外观类似的非同种物质，或虽种类相同但掺入质量低劣的物质，如味精中混入食盐等。

(3)假冒。对内装食品的种类、品质、营养成分采用名不副实的标志，利用漂亮的精制包装或夸大的标签说明掩盖食品本身的缺陷。

(4)粉饰。以色素(颜料)、香料及其他严禁使用的添加剂对质量低劣或所含营养成分低的调味品进行调味、调色处理，充当正常食品出售，以此来掩盖低劣的产品质量。例如，用酱色、食盐、味精和水做成的假酱油冒充正常发酵的酱油。

2. 调味品掺假检测

试纸法主要用于食醋中游离矿酸的检验，其原理是游离矿酸(硫酸、盐酸、硝酸及硼酸等)存在时，氢离子浓度增大，可改变指示剂的颜色。我国严禁在食醋中掺加矿酸，GB 2719-2003规定，食醋中不得检出游离矿酸，其目的是防止用硫酸、盐酸等矿酸来制造食醋，它们对口腔黏膜及食道和胃黏膜有刺激作用，使人喉痛、喘息等。试纸法检测只能是定性检验，但可以用滴定法对有些成分进行定量检验。

1)酱油、酱中氨基酸态氮的测定

酱油和酱等掺假以后，氨基酸态氮含量会下降。我国酱油和酱中氨基酸态氮的测定主要用甲醛值法，其原理是利用氨基酸的两性作用，加入甲醛以固定氨基的碱性，使羧基显示出酸性，用氢氧化钠标准溶液滴定后定量氨基酸，判断产品是否掺假。

2)味精和鸡精中谷氨酸钠含量的测定

味精的主要成分为谷氨酸钠，同时含有少数的氯化钠。目前市面上发现的掺假味精以掺入石膏粉、尿素、小苏打晶体等物质的较多，导致味精中谷氨酸钠含量下降。鸡精中也含适量的谷氨酸钠，掺假以后，谷氨酸钠含量会发生变化。通过酸度计法可以测定味精和鸡精中谷氨酸钠含量，其原理同酱油、酱中氨基酸态氮的测定。

3)酱油中铵盐的测定

酱油中铵盐的主要来源为蛋白质分解和加入的酱色。测定铵盐的意义在于可以正确评价氨基酸态氮和总酸的含量，酱油中不允许有较多的铵盐。其原理是试样在碱性溶液中加热蒸馏，使氨游离蒸出，被硼酸溶液吸收，然后用盐酸标准溶液滴定计算含量。

3. 白酒掺假检测

假酒一般分为五大类：假冒酒，用质量一般的普通白酒勾兑冒充高档酒；侵权酒，用质量较好的优质酒假冒名优酒，检测其主体香气物质；勾兑酒、调制酒，用食用酒精加香精兑制仿冒名优酒；毒酒，使用毒性较大的工业酒精（含较多甲醇）加水来兑制假白酒；病酒，产品质量存在某些缺陷而不合格的酒。

实践中，对白酒掺假或以次充好的鉴别比较困难，主要依靠有经验的人员进行感官及品尝鉴别，化学检测主要是测定其甲醇和高级醇。甲醇采用分光光度法测定，甲醇在磷酸溶液中，被高锰酸钾氧化为甲醛，过量的高锰酸钾被草酸还原，再与无色的亚硫酸品红作用生成蓝紫色醌型结构的化合物，在 590 nm 测定吸光度，与标准系列比较定量。最低检测限为 0.02 g/100 mL。高级醇类利用气相色谱法测定，根据色谱峰的保留时间和峰高进行定性、定量。根据检测结果与典型白酒的相关数据进行比较，判断是否为掺假酒。

4. 啤酒掺假检测

如同白酒的掺假一样，也主要从感官指标来进行检验，难以采用化学方法鉴别其真伪。感官检验主要从色泽、泡沫、香气、口味等方面予以鉴别。将可疑啤酒和正规啤酒进行比较，从色泽、泡沫、香气和口味等方面判断真伪。

优质啤酒色泽应为浅黄色带绿色，不呈暗色，有醒目光泽，清亮透明，无明显悬浮物；优质啤酒倒入杯中时起泡力强，泡沫达 1/2～2/3 二杯高，洁白细腻，挂杯持久（4 min 以上）；优质啤酒有明显的酒花香气，无生酒花味，无老化味及其他异味；优质啤酒口味纯正，酒香明显，无任何异杂滋味；酒质清冽，酒体协调柔和，杀口力强，苦味细腻、微弱且略显愉快，无后苦。但如果感官和上述差距较大，有可能是一些厂家采用新工艺或者原料质量差造成的，不能判断为掺假啤酒。

5. 葡萄酒掺假检测

市场上人工调配的葡萄酒不少，假冒伪劣，以次充好，对其检验也主要从感官和化学检测方面予以判断，仍以感官检验为主。

白、桃红、红葡萄酒应清亮透明或晶莹透明，无浑浊，无悬浮物，无沉淀。而劣质酒或调配葡萄酒液面灰暗无光。失光，均匀分布有非常细小的尘状物，则该葡萄酒很有可能已受灰尘、油污、醋酸菌、酵母等侵染；液面具蓝色色调，则该葡萄酒很有可能已患金属破败病。

葡萄酒中掺入甜味物质——糖精，可用盐酸酸化，将糖精转化为氯化铵，与钠氏试剂进行显色反应，通过比色法测定糖精钠的含量。

人工加酒精的检验，人工加酒精以后最显著的特征是增加了酒精对于抽出物的比例（酒抽比）。白葡萄酒一般为 3.5～6.5，桃红葡萄酒一般为 3.5～6.5，红葡萄酒一般为

2.5～4.5，超出这个范围较多时，则可能是添加过多的酒精所致。也可以采用干浸出物测定方法，即排出酒精及其他易挥发物质后的葡萄酒，用蒸馏水恢复到原来的体积后测定相对密度，酿造葡萄酒相对密度大，而过多添加酒精的葡萄酒密度小。

食品的掺假检测是辨别食品真伪以及是否含有有毒有害物质的重要依据，但这项工作的难度很大，目前还主要依赖感官检验，特别是有经验的有关人员进行感官鉴别，化学测定的数据只能作为参考，不能作为判断食品真伪的唯一标准。

7.6　发酵食品安全及卫生管理

《中华人民共和国食品安全法》规定，食品应当无毒、无害，符合应当有的营养要求，具有相应的色、香、味等感官性状。

7.6.1　食品卫生管理

1. 食品卫生管理体系

食品企业的卫生管理从国际范围来看有三种比较流行的管理体系。

(1)全面卫生管理体系：食品生产企业的选址、厂房建筑、生产流程、生产机械设备、上下水与污染处理、原辅材料、食品添加剂、食品容器、生产经营场所和环境、从业人员健康管理和卫生知识教育、半成品、成品、包装贮存、销售等环节都有一套完善的卫生监督和管理措施及检测方法，从而确保食品卫生质量。

(2)GMP管理体系：GMP是由食品生产企业与卫生部门共同制定的，规定了在加工、贮藏和食品分配等工序中所要求的操作和管理规范，其主要内容包括食品生产企业的选址、设计、厂房建筑、设备、工艺过程、检测手段、人员组成、个人卫生、管理职责、卫生监督程序，满意程度等一系列生产经营条件并提出了卫生学评价的标准和规范。

(3)HACCP：其最大特点是充分利用检测手段，对生产流程中的各个环节进行抽样检测和有效分析，预测食品污染的原因，从而提出危害关键控制点及危害等级，再根据危害关键控制点提出控制项目、控制标准、检测方法、监控方法以及纠正的措施，通过采取相应的措施，预防危害的发生。

2. 加强发酵食品卫生的法制监督管理

2009年6月1日实施的《中华人民共和国食品安全法》是国家对食品生产、经营进行卫生监督管理的最高层次的法律规范。它标志着我国食品卫生管理进入了法制管理的轨道。它规定了国家与从事食品生产、经营的单位或个人之间以及食品生产者、经营者与消费者之间在有关食品卫生管理、监督中所发生的社会关系，以及违反本法后造成安全危害的惩罚措施。

3. 加强发酵食品企业的卫生质量管理

发酵食品企业是食品生产的主体，食品质量的好坏，企业是关键，国家职能部门是保障。食品的卫生质量首先取决于食品企业的卫生管理水平，食品企业应该抓好环境卫生和生产中的卫生管理，严格遵守我国的食品卫生法规和标准。同时，还需借鉴国际上先进的食品卫生管理经验和模式，尽快与国际食品卫生管理标准和管理模式接轨。

4. 加强进出口食品的卫生管理

在我国对外贸易中，进出口食品占有相当的比例，今后还会有更大的发展。近年来疯牛病、口蹄疫以及二噁英等事件，促使各国加强了食品卫生的监督管理。加强进出口食品的卫生管理不仅关系到人类的健康，而且也直接影响我国的种植业、养殖业和食品工业，乃至市场经济体制的建设和发展。

7.6.2 发酵食品卫生标准

发酵食品卫生标准是检验食品卫生状况的依据，是判断食品、食品添加剂等是否符合食品卫生法律法规的相关规定的主要标志。

食品卫生标准是由卫生部门批准颁发的单项物品卫生法规，它可分为国家标准、行业标准及地方标准。在国家标准中又分为强制性国家标准(GB)、推荐性国家标准(GB/T)、内部标准(GBn)和试行标准。不同的行业标准分别用 QB、SB、SN 和 NY 等表示。到目前为止，我国正式公布的食品及加工产品类的国家卫生标准共有 175 个(其中国家标准有 169 个，行业标准有 6 个)。

我国制定的食品卫生标准一般包括三个方面的内容：感官指标、理化指标和微生物指标。

7.6.3 影响发酵食品卫生的因素

现代畜牧业因大量使用农业投入品(如饲料添加剂、兽药、农药等)，使得动物生产中的生物学变化更为复杂，利弊并存。由于动物在食物链中所处的位置较高以及动物的生物学特点，存在生物富集和生物放大效应，从而畜产品污染的危害较植物性产品更为严重。同时，动物与人在生物进化上的位置较近，作用于动物的微生物性危害，往往也会威胁到人类，即人畜共患传染病。兽药(激素、类激素)、农药残留在畜禽体内给人类健康带来威胁，也是影响畜产品质量安全最为严重的问题之一。

1. 污染物的分类

食品发酵产品污染可以定义为：在生产(包括饲料种植、饲养及兽医治疗)、加工、包装、贮运、销售和烹饪等环节混入、残留或产生对人体有急、慢性危害的物质，致使畜产品的卫生质量下降或对人体健康造成不同程度的损害。产品的污染可以存在于“从农田到餐桌”的任一环节，其污染物质也是多种多样，按其性质可作以下划分：

(1)生物性污染。生物性污染是指微生物、寄生虫和昆虫对畜禽产品的污染。细菌与细菌毒素、霉菌与霉菌毒素以及病毒是造成畜产品微生物污染的最重要因素，其中包括借食物传播的病原微生物、人畜共患传染病的病原体及引起畜禽产品腐败变质的微生物。寄生虫污染主要是指引起人畜共患寄生虫病的病原体，通过畜禽产品使人发生感染。这类寄生虫很多，常见的有猪囊尾蚴、牛囊尾蚴、旋毛虫、弓形虫等。昆虫污染主要是指在肉、蛋、乳及其制品中的蝇蛆、酪蝇、皮蠹等。此外，疯牛病是由朊病毒所致，牛羊食入后导致该病发生，也能借畜产品使人患病。

(2)化学性污染。化学性污染包括各种有害金属、非金属、有机化合物和无机化合物，如汞、镉、铅、农药、兽药、N-亚硝基化合物等。

(3)放射性污染。放射性污染主要来自放射性物质的开采、冶炼以及军事、工业生产、医疗等方面的应用与排放。

2. 污染物的主要来源

(1)工业生产。工业“三废”中的某些有毒有害化学物质通过水、大气、土壤可直接或间接地污染畜产品。全球平均每年排入环境的工业废渣有 3 Gt，各种污水有 500 Gt，各种废气、溶液有 1 Gt。此外，全世界每年还有 1000 多种新的化学品进入市场。科学研究表明，这些化学污染物大多数是有毒有害的，有一些有毒污染物难以降解，且具有生物积累性和“三致”(致癌、致畸、致突变)作用或慢性毒性，有的通过迁移、转化、富集，浓度水平可提高数倍，甚至上百倍，对环境和人体健康是一种潜在威胁。

(2)农业生产。在农业生产过程中，人们会有意识地使用农业投入品(如农药、兽药、饲料添加剂等)，如果这些物质本身不符合卫生要求或不合理使用，都会造成污染。

(3)畜禽产品加工、贮存。在畜禽产品生产加工过程中，若使用不合格食品添加剂或超量、超范围使用食品添加剂，都会造成畜禽产品的污染。加工设备、工具、容器、包装材料若不符合食品的卫生要求，其中的有害化学物质(如铅、砷、镉、汞、锡、苯、二甲苯、氯乙烯单体)会溶出，在一定条件下成为发酵食品的污染源。

畜禽产品加工企业的环境卫生、车间卫生设施和加工工艺、从业人员的卫生操作及畜禽产品贮运卫生对畜禽产品卫生质量也有很大影响。

7.6.4　发酵食品主要微生物指标

食品卫生标准中的微生物指标一般指菌落总数、大肠菌群、致病菌、霉菌和酵母。

1. 菌落总数

菌落总数是指在普通营养琼脂培养基上生长出的菌落数。常用平皿菌落计数法测定食品中的活菌数，以菌落形成单位表示，简称 cfu，一般以 1 g 或 1 mL 食品或 1 cm^2 食品表面积所含有的菌落数来报告结果。

菌落总数具有两个方面的实际意义：一是作为食品被污染及清洁状况的标志；二是用来预测食品可以存放的期限。在测定菌落总数的过程中应注意以下几个方面：

(1)培养温度。不同食品含有的细菌种类不同，即引起食品新鲜度下降的细菌种类不同。温度不同，细菌生长速度不一样。按生长温度的要求将细菌分为嗜冷菌、嗜温菌和嗜热菌。

(2)培养时间。不同类型的细菌，其培养时间也不相同。嗜冷菌在 20～25 ℃下培养时间为 5～7 天，5～10 ℃下培养时间为 10～14 天；嗜温菌在 30～37 ℃下培养时间为 24h 或(48±3) h 时；嗜热菌 45～55 ℃下培养时间为 2～3 天。

(3)样品中细菌要均匀分布。在进行样品稀释时，必须充分地混匀样品，否则检验结果有较大的差异。

(4)可忽略性。不是所有的食品都规定有菌落总数指标，如发酵食品。

(5)不完备性。菌落总数反映的不是食品中全部的微生物。自然界中的细菌种类很多，各种细菌的生理特征和所要求的生活条件不尽相同，但异养、中温、好气性细菌占多数，实际工作中只用一种常用的营养琼脂来测定样品中的菌落数。因此，严格地说，这种方法所得到的结果，是一些能在营养琼脂上生长的好氧细菌的菌落总数。

2. 大肠菌群

大肠菌群系指一群在(36±1) ℃下，经 24 h 能发酵乳糖，并产酸产气，需氧或兼性厌氧生长的革兰氏阴性的无芽孢杆菌，包括肠杆菌科的埃希氏菌属、柠檬酸杆菌属、克雷伯氏菌属、产气肠杆菌属的细菌等。其中，以埃希氏菌属为主，称为典型大肠杆菌，其他三属习惯上称为非典型大肠杆菌。这群细菌能在含有胆盐的培养基上生长。一般认为，大肠菌群都是直接或间接来源于人与温血动物的粪便。

1)大肠杆菌卫生标准的意义

通常检测大肠杆菌的意义在于：①是理想的粪便污染的指示菌群；②作为肠道致病菌污染食品的指示菌。

2)测定方法

可用大肠菌群 MPN 计数法或用平板计数法检验，以每 100 mL(g)食品检样内大肠菌群的最近似值表示。

3. 致病菌

食品中不允许有致病性病原菌存在。致病菌种类繁多，且食品的加工，贮存条件各异，因此被病原菌污染的情况是不同的。只有根据不同食品的可能污染情况来作针对性的检查：①禽、蛋、肉类食品必须作沙门氏菌的检查；②酸度不高的罐头必须作肉毒梭菌的检查；③发生食物中毒必须根据当地传染病的流行情况，对食品进行有关病原菌的检查；④有些病原菌能产生毒素，必须检查，一般用动物实验法来测定最小致死量和半数致死量等。

4. 霉菌和酵母菌

霉菌和酵母菌是食品酿造的重要菌种，但霉菌和酵母菌也可造成食品的腐败变质，有些霉菌还可产生霉菌毒素。因此，有些食品也将霉菌和酵母菌作为评价食品卫生质量的指示菌，并以霉菌和酵母菌的计数来判断其被污染的程度。

5. 炭疽病

病原体是炭疽芽孢杆菌，该菌的生物学特性是 G^{+} 需氧芽孢杆菌，菌体呈链状排列，个体较粗大，无鞭毛、不能运动，在动物体内可形成荚膜。芽孢对热和干燥有很大的抵抗力，在土壤中能存活数十年。误食患有炭疽病而死亡的动物肉，炭疽病菌便会进入体内，引起肠炎疽，如进入血液，会形成全身白血症，治疗不及时很快死亡，所以上市发酵肉品一定要严格检查。

思　考　题

1. 简述传统发酵食品的安全风险。
2. 简述调味品掺假的常见方式。
3. 简述发酵食品质量控制的内容及原则。
4. 简述啤酒的风味成分。
5. 简述风味物质的收集方法。
6. 简述发酵食品中微生物的检测方法及注意事项。

第 8 章　发酵酒类生产工艺

含酒精饮料是产量最大、种类最丰富、品牌最多、生产工艺各具特色的日常消费品，其对各国经济的贡献也是非常可观的。

8.1　白酒的生产

白酒又名烧酒，是以粮谷为主要原料，用大曲、小曲或麸曲及酒母等为糖化发酵剂，经蒸煮、糖化、发酵、蒸馏而制成的饮料酒。白酒是中国特有的一大酒种，与白兰地、威士忌、伏特加、朗姆酒、金酒并列为世界六大蒸馏酒，但白酒所用的制曲和制酒的原料、微生物区系以及各种制曲方法、发酵生产工艺和蒸馏、勾兑等操作的复杂性和产品的独特风格，是其他蒸馏酒所无法比拟的。

8.1.1　白酒概述

1. 白酒的分类

我国白酒种类繁多，地方性强，产品各具特色，工艺各有特点。根据国家标准《饮料酒分类》(GB/T 17204-2008)，白酒可按糖化发酵剂、生产工艺、香型等进行分类。

1)按糖化发酵剂分类

(1)大曲酒：以大曲为糖化发酵剂酿制而成的白酒。大曲以小麦、大麦、豌豆等为原料踩制而成，为砖形块状物，经自然接种，生长多种有益的微生物菌群，含有形成白酒香味成分的多酶系统和前体物质。

(2)小曲酒：以小曲为糖化发酵剂酿制而成的白酒。小曲多为较小的圆球、方块、饼状，部分小曲在制造时加入了中草药，故又称药曲或酒药。小曲中的主要微生物为根霉和酵母菌等，其微生物种类虽不及大曲多，但仍属多种微生物糖化发酵的曲种。

(3)麸曲酒：以麸曲为糖化剂、加酒母发酵酿制而成的白酒。麸曲是以麦麸为原料，采用纯种曲霉接种制备的一类糖化剂或发酵剂。

(4)混合曲酒：以大曲、小曲或麸曲等为糖化发酵剂酿制而成的白酒，或以糖化酶为糖化剂、加酿酒酵母等发酵酿制而成的白酒。

2)按生产工艺分类

(1)固态法白酒：以粮食为原料，采用固态(或半固态)糖化、发酵、蒸馏，经陈酿、勾兑而成，具有本品固有风格特征的白酒。固态法白酒又称为纯粮固态发酵白酒，是我国名优白酒的传统生产方式。不同的发酵和操作条件，产生不同香型的白酒。

(2)液态法白酒：以含淀粉、糖类的物质为原料，采用液态糖化、发酵、蒸馏所得的基酒(或食用酒精)，可用香醅串香或用食品添加剂调味调香，勾调而成的白酒。可见，液态法白酒又可分为串香白酒和调香白酒。

(3)固液法白酒：以固态法白酒(不低于 30%)、液态法白酒、食品添加剂勾调而成的白酒。

3)按香型分类

(1)浓香型白酒：以粮谷为原料，经传统固态发酵、蒸馏、陈酿、勾兑而成的未添加食用酒精及非白酒发酵产生的呈香呈味物质的，具有以己酸乙酯为主体复合香的白酒。浓香型白酒以泸州老窖特曲酒为代表，又称泸型酒，具有“窖香浓郁、酒体醇和、绵甜爽净、余味悠长”的典型风格。

(2)酱香型白酒：以高粱、小麦、水等为原料，经传统固态发酵、蒸馏、贮存、勾兑而成，未添加食用酒精及非白酒发酵产生的呈香呈味呈色物质的，具有酱香风格的白酒。酱香型白酒以茅台酒为代表，又称茅型酒，具有“酱香突出、香气幽雅、空杯留香持久、酒体醇厚、丰满、诸味协调、回味悠长”的典型风格。

(3)清香型白酒：以粮谷为原料，经传统固态发酵、蒸馏、陈酿、勾兑而成的，未添加食用酒精及非白酒发酵产生的呈香呈味物质的，具有以乙酸乙酯为主体复合香的白酒。清香型白酒以汾酒为代表，又称汾型酒，具有“清香纯正、香气优雅、酒体柔和协调、绵甜爽净、余味悠长”的典型风格。

(4)米香型白酒：以大米等为原料，经传统半固态发酵、蒸馏、陈酿、勾兑而成的，未添加食用酒精及非白酒发酵产生的呈香呈味物质的，具有以乳酸乙酯、β-苯乙醇为主体复合香的白酒。米香型白酒以桂林三花酒为代表，具有“米香纯正、清雅、酒体醇和、绵甜、爽洌，回味怡畅”的典型风格。

(5)凤香型白酒：以粮谷为原料，经传统固态发酵、蒸馏、酒海陈酿、勾兑而成的，未添加食用酒精及非白酒发酵产生的呈香呈味物质的，具有以乙酸乙酯和己酸乙酯为主的复合香气的白酒。凤香型白酒以西凤酒为代表，具有“醇香秀雅、醇厚丰满、甘润挺爽、诸味协调、尾净悠长”的典型风格。

(6)豉香型白酒：以大米为原料，经蒸煮，用大酒饼作为主要糖化发酵剂，采用边糖化边发酵的工艺，釜式蒸馏，陈酒酝浸勾兑而成的，未添加食用酒精及非白酒发酵产生的呈香呈味物质的，具有豉香特点的白酒。豉香型白酒以玉冰烧酒为代表，具有“豉香纯正、清雅、醇和甘滑、酒体协调、余味爽净”的典型风格。

(7)芝麻香型白酒：以高粱、小麦(麸皮)等为原料，经传统固态发酵、蒸馏、陈酿、勾兑而成的，未添加食用酒精及非白酒发酵产生的呈香呈味物质的，具有芝麻香型风格的白酒。芝麻香型白酒以景芝白干酒为代表，具有“芝麻香幽雅纯正、醇和细腻、香味协调、余味悠长”的典型风格。

(8)特香型白酒：以大米为主要原料，经传统固态发酵、蒸馏、陈酿、勾兑而成的，未添加食用酒精及非白酒发酵产生的呈香呈味物质的，具有特香型风格的白酒。特香型白酒以四特酒为代表，具有“幽雅舒适，诸香协调，兼具浓、清、酱三香但均不露头的复合香气，柔绵醇和，醇甜，香味协调，余味悠长”的典型风格。

(9)浓酱兼香型白酒：以粮谷为原料，经传统固态发酵、蒸馏、陈酿、勾兑而成的，未添加食用酒精及非白酒发酵产生的呈香呈味物质的，具有浓香兼酱香独特风格的白酒。浓酱兼香型白酒以白云边酒为代表，具有“浓酱协调、幽雅馥郁、细腻丰满、回味爽净”的典型风格。

(10)老白干香型白酒：以粮谷为原料，经传统固态发酵、蒸馏、陈酿、勾兑而成的，未添加食用酒精及非白酒发酵产生的呈香呈味物质的，具有以乳酸乙酯、乙酸乙酯为主体复合香的白酒。老白干香型白酒以衡水老白干酒为代表，具有“醇香清雅、酒体协调、醇厚甘洌、回味悠长”的典型风格。

(11)其他香型白酒：系指除上述香型以外的白酒，它们往往兼有两种或两种以上的香型风格，是吸取某些香型白酒的工艺精华，因地制宜糅合成各自独特的典型风格，其工艺也各不相同。

2. 白酒工业技术发展方向

中国白酒发展的真正动力是科学技术。中国白酒界的专家、学者、工程技术人员辛勤耕耘，创造了众多的科技成果并加以应用和推广，推动了中国白酒的进步和发展。

1)改革普通白酒工艺，节约酿酒用粮

白酒是耗粮高的酒种，所以节约粮食、提高出酒率一直是酿酒行业技术工作的重点。围绕节粮开展了一系列科技攻关，其中具有代表性的是：组织代用原料酿酒试点，开辟原料新来源；开展液态法白酒工艺改进及酒质提高的研究；总结普通白酒生产工艺经验，如“麸曲酒母、合理配料、低温入窖、定温蒸烧”以及“稳、准、细、净”等酿酒操作法，规范了白酒生产操作，提高了出酒率。

2)依靠科技进步，总结、改进名优白酒生产工艺

从20世纪60年代初，名优白酒的微量成分分析、传统工艺总结、新工艺新设备的采用等不断地突破和发展，不仅扩大了名优酒产量，还提高了其质量。对酱香型白酒，总结出“四高一长”(即“高温制曲、高温堆积、高温发酵、高温流酒和长期贮存”)的工艺特点；对浓香型白酒，肯定了浓香型白酒酿造必须使用泥窖，发明创造了“人工老窖”，采用“双轮底”等发酵新工艺，提高酒中酯的含量，研制成功多项增香工艺，提高浓香型白酒优级率，浓香型白酒的微量成分剖析，有效地指导了白酒的勾兑工作。

3)白酒微生物的选育和应用

酿酒微生物是白酒生产过程中糖化与发酵的动力，菌种生物活性的强弱和微生物菌系的特点直接影响白酒的产量和风味质量。在选育优良菌种应用于白酒酿造方面取得了一定进展：诱变、筛选曲霉菌；选育稳定性及适应性强的酵母菌；研究产酯酵母的产酯机理、培养条件、工业应用等；提高根霉、毛霉等用于小曲酒生产出酒率；改进酿酒微生物培养方法等。

4)新技术、新工艺、新设备的应用

新技术的应用方面，采用先进的分析方法揭示了酒中的香味成分，应用气相色谱—质谱联用仪、分离性能好的键合型毛细管柱等先进仪器设备，确定了香味成分含量及其量比关系是形成酒体特色的基础，阐明了某些香型白酒的特征风味成分，为新香型白酒

的确立提供了科学的依据。品评、勾兑、调味新技术的推广，特别是与先进的微机系统相结合，使其对稳定和提高酒质、酒体成型、提高名优酒优级品率等起到了巨大的推动作用。采用新技术对白酒生产过程中产生的酒糟、黄水等废渣、废水进行综合利用，开展清洁生产，降低了环境污染，增加了经济效益。

新设备的应用方面，机械化生产设备普遍应用于机械化白酒生产，即在传统的白酒生产方式中，对配料、蒸煮、蒸馏、通风晾渣、加入糖化发酵剂、出入窖池等工序，用机械设备代替手工操作。采用的主要设备有风送式二次除尘原料粉碎系统、大曲机械成型机、麸曲机械通风系统、吊车抓斗及活甑桶、机械通风晾渣设备等。

8.1.2　白酒酿造原辅料

1. 制曲原料

1)制曲原料的基本要求

(1)适于有益菌的生长和繁殖。大曲中的有益微生物为霉菌、细菌及酵母菌，小曲中有根霉及酵母菌等，麸曲中有霉菌等。这些菌类的生长和繁殖，必须有碳源、氮源、无机盐、生长素、水等营养成分，并要求有适宜的 pH、温度、湿度及必要的氧气等条件，制大曲和小曲的大麦及大米等原料，除富含淀粉、维生素及无机元素外，还应含有足以使微生物生长的蛋白质；制麸曲的原料麸皮，既是碳源又是氮源，为了使曲坯具有一定的外形，并适应培曲过程中品温升降、散热、水分挥发、供氧的规律，则需考虑曲料的黏附性能及疏松度，并注意原料的合理配比。

(2)适于产酶。白酒曲是糖化剂或糖化发酵剂，故成曲除要含有一定数量的有益微生物外，还需积累多种酶，其中最主要的是淀粉酶类。淀粉酶类多为诱导酶，因此要求制曲原料含有较多量的淀粉以及促进淀粉酶类形成的无机离子。蛋白质也是产酶的必要成分，制曲原料应含有适宜的蛋白质。

(3)有利于酒质。制曲原料和成曲也是制酒原料的一部分。因此，制曲原料的成分及制曲过程中生成的许多成分，都与酒质有关。制曲原料不宜含有较多的脂肪，这与制酒原料相同。

2)制曲原料的种类及性质

制大曲的原料主要为小麦、大麦和豌豆。

(1)小麦。淀粉含量高，富含面筋质，黏着力较强，含 20 多种氨基酸，维生素含量也很丰富，是各类微生物繁殖、产酶的优良天然物料。

(2)大麦。蛋白质和粗纤维含量相对较高，黏结性能较差，皮壳较多。若用其单独制曲，则品温速升骤降。与豌豆共用，可使成曲具有良好的曲香味和清香味。选用大麦为制曲原料，可接种产纤维素酶强的菌种制备强化大曲，用于制酒时有利于提高出酒率。

(3)豌豆。蛋白质含量高，黏性大。若用其单独制曲，则升温慢，降温也慢，故一般与大麦混合使用，大麦与豌豆的比例通常以 3∶2 为宜。含脂肪较高的豆类，会给白酒带来邪杂味，不宜采用。小麦、大麦和豌豆的成分含量比较见表 8-1。

表 8-1　大曲主要原料的成分含量　　单位：%

名称	水分	粗淀粉	粗蛋白质	粗脂肪	粗纤维	灰分
小麦	12.0～12.8	61.0～65.0	7.2～9.8	2.5～2.9	1.2～1.6	1.7～2.9
大麦	11.5～12.0	61.0～62.5	11.2～12.5	1.9～2.8	7.2～7.9	3.4～4.2
豌豆	10.0～12.0	45.2～51.5	25.5～27.5	3.9～4.0	1.3～1.6	3.0～3.2

制小曲的原料通常为精白度不高的籼米或米糠，因为大米的糊粉层中蛋白质及灰分含量较高，糠层中的灰分更高，有利于有益菌的生长和产酶。有的小曲还使用一些中草药，其中含有丰富的生长素，可补充早籼米中生长素的不足，以促进根霉和酵母菌的生长，还能起疏松和抑制杂菌繁殖的作用。制小曲原料的成分含量见表 8-2。

表 8-2　小曲原料的成分含量　　单位：%

名称	水分	粗淀粉	粗蛋白质	粗脂肪	粗纤维	灰分
籼米	11.8～12.0	76.5～77.5	8.6～9.8	1.0～1.5	0.6～1.0	0.7～1.2
米糠	13.0～14.0	35.0～35.5	14.2～15.4	17.8～18.4	8.5～9.5	9.0～10.0

制麸曲的主要原料是麸皮，系小麦加工面粉的副产物。麸皮具有营养源种类全面、吸水性强、表面积及疏松度大等优点，是多种微生物和各种酶的良好载体，其碳氮比适中，能充分满足曲霉等微生物的生长繁殖和产酶的需要。一般麸皮的成分含量见表 8-3。

表 8-3　一般麸皮的成分及含量　　单位：%

水分	粗淀粉	粗蛋白质	粗脂肪	粗纤维	灰　分	钙	磷
10～14	67～79	2～14	3～4	9～11	4～6	0.095	0.235

2. 酿酒原料

1)酿酒原料的基本要求

白酒界有“高粱酒香、玉米酒甜、大米酒净、大麦酒冲”的说法，概括了几种原料与酒质的关系。对酿白酒原料总的基本要求，可归纳为以下三项：①酿造国家名优大曲酒，必须以高粱为主要原料，可搭配适量的玉米、大米、小麦等；②粮谷原料以糯者为好，要求籽粒饱满，有较高的千粒重；③原料要求新鲜，无霉变，淀粉或糖分含量较高，含蛋白质适量，脂肪含量极少，单宁含量适当，并含有多种维生素及无机元素。

2)酿酒原料的种类及特性

酿白酒的原料，按主要成分含量可分为淀粉质原料和糖质原料两大类。淀粉质原料又可分为粮谷原料和薯类两大类，其中粮谷以高粱、玉米、大米、小麦为主，薯类原料包括甘薯、马铃薯、木薯。糖质原料(如糖蜜)只用于液态法酿造白酒。

(1)高粱。高粱又名红粮、蜀黍，为中国传统酿造白酒的原料。高粱按其粒质分为糯高粱和非糯性(粳)高粱，北方多产粳高粱，南方多产糯高粱。糯高粱含支链淀粉多，黏性大，易糊化，适于根霉菌生长，以小曲制高粱酒时，出酒率较高。粳高粱含有一定量的直链淀粉，结构较紧密，蛋白质含量高于糯高粱。高粱中的儿茶单宁可增加香气，即所谓的“高粱酒香”。高粱用于酿酒以大颗粒、黄褐色、无虫蛀、无霉变、皮薄的为好。

(2)玉米。玉米的胚芽中含有大量的脂肪，若用带胚芽的玉米酿白酒，则酒醅发酵时生酸快、升酸幅度大，且脂肪氧化形成的异味会带入酒中，这也是白酒遇冷产生浑浊的原因之一，故酿白酒的玉米必须脱去胚芽。玉米中含有较多的植酸，可发酵为环己六醇及磷酸，磷酸又能促进甘油的生成。多元醇具有明显的甜味，故玉米酒较为醇甜。

(3)大米。大米可分为籼米、粳米和糯米。大米淀粉含量大于 70%，蛋白质和脂肪含量较低，故有利于低温缓慢发酵。粳米淀粉结构疏松，利于糊化。大米在混蒸混烧的白酒蒸馏中，可将饭的香味成分带至酒中，使酒质爽净。

(4)小麦。小麦除可制曲外，还可用于酿酒。小麦除淀粉外，还有 2%～4%的蔗糖、葡萄糖、果糖以及 2%～3%的糊精。小麦蛋白质以麦胶蛋白和麦谷蛋白为主，麦胶蛋白中氨基酸种类多，这些蛋白质可在发酵过程中形成香味成分。

(5)青稞。青稞又名裸大麦，是大麦品种的变种，其耐寒性强，生长期短，主要种植于海拔在 3000 m 以上的地区。青稞多为硬质，籽粒的透明玻璃质在 70%以上，蛋白质含量在 14%以上，淀粉含量在 60%左右，纤维素含量约为 2%。鉴于青稞具有蛋白质含量较高、颗粒质地坚硬等特点，在生产中需采用相应的工艺以保证产品的质量和出酒率。

(6)甘薯。甘薯又名红薯、番薯、地瓜、山芋等。薯干的淀粉质含量高，纯度高，含脂肪及蛋白质较少，发酵过程中升酸幅度较小，因而淀粉出酒率高于其他原料。薯干结构疏松，易蒸煮糊化，为糖化发酵创造条件。但薯干的果胶质含量较多，在高温下分解产生甲醇，因而使成品酒中甲醇含量较高。另外，甘薯中的甘薯树脂对发酵稍有影响。

(7)马铃薯。若以马铃薯为原料采用固态发酵法酿造白酒，成品酒有类似“土腥”气味。一般以液态发酵法制取食用酒精后，再进行串蒸香醅而得成品酒。需要特别注意，发芽马铃薯中含有龙葵苷，龙葵苷对人体健康有较强的毒害作用，对发酵亦有危害。

(8)木薯。木薯又名树薯，有苦味木薯和甜味木薯之分，苦味木薯的氢氰苷含量大于甜味木薯。一般采用木薯干酿白酒，因木薯干中含有较多的果胶质和氢氰苷等有害成分，应使用大量水浸泡后清蒸。木薯是生产酒精的良好原料，其淀粉纯，颗粒大，加工方便，出酒率高。酿酒主要原料的成分含量比较见表 8-4。

表 8-4　酿酒主要原料的成分含量　　单位:%

名称	水分	粗淀粉	粗蛋白质	粗脂肪	粗纤维	灰分
高粱	11～13	56～64	7～12	1.6～4.3	1.6～2.8	1.4～1.8
玉米	11～17	62～70	10～12	2.7～5.3	1.5～3.5	1.5～2.6
大米	12～13	72～74	7～9	0.1～0.3	1.5～1.8	0.4～1.2
小麦	9～14	60～70	8～12	1.7～4.0	1.2～2.7	0.4～2.6
青稞	12～14	60～62	14.5～16.0	3.2～3.8	2.0～2.2	1.9～2.1
甘薯干	9～11	67～69	4.0～5.2	0.8～1.0	1.2～1.6	2.6～3.0
马铃薯	70～75	14～18	1.8～2.0	0.6～0.8	1.2～1.6	1.1～1.3
木薯干	13～14	72～74	2.5～2.7	0.7～1.0	3.2～3.9	2.7～3.0

3. 酿酒辅料

1)辅料的作用及要求

(1)作用：调节酒醅的淀粉浓度，冲淡或提高酸度，吸收酒精，保持浆水；使酒醅具有适当的疏松度和含氧量，并增加界面作用，使蒸馏和发酵顺利进行；有利于酒醅的正常升温；利用辅料中的某些有效成分。

(2)要求：杂质较少、新鲜、无霉变；具有一定的疏松度和吸水能力；含有某些有效成分；少含果胶、多缩戊糖等成分。

2)辅料的种类及特性

白酒厂多以稻壳、谷糠、酒糟为辅料，高粱壳、玉米芯、花生壳、稻草、麦秆、甘薯蔓等用得较少。辅料的特性比较如下：

(1)稻壳。稻壳又名砻糠、谷壳，系稻谷在加工大米时脱下的外壳。一般使用2～4瓣的粗壳，因细壳中脂肪含量高，疏松度也低。稻壳因价廉易得，被广泛用作酒醅发酵和蒸馏的填充料。但稻壳含有多量的多缩戊糖及果胶质，可能生成糠醛和甲醇，故需在使用前清蒸30 min。

(2)谷糠。谷糠系谷子在加工小米时脱下的外壳。制白酒所用的是粗谷糠，在小米产区多以它为优质白酒的辅料，也可与稻壳混用。使用经清蒸的粗谷糠制大曲酒，可赋予成品酒特有的醇香和糟香，亦可用作麸曲白酒的上乘辅料，成品酒纯净甘爽。细谷糠为小米的糠皮，因其脂肪含量较高，疏松度也较低，不宜用作辅料。

(3)高粱壳。高粱壳系高粱籽粒的外壳。使用高粱壳作辅料时，因其吸水性能较差，醅的入窖水分稍低于使用其他辅料的酒醅。高粱壳的单宁含量较高，对酵母菌的发酵有一定抑制作用，但对酒质无明显不良影响，因此也有一些白酒厂以新鲜高粱壳作为辅料。

(4)玉米芯。玉米芯系玉米穗轴的粉碎物，粉碎度越大，吸水量越大。但玉米芯含有多量的多缩戊糖，在发酵过程中会产生较多的糠醛，对酒质不利。

(5)其他辅料。花生壳、禾谷类秸秆的粉碎物、干酒糟等，用作制酒辅料时，需进行清蒸排杂。甘薯蔓含果胶质较多，经曲中黑曲霉的果胶酶作用后，会生成多量的甲醇，使成品酒质量较差。麦秆导致酒醅发酵升温猛、升酸高。荞麦皮含有紫芸苷，使酒呈苦涩味。

3)辅料的使用原则

(1)辅料的用量。辅料的用量与出酒率及成品酒的质量密切相关，因季节、原辅料的粉碎度和淀粉含量、酒醅酸度和黏度等不同而不同。在一定范围内，辅料用量大，加水量也相应增加，故产酒较多，但酒质可能下降，因此，辅料用量需严格控制。通常以辅料对投粮的比表示辅料用量，称为糠粮比，一般为15%～20%。合理调整辅料用量的原则如下：①按季节调整辅料用量，冬季适当多用些，以利于酒醅升温而提高出酒率；②按底醅升温情况调整辅料用量，发酵升温快、顶火温度高的底醅可适当少用辅料；③上排底醅升温慢而酸度低且淀粉含量高的情况下，可适当加大辅料用量。

(2)相应的工艺。为了防止辅料的邪杂味被带入酒内，应将辅料清蒸排杂，这在清香型白酒生产中尤为重要。对混蒸续渣的出池酒醅，应先拌入粮粉，再拌入辅料，不得将粮粉与辅料同时拌入。清蒸清渣或清蒸续渣的出池酒醅，可直接与辅料拌和。

8.1.3 白酒发酵微生物及生物化学

1. 白酒微生物研究与应用现状

白酒微生物是白酒生产过程中以及生产环境中的微生物的总称，既包括自然接种的天然微生物，也包括人工选育的纯种微生物；既包括糖化菌、发酵菌等有益微生物，也包括导致苦味和酸败的有害菌。广义上讲，包括附着在原料、水、空气、曲、醅和醪、窖泥、糟、窖池、场地、工具、设备，乃至人手及鞋等上的微生物；狭义上讲，主要是曲、醅和醪、窖泥(池)中的微生物。

2. 酒曲中的微生物

1)酒曲概述

四千多年前，中国人就已经开始应用霉菌糖化谷物酿酒，“若作酒醴，尔唯曲蘖”，说明酿酒必须依靠曲的作用。曲是一种糖化发酵剂，是酿酒发酵的动力。要酿酒得先制曲，要酿好酒必须用好曲。制曲本质上就是扩大培养酿酒微生物的过程。一般先以粉碎的谷物为原料来富集微生物制成酒曲，再用曲促使谷物糖化、发酵。曲的好坏直接影响着酒的质量和产量。

2)大曲中的微生物

大曲是以小麦或大麦和豌豆为主要原料，将其粉碎、加水、压制成砖状的曲胚，在一定温度和湿度下对自然界的微生物进行富集和扩大培养，再经风干而制成的含有多种菌的一种糖化发酵剂。一般而言，大曲中的微生物主要有四类：霉菌、细菌、酵母菌和放线菌。但放线菌为数不多，而且在大曲中的作用尚不十分明显。

(1)霉菌类。①曲霉属。曲霉是大曲和其他曲中最多的菌，其时常呈现的颜色有黑、褐、黄、绿、白五色。曲霉作用于大曲后可形成糖化力、液化力、蛋白质分解力和多种有机酸。黑曲霉具有多种活力较强的酶系，并可产生少量酒精。曲霉的生长和发酵温度都在 35～40 ℃之间。②根霉属。根霉属是藻状菌纲毛霉目毛霉科的单细胞微生物，菌丝无横膈膜，借孢子囊孢子繁殖。大曲中常见的根霉有米根霉、黑根霉、中华根霉等，除具有假根的特征外，主要和毛霉、酵母菌共存。根霉菌丝初为白色，随着大曲培菌的品温不断上升和水分的挥发变为灰褐色或黑褐色。根霉如同曲霉，随着培菌的深入，菌丝插到大曲的基质中。大曲菌丝的生长情况主要看根霉的着生状况，从大曲的断面可以判断根霉菌丝健壮与否。大曲中的根霉实际上以米根霉为主，米根霉除具有较强的糖化力外，还兼有一定的发酵力。米根霉的最适生长温度为 37～41 ℃，最适发酵温度为 30～35 ℃。③毛霉属。毛霉因其形状似头发状而得名。毛霉主要着生于大曲培养的“低温培菌”期，特别是温低湿大、两曲相靠时，更易生长。在大曲的微生物区分中，毛霉属于感染菌(有害菌)，但毛霉作用于培养基后自身积累的酶系具有蛋白质分解力，而且可代谢产生乙酸、草酸、琥珀酸、甘油等产物。因此，少量的毛霉可能对大曲的“综合能力”有一定的作用。④青霉属。青霉属在制曲或酿酒生产上完全属于有害菌，对大曲中其他有益微生物有极强的抑制力。⑤红曲霉属。红曲霉的菌落初为白色，成熟后变为淡粉色、紫红色等，大曲中心所呈现的红、黄色素就是红曲霉作用的结果。红曲霉的生长温度范围大，为 26～42 ℃，最适温度为 32～35 ℃，pH 为 3.5～5.0，能耐 pH 2.5 和 10%的酒精。可以糖、酸为碳源，合成淀粉酶、麦芽糖酶、蛋白酶，亦可产生柠檬酸、琥珀酸、乙酸等。⑥犁头霉属。犁头霉的数量在大曲中较多。但若大曲中犁头霉太多，则对曲质不利，这是因为其糖化力、液化力均不高。

(2)细菌类。①乳酸菌属。大曲中的乳酸菌有三个显著特点：一是既有同型的，又有异型的；二是球菌居多，占 70%；三是所需温度偏低，在 28～32 ℃之间。乳酸菌作用于己糖生成乳酸，其量的大小往往取决于大曲中乳酸菌的数量和制曲时对品温的控制。乳酸含量的多少是反映大曲质量的一个方面，由于乳酸所呈现的味是馊、酸、涩等，特别是乳酸酯在量大时呈青草味，因此，乳酸含量过多在酿酒上的危害较大。②醋酸杆菌属醋酸菌。醋酸菌是典型的好气性菌，它能氧化葡萄糖生成醋酸和少量酒精。醋酸在一定量时，与醇合成酯，有利于酒质，但当其过量时，不但会使酒味变异，更主要的是会抑制酵母菌的生长和作用。醋酸菌在干燥低温的环境下芽孢会失去发芽能力，所以在制曲时，要求新曲必须贮存 3 个月或半年以上，以使醋酸菌以最少的数量进入窖内发酵。

③枯草芽孢杆菌。枯草芽孢杆菌是大曲细菌中数量最多的一种，它有厌气和好气两种类型，一般最适生长温度为 37 ℃，适应于微酸、湿度大的环境。枯草芽孢杆菌具有分解蛋白质和水解淀粉的能力，可生成酒体中的芳香类物质，如双乙酰等。

(3)酵母类。①酿酒酵母。酿酒酵母是大曲的主要酵母，对大曲的质量以及大曲酒的产量和品质起决定性的作用。酿酒酵母的主要特点是生长作用温度低，酒精生成能力强，喜偏酸环境，最适生长温度为 28～32 ℃，pH 为 4.5～6.2，酵母菌一般在曲坯入房 48 h 便大量生长繁殖，其后随品温的上升，其数量和活力逐渐下降。②产酯酵母。产酯酵母能以糖、醛、有机酸、盐类等作为养料，在酯酶作用下将乙酸与乙醇结合成乙酸乙酯或其他酸酯，所以这类酵母又称为生香酵母。产酯酵母的主要作用是酸醇结合产生酯，所以酒精发酵力低。③假丝酵母。假丝酵母包括产阮假丝酵母、解脂假丝酵母、热带假丝酵母等。假丝酵母有很多种都具有酒精发酵能力，它们与拟内孢霉共同存在于大曲的表面层，通常呈现为黄色的小斑点，由于其生长温度较低，故主要在大曲“低温培菌期”存活繁殖。

3)小曲中的微生物

小曲也称酒药、酒饼、白曲等，是用米粉或米糠为原料，有的添加少量中草药或辣蓼粉为辅料，接入一定量的母曲和适量水制成坯，在控制温湿度的条件下培养而成。因其曲块体积小，故习惯上称为小曲。小曲中的微生物主要是霉菌和酵母菌。霉菌一般包括根霉、毛霉、黄曲霉、黑曲霉等，其中主要是根霉，根霉有河内根霉、米根霉、日本根霉、爪哇根霉、中华根霉、德式根霉、黑根霉、台湾根霉等。各菌种之间主要是在适应性、生长特性、糖化力强弱以及代谢产物上有所差异。

传统小曲中的酵母菌种类也很多，有酵母属、汉逊酵母属、假丝酵母属、拟内孢霉属、丝孢酵母等，但起主要作用的是酵母属和汉逊酵母属。培养散小曲经常使用的酵母是 Rasse XⅡ(德国 12 号)、南阳混合酵母 1308、K 氏酵母和米酒酵母等，其中 1308 和 K 氏酵母发酵力很强，速度快，能耐 22°Bx 糖度和 12%的酒精浓度，并能耐较高的发酵温度，pH 为 2.5～3 时生长良好，最适生长温度为 33 ℃，适用于半固态发酵。Rasse 酵母和米酒酵母适应性好，发酵力强，产酒稳定，酒质也好。

4)麸曲菌种

我国用于酿造白酒的麸曲菌种有几十株，现将生产中常用的菌种介绍如下：

(1)黑曲霉 As3.4309。As3.4309 是中国科学院微生物研究所从土壤中分离出的黑曲霉，经过诱变而培育成的一株高性能糖化菌。该菌酶系较纯，主要有糖化酶、α-淀粉酶、转苷酶，酸性蛋白酶含量较少。As3.4309 分泌的糖化酶，适合的 pH 为 3～5.5，最适 pH 4.5 左右，最适温度 60 ℃。用该菌制曲酿酒，有出酒率高、用曲量少的优点。

(2)河内白曲霉。河内白曲霉是从黑曲霉变异而来的。该菌分泌 α-淀粉酶、β-淀粉酶、酸性蛋白酶及羧基肽酶等酶系，其中突出的是酸性蛋白酶，该酶能分解蛋白质为 L-氨基酸，可供微生物直接利用。河内白曲霉还有产酸高、耐酸性强的优点。它的 pH 适应范围为 2.5～6.5。该菌还有耐高温、对生淀粉有一定分解能力的特点。

(3)根霉 As3.868。As3.868 是中国科学院微生物研究所分离出的根霉，它生长速度快，生孢子多，对各种原料适应性都很强，曾在一个时期内是应用最多的菌种。

(4)根霉 Q303。Q303 菌种是贵州省轻工研究所分离的四株根霉菌种中的一株，该菌糖化速度快、糖化发酵力强，产酸低，性能稳定，能产蜂蜜似的香味物质，是目前国内应用最多的麸曲根霉菌种。

(5)含纤维素分解酶的菌株——龙轻 52 号。该菌属木霉菌，含有纤维素分解酶，能部分分解纤维素为可发酵性糖类，20 世纪 70 年代曾把它与曲霉菌共同制成混合曲，提高了出酒率。但就目前国内所选用的含纤维素分解酶的菌种而言，分解纤维素的能力还不高，单独用于发酵工业还未成熟。

3. 窖泥微生物及应用

大曲酒生产使用的发酵设备按产酒类别不同，可分为地缸、泥底石窖和泥窖，其中泥窖是浓香型大曲酒生产的基础。在浓香型大曲酒生产中，发酵窖池越老，酒质量越好，这是传统工艺的经验总结。为了揭示“千年老窖产好酒”的奥秘，自 20 世纪 60 年代起，我国开展了浓香型白酒与窖泥微生物关系的研究，发现老窖泥中富集多种厌氧功能菌，主要为嫌气性梭状芽孢杆菌，它们参与浓香型白酒发酵的生香作用，并发现己酸乙酯是浓香型白酒的主体香成分，无疑，其中的己酸菌就是老窖发酵生香的一种主要功能菌。

1)窖泥主要微生物及其分布

(1)己酸菌。己酸菌属于梭状芽孢杆菌的少数种。丁酸杆菌属中的个别种、奥氏甲烷杆菌以及不少产丁酸的梭状菌也会产生己酸。克氏梭菌是己酸菌的一种，它一端呈鼓槌状，有芽孢，耐热性强，带芽孢的菌体在沸水中处理 3 min 不死，严格厌氧，不利用碳水化合物，以酒精为基质，栖于窖泥中，发酵速度缓慢，生成己酸和己酸乙酯。

(2)丁酸菌。丁酸菌是梭状芽孢杆菌，有 20 余种，它以糖类为基质，发酵生成丁酸，表现为汗臭味或水果腐烂味，使酒味不正。丁酸菌也能产生少量已酸。试验证明，丁酸、已酸的产生并不是同步进行的，而是交替进行的，先产丁酸，后产已酸，随着已酸的增多丁酸减少。说明在已酸生成过程中，丁酸是一种重要的中间产物。

(3)甲烷菌。产甲烷的菌群具有特殊的代谢功能，它在没有外源电子受体的条件下还原 CO_2 生成 CH_4。从老窖泥中分离得到的甲烷菌，不利用甲酸、乙酸、丙酸、丁酸、甲醇、乙醇、三甲胺和葡萄糖，只利用 H_2 作能源、CO_2 作碳源生长和产生 CH_4。它的生长最适温度是 35 ℃，适宜生长温度为 25～45 ℃，pH 为 6.0～9.0，最适 pH 7。窖泥质量的好坏，不仅与窖泥中已酸菌的数量有关，还与甲烷菌的数量有关。甲烷菌的数量随窖龄增长而增加，以老窖泥为最多。老窖泥中，甲烷菌的数量分布是窖底＞窖中层＞窖上层，其在窖池中的分布规律与已酸菌相似。CH_4 的存在能刺激产酸作用，因此甲烷菌与已酸菌共栖，不仅有利于已酸发酵，而且使窖内各种产 H_2 型发酵得以有效地进行。

(4)酵母菌。窖泥中酵母菌的数量随着窖龄的增长而减少。人工培养的窖泥中酵母菌数量较多，老窖泥中酵母数量很少。酵母菌的存在，能使窖泥中的已酸菌更为活跃，促进香味成分的形成，加快窖泥的老熟和产香。

(5)放线菌。在培养已酸菌及窖泥时，添加放线菌，对已酸菌活菌数的增长和已酸及其酯类的生成都有一定的促进作用，同时具有脱臭和生香的作用。

2)窖泥功能菌的培养

为了加速新窖老熟，可直接培养窖泥功能菌制备窖泥，敷涂到窖池的内表面，建筑人工老窖。

(1)已酸菌液的培养。基于生产应用的目的，试验证明，乙醇、乙酸是已酸菌重要的营养成分，如果缺乏，就不产已酸。对氨基苯甲酸和生物素是已酸菌的生长因子，缺乏会严重影响其产酸能力，但可用酵母膏或酵母自溶液代替。碳酸钙可以中和由已酸菌生成的已酸，同时释放出 CO_2，故有利于已酸菌生长，有促进已酸生成的明显效果，适量的铵盐、磷酸盐、镁盐均能促使已酸菌的生长和产酸，从而提出合成培养基的组成：乙醇 20 mL(灭菌后、接种前添加)，硫酸铵 0.5 g，乙酸钠 5 g，磷酸氢二钾 0.4 g，硫酸镁 0.2 g，酵母膏 1 g，碳酸钙 10 g (灭菌后、接种前添加)，水 1000 mL。

配制培养基时应注意，乙醇和碳酸钙需在灭菌冷却至 50 ℃以下时加入，不然它们会蒸发和分解；酵母膏可用鲜酵母或干酵母自溶液代替；因为已酸菌是厌氧菌，培养时容器内要尽量装满培养基，以满足厌氧条件。

培养方法：试管→三角瓶→卡氏罐→酒坛。接种量按 10%，培养温度为 32～34 ℃，pH 为 6.8～7.0，培养液充满量为 95%，培养时间为 7 天以上。在扩培过程中，一、二级种子培养 7 天，大生产用的发酵液培养 15 天。该菌培养的关键在于控制培养温度、pH，严格灭菌和厌氧条件等。

一般接种后 1～3 天基本不产已酸，4～6 天开始产已酸，7 天以后已酸量明显增加，已酸菌生长旺盛。可用 20%硫酸铜溶液检测已酸的生成量。具体方法如下：取已酸菌培养液 10 mL，用 NaOH 溶液调至中性，加入 20% $CuSO_4 5H_2O$ 溶液摇匀，呈灰绿色表示有产酸菌存在。然后加 1 mL 乙醚，加盖摇 15 min，静置，乙醚升至表层，乙醚层呈绿色，说明培养液中有已酸，绿色越深，表明已酸越多。

(2)丁酸菌液的培养。丁酸菌液采用三级培养。第一级为丁酸菌种子液的制备，其培养基组成如下：牛肉膏 15 g、葡萄糖 30 g、蛋白胨 20 g、碳酸钙 20 g、老窖泥浸出液 1000 mL。

老窖泥浸出液的制备：取老窖泥 1000 g，加温水 1500 mL，充分搅拌成泥浆水，自然澄清，取清液作培养添加水用。

第一级培养时，在 500 mL 三角瓶中装入上述培养液 480 mL，常规灭菌，冷却到 35 ℃，接入 3%～5%的老窖泥，然后加热，刚沸即止，急冷，使细菌营养体被杀死，仅留下细菌芽孢。水封，在 34 ℃保温培养，16～24 h 开始产气，镜检可发现大量杆菌和少量大型梭状菌。

第二级培养在 3 L 细口瓶内进行，培养基和培养条件与第一级相同，培养 4 天。

第三级培养在 10 L 细口瓶内进行。培养液的组成作适当调整：牛肉膏 0.5%、葡萄糖 4%、蛋白胨 0.5%、碳酸钙 2%。培养液尽量充满容器，造成厌氧条件。培养 8 天，成熟后培养液中主要含有丁酸菌和已酸菌。

(3)混合培养液。为了模仿天然窖泥的发酵条件，尽量使各种有益微生物在窖泥中生长并发挥作用，可采用混合培养液。混合培养液配方如下：老窖泥 5%、酒醅 15%、大曲粉 2%、黄水 10%，酒头、尾酒和营养盐适量，85 ℃以上热水调配 pH 至 5～6。

培养方法：将酒醅、黄水装入酒坛中，倒入 85 ℃以上热水，封坛，冷至 50 ℃左右加入曲粉、老窖泥、营养盐，调 pH，加入适当的酒头、酒尾，密封坛口，32～34 ℃下培养 8～10 天。正常培养液为金黄色(或淡黄色)，气味与老窖泥相似，有悬丝，镜检杆菌多且健壮，有少量酵母，基本上无其他杂菌。

在使用合成培养基培养时，醋酸钠和乙醇是不可缺少的，否则不能生成已酸，也可用其他醋酸盐代替醋酸钠。酵母膏含有生物素，能促进已酸的合成，用酒糟浸出液可代替酵母膏和无机盐。赤霉酸、肌醇、生物素、泛酸、α-苯乙酸等生物激素也能刺激已酸菌生长和产酸。

3)人工老窖泥的培养和使用

(1)培养材料及其要求。培养材料主要包括红黏土、窖皮泥、黑紫泥、老窖泥、大曲粉、丢糟、黄水、酒头、尾酒、丢糟酒、营养盐等。红黏土要求选用优质土，土质细腻绵软，去除沙石杂物，黏性强，微酸性，隔水性强，能阻止水的渗透，铁和钙含量低。窖皮泥选用多次封窖用的老窖皮泥，要求无霉味。黑紫泥即为含腐殖质较多的微酸性黏性熟土，如肥田泥、鱼塘泥、藕塘泥、沼气池底泥等。黄水为发酵正常的老窖黄水。以上各培养材料均为已酸菌的生存繁殖提供各种营养成分和创造适宜的外界条件。

(2)窖泥培养基配方与培养方法。窖泥培养基配方较多，以下几种配方可供参考：①新泥、窖皮泥、优质泥(或老窖泥)共 4000 kg，过磷酸钙 60 kg，尿素 13 kg，麦曲粉 50 kg，丢糟粉 50 kg，尾酒、黄水适量，加混合培养液 250 kg，混匀揉熟，密封发酵 1 个月以上使用；②黏黄泥 4500 kg，窖皮泥 500 kg，过磷酸钙 5 kg，尿素 2 kg，黄水 71 kg，粮糟 62.5 kg，丢糟 62.5 kg，麦曲粉 50 kg，尾酒 50 kg，窖泥培养液 100～125 kg，混匀，密封堆积，33～35 ℃下培养 60～70 天后使用；③黏黄泥 3000 kg，藕塘泥 1500 kg，鲜酒糟

400 kg，麦曲粉 100 kg，过磷酸钙 10 kg，硫酸镁 5 kg，尾酒 250 kg，己酸菌培养液 250 kg，用黄水将上述物料调成稀泥，揉熟，发酵 15 天后使用。

人工老窖泥的培养时间最好在热季，有利于保持适宜的培养温度，也可采取保温措施。理想的窖泥应具有的质量特性为己酸菌、丁酸菌、甲烷菌富集，水分适中，营养成分全面，质地柔熟、均匀细致，抗板结，具有豆腐乳香气等。

(3)人工老窖泥的使用。培养好的人工老窖泥敷涂到新建窖池的四壁和窖底，就可构筑人工老窖。此新建窖池经过七八轮次后，窖泥由黄色变为乌黑色，并逐渐由绵软变为脆硬，产品质量也随着时间的推移和窖泥的变色而逐渐提高。再经过二十余年，泥质由脆硬逐渐变得又碎(无黏性)又软，窖泥中出现红绿等彩色，产生一种浓郁的香味，这就初步达到发酵老窖的标准，成品酒的质量也随之显著提高。窖龄越长，酒质越好。由于陈年发酵老窖对产品质量有决定性的影响，因此，在出窖和滴窖等操作中都应特别小心，以避免损伤发酵窖泥，平时要加强对窖池的保养维护，防止窖泥退化和酒质降低。

4)窖泥的退化、保养和强化

在浓香型大曲酒的酿造过程中，由于某些原因，人工老窖使用一段时间后，窖壁上逐渐起碱、变硬或表面析出白色结晶或针状结晶，成品酒中己酸乙酯含量大幅度下降，严重影响产品质量，这种现象称为窖的退化或老化。

退化的窖泥出现的白色结晶或针状结晶物，是乳酸钙和乳酸铁，它们对己酸菌产生毒性(乳酸铁危害性更大)。培养基中只要含有微量(0.05%～0.1%)的乳酸钙和乳酸铁，己酸菌数和己酸量都明显下降，使窖泥发生老化。窖泥退化可能是由以下原因引起的：①水分不足，由于建窖时防水层不好，或窖底不结实，池子难保浆，入池水分偏低，窖泥缺水，微生物不能很好繁殖，久而久之，窖泥的无机盐与酸起反应，形成乳酸钙、镁盐类，窖泥板结严重；②酸度过高，入窖酒醅酸度过高，pH 低于己酸菌生长的适宜 pH(5.6～6.5)，致使不能正常生长、产酸，并对乳酸钙或乳酸铁的形成有利，加速了窖的退化；③营养枯竭，由于酒醅出窖后清扫不及时，不撒曲粉和泼尾酒，使窖泥严重缺乏氮、磷、钾等营养，使产酸微生物难以生长，己酸产量减少，加速窖泥微生物的衰老死亡；④长期使用硬度高的酿造水，钙、铁离子太多，易于形成乳酸钙、乳酸铁等盐类，导致对己酸菌的毒害作用；⑤窖泥中有益微生物太少，又不能向它们及时提供营养，致使窖泥出现退化。

窖泥保养就是要保持窖泥的活性，需做好以下工作：①选择窖泥培养材料时，尽量减少铁盐(红色土含铁量高)、钙盐(碳酸钙、过磷酸钙)等物质，以减少窖泥退化的物质基础；②严格控制入池酒醅酸度和水分，防止窖泥酸度过大和干燥板结。尽量降低酒醅酸度，减少乳酸钙等有害物质的形成，适当加大入池酒醅水量，使乳酸钙等溶于黄水中排出，起到保养窖池的作用；③酒醅宜装满窖池并略有高出，否则窖池上部窖泥暴露于空气中，造成窖泥营养不足，窖泥干燥，致使己酸菌死亡；④每次酒醅出窖后，及时清扫窖壁、窖底，并向窖泥上喷洒己酸菌液、黄水、尾酒，撒上适量的大曲粉，增加窖泥微生物营养，使其长期处于旺盛状态；⑤特别做好高温季节窖池养护工作，每年高温季节，加适量大曲粉于窖底，并适当与窖底泥掺拌均匀，注意不能翻动窖底防水层，另加入酒糟或有机质、黄浆水、底锅水等，调节 pH。

对已经退化的窖池采取某些措施，重新恢复其微生物活性，就是窖泥的强化。窖泥强化的方针是针对窖泥退化的原因进行补缺和调整。老化窖泥在池壁会起碱斑，出现白色晶体，池壁板结、坚硬等。可以在生产过程中，对空窖的窖壁和窖底，喷洒所缺的营养液和己酸菌培养液。连续喷洒几次，窖泥会明显好转，泥质变软，色泽呈浅灰色，带有酯香味，pH 上升，氮、磷、钾含量有所增加，己酸菌活菌数可提高 3～4 倍，酒内己酸乙酯含量提高 50％～100％，基本上能恢复正常，不必更换窖泥，就能继续生产使用。

4. 发酵酒醅微生物的构成

经过清蒸或混蒸，酒醅中的微生物已被杀灭，但在摊晾、下曲或堆集、入窖以后，又使窖内酒醅中形成了复杂的微生物体系。大曲酒发酵是较为粗放的多菌种混合发酵，微生物种类很多，数量巨大，它们相互依存，形成一个动态的微生物群系。正是这些复杂的微生物群体的共同作用，形成了大曲酒众多的风味成分，并相互协调、烘托、关联，使大曲酒成为独具中国特色的白酒。加曲不但使大量有益的酿酒微生物菌种直接转移到发酵酒醅，而且还有大量的淀粉酶、蛋白酶等，通过这些酶的作用，为酒醅微生物的生长繁殖提供了大量营养和能源，特别是在前发酵和主发酵阶段。大曲还给酒醅带来了数量可观的、多种多样的代谢产物，在大曲酒的口味和香气方面起着重要作用。

窖泥、环境空气、酿造用水、器具设备等都是酒醅微生物的重要来源。在浓香型大曲酒发酵中，窖泥给酒醅提供了产香的己酸菌、丁酸菌以及甲烷菌、产气杆菌等，形成了酒的浓香和窖底香。由于长期生产，造成了厂区周围环境中较为稳定的微生物区系，空气、土壤、器具及设备都带有各种与酿酒有关的微生物，所以在渣醅摊晾、堆集发酵等操作过程中，环境中的微生物进入渣醅，成为发酵酒醅微生物的另一重要来源。

5. 白酒发酵过程的生物化学

白酒生产主要采用多菌种的固态双边发酵，参与发酵过程的微生物种类繁多，它们协同作用，发酵生成白酒的各种成分。

1)醇类的生成

曲酒发酵，除生成大量的乙醇外，还产生其他的醇类。醇是酒体的基本成分，又是酒的醇甜和助香物质。由醇类还能转化生成酯等香味物质。曲酒所含的醇类物质，主要以一元醇为主，同时还有少量的多元醇和芳香醇。

曲酒以粮谷为主要原料，原料中所含的淀粉，经糖化作用转化为可发酵性糖，蛋白质在蛋白酶的作用下被分解成多肽和氨基酸，这些物质是微生物进行生化作用的基础。

(1)乙醇的生成。在酵母菌的作用下，葡萄糖经糖酵解途径(EMP 途径)转化为重要的中间产物丙酮酸，在无氧条件下，由丙酮酸脱羧酶催化使丙酮酸脱羧生成乙醛，乙醛在乙醇脱氢酶的作用下被还原成乙醇。

$$\underset{\text{淀粉}}{(C_6H_{10}O_5)_x} + nH_2O \longrightarrow \underset{\text{糖}}{nC_6H_{12}O_6} \longrightarrow \underset{\text{丙酮酸}}{CH_3COCOOH} \longrightarrow \underset{\text{乙醛}}{CH_3COH} \longrightarrow \underset{\text{乙醇}}{CH_3CH_2OH}$$

由葡萄糖生成乙醇的总反应式为

$$C_6H_{12}O_6 \longrightarrow 2CH_3CH_2OH + 2CO_2 + Q$$

由此总反应式可以计算出，1 mol 葡萄糖生成 2 mol 乙醇的理论转化率为 51.1%。但是，在实际生产中约有 5%的葡萄糖用于合成酵母细胞和副产物，乙醇生成量约为理论值的 95%，则乙醇对糖的转化率约为 48.5%。

(2)甲醇。原料中的果胶物质是半乳糖醛酸甲酯的缩合物，在微生物(尤其是黑曲霉)的果胶酯酶或热能的作用下，能分解成果胶酸和甲醇。

$$\underset{\text{果胶质}}{(R\cdot COOCH_3)_n} + nH_2O \longrightarrow \underset{\text{果胶酸}}{nRCOOH} + \underset{\text{甲醇}}{nCH_3OH}$$

甲醇其对视神经危害极大，应严加控制。国家标准 GB 2757—2012 规定，粮谷类为原料的白酒中甲醇含量不得超过 0.6 g/L，其他原料不得超过 2.0 g/L。

(3)高级醇。高级醇是酒类中最主要的风味物质之一。高级醇以异戊醇为主，包括活性戊醇、正丙醇和异丁醇等醇类复合物。高级醇的生成与酵母的氨基酸代谢密切相关，1907 年，德国化学家伊里希提出由氨基酸形成高级醇的途径，后来又不断修正完善，现可归纳为有 10 种氨基酸，在发酵时酵母将其氨基转移到 α-酮戊二酸上，形成谷氨酸和 α-酮酸，后者经脱酸、还原，形成比原氨基酸少一个碳的高级醇。1953 年，哈里斯研究提出高级醇由糖代谢通过丙酮酸的合成途径生成。

综上所述，α-酮酸是形成高级醇的关键性前体物质，糖、氨基酸以及醇之间的连接枢纽是酮酸。氨基酸主要来自原料中蛋白质的分解，并由它生物代谢合成高级醇。

$$\begin{array}{c} RCH(NH_2)COOH\ \text{氨基酸} \\ \uparrow\downarrow \\ \text{糖代谢} \longrightarrow \underset{\alpha\text{-酮酸}}{RCOCOOH} \longrightarrow \underset{\text{醛}}{RCHO} \longrightarrow \underset{\text{高级醇}}{RCH_2OH} \end{array}$$

氨基酸生物合成

高级醇在发酵过程中的生成量与以下因素有关：①酒醅中蛋白质的含量，一般原料含氮量高，相应生成的高级醇的量也多；②酵母菌种，酵母乙醇脱氢酶活性高时，则形成高级醇的能力强；③酵母接种量，下曲时加入酒醅的酵母越少，则在发酵过程中形成高级醇多；④发酵温度高酒醅含氧量多，都会促进发酵时高级醇的形成。

(4)甘油。甘油又名丙三醇，是糖代谢过程中由磷酸二羟丙酮加氢还原成磷酸甘油，再经酶作用去磷酸得到的。

$$\text{糖代谢} \longrightarrow \underset{\text{磷酸二羟丙酮}}{CH_2OHCOCH_2O\textcircled{P}} \longrightarrow \underset{\text{磷酸甘油}}{CH_2OHCHOHCH_2O\textcircled{P}} \longrightarrow \underset{\text{甘油}}{CH_2(OH)CH(OH)CH_2OH}$$

酒醅发酵过程中的甘油生成量与酵母菌种、酒醅 pH、含糖量、含氧量、硫化物含量及酒醅入窖温度有关。一般低温入窖、缓慢发酵有利于甘油的生成。

甘油可以增加白酒的醇甜味，使酒体丰满醇厚，故名优曲酒都有一定的甘油含量。

(5)2，3-丁二醇。白酒中含有的二元醇主要有 2，3-丁二醇、1，3-丁二醇等，其主要由细菌发酵产生，双乙酰还原也能形成。

$$C_6H_{12}O_6 \longrightarrow CH_3CHOHCHOHCH_3 + 2CO_2 + H_2$$

葡萄糖　　　　　2，3-丁二醇

2，3-丁二醇和 1，3-丁二醇都是白酒的醇甜物质。生产实践证明，发酵处于旺盛时期，2，3-丁二醇的生成量最多。此外，2，3-丁二醇产生细菌在好气情况下，也产甘油。

$$3C_6H_{12}O_6 \longrightarrow 2CH_3CHOHCHOHCH_3 + 2CH_2OHCHOHCH_2OH + 4CO_2$$

葡萄糖　　　　　2，3-丁二醇　　　　　甘油

(6)甘露醇。甘露醇(己六醇)的生成是由霉菌作用完成的，由于许多霉菌能代谢产生甘露醇，所以大曲中含量较多。某些混合型乳酸菌也可以利用己糖产生甘露醇、乳酸，同时还可以产生 2，3-丁二醇和醋酸。

$$3C_6H_{12}O_6 \longrightarrow 2C_6H_{14}O_6 + CH_3CHOHCHOHCH_3 + CH_3COOH + CO_2$$

葡萄糖　　　甘露醇　　　2，3-丁二醇　　　醋酸

在大曲酒中的其他醇类，常随着羟基数的增多甜味增强，丙三醇(甘油)、丁四醇(赤藓醇)、戊五醇(阿拉伯醇)、己六醇都是黏稠状的呈甜物质，其中己六醇含量最多。

2)酸类的生成

固态大曲酒发酵过程中，会生成各种酸，它们伴随着酒精发酵而生成，它们的生成途径不完全相同。糖分并不是形成有机酸的唯一原始物质，因为其他非糖物质也能形成有机酸。酸味是形成白酒香味的主要物质，酒中缺乏酸，会使酒显得不柔和、不协调。酸类又是形成酯类的前体物质，酸还可以构成其他香味成分。含酸量少的酒，酒味寡淡，香味短，使酒缺乏白酒固有风格；若含酸量过大，则酒粗糙，邪杂味重。适量的酸在酒中能起到缓冲作用，可消除饮酒后上头和口味的不协调，还能促进酒的甜味感。一般优质白酒的含酸量较高。

(1)甲酸。甲酸主要是由发酵中间产物丙酮酸和水发生作用，生成甲酸与乙酸。

$$CH_3COCOOH + H_2O \longrightarrow HCOOH + CH_3COOH$$

丙酮酸　　　　　甲酸　　　乙酸

(2)乙酸。乙酸又名醋酸，主要通过以下途径生成：

①由乙醇通过醋酸菌氧化代谢而生成。

$$CH_3CH_2OH + O_2 \longrightarrow CH_3COOH + H_2O$$

乙醇　　　　　乙酸

乙醇在贮存过程中也能由氧氧化成乙酸，但它的氧化速度比微生物氧化慢得多。醋酸菌是重要的氧化细菌。酵母菌也具有产乙酸能力，凡是产酯能力强的酵母菌，对乙醇的氧化能力要比产酒能力强的酵母菌大，但远不及醋酸菌。

②在发酵过程中，酒精生成时，也伴随着乙酸和甘油的生成。

$$2C_6H_{12}O_6 + H_2O \longrightarrow C_2H_5OH + CH_3COOH + 2C_3H_5(OH)_3 + 2CO_2$$

葡萄糖　　　　乙醇　　　乙酸　　　甘油

③糖经过发酵生成乙醛，乙醛经“歧化作用”生成乙酸。

$$2CH_3CHO + H_2O \longrightarrow CH_3COOH + CH_3CH_2OH$$

乙醛　　　　　乙酸　　　乙醇

由于歧化作用，乙醇和乙酸是同时形成的，当糖分发酵一半时，乙醛含量最多；在发酵后期，乙醇较多时，乙醛含量较少。一般对酵母提供的条件越差，则生成的乙酸越多。

(3)丁酸。丁酸又名酪酸，它是由丁酸菌或异型乳酸菌发酵生成的。

①丁酸菌将葡萄糖或含氮物质发酵成丁酸。

$$\underset{\text{葡萄糖}}{C_6H_{12}O_6} \longrightarrow \underset{\text{丁酸}}{CH_3CH_2CH_2COOH} + 2CO_2 + 2H_2$$

②由乙酸和乙醇经丁酸菌作用脱水生成丁酸。

$$\underset{\text{乙酸}}{CH_3COOH} + \underset{\text{乙醇}}{CH_3CH_2OH} \longrightarrow \underset{\text{丁酸}}{CH_3CH_2CH_2COOH} + H_2O$$

③有的细菌直接从乳酸发酵生成乙酸，再由乙酸生成丁酸。

$$\underset{\text{乳酸}}{CH_3CHOHCOOH} \longrightarrow \underset{\text{乙酸}}{CH_3COOH} + CO_2 \longrightarrow \underset{\text{丁酸}}{CH_3CH_2CH_2COOH}$$

在乙酸存在时，有的细菌可把乳酸发酵成丁酸。

$$\underset{\text{乳酸}}{CH_3CHOHCOOH} + \underset{\text{乙酸}}{CH_3COOH} \longrightarrow \underset{\text{丁酸}}{CH_3CH_2CH_2COOH} + CO_2 + H_2O$$

(4)己酸。己酸是由己酸菌(梭状芽孢杆菌)发酵而生成的。己酸的形成属于合成发酵。在发酵过程中，乙醇和乙酸结合生成丁酸，丁酸再与乙醇结合生成己酸。当培养基中乙醇和乙酸的比例不同时，丁酸和己酸形成的比例也不同。乙酸过多时，主要产物为丁酸：

$$\underset{\text{乙醇}}{CH_3CH_2OH} + \underset{\text{乙酸}}{CH_3COOH} \longrightarrow \underset{\text{丁酸}}{CH_3CH_2CH_2COOH} + H_2O$$

当培养基中乙醇比乙酸占优势时，主要产物为己酸。

$$\underset{\text{乙醇}}{2C_2H_5OH} + \underset{\text{乙酸}}{CH_3COOH} \longrightarrow \underset{\text{己酸}}{CH_3(CH_2)_4COOH} + 2H_2O$$

(5)乳酸。乳酸又叫 α-羟基丙酸，主要由乳酸菌发酵而成，其中异型乳酸菌发酵在大曲酒中较为普遍。

$$\underset{\text{葡萄糖}}{C_6H_{12}O_6} \longrightarrow \underset{\text{乳酸}}{CH_3CHOHCOOH} + \underset{\text{乙醇}}{CH_3CH_2OH} + CO_2$$

(6)戊酸。丙酸细菌可利用丙酮酸羧化形成草酰乙酸，草酰乙酪还原成苹果酸，苹果酸脱水还原成琥珀酸，琥珀酸脱羧形成丙酸，接着由梭状芽孢杆菌通过类似于丁酸、己酸合成的途径，由丙酸合成戊酸，进而合成庚酸等。

$$\underset{\text{丙酮酸}}{CH_3COCOOH} \longrightarrow \underset{\text{草酰乙酸}}{HOOCCOCH_2COOH} \longrightarrow \underset{\text{苹果酸}}{HOOCCH(OH)CH_2COOH} \longrightarrow$$

$$\underset{\text{琥珀酸}}{HOOC(CH_2)_2COOH} \longrightarrow \underset{\text{丙酸}}{CH_3CH_2COOH} \longrightarrow \underset{\text{丙酰辅酶 A}}{CH_3CH_2CO\sim SCoA} \longrightarrow$$

$$\underset{\text{戊酸}}{CH_3(CH_2)_3COOH} \longrightarrow \underset{\text{庚酸}}{CH_3(CH_2)_5COOH}$$

(7)琥珀酸。琥珀酸又名丁二酸，在酒精发酵过程中，由氨基酸脱氨基而生成。当葡萄糖与谷氨酸在发酵中共存时，能生成琥珀酸和甘油：

$$\underset{\text{葡萄糖}}{C_6H_{12}O_6}+\underset{\text{谷氨酸}}{HOOC(CH_2)_2CH(NH_2)COOH}+2H_2O\longrightarrow\underset{\text{琥珀酸}}{HOOC(CH_2)_2COOH}+\underset{\text{甘油}}{CH_2(OH)CH(OH)CH_2OH}+NH_3+CO_2$$

同时，在白酒发酵中，通过醋酸转化，也会产生少量的琥珀酸。

$$\underset{\text{醋酸}}{2CH_3COOH}+NAD+2ATP\longrightarrow\underset{\text{琥珀酸}}{HOOC(CH_2)_2COOH}+NADH_2+2AMP+PP_i$$

琥珀酸是在酒精发酵末期，当酵母开始衰老时产生的，延长发酵期可增加琥珀酸的形成，它是酵母对含氮物质的代谢产物，也可由乙醛或乙醛的衍生物转变而来。

(8)氨基酸。氨基酸由蛋白质分解而来，原料和微生物菌体是氨基酸的主要来源。

(9)脂肪酸。脂肪酸由脂肪水解而来，从原料和微生物菌体的脂肪中都能分解产生。

$$\underset{\text{棕榈酯}}{C_3H_5(C_{15}H_{31}COO)_3}+3H_2O\longrightarrow\underset{\text{甘油}}{C_3H_5(OH)_3}+\underset{\text{棕榈酸}}{3C_{15}H_{31}COOH}$$

3)酯类的生成

酯类是白酒的主要呈香物质，曲酒的酯含量均较高，乙酸乙酯、己酸乙酯和乳酸乙酯是决定白酒质量优劣和香型的三大酯类。酯化作用可以通过两种途径进行。

①通过微生物体内的酯酶进行。使酯类先形成酰基 CoA，再醇酯化形成酯。

$$RCO\sim SCoA+R'OH\longrightarrow RCOOR'+CoA\sim SH$$

生香酵母(汉逊酵母、假丝酵母)有较强的产酯能力，将乙醇与有机酸酯化而形成酯。

②通过化学反应来进行。

$$RCOOH+R'OH\longrightarrow RCOOR'+H_2O$$

化学酯化反应极其缓慢，所以延长发酵时间或贮酒时间，有利于增加酒的香气。

4)醛类的生成

常温下除甲醛为气体外，其余低级醛大部分是液体，高级醛是固体。醛类具有香味，低级醛刺激性气味较强，中级醛有果香味，它们对曲酒的香气形成有一定作用。例如，茅台酒的总醛含量较其他名酒高，形成特殊的茅香酒体。但醛的种类不同，对白酒风味影响也不同。醛过多，酒辛辣，刺激性太大。

(1)乙醛。乙醛可来自丙酮酸脱羧，也可来自乙醇氧化，目前认为乙醇氧化是乙醛的主要来源。因为由丙酮酸脱羧形成的乙醛只是一种中间产物，仅极少量残存于酒醅中。

$$\underset{\text{乙醇}}{2CH_3CH_2OH}+O_2\longrightarrow\underset{\text{乙醛}}{2CH_3CHO}+2H_2O$$

乙醛的沸点低(21.5 ℃)，白酒中乙醛含量与流酒温度有关。在蒸酒时，必须掐头去尾，控制它进入酒液的数量。在贮存过程中，经挥发、氧化和缩合，乙醛含量可以降低。

(2)糠醛。糠醛是原料皮壳和稻壳中的多聚戊糖在蒸馏过程中受热分解或在发酵过程中由微生物发酵而成的。糠醛是酒香的重要物质，不少好酒都含有一定量的糠醛，一般含量为 20～30 mg/L。

(3)缩醛。白酒中的缩醛以乙缩醛为主，其含量几乎与乙醛相等。它由醇、醛缩合而成。

$$RCHO + 2\ R'OH \longrightarrow RCH(OR')_2 + H_2O$$

醛　　醇　　缩醛

$$CH_3CHO + 2C_2H_5OH \longrightarrow CH_3CH(OC_2H_5)_2 + H_2O$$

乙醛　　乙醇　　乙缩醛

乙缩醛本身具有愉快的清香味，似果香，带甜味，是白酒老熟的重要标志，也是名优曲酒含量最高的醛类，它是曲酒主要香味成分之一，含量可高达 1000 mg/L 以上。

(4)丙烯醛。固态或液态白酒发酵不正常时，常会出现丙烯醛，冲辣刺眼，并有持续性的苦味。丙烯醛和丙烯醇是催泪物质，对人体危害极大。

酒醅中含有甘油，如感染大量杂菌，尤其当酵母与乳酸菌共栖时，便产生丙烯醛。

$$CH_2OHCHOHCH_2OH \longrightarrow CH_2CHOCH_2OH \longrightarrow CH_2CHCHO$$

甘油　　丙烯醇　　丙烯醛

(5)高级醛酮。白酒中的醛酮类是重要的香味物质，但含量过多，会给白酒带来异杂味。酒中高级醛酮是由氨基酸分解而成的，但其变化途径尚不清楚。

5)α-联酮的生成

α-联酮包括双乙酰、醋翁等，是名优曲酒共同具有的香味成分，在一定范围内，α-联酮类物质在酒中含量越多，酒质越好，是构成名优白酒进口喷香、醇甜、后味绵长的重要成分。

(1)双乙酰。双乙酰即 2，3-丁二酮，是由糖代谢中间产物丙酮酸与焦磷酸硫胺素结合转化而成的活性丙酮酸，经脱羧后生成活性乙醛，然后与丙酮酸缩合成 α-乙酰乳酸，a-乙酰乳酸经非酶氧化而生成。双乙酰经酵母还原可生成 2，3-丁二醇。另外，在发酵和贮存过程中，乙醛和乙酸相互作用，经过缩合亦可生成双乙酰。在含量较低时，呈类似蜂蜜的香甜，在名白酒中的含量为 200～1100 mg/L，可增强喷香。

$$CH_3CHO + CH_3COOH \longrightarrow CH_3COCOCH_3$$

乙醛　　乙酸　　双乙酰

(2)醋翁。醋翁又名乙偶姻、3-羟基丁酮，有刺激性，在酒中含量适中，有增香和调味作用，在名白酒中含量为 40～1800 mg/L。醋翁可通过以下两条途径生物合成。

①在发酵过程中，乙醛经过缩合而生成醋翁。

$$CH_3CHO + CH_3COOH \longrightarrow CH_3COCHOHCH_3$$

乙醛　　乙醛　　醋翁

②双乙酰和乙醛经过氧化还原生成醋翁，醋翁经过酵母的还原可以生成 2，3-丁二醇。

$$CH_3COCOCH_3 + CH_3CHO + H_2O \longrightarrow CH_3COCHOHCH_3 + CH_3COOH$$

双乙酰　　乙醛　　醋翁　　乙酸

α-联酮类对酒的进口喷香、后味绵甜和完善浓香型曲酒的风味起着微妙和关键的作用，在曲酒生产上，可采取以下措施，提高其含量：①堆积发酵，茅台酒、汾酒都巧妙地利用了堆积工艺，以利于操作环境的细菌落入原料渣醅上，尤其是好气性产香细菌，使它们在堆积时生长繁殖并发酵生成醇甜物质。经试验，堆积 48 h 以上，双乙酰生成量可增加 1 倍，2，3-丁二醇数量可增加 2～10 倍；②老窖泥中发酵，泸州老窖特曲酒的双乙酰含量较高，为普通优质酒的 3 倍多，这与窖泥中的厌气性微生物的活动有关，其中多粘杆菌进行嫌气性发酵可以产生双乙酰，所以与窖壁、窖底接触的香醅产的酒特别香甜；③缓慢发酵、缓汽蒸酒是增香的重要措施，低温入窖，使其缓慢发酵，升温正常，所产的酒特别醇甜，就是 α-联酮类物质及多元醇在缓慢发酵时大量形成所致。另外，在低温厌氧条件下，升酸幅度小，不利于高沸点苦味物质的生成，使酒的甜味更为突出。缓慢蒸馏、量质摘酒对收集 α-联酮类物质很重要。除双乙酰外，3-羟基丁酮、2，3-丁二醇的沸点都较高，在蒸馏时，中、后阶段馏分中含量较高。只有在缓慢蒸馏时，才利于 α-联酮类物质被收集到酒中去。

6)芳香族化合物的生成

苯及其衍生物统称为芳香族化合物，它在名优曲酒中含量虽少，但呈香作用很大，在 10^{-6} 或 10^{-9} 级浓度时，也能呈现出强烈的香味。芳香族化合物主要是蛋白质的分解产物，其次是木质素、单宁等。另外，芳香族化合物相互转化也能形成新的芳香化合物。

(1)阿魏酸、4-乙基愈疮木酚、香草醛。这几类物质都是白酒的重要香味物质，它们可以使酒体浓稠、柔厚，回味悠长。它们主要由木质素降解生成。木质素在漆酶(酚氧化酶)的作用下转变成水溶性物质，再与细胞的加氧酶系作用进一步水解而得到这些中间产物。小麦中含有少量的阿魏酸、香草酸和香草醛，用小麦制曲时，经微生物作用而生成大量的香草酸及少量的香草醛。小麦经酵母发酵后，香草酸也会大量增加，但麦曲经酵母发酵后，香草酸有部分变成 4-乙基愈疮木酚。阿魏酸、香草酸经酵母和细菌发酵后，生成 4-乙基愈疮木酚和少量香草醛。阿魏酸具有轻微的香味和辛味，4-乙基愈疮木酚具有类似酱油的香味，其含量为 0.1 mg/L 时就可以使人感觉出强烈的香气。

(2)丁香酸。丁香酸来自单宁，是一种香味物质，与香草酸类似并较之稍浓，带有愉快的清香味，在酒中还发出芳香的甘味。高粱中含有酚类化合物，其中较多的是阿魏酸和丁香酸。酒醅发酵后，主要形成丁香酸、丁香醛和其他一些芳香族化合物。

(3)酪醇。酪醇又称羟基苯乙醇，是酪氨酸经酵母发酵生成的。酪醇含量适当可使白酒具有愉快的芳香味，含量过高则造成苦味。曲酒发酵时，若加曲量过大，蛋白分解过多，发酵温度偏高，会增加酪醇的形成，使酒发苦，而且苦味延续性长。

7)硫化物的生成

白酒中的硫化物有硫化氢、硫醇、二乙基硫醇等，它们主要来自于蛋白质的分解产物含硫氨基酸，如胱氨酸、半胱氨酸、蛋氨酸等。霉菌、酵母菌、细菌均能作用于胱氨酸生成硫化氢等。另外，当有较多的糠醛、乙醛以及高温蒸煮和蒸馏时，也会促使胱氨酸生成硫化氢。硫化物是形成新酒味的主要成分，通过贮存，这类物质可挥发除去。

8.1.4 大曲酒生产工艺

1. 大曲酒生产工艺类型和主要特点

1)大曲酒生产工艺类型

大曲酒的传统生产工艺分为续渣法和清渣法。

(1)续渣法。续渣法是将粉碎后的生原料(渣子),配入发酵成熟出窖的酒醅(母糟)中,经蒸酒和蒸料,扬冷加曲,入窖发酵的生产方法。续渣法的特点是在每一排发酵过程中,都要在母糟中补充一定量的新料和曲粉,为了求得窖内的物料平衡,必须同时排掉相应数量的废糟,使续渣发酵得以继续下去。续渣法又分为混蒸续渣法和清蒸续渣法。

所谓混蒸续渣法,就是将发酵成熟的酒醅,与粉碎的新料按比例混合,然后在甑桶中同时进行蒸粮蒸酒,这一操作又叫“混蒸混烧”。出甑后,经冷却、加曲、混渣发酵,如此反复进行。大部分浓香型曲酒采用该种方法生产。混蒸续渣法具有以下优点:①有利于增香,混蒸续渣法可以把粮谷原料本身所含的特有香味物质,如酯类或酚类、香兰素等,在混蒸糊化时随上升的气流带入成品酒中,对酒起到增香的作用,这种香气称为粮香;②有利于原料糊化,原料与酒醅混合,能吸收酒醅中的酸和水分,促进原料吸水膨胀和糊化;③有利于提高酒质,蒸酒时由于混入新料,可以减少辅料(疏松剂)的用量,有利于改善酒质;④有利于提高原料利用率,采用该工艺,投入的原料经过三轮以上的发酵,才成为丢糟,所以原料利用率比较高;⑤有利于降低能耗,由于蒸料与蒸酒同时进行,热能利用率高,成本低。

所谓清蒸续渣法,是将原料加入辅料后单独进行蒸料糊化(清蒸),再与单独蒸酒后的母糟混合(配醅),即原料的蒸煮和酒醅的蒸馏分开进行,然后混合,加入大曲,入窖糖化发酵。其优点是有利于排除原料中夹带的异杂味,保留了清香型白酒酒味清香纯正的质量特色,又保持了续渣发酵酒香浓郁、口味醇厚的优点,但能耗较高。

(2)清渣法。清渣法是将粉碎的原料拌入辅料后,经蒸料糊化,扬晾后加入大曲,进行糖化发酵和出窖蒸馏的生产方法。此法的特点是突出“清”字,一清到底。在操作上要求做到渣子清、醅子清,渣子和醅子要严格分开,不能混杂。工艺上采取原料、辅料清蒸,清渣发酵,清渣蒸馏。要求保持设备和场地清洁干净,始终贯彻一个“清”字,尤其是采用地缸发酵,可大大减少杂菌污染,有利于以乙酸乙酯为主的复合香味的生成。

清渣法操作简便,易于掌握和控制。原料不需配醅,经一次蒸煮糊化、两次加大曲糖化发酵和蒸馏后直接丢糟,又称“清蒸清烧二次清”,是清香型大曲酒的典型工艺。

2)大曲酒生产工艺的主要特点

我国的大曲酒最显著的工艺特点是采用酒醅固态发酵和固态蒸馏。

(1)固态续渣发酵。在大曲酒的固态发酵过程中,酵母菌在较低的温度下和较长的发酵时间内,能保持较强的活力,有效地保证了大曲酒发酵作用的正常进行。此外,在大曲酒的固态发酵中,酒醅内存在着复杂的固—液、气—液、固—气等界面,多界面效应有力地影响着酒醅及窖池内微生物的生长和代谢,使大曲白酒产生各种风味物质。大曲酒采用配醅(续渣)发酵，可以此来调节酒醅的入窖淀粉含量和酸度，为微生物发酵提供良好的条件，也使酒醅中的淀粉能得以充分利用，并可积累较多的香味成分及前体物质。它们在发酵过程中，通过生化或化学作用，使大曲酒的风味物质更为丰富。

(2)边糖化边发酵工艺。大曲酒的发酵是典型的边糖化边发酵工艺，俗称双边发酵。大曲既是糖化剂，又是发酵剂。窖内酒醅同时进行着糖化作用和发酵作用，如何使这两种生化作用相互协调配合，是双边发酵的关键所在。由于糖化酶和酒化酶的最适作用温度不同，因此酒醅的发酵温度对各种酶活性具有不同的影响。一般淀粉酶的作用最适温度为50～65 ℃，温度过高，酶加速钝化；温度较低，酶反应速度减缓，作用时间需要延长，但酶不易失活。故保持较低的糖化温度，适当延长糖化时间，同样可以达到较高的糖化率。酵母进行酒精发酵的最适温度一般为28～32 ℃，发酵温度太高，酵母菌易于衰老，甚至死亡。为了防止糖化酶、酵母菌和其他酶类过早失活，并使糖化作用和发酵相互配合和谐，不致使酒醅的糖分过于积累而引起酸败，最大限度地发挥酶的作用，保证曲酒的发酵完善，在生产中，必须控制较低的入窖温度，一般为15～25 ℃。同时，这种较低温度下的边糖化边发酵，还有利于香味物质的形成和积累，减少其挥发损失，避免有害副产物的过多形成，使大曲酒具备醇、香、甜、净、爽的特点。

(3)多种微生物混合发酵。参与大曲酒发酵的微生物种类繁多，协同进行发酵作用，产生各自的代谢产物。随着发酵时间的推移，窖内各类微生物表现出各自的消长规律。只有合理地控制发酵工艺条件，并随环境变化作出适当的调整，才能保证那些有益的酿酒微生物正常生长繁殖和发酵代谢，使这种多菌种的混合发酵取得满意的效果。

(4)固态甑桶蒸馏。国外常采用釜式或壶式液态蒸馏来提取成品蒸馏酒，而我国大曲酒是通过固态蒸馏来分离提取成品酒的。高度为1 m左右的甑桶，能把酒醅中所含的5%～6%(V/V)的酒分浓缩到65%～75%，并把发酵过程中产生的各种香味成分有效地提取出来。白酒的甑桶蒸馏好似填料塔蒸馏，实际上两者有着较大的差别，因为在曲酒固态蒸馏中，酒醅不仅起到填料的作用，而且它本身还含有被蒸馏的成分，所以它的蒸馏要比一般的填料塔蒸馏更加复杂，蒸馏所得的成品酒，其风味既优于液态蒸馏，又优于填料塔蒸馏。

2. 浓香型大曲白酒生产工艺

1)生产工艺的基本特点

浓香型大曲酒以五粮液、泸州老窖等为典型代表，具有“窖香浓郁、绵柔甘洌、入口甜、落口绵、尾子净”的特点，其产量占我国大曲酒总量的一半以上。浓香型大曲酒采用典型的混蒸续渣工艺进行酿造，酒的香气主要来源于优质窖泥和优良母糟，所谓“千年老窖万年糟”，充分说明浓香型大曲酒的质量与窖、糟有着密切的关系。

浓香型大曲酒酿造的基本特点，可归纳为以高粱为主要原料，优质纯小麦或大麦、豌豆混合配料，高温大曲，泥窖固态发酵，续渣配料，混蒸混烧，量质摘酒，原度酒贮存，精心勾兑。其中最能体现浓香型大曲酒酿造工艺特点而又有别于其他诸种香型白酒工艺特点的是“泥窖固态发酵，续渣配料，混蒸混烧”。在生产操作过程中，则十分重视

"匀、透、适、稳、准、细、净、低"。

匀，指在操作上，拌和糟醅、物料上甑、泼打量水、摊晾下曲、入窖温度等都要做到均匀一致。

透，指在润粮过程中，原料高粱要充分吸水润透；高粱在蒸煮糊化过程中要熟透。

适，指糠壳用量、水分、酸度、淀粉浓度、大曲加量等入窖条件，都要做到适宜于与酿酒有关的各种微生物的正常繁殖生长，才有利于糖化发酵。

稳，指入窖、转排配料要稳当，切忌大起大落。

准，指挖糟、配料、打量水、看温度、加大曲等在计量上要准确。

细，指各种酿酒操作及设备使用等，一定要细致。

净，指酿酒生产场地、公用器具、设备、糟醅、原料、辅料、大曲、生产用水都要清洁干净。

低，指填充辅料、量水尽量低限使用；入窖糟醅，尽量做到低温入窖、缓慢发酵。

浓香型大曲酒生产从酿酒原料淀粉等物质到乙醇等成分的生成，均是在多种微生物的共同参与、作用下，经过极其复杂的糖化、发酵过程而完成的。依据各段发生的化学反应，可把整个糖化发酵过程划分为三个阶段：①主发酵期，从摊晾下曲的糟醅进入窖池密封到乙醇生成的过程，它包括糖化与酒精发酵两个过程。边糖化边发酵是主发酵期的基本特征；②生酸期，在这个阶段内，窖内糟醅经过复杂的生物化学变化，除糖、酒精大量生成外，还会产生大量的有机酸，其中主要是乙酸和乳酸，也有己酸、丁酸等其他有机酸；③产香期，入窖 20 多天后，酒精发酵基本完成，同时产生有机酸，酸含量随着发酵时间的延长而增加，从此直到开窖是发酵过程中的产酯期，也是香味物质逐渐生成的时期，在酯化期除大量生成己酸乙酯、乙酸乙酯、乳酸乙酯、丁酸乙酯等酯类物质外，还生成另外一些香味物质，但酯的生成是其主要特征。

2)生产工艺类型

我国地域广阔，不同地方浓香型大曲酒的生产工艺各有其特点，但在具体操作上，大致可分为三大类：以四川酒为代表的原窖法工艺和跑窖法工艺，以苏、鲁，皖、豫一带为代表的老五甑法工艺。

(1)原窖法工艺。原窖法工艺又称原窖分层堆糟法，是指本窖的发酵糟醅经加原辅料，蒸煮糊化、打量水，摊晾下曲后，仍然放回到原来的窖池内密封发酵。窖内糟醅发酵完毕，在出窖时，窖内糟醅必须分层次进行堆放，不能乱堆。

其工艺特点如下：糟醅分层堆放，除底糟、面糟外，各层糟混合使用、蒸馏，摊晾下曲后的糟醅仍然回入原窖进行发酵。①入窖糟醅的质量基本一致，甑与甑之间产酒质量比较稳定；②糠壳、水分等配料甑与甑间的使用量有规律性，糟醅含水量基本一致，易于掌握入窖糟醅的酸度、淀粉含量；③有利于微生物的驯养和发酵。因为微生物长期生活在一个基本相同的环境里，糟醅经过滴窖、分层堆糟后，能保持入窖糟醅的一致，并装在同一个窖池里，这样糟醅与窖池中微生物的营养成分、环境条件差异小，从而提高了微生物的代谢能力；④有利于"丢面留底"，即每一排均把窖池上层少许质量较差的糟醅单独堆放在堆糟坝的一角，蒸成面糟(红糟)，窖池中、下层的糟醅继续蒸成粮糟入窖，这对提高糟醅质量及酒质均有积极作用；⑤有利于总结经验与不足，开窖后与入窖前可以对糟醅、黄水等的情况进行分析，找出上排配料、操作、入窖条件中影响产量和质量的各种因素，再来确定本排操作应该采取的措施，摸索出每一个窖池的性质和规律。但该法劳动强度大，糟醅酒精挥发损失量多，不利于分层蒸馏。

(2)跑窖法工艺。跑窖法又称跑窖分层蒸馏法，是在生产时先有一个空窖池，然后把另一个窖内已经发酵完成的糟醅取出，通过加原辅料、蒸馏取酒、糊化、打量水、摊晾冷却、下曲粉后装入预先准备好的空窖池中，而不再将发酵糟醅装回原窖。全部发酵糟蒸馏完毕后，这个窖池就成一个空窖，再装入新制备的入窖糟醅，密封发酵，以此类推。

其工艺特点如下：①有利于调整酸度和提高酒质，跑窖操作一般都是窖上层的发酵糟醅经过蒸煮后，变成另一窖下层的粮糟或者红糟，这样可以降低入窖糟醅的酸度；②劳动强度较小，糟醅中酒精挥发损失小。跑窖操作是起一甑蒸一甑，粮糟在堆糟坝上不堆积，从而减少了糟醅中酒精的挥发；③有利于分层蒸馏量质摘酒、分级并坛，提高酒质，窖下层发酵糟醅所产酒质都优于上层发酵糟醅，跑窖工艺是将窖内发酵糟醅一层一层(即“一甑一甑”)地分开进行蒸馏，给量质摘酒、分级并坛创造了良好条件。但该法也有一些缺点：①该法工艺配料、配糠、量水用量不稳定，也不一致，缺乏规律性；②不利于培养糟醅，部分质量优的窖底糟醅被挤掉。故这种方法不适合发酵周期较短的窖池，而只适合发酵周期长的窖池。

(3)老五甑法工艺。该工艺是典型的、使用最为普遍的续渣工艺，就是每次出窖蒸酒时，将每个窖的糟醅拌入新投的原料，分成五甑蒸馏，蒸后其中四甑料重新回窖发酵，另一甑料作为丢糟，这种操作概括为“蒸五下四”(图 8-1)。入窖发酵的四甑料，按加入新料的多少，分别被称为大渣、二渣、小渣和回糟。配入新料多的称为大渣，一般大渣、二渣所配的新料分别占新投原料总量的 40%左右，另外 20%左右的原料拌入小渣，具体比例可根据需要调整。不加新料只加曲的称作回糟，回糟发酵蒸酒后即变成丢糟，所以老五甑操作时，每个窖内总有大渣、二渣、小渣和回糟四甑酒醅存在。

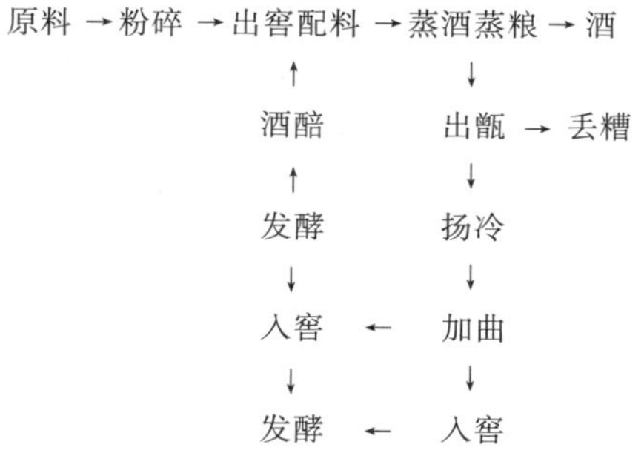

图 8-1　老五甑法工艺流程示意图

新建的窖池第一次投产发酵，称作立渣。立渣时，逐步添加新料，扩大酒醅数量，最后达到每个窖内持有四甑酒醅，这时称作圆排。圆排后，整个窖的操作进入正常的循环，一般立渣要经过四排操作才能完成。老五甑法工艺的特点如下：①原料与酒醅同时蒸馏和糊化，各种粮谷原料本身含有的香味物质，在蒸馏和蒸煮糊化时，一起随酒蒸汽带入酒中，起到了增香作用；②原料和酒醅混合后能吸收酒醅中的酸和水分，这有利于原料的糊化，并通过蒸馏而使酒精浓度提高，对控制和提高酒质有促进作用；③在酒醅中混入新原料，可减少辅料的用量，蒸馏和糊化同时进行，可节约热能；④原料经过多次发酵，原料中淀粉得到充分利用，可提高淀粉出酒率，酒醅在多轮发酵过程中，有利于积累香味物质，特别容易形成以己酸乙酯为主的窖底香，有利于浓香型大曲酒的生产。

与原窖法工艺和跑窖法工艺相比，该法具有以下优点：①窖池体积小，容糟醅量不多，糟醅接触窖泥面积大，有利于培养糟醅，提高酒的质量；②劳动生产率高，因窖池小，甑桶大，投粮量多，粮醅比一般为 1∶(4～4.5)，入窖淀粉含量高(一般为 17%～19%)，所以产量大；③适用范围广，高粱、玉米、薯干类等含淀粉 45%以上的原料均可使用；④老五甑操作法是一天起蒸一个窖，一班人完成，有利于班组管理，如果生产上出现了差错也容易查找原因。

3)工艺流程与操作要点

浓香型大曲酒生产工艺流程如图 8-2 所示。

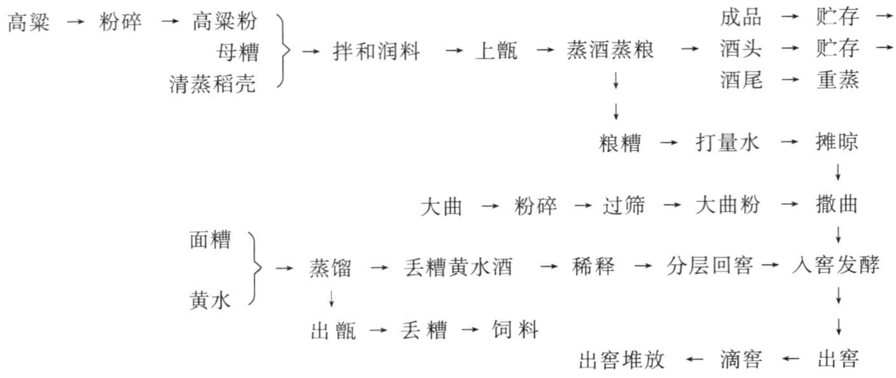

图 8-2　浓香型大曲酒生产工艺流程

工艺流程说明如下。

(1)原、辅料处理。浓香型大曲酒生产所使用的原料主要是高粱、玉米、大米等，以糯高粱为好。原料要精选，要求新鲜，无霉烂、虫蛀，无农药污染，籽粒饱满、成熟、杂质少、淀粉含量高。原料高粱要先进行粉碎，粉碎要适度。采用高温曲或中温曲作为糖化发酵剂，要求曲块质硬，内部干燥并富有浓郁的曲香味，不带任何霉臭味和酸臭味，曲块断面整齐，边皮很薄，内呈灰白或浅褐色，不带其他颜色。

填充辅料稻壳新鲜干燥，呈金黄色，不带霉烂味。清蒸辅料是驱除稻壳中的霉变等杂味的有效方法，一般把稻壳清蒸 30～40 min，要大汽开盖蒸，直到蒸汽中无杂味，然后出甑晾干，使含水量在 13%以下。

(2)开窖起糟。浓香型大曲酒生产工艺常采用老五甑操作法。开窖起糟时，先除去窖皮泥，取出面糟，面糟单独蒸馏，蒸后作丢糟处理，蒸得的丢糟酒，常回醅发酵。然后取出四甑粮糟(母糟)，分别配入高粱粉，做成四甑粮糟和一甑红糟，分别蒸酒，重新回入窖池发酵。糟醅出窖时，要对糟醅的发酵情况进行感官鉴定和理化分析(淀粉、酸度、酒精度等)，以决定是否需要调整下一排的工艺条件(主要是下排的配料和入窖条件)，这对保证酒的质量和产量十分重要。开窖感官鉴定主要包括对母糟和黄水的观察和尝味。通过开窖感官鉴定，判断粮糟发酵的好坏，这是一个快速、简便、有效的方法，在生产实践中起着重要的指导作用。

(3)配料、拌和。配料时主要控制粮醅比(投粮量与糟醅用量之比)和糠粮比(稻壳用量与投料量之比)，蒸料后要控制曲粮比。配料要结合窖容和甑容，根据原料性质、季节变化、出窖酒醅发酵情况等进行适当调整。

粮醅比是依据工艺特点、对酒质的影响、发酵期的长短、粮粉的粗细等确定的，一般为 1∶(4～6)。通过配料，调节酸度和淀粉浓度，使酸度控制在 1.2～1.7，淀粉浓度在 16%～22%，为下排的糖化发酵创造适宜的条件。

合理使用稻壳可疏松酒醅，能调整淀粉浓度，降低酸度，促进酒醅升温，利于保水、保酒精，同时也能提高蒸馏效率。糠粮比一般为 15%～20%。

出窖配料后，要进行润料。将所投的原料和酒醅拌匀并堆积 1 h 左右，表面撒上一层稻壳，防止酒精的挥发损失。润料的目的是使生料预先吸收水分和降低酸度，促使淀粉膨化，有利于蒸煮糊化。拌和时要低翻快拌，防止酒精挥发，也不能先把稻壳拌入原料中，这样会使粮粉进入稻壳内，影响糊化和发酵。

(4)蒸酒蒸粮。蒸馏的目的是使成熟酒醅中的酒精、香味物质等挥发提取出来，得以浓缩，同时把杂质排除出去，得到所需的成品酒。

典型的浓香型大曲酒的蒸馏是采用混蒸混烧法，即原料的蒸煮和酒的蒸馏在甑桶内同时进行，一般先蒸面糟，后蒸粮糟。蒸面糟时，黄水可倒入锅底与面糟一起蒸馏。装甑时间控制在 35～40 min，边装甑，边进汽，要求轻撒薄铺，见汽撒料，上甑均匀。满甑时，四周醅层略高于中间，防止闪边漏气，并打好醅墙，待蒸汽上升到离甑面 1～2 cm 时，盖上云盘(甑盖)，安装好过汽筒，冷凝接酒。蒸得的黄水丢糟酒，稀释到 20%(*V*/*V*)左右，分层泼回窖内重新发酵(称为回酒发酵)。回酒可以抑制酒醅中内生酸细菌的生长繁殖，达到以酒养窖的目的，并促进醇酸酯化，加强产香。蒸面糟后剩余的废糟，淀粉含量在 6%左右，一般作为饲料。

蒸粮糟时，要求均匀进汽、缓火蒸馏、低温流酒，使酒醅中 5%(*V*/*V*)的酒精成分浓缩到 65%(*V*/*V*)。流酒开始，可单独接取 0.5 kg 的酒头。酒头中含低沸点物质较多，香浓冲辣，可存放用来调香。以后流出的馏分，应分段接取，量质取酒，分级贮存。

蒸馏时要控制流酒温度，一般应在 25 ℃左右，不超过 30 ℃。流酒温度过低，会让乙醛等低沸点物质过多地进入酒内；流酒温度过高，酒精和香味成分的挥发损失增加。流酒时间为 15～20 min。断酒花时应截取酒尾，待油花满面时断尾，需 30～35 min。断尾后要加大火力蒸粮，以促进原料淀粉糊化并达到冲酸的目的。蒸粮总时间在 70 min 左右，要求原料柔熟不腻，内无生心，外无粘连。

(5)打量水、摊晾、撒曲。粮糟蒸馏后，立即加入 85 ℃以上的热水，这一操作称为“打量水”，也叫热水泼浆。量水温度要高，才能使蒸粮过程中未吸足水分的淀粉颗粒进一步吸浆，达到 55%～60%的适宜入窖水分。量水温度过低，淀粉颗粒难以将水分吸入内部，使水停留在颗粒表面，容易在入窖后出现淋浆现象，造成上部酒醅干燥，发酵不良，同时淀粉也难以进一步糊化。打量水后，粮糟温度仍高达 87～92 ℃，最好能有一定的堆积时间，让淀粉继续吸水糊化。

摊晾也称扬冷，是使粮糟迅速降低品温，挥发部分酸和表面的水分，吸入新鲜空气，为入窖发酵创造条件。传统的摊晾操作是将打量水后的粮糟撒在晾堂上，散匀铺平，厚

5～10 cm，进行人工翻拌，吹风冷却，整个操作要求迅速、细致，尽量避免杂菌污染，防止淀粉回生老化。一般夏季需 40～60 min，冬季需 20 min 左右，目前不少酒厂改用晾渣机等代替人工，使摊晾时间大为缩短。摊晾设备和场地需保持清洁卫生，否则各种微生物都能很快繁殖生长，尤其夏季气温高时，乳酸菌等更易感染，影响正常的发酵。

摊晾后的粮糟应撒入原料量 18%～20%的大曲粉，曲料比应据季节进行调整，一般夏季少而冬季多。用曲量太少，造成发酵困难，用曲过多，糖化发酵加快，升温太猛，容易升酸，同时抑制发酵，并使酒的口味变粗糙带苦味。撒曲温度应略高于入窖温度，冬季高出 3～4 ℃。撒曲后需翻拌均匀，才能入窖发酵。

(6)入窖。粮糟入窖前，先在窖底撒上 1～1.5 kg 大曲粉，以促进生香。第一甑料入窖品温可以略高，每入完一甑料，应踩紧踩平，造成厌氧发酵。粮糟入窖完毕，撒上一层稻壳，再入面糟，扒平踩紧，即可封窖发酵。入窖时，注意窖内粮糟不得高出地面，加入面糟后，也不得高出地面 50 cm 以上，并要严格控制入窖条件。

①入窖温度。浓香型大曲酒生产历来强调低温入窖和定温发酵。强调低温入窖是为了保证酒醅在适宜的温度下进行缓慢而有规律的发酵，即“前缓、中挺、后缓落”，这样，不但出酒率高，而且生产出来的酒醇甜、绵顺、后味净。定温发酵是指在适宜的入窖条件下，使窖内酒醅的发酵温度达到酵母发酵的最适作用温度。曲酒发酵时，每消耗 1%的淀粉，酒醅品温约升高 1.8 ℃。由于窖池和酒醅散热困难，因此，必须根据季节变化来调整入窖淀粉浓度和入窖温度，尽量做到低温入窖，延缓发酵速度，使酒醅品温不致迅速升高，协调好糖化和发酵速度，维持微生物的酶活性，使边糖化边发酵的作用正常地进行下去。入窖温度高，糖化发酵迅速，势必造成酒醅升温猛烈，升酸加快。一旦品温超过酵母的最适发酵温度(28～32 ℃)，并延长其停留时间，就会使酒化酶过早钝化，发酵作用因此而减弱，糖化酶活性增强，酒醅中积累过多的还原糖，给细菌繁殖产酸创造条件。太高的酸度会进一步抑制酒精发酵，使出酒率下降，酒质变差。

②入窖淀粉。淀粉浓度的高低取决于投料量和上排酒醅的残余淀粉的多少以及所加填充料的比例，即与粮醅比、糠粮比有关。入窖淀粉浓度应据季节和原料淀粉的含量来调整，冬季气温低，入窖淀粉浓度可高些，为 17%～18%，夏季气温高，应降为 14%～15%，平常季节控制在 15%～16%。

③入窖酸度。正常的入窖酸度是保证发酵顺利进行的重要条件。酒醅酸度过高，不但出酒率低，影响酒质，严重时还会引起生产大掉排。入窖酸度的高低取决于配料时的粮醅比和糠粮比以及打水量的多少，尤其是上排糟醅酸度的高低。浓香型大曲酒发酵期多数偏长，发酵期越长，酒醅生酸越多，出窖酸度越高，可达 3.0 左右。通过配料，蒸酒蒸粮，酒醅酸度会明显下降，冬季可使入窖酸度在 1.3 以下，夏季可在 2.0 以下。

④入窖水分。浓香型大曲酒发酵需有适宜的入窖水分。水分太低，发酵不易进行；太高，一旦发酵旺盛，升温迅猛，升酸幅度很大，将严重抑制发酵，影响出酒率，造成酒醅淋浆、发黏，给蒸馏造成困难，影响流酒，并使酒味寡淡。入窖水分要据季节变化保持相对稳定，一般夏季高些，冬季低些，常控制在 53%～58%。

(7)封窖发酵。封窖发酵包括封窖操作和发酵管理。粮糟、面糟入窖踩紧后，可在面糟表面覆盖 4～6 cm 的封窖泥。封窖泥是用优质黄泥和老的窖皮泥踩揉和熟而成的。将泥抹平抹光，以后每天清窖一次，因发酵酒醅下沉而使封窖泥出现裂缝，应及时抹平，直到定型不裂为止，再在泥上盖层塑料薄膜，膜上覆盖泥沙，以便隔热保温，并防止窖泥干裂。封窖的目的是使酒醅与外界空气隔绝，造成厌氧条件，防止有害微生物的侵入，保证曲酒发酵正常进行。即使发酵期较长，只要封窖严密，也不会产生烧醅现象，酒醅酸度也不会很高。但若封窖不严、踩窖不及时，窖顶会漏气，引起酒醅发烧、霉变、升酸，还会使酒带上邪杂味。

如不抹封窖泥而直接覆盖薄膜，虽然也能形成厌氧条件，但往往使酒带上烧臭味，成品酒的己酸乙酯含量偏低，乳酸乙酯含量偏高，酒香气小。

浓香型大曲酒发酵期间，首先要做好清窖(检查窖皮是否裂缝，如有裂缝，应及时抹严，并检查 CO_2吹口是否畅通)，其次要注意酒醅的温度变化，加强对酒醅水分、酸度、酒精度、淀粉和糖分的检测，由此分析发酵是否正常，科学地指导生产。

4)浓香型白酒的质量标准

根据《浓香型白酒》(GB/T 10781.1-2006)，浓香型白酒分为高度酒(41%vol～68%vol)和低度酒(25%vol～40%vol)，其感官要求、理化要求应分别符合表 8-5 至表8-7中的规定。

浓香型白酒的卫生要求应符合国家标准《食品安全国家标准—蒸馏酒及其配制酒》(GB 2757-2012)(2013 年 2 月 1 日开始实施)中的要求：甲醇含量小于等于 0.6 g/L，氰化物(以 HCN 计)含量小于等于 8.0 mg/L，甲醇和氰化物指标均按 100%酒精度折算；食品添加剂的使用应符合 GB 2760 的规定。

表 8-5　浓香型白酒的感官要求

项目	优级	一级
色泽和外观	无色或微黄，清亮透明，无悬浮物，无沉淀[a]	
香气	具有浓郁的己酸乙酯为主体的复合香气	具有较浓郁的己酸乙酯为主体的复合香气
口味	酒体醇和谐调[b]，绵甜爽净，余味悠长	酒体较醇和谐调，绵甜爽净，余味较长
风格	具有本品典型的风格	具有本品明显的风格

注：a 当酒的温度低于 10 ℃时，允许出现白色絮状沉淀物质，10 ℃以上时应逐渐恢复正常。高、低度酒感官要求基本一样，高度酒香气更浓郁一些。b 我国国家白酒标准中，感官指标描述时，谐调和协调同时使用，两者应该没有本质上的区别，本书在使用国家标准时，仍用原词汇。

表 8-6　高度浓香型高度酒的理化要求

项目	优级	一 级
酒精度/%vol	41～68	
总酸(以乙酸计)/($g \cdot L^{-1}$)	≥0.40	≥0.30
总酯(以乙酸乙酯计)/($g \cdot L^{-1}$)	≥2.00	≥1.50
己酸乙酯/($g \cdot L^{-1}$)	1.20～2.80	0.60～2.50
固形物/($g \cdot L^{-1}$)	≤0.40[a]	

注：a 酒精度为 41%vol～49%vol 的酒，固形物含量可小于或等于 0.5 $g \cdot L^{-1}$。

表 8-7 浓香型低度酒的理化要求

项目	优级	一级
酒精度/%vol	25～40	
总酸(以乙酸计)/(g·L^{-1})	≥0.30	≥0.25
总酯(以乙酸乙酯计)/(g·L^{-1})	≥1.50	≥1.00
己酸乙酯/(g·L^{-1})	0.70～2.20	0.40～2.20
固形物/(g·L^{-1})	≤0.70	

3. 酱香型大曲酒生产工艺

1)生产工艺的基本特点

酱香型大曲酒以茅台酒为典型代表，其酒色微黄透明，酒气酱香突出，以低而不淡、香而不艳、幽雅细腻、回味悠长、空杯留香持久而著称。茅台酒与法国白兰地、英国威士忌并列为世界三大名酒。酱香型大曲酒的主要特点为高温制曲、两次投料、高温堆积、采用条石筑造的发酵窖池、多轮次发酵、高温流酒、长期贮存、精心勾兑等。

2)工艺流程与操作要点

酱香型大曲酒生产工艺流程如图 8-3 所示。

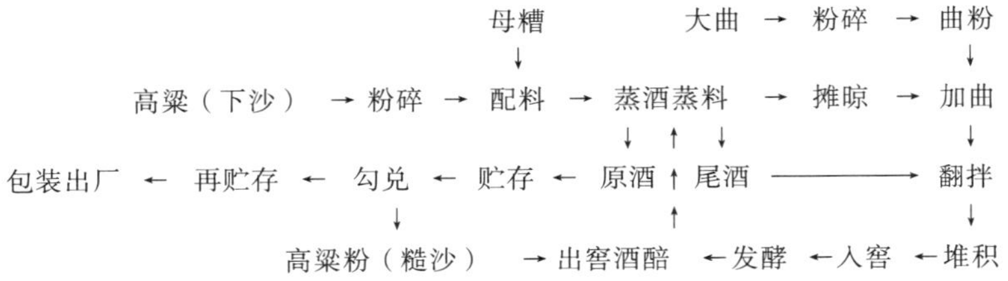

图 8-3 酱香型大曲酒生产工艺流程

工艺流程说明如下。

(1)原料粉碎。酱香型大曲酒生产中，原料高粱称为沙。由于原料要经过反复发酵，所以原料粉碎得比较粗，要求整粒与碎粒之比下沙为 80%∶20%，糙沙为 70%∶30%。为了保证酒质纯净，酱香型大曲酒生产基本上不加辅料，其疏松作用主要靠高粱原料粉碎的粗细来调节。

(2)加曲。酱香型大曲酒采用高温大曲产酒生香，高温大曲在酿酒时既是糖化发酵剂，又是酿酒原料。因此，大曲质量与酒的风味密切相关，历来认为曲的香气是酱香的主要来源之一。由于高温曲的糖化发酵力较低，原料粉碎又较粗，故大曲粉碎要细，有利于糖化发酵。

(3)下沙。第一次投料称为下沙，投料量占总料量的 50%，下沙过程可细分为泼水堆积、蒸粮、摊晾、堆积和入窖发酵等步骤。①泼水堆积。下沙时先将粉碎后的高粱泼上原料量 51%～52%、90 ℃以上的热水(称发粮水)，泼水时边泼边拌，使原料吸水均匀。也可将水分成两次泼入，每泼一次，翻拌三次。注意防止水的流失，以免原料吸水不足。然后加入 5%～7%的母糟拌匀。母糟是上年最后一轮发酵出窖后不蒸酒的优质酒醅，经测定，其淀粉浓度为 11%～14%，糖分为 0.7%～2.6%，酸度为 3～3.5，酒精度为 4.8%～7%(V/V)。发水后堆积润料 10 h 左右。②蒸粮(蒸生沙)。先在甑篦上撒上一层稻壳，上甑采用见汽撒料，在 1 h 内完成上甑操作，圆汽后蒸料 2～3 h，约有 70%的原料蒸熟，即可出甑。出甑后再泼上原料量的 12%、85 ℃的热水(称量水)。发粮水和量水的总用量为原料量的 56%～60%。出甑的生沙含水量为 44%～45%，淀粉含量为 38%～39%，酸度为 0.34～0.36。③摊晾。泼水后的生沙，经摊晾、散冷，并适量补充因蒸发而散失的水分。当品温降低到 32 ℃左右时，加入酒精度为 30%(V/V)的尾酒(约为下沙投料量的 2%)，拌匀。所加尾酒是由上一年生产的丢糟酒和每甑蒸得的酒头经过稀释而成的。④堆积。当生沙料的品温降到 32 ℃左右时，加入 10%左右的大曲粉。加曲粉时应低撒扬匀，拌和后收堆，品温为30 ℃左右，堆要圆、匀，冬季较高，夏季堆矮，堆积时间为 4～5 天，待品温上升到45～50 ℃时，感官鉴定酒醅具有香甜酒味时，即可入窖发酵。晾堂堆积使大曲微生物进行呼吸繁殖，并且富集晾堂周围环境中的酿酒微生物，使它们在堆积过程中迅速生长繁殖，逐步进行糖化发酵，为下窖继续发酵做好准备。⑤入窖发酵。堆积后的生沙酒醅加入 2.6%左右的次品酒拌匀，然后入窖。待发酵窖加满后，用木板轻轻压平醅面，并撒上一薄层稻壳，然后用 4 cm 左右的泥封窖，发酵 30～33 天，发酵品温为 35～48 ℃。

(4)糙沙。第二次投入其余 50%的料，称为糙沙。糙沙过程又可细分为开窖配料、蒸粮蒸酒、下窖发酵、蒸糙沙酒等操作步骤(表 8-8)。①开窖配料。把发酵成熟的生沙酒醅分次取出，每次挖出半甑左右，与粉碎、发粮水后的高粱粉拌和。其发粮水操作与生沙相同。②蒸粮蒸酒。将生沙酒醅与糙沙粮粉拌匀后，装甑，混蒸。首次蒸得的酒称生沙酒，出酒率较低，而且生涩味重，生沙酒经稀释后全部泼回糙沙的酒醅，重新参与发酵。这一操作称“以酒养窖”或“以酒养醅”。混蒸时间需要 4～5 h，保证糊化柔熟。③下窖发酵。把蒸熟的料醅扬冷，加曲拌匀，堆积发酵，工艺操作与生沙酒相同，然后下窖发酵。需要说明，酱香型大曲酒生产一般每年只投两次料，即下沙和糙沙各一次，以后六个轮次不再投入新料，只将酒醅反复发酵和蒸酒。④蒸糙沙酒。糙沙酒醅发酵时要注意品温、酸度、酒精度的变化。发酵 1 个月后，即可开窖蒸酒。因为窖容较大，需要多次蒸馏才能把窖内酒醅全部蒸完。为了减少酒精和香味物质的挥发损失，必须随起随蒸。当起到窖内最后一甑酒醅时，应及时备好需回窖发酵并已堆积好的酒醅，待最后一甑酒醅出窖后，立即将堆积酒醅入窖发酵。

表 8-8　糙沙堆积过程的变化和第 2 轮入窖发酵条件

项目	堆积醅	入窖发酵醅	出窖酒醅
开始品温/℃	30～31	——	——
第 5 天品温/℃	45～48	44～45	——
出窖品温/℃	——	——	45～46
水分/%	46～48	47～48	53～54
淀粉/%	38～34	34～35	30～31
酸度/T	1.0～1.4	1.4～1.5	2.0～2.1
酒度/%vol	2.0～4.0	3.9～4.0	6.0～8.0
时间/d	4～5	——	30～35

(5)蒸酒。蒸酒时应轻撒匀上，见汽上甑，缓汽蒸馏，量质摘酒，分级存放。酱香酒

的流酒温度控制较高，在 40 ℃以上，这也是其“三高”（即高温制曲、高温堆积、高温流酒）特点之一。糙沙酒醅蒸出的酒称为糙沙酒。酒质甜味好，但冲、生涩、酸味重，它是每年大生产周期中的第二轮酒，也是需要入库贮存的第一次原酒。糙沙酒头应单独贮存留作勾兑，尾酒可泼回酒醅重新发酵产香，称回沙或回酒。

糙沙酒蒸馏结束，酒醅出甑后不再添加新料，经摊晾，加尾酒和大曲粉，拌匀堆积，再入窖发酵 1 个月，取出蒸酒，即得到第三轮酒，也就是第二次原酒，称回沙酒。回沙酒比糙沙酒香、醇和，略有涩味。以后的几个轮次均同回沙操作，分别接取三、四、五次原酒，统称大回酒，其酒质香浓，味醇厚，酒体较丰满，无邪杂味。第六轮次发酵蒸得的酒称小回酒，其酒质醇和，糊香好，味长。第七次蒸得的酒为枯燥酒，又称追糟酒，酒质醇和，有糊香，但微苦、糟味较浓。第八次发酵蒸得的酒为丢糟酒，稍带焦苦味，一般作尾酒，经稀释后回窖发酵。

生产中每次蒸酒后的酒醅经过扬冷、加曲后都要堆积发酵 4～5 天，其目的是使酒醅重新富集微生物，并使大曲中的霉菌、嗜热芽孢杆菌、酵母菌等进一步繁殖，起二次制曲的作用。然后移入窖内进行发酵，使酿酒微生物占绝对优势，保证发酵的正常进行，这是酱香型曲酒生产独有的特点。

发酵时，糟醅采曲原出原入，起到以醅养窖和以窖养醅的作用。每次酒醅堆积发酵结束、准备入窖前都要用尾酒泼窖，保证发酵正常、产香良好。尾酒用量应根据上一轮产酒好坏，堆积时酒醅的干湿程度而定，一般控制在每窖酒醅泼酒 15 kg 以上。随发酵轮次的增加，逐渐减少泼入的酒量，丢糟不泼尾酒。回酒发酵是酱香型大曲酒生产工艺的又一特点。由于回酒较大，入窖时酒醅含酒精量已达 2%(V/V)左右，对抑制有害微生物的生长繁殖起到积极作用，使产出的酒绵柔、醇厚。

酒醅在窖内所处的位置不同，酒的质量也不同。蒸馏出的原酒基本上分为三种类型，即纯甜型、酱香型和窖香型。其中，酱香型风味的原酒是决定酱香型大曲酒质量的主要成分，大多是由窖中和窖顶部位的酒醅产生的；窖香型原酒则由窖底靠近窖泥的酒醅所产生；而醇甜型的原酒是由窖中酒醅所产生的。蒸酒时这三部分酒醅应分别蒸馏，原酒分开贮存。

为了勾兑调味使用，酱香型酒也可生产一定量的“双轮底”酒，在每次取出发酵成熟的双轮底醅时，一半添加新醅、尾酒、曲粉，拌匀后，堆积，回醅再发酵，另一半双轮底醅可直接蒸酒，单独存放，供调香用。

(6)入库贮存。蒸馏所得的各种类型的原酒要分开贮存，通过检测和品尝，按质分级贮存在陶瓷容器中，经过三年陈化使酒味醇和、绵柔。

(7)精心勾兑。贮存三年的原酒，先勾兑出小样，后放大调合，再贮存一年，经理化检测和品评合格后，才能包装出厂。

3)酱香型白酒的质量标准

根据国家标准《酱香型白酒》(GB/T 26760-2011)，酱香型白酒按产品的酒精度不同分为高度酒(45%vol～58%vol)和低度酒(32%vol～44%vol)。以大曲为糖化发酵剂生产的酱香型白酒可分为优级、一级、二级；不以大曲或不完全以大曲为糖化发酵剂生产的酱香型白酒可分为一级、二级。

酱香型白酒的感官要求、理化要求应分别符合表 8-9 至表 8-11 中的规定。卫生要求应符合国家标准《食品安全国家标准—蒸馏酒及其配制酒》(GB 2757-2012)中的要求。

表 8-9　酱香型白酒的感官要求

项目	优级	一级	二级
色泽和外观	无色或微黄，清亮透明，无悬浮物，无沉淀[a]		
香气	酱香突出，香气幽雅，空杯留香持久	酱香较突出，香气舒适，空杯留香较长	酱香明显，有空杯香
口味	酒体醇厚，丰满，诸味协调[b]，回味悠长	酒体醇和，协调，回味长	酒体较醇和协调，回味较长
风格	具有本品典型风格	具有本品明显风格	具有本品风格

注：a 当温度低于 10 ℃时，允许出现白色絮状沉淀物质或失光，10 ℃以上时应逐渐恢复正常。低度酱香型酒的感官要求基本一致，请参看具体标准。b 本标准中用协调描述口味。

表 8-10　酱香型高度酒的理化要求

项目	优级	一级	二级
酒精度(20 ℃)/%vol	45～58		
总酸(以乙酸计)/($g \cdot L^{-1}$)	≥1.40	≥1.40	≥1.20
总酯(以乙酸乙酯计)/($g \cdot L^{-1}$)	≥2.20	≥2.00	≥1.80
己酸乙酯/($g \cdot L^{-1}$)	≤0.30	≤0.40	≤0.40
固形物/($g \cdot L^{-1}$)	≤0.70		

表 8-11　酱香型低度酒的理化要求

项目	优级	一级	二级
酒精度(20 ℃)/%vol	32～44		
总酸(以乙酸计)/($g \cdot L^{-1}$)	≥0.80	≥0.80	≥0.80
总酯(以乙酸乙酯计)/($g \cdot L^{-1}$)	≥1.50	≥1.20	≥1.00
己酸乙酯/($g \cdot L^{-1}$)	≤0.30	≤0.40	≤0.40
固形物/($g \cdot L^{-1}$)	≤0.70		

4. 清香型大曲酒生产工艺

1)生产工艺的主要特点

清香型大曲酒的生产，主要采用清蒸清渣工艺，汾酒生产是典型的清蒸清渣二次清工艺，其主要特点如下：①在整个生产中突出一个“清”字，原、辅料单独清蒸，尽量驱除杂味，避免带入酒中，清渣发酵，不配酒醅或酒糟，成熟的酒醅单独蒸酒，并强调低温发酵，确保酒味纯净；②所用的大曲是中低温大曲，它以大麦、豌豆为原料，制曲最高品温不超过 48 ℃，成品大曲具有较高的糖化力、发酵力和优雅的清香味；③使用地缸发酵，石板封口，也有采用陶瓷砖窖或水泥窖的，但水泥窖壁必须抹光并上蜡，场地、晾堂使用砖或水泥铺设，便于刷洗，保证酒的口味干净；④原料进行纯粮发酵，两次发酵后就作为废糟排出，使酒气清香，不致夹带杂味。

2)工艺流程与操作要点

清香型大曲酒的生产，是先将高粱、辅料单独清蒸处理，再把蒸熟后的高粱渣加入大曲粉，在陶瓷缸中发酵，缸埋入土中，28 天后取出蒸馏，酒糟不配加新料，只加曲粉，再发酵 28 天以后蒸酒，糟就直接丢弃，将两次蒸得的酒勾兑成成品酒。

清香型大曲酒生产工艺流程如图 8-4 所示。

工艺流程说明如下。

(1)原料粉碎。原料主要是高粱和大曲。高粱要求籽粒饱满，皮薄壳少。壳过多，会造成酒质苦涩，应进行清选。新收获的高粱要先贮存 3 个月以上方可投入使用。

清香型大曲酒发酵周期较长，酒醅淀粉浓度高，粉碎过细会造成发酵升温过猛，酒醅发黏，易污染杂菌。因此，一般要求每颗高粱破碎成 4～8 瓣即可，其中能通过 1.2 mm筛孔的细粉占 25%～35%。高粱粉碎细度，冬季稍细，夏季稍粗。

根据酿酒发酵要求，大曲的粉碎度应适当粗些。大渣发酵用曲的粉碎度，大的如豌豆、小的如绿豆，能通过 1.2 mm 筛孔的细粉占 55%；二渣发酵用的大曲粉，要求大的如绿豆，小的如小米，能通过 1.2 mm 筛孔的细粉占 70%～75%。大曲的粉碎度和发酵升温速度有关，粗细适宜有利于低温缓慢发酵。曲粉夏季应粗些，冬季可稍细。

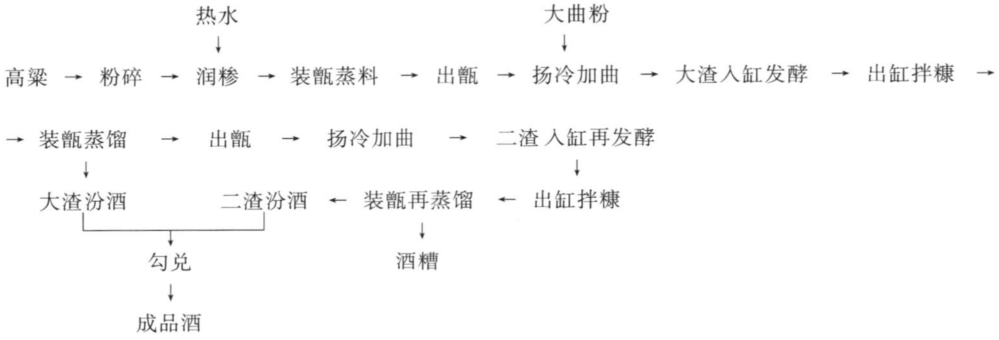

图 8-4　清香型大曲酒生产工艺流程

(2)润糁。粉碎后的高粱原料称红糁。蒸料前要用较高温度的水润料，称作高温润糁。润糁的目的是使原料预先吸收部分水分，利于蒸煮糊化，而原料的吸水量和吸水速度常与原料的粉碎度和水温高低有关。采用较高温度的水来润料可以增加原料的吸水量，使原料在蒸煮时糊化加快；同时使水分能渗透到淀粉颗粒的内部，发酵时，不易淋浆，升温也较缓慢，酒的口味较为绵甜。另外，高温润糁能促进高粱所含的果胶质受热分解形成甲醇，在蒸料时先行排除，有利于降低成品酒中的甲醇含量。可见，高温润糁是提高清香型大曲酒质量的有效措施。

粉碎后的红糁加入原料量 55%～65%的热水，水温夏季为 75～80 ℃，冬季为 80～90 ℃，要多次翻拌，快翻快拌，既要把糁润透，无干糁，又要不淋浆，无疙瘩，无异味，手搓成面而无生心。拌匀后堆积 20～24 h，这时料堆品温上升，冬季至 42～45 ℃，夏季至 47～52 ℃。堆积过程中，侵入原料的野生菌(主要是一些好气微生物)繁殖发酵，逐步形成并积累某些芳香成分，以增进酒的回甜感。

(3)蒸料。蒸料也称蒸糁，目的是使原料淀粉糊化，便于大曲微生物和酶的糖化发酵，产酒呈香。同时，杀死原料所带的一切微生物，挥发掉原料的杂味。

原料采用清蒸。蒸料前，先煮沸底锅水，在甑箅上撒一层稻壳或谷壳，然后装甑上料，要求见汽撒料，装匀上平。圆汽后，在料面上泼加60 ℃左右的热水，称为“加闷头浆”，加水量为原料量的1.5%～3%。整个蒸煮时间约需80 min，初期品温为98～99 ℃，以后加大蒸汽，品温会逐步上升，出甑前可达105 ℃左右。

红糁经过蒸煮后，要求达到“熟而不黏、内无生心，有高粱香味，无异杂味”。

在蒸料过程中，淀粉受热糊化，蔗糖也受热而部分转化成还原糖。蛋白质受热变性，部分分解成氨基酸，在蒸煮过程中与糖发生羰基氨基反应，生成氨基糖，单宁也在高温下氧化，这些反应都加深了糁的颜色。由果胶质分解出的甲醇也在蒸料时被排除。

(4)加水、扬冷、加曲。蒸后的红糁应趁热出甑并摊成长方形，泼入原料量30%左右的水。随后翻拌，通风凉渣，一般冬季降温到比入缸温度高2～3 ℃即可，其他季节散冷到与入缸温度一样就可下曲。下曲温度的高低影响曲酒的发酵。下曲温度过低，发酵缓慢；过高，发酵升温过快，酒醅容易升酸。根据经验，加曲温度一般控制如下：春夏季为20～22 ℃，秋季为23～25 ℃，冬季为25～28 ℃。

加曲量关系到出酒率和酒质，应严格控制。加曲量一般为原料量的9%～11%，可根据季节、发酵周期等加以调节。

(5)大渣入缸发酵。典型的清香型大曲酒是采用地缸发酵的，地缸系陶缸，埋入地下，缸口与地面相平。大渣入缸前，应先清洗缸和缸盖，并用0.4%的花椒水洗刷缸的内壁，使缸内留下一种愉快的香气。

大渣入缸时，主要控制入缸温度和入缸水分，而淀粉浓度和酸度等比较稳定，因为大渣醅子是用纯粮发酵的，不配酒糟，入缸酒醅的淀粉含量在30%以上，但酸度比较低，仅在0.2%左右。这种高淀粉低酸度的条件，掌握不当极易因升酸幅度过大而影响酒的产量和质量。因此，要坚持低温入缸，缓慢发酵。入缸温度常控制在11～15 ℃，比其他类型的曲酒要低，以保证酿出的酒清香纯正。大渣入缸水分以53%～54%为好，不超过55%。水分过少，酒醅干，发酵困难；水分过多，产酒较多，但因醅料过湿，难以疏松，影响蒸酒，且酒味显得寡淡。

大渣入缸后，缸顶要用石板盖严，再用清蒸过的谷壳封口，还可用稻壳保温。

清香型大曲酒的发酵期一般为21～28天或稍长。发酵时间短，糖化发酵难以完全，影响出酒，酒质也不够绵软，酒的后味寡淡；发酵时间太长，酒质绵软，但欠爽净。

在边糖化边发酵的过程中，应着重控制发酵温度的变化，使之符合“前缓、中挺、后缓落”的规律。为此，除严格掌握入缸温度和入缸水分外，还要做好发酵容器的保温和降温。冬季可以在缸盖上加稻壳进行保温，夏季减少保温材料，或采取其他降温措施。

(6)出缸、蒸大渣酒。发酵结束，将大渣酒醅挖出，拌入18%～20%的填充料疏松。由于大渣酒醅黏湿，又采用清蒸操作，不添加新料，故上甑要严格做到“轻、松、薄、匀、缓”，保证酒醅在甑内疏松均匀，不压汽、不跑汽。上甑时可采用“蒸汽两小一大”，开始装甑时进汽要小，中间因醅子较湿，阻力较大，可适当增大汽量，装甑结束时，甑内酒醅汽路已通，可减小进汽，缓汽蒸酒，避免杂质因大火蒸馏而进入酒内，影响酒质。流酒速度保持在3～4 kg/min。开始的酒头酒精度在75%(V/V)以上，含有较多的低沸点物质，口味冲辣，应单独接取存放或回入醅中再发酵，摘取量为每甑1～2 kg。酒头摘取要适量，取得太多，会使酒的口味平淡；接取太少，会使酒的口味暴辣。酒头以后的馏分为大渣酒，其酸、酯含量都较高，香味浓郁。当馏分酒精度低于 48%(V/V)时，开始摘取尾酒，尾酒回入下轮复蒸，蒸尽酒精和高沸点的香味物质。流酒结束，敞开大汽排酸 10 min 左右。

(7)二渣发酵。为了充分利用原料中的淀粉，蒸完酒的大渣酒醅需继续发酵一次，称二渣发酵。其操作大体上与大渣发酵相似，是纯糟发酵，不加新料，发酵完成后，再蒸二渣酒，酒糟作为扔糟排出。

大渣酒醅蒸酒结束，视醅子干湿，趁热泼入大渣 2%～4%、35～40 ℃的温水，称为“蒙头浆”。随后从甑中挖出醅子，扬冷到 30～38 ℃，加 9%～10%的大曲粉，翻拌均匀，待品温下降到 22～28 ℃(春、秋、冬)或 18～23 ℃(夏)时，入缸进行二渣发酵。

二渣发酵主要控制入缸淀粉、酸度、水分、温度四个因素，其中淀粉浓度主要取决于大渣发酵情况，一般多为 14%～20%。入缸酸度比大渣入缸时高，多为 1.1～1.4，以不超过 1.5 为好。入缸水分常控制在 60%～62%，其加水量应根据大渣酒醅流酒多少而定，流酒多，底醅酸度不大，可适当多加新水，有利于二渣产酒。入缸温度应视季节、醅子淀粉浓度和酸度不同而灵活掌握，关键要能“适时顶火”和“适温顶火”，二渣发酵醅温变化要求“前紧、中挺、后缓落”。所谓“前紧”，即二渣入缸后 4 天品温要达到 32～34 ℃的顶火温度。二渣发酵不应前缓，尤其是酒醅酸度较大时，若前火过缓，则中间主发酵就无力，“中挺”不能保持。但也不能太紧，如入缸后 2～3 天就达到顶火温度，虽然“中挺”有力，挺火温度较高，但酒醅极易升酸，妨碍酒精发酵。“中挺”能在顶火温度下保持 2～3 天，就能让酒醅发酵良好。从入缸发酵 7 天后，发酵温度开始缓慢降落，称为“后缓落”，直至品温降到发酵结束时的 24～26 ℃。

二渣醅子的淀粉含量比大渣低，糠含量大，酒醅比较疏松，入缸时会带入大量空气，对曲酒发酵不利。因此，二渣入缸时必须将醅子适度压紧，并喷洒少量尾酒，进行回缸发酵。二渣的发酵期为 21～28 天。一般二渣酒醅发酵成熟后：水分为 58%～67%，酒度为 5%～6%，糖分为 0.3%～0.4%，残余淀粉为 8%～11%，酸度为 1.9～2.9。

二渣发酵结束后，出缸拌入少量谷壳，即可上甑蒸得二渣酒，酒糟作扔糟。若二渣发酵不好，残余淀粉偏高，可进行三渣发酵，进一步利用残余淀粉。

整个清渣发酵中，强调“养大渣，挤二渣”。“养大渣”是因为大渣发酵是纯粮发酵，入缸淀粉含量高，发酵时极易升酸，所以要防止酒醅过于升酸。“挤二渣”是因为在“清蒸二次清”工艺中，渣子发酵两次，即为扔糟，为了充分利用原料中的淀粉产酒产香，所以在二渣发酵中应根据大渣醅子的酸度来调整二渣的入缸温度，保证二渣正常发酵，挤出二渣的酒来。实践证明，如果大渣酒醅养得好，醅子酸度正常，不但流酒多，二渣发酵产酒也好。

为了提高清香型大曲酒的质量，在发酵中也可采用回醅发酵或回糟发酵，回醅量和回糟量为 5%，这样可以提高成品酒的总酸、总酯含量，提高酒的优级品率。

(8)贮存勾兑。蒸馏得到的大渣酒、二渣酒等，要分别贮存三年，出厂前勾兑。

3)清香型白酒的质量标准

根据国家标准《清香型白酒》(GB/T 10781.2-2006)，清香型白酒按产品的酒精度不同，分为高度酒(41%vol～68%vol)和低度酒(25%vol～40%vol)。清香型白酒的感官要求、理化要求应符合表 8-13 至表 8-15 中的规定，卫生要求应符合国家标准《食品安全国家标准—蒸馏酒及其配制酒》(GB 2757-2012)中的要求。

表 8-12　清香型白酒的感官要求

项目	优级	一级
色泽和外观	无色或微黄，清亮透明，无悬浮物，无沉淀[a]	
香气	清香纯正，具有乙酸乙酯为主体的优雅、谐调的复合香气	清香较纯正，具有乙酸乙酯为主体的复合香气
口味	酒体柔和谐调，绵甜爽净，余味悠长	酒体较柔和谐调，绵甜爽净，有余味
风格	具有本品典型的风格	具有本品明显的风格

注：a 当酒的温度低于 10 ℃时，允许出现白色絮状沉淀物质，10 ℃以上时应逐渐恢复正常。高度酒和低度酒感官要求差异很小，基本一致，请参阅有关标准。

表 8-13　清香型高度酒的理化要求

项目	优级	一级
酒精度/%vol	41～68	
总酸(以乙酸计)/($g \cdot L^{-1}$)	≥0.40	≥0.30
总酯(以乙酸乙酯计)/($g \cdot L^{-1}$)	≥1.00	≥0.60
乙酸乙酯/($g \cdot L^{-1}$)	0.60～2.60	0.30～2.60
固形物/($g \cdot L^{-1}$)	≤0.40[a]	

注：a 酒精度为 41%vol～49%vol 的酒，固形物可小于或等于 0.5 $g \cdot L^{-1}$。

表 8-14　清香型低度酒的理化要求

项目	优级	一级
酒精度/%vol	25～40	
总酸(以乙酸计)/($g \cdot L^{-1}$)	≥0.25	≥0.20
总酯(以乙酸乙酯计)/($g \cdot L^{-1}$)	≥0.70	≥0.40
乙酸乙酯/($g \cdot L^{-1}$)	0.40～2.20	0.20～2.20
固形物/($g \cdot L^{-1}$)	≤0.70	

5. 大曲酒的蒸馏

1)蒸馏设备

大曲酒的固态蒸馏设备，主要有甑桶、过汽管、冷凝器。甑是用来装填酒醅、浓缩酒精、提出香味成分的设备。甑底设蒸馏加热釜(底锅)，内装加热蒸汽管，当水、尾酒倒进底锅后，由锅炉蒸汽加热，产生二次蒸汽，穿过篦子进入酒醅层。甑顶部有甑盖(云盘)，甑盖一般为锥形盖，这种盖下边的空间对酒蒸汽会有很好的缓冲作用。甑盖中央和冷凝器之间用过汽管连通，把甑桶的酒蒸汽引入冷凝器中冷凝为液体。

甑呈花盆状，上口直径比下口直径一般大 15%～20%。这样，蒸汽在醅层中上升速度较同步，蒸馏效率较高，若把甑桶上、下口直径之比由 1.14∶1 扩大到 1.38∶1 时，蒸馏效率将进一步提高，在这种比例下，甑内酒醅的断面积将达到最大，酒、汽接触面增大并比较均匀，蒸汽的钻边现象将减弱。为了克服蒸酒过程中出现的钻边现象，装甑时常装成凹心形，四周醅层比中间高 2～4 cm。

甑桶容积必须根据工艺要求与窖容匹配，一般浓香型酒的甑容积为 1.2～1.5 m^3 或稍大，由甑底篦子到上口的高度为 0.8～1 m，装醅高度为 0.7～0.8 m。

甑桶蒸馏的作用如下：①将含酒精 4%(V/V)左右的发酵酒醅分离浓缩成含酒精 60%～70%(V/V)的高度白酒。在混蒸混烧工艺中，在蒸酒的同时，还对新投粮食的淀粉起到糊化作用；②将发酵酒醅中存在的微生物代谢副产物，即数量众多的微量香味成分，有效地浓缩到成品酒中；③发酵酒醅中的某些微生物代谢产物，在蒸馏过程中进一步起化学反应，产生新的物质，即通常称为蒸馏热变作用；④对发酵酒醅进行消毒杀菌，用于下排入窖配料。

2)固态蒸馏的基本原理

白酒蒸馏是一种特殊的蒸馏方式，它除包含一般的蒸馏原理外，还涉及恒沸蒸馏和水蒸汽蒸馏的原理，至今还没有被人们完全认识。

大曲酒醅中含有较多的水分、较少的酒精和微量的风味物质，有些吸附在酒醅颗粒的表面，大多存在于颗粒内部的毛细管中以及微生物细胞内。甑桶好似一个填料塔，酒醅是一种特殊的填料。在蒸馏前，酒醅中已均匀地分布着各种组分，就使蒸馏中各种组分的分布情况十分复杂。酒醅的每个固体颗粒好似一个微小的塔板，它比表面积大，无数个塔板形成了极大的汽液接触界面，使固态蒸馏的传热、传质速度大大增强。

白酒固态蒸馏是边撒料上甑、边对甑内酒醅进行蒸馏的过程。蒸馏时由于蒸汽加热，被蒸组分的分子运动加剧，当其动能大于周围分子对它的引力时，颗粒表面的被蒸组分首先离开液相，汽化进入空间，从而在酒醅颗粒表面与内部之间形成被蒸组分的浓度差，促使颗粒内部的被蒸组分的分子受热向表面扩散，汽化进入汽相。被蒸组分分子的扩散要比它的汽化速度慢得多，所以蒸馏效率主要取决于被蒸组分的分子从酒醅颗粒内部向表面扩散的程度，这与颗粒内部和表面之间被蒸组分的浓度差、酒醅的疏松性和颗粒大小等因素有关。

蒸馏时，下层物料中的液态被蒸组分受底锅水蒸汽加热，由液相变为汽相，被蒸组分的蒸汽上升，进入上层较冷的料层又被冷凝成液体，从而组分由于挥发性能的不同而得到不同程度的浓缩。以后，被蒸组分再受热、汽化、冷凝、浓缩，如此反复进行，随着料层的加高而不断在酒醅颗粒的表面进行传热、传质过程，直到组分离开甑内物料层，汽化进入甑盖下的空间，经过汽管，最后在冷凝器中被冷凝成液体。由于各种组分的挥发性能不同，在蒸馏过程中被浓缩的快慢和馏分中聚集的时间也不同。

成熟酒醅中所含的各种组分大致可分为醇水互溶、醇溶水难溶和水溶醇不溶三大类。对醇水互溶的组分，在蒸馏时基本符合拉乌尔定律，这些组分在稀酒精的水溶液中，各组分在汽相中的浓度，主要受液相分子吸引力的影响。醇溶性好的组分，根据氢键作用的原理，除甲醇和有机酸外，如丙醇、异丙醇等多数低碳链的高级醇、乙醛和其他醛类，在馏分中的含量为酒头＞酒身＞酒尾。而水溶性好的乳酸等有机酸、高级脂肪酸，难以挥发，因此在馏分中的含量为酒尾＞酒身＞酒头。

对于醇溶水难溶的组分，如高碳链的高级醇、酯类等，根据恒沸蒸馏的原理，可把稀浓度乙醇视作恒沸蒸馏中的第三组分，它的存在降低了被蒸组分的沸点，升高了它们的蒸汽压，使高碳链的高级醇、乙酸乙酯、己酸乙酯、丁酸乙酯、油酸和亚油酸乙酯、棕榈酸乙酯等，在馏分中的含量为酒头＞酒身＞酒尾。

对于水溶性醇难溶的矿质元素及其盐类，它们在水中呈离子状态。另外，一些高沸点、难挥发的水溶性有机酸（如乳酸）等，在蒸馏时主要受到水蒸汽和雾沫夹带作用，尤其在大汽追尾时，水蒸汽对它们的拖带更为突出。因此，多数有机酸和糠醛等高沸点组分，在馏分中的含量为酒尾＞酒身＞酒头。

固态白酒蒸馏和液态酒精蒸馏是有较大区别的。在白酒蒸馏中，由于乙醇占的比例较低，水分占了绝大部分，水分子具有极强的氢键作用，可以缔合其他分子，如对乙醇和异戊醇分子的缔合作用。由于异戊醇分子大，具有侧链空间结构，减弱了水分子对它的氢键缔合作用，在这种情况下，相应的水对乙醇分子的缔合比较强，所以在蒸馏时，异戊醇就比乙醇易于挥发。同理，水分子对甲醇分子的缔合力大于对乙醇的缔合力。因此，甲醇比乙醇更难挥发，使异戊醇聚集于酒头馏分中，甲醇多数于酒尾馏分中。这说明影响组分在蒸馏时分离效果的决定因素是组分间分子引力的大小所造成的挥发性能的强弱。在白酒固态蒸馏时，水分子对醇、酸、酯成分的氢键作用力表现为酸＞醇＞酯。

白酒蒸馏，没有稳定的回流比，被蒸组分在液相和汽相中的浓度随蒸馏的进行而不断变化，因此，组分的挥发系数也在不停改变。某些组分挥发系数 $K=1$ 的分布范围也和酒精蒸馏时不同，如异戊醇在酒精精馏时，集聚在 55%(V/V) 乙醇浓度的上下范围内，而在固态曲酒蒸馏时，则聚集在 75%～80%(V/V) 酒度的酒头部分。

3）上甑过程中酒精及其他成分的变化

甑桶蒸馏操作是间歇分批进行的，分为上甑、接酒、拉尾、出糟等工序。上甑是固态蒸馏的关键操作，它涉及蒸馏效率、成品酒质量和耗能的高低。上甑要求物料疏松均匀，轻撒匀铺，探汽上料，上汽齐、装得平，不压汽，不跑汽，给蒸馏创造良好的条件。

酒醅层高对成品酒蒸馏效率有明显影响，随着醅层增高蒸馏效率提高。醅层高度每增加 0.1 m，蒸馏效率平均提高 6%左右，而且随着酒醅层的增高，不断进行传热、传质，酒精和其他香味成分得到不同程度的浓缩。乙酸乙酯、丁酸乙酯、己酸乙酯在馏液中的含量增加，而乳酸乙酯含量降低。到满甑时，最高层酒醅的汽相酒精浓度已达 75%(V/V) 左右，乙酸乙酯、己酸乙酯的含量达原来的 2 倍多，丁酸乙酯的含量是原来的 4 倍。因此，在不影响操作和保持酒醅疏松的前提下，增加醅层高度，将会提高酒精浓度，使乙酸乙酯、丁酸乙酯、己酸乙酯的提取量增加，降低乳酸乙酯的含量，从而使己酸乙酯和乳酸乙酯的比值更合理。随着醅层增高，水分变化不大，酸度逐渐降低。上甑时，采用较低的蒸汽压力，适当延长上甑时间，有利于传热、传质和酒精扩散以及减少酒损。

4）接酒过程中馏分的物质变化

在大曲酒蒸馏过程中，酒精浓度不断变化，馏液中的酒度随酒醅中酒精浓度的降低而降低，酒醅温度逐步上升，馏分中挥发性有机酸和高沸点物质含量逐步增加。盖云盘时，醅层表面汽相温度为 82 ℃，醅层品温都在 95 ℃以上。至断花时，醅层表面汽相温度在断花前因酒精浓度迅速下降而较快地上升，温差最大为 14 ℃，而醅层品温仅上升

5 ℃左右。可以看出，酒分主要在蒸馏开始时的一段时间里浓缩得较快，并主要集中在酒醅上层，接着很快下降。断花时，醅内酒精的汽相浓度已小于10%(V/V)，醅表面汽相酒度为40%(V/V)左右，这与断花酒度相接近。

(1)酯类物质在馏分中的变化。乙酸乙酯、丁酸乙酯、己酸乙酯都随馏分酒度的下降而降低，其中乙酸乙酯、丁酸乙酯降低较迅速。断花时，酒度在45%(V/V)左右，乙酸乙酯、丁酸乙酯在馏分中的含量几乎降到最低值。己酸乙酯在馏分酒度60%～75%(V/V)时，含量下降速度较快，直到断花前，降速稍有减缓。断花后，又急速下降。乳酸乙酯在酒度达到65%(V/V)以后，开始在馏分中馏出，其含量随馏分酒度的下降而含量逐渐增加，断花前后增加速度最快。至断花时，乙酸乙酯馏出约95%，丁酸乙酯馏出约90%，己酸乙酯馏出约85%，乳酸乙酯馏出约20%。

(2)酸类物质在馏分中的变化。在蒸馏过程中，流酒开始的一段时间，乙酸、丁酸、乳酸、己酸、戊酸等有机酸在馏分中的含量随酒度的变化而渐降，以后又渐增，断花前后增速加快。己酸在酒度达到60%(V/V)以后会陡然增加，而乙酸增加较慢；断花前后，乳酸开始快速上升，丁酸在酒度达到55%(V/V)以后才开始增加；戊酸含量低，变化小。

在酒液中，己酸、乳酸含量较高，其他酸的含量较低，并基本上都聚集在断花之后，这与有机酸极性强、亲水性大有关，所以它们的含量随酒度的降低而增加。

(3)高级醇在馏分中的变化。高级醇在馏酒过程中，其含量变化类似于酒度的变化，随酒度的升高而升高，随酒度的降低而降低。高级醇含量约在酒度为75%(V/V)时最高，其中正丙醇、仲丁醇、异丁醇在酒度70%以后迅速下降，断花后降速稍慢，至65%时异丁醇的含量几乎降到最低，断花后，变化极微。正丁醇、异戊醇随酒度下降而均匀下降。高级醇主要聚集在蒸馏前期的馏分内，到断花时，其馏出量占总馏量的80%～90%。

从大曲酒蒸馏的各种主要成分的变化情况可知，断花前，馏液的酒度较高，各种香味成分的含量和配比也较适中。断花后，馏液酒度迅速下降，各种组分比例开始失调，酒的口味由香醇浓厚变得淡薄苦涩，质量明显下降，因此，在蒸酒时除要缓火上甑馏酒外，还应掐头去尾、量质摘酒，以达到优质高产的目的。

6. 大曲酒的老熟、勾兑和调味

1)贮存与老熟

贮存是保证大曲酒产品质量至关重要的生产工序之一。刚蒸出来的白酒，具有辛辣刺激感，并含有某些硫化物等不愉快气味，称为新酒。经过一段贮存期后，刺激性和辛辣感会明显减轻，口味变得醇和、柔顺、谐调，香气风味都得以改善，此谓老熟，又叫陈酿。白酒的老熟机理包括挥发作用、氢键缔合作用、化学变化等。

(1)挥发作用。新酒因含有刺激性大、挥发性强的化学成分，如硫化氢、硫醇、二乙基硫等挥发性的硫化物，以及丙烯醛、丙烯醇、丁烯醛等刺激性较强的物质，它们在贮存过程中能自然挥发，使酒味大为改善。新酒经一年贮存，这些物质基本挥发干净。

(2)氢键缔合作用。酒精和水都是极性分子，分子间存在较强的缔合力，可通过氢键的缔合作用形成酒精—水的大分子结构。酒精和水分子的缔合，大大改变了酒液的物理性质，体积缩小并放出热量。当53.94 mL的无水酒精和49.83 mL的水相混合时，由于分子缔合作用，混合液的体积不是103.77 mL，而是100 mL，表现出最大的收缩率。分子缔合使分子相互拉紧，自由分子数减少，酒的刺激性变小。贮存时间长，缔合构成的酒精—水分子群数量增多，自由分子数量减少，因此，对嗅觉、味觉的刺激也缩小，饮酒时就感到柔和。例如，茅台酒的传统酒度为53%～55%(V/V)，在这个酒度范围，酒精—水分子缔合作用最强，这也是茅台酒醇和绵柔的原因之一。

(3)化学变化。白酒贮存过程中，进行着氧化还原、酯化、缩合等化学反应，使酒液中的醇、酸、醛、酯达到更好的平衡。

醇经氧化成醛：$RCH_2OH \rightarrow RCHO$

醛氧化成酸：$RCHO \rightarrow RCOOH$

醇、酸酯化成酯：$RCOOH + R'OH \rightarrow RCOOR'$

醇醛缩合成缩醛：$\begin{matrix} R'OH \\ R''OH \end{matrix} + RCHO \rightarrow RCH\begin{matrix} \diagup OR' \\ \diagdown OR'' \end{matrix}$

通过以上各种反应，生成了香味物质和助香物质，使酒味改善。

传统利用陶瓷坛贮酒，因它具有毛细孔，透气性好，烧制过程中吸收了远红外线能量，特别适用于贮酒老熟。但陶瓷坛贮酒，酒损大，平均年损耗高达10%左右。近年来多改用陶瓷板贴面的大容器贮存，或用铝合金、不锈钢等贮罐贮酒，既节约资金、场地，降低酒损，又有一定的老熟效果。

2)勾兑

“生香靠发酵，提香靠蒸馏，成型靠勾兑”。所谓勾兑，就是把具有不同香气、口味、风格的酒，按不同比例进行调配，使之符合一定标准，保持成品酒特有风格。实际上，勾兑就是通过使酒内各种微量成分以不同的比例重新组合，分子重新排布，进行平衡协调，烘托出成品酒独特的香气、口味和风格特点，并保证其质量稳定一致。

勾兑的成败在很大程度上取决于基础酒(又称原酒，是经发酵、蒸馏而得到的未经勾兑的酒)的质量。勾兑不同香型的白酒，对基础酒的选择亦不相同。

(1)浓香型大曲酒基础酒的选择。选择时，应注意以下几点：①各种渣别酒之间的比例，由于各渣别的酒质不同，香气、口味等方面均存在一定的差异，把不同渣别的基础酒按适当比例混合，组合酒酒质全面、酒体完美、风格突出；②老酒与新酒之间的比例选择，所谓老酒，即贮存时间相对较长的酒，它醇厚、绵柔、陈味好，但香味欠浓，新酒就是贮存时间稍短(3个月左右)的基础酒，它香气大、浓香味长、燥辣、欠醇和，老酒与新酒以恰当比例混合，可以弥补不足，使酒质得到提高；③老窖酒与新窖酒之间的配比，一般老窖酒香气浓，味纯正，新窖酒稍欠佳，在勾兑时注意配合比例，勾兑优质酒时应有较多的老窖酒，普通酒可适当减少老窖酒比例，保证不同等级酒的质量；④不同季节所产酒的配比，常把热季和冷季生产的酒适当调配，互相调节其不同，提高酒质；

⑤不同发酵期酒的配比，发酵期长的酒，香气浓、味醇厚，但放香差。发酵期短的酒，放香好，但欠持久，缺醇厚，可以把这两种基础酒按比例组合以提高酒质。

(2)酱香型大曲酒基础酒的选择。酱香型大曲酒工艺独特，多轮发酵，多次流酒，每次流出的酒香气、口味各不相同。又由于窖容大，各部位产的酒也不一样，常分酱香、醇甜、窖底香等不同种类。必须按适当比例组合勾兑，才能使酒体完善，风格突出。

酱香型白酒的主体香成分，至今未定，但与其中的有机酸、酯类、高级醇和羰基化合物的组分含量和配比有很大关系。其质量关键在于酱香型原酒。酱香型白酒的有机酸含量高、种类多，其含量大小顺序乙酸＞乳酸＞己酸＞丁酸＞丙酸＞戊酸。三种香型的原酒的有机酸含量窖底香＞醇甜＞酱香，窖底香酒中的丁酸含量突出。酱香型白酒的酯类主要是乙酸乙酯，其次是乳酸乙酯，而己酸乙酯与丁酸乙酯较少。

酱香型白酒的勾兑经验如下：带酸与带苦的酒组合，可使酒变得醇陈；带酸与带涩的酒组合，使酒变得醇厚喷香；带麻味的酒可提高浓香，增进醇厚；后味带苦的酒可增强酒的闻香，但辛辣，后味微苦；后味带酸的酒可以增加酒的醇和，也可除涩。根据每种酒的特点，恰当地把它们混合在一起，使其香气在混合的整体内各显其能，各种成分得到平衡、协调，在此基础上再进行调味。

(3)清香型大曲酒基础酒的选择。选择时，应注意以下几点：①不同渣别酒的比例选择，大渣酒酒质清香，口味纯正，爽净，二渣酒有糟香，味醇厚，稍欠清香，典型性差，将两者适当配比，则达到清香纯正、放香持久、酒体谐调、酒味爽口、风格突出的要求；②不同贮存期酒的配比，贮存 1 年以上的酒，酒味清香纯正，典型风格突出，贮存 9 个月以下的酒，放香大，口味欠纯正，常带苦涩味，贮存 2 年以上的酒，香气长，味绵柔，但清香不纯，一般只作调味酒用，而不作基础酒；③酒头、酒尾、酒身的勾兑比例，酒头放香好，味糙辣，欠绵柔，酒尾中高沸点成分多，故香气持久，有助于成品酒的后香和后味，但酒味易带稍子味，故截尾的浓度应提高，以减轻杂味。酒头∶尾酒∶酒身的比例一般为(2～5)∶(3～5)∶(90～95)。

(4)勾兑方法。选择好基础酒后，便可开始正式勾兑，即按一定质量标准，将不同的基础酒进行勾兑成组合酒。过去勾兑酒时，全靠鼻嗅口尝，目前已发展成微机勾兑。现阶段较好的是数字勾兑法，它根据化验分析数据来组合酒。

3)调味

勾兑后的组合酒，可能在香味和口味的某些方面存在不足，这就需要通过调味来加以弥补，使产品更加完美。调味就是用极少量的精华酒，使组合酒完全符合产品质量标准。调味就是“锦上添花”。

(1)调味的一般原理。调味的原理包括添加作用、平衡作用、化学反应等，一般认为它们是同时发挥作用的。①添加作用。只有当某种香味物质达到一定浓度时，才能呈现香味。调味的作用，就是向组合酒中添加特制的调味酒，使组合酒中某些物质的含量达到或超过其阈值，体现明显的香味。调味酒又称精华酒，是采用特殊工艺生产制备的某一种或数种香味成分含量特别高、风格特别突出，用于弥补基础酒的缺陷和提高酒体档次的酒。②平衡作用。酒中的酸、酯、醇、醛、酚等物质都有它们各自的香味、强度和阈值。每种酒的典型风格，是由这些不同风味、不同浓度、不同阈值的香味物质混合后，通过协调平衡作用形成的(主要由它们各自的阈值和含量来平衡决定)。调味就是加入调味酒，使组合酒向人们期望的方向移动，达到新的协调平衡。③化学反应。在组合酒中加入调味酒后，物质间进行化学反应，如醇、酸的酯化反应，醇、醛的缩合反应等，对曲酒香味起着十分重要的作用。

(2)调味方法。调味时，首先要了解组合酒的质量情况、调味酒的性能和组合酒的缺陷，然后有针对性地选择调味酒进行调味。调味时，先弥补主要缺陷，后弥补次要缺陷。调味酒的使用量一般从0.1‰开始添加，不超过1‰。如添加量超过1‰时仍不奏效或反而出现新的缺陷，说明调味酒选择不当，应重新选用。

7. 提高大曲酒质量的技术措施

1)延长发酵周期

在窖池、入窖条件、工艺操作大体相同的情况下，酒质的好坏在很大程度上取决于酒醅发酵周期的长短。因此，延长发酵周期已成为提高浓香型大曲酒质量的重要技术措施之一。酒醅的发酵生香过程，要经历微生物的繁殖与代谢、代谢产物的分解或合成等过程，所以，酒中香味成分的生成，除需适当的工艺外，还需较长的发酵时间，否则窖池中复杂的生物化学反应难以完成，自然也就得不到较多的、较丰富的香味物质。

当然，浓香型大曲酒的质量除与发酵周期有关外，还与窖泥、糟醅、大曲等的质量以及工艺条件、入窖条件、设备使用、操作方法等因素有关。提高酒的质量，应该从上述多种因素考虑，不能片面地强调发酵周期。一般而言，发酵周期以45天左右为宜。

2)双轮底糟发酵

双轮底糟发酵，即在开窖时，将大部分糟醅取出，只在窖池底部留少部分糟醅进行再次发酵。双轮底糟发酵已被绝大多数浓香型大曲酒厂使用，且收到了明显的效果。

双轮底糟发酵，窖池底部糟醅与窖泥有较长时间的接触，有利于香味物质的大量生成与积累。双轮底糟酸度大，滴尽黄水后，拌入粮粉和熟糠，可单独蒸馏得到高质量的双轮底调味酒。蒸酒时切勿在底锅中倒入黄水和尾酒。薄层串蒸，是蒸酒时在酒醅上部盖上10～15 cm厚的双轮底糟醅，使粮糟酒汽穿过双轮底糟醅层，将其中的大量香味成分一起带入酒液，以提高酒的质量。

3)回窖发酵

根据发酵过程中香味成分生成的基本原理和传统工艺生产的实践经验，浓香型大曲酒的发酵过程采用回窖发酵方法，能较大幅度地提高酒质。回窖发酵就是在糟醅发酵过程中增加一些物质参与发酵，具体方法主要有以下几种：

(1)回酒发酵。回酒发酵是将酒稀释到20%(V/V)，泼回窖池的发酵酒醅中再次发酵。由于在窖池发酵过程中，将酒回入酒醅，增加了酒精，同时也增加了酸、醇、酯、醛、芳香族化合物。因此，酵母菌及窖泥微生物首先利用这些中间产物再次进行生化反应，除酯含量增加外，醛类物质、杂醇油也能转化成有益的香味成分；其次，由于回入了酒精，有助于控制窖池内升温幅度，使窖内温度前缓、中挺、后缓落；三是回入酒精后，窖池内生物酶活跃，温度、酸度适中，促进酯化反应，使酒质在窖内陈香老熟。

回酒发酵按操作方法不同，有分层回酒和断吹回酒两种。分层回酒是在粮糟入窖时分层泼入经过稀释的原酒。回酒量要求不能过多，否则影响发酵。一般每甑回酒 10～15 kg，使酒醅含酒量在 2%左右。断吹回酒是当酒醅主发酵结束(断吹)，打孔灌入一定量的酒。一般在入窖后 15～20 天灌酒，因此时主发酵已结束。

回酒发酵已被酿酒界公认为是提高酒质的有效措施。若长期采取这一措施，还能使窖泥老熟，窖泥中己酸菌、丁酸菌、甲烷菌等数量增多，窖泥水分、有效磷、氨态氮、腐殖质等窖泥成分大幅度增加。同时优质的糟醅风格也能迅速形成。

(2)回糟发酵。回糟发酵是在回酒发酵的基础上发展而来的，即在入窖粮糟中加入部分发酵成熟的未蒸酒的母糟，混合发酵。可以分层回糟，一层粮糟一层母糟，也可在粮糟中混入母糟再入窖发酵。回糟发酵回进了大量的有益微生物和酸、酯、醇、醛等有益香味成分，对提高酒质，尤其对提高发酵糟醅的质量有显著的效果。

(3)回泥发酵。浓香型大曲酒的主体香味成分与窖泥有着密不可分的关系，采取回泥发酵就是基于这个道理。为了使酒醅多接触窖泥，可在粮糟入窖时，每甑或隔甑糟醅铺入 10 cm 的人工优质窖泥，使己酸菌和窖泥微生物活动区域相应增加，提高酒质。

4)黄水的利用

黄水中含有大量的梭状芽孢杆菌，它是产生己酸和己酸乙酯的主要菌种，还含有醇类、酸类等物质，有较高的利用价值。一般采用直接灌窖或醇酸酯化方法加以利用。

直接灌窖法是在粮糟入窖后，主发酵期结束，加入适量大曲粉和黄水，揭开封窖泥和面糟，泼入窖中或打孔灌入，再发酵 50～60 天，开窖蒸酒。母糟中总酸、总酯、挥发酸等均会明显提高。

醇酸酯化法是将黄水用双轮底尾酒稀释，加入大曲粉、窖泥、底糟等，按一定比例混合均匀，在一定温度下，经过 30～40 天的保温处理，让其进行缓慢酯化，成为酯化液。可以将酯化液倒入底锅串蒸，也可泼入粮糟蒸馏或用于培养窖泥。

5)大曲酒生产的安全度夏

大曲酒发酵受温度、酸度和淀粉浓度等因素的影响，在夏季发酵过程中，窖内温度常在 36 ℃以上，既严重影响了酵母菌的生长繁殖，又降低了其发酵力，而且温度越高、发酵力越低。夏季酒窖入池温度无法降到低温入窖的范围，故入窖后升温快，酵母达到最大密度的时间提早，主发酵期也提前到入窖后第 3～7 天，而冷季一般在 7～11 天。酵母在高温下早衰，使发酵无法彻底进行下去，到中期，发酵极其微弱，出酒率下降。夏季酒醅中的乳酸菌在较高温度下大量繁殖，导致酒醅酸度过高，有力抑制酵母的生长和发酵，并使淀粉和糖分被乳酸菌利用转化为乳酸，严重影响出酒率，每增加一度酸度，相当于降低原料出酒率 3.68% [以 60%(V/V)酒计]。由于温度、酸度的升高，还会影响其他酶的活性。因此，防止大曲酒夏季“掉排”，必须从两个主要方面解决：一是降温，二是控酸。实际中采取的工艺措施如下：①适当降低入窖淀粉浓度，在曲酒发酵时，每消耗 1%的淀粉，酒醅升温 1.8～2 ℃，若夏季入窖温度为 28 ℃，最高发酵温度为 37 ℃，出窖淀粉浓度一般在 10%左右，入窖淀粉浓度在 14.5%左右，可遏制发酵过程升温过高的趋势；②控制入窖水分、减少用曲、使用高温曲，水分大，糖化发酵快，升温猛，升酸快，酒质差，夏季水分一般控制在 54%～56%，用曲量以 18%为宜，高温曲糖化发酵较缓，可以防止升温猛；③加强滴窖、适当缩短发酵期，酸度过高，抑制霉菌、酵母菌的生长繁殖和发酵，黄水酸度高，pH 在 3.5 左右，因此，在夏季滴窖特别重要，使母糟中的黄水滴尽是降酸的有效方法。同时适当缩短发酵周期，对保证出酒率也有益处。

8.1.5　小曲酒生产工艺

小曲酒是我国白酒中独具特色的酒种，尤其在我国南部、西南地区更为普遍。小曲酒生产有以下主要特点：①适用的原料范围广，大米、高粱、玉米、稻谷、小麦、荞麦等整粒原料都能用来酿酒，有利于当地粮食资源的深度加工；②采用根霉为主的小曲作糖化发酵剂，用曲量少，发酵期短，出酒率高；③小曲酒酒质柔和，质地纯净、清爽，目前已形成米香、豉香、药香、小曲清香等不同香型风格的小曲酒，如桂林三花酒、豉味玉冰烧、贵州董酒、全州湘山酒、五花长乐烧等都是著名的小曲酒。

根据所用原料和糖化发酵工艺的不同，小曲酒生产工艺大致可分为两类：①固态发酵工艺，以高粱、玉米等为原料，小曲箱式固态培菌、配醅发酵、固态蒸馏，此类生产工艺在四川、云南、贵州等省盛行；②半固态发酵工艺，以大米为原料，采用小曲固态培菌糖化、半固态发酵、液态蒸馏，此类生产工艺在广东、广西、福建等地较为普遍。

1. 小曲酒固态发酵工艺

固态发酵法生产小曲酒，使用整粒原料生产，其工艺有独特之处，常在发酵前进行“润、泡、煮、焖、蒸”等操作。由于地区、原料不同，工艺上也不尽相同，主要表现在原料的糊化条件、培菌时的定温定时以及发酵时的温度、速度和时间的控制上。这里以贵州生产的玉米小曲酒为代表进行介绍。

1)工艺流程

玉米→浸泡→初蒸→焖粮→复蒸→摊晾→加曲→培菌→配糟→发酵→蒸馏→成品

2)工艺操作

(1)浸泡。整粒玉米用 90 ℃以上的热水浸泡，夏季泡 5～6 h，春季泡 7～8 h。浸泡时要求水温上下一致，吸水均匀，热水淹过粮面 30～35 cm，剖开粮粒检查，透心率达 95%以上为合适。放水后让粮滴干，次日再以冷水浸透，除去酸水，滴干初蒸。

(2)初蒸。又称干蒸，浸后玉米放入甑内铺好扒平，大汽蒸料 2～2.5 h。干蒸时先以大汽干蒸，使玉米柔熟、不粘手。如汽小，则外皮含水过重，以致焖水时发生淀粉流失。装甑时也应轻倒匀撒，以利于上汽均匀。干蒸促使玉米颗粒及淀粉受热膨胀，增强吸水性，缩短蒸粮时间和减少淀粉流失。干蒸好的玉米，外皮有 0.5 mm 左右的裂口。

(3)煮粮焖水。干蒸后加入 40～60 ℃的蒸馏冷却水，水面淹过粮面 30～50 cm，先用小汽将水煮至微沸，待玉米有 95%以上裂口，手捏内层已全部透心，即可放出热水，作为下次泡粮用。待其滴干后，将甑内玉米扒平，装入 2～3 cm 谷壳，以防蒸汽冷凝水回滴在粮面上，引起大开花，同时除去谷壳的邪杂味，有利于提高酒质。煮焖粮时，要适当进行搅拌，焖粮时严禁大汽大火，防止淀粉流失。要求玉米透心不粘手，冷天稍软，热天稍硬。

(4)复蒸。煮焖好的玉米，停数小时，再围边上盖，小汽小火，达到圆汽，再大火大汽蒸煮，快出甑时，用大火大汽蒸排水。共蒸料3～4 h，蒸好的玉米，手捏柔熟、起沙、不粘手，水气干为好。蒸料时不宜小火小汽长蒸，这样会使玉米外皮含水过重，影响培菌糖化。

(5)出甑、摊晾、下曲。出甑、摊晾的温度因地区气候而不同，分两次下曲，用曲量根据曲药质量和原料情况而定，一般为原粮的0.3%～0.4%，要求摊晾和入箱在2 h内完成，期间要防止杂菌污染，以免影响培菌。不同季节的下曲、摊晾条件参考表8-15。

表8-15　不同季节的下曲、摊晾条件

季节	第一次下曲温度/℃	第二次下曲温度/℃	培菌温度/℃	用曲量/%	入箱温度/℃
春、冬季	38～40	34～35	30～32	0.35～0.4	30～32
夏、秋季	27～28	25～26	25～26	0.3～0.35	24～25

(6)培菌糖化。培菌要做到定时定温。所谓定时定温，即是在一定时间内，箱内保持一定的温度变化，做到培菌良好。如室温高，进箱温度过高，料层厚，则不易散热，升温就快。为了避免在箱中培养时间过长，必须使料层厚度适宜和适当缩短出箱时间。一般培菌糖化时间为22～25 h，出箱温度为32～35 ℃。

(7)发酵。熟粮经培菌糖化后，可吹冷配糟，入池(桶)发酵。预先在池底铺一定厚度的底糟，再将醅子倒入池内，拍紧或适当踩紧，盖上糟，再以塑料薄膜封池，四周以谷壳封边或泥封发酵7天左右，即可蒸酒。为使入池发酵速度正常，应掌握好糟醅含糖量、水分、入池温度、粮糟比等参数。

(8)蒸酒。蒸酒前先将发酵酒醅的黄水滴干，再拌入一定量的谷壳，边上汽边装甑，先装盖糟再装红糟，将黄水倒入底锅，上盖蒸酒。蒸馏时，先小火小汽，再中火中汽，最后大火大汽追尾，分段滴酒，掐头去尾。

3)小曲固态法白酒的质量标准

根据国家标准《小曲固态法白酒》(GB/T 26761-2011)，小曲固态法白酒是以粮谷为原料，采用小曲或纯种根霉为糖化发酵剂，经蒸煮、固态培菌糖化、固态发酵、固态蒸馏、陈酿、勾兑而成，未添加食用酒精及非白酒发酵产生的呈香呈味物质的白酒。小曲固态法白酒的感官要求、理化要求应符合表8-16至表8-18中的规定。

表8-16　高度小曲固态法白酒的感官要求

项目	优级	一级
色泽和外观	无色或微黄，清亮透明，无悬浮物，无沉淀[a]	
香气	香气自然，纯正清雅	香气自然，较纯正清雅
口味	酒体醇和，甘冽净爽	酒体较醇和，较甘冽净爽
风格	具有本品的典型风格	具有本品的典型风格

注：a 当酒的温度低于10 ℃时，允许出现白色絮状沉淀物质，10 ℃以上时应逐渐恢复正常。小曲低度酒的感官要求基本一致。

表 8-17　高度小曲固态法白酒的理化要求

项目	优级	一级
酒精度/%vol	41～68	
总酸(以乙酸计)/(g·L^{-1})	≥0.40	≥0.30
总酯(以乙酸乙酯计)/(g·L^{-1})	≥0.60	≥0.50
固形物/(g·L^{-1})	≤0.50	

表 8-18　低度小曲固态法白酒的理化要求

项目	优级	一级
酒精度/%vol	18～40	
总酸(以乙酸计)/(g·L^{-1})	≥0.25	≥0.20
总酯(以乙酸乙酯计)/(g·L^{-1})	≥0.45	≥0.30
固形物/(g·L^{-1})	≤0.70	

2. 小曲酒半固态发酵工艺

半固态发酵工艺在我国已有悠久的历史，它与我国黄酒生产工艺有些类同，主要盛行于南方各省。半固态发酵法可分为先培菌糖化后发酵和边糖化边发酵两种传统工艺。

1)先培菌糖化后发酵工艺

广西桂林三花酒是先培菌糖化后发酵工艺的典型代表，它的特点是采用小曲为糖化发酵剂，前期固态糖化，后期液态发酵，再用液态蒸馏。工艺流程如下：

大米→加水浸泡→淋干→泼水续蒸→二次泼水复蒸→摊晾→加曲粉→下缸培菌糖化→加水→入缸发酵→蒸酒

操作要点如下：

(1)原料。大米淀粉含量为 71%～73%，水分含量小于 14%；碎米淀粉含量为 71%～72%，水分含量小于 14%。生产用水为中性软水，pH 为 7.4，总硬度低于 7 度。

(2)蒸饭。大米用 50～60 ℃水浸泡 1 h，淋干后倒入甑内，加盖蒸饭，圆汽后蒸 20 min，将饭粒搅松扒平，再圆汽蒸 20 min，至饭粒变色，搅拌饭粒并泼水后续蒸，待米粒熟后泼第二次水，再搅拌疏松饭粒，蒸至米粒熟透。蒸熟的饭粒饱满，含水量为 62%～63%。

(3)拌料加曲。蒸熟的饭料，倒入拌料机中，将饭团搅散扬冷，再鼓风摊晾，晾到 36～37 ℃，加入原料量 0.8%～1%的小曲拌匀。

(4)下缸。拌匀后的饭料倒入饭缸内，每缸装料 15～20 kg，饭厚 10～13 cm，饭料中央挖一空洞，以便有足够的空气进入。待品温下降到 30～32 ℃，盖好缸盖，培菌糖化。随着培菌时间延长，根霉、酵母等微生物生长，代谢产生热量，品温逐渐上升。当培菌 20～22 h 时，品温在 37 ℃为最好，若品温过高，可采取倒缸或其他降温措施。培菌糖化期间，为了供氧也可将米饭扒开，使饭心呈凹形，汁液留在中心，使四周饭粒接触空气。糖化时，品温不超过 42 ℃，总时间为 20～24 h，糖化率为 70%～80%。

(5)发酵。糖化 24 h 后，结合品温和室温情况，加水拌匀，使品温夏季为 34～

35 ℃，冬季为 36～37 ℃。加水量为原料量的 120%～125%，加水醅的含糖量应为 9%～10%，总酸低于 0.7%，酒度为 2%～3%(*V*/*V*)。加水拌匀并把醅转入醅缸，每个饭缸分装两个醅缸，发酵 6～7 天，并注意调节发酵温度。成熟酒醅的残糖接近于零，酒度为 11%～12%(*V*/*V*)，总酸低于 1.5%。

(6)蒸馏。目前采用蒸馏釜，间歇蒸馏，掐头去尾。蒸馏釜是不锈钢板制成，容积为 6 m^3，间接蒸汽加热，压力初期 0.4 MPa，流酒时为 0.05～0.15 MPa，流酒温度在 30 ℃以下。酒头掐量为 5～10 kg，如流出黄色或焦苦味酒液，立即停止接酒。尾酒另接，转入下一釜蒸馏，中段馏分为成品基酒。

(7)陈酿。基酒贮存在大缸中，并保持酒库较低恒温，经一年以上方可勾兑灌装。

桂林三花酒具有“米香纯正、清雅，酒体醇和，绵甜、爽冽，回味怡畅”的典型风格，其主体香味成分为乳酸乙酯和 β-苯乙醇。米香型白酒质量应符合 GB/T 10781.3-2006 中的要求，其中米香型高度酒的理化要求见表 8-19。

表 8-19　米香型高度酒的理化要求

项目	优级	一级
酒精度/%vol	41～68	
总酸(以乙酸计)/($g \cdot L^{-1}$)	≥0.30	≥0.25
总酯(以乙酸乙酯计)/($g \cdot L^{-1}$)	≥0.80	≥0.65
乳酸乙酯/($g \cdot L^{-1}$)	≥0.50	≥0.40
β-苯乙醇/($mg \cdot L^{-1}$)	≥30	≥20
固形物/($g \cdot L^{-1}$)	≤0.40[a]	

注：a 酒精度为 41%vol～49%vol 的酒，固形物含量可小于或等于 0.5 $g \cdot L^{-1}$。

2)边糖化边发酵工艺

豉味玉冰烧酒是半固态边糖化边发酵工艺的典型代表，其生产工艺的特点是没有先期的小曲培菌糖化工序。工艺流程如下：

大米→蒸饭→摊晾→拌料→入埕发酵→蒸馏→肉埕陈酿→沉淀→压滤→包装→成品

(1)蒸饭。选用淀粉含量 75%以上的优质大米，加入锅中，每锅装粮 100 kg，清水 110～115 kg，加盖煮沸时进行翻拌，并关蒸汽，使米饭吸水饱满，开小量蒸汽焖 20 min，便可出饭。要求饭粒熟透疏松，无白心。

(2)摊晾。蒸熟的饭块送入松饭机打松，摊在饭床上或用传送带鼓风冷却，降低品温，要求夏季在 35 ℃以下，冬季在 40℃左右。

(3)拌料。晾至适温，加曲拌料，酒曲用量为原料大米的 20%，拌匀入埕(酒瓮)。

(4)入埕发酵。每埕装清水 6.5～7 kg，然后将 5 kg 饭分装入埕，封闭埕口，入发酵房进行发酵。控制室温在 26～30 ℃，前三天的发酵品温控制在 30 ℃以下，不得超过 40 ℃。夏季发酵 15 天，冬季发酵 20 天。

(5)蒸馏。发酵完毕，将酒醅转入蒸馏甑中蒸馏，掐头去尾，保证初馏酒的醇和。

(6)肉埕陈酿。将初馏酒装埕，每埕放酒 20 kg，肥猪肉 2 kg，浸泡陈酿 3 个月，使脂肪缓慢溶解，并起酯化作用，提高老熟度，使酒味香醇可口，具有独特的豉味。

(7)压滤包装。陈酿后将酒倒入大池或大缸中，肥猪肉仍留在埕中，再次浸泡新酒。

除去池面油质及池底沉淀物，用泵将中间酒液送入压滤机压滤。大池中的陈酿酒自然沉淀 20 天以上，澄清后，取酒样鉴定合格，勾兑，装瓶即为成品。

(8)成品质量。豉味玉冰烧酒是豉香型白酒的典型代表，它色泽澄清透明，无色或略带黄色，具有“豉香纯正、清雅、醇和甘滑，酒体协调、余味爽净”的典型风格。豉香型白酒质量应符合 GB/T 16289-2007 中的要求，其中豉香型白酒的理化要求见表 8-20。

表 8-20　豉香型白酒的理化要求

项目	优级	一级
酒精度/%vol	18～40	
总酸(以乙酸计)/($g \cdot L^{-1}$)	≥0.35	≥0.20
总酯(以乙酸乙酯计)/($g \cdot L^{-1}$)	≥0.55	≥0.35
β-苯乙醇/($mg \cdot L^{-1}$)	≥40	≥30
二元酸(庚二酸、辛二酸、壬二酸)二乙酯/($mg \cdot L^{-1}$)		≥1.0
固形物/($g \cdot L^{-1}$)		≤0.60

8.1.6　麸曲酒生产工艺

1. 麸曲酒概述

麸曲酒是以高粱、薯干、玉米或大曲糟等含淀粉的物质为原料，以麸曲为糖化剂、加酒母发酵酿制而成的蒸馏酒。麸曲酒具有生产周期短、出酒率高、物美价廉的特点。

麸曲是以麦麸为原料，采用纯种微生物(曲霉菌)接种制备的一类糖化剂或发酵剂，按生产方法不同，一般分为帘子曲和通风曲。帘子曲是在竹帘子上培养制备的麸曲，通风曲是在长方形水泥池中控制通风培养制备的麸曲。

2. 生产工艺流程与操作要点

1)生产工艺流程

麸曲酒生产工艺流程如图 8-5 所示。

2)操作要点

(1)原料粉碎。原料粉碎有利于淀粉吸水及蒸煮糊化，便于糖化发酵。薯干、高粱、玉米等原料要求粉碎后能通过直径为 1.5～2.5 mm 的筛孔。粉碎设备采用锤式粉碎机。

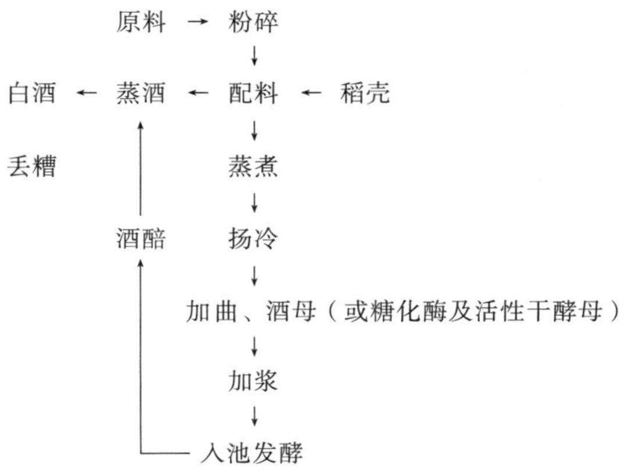

图 8-5　麸曲酒生产工艺流程

(2)配料。麸曲白酒一般用水泥池、石窖或大缸进行发酵，发酵时难以调节温度，只有通过控制入池淀粉浓度和入池温度来调整。由于气温条件限制，该工艺主要通过入池淀粉浓度来保证发酵过程中产生的热量和酒精浓度不超过微生物正常活动能忍受的范围。发酵品温要求最高不超过 36 ℃。一般薯干原料，配料淀粉浓度以 14%～16%为宜，填充料应占原料量的 20%～30%，粮醅比为 1∶(4～6)。

(3)蒸煮。薯类原料常压下蒸煮时间为 35～40 min，粮谷原料常压蒸煮 45～55 min。要求达到熟而不黏，内无生心。

(4)晾渣、加曲、酒母、加浆。晾渣可降低料醅温度，又可使水分和杂质得以挥发，还可吸收新鲜空气。料温要求：气温为 5～10 ℃时，料温降到 30～32 ℃；气温为 10～15 ℃时，料温降到 25～28 ℃；气温高时，要求料温降到降不下来为止。

加曲温度一般在 25～35 ℃，加曲量为原料量的 6%～10%。酒母可用活性干酵母代替，用量占投料量的 0.5%～1%。活性干酵母使用前需经活化，即用 1∶20 的水将干酵母于 38～40 ℃下活化 1～2 h，活化液为 2%的蔗糖溶液，下曲时泼入。

(5)入池。控制入池温度在 15～25 ℃，入池淀粉浓度为 14%～16%，入池 pH 为 4.5～5.0，入池水分为 58%～62%。

(6)发酵。麸曲酒发酵时间短，一般仅需 3～5 天，酒度可达 5%～6%(*V*/*V*)，酒醅残留淀粉在 5%左右，即可出池蒸馏。

(7)蒸馏。麸曲酒蒸馏与大曲酒蒸馏相同。

3. 麸曲酒与大曲酒的质量对比

麸曲酒与大曲酒相比，在酒质上仍存在一定的差距。

1)感官指标上的差距

同香型的麸曲酒与大曲酒比，在感官上的差距表现在：香味淡薄，后味短；口味燥辣，刺激感重；酒体欠丰满，口味欠细腻；部分酒杂味较重。

2)理化指标上的差距

对浓香型麸曲酒与浓香型大曲酒的优质酒进行对比分析，可看出：

(1) 浓香型麸曲酒总酸低，一般比大曲酒低 100 mg/L 以上，这是麸曲酒后味短、酸与酯不平衡的原因。

(2)麸曲酒高级醇含量高，麸曲酒中的高级醇含量占香味成分总量的 17%，而大曲酒一般只占 11%～12%，两者相差 5%～6%，这是麸曲酒饮后上头的主要原因。仔细分析，两者在醇的比例及含量上也有差异。①对酒产生醇厚感的醇类，如正丁醇、仲丁醇、正己醇及 2，3-丁二醇等，麸曲酒中的含量低于大曲酒 80 mg/L，所以其酒味淡薄。②在酒中含量高、对酒质有损害的醇类，如正丙醇、异丁醇、异丙醇、正戊醇、异戊醇等，麸曲酒比大曲酒高出 110 mg/L。③异丁醇与异戊醇的比值大的酒，质量要好一些。麸曲酒异丁醇与异戊醇的比值为 1∶0.92，大曲酒为1∶(2.6～2.9)，两个比值相差 2 倍以上，这个差异表明麸曲酒中微量成分量比关系不平衡。

(3)麸曲酒醛含量高。麸曲酒醛含量约占香味成分总量的 9.5%，大曲酒一般占 6.5%，其中乙醛含量，麸曲酒比大曲酒高出 200 mg/L 以上，醛高是造成麸曲酒燥辣的主要原因。

3)形成麸曲酒质量缺陷的主要原因及其补救措施

麸曲酒与大曲酒质量上的差距，究其原因，主要有以下两个方面：

(1)微生物种类和数量不足。麸曲中的微生物总量是大曲的百分之几，且以醋酸菌、乳酸菌居多，造成浓香型麸曲酒中乳酸及乳酸乙酯含量偏高、酒体不甘爽。

(2)发酵速度快。麸曲酒的发酵速度比大曲酒快得多。一般大曲酒醅升至最高温度要10天以上，而麸曲酒只要3～4天，提前了6～7天。这种快速升温违背了名优白酒发酵“前缓、中挺、后缓落”的温度变化规律。

为弥补麸曲酒的质量缺陷，多年来人们一直在采取补救措施：①采用多菌种参与发酵，如清香型麸曲酒在工艺上应用多种曲霉菌，浓香型麸曲酒在工艺上应用多种生香酵母，酱香型麸曲酒在工艺上应用细菌曲，这些措施均可以增加酒的香味成分；②改变酒醅原料配比，增加氮源，如在酱香型麸曲酒和芝麻香型麸曲酒生产工艺中，增加部分麸皮、小麦，可明显提高酒质；③采用大曲、麸曲相结合的工艺路线，这条技术路线应用于麸曲清香、酱香、芝麻香型白酒工艺中，均收到既保持出酒率高，又提高酒质的双重效果。

8.1.7　白酒新技术及新型白酒生产工艺

1. 白酒新技术

近年来，白酒生产技术不断创新，在理论和工艺技术方面都有了新的进展。

1)生物技术的应用

生物制曲技术新工艺中强化功能菌生香制曲，利用己酸菌、甲烷菌二元复合菌人工培养窖泥的老窖熟化技术以及红曲酯化酶窖内、窖外发酵增香技术等使白酒的优质品率得到很大提高。

2)酶催化工程的引进

纯种微生物强化制曲已有十多年的经验，给白酒工业带来了新的技术进步。酿酒工业中广泛应用的酶，主要是糖化酶、液化淀粉酶、纤维素酶、蛋白酶、脂肪酶、酯化酶等，具有酶活力强、用量少、使用方便等优点。但是，纯种微生物合成酶的高催化单一性，也给传统白酒发酵带来了一定的问题，如浓香型白酒的续糟发酵，酱香型白酒的两次投料、全年蒸酒，如果用高转化率的糖化酶和活性干酵母就会一次耗尽淀粉，影响到白酒发酵的周期性。因此，复合酶发酵技术成为白酒酿造的一个新课题。

3)低度白酒生产技术

低酒精度白酒(简称低度白酒)是随着人们生活水平的提高、饮酒消费习惯的逐步改变以及对外国际贸易的增加而出现的。从国内看，发展低度白酒既有利于消费者健康，又能降低单位产品粮耗，体现了酿酒工业坚持优质、低度、多品种、低消耗的发展方向。从国际上看，发展低度白酒有利于扩大出口贸易和实现中国白酒国际化的战略目标。低度、优质的白酒产品将是未来消费的方向。

低度白酒生产一般均采用高度原酒加水(工艺称“加浆”)稀释的工艺路线。中国白酒在稀释至50%(V/V)以下酒度时，一般会产生如下三个问题：与原酒的风味、风格相比有明显的变化；出现浑浊乃至沉淀；口味不谐调，有明显水味。因此，低度白酒生产必须解决原酒质量、水的质量、除浊过滤、勾兑调味等一系列的技术问题，才能使低度白酒香气突出，口味低而不淡，保持本品典型风格，做到“降度不降质”。

低度白酒制造法基本流程如下：

基础酒选择→稀释→除浊→勾兑→后熟→成品

（稀释 ↑ 水；勾兑 ↑ 调香、调味酒）

(1)基础酒。所谓基础酒，就是选择适合于制造低度白酒的原酒(经贮存未勾兑定型的半成品酒)，基础酒可以选择一种，也可以是几种，基本要求是发酵正常、邪杂味少、典型性强的中档次酒。

(2)降度用水。降度用水均是自然水，水中溶解各种无机离子，特别是Fe^{2+}、Mn^{2+}、HCO_3^-、OH^-、SO_4^{2-}、Ca^{2+}、Mg^{2+}，这些离子均会不同程度地影响酒中电解质平衡。要求水质中暂时硬度低于 5 度。碱度太大的水也会破坏酒的酸性(中和)，碱度应小于 5 度。

水中微量无机离子也是酒的风味物质，如果降度用水用去离子水或蒸馏水，虽然不会产生水质带来的浑浊，但会影响低度白酒的风味。

(3)除浊。高度白酒中高碳脂肪酸的含量均远远大于它们在低度白酒中的溶解度。因此，制造低度白酒的中心环节是如何防止浑浊现象的出现。其方法如下：①冷冻过滤法，利用高碳酯类随温度降低，其溶解度变小、易析出，并随时间延长凝聚成大颗粒状的特点，可通过简单过滤法除去，常在−15～−10 ℃下静置 5～7 天后过滤除浊，但冷冻设备投资大，能耗高；②吸附过滤法，利用各种无机、有机多孔性或有巨大比表面积的介质，吸附经稀释后发生浑浊的曲酒中的浑浊物质，活性炭、玉米淀粉、微晶纤维素、膨润土、海藻酸钠、巨孔型树脂等都可以吸附除浊，其中利用玉米淀粉吸附除浊的较多，当淀粉遇水后，会吸水膨胀，直链淀粉螺旋圈伸展，暴露出更多的-OH 亲水键，它和高碳脂肪酸酯之间形成氢键连接，随淀粉一起沉淀下来，易分离，并且不易带入异味，玉米淀粉使用量一般为 0.3%～3%，时间为 12 h 至数天；③微孔过滤、反渗透，微孔过滤法是采用 0.45 μm、0.6 μm、0.8 μm、1.0 μm、1.5 μm、2.0 μm 等规格的微孔膜，加压或真空过滤，除去经稀释析出的浑浊物质，实践中较多地采用 1.5～2.0 μm 膜或精滤纸板，反渗透技术是采用半透膜，膜相内加压通入基础酒，膜外加有稀释水，利用半透膜对酒精和低沸点组分的透析性，膜相内残留高沸点、大分子组分，通过反渗透后，得到澄清透明的低度白酒。微孔过滤和反渗透法目前仍在进一步研究应用阶段，其困难在于膜选择、再生，推动力大小，对风味物质的截留等，尽可能不影响低度酒风味。

(4)勾兑调味。任何香型的低度白酒，在感官质量上都有一个共同的要求，即要达到低而不浑、低而不淡、低而不杂，并具有本品应有的典型风格。当高度白酒加水稀释后，以高级脂肪酸乙酯为主的一些白酒香味成分会因溶解度降低产生絮状沉淀而被除去，同时白酒中所含的其他香味成分也会由于加水稀释而降低浓度，造成香气平淡、口味淡薄，这就必须通过勾兑调味来解决。

4)人工催熟技术

所谓人工催熟，就是人为地采用物理或化学方法，促进酒的老熟，以缩短贮存时间。

名优白酒的贮存期长，占用大量的贮存容器和库房，影响生产资金的周转。为了缩短贮存期，人们进行了大量的新酒人工催熟试验，其中较为成功的技术是微波处理和高频处理和磁场处理等。

5)酿造设备及控制技术

(1)白酒生产机械化。传统工艺白酒的作坊式操作严重制约着生产的规模化程度。米香型、豉香型白酒在发展过程中，建立起了一套固液发酵相结合的糖化、发酵、蒸馏机械化操作系统，大大节省了人力资源。

(2)酿造过程数字化控制与管理。数字化酿造模式从温度(入窖温度)、粮糟(入窖淀粉浓度)、水(入窖水分)、曲(大曲用量)、酸(入窖酸度)、糠(谷壳用量)、糟(粮糟比)七大因子的监控入手，找出不同季节、不同条件下的最佳参数组合，确立产量与质量的平衡点，形成标准化的酿造模式。

(3)白酒勾调过程数字化管理系统。从基础酒、调味酒、成品酒等的理化、色谱成分统计录入处理等角度着手，建立酒体指纹图谱、专家鉴评等系统，大幅度降低手工数据查询的劳动量，控制勾兑调味成本，稳定产品品质，为勾兑调味从经验型向数字型转变提供科学依据，建立中国白酒勾调的科学理论体系。

2. 新型白酒生产工艺

1)新型白酒概述

新型白酒又称为新工艺白酒，是以优质食用酒精为基础酒，经调配而成的各种白酒，它是与传统纯粮固态发酵白酒相对而言的。与传统白酒相比，新型白酒大大节省了酿酒用粮；经过特殊工艺处理后的高纯净食用酒精中含高级脂肪酸酯少，加水降度后很少浑浊，便于低度白酒的生产。

新型白酒的质量特色表现在以下方面。

(1)透明度高，加冰加水不浑浊。食用酒精含高级脂肪酸酯少，用其勾兑的新型白酒，加冰加水后很少产生浑浊，为白酒今后能与其他饮料混用打下了基础。

(2)酒体纯净，杂质含量低，饮用安全。食用酒精中的酸、酯、醛、杂醇油等微量成分含量只有固态法白酒的 1/100～1/10。因此，以酒精为主体的新型白酒，不但酸低、酯低，更重要的是醛、杂醇油类更低，对人体的副作用小。

(3)食用酒精是很好的无色无味的溶剂，极易与其他产品结合生产出各类型、各香型的饮料酒，如保健酒、朗姆酒、俄得克等。

目前，我国新型白酒生产中存在的突出问题是酒基杂质含量高、添加物香味成分不纯、产品档次低等，解决好自身存在的这些问题是新型白酒大发展的关键所在。

2)新型白酒的基础原料

新型白酒所用的原料与传统工艺白酒所用的原料有很大的不同，主要是食用酒精、固态法白酒生产的增香调味剂及各种增香调味的食品添加剂。

(1)食用酒精。酒精是构成新型白酒的主体原料，其质量直接影响到新型白酒的质量和前途。食用酒精质量应符合国家标准《食用酒精》(GB 10343-2008)中的要求。

食用酒精使用前必须经过脱臭、除杂等处理。使用高锰酸钾和活性炭脱臭除杂效果显著，但应注意高锰酸钾的用量和使用条件。一般高锰酸钾用量控制在0.02%以下，活性炭用量在0.1%以下较适当。通常食用酒精经过高锰酸钾处理后，要复蒸才能使用，以消除锰离子的影响。高锰酸钾完全作用后，再加活性炭处理，通风搅拌30 min，然后让其静置澄清2～3天，抽取上层清酒液过滤，即为除杂脱臭的酒基。

目前普遍采用串香法对酒基进行复蒸增香。把处理好的75%(*V*/*V*)左右的酒基放入锅底，用部分大曲酒香醅铺在丢糟酒醅的面上一起串蒸。宜选用含酸、酯量高的香醅。串香过程中要损耗3%～5%的酒基。

(2)固态法白酒生产的增香调味剂。这类物质包括香醅、黄水、酒头、酒尾、调味酒等。经固态法发酵完毕的香醅中，含有许多呈香呈味物质。把这些有益的物质从醅中分离出来并作一定处理后，可作为新型白酒的增香调味剂。

黄水中含有较多醇、醛、酸、酯等香味成分，尤其是有机酸，可赋予酒体浓厚感。因此，可以将黄水、酒尾、大曲粉、老窖泥及发酵糟等按一定比例配方混合均匀，恒温发酵一定时间，制备酯化液。然后将酯化液重新蒸馏，蒸馏液用来勾兑新型白酒。

酒头中含有多量的挥发酯、低沸点的醇类、醛类及多元醇，可提高基酒的前香。酒尾中的酸含量高且含有各种香味成分，可提高新型白酒后味，使酒质回味悠长。

常用的调味酒：高酯调香酒，用来增加酒的香气；高酸调味酒，用来增加酒体的丰满度及后味；陈年调味酒，用来增加酒体的醇厚感，减少辛辣味；曲香调味酒，用来增加酒的曲香味等。

(3)酒用食品添加剂。常用的主要是各种酯类、酸类、醇类等。添加这类物质，一是要选用质量高、纯度高的产品；二是要注意量比搭配；三是尽量少用，能起到画龙点睛的作用就可以了。需要特别注意，使用这类物质应符合《食品安全国家标准—食品添加剂使用标准》(GB 2760-2001)中对食品添加剂品种、范围和使用量的要求。

3)液态法白酒和固液法白酒

液态法白酒和固液法白酒属于新型白酒的范畴。液态法白酒是以含淀粉、糖类的物质为原料，采用液态糖化、发酵、蒸馏所得的基酒(或食用酒精)，用香醅串香或用食品添加剂调味调香，勾调而成的白酒。液态法白酒生产工艺具有机械化程度高、劳动生产率高、原料出酒率高、原料适应性强、改善劳动环境、辅料用量少等优点。我国对液态法生产白酒进行了很多研究和尝试，在总结某些名优酒生产经验的基础上，将酒精生产的优点和白酒传统发酵的特点有机地结合起来，尤其是以高纯度食用酒精为酒基进行串香和勾兑，生产出的液态法白酒的风味质量与固态法白酒逐渐接近。

国家标准《液态法白酒》(GB/T 20821-2007)规定，液态法白酒应具有纯正、舒适、协调的香气和醇甜、柔和爽净的口味；理化要求应符合表8-21的规定。

表 8-21　液态法白酒的理化要求

项目	高度白酒	低度白酒
酒精度/%vol	41～60	18～40
总酸(以乙酸计)/(g·L^{-1})	≥0.25	≥0.10
总酯(以乙酸乙酯计)/(g·L^{-1})	≥0.40	≥0.20

固液法白酒是以固态法白酒(不低于 30%)、液态法白酒、食品添加剂勾调而成的白酒。固液法白酒生产周期短、成本低、损耗少，但需要有优质的固态法白酒和纯净的液态酒基。勾兑要根据液态酒基和固态白酒的质量进行，一般方法有：①在处理后的液态法酒基中加入 10%以上的优质固态法大曲酒；②在串香后的液态法白酒中加入 5%～10%的大曲酒；③以处理后的液态法酒基为主体，调加 10%左右酒精度为 15%～20%(*V*/*V*)的酒尾；④在液态法酒基中添加大曲调味酒。

国家标准《固液法白酒》(GB/T 20822-2007)规定，固液法白酒应具有酒体柔顺、醇甜、爽净的口味；理化要求应符合表 8-22 的规定。

表 8-22　固液法白酒的理化要求

项目	高度白酒	低度白酒
酒精度/%vol	41～60	18～40
总酸(以乙酸计)/(g·L^{-1})	≥0.30	≥0.20
总酯(以乙酸乙酯计)/(g·L^{-1})	≥0.60	≥0.35

新型白酒是中国白酒未来的发展方向。《中国酿酒产业“十二五”发展规划》指出，白酒产业结构调整目标是推广和扩大固液结合产品比例，生产新风格、新品种、新口味等个性化白酒，为消费者提供更广泛的选择空间。为此，围绕新型白酒，应做好以下几项工作：提高食用酒精、新型白酒标准，规范基础酒、酒用香料使用范围；采用先进技术，提取香源和营养物；坚持优质、低度、营养、可混用的发展方向。相信，随着科技的进步，新型白酒的优势将得到更充分地发挥，未来中国白酒市场，将是各类名优白酒与新型白酒平分秋色、各领风骚的局面。

8.2　黄酒的生产

黄酒是以稻米、黍米、玉米为主要原料，添加曲、酵母等糖化发酵剂酿制而成的发酵酒。黄酒是世界上出现最早的酒，也是唯一起源于中国的发酵酒，因其历史久远而被称为“酒王”。黄酒在中国具有极其丰富的文化内涵，是中华民族珍贵的历史文化遗产，在健康、环保等消费理念的引导下，黄酒因具有绿色、保健、营养等特点而备受青睐。

8.2.1　黄酒概述

1. 黄酒的起源

黄酒的起源也是我国酿酒的起源，至今众说纷纭，意见不一。公元前 2 世纪史书《吕氏春秋》记载：“仪狄始作酒醪，变五味，少康作秫酒。”因此有“仪狄作酒”一说。

汉代成书的《黄帝内经·素问》记载了黄帝与岐伯的对话，则把酿酒的时期推前至公元前30世纪初至公元前21世纪初，但有待考证。这些说法不同，但是都说明一点，在夏朝或夏朝前酿酒就存在。

2. 黄酒的分类

1)按照含糖量分

按照总含糖量(以葡萄糖计)，黄酒可以分为四类，见表8-23。

表8-23 黄酒的分类

类型	干黄酒	半干黄酒	半甜黄酒	甜黄酒
总糖含量/$(g \cdot L^{-1})$	≤15.0	15.1～40.0	40.1～100.0	>100.0

2)按照产品风格分

按照产品风格，黄酒可分为传统型黄酒、清爽型黄酒及特性黄酒三类。

3)按照酿造工艺分

按照生产工艺，黄酒可分为淋饭酒、摊饭酒及喂饭酒。淋饭酒是将蒸熟的米饭采用冷水淋冷而制得的黄酒，如绍兴香米酒和苏州粳米酒；将蒸熟的米饭自然或者采用人工冷却再进行糖化发酵制得的黄酒称为摊饭酒，如绍兴的元红酒、加饭酒等；在发酵过程中分批次加入米饭制得的黄酒即为喂饭酒，如浙江嘉兴黄酒和日本清酒。

4)按照酿造用原料分

按照酿造用原料，黄酒可分为稻米黄酒和非稻米黄酒。稻米黄酒有糯米黄酒、粳米黄酒、籼米黄酒、黑米黄酒等；非稻米黄酒有黍米黄酒、玉米黄酒、青稞黄酒等。

5)按照生产季节分

按照生产季节，黄酒可分为冬酿、秋酿、春酿及夏酿黄酒。

3. 黄酒的营养价值

黄酒是低酒度的酿造酒，在发酵过程中产生的营养物质和活性成分种类多，含量丰富，主要体现在以下几个方面。

(1)蛋白质。黄酒中的蛋白质绝大部分以肽和氨基酸的形式存在，易被人体吸收和利用。低肽具有促进钙吸收、降血压、降胆固醇、免疫调节等功能；黄酒中所含氨基酸的种类多达21种，包含人体自身不能合成的8种必需氨基酸。

(2)无机盐及微量元素。黄酒中含有钙、镁、磷等30余种无机盐及铁、铜、锌、锰、硒等微量元素，对预防各类心脑血管疾病、抗衰老等具有积极作用。

(3)功能性低聚糖。黄酒中的功能性低聚糖主要为异麦芽低聚糖，它能有效促进肠道双歧杆菌的增殖，改善肠道微生态环境，促进B族维生素的合成和钙、镁、铁等矿物质的吸收，提高机体免疫力，降低血清中胆固醇及血脂水平，预防各种慢性疾病。

此外，黄酒中还含有丰富的维生素以及酚类物质，有极高的营养价值和保健功效。

8.2.2 黄酒生产原料

黄酒酿造是大米、玉米、黍米、粟米、水稻等和水为主要原料，以小麦、大麦及麸皮等为辅料。由于原辅料的品种、品质会直接影响成品酒的风格与质量，人们把米、曲、水分别喻之为酒之“肉”、“骨”和“血”。

1. 主要原料

1)大米

大米可分为糯米、粳米和籼米，其中糯米是酿造黄酒的最佳原料，主要原因是糯米的支链淀粉含量高。支链淀粉分子排列较为松散，吸水快，容易糊化，同时淀粉酶对支链淀粉的水解不完全，在酒中残留较多的糊精和低聚糖，使成品黄酒的口味较甜且醇厚。

大米主要由谷皮、糊粉层、胚乳和胚四部分组成。谷皮的主要成分是纤维素、灰分，不含淀粉，它包围着整个米粒，起着保护作用；糊粉层含有丰富的蛋白质、脂肪、灰分及维生素，由于蛋白质、脂肪不利于成品酒的风味，因此宜选用精白度高的大米；胚乳是米粒的主要组成部分，贮藏物质以淀粉为主，也是酿酒利用的主要成分；胚中虽含有丰富的脂肪、蛋白质、糖类和维生素等营养物质，但由于其对黄酒风味不利，应在米精白时除去。

糙米淀粉含量约为 70%，白米约为 77%，酿造黄酒时应选用淀粉含量高的大米，精白度越高，大米的淀粉含量越高；蛋白质含量为 7%～9%，它可分解成肽和氨基酸，其中部分氨基酸发酵时可生成高级醇，氨基酸和高级醇是黄酒的主要风味物质，但是过高的高级醇含量会带来异杂味，过高的氨基酸含量有损黄酒的稳定性；脂肪含量约为 2%，是黄酒酿造的不利物质，随着大米精白度的提高，脂肪含量迅速减少。

大米的精白就是把米的皮层剥去，通常有摩擦去皮、削除去皮及冲击去皮三种方法。精白度用精米率表示，即精白后白米质量占原糙米质量的百分比。大米精米率一般为 88%～92%，日本清酒酿造师认为精白程度越高越能酿出好酒，但是在我国由于所采用的原料及酿造工艺等不同，从生产实践来看，并非精白度越高越好。

2)黍米

黍米是禾本科植物，子实呈淡黄色，去皮后色泽光亮，故称黄米或大黄米。北方生产黄酒多用黍米为原料，如即墨老酒酿造采用的原料为龙眼黍米，龙眼黍米具有品质松软、易吸水、易糊化等优点。

3)玉米

玉米淀粉主要集中在胚乳内，以支链淀粉为主，占 85%～90%；玉米中的脂肪含量相对丰富，主要集中在胚芽内，对于糖化发酵及成品酒的风味产生不利影响，因此采用玉米酿酒需进行脱胚(除去胚芽)处理；玉米中所含的蛋白质大多为醇溶蛋白，有利于成品酒的稳定性。

2. 辅料

黄酒酿造中的主要辅料是小麦，其主要是作为制曲原料。小麦富含碳水化合物、蛋白质、适量无机盐及生长素，适宜微生物的生长繁殖；小麦所含成分复杂，在制曲时能产生复杂的香味成分，对于成品酒具有积极的赋香作用；同时小麦皮层富含 β-淀粉酶，对于原料中的淀粉分解利用也有贡献。

一般来说，应选用当年产的小麦，水分含量适宜，麦粒完整，颗粒饱满，无虫蛀、霉烂及其他不良气味。

3. 酿造用水

水在成品黄酒中占 80%以上，是黄酒的主要成分之一，对酿造全过程产生很大影响。根据水在黄酒生产中的功用不同，大致可以分为酿造水、冷却水、洗涤水、锅炉水等，其中酿造水直接参与糖化、发酵等酶促反应，并成为黄酒成品的重要组成部分。酿造用水首先要符合饮用水的标准，同时从满足黄酒的生产需要出发，应达到以下条件：①无色、无味、无臭、清亮透明、无异常；②pH 接近中性，理想值为 6.8～7.2；③硬度以 2～6 dH 为宜(dH 为德国度，我国目前常用，以每升水中含 10 mg CaO 为 1 dH；也可用 $CaCO_3$含量表示，单位为 mg/L)；④铁质量浓度低于 0.5 mg/L，锰质量浓度低于 0.1 mg/L，避免重金属离子的存在；⑤有机物含量是水污染的标志，常用高锰酸钾耗用量来表示，超过 5 mg/L 为不洁水，不能在酿造过程中使用；⑥酿造水中不得检出 NH_3，氨态氮和 NO_2^-，NO_3^-含量要求在 0.2 mg/L 以下；⑦硅酸盐(以 SiO_3^{2-}计)含量小于 50 mg/L；⑧酿造用水符合生活饮用水卫生标准，不能检出大肠菌群和产酸细菌。

8.2.3 黄酒酿造微生物及生物化学

1. 黄酒酿造微生物

黄酒酿造过程中涉及的微生物主要有霉菌、酵母及细菌，霉菌和酵母起主导作用。

1)霉菌

酒曲中的霉菌主要有曲霉、根霉及红曲霉，分别介绍如下。

(1)曲霉。麦曲、米曲中的曲霉在黄酒酿造中起糖化作用，其中以米曲霉为主，还有较少的黑曲霉等。米曲霉主要分泌液化型淀粉酶，生成物主要是糊精、麦芽糖及葡萄糖；黑曲霉主要分泌糖化型淀粉酶，生成物是葡萄糖。在实际生产过程中，以米曲霉为主，适当添加少量黑曲霉或食品级糖化酶，以提高糖化能力，进而提升出酒率。

(2)根霉。根霉菌是酒药中的主要糖化菌，它使淀粉全部水解生成葡萄糖，还能分泌乳酸、琥珀酸、延胡索酸等有机酸，降低 pH，抑制产酸菌的侵袭，并使黄酒鲜美丰满。

(3)红曲霉。红曲霉是生产红曲的主要微生物，具有耐湿、耐酸的特点，最适生长温度为 32～35 ℃，最适生长 pH 3.5～5.0，所耐最低 pH 2.5。红曲霉能产生淀粉酶、蛋白酶等，并能产生柠檬酸、琥珀酸、乙醇，分泌红色素或黄色素等。

2)酵母

传统黄酒酿造中使用的酒药含有许多酵母，有些具有发酵酒精的作用，有些产生黄酒特有的香味物质；现代黄酒酿造使用的是优良纯种酵母菌。As 2.1392 是常用的酿造糯米黄酒的优良菌种，该菌种发酵力强，能发酵葡萄糖、半乳糖、蔗糖、麦芽糖及棉子糖，产生酒精并形成典型的黄酒风味，而且抗杂菌能力强，生产性能稳定，现已在全国机械化黄酒生产厂中普遍使用。

3)细菌

黄酒酿造过程中涉及的细菌主要有乳酸菌、醋酸菌及枯草芽孢杆菌，除某些乳酸菌在浸米水中繁殖、发酵产生乳酸，有利于酒醪发酵并增进黄酒风味外，多数细菌对黄酒生产均会产生负面作用。有害细菌主要来自曲、酒母及原料、设备、环境等。

2. 黄酒酿造过程中的生物化学

黄酒发酵由糖化和发酵两个过程组成，且糖化和发酵同时进行。糖化过程中原料中的淀粉等高分子贮藏物质在相应酶的作用下分解为发酵性糖类，产生酒精、CO_2和各种风味物质。黄酒发酵过程中，发酵醪中成分的变化几乎都是由于酶的作用，非常复杂，产生并形成黄酒的组成物质。

1)淀粉的分解

淀粉的分解是指在淀粉酶、糖化酶的作用下将淀粉转化为糊精和可发酵性糖的过程。随着酵母的酒精发酵，糖含量逐步降低，发酵终了时仍残存少量的葡萄糖和糊精，使黄酒具有甜味和黏稠感。

2)酒精发酵

黄酒发酵分为前发酵、主发酵和后发酵三个阶段。在前发酵阶段，主要是酵母增殖期，发酵作用弱，温度上升缓慢；当醅中的溶解氧基本被消耗完，酵母细胞浓度相当高时，则进入主发酵期，此阶段酒精发酵旺盛，酒醅温度和酒精浓度上升较快，而酒醅中的糖分逐渐减少；经主发酵，醪液中代谢产物积累较多，酵母的活性变弱，即开始进入缓慢的后发酵阶段，后发酵主要是继续分解残余的淀粉和糖分，发酵作用微弱，温度逐渐降低。待发酵结束榨酒时，酒醅中的酒精体积分数可达 16%以上。

3)有机酸的生成

有机酸一部分来自原料、酒母、曲和水，一部分在发酵过程中由酵母、细菌和霉菌产生。有机酸对黄酒的香味和缓冲作用很重要，主要为琥珀酸和乳酸，还有少量的柠檬酸、延胡索酸和醋酸等。黄酒的总酸控制在 0.35 g/100 mL 左右较好，过高或过低都会影响酒的质量。

4)蛋白质的变化

黄酒酿造原辅料中都含有一定量的蛋白质，在发酵过程中，蛋白质在酶的作用下分解为肽和氨基酸。黄酒酒醅中的氨基酸可达 18 种以上，且含量居各类酒之首。形成的氨基酸一部分被酵母同化，成为合成酵母蛋白质的原料，同时生成高级醇，再加上氨基酸本身的滋味，这些物质赋予黄酒特有的醇香和浓厚感。

5)脂肪的变化

原料中的脂肪在发酵过程中，被微生物中的脂肪酶作用，分解成甘油和脂肪酸。甘油赋予黄酒甜味和黏稠性；脂肪酸是形成酯的前体物质，酯与高级醇一起形成黄酒特有的芳香味，但原辅料中的脂肪含量不能过高，否则脂肪氧化后会损害黄酒风味。

8.2.4 传统黄酒酿造工艺

黄酒酿造历史悠久，品种繁多，各地黄酒酿造方法不一，各类产品具有其独特的风味，传统法酿造绍兴元红酒具有代表性，其主要特点是采用淋饭酒母和摊饭做法来生产。

1. 工艺流程

传统黄酒生产工艺如图 8-6 所示。

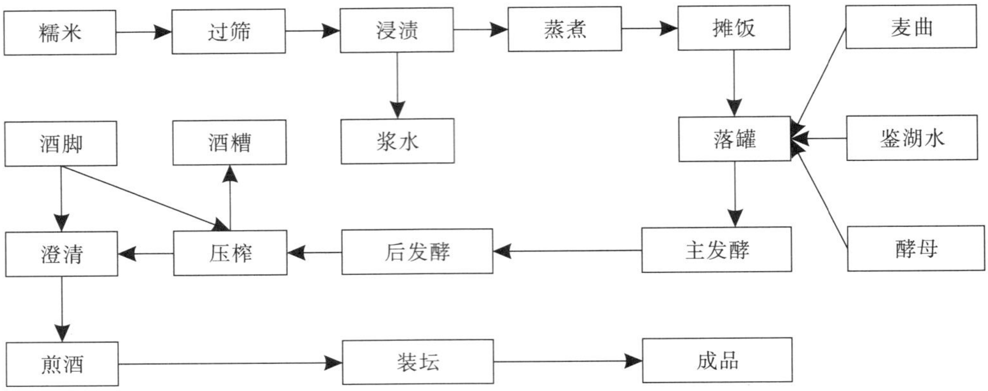

图 8-6 传统黄酒生产工艺

2. 操作要点

(1)配料。元红酒每缸用糯米 144 kg，配入麦曲 22.5 kg，水 112 kg，酸浆水84 kg，淋饭酒母 5～6 kg。加入酸浆水与清水的比例为 3∶4，即“三浆四水”。

(2)浸米。以前大多浸米在大缸中进行，每缸 288 kg，现在多采用碳钢或不锈钢大罐浸米。浸米时间较长，达 15～20 天，浸渍过程中，要注意及时换水、补水，避免米层暴露。浸米不仅使米充分吸水膨胀，便于蒸煮，同时可使米酸化并取得酸性的米浆水备用。

(3)蒸饭和摊晾。蒸饭操作和要求与淋饭酒基本相同，只是摊饭酒的米，浸渍后不经淋洗，保留附在米上的浆水进行蒸煮。蒸熟后的米饭经过冷却把品温降至适合微生物繁殖发酵的温度。对米饭降温要求是品温下降迅速而均匀，避免降温过快而导致饭团结块，并根据气温掌握冷却后温度，一般应为 60～65 ℃。

(4)落罐。落罐前应把发酵缸及相关用具先清洗、沸水灭菌，在落罐前一天，称取一定量的清水置缸中备用。落罐时分两次投入冷却的米饭并打碎，依次投入麦曲、淋饭酒母和浆水，搅拌均匀，使缸内物料上下温度均匀，糖化发酵剂与饭料均匀接触。注意勿使酒母与热饭块接触，以免引起“烫酿”，造成发酵不良，引起酸败。落罐的温度根据气温灵活掌握，一般控制在 27～29 ℃，做好保温工作，使糖化、发酵和酵母繁殖顺利进行。

(5)糖化和发酵。物料落缸后便开始糖化和发酵，前期主要是酵母的增殖，品温上升缓慢，应注意保温。一般经过 10 h 左右，醅中酵母大量繁殖，进入主发酵阶段，温度上升较快，可听见缸内嘶嘶的发酵响声，并产生大量的 CO_2 气体，把酒醅顶上缸面，形成厚厚的米饭层，必须及时开耙。开耙时间以测量饭面下 15～20 cm 的缸心温度为依据，结合气温灵活掌握。开耙温度，影响成品酒的风味。高温开耙(头耙 35 ℃以上)，酵母易早衰，发酵能力减弱，使酒残糖含量增多，酿成的酒口味较甜，俗称热作酒；低温开耙(头耙温度不超过 30 ℃)，发酵较完全，酿成的酒甜味淡而酒精含量高，俗称冷作酒。

开头耙后品温一般下降 4～8 ℃，此后，各次开耙的品温下降较少。实际操作中，头耙、二耙主要依据品温进行开耙，三、四耙则主要根据酒醅发酵的成熟程度，及时捣耙和减少保温物，四耙以后，每天捣耙 2～3 次，直至品温接近室温。主发酵一般 3～5 天结束，此时酒精度一般达 13%～14%(V/V)。主发酵结束，应及时灌坛进行后发酵。

(6)后发酵(养醅)。灌坛操作时，先在每坛中加入适量淋饭酒母(俗称窝醅)，搅拌均匀后，将发酵缸中的酒醅分盛于酒坛中，每坛约装 20 kg，坛口上盖一片荷叶。2～4 坛一列，堆置室外。最上层坛口除盖上荷叶外，还要加罩一小瓦盖，以防雨水进入坛内。后发酵使一部分残留的淀粉和糖分继续发酵，进一步提高酒精含量，并使酒成熟增香，风味变好。后发酵的品温常随自然温度而变化，所以前期气温较低的酒醅，要堆放在向阳温暖的地方，以加快后发酵速度；在后期天气转暖时的酒醅，则应堆放在阴凉的地方，防止温度过高，产生酸败，一般控制室温在 20 ℃以下。后发酵一般需 2 个月以上。

(7)压榨、澄清和煎酒。摊饭黄酒的发酵期在 2 个月以上，一般掌握在 70～80 天。酒醅趋于成熟，要进行压榨、澄清和煎酒。压榨出的酒称为生酒或生清，压榨效果与生酒澄清、糟板干燥及时间长短等因素有关。时间长短取决于清和干，不清不干起不到压榨作用，影响成品酒的质量和出酒率；生酒在澄清过程中酒质会发生变化，刚压榨的生酒粗而辛辣，随着时间的延长而变得甜醇；煎酒实际就是加热杀菌并破坏残余的酶，同时使部分蛋白质受热凝固析出，排除生酒味，提高酒的稳定性。

8.2.5　现代黄酒酿造工艺

现代黄酒酿造工艺是以传统工艺为基础，进行适当工艺改进，大量使用现代机械设备来代替传统手工操作，故亦可称为黄酒机械化生产，其主要特点是大容器发酵、机械化生产及优化糖化、发酵剂等。这里以杭州酒厂的纯种全加酒母发酵操作法为例。

1. 工艺流程

现代黄酒生产工艺如图 8-7 所示。

2. 工艺操作方法

(1)大米的前处理及输送。新工艺一般采用振动筛对大米进行除糠、除杂等前处理，然后利用真空输送将底层的大米输送至顶层进行浸渍。现在也有采用底层浸渍，利用平板橡胶输送带将湿米输送至斗式提升机，再由斗式提升机输送至蒸饭机，如浙江古越龙山绍兴酒股份有限公司就是采用该方式对大米进行浸渍和输送，效果比较理想。

(2)浸米。现代黄酒酿造工艺为了满足传统工艺浸米的要求，采用保温浸渍，克服了

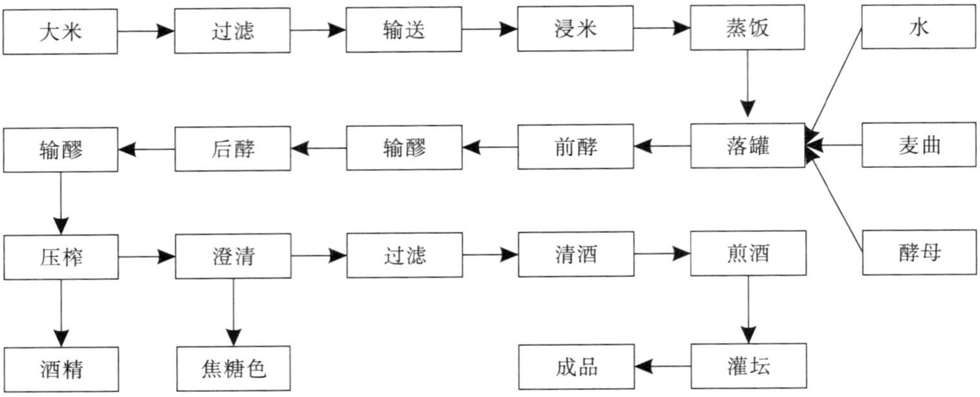

图 8-7 现代黄酒生产工艺

传统工艺浸米周期长的缺点。通常在室温为 20～25 ℃，水温为 20～23 ℃的条件下保温浸米 4～5 天即可。在浸米时应先调节好水温，切勿边浸米边调水温，以免米粒被蒸汽煮熟。浸米前预先接入一定比例的浆水，可大大缩短酸浆形成的时间，也减少米的碎裂。

(3)蒸饭、冷却与落罐。煮饭要求与传统工艺一样，米饭颗粒分明，外硬内软，内无白心，疏松不糊，熟而不烂，均匀一致。新工艺的米饭冷却通常在蒸饭机中进行，可采取水冷和风冷两种方式。前者冷却速度快，但会造成米饭中可溶性物质的流失，后者可减少不必要的损耗，但是冷却后饭易变硬。落罐时的温度一般控制在 24～28 ℃。

(4)前发酵及自动开耙。现代黄酒酿造生产用曲为传统块曲与纯种麦曲混合使用，也有添加麸曲和商品糖化酶的。落罐后加入所选用的糖化发酵剂，进行发酵，开耙操作是大罐发酵的关键所在。新工艺通常采用大罐深层发酵，醅层深，不可能采用人工开耙，需进行“自动开耙”，即发酵醪上下自动翻滚，并辅以无菌压缩空气翻动来代替传统手动开耙。还应经常测定其酒精含量、酸度，观察其变化情况，以便及时采取相应措施。开耙的具体方法是将无菌压缩空气通入前发酵醪的醪盖下，开头耙只要中心开通，以助自然对流翻腾；二耙开始需要进行上、中、下、边的通气，使上下四周全面翻腾，将沉入罐底的饭团也翻起来，醪盖压下去。

(5)后发酵。前发酵阶段结束就进入后发酵阶段，干型酒后发酵时间为 20 天左右。后发酵阶段应保持低温，一般品温控制在 10～15 ℃，有三种控制方法：一是罐内列管冷却，对降低中心部位醪液的品温较容易；二是后发酵室空调降温，效果好而耗冷量大，成本较高；三是外围导向冷却，若要迅速降低酒醪中心部位品温，应与无菌压缩空气搅拌相结合。后发酵阶段在前期每天至少要搅拌开耙一次，通入新鲜空气以保持酵母活力，随着时间延长，后期应静置。后发酵成熟的标志是酒精含量基本稳定，酒醅沉静。

(6)压榨、澄清、过滤、煎酒。现代化的新工艺压榨工序基本与传统工艺相同，不同之处是采用压缩空气代替泵将醪液输入板框式气膜压滤机。澄清大罐一般用不锈钢材质，避免静置容器对酒体风味产生影响。澄清罐出来的酒经过滤后，打入清酒罐，采用不锈钢薄板式加热器进行煎酒。现代黄酒酿造工艺的煎酒要求与传统工艺相同，现在部分传统工艺酿造黄酒也采用了新式设备进行煎酒。

8.3 啤酒的生产

啤酒是一种历史悠久的酿造酒，是世界上产量最高、消费范围最广、国际贸易量最大的酒类。啤酒是以麦芽、水为主要原料，加啤酒花(包括酒花制品)，经酵母发酵酿制而成的、含有 CO_2 的低酒精度的发酵酒。其酒精含量低，营养丰富，因此，在第九届“国际营养食品会议”上，啤酒被正式列为营养食品。

8.3.1 啤酒的历史与发展

啤酒酿造历史悠久，其起源于九千年前地中海南岸，后来传入欧洲、美洲及亚洲等地。在古代，人们以各种方式生产啤酒，如古埃及的法老时代，啤酒被称作“Hek”，是以已发芽的大麦和小麦为原料，先做成面包，再将面包细屑浸入水中自然发酵后配加香料(如枯茗、香桃木、向桂、生姜、蜂蜜)煮热饮用。我国啤酒生产的历史可能有四千多年。早在公元前两千多年的甲骨文中就有把稷制的啤酒称作“醴”的文字记载。“醴”相当于甜酒的意思，之所以把“醴”定义成啤酒，因为它是用谷物芽酿造而成的。在汉代(公元前 206～220 年)，就有了被称作“曲”的小麦啤酒，唐代(618～907 年)所酿造的啤酒，称作“醅”，是一种没有过滤的浊酒。啤酒营养丰富，酒精含量较低，素有“液体面包”的雅称。

8.3.2 啤酒的分类

根据不同的分类方法，可以将啤酒划分为不同的类型。

1. 根据酵母性质进行分类

根据发酵时所用酵母性质的不同，可以将啤酒划分为上面发酵啤酒与下面发酵啤酒。

(1)上面发酵啤酒。上面发酵啤酒是用上面啤酒酵母进行发酵，多用浸出糖化法制备麦汁。在英国最为流行，其次是比利时、加拿大、德国。上面发酵啤酒所占比例不大，目前仅少数国家生产此类啤酒，且产量逐步下降。国际上著名的上面发酵啤酒有淡色爱尔啤酒(Pale Ale)、浓色爱尔啤酒(Dark Ale)、司陶特(Stout)黑啤酒、波特(Porter)黑啤酒等。

(2)下面发酵啤酒。下面发酵啤酒是用下面啤酒酵母进行发酵，用煮出糖化法制备麦汁。这是世界上最流行的酒种，多数国家采用下面发酵酿制啤酒。国际上著名的下面发酵啤酒有多特蒙德(Dortmunder)、慕尼黑(Munich)、比尔森(Pilsen)、博克(Bock)等。我国生产的啤酒均为下面发酵啤酒。

2. 根据麦汁浓度进行分类

按原麦汁浓度的不同可以将啤酒划分为低浓度啤酒、中浓度啤酒和高浓度啤酒。

(1)低浓度啤酒。原麦汁浓度 2.5～8 °P，乙醇含量为 0.8%～2.2%。近十年来我国此类啤酒的产量日益增加。

(2)中浓度啤酒。原麦汁浓度 9～12 °P，乙醇含量为 2.5%～3.5%，几乎都是淡色啤酒。我国啤酒多属于此类型。

(3)高浓度啤酒。原麦汁浓度 13～22 °P，乙醇含量为 3.6%～5.5%，多为浓色啤酒。

3. 根据啤酒色泽分类

按照色泽的不同，可以将啤酒划分为淡色啤酒、浓色啤酒和黑色啤酒。

(1)淡色啤酒。色度一般为 5～14 EBC，色泽较浅，呈淡黄色、金黄色，也称黄啤酒。其口味淡爽醇和，是啤酒中产量最大的一种。比尔森和青岛啤酒属于此类型。

(2)浓色啤酒。色度为 15～40 EBC，呈红棕色或红褐色。其麦芽香味突出，口味醇厚，苦味较轻。浓色爱尔啤酒是典型的浓色啤酒。

(3)黑色啤酒。色度一般为 50～130 EBC，多呈红褐色乃至黑褐色。其特点是原麦汁浓度较高，麦芽香味突出，口味醇厚，泡沫细腻，典型产品是慕尼黑啤酒。

4. 根据啤酒杀菌方法分类

按照灭菌方法的不同，可以将啤酒划分为鲜啤酒、熟啤酒和生啤酒。

(1)鲜啤酒。鲜啤酒是指发酵后的啤酒不经巴氏灭菌或瞬时高温灭菌，成品中允许含有一定量的活酵母菌，达到生物稳定性的啤酒。由于其未经加热杀菌，故口感新鲜，但保质期短，一般为 3～7 天。

(2)熟啤酒。熟啤酒是指经过巴氏灭菌或瞬时高温灭菌的啤酒，也称杀菌啤酒。因其经过热杀菌过程，故可以保存较长时间，但其风味及营养不及鲜啤酒。

(3)纯生啤酒。生啤酒是指不经巴氏灭菌或瞬时高温灭菌，而采用其他方法(如微孔薄膜过滤)除菌，达到生物稳定性的啤酒。因其未经热杀菌，故口感较熟啤酒更新鲜爽净。

5. 啤酒新品种

通常在原辅料或生产工艺等方面进行某些改变，使其成为具有独特风味的啤酒。常见的有干啤酒、冰啤酒、低醇啤酒、无醇啤酒、小麦啤酒和浑浊啤酒。

(1)干啤酒。干啤酒是以麦芽为主料、其他淀粉质原料或糖类及酒花为辅料，制成的真正发酵度在 72%以上，成品色泽浅、苦味轻、口味爽净、低糖低热量的新型啤酒。其特点如下：①原麦汁浓度中等以下，为 8%～10%，个别为 11%～12%；②真正发酵度在 72%以上，甚至高达 80%以上，相应啤酒中的糖含量为 1.5%～1.0%；③苦味轻，为 12～20 BU，平均为 14～16 BU，色度在 5～8 EBC，口味爽、不黏、不甜。

(2)冰啤酒。冰啤酒是一种对原啤酒进行有限度的冰晶化处理，并进一步强化冷浑浊物，再将其去除，从而得到的质量更为优良的新型啤酒。其酒液外观更清亮，色度小于等于 0.8 EBC，非生物稳定性好，口味更新鲜、柔和、爽净。

(3)低醇啤酒。酒精度为0.6%～2.5%(V/V)的啤酒。

(4)无醇啤酒。无醇啤酒酒精度小于等于0.5%(V/V)，原麦汁浓度大于等于3.0 °P的啤酒。其原材料与普通传统啤酒相同，但原麦汁浓度很低，且以某些特殊方法酿制而成，基本风味接近于普通传统啤酒，但又具有一定特色。

(5)小麦啤酒。小麦啤酒是以小麦麦芽为主要原料(占麦芽的40%以上)，采取上面发酵或下面发酵方式酿制啤酒。其酒液色度浅，泡沫清白，具有小麦麦芽的特殊香气。

(6)浑浊啤酒。在成品中含有一定量的酵母菌或显示特殊风味的胶体物质，浊度为2.0～5.0 EBC的啤酒。

8.3.3 啤酒酿造的原料

啤酒酿造的原料主要有大麦、啤酒花、辅助原料以及酿造用水。

1. 大麦

从最原始的啤酒酿造开始，人们都是以大麦作为啤酒酿造的主要原料，其原因是大麦易于栽培，便于发芽，人工发芽条件容易控制；大麦及麦芽的酶系统比较全面，发芽时麦粒中含有的各种营养物质溶解好，且易于过滤，有利于啤酒酿造；用大麦芽酿造啤酒，糖化时使麦芽内容物继续溶解，制备成麦汁，原料利用率高；麦汁添加酵母后发酵成啤酒，制成的啤酒别具风味。我国大麦的主要化学成分见表8-24。

表8-24 我国大麦的主要化学成分 单位：%

成分	含 量	成 分	含 量
水分	11.0～13.65	粗脂肪	1.50～1.89
淀粉	58.0～69.95	粗纤维	4.0～9.0
浸出物	59.5～72.0	无机盐	2.67～3.50
蛋白质	9.63～12.5		

大麦根据籽粒的生长形态分为六棱大麦、四棱大麦和二棱大麦三种类型。其中二棱大麦是六棱大麦的变种，其淀粉含量较高，蛋白质含量适度，发芽均一，一般认为是酿造啤酒的好原料。

在我国，人们习惯上将酿造啤酒的大麦称为啤酒大麦。优质的啤酒大麦必须具备下列主要条件：①发芽力强，发芽率在95%以上；②浸出物含量高，浸出物不低于76%(绝干计)，千粒重大于40 g；③蛋白质含量适当，一般为9%～12%(绝干计)，辅料多时可在13.5%以下，籽粒易于溶解；④麦粒色泽好，谷皮薄，具有新鲜的麦草香，不含被害粒(黑头粒小于0.5%，不应含镰刀菌)；⑤水分在13%以下。

2. 啤酒花

啤酒花简称酒花，又称蛇麻花、忽布花。蛇麻为大麻科葎草属多年生蔓性草本植物，系雌雄异株，用于啤酒酿造者为成熟雌花。我国在新疆、甘肃、内蒙古、黑龙江、辽宁、山东等地都有酒花基地，产量已自给有余。

酒花的成分比较复杂，有200种以上。主要有酒花树脂(10%～20%)、酒花油(0.5%～2%)、多酚物质(2%～5%)、单糖、果胶、蛋白质(约15%)、酯和蜡等。在众多的成分中，酒花树脂、酒花油和多酚物质对啤酒酿造最为重要，它们赋予啤酒特有的苦味和香味，还可起到防腐和澄清麦汁的作用。

酒花成分中最重要的是酒花树脂，它是啤酒苦味的主要来源，包括α-酸和β-酸及其氧化物α-软树脂和β-软树脂。α-酸是啤酒苦味的主要来源，它具有粗糙强烈的苦味与很高的防腐力，又有减小表面张力的能力，可增加啤酒泡沫稳定性。β-酸苦味程度约为α-酸的1/9，但苦味较细腻爽口。其防腐能力约为α-酸的1/3，也具有减小表面张力并改善啤酒泡沫稳定性的作用。酒花油主要存在于酒花花粉中，它赋予啤酒特有的酒花香味。多酚物质主要成分是单宁(鞣酸)。麦汁煮沸添加酒花时，酒花内单宁会与麦汁内过量蛋白质结合，使原来凝固困难的蛋白质得以沉淀析出，可起到澄清麦汁的作用。

制造啤酒的酒花及酒花制品有全酒花、粉碎酒花、颗粒酒花及酒花膏等。传统的生产方法是在麦汁煮沸锅中添加全酒花，但其有效成分的利用率仅为25%左右，加之全酒花体积大，要求低温贮存，且不断氧化而损失和变质。近年多使用各种酒花制品，如颗粒酒花、酒花浸膏和酒花油等，从而大大提高了酒花的利用率，简化了使用方法。

3. 辅助原料

啤酒的辅助原料主要有未发芽的谷类、淀粉类和糖类三种，以用谷类者为多。欧洲和美国用玉米，东方各国大都用大米，非洲一些国家使用木薯淀粉，有些国家则用高粱等。我国主要以大米为辅助原料，近年来，东北等地使用玉米作辅料的啤酒逐渐增加。

(1)大米。大米来源广泛，价格较低，淀粉含量高于麦芽和其他谷类作物，蛋白质和多酚物质含量较低。以大米为辅料的啤酒，色浅口爽，泡沫细腻，酒花香明显，非生物稳定性也较好，有利于制出风味好的淡色啤酒。使用量一般为糖化原料的20%～45%。

(2)玉米。我国有少部分啤酒厂用玉米作辅料。玉米含淀粉少于大米，高于大麦，含蛋白质较大麦少。其价格较便宜，来源广泛，所含的淀粉较易液化和糖化，酿成的啤酒味道醇厚，有特殊香味。但玉米含油脂较多，而油脂对啤酒的起泡能力有削弱作用，同时还容易产生异味。因此，只有玉米油含量低于2%的玉米才能作辅料使用。玉米的油脂主要含在胚芽中，而胚乳含量较少，故也可以用除去胚芽的方式来降低玉米油的含量。

(3)糖类和糖浆。蔗糖、葡萄糖、糖浆可直接加入糖化的麦汁中，利于简化工艺、提高发酵度和降低色度，用量一般为原料的10%～20%(糖)和25%～30%(糖浆)。

4. 水

啤酒中90%左右都是水，因此水的质量将直接影响到啤酒的质量。啤酒生产用水包括糖化、制麦、洗涤、灭菌、冷却和锅炉用水等，其中糖化用水和洗涤麦糟用水直接用于酿造，影响啤酒质量，称为酿造用水，应符合啤酒专业上的一些要求。

8.3.4　啤酒发酵酵母及活化

1. 啤酒酵母

啤酒酵母又称酿酒酵母，是属于子囊菌亚门、酵母属的一种单细胞微生物，细胞多为圆形、卵圆形或卵形，分为大、中、小三种，无假菌丝或有较发达但不典型的假菌丝，生长在麦汁琼脂培养基上的菌落为乳白色，有光泽，平坦，边缘整齐，在显微镜下常可在细胞壁上看见出芽点。啤酒酵母繁殖速度快，发酵能力强，具有较强的耐酒精能力。

啤酒酵母又分为上面发酵啤酒酵母和下面发酵啤酒酵母两种类型，分别适于不同啤酒品种的生产。传统使用的上面酵母有啤酒酵母、萨士酒酵母等；传统的下面酵母有弗罗倍尔酵母、776 号酵母、萨士酵母、卡尔斯伯酵母、U 酵母、E 酵母等。每个啤酒厂都有适合本厂使用的啤酒酵母。国内啤酒厂基本上都使用下面酵母，较好的菌种有青岛啤酒酵母、沈啤 1 号、沈啤 5 号、U 酵母等。

2. 菌种活化与扩大培养

所谓菌种活化与扩大培养，是指将保存于沙土管、冷冻干燥管等保藏器皿中的处于休眠状态的生产菌种接入试管斜面活化后，再经过扁瓶或摇瓶及种子罐逐级扩大培养而获得一定数量和质量的酵母菌的过程。这些纯种培养物又称为种子。

优质种子必须具备下列条件：①菌种细胞的生长活力强，移种到发酵罐后能迅速生长，以缩短延滞期；②生理性状稳定，以便得到稳定的菌体；③具有适宜的菌体总量及浓度，以满足大容量发酵的要求；④无杂菌污染，以确保整个发酵过程正常进行；⑤保持稳定的生产能力，使最终产物的生物合成量持续稳定高产。

种子扩大培养可分为实验室阶段和生产车间种子制备阶段。从斜面试管到卡氏罐培养为实验室扩大培养阶段，汉森罐以后为生产现场扩大培养阶段。

8.3.5　啤酒发酵的生物化学

啤酒是依赖于纯种啤酒酵母，对麦汁中的糖分进行一系列代谢过程，从而产生酒精及一系列副产物，形成风味独特的发酵酒。

1. 淀粉质原料的水解

对于淀粉质和纤维质原料，首先要进行淀粉的水解(糖化)，再由纯种啤酒酵母进行一系列的代谢过程，从而生成最终的产物。

淀粉在水中经加热会吸收一部分水而发生溶胀。若继续加热至一定温度(一般为 60～80℃)，淀粉颗粒即发生破裂，造成黏度迅速增大，体积也迅速变大，这种现象称为淀粉的糊化。发生糊化之后，如果继续升温，支链淀粉也开始溶解，胶体状态破坏，形成黏度较低的流动性醪液，称为淀粉的溶解或液化。淀粉的水解过程可参阅本书 2.2.1 部分。

2. 糖类的发酵

啤酒麦汁的浸出物中，糖类约占 90%，其中能被酵母发酵的糖类称为可发酵性糖。啤酒酵母发酵糖的顺序为葡萄糖＞果糖＞蔗糖＞麦芽糖＞麦芽三糖。麦芽四糖以上的寡糖、戊糖、异麦芽糖等均不能发酵，为非发酵性糖，它们将成为啤酒中浸出物的主体。

啤酒酵母对各种可发酵糖的发酵，均是通过 EMP 途径代谢生成丙酮酸后，进入无氧酶解或有氧 TCA 循环。酵母在有氧下经 TCA 循环可获得更多的生物能(38 mol ATP)，此时无氧发酵代谢就会受到抑制，这种氧抑制嫌氧发酵代谢称为巴士德效应。在麦汁中含有较高的葡萄糖(包括果糖)，浓度超过 0.4%～1.0%时，分子氧的存在不能抑制发酵，有氧呼吸反而受到一定抑制，这种现象称反巴士德效应。因此，在麦汁接种酵母后主要是无氧酵解途径，也存在少量有氧呼吸代谢。

啤酒发酵反应式可归纳如下：

$$C_{12}H_{22}O_{11}+H_2O+4ADP+4Pi \longrightarrow 4CO_2+4C_2H_5OH+4ATP$$

在啤酒正常发酵中，不是全部可发酵糖均转化成酒精，有 1.5%～2.5%的糖类转化成发酵副产物(高级醇、有机酸、酯等)，糖类酒精发酵效率为 95%～96%。

3. 麦汁含氮物质的转化

啤酒发酵初期，啤酒酵母通过吸收麦汁中的含氮化合物，合成酵母细胞蛋白质、核酸和其他含氮化合物，从而繁殖细胞。啤酒酵母只能分泌很少的蛋白酶，因此只能从麦汁中吸收氨基酸、二肽、三肽等低肽氮化合物。而在糖化过程中，麦芽含有的一些蛋白酶将原料中的蛋白质水解成胨、多肽和氨基酸等小分子物质，从而满足酵母的需要。

发酵初期只有 8 种氨基酸(天冬酰胺、丝氨酸、苏氨酸、赖氨酸、精氨酸、天冬氨酸、谷氨酸和谷酰胺)，很快被吸收，麦汁中其他氨基酸只是缓慢地吸收或不吸收。因此，发酵初期酵母必须合成一系列的氨基酸，由葡萄糖通过 EMP 途径形成酮酸，酮酸接受$-NH_2$构成早期不能吸收的那些氨基酸。

发酵后期，酵母细胞向发酵液分泌多余的氨基酸(主要是甘氨酸、丙氨酸和脯氨酸)，使酵母衰老和死亡，细胞内蛋白酶被活化，分解细胞蛋白质形成多肽，通过被适度水解的细胞壁进入发酵液。若发酵后期，酵母细胞死亡太多，会造成啤酒浑浊。

发酵结束后残存于啤酒中的含氮化合物的量是不同的。在高含氮麦汁发酵后剩余 55%～60%含氮化合物，而在低含氮麦汁中剩余 60%～65%。啤酒中残存含氮化合物对啤酒风味影响极大。这种高含氮量的啤酒(大于 450 mg/L)口感会比较醇厚，而含氮量为 300～400 mg/L 就显得爽口，若低于 300 mg/L 会显得寡淡。

4. 啤酒中风味物质的代谢

麦汁必须通过酵母的发酵产生一系列的代谢产物，才能构成啤酒特有的香味和口味。各种副产物的数量和配比关系是造成啤酒之间风味差异的主要原因。

1)高级醇

高级醇是酒类中的主要香味和口味物质之一，它能促进酒类具有丰满的香味和口味，并增加酒的协调性。酵母在发酵中形成主要高级醇的途径如图 8-8 所示：

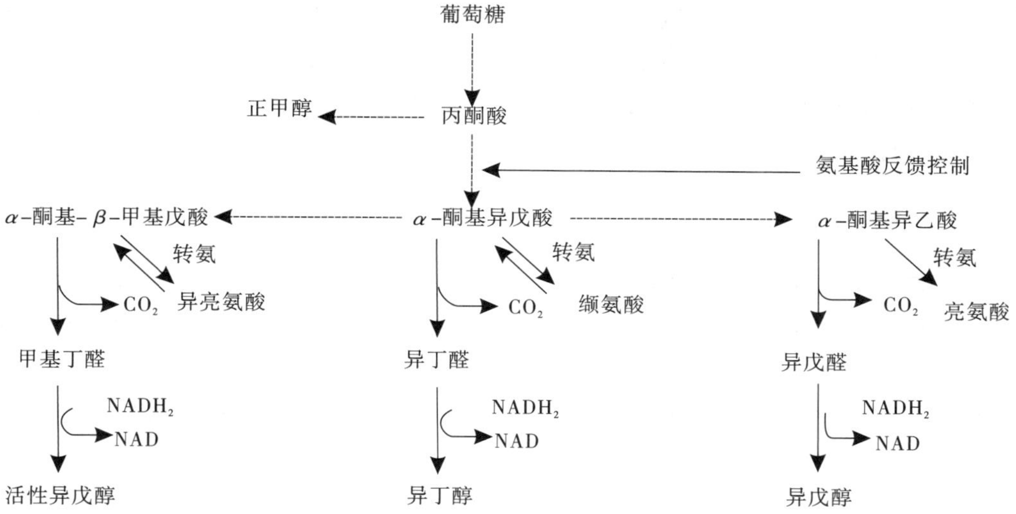

图 8-8　啤酒发酵中高级醇的生成途径

2)醛类

啤酒中被检出的醛类物质有 20 余种，如甲醛、乙醛、丙醛、异丁醛、正丁醛和糠醛等。它们来自于在麦汁煮沸中发生的美拉德反应，或发酵中醇类的还原。对啤酒风味影响较大的是乙醛和糠醛。乙醛主要来自于丙酮酸，它在丙酮酸脱羧酶作用下，不可逆地形成乙醛和 CO_2。大部分乙醛受酵母乙醇脱氢酶作用还原成乙醇。在正常发酵中，乙醛在发酵啤酒中含量很低。成熟的优质啤酒乙醛含量一般为 3～8 mg/L。乙醛在啤酒中含量如大于 10 mg/L，则会有不成熟口感、腐败性气味和类似麦皮的不愉快苦味；如大于 25 mg/L，则会有强烈的刺激性辛辣感。

3)酸类

酸类物质虽然不构成啤酒的香味，但它是主要的呈味物质。啤酒中的总酸来自麦芽等原料、糖化发酵的生化反应、水及工艺调节外加酸。啤酒中的挥发酸主要是脂肪酸，尤以乙酸为主。啤酒中的非挥发酸有丙酮酸、α-酮戊二酸、乳酸、苹果酸、琥珀酸、柠檬酸和酒石酸等，其中以琥珀酸含量为最高。

适量的酸会使啤酒口感活泼、爽口，而酸类缺乏会使啤酒呆滞、黏稠、不爽口，但过量的酸会使啤酒口感粗糙、不柔和、不协调，也意味着啤酒不正常，污染产酸菌。

4)挥发性酯

挥发性酯是啤酒香味的主要来源之一，也是主要风味物质。啤酒中应该含有适量的挥发性酯，才能使啤酒香味丰满协调。在发酵过程中酯的生成主要依赖于酵母的生物合成，即由酵母先形成酯酰 CoA，在酵母酯酶催化下和醇化合从而形成酯。酵母的酯类生物合成的速度比此温度下化学反应速度快 1000 倍。酯类还可由醇类和羧酸通过酯化反应生成。在啤酒长期贮存中酯的增加，主要依赖于酯化反应。

5)连二酮类

连二酮类的含量是啤酒成熟的指标，其中双乙酰又是较为突出的成熟限制性指标。双乙酰具有强烈的挥发性和刺激性，是多种香味物质的前体。戊二酮几乎和双乙酰有相同的风味影响，当含量大于 0.2 mg/L 时有似烧焦的麦芽味，大于 0.5 mg/L 时有明显不愉快的刺激味，似馊米饭味。可以通过选择还原双乙酰速度快的菌株、提高酵母接种量、提高还原温度等手段来降低啤酒中的双乙酰含量。

8.3.6 麦芽制造

麦芽制造也称制麦，是以啤酒大麦为原料，经浸麦、发芽、干燥、除根制成啤酒酿造用麦芽的过程。制麦的目的使大麦发芽，产生多种水解酶，以便通过后续糖化分解原料中的淀粉和蛋白质。同时，绿麦芽干燥过程中还能产生特有的色、香、味。

制麦可分为清选、分级、浸麦、发芽、干燥、除根、贮存等过程，如图 8-9 所示。

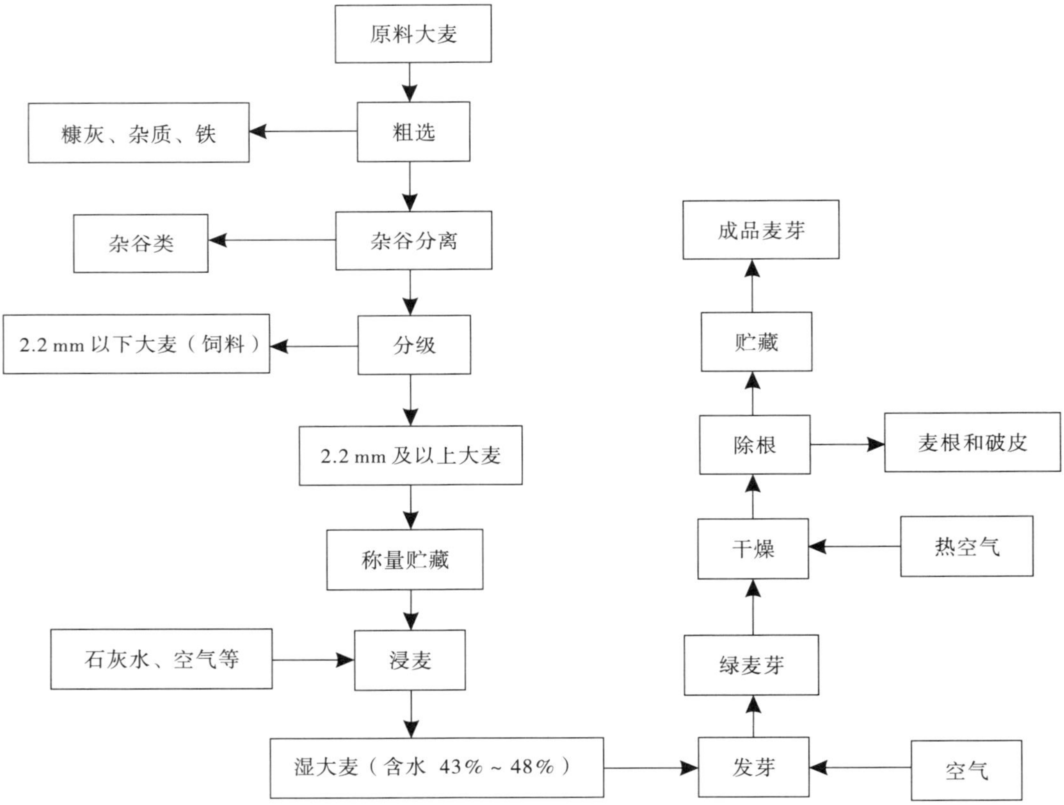

图 8-9　制麦工艺流程

1. 大麦的清选及分级

大麦在投料前必须先除去各种有害杂质，以保证麦芽的质量和啤酒的风味。清选后大麦还必须进行分级处理，因为麦粒大小实质上反应了麦粒的成熟度、化学组成、蛋白质含量等的差异，且其吸收水分速度和发芽速度也都不同，从而影响到麦芽的均匀性，所以必须将麦粒按腹径大小不同分级，再分别进行生产。

2. 大麦的浸渍

大麦经清选分级后，即可送入浸麦槽浸麦。在浸麦过程中大麦吸收充足的水分，使其含水量(浸麦度)达 43%～48%，以达到发芽所需水分。同时还可以充分洗去大麦表面的尘埃、泥土和微生物。在浸麦水中适当添加石灰乳、碳酸钠、氢氧化钠、氢氧化钾和甲醛等化学药物，可以加速酚类等有害物质的浸出，促进发芽，有利于提高麦芽质量。

过去最流行的浸麦槽是圆柱锥底浸麦槽，目前浸麦设备多使用平底浸麦槽(图8-10)。

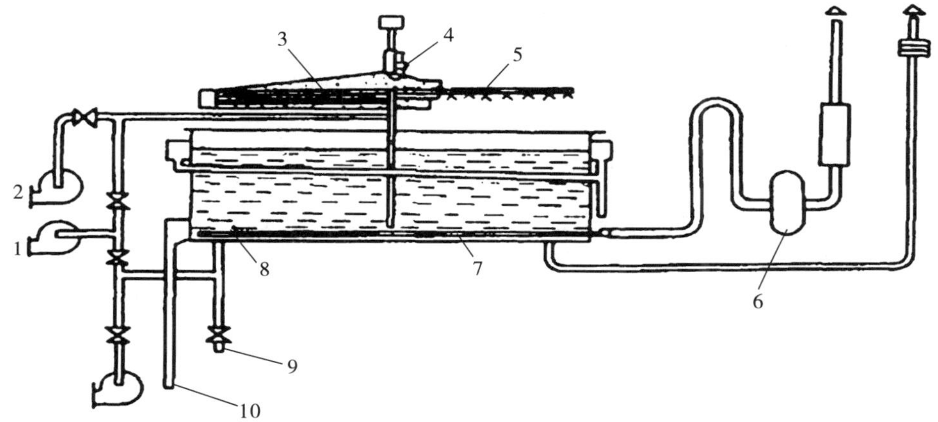

1—溢流和喷水管泵；2—洗涤水；3—清洗管；4—可调剂空间；5—喷水管；6—空气压缩机；7—空气喷射管；8—带孔假底；9—废水排出管；10—浸渍大排出管

图 8-10　平底浸麦槽

浸麦方法有湿浸法、间歇浸麦法和喷雾浸麦法。湿浸法几乎已被淘汰，目前主要采用间歇浸麦法。间歇浸麦法又叫断水浸麦法，将大麦上水浸泡一段时间，然后把水放掉，进行空气休止，并通风排 CO_2，一段时间后再放进新鲜水浸泡，如此反复，直至达到要求的浸麦度。常用的工艺为浸 2 断 6(浸水 2 h，断水 6 h)、浸 4 断 4 或浸 4 断 6 等。在可能的条件下应尽可能延长断水时间。断水进行空气休止并通风供氧，能促进水敏感性大麦的发芽，提高发芽率，缩短发芽时间。在浸水时也需定时通入空气供氧，一般每小时 1～2 次，每次 15～20 min，通气间隔时间过长是不利的。整个浸麦过程需 40～72 h，要求露点率(露出白色根芽麦粒占总麦粒的百分数)达 85%～95%。喷雾浸麦法是在浸麦的断水阶段喷水雾，此法比间歇浸麦法更有效，供氧充足，发芽速度快。

3. 发芽

发芽是一个生理生化变化过程，通过发芽，可使大麦中的酶系得到活化，使酶的种类和活力明显增加。随着酶系的形成，麦粒的部分淀粉、蛋白质和半纤维素等大分子物质得以分解，使麦粒达到一定的溶解度，以满足糖化的需要。

在大麦发芽过程中要根据具体情况采用不同的发芽技术，条件控制如下：①制造浅色麦芽，适于采用低温发芽，温度控制在 12～16 ℃，而制造深色麦芽用高温发芽，温度控制在 18～22 ℃；②发芽水分一般应控制在 43%～48%之间，制造深色麦芽时浸麦度控制在 45%～48%之间，而制造浅色麦芽的浸麦度一般控制在 43%～46%之间，发芽时一般要保持空气相对湿度在 95%以上；③在发芽初期，充足的氧气有利于各种内酶的形成，此时 CO_2不宜过高，而发芽后期，应增大麦层中 CO_2的比例，通风式发芽，麦层中的 CO_2浓度很低，后期通风应补充回风；④发芽时间一般控制在 6 天左右，深色麦芽为 8 天左右；⑤发芽方法，可分为地板式发芽和通风式发芽两大类，地板式发芽是传统方法，比较落后，已逐渐被通风式发芽所取代。通风式发芽是通过不断向麦层送入一定温度的新鲜饱和的湿空气，使麦层降温，并保持麦粒应有的水分，同时将麦层中的 CO_2和热量排出。目前通风式发芽最普遍采用的是萨拉丁箱式发芽(图 8-11)、麦堆移动式发芽和发芽干燥两用箱发芽，这三种发芽方法均有平面式和塔式之分。此处仅介绍萨拉丁箱式发芽法的具体操作。

将浸渍完毕的大麦送入发芽箱，铺平后开动翻麦机排出麦层中的水。麦层的厚度以 0.5～1.0 m 为宜。发芽温度控制在 13～17 ℃，一般前期低一些，中期较高，后期又降低。在发芽过程中要进行翻麦，有利于通气、调节麦层温湿度，使发芽均匀。一般在第 1～2 天每隔 8～12 h 翻一次，第 3～5 天为发芽旺盛期，每隔 6～8 h 翻一次，第 6～7 天为每隔 12 h 翻一次。通风对调节发芽的温度和湿度起主要作用，发芽室的湿度应在 95%以上，由于水分蒸发，应不断通入湿空气进行补充。由于大麦呼吸产热而使麦层温度升高，所以应不断通入冷空气降温，必要时进行强通风。通风方式有间歇式和连续式两种。直射强光会影响麦芽质量，一般认为蓝色光线利于酶的形成。发芽周期为 6～7 天。

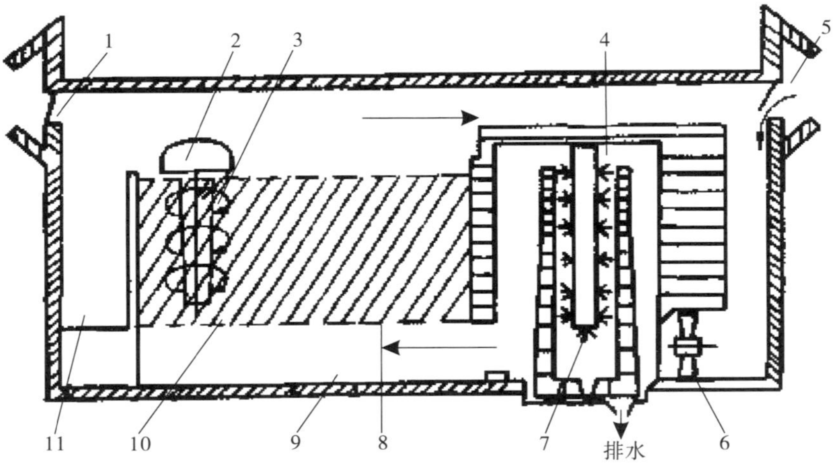

1—排风；2—翻麦机；3—螺旋翼；4—喷雾室；5—进风；6—风机；7—喷嘴；8—筛板；9—风道；10—麦层；11—走道

图 8-11　萨拉丁发芽箱示意图

完成发芽的麦芽称为绿麦芽，绿麦芽要新鲜、松软、无霉烂，溶解良好，手指搓捻呈粉状，发芽率 95%以上，叶芽长度为麦粒长度的 2/3～3/4。

4. 绿麦芽干燥

绿麦芽要用热空气强制通风方法进行干燥和焙焦，终止绿麦芽的生长和酶的分解作用，除去多余的水分，便于贮存和粉碎，同时赋予麦芽特有的色、香、味。绿麦芽干燥过程大体可分为凋萎期、焙燥期、焙焦期三个阶段，各个阶段控制的技术条件见表 8-25。

表 8-25　绿麦芽干燥过程的条件

项目		麦芽干燥阶段		
		凋萎期	焙燥期	焙焦期
温度	初始温度/℃	35～40	60～65	75～80
	最高温度/℃	60～65	75～80	80（深色麦芽：100～105）
	升温速度/℃ · h^{-1}	2	2～2.5	
时间/h		15～24	5	4～16
麦芽最终含水量/%		10	5	<5
翻麦次数		2～4 h 翻 1 次	3～4 h 翻 1 次	

5. 后续处理

麦芽出炉后要立即将麦根除尽并冷却，因为麦根吸湿快，且具有苦味，会影响啤酒的口味、色泽及稳定性。将麦芽冷却到室温是为了防止酶的破坏，致使麦芽色度上升和香味变坏。新干燥的麦芽还必须经过至少 1 个月的贮藏，使其恢复酶活力，才能用于酿造。

8.3.7　麦汁制备

麦汁制备包括原辅料粉碎、糖化、麦汁过滤、麦汁煮沸和添加酒花、麦汁冷却等过程，工艺流程如图 8-12 所示。

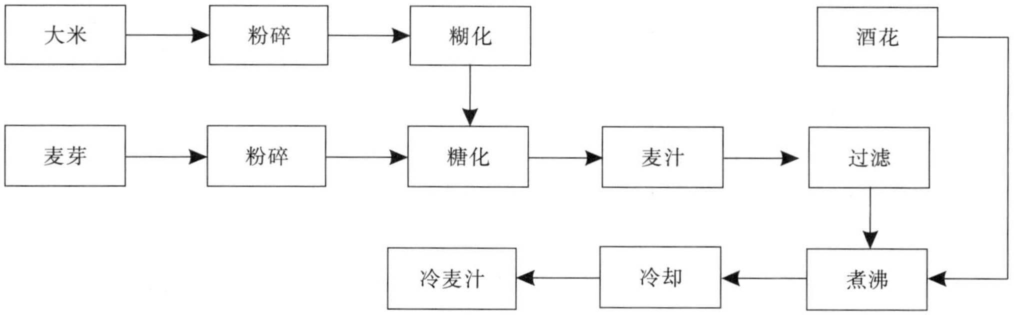

图 8-12　麦汁制备工艺流程

1. 麦芽与谷物辅料粉碎

麦芽及其辅料，在进行糖化前，必须先行粉碎，使其具有较大的比表面积，从而增加物料中贮藏物质和水、酶接触的面积，加速酶促反应及物料的溶解。原料粉碎的程度对麦汁的组成及原料利用率有直接的影响。

麦芽粉碎要求是麦皮破而不碎。如果麦芽的皮壳粉碎过细，会增加皮壳有害物质的溶解，影响啤酒风味，造成过滤阻力增加，从而影响过滤操作。麦芽粉碎的方法有干粉碎、增湿干粉碎、湿粉碎和连续浸渍湿粉碎，中大型厂以湿粉碎为主。

2. 糖化

糖化是利用麦芽中所含有的各种水解酶，在适宜的条件下将麦芽和辅料中的不溶性大分子物质逐步分解为可溶性的小分子物质的分解过程。由此制备的浸出物溶液就是麦汁。糖化工艺技术条件如下。

1)料水比

淡色啤酒料水(醪液浓度)比为1∶(4～5)；浓色啤酒的料水比为1∶(3～4)。从醪液浓度看，淡色啤酒的第一麦汁浓度以控制在14%～16%为宜；浓色啤酒的第一麦汁浓度可适当提高到18%～20%。醪液过稀或过浓对浸出物得率都有影响。在糊化锅内进行糊化和液化的谷物辅料，投料时料水比一般控制在1∶5左右。

2)糖化温度

糖化时温度一般分四个阶段进行控制，每个阶段所起的作用是不同的。

第一阶段为浸渍阶段，温度控制在35～40 ℃，有利于酶的浸出和酸的形成，并有利于β-葡聚糖的分解。

第二阶段为蛋白质分解阶段，温度控制在45～55 ℃。温度偏向下限，氨基酸生成量相对多一些；温度偏向上限，可溶性氮生成量较多一些。对溶解性良好的麦芽，温度可以偏高一些，蛋白质分解时间可以短一些；对溶解性不良的麦芽，温度应偏低一些，并延长蛋白质分解时间。

第三阶段为淀粉糖化阶段，温度控制在62～70 ℃。通过调整糖化阶段的温度，可以控制麦汁中糖与非糖之比。在62～65 ℃下，生成的可发酵性糖比较多，非糖的比例相对较低，适于制造高发酵度啤酒。同时在此温度下，内肽酶和羧肽酶仍具有部分活力。若控制在65～70 ℃，则有利于α-淀粉酶的作用，麦芽的浸出率相对增大，可发酵性糖相对减少，非糖比例增加，适于制造低发酵度啤酒。

第四阶段为糊精化阶段，温度控制在75～78 ℃。在此温度下，α-淀粉酶仍起作用，残留的淀粉可进一步分解，而其他酶则受到抑制或失活。

3)pH

麦芽中各种主要酶的最适pH一般都较糖化醪的低，比较合理的糖化pH应为5.6左右。对残余碱度较高的酿造水应加石膏、酸等进行处理。

4)糖化时间

糖化时间随不同的糖化方法而异。糖化方法主要有煮出糖化法和浸出糖化法，在此基础上又演变出添加辅料生产时使用的双醪糖化法以及外加酶糖化法。

(1)煮出糖化法。此法是将糖化醪液的一部分分批地加热到沸点，然后与未煮沸的醪液混合，使全部醪液温度分阶段地升高到不同酶分解底物所要求的温度，达到糖化终了温度。煮出糖化法根据部分醪液煮沸的次数，分为一次、二次和三次煮出糖化法。

(2)浸出糖化法。全部糖化醪液不经煮沸，它利用酶的作用进行糖化，其特点是将全部醪液从一定的温度开始，缓慢分阶段升温到糖化终了温度。浸出糖化法常采用二段式糖化。第一段在 63～65 ℃糖化 20～40 min，然后升温至 78 ℃进行第二段糖化。

(3)双醪糖化法(复式糖化法)。为了节省麦芽，降低成本并改进质量，很多国家采用部分未发芽谷类原料作为麦芽的辅助原料，由此衍生出双醪糖化法。双醪糖化法的特点是将麦芽和谷类辅料分别在糖化锅和糊化锅中进行处理，然后并醪。并醪以后按煮出糖化法操作进行糖化的，即为双醪煮出糖化法；而按浸出糖化法进行糖化的，即为双醪浸出糖化法。双醪一次煮出糖化法，适合于各类原料制造浅色麦汁，常用于酿制比尔森型啤酒，其操作如图 8-13 所示。双醪浸出糖化法常用于酿制淡爽型啤酒和干啤酒，它的操作比较简单，糖化周期短，3 h 内即可完成，其示例图解如图 8-14 所示。

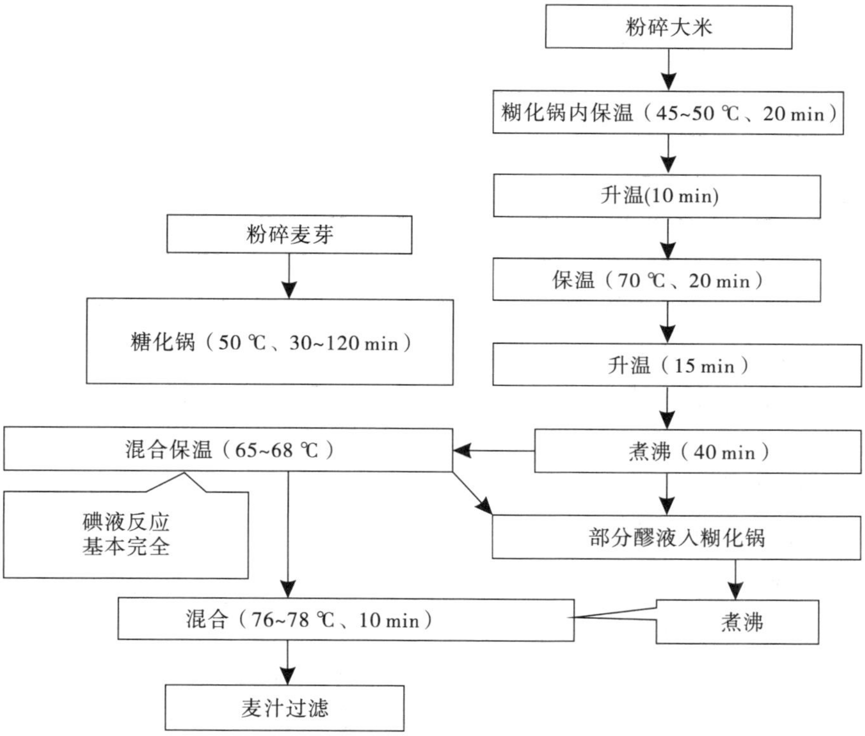

图 8-13　双醪一次煮出糖化法

(4)外加酶糖化法。传统糖化利用麦芽中的酶类进行，但现在可在糖化中补充外加酶，即在糖化锅和糊化锅内添加一定的 α-淀粉酶、蛋白分解酶及 β-葡聚糖酶等。糖化过程中添加酶制剂，可加速淀粉糖化和蛋白质分解，节省麦芽，降低成本。

3. 麦汁过滤

糖化工序结束后，应在最短的时间内将糖化醪中从原料溶出的物质与不溶性的麦糟分离，以得到澄清的麦汁，并获得良好的浸出物得率。麦汁过滤分两步进行，首先用过

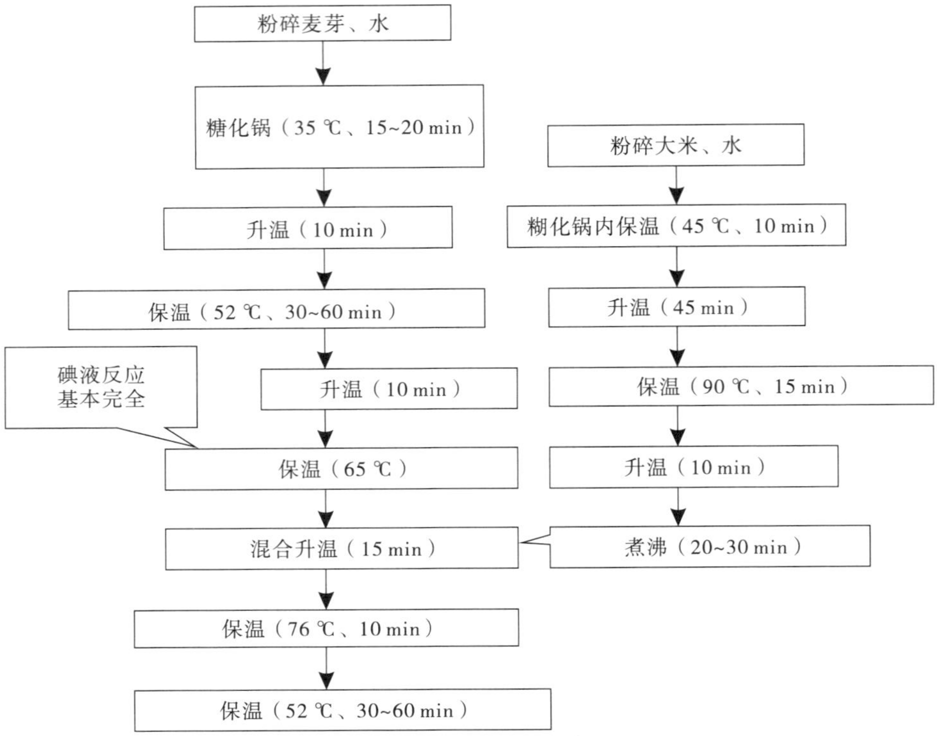

图 8-14 双醪浸出糖化法

滤方法提取糖化醪中的麦汁，此麦汁称为头号麦汁，然后利用热水洗出头号麦汁过滤后残留于麦糟中的浸出物，称为第二次麦汁或洗涤麦汁。

麦汁过滤的方法有过滤槽法、压滤机过滤法和渗出过滤槽法。其中，过滤槽法是最古老最普遍的方法。它是以过滤筛板和麦槽构成过滤介质，用醪液的液柱高度产生的静压力为推动力实现过滤的。具体操作如下：①麦汁泵入前用 78 ℃热水淹没过滤槽内滤板，将 75～78 ℃的醪液由底部泵入时，应让耕刀缓慢转动，醪液从上部泵入时，应采用醪液分配器，使麦糟分布均匀；② 醪液全部泵入后，静置 15 min，形成过滤层，调节麦汁管调节阀过滤麦汁，刚滤出的麦汁中含有较多的不溶性颗粒，应让其回流 5～10 min，待麦汁清亮时再流入麦汁煮沸锅，此为头号麦汁；③麦糟刚露出时，喷淋 75～78 ℃热水，将耕刀下降(距筛板 10～20 mm 的位置)，耕刀转动，分两次间歇洗糟，第一次加水至略低于进醪时的位置，第二次是第一次水量的一半，洗涤麦汁时的残糖浓度应控制在 1.0%～1.5%，制造高档啤酒，应适当提高残糖浓度，以保证啤酒的质量。

头号麦汁和第二麦汁过滤时间可分别控制在 45～90 min，总过滤时间应在 3 h 内。水温控制在 75～78 ℃，不宜用碱水。过滤中防止糟层和槽底降温，过滤时避免震动。

4. 麦汁煮沸

麦汁过滤结束，应升温将麦汁煮沸，以钝化酶活力，杀灭微生物，使蛋白质变性和絮凝沉淀，起到稳定麦汁成分的作用，并蒸发掉多余水分。

淡色啤酒的麦汁煮沸时间一般控制在 90 min 左右，浓色啤酒可适当延长一些。煮沸强度(是指在煮沸时每小时蒸发的水分相当于麦汁的百分数)应控制在 6%以上，以 8%～12%为佳。煮沸时麦汁的 pH 控制在 5.2～5.4 之间较为适宜。

在麦汁的煮沸过程中要添加酒花，酒花的有效成分树脂、酒花油、多酚和果胶等在麦汁煮沸过程中溶出，以提高麦汁的生物和非生物稳定性，并赋予麦汁独特的苦味和香味。酒花的添加量根据酒花质量、消费习惯、啤酒品种及浓度不同而各不相同，我国的添加量为 0.8～1.3 kg/m^3麦汁。添加方法也不尽相同。我国目前还是以用传统的 3～4 次添加法为主。以三次添加法为例，第一次在麦汁煮沸 5～15 min 后添加总量的 5%～10%，主要作用是消除煮沸物泡沫；第二次在煮沸 30～40 min 后添加总量的 55%～60%，萃取 α-酸，促进其异构化；第三次在煮沸终了前 10 min 加入剩余的酒花，主要是为萃取酒花油，促进酒花香味。最后一次添加的应是香型酒花或质量较好的酒花，以赋予啤酒较好的酒花香味。也可添加酒花制品，如酒花树脂浸膏、酒花油等。

5. 麦汁冷却

麦汁经煮沸并达到要求浓度后，要借助于回旋沉淀槽和薄板冷却器等设备分离酒花，除去热凝固物，同时应在较短时间内把它冷却到接种温度(6～10 ℃)，并设法除去析出的冷凝固物。麦汁冷却后，应给麦汁通入无菌空气，以供给酵母繁殖所需要的氧气。通气后的麦汁溶解氧浓度应达 6～10 mg/L。

8.3.8　啤酒发酵

啤酒发酵可分为分批式、连续式和固定菌体式，分批式发酵又包括传统发酵法和大罐发酵法。目前各国啤酒的发酵方式主要是分批式发酵。这里主要介绍分批式发酵的两种发酵方法。

1. 传统发酵法

传统啤酒发酵分为下面发酵和上面发酵两大类型，两者采用不同的酵母菌种，其发酵工艺和设备条件也不相同，制出的啤酒风味有一定的差异。

1)下面发酵法

下面发酵采用下面发酵酵母在较低的发酵温度下进行，包括主发酵和后发酵两个阶段，我国多采用此发酵方法。主发酵主要操作如下：当麦汁冷却到 6～8 ℃时，送入酵母增殖槽，按 0.5%～0.65%的比例添加酵母，通入无菌空气，使酵母与麦汁充分混合，并溶解一定的氧气供酵母增殖呼吸用。增殖后，麦汁表面形成一层白色泡沫，需要倒槽，即将增殖后的发酵液转入发酵罐或另一个发酵池。倒槽后 4～5 h，液面四周出现较多的白色泡沫，并向中间扩展直至全液面。吹开泡沫时 CO_2气泡涌上液面，此阶段称为低泡期。发酵 2～3 天后，泡沫增多，厚达 25～30 cm，由于酒精含量增加、酒花树脂和蛋白质—单宁复合物析出，泡沫表面呈棕黄色，此阶段称为高泡期，为发酵旺盛期。发酵 4～5 天后，发酵力逐渐减弱，CO_2减少，泡沫回缩。由于发酵液中析出物增多，泡沫由棕黄色变成棕褐色泡盖，此阶段为落泡期。发酵 6～7 天后，泡沫进一步回缩，可发酵糖大部分已被分解，发酵进入末期。各阶段控制条件见表 8-26。

表 8-26　主发酵不同阶段的条件要求及控制要点

发酵阶段	主要条件要求与注意事项			
	持续时间	温度及变化	糖度变化	注意事项即控制要点
酵母增殖期	8～12 h	6～8 ℃	下降	通入无菌空气； 增殖期结束后倒槽
低泡期	1～2 天	升 0.5～0.8 ℃/d	降 0.3～0.5° P/d	不需人工降温
高泡期	2～3 天	8.5 ℃	降 1.5 °P/d	注意人工降温
落泡期	2～3 天	降 0.5 ℃/d	降 0.5～0.8 °P/d	控制降温速度
发酵末期	2～3 天	4～4.5 ℃	0.2～0.4 °P/d	最后一天急剧降温，使酵母沉淀并下酒进入后发酵

后发酵又称啤酒后熟、贮酒。大致过程如下：将主发酵完成并除去多量沉淀酵母的发酵液送到贮酒罐内(即下酒操作)。贮酒罐可用单批发酵液装满，也可几批发酵液混合分装在几个贮酒罐内。酒液经管道从贮酒罐的上口或下口注入。下酒前应用 CO_2充满贮酒罐，以驱除罐内氧气。下酒后的液面上方应留 10～15 cm 空隙，作为 CO_2的压力贮存空间。下酒后 2～3 天要实行敞口发酵，以排除啤酒中的生青味物质。一般下酒后24 h就有泡沫从罐口冒出，数天后泡沫变黄回缩，即行封罐，进行加压发酵。后酵期的发酵室温和罐内压力十分重要。封罐 1 周后，罐压应升到 0.05 MPa 以上，以后逐渐上升，当罐压上升到 0.1 MPa 以上时，应缓慢放掉部分 CO_2。

整个后酵过程的罐压应保持相对稳定，不可忽高忽低。后发酵温度多用室温控制或靠贮酒罐自身具备的冷却设施来冷却。传统的后发酵，多控制先高后低的贮酒温度，即前期控制在 3～5 ℃，而后逐步降温至－1～1 ℃。新型的后发酵工艺，前期温度控制得高一些，以期尽快降低双乙酰含量，后期则保持 7～14 天的低温(－1～0 ℃)，以利于 CO_2的饱和及酒液的澄清。后发酵时间(也称酒龄)根据啤酒类型、原麦汁浓度和贮酒温度不同而异，一般来说，淡色啤酒的酒龄较长，浓色啤酒的酒龄较短。国内传统的 11～14°P 熟啤酒和 10～12 °P 鲜啤酒的酒龄分别为 50～75 天和 30～40 天。

2)上面发酵法

上面发酵在较高的温度下进行，发酵时间较短，啤酒成熟快，并有独特风味。麦汁接种温度为 13～16 ℃，发酵 2～3 天即达发酵旺盛阶段，酵母上浮到液面，发酵液开始澄清，这时采用 12～14 ℃水降温，控制发酵最高温度为 18～20 ℃，酵母形成泡盖时立即撇去，发酵 4～6 天后即结束。上面发酵一般不采用后发酵，主发酵的发酵度接近最终发酵度。酵母分离后，加鱼胶澄清酒液一段时间，再采用人工充 CO_2使其达到饱和。

2. 大罐发酵法

20 世纪 60 年代以后，世界各国广泛采用大罐发酵法生产啤酒。这些罐的容量为几十吨到几百吨，具有完善的冷却和自控设施，一般设置在露天。与传统发酵相比，有产量大、控制灵活、缩短发酵周期、减少厂房投资、降低劳动强度和提高劳动生产率等优点。我国从 70 年代末开始采用室外锥形罐(图 8-15)发酵逐步取代传统的室内发酵。目前全国新建和改建的啤酒厂已全部采用锥形罐发酵方式。锥形罐发酵的生产方法主要有两种：低温发酵和高温发酵。

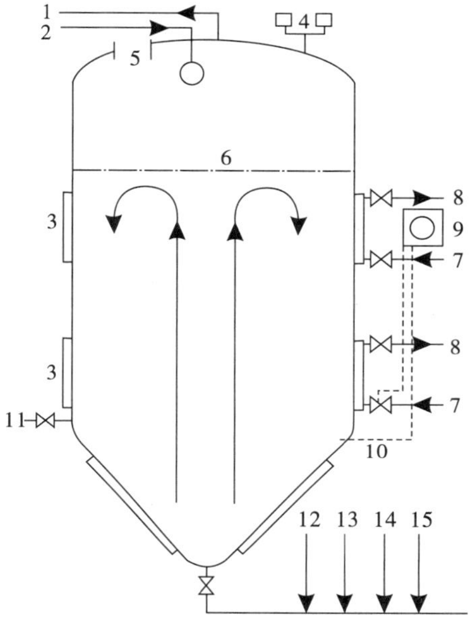

1—CO_2排出；2—洗涤器；3—冷却夹套；4—加压或真空装置；5—人孔；6—发酵液面；7—冷冻剂进口；8—冷冻剂出口；9—温度控制记录器；10—温度计；11—取样口；12—麦汁管路；13—嫩啤酒管路；14—酵母排出；15—洗涤剂管路

图 8-15　锥形罐结构示意图

1)低温发酵

麦汁冷却到 6～8 ℃，在酵母添加槽中添加 0.8%的酵母，送入锥形罐。由于锥形罐容量较大，常分批送入麦汁，一般在 16～24 h 内满罐，满罐时品温以 9 ℃以下为宜。

满罐后麦汁即进入发酵期，品温上升。24 h 后从罐底排放一次冷凝固物和酵母死细胞。于 9 ℃下发酵 6～7 天后，待糖度降到 4.8～5.0 °P，让其自然升温至 12 ℃，罐压升到 0.08～0.09 MPa。待糖度降到 3.6～3.8 °P、双乙酰还原达到要求时，提高罐压到 0.1～0.12 MPa，并以每小时 0.2～0.3 ℃的速度降温到 5 ℃，保持 24～48 h，排放酵母。发酵将至终了时，在 2～3 天内继续以每小时 0.1 ℃的速度降温至－1～0℃，并保持 7～14 天，保持罐压为 0.1 MPa。整个发酵周期约为 20 天。

2)高温发酵

麦汁冷却到 11 ℃，添加 0.6%～0.8%的酵母，入罐后保温 36 h。升温到 12 ℃保持 2 天，然后自然升温到 14 ℃，保持 4 天，罐压升到 0.125 MPa。大约在第 7 天时降温到 5 ℃，保持 1 天，排出沉淀酵母。继续降温至 0 ℃左右，保持 5～7 天，进行过滤。整个发酵期约为 14 天。

8.3.9 后处理

啤酒发酵完成后必须经过后处理得到澄清的酒液。后处理工艺流程如图 8-16 所示。

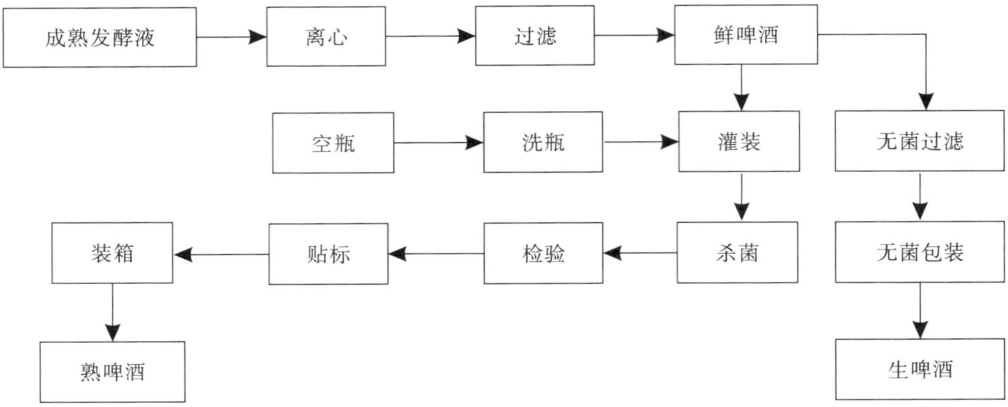

图 8-16 后处理工艺流程

1. 啤酒过滤与离心分离

啤酒发酵结束，需要经过机械过滤或离心分离，以去除啤酒中的少量酵母、微小的浑浊粒子、蛋白质等大分子以及细菌等，使啤酒澄清，改善啤酒的生物和非生物稳定性。

过滤方式有滤棉过滤、硅藻土过滤、微孔滤芯过滤和板式过滤机过滤等。目前硅藻土过滤方式比较常用，它是以硅藻土作为助滤剂来完成啤酒过滤的。

离心分离多采用锥形盘式离心分离机，其转速可达 7000 r/min 左右。经离心分离的啤酒澄清度比较差，易产生冷浑浊。如进一步用板式过滤机精滤，可提高啤酒澄清度。经粗滤和精滤的啤酒，澄清度较高，非生物稳性较好。对于澄清度要求极高的啤酒，可进一步采用微孔滤芯过滤，作为最后一道过滤工艺。

2. 啤酒灌装

罐装过程中要严格做到无菌操作，必须防止啤酒被杂菌污染，使成品啤酒符合食品卫生要求。应尽量避免啤酒与空气接触，防止啤酒因氧化而造成老化味和氧化浑浊。还需防止啤酒中 CO_2 逃逸，以保证啤酒的杀口力和泡沫性能。

使用不同的灌装设备和包装容器，可以生产瓶装啤酒、罐装啤酒、桶装啤酒等，目前以瓶装啤酒为主。瓶装啤酒在装瓶时需注意：①装酒机在装酒前要清洗和杀菌，同时，装酒机上的贮酒缸要预先用 CO_2 背压，然后缓慢平稳地将啤酒由清酒罐送至装酒机的酒缸内，保持缸内 2/3 高度的啤酒液位；②装酒过程中随时掌握酒缸内液位、压力和装酒速度，保持平稳运转；③装酒后，可采用机械敲击、超声波起沫，或利用高压喷射装置，喷射少量的啤酒、无菌水或 CO_2 于酒瓶中，引起激沫而将瓶颈空气排除，然后压盖。

3. 灭菌

熟啤酒灭菌均采用巴氏灭菌，分预热、灭菌和冷却三个过程，一般以 30～35 ℃起温，缓慢地升到灭菌温度 60～62 ℃，维持 30 min，再缓慢地冷却到 30～35 ℃。严格控制各区温度和时间。各区温差不得超过 35 ℃，升(降)温速度控制在 2～3 ℃/min 为宜，以防止温度骤升骤降而引起瓶子破裂。然后经检验、贴标，最后装箱入库。

生啤酒不经过瞬间加热杀菌，或包装后不经过巴氏灭菌，而是经严格的除菌过滤和无菌包装来除掉微生物，以保证啤酒的生物稳定性。

8.3.10　啤酒酿造新技术

啤酒酿造新技术是指采用与传统工艺不同的工艺、方法、设备、菌种或原料酿造啤酒的工艺技术，从而保证或提高啤酒质量，缩短发酵时间，降低劳动强度，提高劳动效率，降低产品成本，开发啤酒新产品。

1. 高浓啤酒酿造技术

高浓啤酒是指采用高浓度麦汁(15 °P 以上)进行发酵生产啤酒，再稀释成传统麦汁浓度(8～12 °P)啤酒的技术。利用这种方式生产可以大幅度地提高设备利用率，从而降低成本。青岛啤酒厂采用高浓(16～18 °P)酿造后稀释技术，用啤酒酿造专用糖浆替代全部大米和部分麦芽，每吨酒麦芽用量减少 18.7 kg，设备利用率提高 60%～100%。

2. 无醇啤酒生产新技术

无醇啤酒是指酒精含量在 0.5%(V/V)以下，具有普通啤酒的色泽、香味、泡沫的啤酒。其酒精度低、热值低，不仅可供一般人饮用，更特别适宜司机、妇女、老人饮用。无醇啤酒的生产方法主要分为三类：①热法，即对正常发酵的啤酒进行加热蒸馏脱醇；②冷法，即用反渗透法和渗析法除去正常发酵啤酒中的乙醇；③终止发酵法，即在发酵过程中利用终止发酵的方法使啤酒中的乙醇含量较低。

3. 麦汁与蔗糖溶液分别发酵酿制啤酒新工艺

麦汁与蔗糖溶液分别发酵酿制啤酒是由分别发酵麦汁和谷物水解液再混合酿造啤酒的基础上发展而成的一种啤酒加工新工艺。蔗糖溶液单独发酵的酵母合适接种量为 7×10^7 cfu/mL，麦汁发酵液与蔗糖发酵液的最佳混合比是 7∶3。用此法生产的成品啤酒发酵度高，双乙酰含量低。

4. 小麦或玉米糖浆替代大麦做原料的啤酒酿造新工艺

一种用小麦全部替代大麦做原料的啤酒酿造新工艺由河南维雪啤酒公司研制成功，

各项指标符合国家优级标准，每吨啤酒成本可降低 80 元左右。

以玉米糖浆为啤酒辅料在美国、日本等发达国家较为普遍，玉米糖浆不仅能代替大米作辅料，而且能使糖浆的组成尽可能地和麦汁成分接近，进而替代部分麦芽，从而在一定程度上降低啤酒的生产成本。使用玉米糖浆可以有效地提高啤酒的抗氧化值，抗氧化值越高，表示啤酒的风味稳定性也越好。

5. 替代甲醛酿造啤酒的新工艺

聚乙烯聚吡咯烷酮(PVPP)是一种经提纯的乙烯吡咯烷酮均聚物，在催化条件下，通过聚合和交联作用所得的聚合物，它不溶于水和有机溶剂，是一种安全的食品添加剂。

啤酒在长时间贮藏中，由于蛋白质、多酚、微生物生长、淀粉质、戊聚糖以及草酸盐结晶等原因引起浑浊或沉淀，其中最常见的浑浊是蛋白质—多酚浑浊。PVPP 在添加量较低时有一定的吸附专一性，主要吸附高分子的聚合多酚，但在添加量较高的情况下，不具备此性质，对单体酚的吸附迅速增加，会降低麦汁或啤酒的抗氧化能力。采用 PVPP 替代甲醛，促进高分子蛋白和敏感性蛋白沉淀，且保留了具有还原能力的小分子多酚，保证了啤酒的非生物稳定性，又延长了酒体的风味保鲜期，口感更新鲜、纯正。PVPP 结合硅胶替代甲醛酿造啤酒，麦汁煮沸终了前 20 min 添加 100 mg/L 的 PVPP，啤酒过滤前添加 150 mg/L 的硅胶，啤酒非生物稳定性和风味稳定性都有所改善。

6. 添加大豆蛋白提高啤酒的持泡性与风味

啤酒中泡沫活性蛋白的含量直接影响啤酒的持泡性。当啤酒中泡沫活性蛋白含量不足时，添加大豆蛋白可以起到明显的改善效果。酶法改性可以在一定程度上改善大豆分离蛋白的溶解性和泡沫稳定性，但酶解过度会导致大豆分离蛋白泡沫稳定性有所降低，而酶解 30 min 的大豆蛋白最适宜。大豆分离蛋白适度酶解后，不仅能改善低度熟啤酒的持泡性，而且可以明显改善啤酒货架期内的持泡性。

大豆提取液制备是将大豆在乙醇中加热浸泡，在麦芽汁发酵期间加入。大豆提取液中含有过氧化物歧化酶，可防止羟基的氧化，使啤酒保存期间风味稳定。

8.4 葡萄酒生产

以鲜葡萄或葡萄汁为原料，经全部或部分发酵酿制而成的含有一定酒精度的发酵酒。目前国内的葡萄酒，酒精度要求大于 12%，大多数地区所产葡萄的糖度达不到酿造 12% 酒精度的要求，需添加一定量的糖。葡萄酒的种类很多，近年消费量不断增加。

8.4.1　葡萄酒概述

1. 世界葡萄酒产业概况

根据国际葡萄与葡萄酒组织（OIV）最新数据，经历了 2008 年、2009 年经济危机之后，全球葡萄酒市场自 2010 年开始增长，葡萄酒消费趋于稳定。2010 年国际葡萄酒贸易量约为 9.2×10^{9} L，全球葡萄酒消费总量达 2.36×10^{10} L，欧美国家的葡萄酒消费基本稳定，增长量主要在中国。

2. 中国葡萄酒产业概况

我国葡萄酒市场有如下特点：①总体消费水平低，目前我国葡萄酒人均年消费量为 0.38 L，城镇人均年消费量为 0.7 L，与世界人均 6 L 多的消费量差距很大。居民收入的高低以及饮食习惯是影响我国葡萄酒市场的两大关键因素；②市场扩展迅速，中国市场可谓异军突起，葡萄酒销量不断攀高，吸引了全球葡萄酒厂商的注目；③行业集中程度高，竞争激烈，较之传统葡萄酒强国，我国葡萄酒业技术仍处于落后水平，但是由于本土化的品牌、渠道以及资金等因素，国产葡萄酒已经在中国市场把握先机，张裕、王朝、长城三家国产品牌呈现三足鼎立的局面，占据了国内葡萄酒半数以上的市场份额，其行业集中程度远远高于国内的啤酒及白酒市场，市场竞争激烈；④葡萄酒进口量大幅增长，据海关统计，2013 年度我国进口葡萄酒 3.7×10^{8} L，但目前进口分装酒的消费对象主要集中在高端消费群体。

3. 中国葡萄酒产区

在中国北纬 25°～45°的地域里，分布着各具特色的葡萄及葡萄酒产地，但由于葡萄生长需要特定的生态环境，因此东部较多。目前我国主要酿酒葡萄产地的分布如下。

（1）东北产区。

（2）胶东半岛产区。

（3）昌黎产区。

（4）沙城产区。

（5）天津产区。

（6）清徐产区。

（7）宁夏产区。

（8）甘肃武威产区。

（9）新疆产区。

（10）黄河故道产区。

（11）云南产区。

4. 葡萄酒的分类

(1)按颜色分，分为红葡萄酒、白葡萄酒和桃红葡萄酒。

(2)按最终含糖量分，分为干酒(葡萄糖小于等于 4 g/L，总糖一总酸小于等于 2 g/L，糖小于等于 9 g/L)，半干酒(葡萄糖小于等于 12 g/L，总糖一总酸小于等于 2 g/L，糖小于等于 18 g/L)，半甜酒［葡葡糖小于等于 45(50)g/L］，甜酒［糖大于 45(50)g /L］。

(3)按 CO_2 分，分为平静葡萄酒［CO_2(20 ℃)分压小于 0.05 Mpa］，起泡葡萄酒［CO_2(20℃) 分压大于等于 0.05 MPa (250 mL 瓶)，酒中的 CO_2 全部自然发酵产生］，低起泡葡萄酒(CO_2 分压在 0.05～0.25 MPa 之间)，高起泡葡萄酒［CO_2 分压大于等于 0.35 MPa (250 mL 瓶)，CO_2 分压大于等于 0.30 MPa (250 mL 以下瓶)］。

(4)按特殊工艺分：①特种葡萄酒，用鲜葡萄或葡萄汁在采摘或酿造工艺中使用特定方法酿成的葡萄酒，冠以特种葡萄酒名称的酒必须由标准化部门制订标准并有相应的工艺流程；②利口葡萄酒，由葡萄生成酒精度大于等于 12%(V/V)的葡萄酒中，加入葡萄白兰地、食用精馏酒精或葡萄酒精以及葡萄汁、浓缩葡萄汁、含焦糖葡萄汁、白砂糖等，使其成品酒精度在 15%～22%(V/V)之间；③葡萄汽酒，酒中 CO_2 部分或全部由人工添加，具有同高泡葡萄酒类似的物理特性；④冰葡萄酒，将葡萄推迟采收，当气温小于等于−7℃时，使葡萄在树枝上保持一定时间，结冰，采收，在结冰状态下压榨、发酵、酿制而成的葡萄酒(不另外加糖)；⑤贵腐葡萄酒，在葡萄的成熟后期，葡萄果实感染了灰绿葡萄孢霉，使果实的成分发生了明显的变化，用这种葡萄酿成的酒；⑥产膜葡萄酒，葡萄汁经过全部酒精发酵，在酒的表面产生一层典型的酵母膜后，加入葡萄白兰地、葡萄酒精或食用精馏酒精，酒精度大于等于 15 %(V/V)的葡萄酒；⑦加香葡萄酒，以葡萄原酒为酒基，经浸泡芳香植物或加入芳香植物的浸出液(或馏出液)而制成的葡萄酒，干加香葡萄酒含糖量小于等于 50.0 g/L，甜加香葡萄酒含糖量大于等于 50.1 g/L；⑧低醇葡萄酒，采用鲜葡萄或葡萄汁经全部或部分发酵，经特种工艺加工而成的饮料酒，酒精度为 1%～7%；⑨无醇葡萄酒，采用鲜葡萄或葡萄汁经过全部或部分发酵，之后经特种工艺去除葡萄酒的绝大部分酒精而成的葡萄酒［酒精度为 0.5 %～1.0 %(V/V)］；⑩山葡萄酒，采用鲜山葡萄(包括毛葡萄、刺葡萄、秋葡萄等野生葡萄)或山葡萄汁经过全部或部分发酵而成的葡萄酒；⑪年份葡萄酒，所标注年份为葡萄采摘年份，可以允许调配，但采摘年份酿造的酒所占比例不低于 80 %；⑫品种葡萄酒，用所标注的葡萄品种酿制的酒；⑬产地葡萄酒，用所标注产地葡萄酿制的酒所占比例不低于 75 %。

(5)按餐饮习惯分：①餐前酒，又称开胃酒，包括谐丽酒、加香葡萄酒；②佐餐酒，就餐时饮用，干红配牛羊肉、烧烤野味等；干白配海鲜及禽、兔等，起泡葡萄酒在进餐、宴请高潮时饮用；③餐后酒，餐末或散宴前饮用，多为高浓甜葡萄酒。

8.4.2　葡萄酒生产原料

1. 中国葡萄酒的主要栽培品种

(1)红葡萄名种：赤霞珠、美乐(梅鹿辄)、黑品乐、西拉、品丽珠、佳美、味而多、宝石、神索、歌海娜、弥生、桑娇维塞、蛇龙珠。

(2)白葡萄名种：霞多丽、琼瑶浆、白雷司令、长相思、白麝香、灰雷司令、白品乐、米勒、白诗南、赛美蓉、西万尼、贵人香。

(3)其他葡萄品种：龙眼、汉堡麝香(玫瑰香)、白羽、佳利酿、白玉霓、玫瑰蜜、红麝香(红玫瑰)等。

(4)调色葡萄品种：烟73、烟74、晚红蜜、红汁露、巴柯。

2. 葡萄的采收与运输

葡萄开始变色(始熟期)时起每3～5天测葡萄200粒重、糖、滴定酸、苹果酸、pH及钾含量，以确定合理的采收期。

近年来，为了提高葡萄酒的质量，酿酒葡萄采取了一些重大措施，限制其产量，好多地区限制产量不超过1000 kg/亩(1亩=666.7 m^2)，有些甚至更低，尽可能使葡萄的含糖量大于170 g/L。

采前1个月不灌水、不用杀虫剂；采前10天内不用杀菌剂。雨后1～2天采收。天气晴朗、凉爽，朝露干后，午间高温到来前采收葡萄。采收时，轻拿轻放，清除生青腐烂粒，尽可能做到成熟度一致。

3. 葡萄的构造与组成

(1)果皮：色素大多数在果皮中，少数在皮与肉中，使葡萄酒具有不同的颜色，且含有葡萄酒特有的品种香。白葡萄的果皮通常呈现青、黄、金黄、淡黄或无色；红葡萄则呈现淡红、鲜红、深红或宝石红等色；紫葡萄呈现淡紫、紫红或紫黑等色。

(2)果核：含有脂肪、树脂、挥发酸等，往往对葡萄酒的品种不利。在破碎过程中应尽可能地避免将果核破碎。发酵完之后，果核可用来榨油。果核的化学成分见表8-27。

表8-27　葡萄果核的化学成分　　单位：%

果核化学成分	含量	果核化学成分	含量
水分	35～40	挥发酸	0.5～1
脂肪	6～10	无机盐	1～2
单宁	3～7	纤维素及衍生物	44～57

(3)果浆中的糖类：葡萄属于浆果类，其中含水量约为80%，还原糖为15%～20%，酸、无机盐、含氮物、果胶质为5%～6%。果浆中的糖是葡萄中最主要的可溶性固形物，占葡萄的90%以上。常用比重计或折光仪测定总可溶性固形物含量以估计葡萄含糖

量。①单糖，成熟葡萄中葡萄糖和果糖的比例为1∶1，过熟葡萄果糖含量高，这两类糖都是可发酵性糖；②多糖，果胶中最重要的成分，在酸性环境中向葡萄浆中添加4～5倍的乙醇可使其沉淀出来，葡萄皮中含果胶酶，能分解溶入葡萄汁内的果胶，果胶主要影响葡萄的出汁率和果酒的澄清。

(4)果浆中的酸：主要为酒石酸和苹果酸，还有少量的柠檬酸，在成熟葡萄中柠檬酸只有0.01%～0.03%。酸的存在形态有游离态和结合态(以盐类存在，如中性或酸性酒石酸钾、酸性苹果酸钾等)，游离酸和结合酸的比例与pH有关，pH为3.3～3.5时最适于酒精发酵。

苹果酸约占葡萄总酸的一半，随葡萄成熟其含量降低。气温低时葡萄苹果酸含量高，苹果酸量是决定葡萄采收期的指标之一。酒石酸也是重要的有机酸，含量为2～8 g/L，酸性较强。酒石酸及其钾盐控制葡萄酒pH(有效酸度)。pH影响葡萄酒颜色、抗菌力及滋味。钾离子进入果实后，部分酒石酸转化成盐类——酒石酸氢钾(酒石)。

(5)果浆中的含氮物：葡萄浆含氮0.3～1 g/L，部分以氨态存在(10%～20%)，部分以有机氮的形式存在(氨基酸、肽类、蛋白质)，对酵母发酵有重要作用。

(6)果浆中的酚类物质：主要有类黄酮和非类黄酮。由于都具有鞣革能力，类黄酮和非类黄酮的聚合物统称为单宁。常见的类黄酮有黄酮醇、儿茶素(黄烷-3-醇)等。类黄酮可单独存在，也可同类黄酮、糖、非类黄酮聚合。类黄酮主要来自皮、种子和梗轴。黄酮醇和花色素主要来自皮，儿茶素和花白素来自种子和梗轴。非类黄酮主要是羟基肉桂酸和羟基苯甲酸衍生物。非类黄酮主要贮存在液泡内，破碎时浸出。羟基肉桂酸衍生物含量最高，一般与糖、有机酸及各种醇结合，以酯化物的形式存在。

(7)果浆中的脂质：葡萄中油、蜡和甾醇直接影响葡萄酒质量，葡萄籽油一般不会进入葡萄酒。若葡萄汁中含亚油酸和亚麻酸，破碎时葡萄脂氧化酶被激活，将其迅速氧化成具芳香气味的C_6醛和醇，如反式-2-己烯醛和顺式-2-己烯醇，这些物质有草味和苦味，有时称为叶醛和叶醇，影响葡萄酒的风味。葡萄酒酵母生长和连续代谢活动需要甾醇和不饱和脂肪酸。有氧时，酵母合成脂质。亚油酸和亚麻酸可满足酵母对不饱和脂肪酸的需求。破碎葡萄汁渣接触数小时会显著地改善脂质的浸提效果。

(8)果浆中的无机盐：主要包括钾、钠、钙、铁、镁等，它们常与酒石酸及苹果酸形成各种盐类。主要来自土壤，并受气候、栽培方法和施肥的影响。其中，含钙0.075～0.250 g/L，镁0.050～0.150 g/L，钠0.030～0.300 g/L，铁0.005～0.012 g/L。

8.4.3 葡萄酒发酵微生物及生物化学

葡萄酒发酵涉及的微生物主要是酵母，酵母将糖质原料发酵成酒精。从葡萄、葡萄酒中分离出的酵母分布于25个属，约150个种。

1. 葡萄酒酿造机理

1)葡萄酒酵母的一般特征

葡萄酒酵母的主要特点如下：①个体一般以单细胞状态存在；②多数以出芽方式繁殖，有的可进行裂殖或产子囊孢子；③能发酵多种糖类；④细胞壁常含有甘露聚糖；⑤喜在含糖较高、酸性的环境中生长。

2)优良葡萄酒酵母的特性

优良葡萄酒酵母的特性如下：①除葡萄本身的果香外，酵母也产生良好的果香与酒香；②发酵比较完全，能将糖发酵至残糖在 4 g/L 以下；③对 SO_2 的抵抗力较强；④发酵能力强，一般可使酒精度达到 16%以上；⑤凝聚力较好，能快速沉降于罐底，便于分离；⑥能在低温(15 ℃)下发酵，以保持果香和新鲜清爽的口味。

3)葡萄酒酵母分类

(1) 按分类学分：①酿酒酵母，细胞透明，呈圆形、椭圆形、亚圆形、卵形或长柱形，偶尔有丝状细胞，形态较大，一般为 7 μm×12 μm。分泌转化酶，是葡萄酒酿造主要酵母；②贝酵母，发酵葡萄酒、起泡葡萄酒；③嗜杀酵母，有杀死同属酵母的特性，使发酵纯净。

(2) 按用途分：红葡萄酒酵母、白葡萄酒酵母、起泡葡萄酒酵母、葡萄蒸馏酒酵母。

4)酒精发酵

酒精发酵是相当复杂的生物化学现象，有许多连续的反应和中间产物，而且需要一系列酶参与。在厌氧环境下，酵母通过 EMP 途径生成酒精。

在厌氧条件下，糖经 EMP 途径生成丙酮酸，丙酮酸被还原为乙醇，并释放 1 分子的 CO_2。葡萄糖进行酒精发酵的总反应式为

$$\text{葡萄糖}+2Pi+2ADP+2H^+\longrightarrow 2CH_3CH_2OH+2CO_2+2ATP+2H_2O$$

酒精发酵的主要产物是酒精；次要产物可能有甘油、有机酸、有益挥发性产物(高级醇、酯类、脂肪酸)等。

5)苹果酸-乳酸发酵

(1)乳酸菌。乳酸菌是一类能利用可发酵糖产生大量乳酸的细菌。乳酸菌在自然界分布广泛，与人类生活密切相关。葡萄酒生产过程中常见的乳酸菌为酒酒球菌，它是有益乳酸菌，是唯一能在低 pH(小于等于 3.5)下引导苹果酸乳酸发酵的乳酸菌。生产上苹果酸—乳酸发酵叫做二次发酵，目的是通过酒酒球菌把苹果酸转化为乳酸，降低葡萄酒的酸度，改善口感和风味。此外，葡萄酒中还含有乳杆菌和不良乳酸菌片球菌。

葡萄酒乳酸菌主要归类于乳杆菌和链球菌两个科的四个属。其中，乳杆菌科的乳酸菌仅有乳杆菌属，该属细菌细胞呈杆状，革兰氏阳性；属于链球菌科的有三个属，即酒球菌属、片球菌属和明串珠菌属，这三属的乳酸菌细胞呈球形或杆球形，革兰氏阳性。

(2)苹果酸—乳酸发酵(MLF)机理。通常，乳杆菌、片球菌只能在 pH 大于等于 3.5 的环境中生长。酒酒球菌生长最适 pH 为 4.5～5.5。当 pH 为 3.0～2.9 时生长受抑。乳酸菌中参与 MLF 的唯一的酶是苹果酸乳酸脱羧酶，即将葡萄酒中的 L-苹果酸直接酶促脱羧生成 L-乳酸。苹果酸乳酸发酵的生化反应途径如图 8-17 所示。

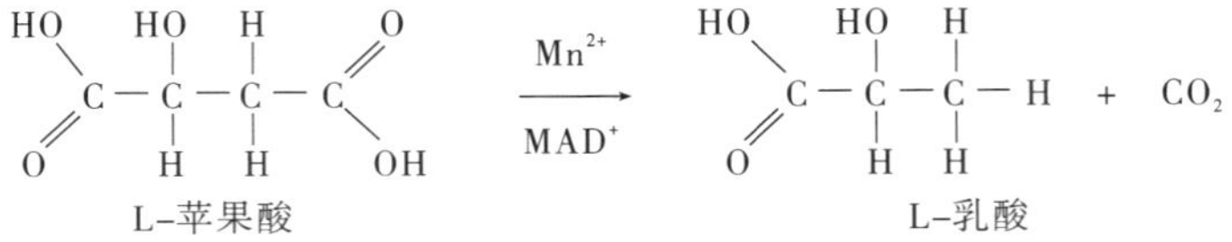

图 8-17　MLF 的生化途径

(3)MLF 所需能量来源。乳酸菌营养需求，糖对乳酸菌的作用尚不清楚。乳酸菌生物合成能力有限，生长需要丰富的营养成分，如 B 族维生素、嘌呤和嘧啶及多种氨基酸。乳酸菌不合成血红蛋白，不合成细胞血素与过氧化氢酶，不呼吸，所需能量全部来自发酵。乳酸菌对气体的需求：不分泌过氧化物酶和 H_2O_2 酶，通过积累大量 Mn^{2+} 脱毒。锰与过氧化物快速反应生成 O_2，该反应阻止了由过氧化物生成 H_2O_2。乳酸菌是唯一一类既严格发酵又严格厌氧的细菌。

(4) MLF 的作用。MLF 是改善葡萄酒质量和生物稳定性的重要方法，其主要作用如下：①降酸，降低酒液酸度、升高 pH，使某些红葡萄酒口味更加柔和，适口性好。代谢酒中羰基化合物、释放 SO_2 脱色，该脱色作用对淡色葡萄酒和起始 pH 较高的葡萄酒影响较大；②提高微生物稳定性，MLF 消耗了酒精发酵结束后残留的营养物质(如苹果酸和柠檬酸，氨基酸、含氮碱基和维生素)；③影响风味，MLF 使酒中双乙酰含量适当增加，当葡萄酒中双乙酰浓度为 1～4 mg/L 时，有益于增加葡萄酒的芳香，但当达到 5～7 mg/L时，则会出现令人讨厌的黄油味，MLF 进行过程中，也可能使乙酸乙酯通过酶促合成而含量增加，使酒香味更浓。

(5)MLF 的引导与抑制。可通过以下措施启动和抑制该发酵过程：①引导，酒精发酵结束后不除酒脚，不加 SO_2，延长葡萄皮渣浸渍时间，葡萄酒精酒度小于等于 12%、pH 大于 3.2，20 ℃左右贮酒，接种 MLF 菌培养物或 MLF 菌剂，接种 15%以上正进行 MLF 的同种葡萄酒，加入同种葡萄酒 MLF 后的酒脚；②抑制，新酒发酵结束后，及时倒罐，低温贮存(低于 10 ℃)，补加 SO_2(30～50 mg/L)，添加 1.5～2.0 g/L 延胡索酸，无菌过滤或巴氏杀菌。

2. 粟酒裂殖酵母和苹果酸—乙醇发酵

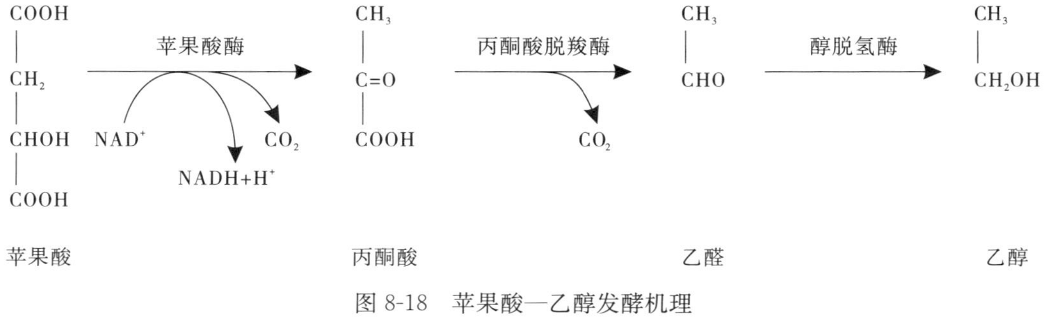

图 8-18　苹果酸—乙醇发酵机理

粟酒裂殖酵母(*Schizosaccharomyces pombe*)可将苹果酸发酵生成乙醇。由于发酵结束后粟酒繁殖酵母长时间留在发酵醪中会给葡萄酒带来不良风味，所以有的酵母公司(Proenol)将其制成固定化酵母使用，在酒精发酵开始时加入发酵醪中，降酸后可以及时除去，防止细胞与不良代谢产物进入醪中，应用方便。苹果酸—乙醇发酵机理如图 8-18 所示。

8.4.4　葡萄酒的发酵生产工艺

1. 葡萄酒发酵前的准备

1)原料分选

挑选适合目标要求的原料，剔除霉烂和未达到生理成熟要求的果粒。

2)葡萄的破碎与除梗

(1)破碎与去梗的目的：破碎除梗是葡萄酒发酵的必要步骤，破碎是为了充分地提高出汁率，使原料获得更充分的浸渍发酵，除梗是为了避免生青味过浓。

(2)破碎、除梗的工艺要求：优质酒要轻微破碎，缓慢发酵；籽实不能压破，否则生青味、涩味会加重，酒体粗糙；不能与铁、铜等金属接触以免发生破败病。

(3)破碎与除梗设备：常见的破碎除梗设备有：卧式除梗破碎机、立式除梗破碎机、破碎一去梗一送浆联合机和离心式破碎去梗机。

3)葡萄汁糖分的调整

理论上，1.7 g 糖产生 1 mL 酒精，17 g 糖生成 1%酒精度，一般葡萄酒酒精度为 10%～13%，葡萄本身所含糖达不到发酵酒精度所要求的糖度，需要添加一定量的糖。注意，要添加纯度为 98%～99%的白砂糖(甘蔗糖或甜菜糖)。

(1)加糖量的计算。实例分析：某葡萄的含糖量为 150 g/L，要使最后酒精度为 13%，则生产 1 t 葡萄酒，要添加多少蔗糖？解：(13×17－150)×1000＝71(kg)。也可以这样计算，葡萄所含糖可以产生 8.82%的酒精度，则需要添加的糖产生 4.18%的酒精度，因此需要添加糖量为 4.18×17×1000＝71060(g)＝71(kg)。

(2)加糖操作要点。添加糖时，需注意：①先将需添加的蔗糖用部分果汁溶解，要用冷汁溶解，不能加热，更不能先用水将糖溶成糖浆加入发酵罐中；②添加蔗糖后，必须倒一次罐，使所加入的蔗糖均匀地分布在发酵汁中；③添加蔗糖的时间最好在发酵刚刚开始时，并且一次加完；④若蔗糖浓度太高，酵母菌繁殖发育会受影响，生产上酿制高酒度的葡萄酒，可采用分次加糖的方法。

(3)添加浓缩葡萄汁。葡萄汁经过真空浓缩，含糖量、含酸量很高，添加浓缩葡萄汁时一定注意红酒加红浓缩汁，白酒加白浓缩汁。浓缩汁加入量的计算过程很简单。例如，现有含糖量为 50%的浓缩汁和含糖量为 10%的葡萄汁，计算配制 50 L 含糖量为 15%的发酵汁需要浓缩汁和葡萄汁各多少升？解：计算的原则是总含糖量不变，50 L 含糖量 15%的发酵汁共含糖共 50×15%＝7.5(kg)，设需要浓缩汁体积为 X，则 10%葡萄汁的体积为(50－X)，可列下列方程：50×15%＝50%X＋(50－X)×10%，解得 X＝6.25 (L)，则原葡萄汁需要 43.75 L。

4)酸度的调整

果汁在发酵前一般酸度调整到 6 g/L(以酒石酸计)以上，pH 为 3.3～3.5。

(1)酸度过低。有些葡萄酸度低，需要加酸予以调整：①葡萄汁中加酒石酸，但易受细菌感染、氧化；②往葡萄酒中加柠檬酸，要求低于 1.0 g/L；③添加未成熟的葡萄汁；④用含酸量较高的葡萄酒调配。

(2)酸度过高。当酸度过高时，可以采取下列方法降酸：①化学降酸，利用碳酸钙、碳酸氢钾、酒石酸钾降酸，但现在已经较少用；②物理降酸，冷冻、冷滤，当温度降到 0 ℃以下时，酒石析出速度加快，可过滤除去；③生物降酸，用裂殖酵母、苹果酸—乳酸发酵细菌分解苹果酸。

(3)作用。调整酸度的目的如下：①酸度不足会滋生有害细菌，不利于酵母的生长，加酸可以使果酒发酵顺利进行；②调整酸度有利于成品果酒的口感；③葡萄酒中色素受 pH 的影响，若酸度过低，会使酒颜色不清。

5)SO_2的作用

(1)SO_2的作用。在发酵基质中，SO_2有杀菌、澄清、抗氧化、溶解、增酸等作用。总之，SO_2的添加量过少会极大地影响葡萄酒的品质，而添加量过多则会使酒质变得生硬，也可能对人体造成一定的危害。

(2)SO_2的使用时间。SO_2一般在发酵前添加，添加量为 30～80 mg/L，但对于酿造红葡萄酒的原料，应在葡萄破碎除梗后泵入发酵罐时立即进行，并且一边装罐一边加入 SO_2。装罐完毕后进行一次倒罐，以使所加的 SO_2与发酵基质混合均匀。切忌在破碎前或破碎除梗时对原料进行 SO_2处理，造成 SO_2不能与原料混合均匀；由于挥发和固体部分的吸附而损耗部分 SO_2，达不到保护发酵基质的目的；在破碎除梗时，SO_2气体可腐蚀金属设备。对于酿造白葡萄酒的原料，SO_2处理应在取汁以后立即进行，以保护葡萄汁在发酵以前不被氧化。严格避免在破碎除梗后、葡萄汁与皮渣分离以前进行 SO_2处理，因为这会导致部分 SO_2被皮渣吸附，降低其保护葡萄汁的效应；SO_2的溶解作用可加重皮渣浸渍现象，影响葡萄酒的质量。在葡萄酒陈酿和贮藏时也可添加 60～100 mg/L 的 SO_2，在葡萄酒陈酿和贮藏过程中，必须防止氧化作用和微生物的活动，以保护葡萄酒不变质。因此，必须使葡萄酒中的游离 SO_2含量保持在一定水平上。在贮藏过程中，葡萄酒中游离 SO_2的含量不断地变化。因此，必须定期测定，调整葡萄酒中游离 SO_2的浓度。在进行调整前，应取部分葡萄酒在室内观察其抗氧化能力。

(3)SO_2的应用形式。SO_2有三种应用形式：①直接燃烧硫黄生成 SO_2，这是一种最古老的方法，目前有些葡萄酒厂用此法来对贮酒室、发酵和贮酒容器进行杀菌；②将气体 SO_2在加压或冷冻下形成液体，贮存于钢瓶中，可以直接使用，或将之溶于水中生成亚硫酸再使用，使用方便而准确；③使用偏重亚硫酸钾($K_2S_2O_5$)固体。目前在国内葡萄酒厂普遍使用。

(4)SO_2在果汁和果酒中的存在状态。SO_2在果汁和果酒中的存在状态包括游离态SO_2和结合态SO_2。

(5)SO_2使用量的计算。不同的添加试剂需要换算成SO_2的量，如除梗破碎后需加入30～80 mg/L 的SO_2，现根据葡萄腐烂果少的状况决定加入 30 mg/L，则用$K_2S_2O_5$时，因每克$K_2S_2O_5$可以产生 0.5 g 的SO_2，现目标浓度是 30 mg/L，则每升葡萄醪需要$K_2S_2O_5$的量为 30÷0.5＝60(mg/L)。也就是 1L 葡萄醪需要加入 0.06 g $K_2S_2O_5$。若用 6%的亚硫酸溶液，每升葡萄醪需要用 6%的亚硫酸溶液量为 30÷0.06＝500(mg/L)，也就是 1 L葡萄醪需要加入 0.5 g 6%的亚硫酸溶液。

各国法律都规定了葡萄酒中SO_2的添加量。1953 年在国际葡萄栽培与酿酒会议上提出了SO_2的参考允许量。成品酒中总SO_2含量：干白 350 mg/L，干红 300 mg/L，甜酒 450 mg/L；游离SO_2含量：干白 50 mg/L，干红 30 mg/L，甜酒 100 mg/L。我国规定总SO_2含量为 200 mg/L。

2. 红葡萄酒的酿造

1)干红葡萄酒酿造工艺流程

干红葡萄酒酿造工艺流程如图 8-19 所示。

2)传统浸渍发酵的工艺要点如下：

(1)装液。可装到罐容的 80%，并测可溶性固形物含量、滴定酸，根据需要调整。

(2)加酵母。可用活性干酵母，用量为 200～400 g/t，也可根据企业的情况，扩繁发酵酵母种子。

(3)加糖。葡萄醪起发后，将糖一次性或分次加入，一般酿制酒精度为 13%的酒，糖一次加入。

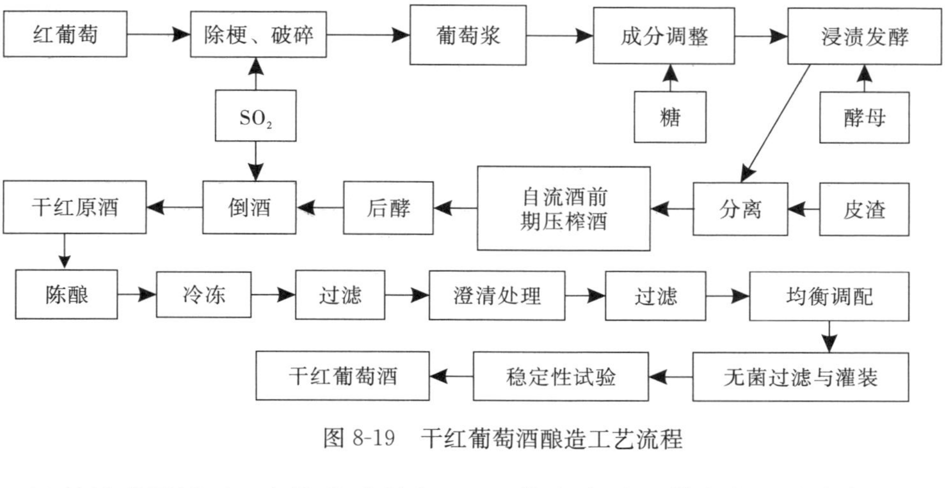

图 8-19　干红葡萄酒酿造工艺流程

(4)捣池或泵循环。在发酵过程中，CO_2将皮渣顶至醪液表面形成皮渣层，俗称酒帽。酒帽中温度较下部高 5～6 ℃，易染霉菌与醋酸菌，色素、单宁、芳香物质等也难以溶出，需要将酒帽和汁液不断混合，俗称捣帽。常用泵循环法，即将醪液从池底部放出，用泵喷淋至酒帽上，醪液泵循环的作用是降低发酵醪温度，增加葡萄酒色素溶出与色度，增加氧含量，提高酵母细胞活力，促进酚氧化后与蛋白质结合沉淀，加速酒澄清。

(5)发酵控温。发酵温度控制在 18～25 ℃，高温发酵速度快，低温发酵酒质柔和，协调。发酵过程中往往产热使汁液温度上升，可采用泵循环、容器内置冷却蛇管、换热器冷却或用附冷却系统的发酵罐等。

3. 白葡萄酒的酿造

1)白葡萄酒的生产工艺

白葡萄酒一般分为水果香型(雷司令、琼瑶浆及麝香)、桶龄型、酵母型和苹乳型。可以使用红葡萄品种清汁发酵或白葡萄品种浸渍皮渣发酵生产白葡萄酒，其生产工艺与红葡萄酒的生产极为相似，只是不需要 MLF 的二次发酵(图 8-20)。

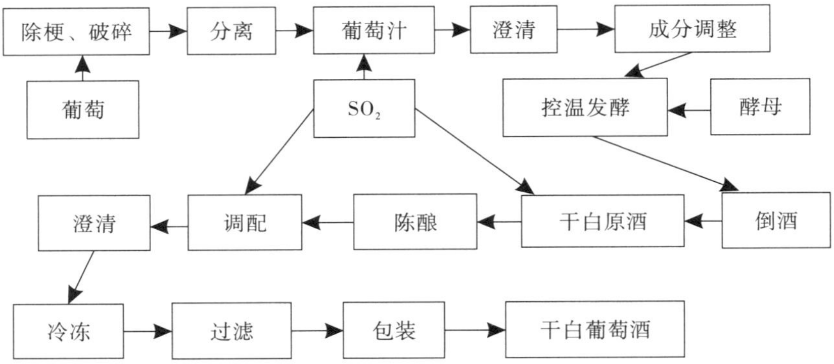

图 8-20　白葡萄酒酿造工艺流程

2)白葡萄酒主发酵控制

(1)发酵管理。发酵罐洗净杀菌，清汁入罐，调整成分，装液 80%～85%。加酵母，15～20 ℃(最适温度为 16～18 ℃)恒温密闭发酵。每天测温度与糖度 1～2 次，记录或作图，保证发酵温度恒定。发酵周期为 15 天左右。

(2)白葡萄酒主发酵结束指标。①外观指标：发酵液液面平静，有少量 CO_2 溢出；酒液浑浊，有悬浮酵母，呈淡黄、淡黄带绿或黄白色，有明显果香、酒香、CO_2 味及酵母味，口尝有刺舌感，口味纯正。②理化指标：酒精达到要求；残糖小于等于 4 g/L；相对密度为 1.01～1.02；挥发酸(以醋酸计)小于等于 0.4 g/L；总酸自然。

(3)降温。各项指标达到要求后，迅速降温至 10～12 ℃，静置 1～2 周，沉降酵母。期间检查酒液澄清情况，达到要求后倒罐，分离酒脚。

(4)发酵记录。记录项目包括：葡萄汁入罐成分分析(总糖、总酸、pH、SO_2)；原料品种、产地，入罐汁量，入罐时间，辅料用量及添加时间，澄清状况；发酵温度与糖度的变化；主酵完成后酒液去向；得酒液量等。

(5)卫生管理。常检查发酵罐是否有发酵液溢出，若有溢出应及时清理，以免污染杂菌。室内环境、地沟、地面及时清刷、杀菌，注意通风，保持室内环境卫生。

3)白葡萄酒后发酵控制

(1)后酵管理。澄清后主发酵酒液倒入另一罐中，满罐贮存，减少酒与空气的接触面积。每周用同质酒满罐一次或补充少量的 SO_2。安装好发酵栓或水封。后酵温度一般不高于 15 ℃，过高不利于新酒澄清。

(2)后酵检查。后酵期间定期抽查原酒澄清情况与总糖、总酸、挥发酸的变化，做好后酵管理记录。同时需要注意后酵卫生。

4. 桃红葡萄酒的酿造

桃红葡萄酒的风味偏向于白葡萄酒时酿造工艺与白葡萄相近；偏向红葡萄酒时酿造工艺与红葡萄酒相近。桃红葡萄酒成熟快，保质期短。桃红葡萄酒酿造工艺有冷浸提、CO_2浸渍、葡萄汁发酵。

1)浅色葡萄带皮发酵

浅色葡萄带皮发酵适用于神索、玫瑰香等浅色葡萄品种，工艺流程基本同红葡萄酒工艺。

2)红、白葡萄混合去皮发酵

此类发酵方法的红、白比例一般为 1∶3，工艺流程基本同红葡萄酒工艺。

3)浸提发酵法

可以采用：①冷浸提，采用果汁无色的红葡萄，除梗、破碎后添加 SO_2 50 mg/L，5 ℃下冷浸提 24 h，其后进行汁渣分离，果汁发酵，发酵温度在 18～20 ℃之间，发酵控制同白葡萄酒；②CO_2浸渍，采用果汁无色的红葡萄，工艺同红葡萄酒，15 ℃下，浸提 48 h，纯汁发酵，温度不超过 20 ℃；(直接调配，适用品种是玫瑰香与佳丽酿，分别酿出白葡萄原酒与红葡萄原酒，再进行调配。

8.4.5　葡萄酒的后处理工艺

1. 葡萄酒的澄清

正常葡萄酒的外观品质是澄清透明的，若出现浑浊即使是很小程度也被认为是质量问题，所以，在贮存与加工以后，都要求葡萄酒尽可能透明澄清。但是，在自然条件下葡萄酒无法做到无限期保持必要的透明度，因为葡萄酒是一个富有生命力的不稳定胶体溶液，会发生一系列物理化学及生物化学变化，影响葡萄酒的透明度。因此，为了保持葡萄酒的外观清亮、透明，常采用人工方法使酒加速澄清。

1)下胶澄清机理

带负电的胶粒(如单宁)与带正电的澄清剂(如蛋白质)相互吸引，逐渐聚集沉淀(絮凝沉淀)，如铁破败病中的单宁与铁的复合物和磷酸铁絮状物形成胶体溶液或沉淀。因此，充分理解及掌握葡萄酒的胶体性质对于葡萄酒的澄清处理以及保持酒的稳定性具有重要的理论意义，并能有效地指导生产实践。

葡萄酒中胶体物质分散体系的比表面积大，表面能较高，易吸附溶液中的离子而带电荷。有些胶体物质(如蛋白质)还可以通过其表面的—COOH、—NH_2等基团的电离而使其在水相中带负电荷。葡萄酒的胶体性质与普通的溶胶特性相似，但葡萄酒分散相粒子的种类和粒子的大小却更为复杂，葡萄酒胶体分散系是一个高度分散的多相体系。同时，酒为酸性体系，pH 在 2.8～3.6 之间，体系的酸碱度直接影响胶粒的带电性，如蛋白质分子在水中带负电，而在酒中带正电，单宁胶粒在低 pH 条件下则带负电荷，根据带电胶粒与体系中其他带电离子间的相互作用，胶粒在溶液中通常形成双电荷层结构。

胶体溶液是热力学不稳定体系，胶体粒子有自动聚结以降低其表面能的趋势，但事实上溶胶可以在相当长的时间内保持稳定，而观察不到明显的变化。溶胶之所以能稳定存在，除溶剂化作用外，胶粒的带电性也起着决定作用。实践证明，当胶粒带有相同的电荷时，静电斥力的存在阻碍其彼此靠近，因而也阻碍着胶粒的合并与聚结；当带有相反电荷的胶粒相遇时，静电引力的作用使其聚集，电荷中和，胶体沉淀。在葡萄酒中，人为地添加澄清剂，能与酒中的胶体物质相互作用，产生不溶沉淀，再通过换桶、倒罐或过滤处理，可以使酒得以澄清。

下胶就是在葡萄酒中加入亲水胶体，使之与酒中的胶体物质(如单宁、蛋白质、金属复合物、某些色素以及果胶质等)发生絮凝反应，并将这些物质除去，使葡萄酒澄清稳定。为了使胶体絮凝，必须使胶体粒子发生两方面的变化，吸附带相反电荷的粒子，粒子相互吸附增加粒子的质量，便于沉淀。

2)下胶澄清操作

下胶时要求胶体材料尽快与酒液混合均匀，根据酒样的量及设备情况来选择最佳的加入方法。最好用下胶泵，如果没有则利用转罐的机会加入胶体，一定要加强搅拌使其混匀。下胶时还应注意以下几个方面：①进行下胶的葡萄酒必须含有 SO_2 40 mg/L 左右，而且下胶的酒无氧化破败的危险；②下胶前对葡萄酒适当通气有利于胶体絮凝沉淀的生成；③低温和高气压有利于絮凝沉淀的生成，温度过高对下胶效果有负面影响，最好选在冬末春初天气比较寒冷的季节进行，有条件的应装备控温设施；④葡萄酒的酸度越高对下胶越不利，因为较高的酸度使酒中保留的蛋白质增多，所以，若需要降低酸度，则应在下胶前进行；⑤对单宁含量低的红葡萄酒进行下胶时，常常将明胶和膨润土结合使用，两种胶体应分别制备，先加入明胶，再加入膨润土以防止下胶过量。

2)常用下胶材料

由于红葡萄酒含有较多的单宁，有利于下胶物质的沉淀，而且所使用的下胶物质对感官质量的影响较小，因此，红葡萄酒的下胶较为容易，大多数下胶物质都可使用，尤以明胶为好。白葡萄酒的下胶较难，必须在下胶以前进行试验，以决定下胶材料及其用量，常用的下胶物质有膨润土、酪蛋白、鱼胶或蛋白类胶，与矿物质结合使用，以避免下胶过量。还有一些其他下胶材料，如PVPP、表面有羰基氧原子的产品、尼龙等，可作为复合滤板的一部分；亚铁氰化物可除铁、铜，硫酸铜可除硫化氢、硫醇；活性炭对苯环化合物和非极性物质有很强的亲和性，吸附无选择性，常用其脱色；硅溶液用于澄清和沉降。

2. 葡萄酒的稳定性

成品葡萄酒清亮透明，在特定时间内不会出现不理想的物理、化学与感官性质的变化。但有时会出现一些异常现象，俗称葡萄酒病害，主要表现为酒颜色变化褐变加深，酒液出现雾浊或轻微浑浊、沉淀，口味与气味发生变化。影响葡萄酒稳定性的因素包括生物性和非生物性两个方面。

1)葡萄酒的非生物病害

(1)酒石酸盐病害。主要表现为两类：①酒石酸钾病害，表现为装瓶葡萄酒中出现酒石酸钾晶体沉淀，单宁可阻止该晶体的形成，其原因是晶体生长早期，与晶体结合的钾离子比酒石酸根离子多，更多的酒石酸根与带正电的蛋白质结合，钾与酒石酸根也都可与单宁结合，因此，晶体形成时间延长，红葡萄酒中因单宁含量高，酒石酸晶体形成比白葡萄酒中形成慢；②酒石酸钙病害，症状是装瓶酒液出现雾浊，原因是葡萄酒用$CaCO_3$降酸、水泥池贮酒、过滤介质及澄清剂使酒Ca^{2+}过多，草酸钙多在装瓶后出现，陈酿时，L型酒石酸钙转成D型，D型的溶解度约为L型的1/8，酒石酸钙自发结晶、沉淀需数月。过滤会除去晶种，$CaCO_3$降酸的葡萄酒应在酒石酸钙稳定后再过滤。保护性胶体(如蛋白质)和单宁抑制晶体形成，不抑制晶体长大。结晶生长与沉淀的最适温度为5～10 ℃。酒石酸盐病害的预防措施有冷冻处理、离子交换和加入偏酒石酸，装瓶前加，用量小于等于0.1 g/L。偏酒石酸缓慢水解成酒石酸，12～18 ℃时有效期为1年左右。

(2)蛋白质病害。悬浮在葡萄酒中的大多数蛋白质的等电点高于葡萄酒的pH，呈正电性，不易沉淀，但长时间的布朗运动与水化作用，使蛋白质聚集成簇，形成沉淀，这就是蛋白质病害。据研究，等电点为4.0～6.0，分子量为12000～30000 Da的蛋白质是形成沉淀的主要蛋白质。可采取膨润土澄清、热处理、硅藻土过滤、超滤(不适用于红葡萄酒)解决蛋白质病害问题。

引起葡萄酒病害的蛋白质主要来自于葡萄，其次为酵母分泌物，偶尔来自于下胶过量。蛋白质主要引起白葡萄酒浑浊和沉淀。

(3)多糖病害。多糖病害的症状是酒液浑浊，难以过滤。其形成原因是多糖带正电，与其他胶体物质结合，减慢或阻止后者的沉淀；多糖与水分子以多个氢键结合可悬浮在酒中。此病害的主要防治措施是添加果胶酶对其进行分解；必要时可添加β-葡聚糖酶处理灰葡萄孢霉产生的β-葡聚糖。

(4)单宁及氧化破败病。由于氧化酶的作用，使葡萄中的酚类化合物，特别是色素、单宁氧化聚合成棕色胶体而产生浑浊沉淀，导致氧化破败病，一般发生于陈酿早期。葡萄多酚氧化酶会加速该反应，酶被钝化后，缓慢的非酶氧化会继续进行。添加SO_2可抑制氧化发生。

污染虫漆酶的霉变葡萄特别容易发生氧化破败，虫漆酶对SO_2不敏感，因此此类氧化破败的防止办法是巴氏杀菌。未污染霉菌的葡萄很少得氧化破败病。防治措施包括：添加明胶、蛋清、酪蛋白，生成蛋白质—单宁复合物沉淀；添加 PVPP 和超滤除去白葡萄酒中不良单宁及多酚化合物；冷冻处理并趁冷过滤，可同时除去蛋白质、蛋白质—单宁复合物与酒石酸盐晶体；添加维生素 C 可还原氧化生成的棕色醌类化合物；减少酒中铜离子(氧化酶成分)含量。

(5)金属病害。金属病害是指由金属离子引起的浑浊。最重要的金属离子是铁离子(Fe^{2+}、Fe^{3+})、铜离子(Cu^{+}、Cu^{2+})，它们来源于葡萄、土壤、杀菌剂或葡萄酒酿造设备。①铁破败病。包括白色破败病和蓝色破败病。白色破败病是指白葡萄酒中可溶性$Fe_3(PO_4)_2$氧化成不溶性$FePO_4$时形成的破败病，白色浑浊或由$FePO_4$本身引起，或由$FePO_4$与可溶性蛋白质生成的复合物引起。蓝色破败病是指红葡萄酒中Fe^{2+}氧化成Fe^{3+}时形成的破败病，Fe^{3+}与单宁或花色苷生成不溶性颗粒。这两种破败病的影响因素如下：白色破败病在 pH 低于 3.6 时形成，低温时受阻，铁离子浓度高于 15 mg/L 时，白色破败病发生的频率急剧增加；蓝色破败病在低温时更加明显，蓝色破败病显著地受葡萄中磷酸盐含量及痕量铜(约 1 mg/L)的影响，所以引起蓝色破败病的铁离子临界含量难以预测。铁破败病的防治措施如下：螯合法，即柠檬酸可与Fe^{2+}、Fe^{3+}发生螯合反应，添加 120 mg/L 的柠檬酸可以防止葡萄酒铁破败病的发生；除铁法，即用肌醇六磷酸盐选择性地除去铁，EDTA、果胶酯酸、藻酸可除去铁与铜离子，亚铁氰化钾(蓝色澄清剂)最有效，可以除去铁、铜、铅、锌、锰等离子。②铜破败病。无氧时，Cu^{2+}含量大于 0.5 mg/L可能出现雾浊，进而出现红棕色沉淀——铜破败病。产物包括H_2S及 CuS、Cu_2S，硫化物形成细小棕红色沉淀或与蛋白质凝聚成红色沉淀。日光会加速铜还原。铜浑浊多发生于白葡萄酒，有时也会引起桃红葡萄酒浑浊。其防治措施如下：皂土澄清；使用Na_2S，Cu^{2+}与S^{2-}形成沉淀而除去；离子交换除铜；使用亚铁氰化钾；添加阿拉伯树胶，用量小于等于 0.3 g/L。

2)葡萄酒的微生物病害

微生物病害是微生物对葡萄酒组分进行代谢，破坏了酒的胶体平衡，使酒出现雾浊、浑浊、沉淀或风味变化。引起病害的微生物主要有醋酸菌、乳酸菌和酵母菌。

(1)醋酸菌引起的病害。葡萄酒厂发现的醋酸菌主要为杆菌，其最大酒精耐受能力为 14%～15%，氧化葡萄浆中的右旋糖为葡萄糖酸，氧化乙醇为乙酸，并进一步将其氧化成H_2O及CO_2。挥发酸高的酒往往带有醋酸味，多为醋酸菌所致。

(2)乳酸菌引起的病害。酒中的乳酸菌有杆菌、明串珠菌与片球菌。受乳酸菌侵害的酒常呈现丝状浑浊，并带有不协调的气味，有凝结或粉状沉淀并带有乳酸气味，这主要是由酒中的双乙酰引起的。

(3)酵母菌引起的病害。由耐酒精(18.0%～18.5%)、耐 SO_2(200 mg/L)的酵母菌引起，包括薛氏酵母、葡萄汁酵母、巴扬氏酵母、啤酒酵母、膜醭毕氏酵母及皱褶假丝酵母等。

微生物病害的常见症状如下：①外观，失光，颜色发生变化；②出现异味；③显微镜检查出现大量微生物；④挥发酸含量超过 0.8 g/L。

其预防措施如下：破碎后立刻加 100～125 mg/L 的 SO_2。葡萄酒贮存时进行冷冻处理。酒装瓶前巴氏杀菌、无菌过滤或添加防腐剂（山梨酸小于等于 0.2 g/L；苯甲酸小于等于 0.8 g/L）。

8.4.6　葡萄酒的包装、瓶贮

1. 葡萄酒的包装

1)葡萄酒的包装材料

(1)酒瓶。葡萄酒用的玻璃酒瓶容量为 125 mL、250 mL、375 mL、500 mL、750 mL、1000 mL 等。白葡萄酒用浅绿或棕绿瓶；红葡萄酒用深绿或棕瓶。棕绿色玻璃能滤除大部分对酒有害的光线。

(2)瓶塞与瓶盖。优质葡萄酒用软木塞封口，其表面应光滑，无疤节和裂缝，弹性好，大小与瓶口吻合；普通酒多用扭断盖，价格便宜，开启方便；商标等其他包装物应符合有关规定。瓶口对木塞的尺寸要求见表 8-28。

表 8-28　瓶口对木塞的尺寸要求　　单位：mm

瓶口直径	直径	长度
12.5±0.05	20	23
16.0±0.05	22	31
18.0±0.05	25	43

2)洗瓶

洗瓶时可采用手洗，与半机械、机械结合使用。对于新瓶可以水洗、消毒剂洗、无菌水洗、控干备用；对于旧瓶，用 0.5%～2.5%热碱(50～70 ℃)浸泡，温度高浸泡时间短，温度低浸泡时间长；清水洗，1%～2%的亚硫酸溶液冲洗灭菌 5～10 s；无菌水洗净，控干后备用。洗净瓶中应无杂物，清亮透明。

3)灌装

葡萄酒的灌装方式有很多种，根据不同的分类方法，可将灌装方式分为很多种。按酒液温度分为热灌装、冷灌装与常温灌装。根据工厂规模分为手工、半自动与自动灌装。

(1)常温灌装。将滤后的酒液在常温下进行罐装。

(2)热灌装。热灌装是将酒液升温后进行灌装。有两种工艺：①一步法，过滤好的酒经换热器加热至 42～50 ℃灌装，装瓶前空瓶内充满 CO_2 或 N_2，灌至几乎满瓶，待冷却后，酒液收缩，液面下降至正常水平；②三步法，滤好的酒升温至 65～80 ℃，保温

5～10 min，冷却至 50～55 ℃装瓶。

(3)冷灌装(无菌灌装)。灌酒前，瓶子、瓶塞及无菌过滤后酒流经的所有管道、设备均应进行灭菌，周围环境也需进行灭菌，无菌过滤机离灌酒机越近越好。装瓶前瓶中先通入 CO_2或 N_2赶走瓶中空气，以减少酒中溶解 O_2。冷灌装及充 N_2或充 CO_2灌装均有利于保持酒的新鲜果香，N_2及 CO_2联合使用对酒质更为有利。

4)封口

葡萄酒瓶封口时使用软木塞、皇冠盖或扭断盖。封口设备有手动、半自动及全自动三种，手动、半自动多为小厂采用，全自动设备多为大中型厂采用。

5)验酒

封口后应验酒。酒内无明显悬浮物及杂质。16°P 以上的葡萄酒有抑菌作用，无需除菌；13°P 以下的酒应除菌或添加防腐剂抑菌。果香突出的酒，应避免热杀菌。

2. 葡萄酒的瓶贮

葡萄酒的瓶贮是指把葡萄酒装瓶压塞后，在一定条件下，卧放贮存一段时间，这个过程称为瓶贮。在国外，瓶贮是提高酒质的重要措施，高档葡萄酒一般均经瓶贮后才重新净化、包装出厂。

在瓶贮过程中，由于还原作用可以消除轻度氧化或减轻过度氧化的不良影响，恢复并产生幽雅的香气，经过 4～11 个月瓶贮的葡萄酒，SO_2含量、溶解度、pH、Eh 均显著降低。乙醛含量减少，缩醛含量增加。乙醛含量可以作为衡量葡萄酒氧化程度的指标之一，葡萄酒中游离乙醛含量超过一定限度时，会使酒产生邪异感和苦味，而乙醛与酒精缩合生成的缩醛能产生清新的气味。

正常成熟的葡萄酒瓶贮后，可以获得细致的香气和协调柔细的口感。琥珀酸在无氧条件下，与酒石酸发生脱氢反应，生成二羟丁烯二酸。二羟丁烯二酸还原性强，能把部分氧化的风味物质还原，可改善氧化物给酒带来的不细致、不柔和的口感。

影响瓶贮的因素很多，主要有：①温度，温度影响“瓶熟”的速度，温度高则成熟和老化的速度快，但衰老速度也快，温度低，虽然成熟和老化的速度慢，酒质可获得全面的改善，容易得到细致的香气和舒适协调的口感，并具有较强的生命力，但瓶贮温度低于 5 ℃时往往导致酒石的结晶析出，所以瓶贮时温度条件对于白葡萄酒以 10～12 ℃为宜，红葡萄酒则以 15～16 ℃为宜，4～8 m 地窖的温度为 11～13 ℃；②SO_2含量，一般认为，一定的 SO_2含量有利于瓶贮，除前述的 SO_2在贮酒中的有益作用之外，还由于硫的氧化避免了其他物质氧化带来的浑浊，所以瓶贮时酒中 SO_2的含量一般要高于桶贮时葡萄酒中 SO_2含量(一般认为有 50～60 mg/kg 游离硫为好)；③瓶内气体的组成，酒面上部气体的组成对葡萄酒中的氧化还原反应产生影响，从而影响瓶贮酒所能达到的质量，现代较为先进的包装设备，可在酒装瓶的同时，用氮气排除瓶颈隙的空气后压塞；④封口质量，所有封口塞中，软木塞最好，只有它能确保高档葡萄酒长期保存的质量；⑤光线，光线照射对葡萄酒有不良影响，白葡萄酒较长时间地被光线照射后，酒的色泽变深，红葡萄酒则易发生浑浊，因此，葡萄酒都应采用深色玻璃瓶贮存，有的葡萄酒(如葡萄牙的波尔图酒)甚至使用黑色瓶或者玻璃瓶子外喷瓷釉等，瓶贮的场所要求不透光，平时电灯熄灭，只在取酒时才开灯；⑥贮酒时间，酒的类型不同，其组成成分也有差别，所需要的瓶贮时间也不相同，即使同类葡萄酒如果酒精度、浸出物含量、糖的含量等不同，也应有不同的贮酒时间，一般红葡萄酒的瓶贮时间要比白葡萄酒长，酒精度高、浸出物含量高、糖含量高的葡萄酒需要较长的贮存期。

8.4.7　葡萄酒新技术

近几年来葡萄酒的技术发展十分迅速，现就国内外葡萄酒行业逐步接受和正在使用的新技术简要介绍如下。

1. 转动发酵罐的广泛使用

在生产干红葡萄酒的工艺过程中，转动罐已经在较大规模的葡萄酒生产企业普及，转动罐是一个卧式罐，内装有一排栅格来分离果汁，转动罐有 30～80 t 规格。罐横卧在两个支架上，在动力的带动下慢速转动，可以正转和反转。内部有螺旋分离器，呈阿基米德螺旋形式，用来松散、分离和揉搓果渣，等到液体排干，果渣就可以从出渣口排出。一般是将出渣口与压榨机连接，以便使皮渣进一步榨干后另作他用。采用转动罐发酵干红葡萄酒有以下效果：翻汁均匀，浸色彻底；生产出的干红葡萄酒颜色较深；单宁含量较多；果香浓郁，酒体丰满；容易出渣。

2. 活性干酵母、果胶酶、单宁的使用

现在葡萄酒生产企业已经使用干酵母、果胶酶、单宁，这有利于控制发酵的进程和使发酵朝有利的方向发展。活性干酵母是经过葡萄酒专家和专业生产企业精心选育培养的适用于不同葡萄酒类的菌种，也是经过葡萄酒专家及生产企业认真实验和生产验证的，对葡萄酒发酵十分有利。与野生酵母相比，活性干酵母具有产酒率高、产香好、起酵速度快、菌体健壮、活力强等优点，避免了野生酵母给酒带来的异杂味等缺点。

果胶酶提高葡萄的出汁率，使颜色更深，果香更浓郁，酒体更醇厚、丰满。借助果胶酶，可以尽快浸出天然优质的花青素和葡萄单宁，可以将葡萄中的香气物质溶解在酒中并使之呈游离态，可以使葡萄酒澄清速度加快，以利于减少葡萄酒中的不良气味。

在不同酿酒工艺阶段、不同地区和不同成熟度的葡萄品种上使用单宁，可针对性地补充不同的酿酒单宁，弥补其天然不足，这对酿造优质葡萄酒来说尤其重要。在葡萄酿造过程中，适当选择和使用单宁有利于色素的稳定，使葡萄汁氧化风险降低，有利于降低葡萄汁中植物蛋白的含量，有利于白葡萄酒中黄铜的稳定，单宁与果胶协同作用对改善葡萄酒风味更有效。在红葡萄酒陈酿时使用单宁有以下好处：增加均衡感(在罐中或橡

木桶中贮酒，均可以避免酒体“干燥”或“瘦弱”)；极大地提高葡萄酒的色泽稳定性；增加酒体的微生物稳定性和胶体物质的稳定性；有利于提高陈酿的总体品质；使葡萄酒口感更加柔和、细腻、丰满。

3. MLF 技术的广泛应用

20 世纪 90 年代初 MLF 技术没有被广泛接受和应用，2000 年以后，葡萄酒生产企业都使用了这一技术，而且应用得很好，使葡萄酒的质量明显得以改善，从而降低了 SO_2 的使用量，提高了葡萄酒的生物稳定性，降低了葡萄酒的酸度，使葡萄酒口感更柔和、复杂，香气更令人愉悦。同时，降低了发酵风险，最大程度地控制发酵进程，使它向酿酒师希望的方向发展。

4. 微氧技术被广泛使用

近几年来，微氧技术被广泛使用于葡萄酒的发酵和陈酿中，它主要是利用一种装置将氧均匀、细致、缓慢地添加到葡萄酒中，这一技术使葡萄酒的口感和稳定性得以改善。使用微氧技术给葡萄酒带来的好处：使单宁软化，葡萄酒醇厚度增强，适口感提高，口感更加圆润、丰富；增进色素稳定性；降低生、青气味，使果香更浓郁；抑制硫化物的产生，降低还原味；利用这一技术，使用酒罐贮酒，就能使葡萄酒质量达到橡木桶贮存的效果，改善质量。

5. 闪蒸技术酿造高档红葡萄酒

闪蒸技术酿造高档红葡萄酒是一项新技术，它起源于法国农业研究所。该技术主要是根据物理学原理，高温液体突然进入真空状态，体积将迅速膨胀并汽化，同时温度将迅速降低并收集凝聚的液体。它首先对葡萄酒醪液进行快速热处理，一般时间不超过 4 min，而葡萄醪液的温度将高于 80 ℃，然后进入气压约为－0.9 Pa 的真空罐内瞬间爆破汽化，与此同时醪液的温度降低至 35～40 ℃。通过这个技术处理，葡萄醪液得以迅速冷却并急速蒸发，从而使葡萄皮组织被完全解体，使色素、单宁、酚类等重要物质充分释放，为进一步酿造并获得更高品质的葡萄酒创造了良好的条件。

6. 葡萄酒糟的开发应用

在葡萄酒生产过程中，葡萄酒糟(蒸馏或压榨葡萄酒的残物)具有进一步开发应用的价值，且经济效益显著。目前国内外葡萄酒糟开发利用的情况如下：①再发酵利用，带皮渣发酵的葡萄酒醪经榨酒后，残渣中仍含残酒、残糖等物质，可再配以适量的糖液，调节 pH，加入酒精酵母进行发酵利用，发酵后的酒醪可进行蒸馏酿造白酒。蒸馏时去酒头酒尾，取酒精度为 50％～70％的中馏酒，这部分酒可加入葡萄酒中，以增加葡萄酒酒精度，也可在橡木桶中密闭陈酿，变成香浓味柔和的酒，用于配制优良白兰地酒；②提取酒石酸氢钾，在蒸馏葡萄酒后的酒糟中含一定量的酒石酸氢钾，可用热水蒸煮浸提，浸提液冷却、结晶、分离、精制得到白色透明的酒石酸氢钾，酒石酸氢钾在医药、化工、食品等领域中应用广泛；③提取蛋白质，美国研究开发从葡萄酒糟中提取蛋白质，工艺为用浓度 0.8%(W/V)的氢氧化钠溶液浸提，温度为 50 ℃，然后离心，除去难溶物质，得到含蛋白质的碱性上清液后，用盐酸调节到蛋白质的等电点，得到蛋白质沉淀，再分离、干燥即可；④提取色素，红葡萄酒糟可用 70 ℃热水浸提，浸提液冷却、沉淀、分离杂质，通过树脂吸附，用酒精洗脱被树脂吸附的色素，减压蒸馏、喷雾干燥得色素粉，或将洗脱的色素液减压蒸馏再浓缩，得色素浓液(浓度为 20%～25%)，冷却，于2～5 ℃下贮存，葡萄红色素耐光性、耐温性好，色泽艳丽自然，无毒安全，广泛用于酸性食品和饮料中；⑤作饲料，干葡萄酒糟含灰分 5.0%～6.6%，蛋白质 12%～15%，纤维素 17%～35%，还富含微量元素、氨基酸、果胶等，试验显示，在饲料中添加干葡萄酒糟 10%～15%，畜禽增重快，肉味、肉质好，也可将湿葡萄酒糟接入混合菌进行固态发酵，降低饲料纤维素含量，提高消化吸收率。

总之，随着科学技术及葡萄酒行业的发展，葡萄酒酿造的新技术也不断出现和发展，我们期待有更好更先进的技术应用于葡萄酒酿造上，生产出更高质量的葡萄酒。

思　考　题

1. 白酒按糖化发酵剂、生产工艺、香型的不同，各分为哪几类？
2. 简述固态法白酒、液态法白酒和固液法白酒的概念。
3. 简述制曲原料、酿酒原料和辅料的基本要求及使用原则。
4. 大曲中的微生物种类有哪些？各起什么作用？
5. 简述窖泥中主要微生物的种类及其特性。
6. 什么是人工老窖技术？分析人工老窖泥退化的原因并提出保养措施。
7. 什么是续渣法工艺？什么是清渣法工艺？采用这两种工艺生产大曲酒有何不同？
8. 简述采用混蒸续渣法工艺生产白酒的优点。
9. 论述我国大曲酒生产工艺的主要特点。
10. 简述老五甑法工艺及其特点。
11. 简述浓香型、酱香型、清香型大曲酒生产工艺及其主要特点。
12. 简述甑桶蒸馏的主要作用。
13. 分析论述提高大曲酒质量的技术措施。
14. 简述小曲酒生产工艺的类型及其特点。
15. 麸曲酒与大曲酒的质量差距表现在哪些方面？试分析其原因并提出补救措施。
16. 简述低度白酒生产工艺流程及其关键环节。
17. 什么是人工老熟？如何加快新酒的人工老熟？
18. 生产新型白酒的基础原料有哪些？各有何要求？应如何处理和制备？

19. 新型白酒的质量特色表现在哪些方面？
20. 为什么说新型白酒代表中国白酒未来的发展方向？
21. 啤酒的主要种类有哪些？
22. 啤酒发酵的主要工艺技术原理是什么？
23. 啤酒生产的主要谷物原料有哪些？各有何特点？
24. 啤酒花的不同成分在啤酒酿造过程中的作用是什么？
25. 优质的啤酒酵母应该具备什么特点？
26. 啤酒酵母的扩大培养如何进行？
27. 麦芽制造的目的是什么？
28. 发芽过程中如何控制技术条件？
29. 糖化工艺技术条件应如何控制？
30. 上面发酵法与下面发酵法在工艺控制上有何区别？
31. 利用锥形罐发酵法生产啤酒如何控制工艺？
32. 啤酒的后处理主要包括哪些工序？
33. 啤酒酿造新技术有哪些？
34. 黄酒的品种有哪些？
35. 大米精白的目的是什么？
36. 黄酒酿造用水应达到什么要求？
37. 黄酒生产过程中涉及的物质变化主要有哪些？
38. 黄酒生产传统工艺与现代工艺的区别是什么？
39. 简述葡萄酒分类。
40. 试分析我国葡萄酒工业的发展前景。
41. 简述我国主要栽培的酿酒葡萄品种及其酿造特点。
42. 酸在葡萄酒酿造中有何作用？
43. 酿造葡萄酒时对葡萄酒酵母有何工艺要求？
44. 试叙述环境因素对葡萄酒酵母的影响。
45. SO_2在葡萄酒酿造过程中有哪些作用？影响 SO_2添加量的因素？
46. 分别设计一种红葡萄酒、白葡萄酒及桃红葡萄酒的生产工艺。
47. 简述 MLF 的作用及发酵时机。
48. 常用澄清方法有哪些？常用澄清剂有哪些？如何进行澄清操作？举例说明。

第 9 章　发酵调味品与豆制品生产工艺

发酵调味品是人们日常生活的必需品之一，对食品的风味起着十分重要的调节作用，对国民经济的发展也有不小的贡献。发酵调味品种类繁多，生产工艺各异，发酵原料在微生物复杂的酶系作用下，进行一系列复杂的生物化学变化，将大分子物质分解或转化的过程，使调味品呈现各种各样的风味，因此，原辅料的性质和成分特点及发酵微生物的特性对产品的质量有十分重要的作用。

9.1　酱油概述与酿造

酱油最早起源于我国，是我国人民喜爱的调味品，有两千余年的历史。中国有句俗语“开门七件事，柴、米、油、盐、酱、醋、茶”，可见调味品在人们日常生活中的重要性。据考证，我国早在周朝时期就有了酱制品。《周礼》中有“膳夫掌王之食，酱用百有二十瓮”之记载。东汉崔实在《四民月令》中说“正月可做诸酱、肉酱、清酱”，其“清酱”即类似于现在的酱油。《本草纲目》豆油法记载：“用大豆三斗，水煮糜，以面二十四斤，拌、罨成黄，每十斤，入盐十一斤，进水四十斤，搅晒成油收取之”。最早使用“酱油”这一名称是在宋代。至明代万历年间，我国的酱油从福建传入日本，后逐渐扩大到东南亚和世界各地，使酱油生产在全世界迅速发展起来。

9.1.1　酱油的分类

酱油可根据原料、加工方法、发酵条件等分类。

(1)按原料分，可分为大豆酱油、蚕豆酱油、饼制酱油和鱼露酱油等。

(2)按加工方法分，可分为发酵酱油、改制酱油及化学酱油三种。发酵酱油是以大豆和(或)脱脂大豆、小麦和(或)麸皮为原料，采用微生物发酵酿制而成的酱油；改制酱油是以酿造酱油为主体，与酸水解植物蛋白调味液、食品添加剂等配制而成的液体调味品；化学酱油也叫酸水解植物蛋白调味液，是以含有食用植物蛋白的脱脂大豆、花生粕、小麦蛋白或玉米蛋白为原料，经盐酸水解、碱中和制成的液体鲜味调味品。

(3)按发酵中加温条件分，可分为天然晒露法及保温速酿法酱油。天然晒露法是经过日晒夜露的自然发酵酿制而成的酱油，此法酿制的酱油具有优良风味，但成熟时间要半年以上；保温速酿法是用人工保温法提高发酵温度，缩短发酵周期，风味欠佳。

(4)按成曲拌水多少分，可分为稀醪发酵、固态发酵及固稀发酵。稀醪发酵中成曲拌水量为200%～250%，制成稀薄的酱醪进行发酵，适于大规模的机械化生产，酱油品质优良，但设备占地面积大；固态发酵中成曲拌水量为65%～100%。目前国内多采用此方法。固稀发酵是固态发酵和稀醪发酵相结合进行的生产。

(5)按拌曲盐水浓度分，可分为高盐发酵、低盐发酵及无盐发酵。我国目前多数工厂采用低盐固态发酵法。

(6)按酱油颜色分，可分为浓色酱油及淡色酱油。浓色酱油颜色呈深棕红色或棕褐色，为我国酱油之大宗；淡色酱油又叫白酱油，颜色为淡黄褐色，我国用量很少，仅供一部分出口和加工特殊食品用。

(7)按物理状态分，可分为液体酱油、固体酱油以及粉末酱油。液体酱油生产量较大。固体酱油亦称酱油膏，其质量和风味与酿造酱油大致相同，味鲜美，营养丰富，携带方便，价格经济，用温开水溶化就能溶成酱油，是日常生活中烹调的方便调味品。粉末酱油是以酱油直接喷雾干燥而成的固态调味品，其特点是携带及使用都很方便。

(8)目前市面还有其他酱油：①果汁酱油，以西瓜汁、大豆、小麦等为原料酿制而成，色泽红褐，富于光泽，香气浓郁，鲜味突出，咸甜适口，体态澄清，味厚长久，适用于菜肴烹制，尤其适用于拌凉菜、调馅等不加热或加热时间较短的菜肴；②白酱油，白酱油色淡，味佳鲜甜，酯香较浓，食用时可不再用味精，无黑色素，能保持各种菜肴、汤类的天然色泽；③低盐酱油，既保持酱油的优良成分和风味，食盐含量又比一般酱油低一半，适合于高血压、肾脏功能疾病等患者食用；④酱油制品，将各种食材或营养物质加入酱油中，制成各种酱油制品，如虾子酱油、蘑菇酱油、辣酱油、五香酱油、蚕蛹营养酱油等；⑤生抽、老抽，生抽是以大豆、小麦、盐水为原料，经天然晒制酿造而得的色泽较淡的酱油；老抽中添加了焦糖色素，颜色比生抽深，酱香浓郁，在制作深色菜肴时效果比较显著。

9.1.2 酱油酿造原料

生产酱油的原料根据性质可以分为蛋白质原料、淀粉质原料、填充料、食盐和水等。

1. 蛋白质原料

酱油生产的原料历来以大豆为主，但大豆中含有20%左右的脂肪，大豆脂肪对酱油生产作用不大，为了合理利用粮油资源，目前大部分发酵厂以脱脂大豆为主要原料。

(1)大豆。大豆为青豆、黄豆及黑豆的统称。我国各地均有栽培，以东北产的大豆最优。大豆含粗蛋白35%～40%，粗脂肪12%～20%，碳水化合物21%～31%，纤维素4.3%～5.2%，灰分4.4%～5.4%。一般认为大豆内的油脂对酿造酱油作用不大，现在直接使用大豆酿制酱油的厂家已很少，普遍采用豆粕或豆饼酿造酱油。

(2)豆饼。豆饼是大豆用压榨法提取油脂后的产物。由于压榨设备和工艺条件的不同，又分为热榨豆饼和冷榨豆饼。热榨豆饼是大豆经过高温处理(炒熟)再压榨，由于经过热处理，大豆蛋白质部分变性，含水量少，质地较松，容易粉碎，比较适合于制作酱油。将大豆软化压扁后直接榨油而制得的豆饼称为冷榨豆饼。冷榨豆饼由于未经热处理，出油率低，蛋白质基本没有变性，适用于加工豆制品。

(3)豆粕。豆粕是大豆先经适当加热处理(一般低于 100 ℃)，再经压扁，然后加入有机溶剂提取油脂后的渣粕，呈颗粒、片状或小块状。豆粕中蛋白质含量高达 47%～51%，脂肪低，水分少，容易粉碎，是酿造酱油的理想原料。

(4)蚕豆。蚕豆又称胡豆、佛豆、寒豆、川豆、倭豆、罗汉豆等，是酿造酱油的良好原料。蚕豆含粗蛋白 24%～28%，碳水化合物 44%～59%，粗纤维 6%～7%，粗脂肪 0.5%～1.7%，灰分 2.5%～3.1%。

(5)豌豆。豌豆也称毕豆、小寒豆、淮豆、麦豆，主要集中分布在中国和俄罗斯。豌豆含粗蛋白 18%～24%，粗脂肪 1.0%～2.7%，在酱油酿造中用得较少。

(6)其他蛋白质原料。凡是含蛋白质丰富、无毒、无害、无不良气味、易被微生物酶分解的原料，都可以作为蛋白质原料生产酱油。例如，菜籽饼、花生饼、芝麻饼、葵花籽饼、棉籽饼、豆渣等，但由于风味欠佳，实际中使用得较少。

2. 淀粉质原料

(1)小麦。小麦含 70%左右的淀粉，10%～14%的蛋白质，是生产酱油的主要淀粉质原料。酱油的氮素 1/4 来自小麦，对酱油质量有非常重要的影响。另外，小麦蛋白质中麦胶蛋白及麦谷蛋白较丰富，麦胶蛋白中含谷氨酸较多，是酱油鲜味的重要来源之一。

(2)麸皮。麸皮是小麦制粉后的副产品，含粗淀粉 40%～50%，粗蛋白 9.4%～17.5%，粗脂肪 1.7～5.6%，多种维生素及钙、铁等无机盐。麸皮质地疏松、体轻、表面积大，营养成分适宜，能促进米曲霉生长，有利于制曲和淋油，能提高酱油原料的利用率和出品率。麸皮中的多缩戊糖含量高达 20%～24%，与蛋白质的水解物氨基酸相结合，产生酱油色素。麸皮本身含有 α-淀粉酶和 β-淀粉酶，有利于原料中淀粉的水解。

(3)其他。玉米、高粱、大麦、小米、碎米、米糠、马铃薯、甘薯等含淀粉较高的原料也可用做淀粉质原料。

3. 食盐

食盐是酱油的重要原料之一，它使酱油具有适当的咸味，与氨基酸共同构成鲜味。食盐具有杀菌防腐作用，在生产发酵过程中可一定程度上减少杂菌的污染，对成品酱油有防腐功能。在酱油的发酵过程中，食盐对蛋白酶活力有一定的抑制作用。盐度过高，抑制蛋白酶的活性，蛋白质分解速度下降。盐度过低，产酸细菌容易大量繁殖，使酱醅 pH 下降，抑制中性蛋白酶和碱性蛋白酶的活性。酱油一般含食盐 18%。盐水质量直接影响酱醅的质量，要求盐水清澈无杂质，无异味，pH 7。生产酱油宜选用水分及杂物少、卤汁成分低、色泽洁白、氯化钠含量高的食盐，含卤汁过多，会给酱油带来苦味。

4. 水

酱油成分中水占 83%左右。生产酱油用水量大，对水质要求不高，可以使用无污染、清洁、可以饮用的井水、河水、湖水及自来水，但必须注意水中不可含有过高的铁，否则会影响酱油的香气和风味。

9.1.3 酱油酿造微生物及生物化学

酱油具有的独特风味是在酿造过程中由微生物及其酶引起的一系列生化反应形成的。

1. 酱油酿造微生物

酿造酱油所用优良菌种应具备以下条件：不产生黄曲霉毒素及其他有毒成分、繁殖力强、适应性强、抗杂菌力强、酶系适宜、酶活力高、菌种纯，性能稳定，出油率高，色香味好。

1)米曲霉

米曲霉菌丛一般为黄绿色，成熟后变为黄褐色，分生子头放射形，顶囊球形或瓶形，小梗一般为单层。目前生产上常用的米曲霉菌种主要有：①米曲霉沪酿 3.042，是酱油生产使用的优良菌株，蛋白酶活力高，分生孢子大，数量多，生长繁殖速度快，制曲时间短，对杂菌抵抗力强，制曲容易，发酵后的酱香气好，其蛋白质利用率可达 75%左右；②米曲霉 961、961-2、$10B_1$ 和 Xi-3 菌株，都是以沪酿 3.042 为出发菌株诱变而成的，其蛋白酶活力比出发菌株高，蛋白利用率也有一定程度的提高。

米曲霉有复杂的酶系统，主要产生蛋白质水解酶，分解原料中的蛋白质。另外，还产生谷氨酰胺酶和淀粉酶。谷氨酰胺酶使大豆蛋白质游离出的谷氨酰胺直接分解生成谷氨酸，增加酱油的鲜味。淀粉酶可分解原料中的淀粉生成糊精和葡萄糖。米曲霉还分泌果胶酶、半纤维素酶和酯酶等。米曲霉酶系的强弱，决定着原料的利用率、酱醪发酵成熟的时间以及成品的味道和色泽。发酵时，18%的食盐对蛋白酶系的影响较小，而对其他酶系的影响较大。

2)黑曲霉

黑曲 F-27 菌株是华中农业大学从野生纤维素酶产生菌经诱变选育而成的，该菌株的 CMC 酶活为 937.6 mg 葡萄糖/(g 曲・h)，滤纸糖酶活为 70 mg 葡萄糖/(g 曲・h)，与沪酿 3.042 混合制曲，使原料蛋白质利用率由原来的 75%提高到 80%；黑曲霉中科 3.350 为糖化酶产生菌，与沪酿 3.042 混合制曲，对提高原料蛋白质利用率及产品风味均有一定的效果。

3)酵母菌

从酱醪中分离出的酵母有 7 个属 23 个种，它们的基本形态是圆形、卵圆形、椭圆形。酵母菌的最适培养温度为 30 ℃左右，最适 pH 为 4.5～5.6。酵母菌在酱油酿造中，与酒精发酵、酸类发酵及酯化等有直接或间接的关系，对酱油的香气影响最大。

与酱油质量关系最密切的是鲁氏酵母，占酵母总数的 45%，是常见的嗜盐酵母菌，能在含 18%的食盐基质中繁殖，出现在主发酵期，是发酵型酵母，其主要作用是发酵葡萄糖生成乙醇、甘油等。乙醇是酯类的前驱物质，是构成酱油香气的重要组分。随着发酵温度的升高，发酵型酵母自溶，促进了易变球拟酵母、埃契氏球拟酵母的生长。这些酵母是酯香型酵母，出现在后发酵期，主要作用是参与酱醪的成熟，生成烷基苯酚类香味物质，如 4-乙基愈疮木酚、4-乙基苯酚等。为了提高酱油的风味，有些工厂还人工添加鲁氏酵母和球拟酵母。

4)乳酸菌

从酱醪中分离出的细菌有 6 个属 18 个种，和酱油发酵关系最密切的细菌是乳酸菌，其中酱油四联球菌和嗜盐足球菌，是形成酱油良好风味的主要乳酸菌。在酱醪发酵前期足球菌多，后期酱油四联球菌多一些，如发酵 1 个月的酱醪，乳酸菌的数量可达10^8个/g 醪，其中 90％是酱油足球菌，10％为酱油四联球菌，它们能耐 18％～24％的食盐。

乳酸菌的作用是利用糖产生乳酸，乳酸和乙醇生成乳酸乙酯，香气很浓。当发酵酱醪 pH 降至 5 左右时，促进鲁氏酵母的繁殖，和酵母菌联合作用，赋予酱油特殊香味。根据一般经验，酱油中乳酸含量为 1.5 mg/mL 时，酱油质量较好；乳酸含量为 0.5 mg/mL时，酱油质量较差。但乳酸菌若在酱醪发酵的早期大量繁殖产酸，则对发酵过程有不利影响。因为 pH 过早降低，破坏了蛋白酶的活性。

5)制曲过程中常见的杂菌

制曲过程中常见的杂菌有霉菌(毛霉、根霉和青霉)、酵母和细菌，其中细菌数量最多。一般质量好的曲中每克含细菌数达千万个。

毛霉，菌丝无色，如毛发状，成熟后呈灰色，蛋白酶活性低。大量繁殖后，妨碍米曲霉生长繁殖，降低酱油的风味和原料利用率；根霉，菌丝无色，呈蜘蛛网状，具有较高的糖化力，其危害性低于毛霉；青霉，菌丝绿色，在较低的温度下容易生长繁殖，可产生霉烂气味，影响酱油的风味。

酵母菌，主要有 5 个属，对酱油发酵有害的酵母菌有：①毕赤氏酵母，不能生成酒精，能产生酸，消耗酱油中的糖等营养成分；②醭酵母，能在酱油的液面形成醭，分解酱油中的有用成分，降低酱油的质量，是酱油中较普遍存在的有害微生物；③圆酵母，能产生丁酸及其他有机酸，影响酱油的风味。

细菌有小球菌、粪链球菌和枯草杆菌。小球菌是制曲过程中的主要污染细菌，属于好气性细菌，生酸力弱，在制曲初期繁殖，可产生少量酸，使曲料的 pH 下降。小球菌繁殖数量过多，妨碍米曲霉生长，因不耐食盐，当成曲掺进盐水后，很快死亡，残留的菌体会造成酱油浑浊沉淀。粪链球菌属于嫌气性细菌，在制曲前期繁殖旺盛，当产生适量酸时，能抑制枯草杆菌的繁殖，当产酸过多时，会影响米曲霉的生长。枯草杆菌属于芽孢细菌，在曲料中大量繁殖而消耗原料中的淀粉和蛋白质，并能生成有害物质氨，影响曲的质量，繁殖数量过大，还能造成曲发黏，有臭味，甚至导致制曲失败。

2. 酱油酿造过程中的生物化学

酱油酿造过程中的生物化学变化主要分为两个阶段：制曲阶段和发酵阶段，在不同的阶段所发生的生物化学变化有所不同，在制曲过程中的化学变化极其复杂。制曲阶段最主要的化学反应是分泌各种酶类。酱油发酵阶段是利用制曲阶段所分泌的多种酶，使原料进一步发酵分解合成酱油的各种风味成分。

1)蛋白质分解

蛋白质水解酶系包括蛋白酶、肽酶、谷氨酰胺酶。大豆和其他辅料中的蛋白质在蛋白酶的作用下分解为胨、肽，并逐渐分解为氨基酸。有些氨基酸是呈味物质，如谷氨酸和天门冬氨酸的钠盐具有鲜味；甘氨酸、丙氨酸和色氨酸具有甜味；酪氨酸却具有苦味。因此，原料中蛋白质含量越多，成品酱油中香味越浓，口味更加鲜美。

如果制曲中污染了腐败菌，将进一步使氨基酸氧化而生成游离氨，影响成曲质量。同时，腐败菌分泌的其他酶在以后的发酵中将继续产生有害物质。

2)淀粉的分解

在制曲和发酵过程中，曲霉所分泌的淀粉酶，糖化分解淀粉为葡萄糖、糊精以及麦芽糖等。这些糖类对酱油的色、香、味、体有重要作用。酱油色泽主要是由糖分和氨基酸结合发生的美拉德反应产生的。糖化作用完全，酱油黏稠度及甜味好。因而，淀粉质原料的量是决定酱油颜色、黏稠度与甜味的基础。

在制曲过程中，部分淀粉被水解成葡萄糖，后经 EMP 途径及 TCA 循环被分解成 CO_2和 H_2O 而消耗掉。放出的大部分能量将以热的形式散发，故要加强制曲管理，及时通风与翻曲，以便散发 CO_2和热量，供给充分的氧以保证曲霉菌的旺盛繁殖。

3)酒精的发酵

酒精发酵是在酵母菌的作用下进行的。成曲发酵中，酵母繁殖与发酵状况，视发酵温度而定。在 10 ℃时，酵母仅能繁殖而不能发酵；30 ℃时最适于繁殖与发酵；40 ℃以上酵母自行消解。所生成的酒精，一部分被氧化成有机酸类，一部分挥发散失，一部分与氨基酸及有机酸等化合成酯，还有微量残留于酱醅中。另外，食盐对酵母菌在某种限度下有抵抗力，当 NaCl 含量高达 15%以上时，酵母繁殖与酒精发酵的速度受到影响。

4)酸类的作用

酱油中适量的有机酸可增加酱油风味，但如果含量过多，会使酱油呈酸味而影响质量。制曲时自空气中落下的细菌，在发酵过程中能使部分糖类分解成乳酸、琥珀酸等。酸度过高，既影响蛋白酶和淀粉酶的分解能力，又使产品质量降低。

5)其他物质的化学变化

曲料中的纤维素、果胶质等经米曲霉分泌的纤维素酶和果胶酶分解，将植物细胞壁破坏，细胞内溶物释放，促进米曲霉的生长繁殖。豆饼中的蔗糖被水解成果糖，麸皮中的多缩戊糖有少量被水解成五碳糖，这些糖类还可以进一步参与反应。

6)酱油色素的形成

优质酱油为赤褐色、鲜艳、透明。色泽过浅或浑浊者则为劣等酱油。酱油色素的形成途径主要是美拉德反应和酶褐变反应。美拉德反应的最终产物为类黑素。类黑素是一种大分子物质，是组成酱油色素的重要成分。影响美拉德反应的因素很多，主要和氨基酸、还原糖的种类、结构有关。一般说五碳糖的反应较六碳糖强。在酱油所含的 16～17 种氨基酸中，以色氨酸、苯丙氨酸和酪氨酸的增色效果较好。酶褐变反应，是酱油色素形成的另一条重要途径。酶褐变反应一般是由大豆、蛋白质中的酪氨酸经氧化而成。在酶褐变反应过程中，需要有酪氨酸、多酚氧化酶和氧同时存在，缺一则不能产生酶褐变反应。酶褐变反应主要发生在发酵后期。在此期间若酱醅缺乏氧气，pH 又低(多酚氧化酶最适 pH 为 6～7)，发酵时间短，就会妨碍酪氨酸氧化聚合生成黑色素。

7)酱油香气的形成

酱油的香气来源于原料、曲霉代谢、乳酸菌代谢、化学合成、酵母发酵，它们分别属于醇、有机酸、酯、缩醛、酚基化合物和呋喃酮等。酱油中的香气成分还不能用化学分析数据来表示，主要靠感官鉴定。评定时，一般都以天然晒制的酱油作为酱油香型标准。据日本有关专家研究，影响酱油香气的主要成分是 4-乙基愈创木酚等酚类物质，其次是 4-羟基-2-乙基-5-甲基-3-呋喃酮。

4-乙基愈创木酚的形成途径大致如下：原料→蒸煮→制曲→酱醪发酵→木质素、配糖体→阿魏酸→4-乙基愈创木酚。

在制曲过程中，米曲霉等曲霉分解小麦麸皮中的木质素和配糖体，形成阿魏酸，入池发酵后，酱醪中的球拟酵母属的酵母菌作用于阿魏酸，最后形成 4-乙基愈创木酚。4-乙基愈创木酚在酱油中含量为 0.5～1.5 mg/kg 时，酱油质量明显提高。

目前，速酿酱油生产中质量问题之一是酱油缺乏香气，因为酱油香气的产生主要是在发酵后期。发酵时间长，有利于酱油香气的形成。

8)酱油味的形成

酱油的味是衡量酱油质量的重要指标之一。凡是优良酱油都必须具有鲜美、醇厚、调和的滋味，不得有酸味、苦味和涩味。

酱油味的来源，主要是呈鲜味的氨基酸和核酸类物质的钠盐，呈甜味的糖类和呈酸味的有机酸，呈咸味的氯化钠以及有助于滋味的香气成分。

鲜味主要来自谷氨酸钠、鸟苷酸、肌苷酸的钠盐。在酱油的发酵过程中，由于酶的催化作用使蛋白质水解成近 20 种氨基酸。这些氨基酸占酱油全氮的 40%～60%，其中谷氨酸及其钠盐具有鲜美的口味，其他氨基酸也有呈味作用，如缬氨酸、天门冬氨酸呈鲜味，甘氨酸、丙氨酸、色氨酸呈甜味。此外，霉菌、酵母菌和细菌菌体中的核酸水解后生成四种核苷酸，鸟苷酸和肌苷酸具有特殊的鲜味，并与谷氨酸的钠盐相协调，赋予酱油更鲜的美味。

甜味主要来源于糖类，常见的有葡萄糖、果糖、麦芽糖和蔗糖等。另外，还有木糖、阿拉伯糖等五碳糖和糊精等。

酱油中有机酸的种类、数量较多，其中以乳酸的含量最高，约占酱油的 1.6%。乳酸的酸味较为和缓，使酱油的味柔且长。部分乳酸与酵母菌生成的酒精酯化，形成乳酸乙酯，使酱油具有芳香味。琥珀酸是影响酱油风味的另一种不挥发酸，其味感柔和，在酱油中含量约为0.1%。

咸味主要来自食盐，其含量一般为18%左右；食盐不仅能提供酱油的咸味，而且还能与氨基酸形成钠盐，使酱油鲜味提高。市销的食盐中除含有氯化钠外，还含有氯化钾、氯化镁等无机盐类，给酱油带来苦涩味。

在酱油发酵过程中往往使用陈盐，即经过一定时间的储存、潮解排除卤汁的食盐。

9)酱油体的形成

酱油的体态，一般是指酱油的黏稠度，俗称酱油的“体”、“态”或“骨分”，由各种可溶性固形物构成，主要有无机物、有机物、蛋白质、氨基酸、糊精、糖类、色素、食盐、矿物质、维生素，多以波美度或折光度来表示。无机物中以食盐为主要成分。有机物中以可溶性蛋白质、氨基酸、糊精、糖分和有机酸等为主要成分。

一般酱油的质量愈高，有机固形物愈浓，原因是在酱油生产过程中，若原料配比适当，其分解率就愈高，黏稠度也愈好。

9.1.4 传统酱油酿造工艺

1. 传统酱油酿造工艺流程

工艺流程如下：原料→处理→制曲→发酵→淋油→加热及配制→成品。

2. 原料预处理

豆饼或大豆配料前必须经过粉碎，达到一定的粉碎程度，为润水、蒸熟创造条件。如果大豆或豆饼颗粒过大，不仅会造成浸润时间延长，还会发生浸润不透的现象，致使原料不能充分蒸熟，蛋白质不能达到适度变性，米曲霉菌丝不能深入颗粒内部繁殖，减少米曲霉繁殖的表面积，相应地减少酶的分泌量，导致酱醅发酵不良，影响成品质量和原料利用率。

原料粉碎也不能过细，过细润水时容易结块，制曲时曲料密实，通气不良，影响成曲质量。发酵时酱醅黏度较大，给淋油造成困难，因此，粉碎后的豆饼(或大豆)一般要掺进麸皮，混合后润水制曲，达到提高原料利用率、改善酱油质量的目的。豆饼粉碎颗粒大小以2～3 mm为宜，粉末量不超过20%。

麸皮之所以适合于制曲，除含有适合米曲霉生长所需要的淀粉质与蛋白质等营养成分以及与酿造酱油的香气及色泽有关外，还因为麸皮质量较轻，质地疏松，使米曲霉繁殖的表面积大，酶的活力增强。

豆粕或经粉碎的豆饼与大豆不同，因其颗粒已被破坏，如用大量的水浸泡，会使其中的营养成分浸出而损失，因此必须有加水与润水的工序，即加入所需要的水量，并设法使其均匀而完全为豆饼吸收，加水后需要维持一定的吸收时间，称为润水或叫润胀。

另外，为使豆饼(粕)及辅料中的蛋白质完成适度变性以及消除生大豆中阻碍酶的物质，使原料成为酶容易作用的状态，需将原料进行蒸煮。

3. 制种曲

1)试管菌种培养

培养基的制备：选用豆饼或大豆粉 50 g，麸皮 50 g，加水 500 mL，煮沸 15 min，用双层纱布过滤，滤液加硫酸镁 0.5 g，磷酸二氢钾 1 g，硫酸铵 0.5 g，琼脂 20 g，加热煮沸，加水补至 1000 mL，趁热分装试管，灭菌冷凝后，28 ℃左右保温，观察 2 天，如无杂菌即可使用；接种：从菌种试管中挑取米曲霉孢子，接于斜面上或麸皮中，于 28 ℃下培养 3 天。当斜面上或麸皮中长满黄绿色孢子，无杂色孢子，保存备用。麸皮管在菌丝未全长白时，摇散麸皮一次。

2)三角瓶菌种培养

将试管菌种接入三角瓶或罐头瓶中，摇匀后于 25～28 ℃下培养 24 h，摇瓶一次，将菌料摇散，放室温下，以免堆积自热烧菌，培养 2～3 天，麸皮料上长满黄色孢子即成。

3)种曲的生产

种曲的配料有两种：①麸皮 85 kg，豆饼粉 15 kg，水约 90 kg；②麸皮 100 kg，水 95～100 kg。选择一种配料，进行蒸料。待蒸料冷却到 38 ℃时，将瓶子(三级种)菌种拌入料中，堆置 4 h 后，分装竹筛，料层厚度以 2 cm 左右为宜，将筛叠起来放入已消毒的种曲室，外用双层湿纱布覆盖保温培养，室温保持不低于 20 ℃为宜，培养约 16 h。曲料出现白色菌丝，品温升到 33 ℃时，进行翻曲(或不翻)。先用小刀划成方块，然后用手翻转料方块，料太干时，可喷冷开水补充水分，将筛摆成品字型，上盖湿纱布或湿白布，地面、墙壁喷水保湿。培养 24 h，料面布满白色菌丝，将筛上下位置对调，或打开门窗通风降温，或加温保持品温，控制好温度及湿度，继续培养数小时，曲料变成淡黄绿色，品温下降至 30 ℃左右，培养 50～60 h，产生大量孢子，曲料呈黄绿色、半干状态，外观呈块状，内部松散，用手触动，孢子飞扬，具曲霉固有的香味，无异味，即为成熟的种曲。应无根霉(灰黑色绒毛)、青霉(兰绿色斑点)。

4. 制曲

制曲是酱油发酵的主要工序，制曲过程的实质是创造曲霉生长最适宜条件，保证优良米曲霉菌等有益微生物得以充分发育繁殖(同时尽可能减少有害微生物的繁殖)，分泌酱油发酵所需要的各种酶类。

目前我国多数厂家采用厚层通风制曲(大曲)，制曲设备主要是通风池，少数小厂采用竹盘、竹筛制曲，制曲方法与种曲制备类似。通风制曲工艺流程如下：熟料→冷却→接种→入池培养→第一次翻曲→第二次翻曲→铲曲→成曲(大曲)。

1)蒸料

将粉碎后的豆饼粉及麸皮，按原料配比称重，均匀混合，然后加水润料。加水量一般为原料重的 80%～120%，使熟料含水控制在 45%～50%之间。宜用 80 ℃以上的热水，尽量使水均匀分布及渗入料粒内部。加水后，在蒸锅内润水约 0.5 h，进行蒸料。蒸料使原料中蛋白质适度变性及淀粉糊化，成为酶容易作用的状态，并有杀菌作用。蒸料可用常压蒸煮锅或加压蒸煮锅。

常压蒸料，上汽要均匀，顶汽装料，注意防止漏气，装料完毕，曲料上面都冒汽时，保持蒸煮 1 h，留锅 0.5 h，立即出锅。加压蒸煮，大中型厂多采用旋转式蒸煮锅(简称转锅)，它具有设备投资少、容积大、蒸料多等优点，润水、蒸煮、冷却均在锅内完成，卫生条件好，劳动强度小，蒸煮时间短，有利蛋白质适度变性及淀粉充分糊化。常在 10^5 Pa蒸汽压下蒸 30 min，出锅后迅速冷却。

2)冷却

熟料要求迅速冷却，减少杂菌污染的机会。常用的方法有通风冷却、扬冷和过筛等方法。扬冷和过筛还可起到打散团块、散失有害气体的作用。冬天熟料冷至 35 ℃左右接种，夏天冷至 30 ℃左右接种。

3)接种

接种量为 0.3%～0.5%。先把种曲和熟料搓拌，使米曲霉孢子分散，再均匀将种曲撒在料面上拌匀。

4)入池

将接种后的曲料，送入池内，要求松散，厚薄一致，厚度为 25～30 cm，四角及边沿要铺严，防止跑风。曲料入池后，为使品温上下一致，应及时开动风机，调节温度至 32 ℃左右，促使孢子发芽。为了观察品温，曲料上、中、下及面层各插温度计一支。曲室温度为 28～30 ℃，静置培养 6～8 h，孢子发芽，当料温升至 35 ℃，立即开机通风降温，降至 32 ℃停机。接种 12～14 h 后，品温上升迅速，菌丝生长致使菌料结块，通风阻力增大，连续通风，品温仍然上升，应进行第一次翻曲。翻曲可使曲料疏松，减少通风阻力，保持品温为 34～35 ℃，继续培养 4～6 h，曲料又结块，根据品温上升情况，进行第二次翻曲，继续通风，保持品温为 30～32 ℃，如果曲料出现裂缝或收缩，可采用压曲或铲曲措施消除裂缝，堵塞通风短路。培养 20 h 以后，曲霉开始产生孢子，蛋白酶活力大幅度上升，24～30 h 可出曲。

5)制曲要求

料要蒸熟，不发生夹生现象，以蛋白质适度变性和淀粉全部糊化为度；保湿通气。曲料保持 30 cm 厚，水分含量为 45%～51%。通风要有一定风压，能透过料层，将米曲霉呼吸产生的多余热量带走；要求装池料温、制曲品温、进风风温低；要求熟料湿度均匀、接种、装池松紧、料层厚度。

5. 发酵

酱油生产过程中的发酵，实际是利用米曲霉、酵母菌和细菌所分泌的各种酶，在适宜的条件下，使原料中的物质进行一系列复杂的生物化学变化(主要是高分子物质的分解，也有新物质的合成)，从而形成酱油所特有的色、香、味、体的过程。目前，国内采用的主要工艺为低盐固态发酵法，其盐水浓度介于无盐与高盐之间。

低盐固态工艺主要有如下特点。原料成本低廉(豆粕、麸皮)，发酵周期短(15～30天)，发酵温度高，营养物质含量少。由于发酵温度高，酶失活快，不利于氨基酸生成及产香产酯，发酵时间短，代谢产物不多，相互之间又来不及补充、调整、圆熟，故该法生产的酱油风味稍差，但该法工艺简单，设备投入少，生产成本低。

1)盐水调制

盐水的温度夏天保持 45～50 ℃，冬天保持 50～55 ℃，一般以 12～13 °Bé 较好；酱醅中食盐含量在 7%左右为宜。

2)制酱醅

盐水加热到 50～55 ℃，将成曲打碎，拌入盐水；成曲拌盐水量以酱醅含水量达 52%～53%为宜，不低于 50%，如果原池浸出发酵，不进行移池淋油，酱醅含水量可增至 57%，回浇或淋浇；制好的酱醅放入发酵池，上盖聚丙烯薄膜，膜边缘用食盐封闭。

3)前期发酵

15 天左右，保持温度为 40～45 ℃(各种酶系的最适温度)，有利于酱醅中大分子物质的分解，在此过程中酱油的香味物质已基本形成。为了使酱醅迅速水解，入池第二天，可淋浇一次，以后再淋浇两次。

4)后期发酵

15 天左右，保持温度为 30～35 ℃，以便进行酒精发酵及后熟作用。前期发酵水解已基本完成，可以补充食盐，使酱醅含盐量达 15%以上，食盐可均匀拌淋在酱醅内。

生产实践中，许多厂家酱醅发酵周期只有 20 天，发酵温度保持在 50 ℃左右，一般前 10 天保持品温为 44～50 ℃，后 10 天保持品温在 50 ℃以上。后期发酵大部分酶已失活，由于温度提高，有利于非酶褐变的进行，酱醅颜色很快变为黑褐色。同时，由于温度偏高，一些物质的形态结构发生了改变，黏度降低，有利于淋油，对提高出油率有利，但不利于酒精发酵等的进行。

5)倒池或倒缸

倒池也叫移池。发酵过程中，定期倒池，可使酱醅各部分温度、水分、盐分及酶的浓度趋向均匀，增加酱醅的含氧量，加速氧化。一般发酵过程可以 3～4 天倒缸一次。

6)酱醅质量要求

红褐色，有光泽、不发乌、醅层颜色一致；酱醅柔软、松散、不干、无硬心；有酱香味，味道鲜美，酸度适中，无苦涩等异味和不良气味；酱醅 pH 不低于 4.8；每克酱醅的细菌总数不得超过 30 万个。

6. 浸淋与配制

酿造酱油发酵完成后，采用的工艺不同，浸淋的方法也有所不同。

1)移池浸出法

将发酵后成熟的酱醅移入浸出池(淋油池)淋油，可使酱醅各部分温度、盐分、水分以及酶的浓度趋向均匀，排除内部有害气体及挥发性物质，增加酱醅的含氧量，防止厌氧菌生长，促进有益微生物繁殖和色素生成等。

2)原池浸出法

不另建淋油池，发酵池下面有假底并留有阀门，发酵完毕，打入冲淋盐水浸泡后，打开阀门即可淋油；原池浸出法可使酱醅含水量高，有利于蛋白酶的水解作用，提高全氮利用率，不易焦化产生焦糊气味。

3)淋浇发酵浸出法

将累积在发酵池底部的酱汁，用泵抽回浇于酱醅表面，使酱汁布满整个酱醅表面，均匀下渗，即浇淋。发酵过程中不断浇淋，直至35天酱醪成熟后淋油。通过淋浇使酱醅的水分和温度均匀一致，为培养乳酸菌、酵母菌创造了良好的生态环境，延长了后发酵期(发酵周期为35天)，增加了酱油的香气成分。

浸淋通常采用套淋法，该法可以最大限度地提取有效成分，其工艺流程如下：

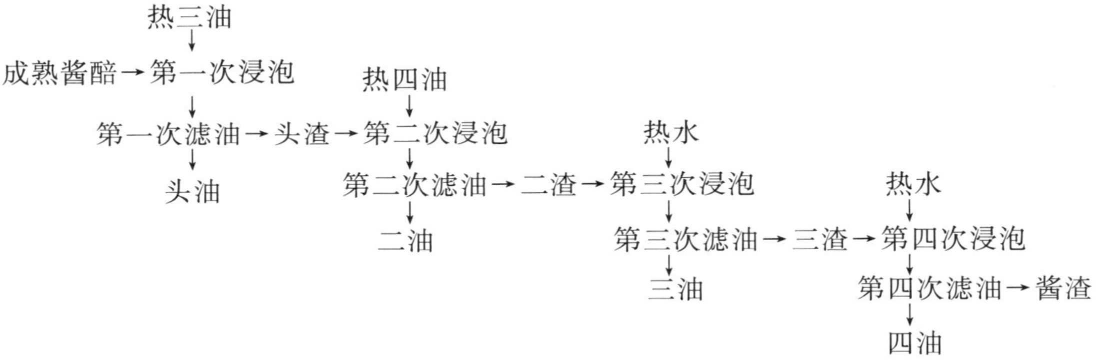

酱醅成熟后，移入淋油池或在原池浸淋，加入80 ℃左右的热三油，加盖保温60 ℃以上，经8 h后，酱醅慢慢上浮，然后散开，滤取头油；头油滤完，立即加入80 ℃左右的热四油于头渣内，第二次浸泡6 h，滤取二油。头油与二油用来配制成品酱油。浸泡所用的热三油和热四油为前一批酱醅淋油所得的三油和四油；二渣加入80 ℃以上的热水浸泡3 h，滤出三油；三渣加入80 ℃以上的热水浸泡2 h，滤出四油。

浸泡过程中食盐的浓度对浸泡滤油的速度有一定影响。浓度高，滤油慢，可溶性物质不易浸出；浓度低，滤油快，成分易浸出。成品酱油的含盐量约为18%，而一般酱醅浸出时含盐量较低，可将每批所需要的食盐置于管中，使流出的头油和二油流经盐管，使盐层逐渐溶解，补充食盐。

7. 酱油的杀菌、防腐及配制

通过加热一方面杀灭酱油中的微生物，防止生霉变质，延长保存时间，另一方面破坏酱油中的酶类，特别是脱羧酶和磷酸单酯酶，它们的存在可分解氨基酸而降低酱油质量。加热可调和香气和风味，使酱香醇和，改善口味；加热促进了美拉德反应，提高了酱油的色泽，并使蛋白质发生絮状沉淀，带动悬浮物及其他杂质一起下沉。

酱油杀菌常用巴氏消毒法，65～70 ℃保温 30 min，或采用连续式热交换器杀菌，出口温度以 80 ℃为宜。该方式可杀死酱油中的绝大部分微生物，但仍然残存部分微生物及芽孢细菌，灌装过程可能还有微生物侵入，常使酱油变质，保存时间缩短。因此，酱油中可以添加适量防腐剂来防腐。

酱油的配制是将头油和二油，按酱油等级和种类的质量标准进行配兑，添加或不添加助鲜剂、甜味料、增色剂和防腐剂，使成品达到感官特性、理化指标等要求。

此外，各地风俗习惯不同，品种有别，对酱油的要求也不同，可以在原来酱油的基础上，分别调配助鲜剂、甜味剂以及某些香辛料，以增加酱油的风味和花色品种。常用的助鲜剂有谷氨酸钠，强烈助鲜剂有肌苷酸和鸟苷酸；甜味剂有白砂糖、饴糖和甘草；香辛料有花椒、丁香、桂皮、八角和茴香等。

9.1.5　酱油酿制新工艺

为了适应酱油酿造发展的需要，国内不少科研单位及厂家，改革工艺，取得了一些成果，如深层液体发酵酿制酱油，使用液体曲及酶法制酱油，使蛋白质利用率达 80%以上，且具有改善劳动条件、减少杂菌污染、节约粮食和缩短工艺流程等优点，但酶法酿造酱油工艺仍需完善；选育良种，采用多菌种发酵取得了一些成效；膜分离技术是一种先进的分离技术，通过超滤可有效除去细菌、高分子杂蛋白和胶体微粒等，能得到高品质酱油，提高了酱油后处理效果。

1. 工艺路线

有人认为，要想提高酱油的质量和出品率，要走低温制曲、高盐低温液态发酵的工艺路线，发酵周期不短于 6 个月。也有人认为，要从我国的实际情况出发，既满足人民生活需要，增加酱油的数量，又要在原有的基础上提高质量，低盐固态发酵和无盐固态发酵工艺路线还是可行的，但必须加强技术管理。对于特殊需要的酱油，可以采用低温稀醪发酵或天然晒露发酵。

2. 菌种的新发展

以目前生产用沪酿 3.042 为出发菌株，通过中子、Co^{60}、γ 射线、紫外线及化学诱变剂进行多次诱变筛选，都得到性能较好的菌株。有些新菌种酶活提高 1 倍以上，有些新菌种酶活提高了 40%。

3. 生产设备

提高机械化程度也是酱油新工艺的发展方向，如高压连续蒸煮蒸料设备、种曲制造设备、制曲设备等。

4. 酶制剂的研究

酱油酿造的制曲工艺需要很多设备，粮食消耗多，容易污染杂菌，劳动强度大。从1970年开始研究利用蛋白酶和淀粉酶直接酿造酱油，取得了一些成果，如3.942栖土曲霉蛋白酶、细菌1.398蛋白酶、细菌7.658淀粉酶等用于酱油生产。研究选育的蛋白酶产生菌916，被认为适合于做酱油酶制剂生产，但是用酶酿制的酱油，均有颜色和香气不足的问题，这些问题有待进一步解决。

5. 多菌种发酵工艺

在现有设备的基础上，多菌种发酵工艺既不延长发酵期，又能提高酱油的质量和风味，因此其工艺路线被认为是可行的。上海酿造科学研究所以米曲霉沪酿3.042成曲为主，添加20%左右的3.350黑曲，酱油的谷氨酸含量可提高30%～40%；添加豆饼质量1%的纤维素酶制剂，淀粉利用率可提高10%；发酵时接入2%～5%的酵母增殖液，酵母用沪酿酱醪2号和K氏酒精酵母，酱油的酒精含量能提高8倍左右，其他醇类和酯类也有提高，在各项质量指标和技术经济指标均达到要求的情况下，酱油的滋味和香气有很大改善；用沪酿214号蒙奇球拟酵母及沪酿108号胚芽乳杆菌可明显提高酱油中的乙醇、异戊醇、异丁醇等，改善酱油风味。

9.2 食醋概述与酿造

9.2.1 食醋概述

食醋是我国传统的酸性调味品，在我国有悠久的酿造历史。我国古籍上的“酢”、“酒”等文字，是醋在古代的名称和起源根据。元代《农桑衣食撮要》记载了麦醋、老米醋等食醋的生产方法。《孔氏传》中记载“盐咸梅酸羹须醋以和之”，其大意为欲得美味佳肴，必须用醋作调料。从记载中可以看出，作为我国的主要酸味调料，食醋的起源可能在公元前16世纪左右。

我国醋的品种很多，如山西老陈醋、镇江香醋、四川麸醋、福建红曲醋、北京熏醋、浙江玫瑰醋、上海米醋等，这些醋的风味各异，行销国内外市场，颇受欢迎。日本食醋品种有米醋、谷物醋、苹果醋、葡萄醋、酒精醋、合成醋(用食用冰醋酸配兑)以及保健醋等。欧美生产品种有苹果醋、麦芽醋、葡萄醋、橙橘醋、红酒醋、菌香醋。

9.2.2　食醋酿造原料

1. 主料

食醋酿造主料指能被微生物发酵而生成醋酸的原料，包括淀粉质、糖、酒精三大类物质，如谷物、薯类、果蔬、糖蜜、酒类及野生植物等。由于目前制醋多以含淀粉质的粮食为基本原料，所以制醋的主料一般指粮食。长江以南习惯上以大米作主原料，而长江以北则以高粱、甘薯、小米、玉米作主料。

(1)大米。我国长江以南习惯上用大米(糯米、粳米、籼米)为制醋的主料，其组成以淀粉为主，蛋白质次之。制醋用的成品大米，是谷粒皮层被不同程度碾去后的米粒，它主要包括胚乳及残剩的少量胚，大米含淀粉达 70%以上，是制醋的优良原料。稻米中的糯米是镇江香醋的主要原料，所含淀粉全为支链淀粉，黏度大，不容易老化，糖化速度缓慢，成品醋质地浓厚，风味较佳。碎米是稻米加工的副产品。一般稻谷加工中，碎米量可占整粒白米量的 6%左右。碎米的化学组成同整米基本相同，碎米作为普通食醋的原料，可降低生产成本，增加粮食副产品的利用率。

(2)玉米。玉米粗淀粉含量较高，通常黄玉米淀粉含量高于白玉米。玉米籽粒含少量葡萄糖、蔗糖、糊精。玉米胚芽富含脂肪，其脂肪属于半干性植物油，占胚芽干物质总重的 30%～40%。脂肪在酒精发酵时易氧化，生酸快且生酸幅度大，往往会抑制酵母菌的活动，因此，在以玉米为原料酿造食醋时，应首先将胚芽除去，以免影响发酵。另外，玉米淀粉结构紧密，难以糊化，糖化时生成难溶解淀粉。

(3)甘薯。又称山芋、地瓜、白薯、红苕等，有很多优良品种，含有丰富的淀粉，结构松散，易于糊化，果胶含量较高，而纤维素、脂肪和蛋白质含量低，发酵过程中升温幅度小，有利于食醋发酵，出醋率较高，是制醋的良好原料。另外，甘薯是高产作物，用其制醋可降低经济成本。但甘薯中果胶含量较多，蒸煮和发酵过程中产生大量甲醛，产品的薯干味较重，且鲜薯容易腐败，因此，常采用甘薯干作为酿醋原料。

(4)米糠、米糠饼。米糠和米糠饼均含有丰富的淀粉，尤其是米糠饼。两者都适宜于生产酱油和食醋。

(5)其他。除上述原料外，马铃薯、木薯也可以作为加工用原料。野生植物橡子、菊芋等的加工副产物淀粉渣、粉浆水、碎米、麸皮等均可作为酿醋原料。

糖质原料主要有富含糖分的甜菜糖蜜、甘蔗糖蜜、蜂蜜等；酒类原料主要有食用酒精、白酒、果酒和啤酒等；果蔬类可使用梨、苹果、西瓜、柿、枣、番茄等；加工副产品类有糖糟、废糖蜜等。

2. 辅料

固态发酵法制醋，需要大量的辅料。辅料能够提供微生物的活动场所，提供微生物生长繁殖需要的营养物质，利于各种水解酶对物质的转化，增加食醋中的糖分与氨基酸的含量，对醋醅起疏松作用。常用的辅料有细谷糠及豆粕和麸皮。

3. 填充料

填充料可以调节淀粉浓度、吸收酒精及液浆、保持空隙、疏松醋醅、流通空气，有利于醋酸菌的好氧性发酵，提高出醋率。常用的填充料主要有谷壳、稻壳、高粱壳、玉米芯、玉米秆、高粱秆、刨花等。

4. 添加剂

常用的添加剂有食盐、砂糖、香料、炒米色、酱色等。醋酸发酵成熟后，加入食盐，可以抑制醋酸菌的生理活动，防止其对醋酸的进一步分解，终止醋酸发酵过程。食盐还能调和食醋风味。砂糖可以增加食醋甜味和浓度。茴香、生姜、芝麻等香料赋予食醋特殊的风味。炒米色或酱色可以增加食醋的色泽及风味。

9.2.3 食醋酿造微生物及生物化学

食醋酿造的主要微生物有曲霉、酵母和醋酸菌。曲霉能产生大量的淀粉酶和蛋白酶，使淀粉水解成糖，使蛋白质水解成氨基酸，酶母菌使糖转变成酒精，醋酸菌能使酒精氧化成醋酸。

1. 食醋酿造的主要微生物

1)曲霉菌

我国老法制醋所用的麦曲、药曲及酒曲中，有大量霉菌，其中最主要的是曲霉。由于菌种来源不纯，培养后各种微生物长势不一致，结果成色不一样，导致食醋质量不稳定。目前，大多数厂家选用水解淀粉能力强，适宜酿醋的纯培养菌种。常用菌株有米曲霉 As. 3384、黄曲霉 As. 3800、乌沙米曲霉 As. 3758、甘薯曲霉 As. 3324、黑曲霉 As. 3. 4309、东酒 1 号、河内曲霉等菌株。

2)酵母菌

酵母菌是食醋酿造中酒精发酵阶段的主要菌。酵母培养及发酵的最适温度为 25～30 ℃，但因菌种的不同稍有差异。酒精发酵一般需 3～4 天完成。过去传统制醋是利用空气中及各种曲子内存在的酵母菌进行酒精发酵，现在很多厂家选择适宜于粮食原料发酵、酒精发酵力强的酵母菌，使产品质量提高。有些酵母能够产生香味，对食醋风味有利。酵母细胞本身含有丰富的蛋白质及维生素等营养物质，当酒精发酵完毕后，菌体留在醋醅内，增加醋的营养，也可作为醋酸菌的营养物，有利醋酸菌的生长与发酵。

目前工业生产中大多数采用纯培养的优良酵母菌种，包括大量酒精酵母和产酯酵母。前者主要进行酒精发酵，使用淀粉原料的主要菌种有 As. 2399(德国 12 号啤酒酵母)、K

字酵母、南阳 5 号酵母 1300 等，使用甘蔗糖蜜为原料的主要菌种有 As. 2、1189(古巴 1 号)。产酯酵母主要有汉逊氏酵母 As. 2、毕赤酵母、球拟酵母、假丝酵母等。

3)醋酸菌

醋酸菌是一类具有氧化乙醇生成醋酸能力的细菌。食醋的酿造是利用醋酸菌的氧化作用将乙醇转化为醋酸，在食醋发酵的诸多工艺中，醋酸菌的参与起着决定性的作用。食醋酿造中使用的醋酸菌大多属于醋杆菌属。

醋酸菌有以下特点：需氧菌，一般在液体表面形成菌膜，膜的性状随菌种不同而异，有的厚，有的薄，有的韧，有的带黏性；醋酸菌繁殖的适宜温度为 30 ℃左右。凡产生醋酸较多的醋酸菌，繁殖温度均较高；产生葡萄糖酸多的醋酸菌，繁殖温度则稍低；醋酸菌无芽孢，对热的抵抗力很弱，在 60 ℃时 10 min 左右即死亡；一般醋酸菌可耐受 1.5%～2.5%的醋酸，部分菌种可达 6%～7%，而只可耐受 1%～1.5%的食盐。因此，生产上醋酸发酵完毕后，添加食盐，不但可调节食醋滋味，也可防止醋酸过度氧化；醋酸菌还能氧化其他醇类、糖类，产生的氧化物对食醋风味有一定的贡献。

酿醋时，选择优良醋酸菌非常重要。国内固态发酵法酿醋，很少使用纯的醋酸菌，主要依靠空气或水中带进的醋酸菌，或将醋醅循环接种使用，往往使醋酸发酵保持在较低水平上，不能充分利用原料。劣质醋酸菌还影响食醋质量。因此，使用优质纯种醋酸菌生产，可保证食醋质量并提高产量。

生产中可使用单一菌种，也可多菌种发酵。多菌种发酵，由于微生物种类多，代谢产物相对复杂，产生香味物质较多，风味优于单一菌株发酵。

2. 食醋酿制中的生物化学作用

对于淀粉质原料，食醋的酿造可分为淀粉分解、酒精发酵和醋酸发酵三个主要过程，这些过程都是微生物所产生的酶的作用过程。

1)糖化作用

糖化作用是指淀粉在淀粉酶作用下水解为葡萄糖的过程。在糖化和发酵时所用的曲中，有淀粉酶、糖化酶、葡萄糖苷转移酶、果胶酶、纤维素酶等，由于这些酶的协同作用，使淀粉分解生成发酵性的糖，再由酵母生成乙醇。小部分的非发酵性糖作为残糖存在于醋中，作为食醋中部分色、香、味的基础。传统制醋中，原料蒸熟，使淀粉糊化，再加麦曲、药曲或酒曲，由曲中各种霉菌产生的淀粉酶作用，将淀粉转化为麦芽糖和葡萄糖，但作用缓慢，水解不完全。现在培养纯种糖化曲，可在较短时间内进行比较完全的糖化。食醋加工常选用黑曲霉群中的甘薯曲霉及黄曲霉群中的米曲霉。

2)酒精发酵

与酒精发酵关系密切的酶主要有两大类，即水解酶和酒化酶。淀粉水解后生成的大部分葡萄糖，被酵母菌细胞吸收后，在一系列酶的作用下，先形成丙酮酸，丙酮酸经脱羧形成 CO_2和乙醛，乙醛在厌氧条件下加氢还原成乙醇。在酵母细胞中实际上约有 95%

的葡萄糖变成乙醇和 CO_2，其余 5%被用于酵母菌的增殖和生成其他产品。

酒精发酵在 25～30 ℃下，一般经 3～4 天即可完成。酒精发酵过程可分为发酵前期、主发酵期和后发酵期。

另外，麦芽糖酶、转化酶和乳糖分解酶等参加分解作用生成其他物质。

3)醋酸发酵

醋酸发酵是依靠醋酸菌的作用，将酒精氧化生成醋酸。醋酸菌除生成醋酸外，还能生成羟基酸，这些酸与乙醇可发生酯化反应生成各种酯类，这些酯类是构成食醋香气的重要成分，所以有机酸种类越多，醋的香味就越浓。另外，原料中少量的脂肪在霉菌解脂酶作用下生成各种脂肪酸和甘油，脂肪酸也可以和醇作用生成酯类。

4)蛋白质水解为氨基酸的作用

酿醋以含淀粉多的粮食为原料，其中也含一部分蛋白质。蛋白质蒸熟后，由曲霉分泌的蛋白酶作用，在糖化、酒精发酵及醋酸发酵各阶段中，逐渐分解成各种氨基酸。氨基酸是食醋鲜味的来源，也是部分色素生成的基础。

5)食醋的陈酿后熟作用

食醋除在发酵过程中形成风味外，很大一部分还与陈酿后熟有关。食醋在陈酿期间，由于醋中糖分和氨基酸的羰氨反应产生黑色素等物质，使食醋色泽加深。另外，陈酿后熟过程中的氧化反应(酒精氧化生成乙醛)和酯化反应，使食醋风味变得醇和。因此，为了保证成品醋的质量，新醋需经一定时间的贮存，不宜立即出厂。

9.2.4 固态发酵食醋生产工艺

食醋的整个生产过程在固态下进行的发酵叫固态发酵。固态发酵食醋以粮食及其副产品为原料，需拌入较多的辅料和填充料，使醋醅疏松，能容纳一定量的空气。此法制得的醋香气浓郁、口味醇厚，色泽较好，为多数厂家采用。

固态发酵制醋根据原料、用曲种类、操作方法及产品风味不同，可分为大曲醋(以山西陈醋为代表)、小曲醋(以镇江香醋为代表)、麸曲醋(最常见种类)三种类型。

大曲以小麦、大麦和豌豆等为原料，利用制曲原料、工具、辅助材料和周围空气中的微生物，自然繁殖而成，其形状似砖，又称砖曲。在制曲过程中培养出有益的菌类，分泌出许多复杂的酶，促进食醋原料的糖化和发酵作用，所以它既是发酵剂，也是制醋原料。大曲醋发酵周期较长，产品质量较好，但成本较高，出醋率偏低。小曲又称酒药、药小曲或药饼，小曲品种很多，其中所含微生物以根霉、毛霉为主。一般小曲中的微生物是经过自然选育培养的，并经过曲母接种，使有益微生物大量繁殖，所以小曲兼具糖化及发酵的作用。麸曲醋的生产是以纯种麸曲为糖化剂，以纯种酵母、醋酸菌制成的酒母和醋母作发酵剂，其工艺简便，发酵周期短，出醋率高，成本低。不足之处是食醋风味比大曲醋和小曲醋稍差。

1. 工艺流程(麸曲醋)

固态发酵食醋生产工艺流程：原料→粉碎、配料→蒸煮→糖化、酒精发酵(加麸曲、酒母、麸皮、水)→固态醋酸发酵(加麸皮、谷糠)→加盐后熟→淋醋→灭菌防腐→成品。

2. 配料及原料处理

玉米粉(碎米或甘薯干粉等)100 kg，细谷糠 175 kg，粗谷糠 50 kg，蒸料前加水 275 kg，蒸料后加水 125 kg，麸曲 50 kg，酒母 40 kg，醋酸菌种 50 kg，食盐 5～7.5 kg。

将玉米(碎米或甘薯干)去杂粉碎，撒入平摊在料场上的谷糠上，混合均匀，第一次加水拌匀，润水 1 h。

3. 蒸料

原料装锅常压蒸 1 h，再焖锅 1 h，加压 1.5×10^5 Pa 蒸 40 min。然后将熟料取出放入干净的拌料场上，过筛，打碎团块，同时翻拌及通风冷却。

4. 添加麸曲及酒母

料温在夏天降至 30～35 ℃，冬季降至 40 ℃，第二次撒入冷水，加水量为主料的 80%，翻拌铺平，加入粉碎的麸曲及酒母，拌匀装缸，入缸时品温为 15～16 ℃。

5. 淀粉糖化及酒精发酵

醋醅入缸后，摊平，每缸装醋醅 100 kg 左右，缸口盖上草盖，室温以 20 ℃为宜。当品温升至 36 ℃时，进行倒醅，一般不应超过 40 ℃。

倒醅是将已升温的醋醅移入另一空缸内，再将下一缸倒在新空出的缸内，依次将所有醋醅倒一遍。再经 5～8 h，醅温又上升到 38～39 ℃，再倒醅一次。正常醋醅温度控制在 38～40 ℃，每天倒醅 1～2 次。发酵期为 5～6 天，醅温降至 33～35 ℃，表明糖化及酒精发酵已经完成。此时醋醅酒精含量可达 8%左右。

6. 醋酸发酵

酒精发酵结束后，每缸拌入粗谷糠 10 kg 左右及醋酸菌种 8 kg。充分搅拌均匀。第 2～3天醅温很快升高，掌握醅温在 39～41 ℃，一般不超过 42 ℃。每天倒醅 1 次，使醋醅松散，供给充足的氧气。经 12～15 天，醅温开始下降。发酵过程中可每天测定醋酸含量，冬季掌握醋酸含量在 7.5%以上，夏季掌握在 7%以上，当醅温下降至 36 ℃以下，醋酸含量不再上升时，表明醋酸发酵结束，应及时加盐终止醋酸菌继续作用。

7. 加盐后熟

按醋醅的 1.5%加入精盐，拌匀，放置后熟两天，以增加色泽和香味。

8. 淋醋与陈酿

淋醋就是将醋酸用水提取的过程。一般小厂用缸、大厂用涂料的水泥池淋醋。淋醋常采用三套循环法，即甲缸内放入成熟的醋醅，用乙缸淋出的醋倒入甲缸内浸泡 10 h 以上，淋下的醋称为头醋。乙缸内装头渣，用丙缸淋下的醋放入乙组缸内，浸 8 h 淋下的醋为套二醋。丙缸内装二渣，用清水浸泡 4 h，淋下的醋为套三醋。三醋淋完后醋渣含醋 0.1%，可作饲料。头醋与套二醋合成为成品醋。

新酿制的食醋，风味一般欠佳，需要经过一段时间的放置，俗称陈酿。陈酿常有两种方法：醋醅陈酿，将加盐后熟的醋醅移入院中缸内砸实，上盖食盐一层，用泥封顶，放置 20～30 天，再淋醋，也可放入水泥池内，压实，上盖一层食盐存放数月后淋醋；醋液陈酿，将醋液放入缸内，加缸盖置露天下陈酿 1～2 个月。陈酿后的食醋质量显著提高，色泽鲜艳，香味醇厚。

9. 灭菌与配制

陈酿后的醋，经沉淀除渣，一般高档醋的醋酸含量在 5%以上，不加防腐剂。普通食醋含酸量约为 3.5%，可加入 0.1%的苯甲酸钠防腐。生醋加热到 80 ℃以上，保持 40 min，即为成品。每 1 千克玉米粉(碎米粉或薯干粉)，可制含醋酸 5%的食醋 7 kg 左右。

9.2.5 液态发酵食醋生产工艺

液态发酵食醋是以粮食、糖类、果类或酒精为原料，采用液态醋醪发酵酿制而成的食醋。液态发酵食醋一般采用液体静置发酵，少数采用液体动态发酵。生产周期长短差异大，短的 1～2 天，长的可达 1 年，成品总酸含量最低为 2.5%，最高达 8%以上。液态发酵法制醋的生产类型主要有表面发酵法、淋浇发酵法、液态深层发酵法、固定化菌体连续发酵法。浙江玫瑰醋、福建红曲醋、北京糖醋和丹东酒醋是典型的液态酿制食醋。

液态发酵法制醋的特点如下：干净卫生，不用辅料，既可节约大量麸皮和谷糠，又可充分利用生产场地，提高效率，如深层发酵法在密闭条件下操作，减少了杂菌污染的机会；取消固态发酵法的拌糠拌曲工序，降低了劳动强度，有利于实现管道输送，提高了机械化程度；生产周期较固态法缩短。但液态发酵法醋的风味、色泽及稠厚度较固态法生产的要差，需要采取一些措施予以改善。

1. 表面发酵法制醋工艺

表面发酵法依原料及前几道工序的操作不同，又可分为白醋(或酒醋)、糖醋和米醋等不同生产方法。

1)白醋生产方法

在敞口容器中加入醋种、酒精溶液及少量营养物质，盖上缸盖，在常温或 30 ℃的保温室内自然发酵。此时醋酸菌在液面上形成一层薄菌膜，借液面与空气的接触，使空气中的氧溶解于发酵液内，有利于醋酸菌生长。成熟醋液清澈、无色，醋酸含量为 2.5～3 g/100 mL。

2)糖醋生产

以饴糖为原料，先接种酵母，用纸封缸进行发酵，再接种醋母，保持室温为 30 ℃左右，发酵约 30 天即成熟。成品醋酸含量为 3～4.5 g/100 mL。

3)米醋生产

以大米为原料进行液态表面发酵的醋制品。米醋生产有些是在大米饭中接种米曲霉后制成米曲，加水进行糖化；有些以小麦面粉接种米曲霉制成面曲，与大米饭一起加水进行糖化。制成糖化液后，接种酵母进行酒精发酵，再接入醋种进行发酵。米醋口味纯正，醋酸含量为 3～5 g/100 mL。

2. 淋浇发酵法制醋工艺

淀粉质原料加水、加热糊化后，用糖化剂糖化，再接种酵母菌进行酒精发酵，待发酵完毕后接种醋酸菌，通过回旋喷洒器反复淋浇于醋化池内的填充物上，含酒精液在自上而下流动的过程中使酒精很快被氧化成醋酸。经过一次淋浇若不能使酒精全部转化为醋酸，可经几次回流。淋浇发酵法又称为液体回流发酵法，因此法生产周期短，所以生产出的食醋称为速酿醋。淋浇发酵是在发酵塔中进行的，属于固定化菌体连续发酵工艺的一种，但往往风味欠佳。

3. 固定化菌体连续发酵工艺

以木炭、刨花等为载体，将其置于陶瓷柱内，发酵液通过回旋喷洒器淋浇于载体上，利用固定在载体上的醋酸菌进行醋酸发酵，使酒精很快氧化成醋酸，食醋自框底流出。木炭定期用水在柱内冲洗后可长期使用，该法生产效率高，适于生产白醋。发酵液酸度大、不带渣，营养物质少，适于耐酸强的醋酸菌，一般杂菌如木质醋酸菌等均不能生长，保证了固定载体的连续使用。

4. 液态深层发酵制醋工艺

液态深层发酵制醋也称全面发酵法或自吸式液态深层发酵法，主要发酵设备是自吸式不锈钢发酵罐。酒醪经 3～4 天酒精发酵结束，将酒精度调到 6%～7%，酒醪泵入自吸式发酵罐中，开动自吸式吸气装置，边搅拌边通气，然后接入醋酸菌种，进行醋酸发酵。此法原料利用率与醇酸转化率高，发酵周期短，机械化程度高。液态深层发酵工艺的出现，使世界制醋行业向管道化、机械化生产迈进了一大步。

醋酸菌是好气性细菌，液态深层培养时必须供给足够的氧气。氧的传递不但与溶解氧的浓度有关，还与气液界面、湍流程度等因素有关，在发酵过程中由于醋酸菌的存在，其传质过程较一般化工单元操作的传质复杂。由于自吸式充气发酵罐具有高效的充气作用，生产食醋时加速乙醇的氧化，因而可缩短生产周期。

下面以液态深层发酵制醋为例来说明液态发酵食醋生产工艺。

1)工艺流程

液态深层发酵制醋生产工艺流程如下：

α-淀粉酶（→调浆）　酵母液（→酒精发酵）　醋酸菌液（→醋酸发酵）

淀粉质原料→调浆→液化→糖化→灭菌→降温→酒精发酵→醋酸发酵→灭菌→过滤→配制→成品

2)水磨与调浆

先将碎米用水浸泡，使米粒充分膨胀，然后将米与水按1∶1.5均匀送入磨粉机(水磨)，磨成70目以上细度的粉浆(浓度为18～20 °Bé)。用水泵送到粉浆桶调浆，用碳酸钠调pH至6.2～6.4(试纸测定)，再加入氯化钙，然后加入按每1克碎米130 u的细菌α一淀粉酶，充分搅拌，打开粉浆桶出料阀，缓缓放入液化桶内连续液化。

3)液化与糖化

先在液化锅内加水至与蒸汽管相平，再将水升温至90 ℃时，开动搅拌器，不停运转，然后将粉浆液缓缓连续放入，液化品温为85～90 ℃，待粉浆全部进入液化锅后，维持10～15 min，以碘液检查，遇碘液反应呈棕黄色表示液化完全，最后缓缓升温至100 ℃，保持10 min，以达到灭菌的目的。液化完毕后，将液化醪用泵送入糖化桶内，冷却到63～65 ℃时，加入麸曲糖化3 h，待糖化醪冷却到27 ℃后，用泵送入酒精发酵罐内。

4)酒精发酵

将糖化醪3000 kg送入发酵罐，加水3250 kg，调节pH至4.2～4.4，接入酒母500 kg，发酵醪总数为6750 kg。控制酒精发酵品温在33 ℃左右，发酵64 h左右。酒精发酵结束，酒醪的酒度为8.5%左右，酸度为0.3%～0.4%，然后将酒醪送至醋酸发酵池。

5)醋酸发酵

将酒醪和蛋白水解液混合用泵送入发酵罐，定容为14000 L，开动搅拌器，保持温度在32 ℃左右，然后接入醋酸菌种。培养温度为32～35 ℃，时间为65～72 h。

发酵过程中如罐温过高，应开冷却水降温。后期每隔1～2 h测一次总酸度，待酒精氧化完成、酸度不再上升时完成发酵。

液态深层发酵法制醋，可采用分割法取醋，当醋发酵成熟时放出1/3醋醪，同时加入1/3酒醪，继续进行醋酸发酵，每隔20～22 h可取醋一次。但当发现菌种老化，生酸速度转慢及酒精转酸率降低等现象时，则应及时换种。采用分割法连续发酵可省略醋酸菌培养工作，同时由于醋酸发酵呈酸性，可防止杂菌污染，并且发酵罐中菌种已被驯化，可加快发酵速度，提高原料利用率和改善醋的质量，目前生产上大都采用此法。

6)压滤

醋酸发酵结束，为了提高食醋糖分，在醋醪里可加入一定数量的糖，以达到质量标准。混合均匀后，送至板框压滤机进行压滤。

7)配兑及灭菌

醋液压滤后，取样测定其成分。加盐配兑合格后，通过多程列管式热交换器加热至75～80 ℃，然后输入成品贮存缸中暂存或进行包装。

8)贮存

贮存的过程，实际上也是陈酿的过程。速酿食醋往往风味不够理想。在 2～3 个月陈酿过程中食醋所含有的糖、醇、有机酸、甘油、氨基酸等成分，通过氧化还原等反应，促进了香气和色素的形成，提高了食醋的风味。经过陈酿的食醋，醋质量大大改善，入口酸而醇和，有醋香，色深而澄清。有条件时均应适当延长贮存期。

一般每千克原料能生产含酸 5%(以醋酸计)的食醋 6.5～7.0 kg。

9.2.6　果醋发酵工艺

水果富含多种生理活性成分，对防治疾病、促进人体健康具有明显的作用。我国水果资源丰富，但由于加工转化能力低，造成了极大的资源浪费。果醋是以水果或果品加工下脚料等为主要原料酿制而成的，一种营养丰富、风味优良的酸性调味品。发展与推广果醋酿造技术，可以进一步促进果品资源的深加工，繁荣市场，提高果品的附加值。与传统粮食醋相比，果醋富含水果芳香且酸味柔和，风味明显优于粮食醋，是欧美、日本等国家和地区主要的食醋种类。此外，果醋还是一种集营养、保健、食疗等功能于一体的新型饮品，以当前市场较为常见的苹果醋为例，其具有消酒、减肥、美容、缓解疲劳、消除多汗等功能。

1. 果醋全固态发酵法

固态发酵法制醋是我国食醋的传统生产方法，其特点是采用低温糖化和酒精发酵，应用多种有益微生物协同发酵，配用多量的辅料和填充料，以浸提法提取食醋，成品香气浓郁，口味醇厚，色深质浓，但生产周期长，劳动强度大，出品率低。

1) 工艺流程

果醋全固态发酵的工艺流程如下：果品原料→切除腐烂部分→清洗→破碎→加少量稻壳、酵母菌→固态酒精发酵→加麸皮、稻壳、醋酸菌→固态醋酸发酵→淋醋→灭菌→陈酿(酯化、增香、增加固形物和色泽、使醋酸提高到 5%以上)→成品。

2) 技术要点

(1)选择成熟度好的新鲜果实用清水洗净，破碎后称重，按原料质量加入 3%的麸皮和 5%的醋曲(包含酵母和醋酸菌等)，搅拌均匀后堆成 1.0～1.5 m 高的圆堆或长方形堆，插入温度计，上面用塑料薄膜覆盖。每天倒料 1～2 次，检查品温 3 次，将温度控在35 ℃左右，10 天原料散发出醋香，生面味消失，品温下降，发酵停止。

(2)完成发酵的原料称为醋坯。将醋坯和等量的水倒入下面有孔的缸中(缸底的孔先用纱布塞住)泡 4 h 后即可淋醋，这次淋出的醋称为头醋。头醋淋完以后，再加入凉水，再淋醋，称为二醋。一般将二醋倒入新醋坯中，供淋头醋用，以后就形成一个循环。固体发酵法酿制的果醋经过 1～2 个月的陈酿即可装瓶。装瓶密封后需置于 70 ℃左右的热水中杀菌 10～15 min。

2. 果醋全液态发酵法

液体发酵法制醋具有机械化程度高，降低劳动强度，不用填充料，操作卫生条件好，原料利用率高(可达 65%～70%)，生产周期短，产品质量稳定等优点。缺点是醋的风味较差，目前生产上较多采用此法酿醋。

1)工艺流程

果醋全液态发酵的工艺流程如下：果品原料→切除腐烂部分→清洗→破碎、榨汁(除去果渣)→粗果汁→接种酵母→液态酒精发酵→加醋酸菌→液态醋酸发酵→过滤→灭菌→陈酿→成品。

2)技术要点

选择成熟度好的新鲜果实用清水洗净。先用破碎机将洗净的果实破碎，再用螺旋榨汁机压榨取汁，在果汁中加入 3%～5%的酵母液进行酒精发酵。发酵过程中每天搅拌 2～4次，维持品温在 30 ℃左右，经过 5～7 天酒精发酵结束。注意品温不要低于 16 ℃，亦不要高于 35 ℃。温度过低，发酵过程缓慢，易受杂菌感染，温度过高，酵母容易老化，发酵不彻底。将上述发酵液的酒度调整为 7%～8%，盛于木制或搪瓷容器中，接种醋酸菌液 5%左右。用纱布遮盖容器口，防止苍蝇、醋鳗等侵入。发酵液高度为容器高度的 1/2，液面浮以格子板，以防止菌膜下沉。在醋酸发酵期间控制品温为 30～35 ℃，每天搅拌 1～2 次，10 天左右醋化即完成。过滤取出大部分果醋，消毒后即可食用，也可以陈酿。留下的醋坯及少量醋液，再补充新果汁继续酒化或果酒继续醋化。

3. 果醋前液后固发酵法

前液后固发酵就是酒精发酵采用液态发酵、醋酸发酵采用固态发酵的工艺，可提高原料利用率。醋酸发酵池近底处设假底的池壁上开设通风洞，让空气自然进入，利用固态醋醅的疏松度使醋酸菌得到足够的氧，全部醋醅都能均匀发酵；利用假底下积存的温度较低的醋汁，定时回流喷淋在醋醅上，以降低醋醅温度，调节发酵温度，保证发酵在适当的温度下进行。

1)工艺流程

果醋前液后固发酵的工艺流程如下：果品原料→切除腐烂部分→清洗→破碎、榨汁→除去果渣→粗果汁→接种酵母→液态酒精发酵→加麸皮、稻壳、醋酸菌→固态醋酸发酵→淋醋→灭菌→陈酿→成品。

2)技术要点

（1）原料处理。同全液态发酵。

（2）酒精发酵。按 15％的量把干酵母添加到灭菌的 500 mL 三角瓶中进行活化，加果汁 100 g，温度为 32～34 ℃，时间为 4 h；活化完毕后按果汁 10％的量加入广口瓶中扩大培养 8 h，温度为 30～32℃；扩大培养后按 10％的量加入 50 L 酒母罐中进行培养，温度为 30～32 ℃，经 12 h 培养完毕。将培养好的酒母添加到发酵罐中进行发酵，温度保持在 28～30 ℃，经过 4～7 天后皮渣下沉，醪汁含糖小于 4 g/L 时酒精发酵结束。

（3）醋酸发酵。将醋酸菌接种于由 1％的酵母膏、4％的无水乙醇、0.1％冰醋酸组成的液体培养基，盛于 500 mL 的三角瓶中，装液量为 100 mL，30～34 ℃下培养 36 h，然后按 10％的量加入扩大液体培养基中（培养基由酒精发酵好的果醪组成），再按 10％的量加入酵母罐中进行培养。培养完成后，按发酵醪总体积 10％的量加入进行醋酸发酵。发酵罐应设有假底，其上先要铺酒醪总体积 5％的稻壳和 1％ 的麸皮，当酒醪加入后皮渣与留在酒醪上的稻壳和麸皮混合在一起，醪液通过假底流入盛醋桶，然后通过饮料泵由喷淋管浇下，每隔 5 h 喷淋 0.5 h，5～7 天后检查酸度不再升高时，停止喷淋，发酵结束，即可淋醋，后续处理同上。

9.3　豆腐乳概述与生产

豆腐乳也称为腐乳，其风味独特、滋味鲜美、营养丰富，是我国传统的发酵调味品之一，迄今已有一百多年的生产历史。腐乳在世界发酵食品中独树一帜，西方人美其名曰“东方的植物奶酪”。

9.3.1　豆腐乳的分类

我国腐乳的生产遍及全国，各地制作方法各异，口味不同，所以腐乳的种类较多。根据生产工艺和产品种类可以对腐乳进行如下分类。

1. 根据腐乳工艺类型分

（1）腌制型腐乳。生产腌制型腐乳不需要经过前期培菌，而直接用盐腌坯，由于没有微生物生长的前期发酵，缺少蛋白酶，风味的形成完全依赖于辅料中的面曲、红曲、米酒或黄酒，发酵期长，产品不够细腻，氨基酸含量低。

（2）毛霉型腐乳。毛霉型腐乳是国内常见的一种腐乳，前期发酵主要是在白豆腐坯上培养毛霉，利用毛霉产生的蛋白酶将蛋白质分解成氨基酸，形成腐乳的特有风味。

（3）根霉型腐乳。生产根霉型腐乳的前期发酵工序主要是培养根霉。夏季气温高不适合毛霉生长。为了全年均能生产腐乳，应选育耐高温的根霉菌。少孢根霉有耐高温和蛋白酶活力高两个优点，利用它酿制的腐乳质量较高。

（4）细菌型腐乳。细菌生产腐乳是利用纯细菌接种于豆腐坯上，让其生长繁殖，并产生大量的酶。因其为细菌发酵，不能赋予豆腐一个好的形体。该产品虽然成型差，但其口味鲜美，是其他产品所不及的。黑龙江的克东腐乳是我国为数不多的采用细菌进行前期培菌的腐乳，这种腐乳具有滑润细腻、入口即化的特点。

2. 根据腐乳产品类型分

(1)红腐乳。红腐乳简称红方，装坛前以红曲糕涂抹于豆腐坯表面。成品外表呈酱红色，断面为杏黄色，滋味鲜甜，具有酒香味。

(2)白腐乳。白腐乳颜色为乳黄色、淡黄色或青白色，醇香浓郁，鲜味突出，质地细腻。

(3)花色腐乳。花色腐乳是添加了各种不同风味的辅料而制成的各具特色的腐乳，如辣味型、甜味型、香辛型和咸鲜型等。

(4)酱腐乳。酱腐乳是在后期发酵中以酱曲为主要辅料发酵而成的腐乳。

(5)青腐乳。青腐乳又名青方，俗称臭豆腐，产品表面的颜色均呈青色或豆青色，具有刺激性气味，但臭里透香。

9.3.2 豆腐乳的生产原料

1. 主料

(1)蛋白质原料。制作腐乳的蛋白质原料主要有大豆、豆粕和冷榨豆饼。

(2)食盐。生产腐乳用的食盐要求干燥、杂质少。

(3)凝固剂。由豆浆制成豆腐坯，主要是由于凝固剂的作用使加热的蛋白质凝聚成型。生产上常用的凝固剂有盐卤、石膏、葡萄糖酸内酯以及硫酸钙。盐卤是海水制盐后的下脚料，主要成分为氯化镁，还含有硫酸镁、氯化钠、溴化钾等，点浆后使腐乳具有独特的甜味和风味。但单独使用，豆腐易散碎，可和葡萄糖酸内酯与硫酸钙配合使用。葡萄糖酸内酯是一种新型的凝固剂，它在豆浆中会缓慢转变为葡萄糖酸，使蛋白质遇酸凝固，可制成组织细腻、保水性和保型性良好的豆腐坯，但豆腐坯略带酸味，常与盐卤和硫酸钙合用。石膏点浆形成的凝胶网络结构细微，保水性好，豆腐较嫩。

2. 辅料

生产豆腐乳的辅料有黄酒、白酒、糟米、混合酒、红曲、面曲、花椒、茴香、辣椒、芝麻、火腿、冬菇、砂糖、大蒜、葱、姜等。黄酒是豆腐乳的主要辅料，含有16%的酒精和多种氨基酸，与豆腐乳的后熟和质量有直接关系。白酒可作为黄酒的代用品使用，一般用50%的烧酒。利用红曲色素在后期发酵中把豆腐坯染成红色。面曲即面糕曲，给后期发酵提供酶源，增加成品的含糖量，满足豆腐乳品种的需要。

9.3.3　豆腐乳酿造微生物及生物化学

1. 腐乳酿造微生物的种类

腐乳的菌种较为复杂，菌种接在豆腐坯上，置于敞开的自然条件下培养。在培养过程中微生物入侵，发酵辅料也可能带入其他菌类，因而成品腐乳在发酵过程中检出的微生物种类十分繁多。但主要微生物是霉菌中的毛霉属微生物以及紫红曲霉、溶胶根霉、米曲霉、根霉及少量酵母和细菌。

1)五通桥毛霉

五通桥毛霉是从四川乐山五通桥生产的豆腐坯中分离得到的，是我国推广应用的优良菌种之一，编号为As. 3. 25，该菌种菌丛高10～35 mm，菌丝白色，老后稍黄；孢子梗不分支，孢子囊呈圆形，直径为60～100 μm，色淡；囊膜成熟后，多溶于水，有小须；厚垣孢子很多，梗口都有孢子囊。五通桥毛霉的最适生长温度为10～25 ℃，低于4 ℃和高于37 ℃不能生长。

2)腐乳毛霉

腐乳毛霉是从浙江绍兴、江苏镇江和苏州等地生产的腐乳上分离得到的。该菌种的菌丝初期为白色，后期为灰黄色；孢子呈椭圆形，最适生长温度为29 ℃。

3)总状毛霉

总状毛霉的菌丝初期为白色，后期为黄褐色；孢子梗初期不分枝，后期为单轴或不规则分枝；孢子较短，呈卵形；厚垣孢子形成数量很多，大小均匀，表面光滑，无色或黄色。最适生长温度为23 ℃，在低于4 ℃或高于37 ℃的环境下不生长。

4)雅致放射毛霉

雅致放射毛霉是从北京腐乳和台湾省腐乳中分离得到的，也是当前我国推广应用的优良菌种之一。该菌种菌丝呈棉絮状，为白色或浅橙黄色，匍匐菌丝，具不发达的假根，孢囊梗直立，主枝顶端有一较大的孢子囊，可产生圆形的孢子和厚垣孢子，最适生长温度为30 ℃。

5)根霉

根霉的生长温度比毛霉高，在夏季高温情况下也能生长，且生长速度较快，因此根霉酿造腐乳，打破了季节对生产的限制，且缩短了发酵周期。

6)米曲霉

能分泌产生淀粉酶、蛋白酶、脂肪酶、氧化酶以及果胶酶等，不仅能使原材料中的淀粉转化为糖、蛋白质分解为氨基酸，还可形成具有芳香气味的醇类，其最适培养生长温度为37 ℃。

7)细菌和酵母

从豆腐坯上分离得到的细菌和酵母中，有的具有一定的产蛋白酶能力，有的则产生代谢产物，在腐乳特色风味的形成中具有协同作用。

2. 腐乳酿造中的化学变化

腐乳酿造是利用在豆腐白坯上培养的毛霉或根霉、培养及腌制期间由外界侵入并繁殖的微生物、配料红曲米中的红曲霉、面糕曲中的米曲霉以及酒类中的酵母菌等所分泌的酶系，引起极复杂的化学变化，促使蛋白质水解成可溶性的低分子含氮化合物，使淀粉糖化、糖分发酵成乙醇和其他醇类及形成有机酸，同时辅料中的酒类及各种香辛料共同作用，形成腐乳特有的色、香、味、体等。其化学变化主要发生在制豆腐坯（又称白坯）、前期培菌（发酵）及后期发酵三个阶段。

1）大豆蛋白质在豆腐坯制作过程中的变化

泡豆时，部分蛋白体膨胀而破裂。磨豆过程中，蛋白质被溶解。豆浆加热时，蛋白质热变性，溶解度下降。有小部分蛋白质发生水解，生豆浆煮沸后，pH 下降。因此，调整豆浆 pH 在 7.5 左右，能增强蛋白质的溶出和胶体溶液的稳定性，抑制蛋白质的水解，提高豆浆中蛋白质的凝固率。钠离子能增加热变性蛋白质的溶解度，使其能以较小的粒子均匀分布。点浆过程中，由于钠离子对钙离子、镁离子的阻抗作用，使钙和镁与蛋白质的桥联作用更充分，从而提高蛋白质的凝固率和利用率。蛋白质的充分热变性是制作豆腐的必要条件。但蛋白质过度热变性会失去或部分失去持水性。闷浆（熟豆浆的静置冷却）过程有助于蛋白质多肽链的舒展，使球蛋白的疏水基团充分暴露到分子表面，疏水基团促使形成牢固的网状结构。同时，加热还能促进二硫键（S—S）的形成或交换，进一步强化蛋白质分子间的网状结构，有利于形成热不可逆凝胶。温度和蛋白质浓度，对网状结构的形成也有一定的影响。另外，用熟石膏和盐卤做胶凝剂制作豆腐时，钙离子和镁离子置换蛋白质分子中的氢离子或钠离子，将肽链桥联，蛋白质胶凝速度加快，增加网状结构的稳定性，增强凝胶体的强度和硬度。

2）腐乳风味的形成

毛霉是腐乳发酵过程中的主要微生物，在制作腐乳的过程中，首先是以麦芽糖或葡萄糖为培养基，进行毛霉试管培养，其次是以麸皮或大米为培养基进行克氏瓶扩大培养，最后是前期培菌（发酵），以豆腐坯为培养基，将克氏瓶中菌种接到豆腐坯（白坯）表面。在前期培菌阶段，豆腐坯中的蛋白质已开始被蛋白酶水解为水溶性蛋白。前期发酵的作用主要有两点：一是使豆腐坯表面有一层菌膜包住，成为腐乳形状；二是毛霉在培养过程中分泌大量蛋白酶系，以利于蛋白质水解为各种氨基酸。

后期发酵主要是酶系与微生物协同参与生化反应。后期发酵包括毛坯腌制及添加辅料，让毛坯陈酿后熟。腌制的目的是使毛坯内渗透盐分，析出水分，坯身收缩，坯体变硬。咸坯入瓶（坛）后，加入的酒为主要配料。酒精能抑制微生物的生长繁殖，防止霉变；酒精对蛋白酶还有抑制作用，使蛋白酶作用缓慢，促进其他生化反应，生成腐乳的香气；酒精能作为原料合成酯类等芳香物质，形成腐乳独特的风味。微生物中的脂肪酶将腐乳坯中的脂肪水解为甘油及脂肪酸，甘油可被细菌进一步转化为各种有机酸。

3)腐乳色、香、味、体的形成

腐乳具有特有的色、香、味、体，基本都是在发酵过程中形成的。腐乳中的色主要来源于添加的配料和原料本身的颜色，如大豆含有可溶性黄酮类色素。磨浆时，黄酮类色素溶解于水，点浆后，部分黄酮类色素随同水分被包围在蛋白质凝胶内，呈现黄白色，而豆腐水呈黄色，故称为黄浆水。发酵过程中发生的各种氧化反应也会形成特有的颜色，如腐乳中的酪氨酸在毛霉(或根霉)酪氨酸酶的催化作用下，氧化聚合成黑色素。

香气主要是在发酵后期形成的。腐乳生产时由于各种微生物的协同作用，代谢产生的有机酸和酒精形成各种酯类，构成腐乳的特殊香气。另外，后发酵时添加的各种辅料，也能赋予腐乳特殊的香气。豆腐坯中的蛋白质经蛋白酶分解，形成氨基酸，构成腐乳的主要风味，其中谷氨酸钠盐是鲜味的主要成分。另外，霉菌、细菌和酵母菌中的核酸，降解成强烈的助鲜剂鸟苷酸、肌苷酸，促使腐乳增添鲜味；甜味主要来自淀粉水解生成的葡萄糖和麦芽糖；酸味主要来自发酵过程中生成的乳酸和琥珀酸等。

豆腐坯通过前期发酵，表面被以毛霉为主的微生物菌体包裹，被膜完整，使腐乳不易破碎，具有一定的外形，这就是腐乳的体。

9.3.4　豆腐坯制作

豆腐坯又名白坯，白坯要求洁白而有弹性，块形整齐，厚薄均一，表面平整，结构紧密，切口光滑且无蜂窝状。白坯水分含量因腐乳品种的不同而不同，红曲腐乳的白坯水分高于青腐乳，白腐乳的白坯水分略高于红腐。夏季白坯的水分含量应适当降低。白坯的蛋白质含量应在 14%以上，脂肪含量应在 5%以下。豆腐坯制作工艺流程如下：大豆→浸泡→磨浆→滤浆→煮浆→点浆→养花→压榨→划块→豆腐坯。

1. 选料

应选用优质的大豆或粕片，浸渍前先除杂，以保证腐乳的质量。

2. 浸泡

将选好的生产原料放入料池或缸内，用水浸泡。为了提高蛋白质提取率，可以在泡料时用稀碱液。浸泡时间一般冬季气温低于 15 ℃时，浸泡 8～18 h；春秋季气温为 15～25 ℃时，浸泡 6～10 h；夏季气温在 30 ℃以上时，浸泡 2～6 h。浸泡程度的感官检查是掰开豆粒，两片子叶内侧呈平板状，豆片柔软，且泡豆水面不得出现泡沫。浸泡的水量，以大豆充分膨胀后不露出水面为宜。

3. 磨浆

将浸泡适度的大豆或豆粕连同适量的水磨成细腻的乳白色的带渣豆浆，加水量对磨浆产品的出品率和质量影响较大，一般情况下，1 kg 浸泡的大豆需添加 2.8 kg 左右的水。豆浆的粒度大小影响蛋白质在水中的溶解度，也关系到产品的质量。豆浆的粒度适宜，可使白坯洁白细嫩。因此，磨碎的粒度愈细愈均匀愈好。另外，磨浆时，豆粒与磨之间的摩擦，会引起豆浆温度升高，导致蛋白质变性，因此磨浆时除加水调温外，还应在保证豆浆粒度适当的前提下，调节磨的松紧度。

4. 甩浆

甩浆也称滤浆，是指将磨出的带渣豆浆及时送入甩浆机（离心机）中，使豆渣和豆浆分离。每 100 kg 大豆可得头浆 475 kg 左右，以后分四次洗涤豆渣，第一次添加 80 kg 左右水（水温为 80～90 ℃），稀释后甩浆，滤出的豆渣要加水洗涤三次，每次加水 80 kg，水温以 60～70 ℃为宜。最后，100 kg 大豆滤出相对密度为 5.5～6.0 °Bé 的豆浆 1000～1200 kg。若泡沫较多影响操作，可加少量消泡油，使泡沫消散。

5. 煮浆

将滤出的豆浆加热升温至 95～100 ℃，保持 3～5 min，可以起到杀酶、灭菌、去腥和使浆易于凝固的作用。如在煮沸时有大量泡沫上涌，可使用消泡油，生浆煮沸要注意上下均匀，不得有夹心浆。煮浆后还需再次滤去细豆渣，以保证豆浆质量。

6. 点浆

点浆是关系到腐乳出品率的关键工序之一，温度应控制在 80～85 ℃，pH 控制在 6～7。凝固剂若用盐卤，浓度应控制在 12～15 °Bé。点浆时，先将盐卤灌入带嘴点浆壶中，再将盐卤缓缓滴入热豆浆中，同时用勺子在豆浆中轻轻搅动，速度和力度要适当，使豆浆向上翻，盐卤向下降，两者混匀。如此反复进行，直至缸内豆浆出现豆粒形状的豆腐脑，再用勺子在表面搅动几次，待表面出现少量黄浆水为止，最后在缸面滴洒少量盐卤，促使缸面层的蛋白质凝固。

7. 养花

养花也称蹲脑。豆浆凝固后，静置一定时间，使蛋白质完全沉淀，组织结构稳定。蹲脑时间与豆腐品质和出品率关系密切。时间短，蛋白质组织结构不牢固，尚未凝固的蛋白质会随黄浆水流失，产品弹性差，出品率低；时间过长，温度低，凝固物热结合能力弱，黄浆水不易析出，压榨成型困难。一般蹲脑时间为 20～30 min，蹲脑时注意保温。

8. 压榨

将凝固的豆腐脑上箱压榨，按豆腐坯规格和水分含量的要求决定压榨程度。压成的豆腐坯要厚薄均匀，软而有弹性，色泽正常，无气泡及麻皮现象。

9. 划块

豆腐脑压榨后，按要求划块成豆腐坯，坯型规格因地区品种的不同而不同。豆腐坯制成后应立即进行接种及培养。

9.3.5　豆腐乳发酵工艺

发酵工艺流程如下：豆腐胚→接种→发酵→腌坯→装坛→后熟→成品。

1. 前期发酵

腐乳中的微生物较为复杂，但主要微生物是霉菌中的毛霉属，霉菌生长在豆腐坯的表面，以保持豆腐乳的外形。这些优良菌种的共同优点是菌丝壁细软，呈棉絮状，白色或淡黄色，生长繁殖快，抗杂菌能力强，有丰富的酶系，如蛋白酶、脂肪酶、肽酶及有利于豆腐乳品质的酶系，不产毒素，产品质地细腻柔软，气味正常。

接种之前需要培养菌种，包括试管培养和种子培养。试管培养基制好后，经灭菌检验可接种毛霉（根霉），置于 15～20 ℃恒温箱中(根霉 28～30 ℃)培养 48 h，待菌丝体长满后，置阴处或冰箱中备用。用麸皮(米饭、豆腐干边条)制好种子培养基，灭菌后趁热摇碎团块，冷却后，即可接入试管菌种，置于上述同温的恒温箱中培养，即成。

将已划块的豆腐坯放入蒸笼格或木框竹底盘，将坯侧面竖立放置(或侧面斜立)，均匀排列，每块四周留有空隙，块与块之间留有一块大的空隙。用喷枪或其他工具进行多次喷雾接种，使坯前、后、左、右、上五面喷洒均匀。目前仍有部分生产厂在气温适当的季节，利用自然接种毛霉，进行前期发酵，当温度回升后便停止生产。

培养室也称霉房。培养时应注意室温、品温、含水量、接种量、装笼及堆笼的条件。春秋季节室温一般在 20 ℃左右，豆腐坯接种 14 h 后菌丝开始生长，22 h 可全面生长，品温也开始上升，此时需进行翻笼，以调节品温，补充氧气并调节上下笼之间的温度。28 h 后待菌丝大部分生长成熟，第二次翻笼，32 h 便可撤笼降温凉花，使其老化，培养只需 2 天左右。冬季室温应保持 16 ℃，一般 20 h 后菌丝才开始生长，在菌丝长满的过程中一般要翻笼三次，52 h 后才开始凉花，培养需 3 天左右，此时，前期发酵结束。

特别要注意，降温时间应在菌种全面长好后进行，过早影响菌丝生长繁殖，过晚影响产品质量。降温一方面使菌丝成熟，增强酶活性，另一方面使豆腐坯迅速冷却，延长产酶期。

2. 后期发酵

前期发酵结束即可进行腌坯。毛坯下缸前先用手工打黄(即将菌丝分开和抹倒)，离缸底 18～20 cm，铺一块中间带孔、直径约为 15 cm 的木板，并在底部木板上撒上薄层食盐，再按分层加盐的办法将毛坯整齐排列入缸，用盐量下少上多，面层应铺满盐。用盐量每万块(规格为4.1 cm×4.1 cm×1.6 cm)春季为60 kg，冬季和夏季可减少或增加2.5～5 kg。腌坯3～4天后要压坯，并加入食盐水或毛花卤(腌坯后的盐水)，超过坯面，使上层咸度增加。腌坯时间冬季为13天，夏季为8天，春季为11天，在拌料装坛前一天，放掉盐水，使坯干燥收缩。

腌坯结束后，需配料与装坛，这是腐乳后熟的关键，因配料和豆腐坯外形不同，形成了腐乳的各种花色品种和风味。

豆腐坯在长霉过程中，形成了有韧性的皮膜，分泌了大量的酶，而它的色、香、味的形成却是在后期发酵中(即配料装坛密封后的贮藏期中)进行的。盐腌后的毛坯，析出了水分，增添了必要的咸味，使腐乳增强了防腐的能力。另外，配入的红曲、面曲、酒料及其他调味料等在后熟中产生一系列生化反应。食盐可以浸提出毛霉中的蛋白酶，增强了对蛋白质的分解能力，尤其是氨基酸氮的含量可由豆腐坯中的微量上升到0.5%以上(人的味感只要有0.1%就可尝到鲜味)。脂肪在脂肪酶的作用下形成游离的脂肪酸，酒的加入不仅可以防腐，还可与脂肪酸化合形成醇香，加之各种香料的配合，形成特有的色、香、味、形、体，成品细腻，柔软可口。

坛子要完好、干净、干燥。配料前要先将腌坯每块分开，计数装坛，根据不同品质配料装坛。下面以小红方为例，介绍腐乳的配料方法。

每万块小红方(规格为4.1 cm×4.1 cm×1.6 cm)用体积分数为15%～16%的酒100 kg，面曲2.8 kg，红曲4.5 kg，糖精15 g。每坛280块。首先进行染坯，将红曲1.5 kg，面曲0.6 kg，用黄酒6.25 kg浸泡2～3天，磨成浆再加入黄酒18 kg搅匀。将腌坯每块搓开，放入染坯红曲卤中浸泡，染色完全后，装入坛内。加入装坛红曲卤(配制：红曲3 kg，面曲1.2 kg，用黄酒12.5 kg浸泡2～3天，磨成浆再加入黄酒57.8 kg，溶化糖精15 g搅匀)，超出坯面1 cm，按顺序加入面曲150 g，荷叶1～2张，封面食盐150 g，最后加封面白酒150 g。

3. 包装与贮藏

腐乳按品种配料装坛灌卤后加盖，再用水泥或猪血拌石灰成糊状封口，十分牢固。腐乳的后发酵主要是在贮藏期间进行。由于豆腐坯上微生物与配料中的微生物在贮藏期内发生复杂的生化反应，促使腐乳成熟。腐乳的成熟期因品种、配料不同而不同。在常温下贮藏，青方与白方含水高，1～2个月即成熟，其余需贮藏6个月以上才能成熟。

我国地方名优腐乳产品主要有：王致和臭豆腐，其以“闻着臭，吃起来香”的特色闻名于全国，呈淡青色，外面包裹一薄层絮状长菌丝，质地细腻而完整不碎，口感柔和，后味绵长；河南酥制坯乳，醇香浓厚，品味精良；桂林腐乳，淡黄色，质地细腻，气香味鲜；夹江豆腐乳，以芳香扑鼻、红腻化渣、鲜美可口驰名中外。

9.4　发酵酱类概述与生产

9.4.1　发酵酱类概述

据史料记载，酱起源于三千年前的周朝，到春秋战国时期已成为不可缺少的调味品。在《周礼》中有“百酱八珍”；在《史记》中有“枸酱”和“芥酱”，分别是一种水果酱和蔬菜酱；在《礼记》中有“醯酱”、“卵酱”、“酱齐”；在《神农本草经》中有“败酱和酸酱”；在《论语乡党篇》中写道“不得其酱不食”，说明当时酱已成为必需的调味品。最初出现的酱是以肉类为原料制成的，后来随着生产的发展，又出现了大批植物性酱类。

我国制酱生产虽然历史悠久，但最初制酱基本都是家庭方式生产，自 20 世纪 60 年代起，我国工厂采用保温速酿、无盐固态发酵和低盐固态发酵工艺生产酱类。进入 70 年代，太阳能制酱被推广。1973 年开始出现酶法生产甜面酱，之后开始酶制剂生产豆酱并投入使用。80 年代初期，扬州“多酶糖化速酿甜酱工艺”研究成功，这项成果简化了生产工艺，节约了粮食和能源，缩短了生产周期，为酱类工业化生产提供了新思路。

酱按其制作过程不同，分发酵酱类和不发酵酱类两种。发酵酱类主要有豆酱、面酱、腐乳酱、花酱、辣椒酱等；不发酵酱类种类繁多，主要有芝麻酱、花生酱、果酱、蔬菜酱、肉酱、蛋黄酱等，本书只涉及发酵酱类。

9.4.2　发酵酱类生产原材料

制造酱类的原料主要是蛋白质原料、淀粉质原料、食盐和各种香辛料等。蛋白质原料一般以大豆、豆粕和豆饼为主，部分酱类品种以豌豆、蚕豆作原料。淀粉质原料以面粉为主，应选用红皮、软质小麦，小麦中麦胶蛋白中的氨基酸以谷氨酸最多，而谷氨酸是产生酿造调味品鲜味的主要成分之一。酱类加工中常用的香辛料主要有大蒜、葱、洋葱、姜、姜黄、辣椒、胡椒、花椒、茴香、丁香、肉豆蔻、砂仁、肉桂、辣根、五香粉、咖喱粉等。

9.4.3　发酵酱类酿造微生物及生物化学

1. 发酵酱类酿造微生物

发酵酱类的主要微生物有米曲霉、酵母、细菌和乳酸菌。在发酵过程中，与原料利用率、发酵成熟速度、成品颜色的深浅以及味道的鲜美有直接关系的微生物是米曲霉，与风味有直接关系的微生物是酵母菌和乳酸菌。

1)米曲霉

米曲霉的变种很多，与黄曲霉十分近似。米曲霉含有复杂的酶系统，有较强的蛋白质分解能力，能使大豆蛋白质游离出的谷氨酰胺分解生成谷氨酸，同时又具有糖化能力，可直接利用淀粉生长繁殖，故在生产实践中，以含淀粉较高的小麦粉、玉米粉、麸皮等做碳源，以黄豆做氮源，能较好地适应米曲霉的生长，分泌较多的酶类。米曲霉是好气性微生物，所以在制曲时添加麸皮或面粉，使曲料疏松，增加原料中空隙，使空气接触面增加，有利于米曲霉生长。

2)黄酱酵母

在酱生产中常见的酵母菌是耐高盐酵母菌。黄酱酵母的菌体是单细胞，菌落表面光滑、湿润且黏稠，或有皱褶，边缘整齐。鲁氏酵母和酱醪结合酵母能生长在含糖量极高的物料中，也能在含食盐 18%的基质中繁殖。鲁氏酵母为发酵型酵母，在制曲及酱醪发酵期间，由空气中自然落入而繁殖，有一定酒精发酵力，能利用葡萄糖发酵生成酒精、甘油、琥珀酸和酱类风味成分之一的糠醇，这些成分既是酱的香气成分，又是风味物质。酱醪结合酵母在酱醪发酵接近成熟期较多，能进行酒精发酵，赋予黄酱特有的风味。

3)细菌及乳酸菌

细菌的代谢产物可改善黄酱风味。乳酸菌能利用乳糖或葡萄糖发酵生成乳酸，而乳酸既是酱重要的呈味物质，又是酱香气的重要成分，还可与乙醇反应生成乳酸乙酯，是酱香气的一种特殊成分。因此乳酸菌是否参与发酵作用，直接影响酱的香气和风味。在工业化生产中，不需人工添加乳酸菌，自然环境中的乳酸菌可以满足要求。该菌在入池后 30 天左右，菌体数量达到高峰，在每克酱醪中有 10^8 个菌体。这些菌体可把葡萄糖分解成乳酸，并能在含食盐 20%的基质中生长，它与酵母共同作用，形成酱的特殊风味。

2. 发酵过程中的生物化学变化

1)蛋白质的分解作用

在酱醪的整个发酵过程中，以蛋白质的分解最难，时间也最长。蛋白质的分解是在蛋白酶的催化作用下，由分子较大的蛋白质逐步降解成胨、多肽和氨基酸。

2)淀粉的糖化作用

制曲后的原料以及已经糖化后的糖浆中，还有部分碳水化合物尚未彻底糖化。在发酵过程中，继续利用微生物所分泌的淀粉酶，将残留的碳水化合物分解成葡萄糖、麦芽糖和糊精等。糖化作用后生成的单糖类，除葡萄糖外，还含有果糖和五碳糖。这些糖类对酱的色、香、味、体有重要作用。酱的色泽主要由糖与氨基酸作用而成。在曲霉的生长繁殖过程中，呼吸作用需要消耗一定的糖分(主要是葡萄糖)，产生热量和 CO_2。

3)酒精发酵作用

酒精发酵主要是由于酵母菌的作用。在生产过程中，虽然未人为添加酵母菌，但制曲和发酵过程中，从空气中落入大量的酵母菌，可进行酒精发酵作用。酵母菌的最适繁殖和发酵温度为 28～35 ℃，超过 45 ℃，酵母自行消失，因此，若采取高温发酵，会抑制酵母菌生长，酒精产生的很少，酱的香气少、风味差，在生产中需要注意。

4)酸类的发酵作用

在制曲过程中，来自空气中的细菌进行繁殖、生长，在发酵过程中能使部分糖类变成乳酸、醋酸和琥珀酸。这些有机酸与酒精结合生成酯类，增加酱的香气，但酸度过高，在发酵过程中既影响蛋白酶和淀粉酶的分解作用，又影响产品质量。

总之，豆酱所具有的独特色、香、味、体是在微生物所分泌的酶的作用下，通过蛋白质水解、淀粉糖化、酒精发酵、有机酸发酵、酯类形成等一系列生物化学反应，形成豆酱特有的风味和特色，所以酱的发酵是一个综合过程，是应用各种酶和微生物，在一定的条件下发挥作用，生成酱特有的色、香、味、体。

9.4.4　酿造酱类的质量保障措施

1. 原料选择

要有科学而合理的原料配比，蛋白质和淀粉质的比例要合适。因为原料是提供酱色、香、味、体各种成分的基础。如果蛋白质和淀粉质原料含量不足，会降低酱中氨基酸、糖和糊精的含量，使酱口味淡薄，香气较差。

2. 原料处理

原料处理要合适，使蛋白质达到一定的变性程度，易于被酶分解。大豆原料中含有胰蛋白酶的抑制物、血细胞凝集素、皂角素，这些物质影响酶的分解，将大豆原料经过蒸煮使其受到破坏，即可消除其抑制作用，并能增加人体的吸收率。原料处理时必须注意充分润水，以适当的压力和时间蒸制并迅速脱压和冷却。

3. 菌种选择

大部分酱原料的分解，要依靠曲霉菌所生成的酶，所以选择优良菌株是提高酿造酱类质量的有效措施之一。优良的曲霉菌应该具备如下特征：不产生黄曲霉毒素；蛋白酶、糖化酶活性高，并有适当的谷氨酰胺酶、植物细胞溶解酶(果胶酶、半纤维素酶、纤维素酶)等，酶系较为齐全；孢子多，繁殖力旺盛，对杂菌抵抗力强；适应性强，易于制曲和管理，生长速度快；具有酱类风味，不产生其他异味。

4. 制曲对酿造酱质量的影响

制曲是培养曲霉的重要过程，曲霉生长的好坏，直接影响蛋白酶和淀粉酶的活力。曲霉生长好，蛋白酶活力高，原料中蛋白质分解彻底，能提高蛋白质消化率，从而提高酱类质量。制曲工艺的核心是严格控制制曲室内温度和湿度，防止杂菌污染。温度太高，容易生长黑根霉，使曲产生不愉快的霉臭味，并抑制曲霉的生长；米曲霉产生的孢子过多，曲也会产生不良的气体，用杂菌污染严重的成曲制酱，随着污染程度的增加，将使酱的香味、体态、色泽受到明显的影响。

9.4.5 豆瓣酱酿造工艺

豆瓣酱是四川人对蚕豆瓣酱的简称，起源于四川民间，是用蚕豆作为主要原料酿制而成的酱类调味品，至今已有两百多年的历史。酿造豆瓣酱的蚕豆必须预先剥去皮壳，使之成瓣粒。去壳的方法有湿法和干法两种。湿法脱壳是蚕豆除杂后，投入清水中浸泡，使之吸水至豆粒无皱皮，断而无白心，并呈发芽状态为好，浸泡完毕后剥去皮壳，备用。也可用化学法湿法脱壳，将 2%的氢氧化钠溶液加热至 80～85 ℃，然后将冷水渗透的蚕豆浸入 4～5 min，皮壳呈棕红色后取出，用清水漂洗至无碱，此时皮壳极易去掉。干法脱壳使用脱壳机脱壳，劳动生产率高，豆瓣容易贮放。

豆瓣产品有甜豆瓣和辣豆瓣两类。甜豆瓣又称原汁豆瓣，系用蚕豆曲加盐水经过晒露发酵制成，可以直接作为商品出售，也可作为半成品用来配制辣豆瓣。豆瓣中加入辣椒的产品叫辣豆瓣，按生产工艺和产品特点又可分为三种。一是传统辣豆瓣，以鲜辣著称，辣椒含量大，并呈碎块，成品水分含量较少，是烹饪川菜豆瓣鱼、豆瓣肘子、麻婆豆腐、回锅肉等不可缺少的调味料，也可佐餐拌食，产量占四川豆瓣的 70%以上。此产品中，最负盛名的有郫县豆瓣、眉山豆瓣、重庆元红豆瓣。二是佐餐型辣豆瓣，辣椒含量较少，且呈细腻酱状，配制时加入芝麻、火腿、香油、蘑菇以及甜味剂、助鲜剂等，形成系列产品，产品特点是香、鲜、甜、微辣，可直接用于佐餐食用，也可用于烹饪，此种产品中临江寺豆瓣历史悠久。三是熟料型豆瓣，蚕豆经蒸煮制曲，辣椒用量较低，呈酱状，配制时加入适量甜酒，产品味甜微辣，宜于佐餐食用，此种产品中金华豆瓣最为有名。

1. 豆瓣酱生产加工工艺流程

制曲：蚕豆瓣→浸泡→吸水→接种→制曲→蚕豆瓣曲

制酱：

糯米酒
↓
蚕豆瓣曲→入发酵池发酵→陈酿后熟→蚕豆瓣醅
↑
食盐→溶化

配制：

鲜辣椒
↓
蚕豆瓣醅→混合→防霉→成品
↑
香辛料

2. 操作要点

用蚕豆酿制蚕豆酱，必须剥去皮壳，只用蚕豆瓣。蚕豆豆粒要饱满、均匀、成熟充分、无虫蚀、少杂质。辣椒要肉质肥厚，辣味大的新鲜牛角辣椒。将新鲜辣椒洗净、沥干、摘除蒂柄、切成碎块，放入罐中，一层辣椒一层食盐，食盐下层少上层多，边加边压实，加至八成满用食盐封盖平整，每100 kg碎辣椒用食盐17～18 kg(含盖面盐)。上用竹席铺盖，上压竹片或木板，板上再压重石。随着渗透作用的产生，渗出的卤汁淹没竹席，隔绝辣椒与空气的接触，抑制有害微生物的活动，减少对维生素C的破坏。在腌制过程中，附着在辣椒表面的有益酵母、乳酸菌等产生发酵作用，使腌制后的辣椒具有鲜艳的红色和特殊的辛香味。在制作佐餐型辣豆瓣时，腌制后的辣椒要磨成辣椒酱。

3. 制曲

1)种曲制备

原料配比为麸皮80%，豆饼20%，含水90%～95%。将豆饼粉碎，与麸皮拌和，加水，拌匀，堆积1 h。置100～150 MPa压力下蒸煮1 h，出锅过筛，熟料水分为52%～54%。曲料迅速降温至38(夏)～40 ℃(冬)，按接种量0.1%～0.2%(干料)接入三角瓶种曲，拌匀，将曲料装曲盒，移入种曲室培养。培养68～72 h，孢子成熟，种曲制备完成。

2)制曲

将豆肉浸泡适度后，沥干送入制曲室，接入0.15%～0.3%的种曲。由于豆瓣颗粒较大，因此制曲时间需适当延长，一般通风制曲时间需两天，为了防止“干皮”产生，可在曲料面上搭盖一层席子。

制曲方式主要有晒席制曲、簸箕制曲和厚层通风制曲。晒席制曲是在地板上铺晒席，把曲料堆积在席上制曲；簸箕制曲是把曲料装入簸箕置曲架制曲，这两种方式简单易行。厚层通风制曲，就是曲料堆积较厚，需要通风以降温。

4. 制酱醅

1)甜豆瓣

将蚕豆瓣曲送入发酵罐(池)，加入豆肉原料约1倍、浓度为18～20 °Bé的食盐水，混合均匀，表面扒平，稍稍压实，保持品温在45 ℃左右进行发酵，成熟后可直接作为商品出售，或将发酵容器移至室外进行自然发酵。白天晒晚上露，适时翻缸将面层经过晒制，水分干、色泽较深的酱醅压向发酵容器底，下层酱醅翻至面层，使整个酱醅晒露均匀，6～8个月即可成熟，可作为商品出售或用来配制辣豆瓣。

2)辣豆瓣

制醅方法有两种，一是将蚕豆瓣与鲜辣椒碎块混合入坛密闭发酵，在辣椒表面附着的有益微生物和酶等活性物质与曲料协同作用，可促进酱醅早成熟。成品气味浓郁，风味较好；二是用经过晒露发酵的原汁豆瓣与腌制过的碎辣椒及食用油、酒、香料配制，充分拌和，放置后熟1个月即得成品辣豆瓣。

5. 成品质量

甜豆瓣呈红棕色至棕褐色，油润有光泽；有浓郁的酱香，无不良气味；味鲜，咸淡适口，有甜豆瓣特有的滋味，无异味；瓣粒完整，瓣酥软化渣，不翻泡，无蛆无花，无泥沙杂物，无腐败霉变。

辣豆瓣呈红棕色至棕褐色；有浓郁的酱香和辣香，无不良气味；鲜辣、后味深长，无异味；黏稠适度，可见辣椒块和豆瓣粒，无杂质。

9.4.6 曲法面酱的酿造

面酱也称甜面酱，是以小麦面粉为主要原料配制的酱类，因其口味咸中带甜而得名。它是利用曲霉类微生物分泌的淀粉酶和蛋白酶，将原料中的淀粉和蛋白质分解为糊精、麦芽糖、葡萄糖和各种氨基酸而制成的具有特殊风味的产品。

1. 面酱酿造工艺

面粉、水→拌和→蒸熟→冷却→接种→制曲→入罐(池)发酵→自然升温→加澄清盐水→保温发酵→翻拌→后处理→成熟面酱。

2. 操作要点

1)制曲原料处理

处理方法有两种：一是将面粉与水充分拌和(100 kg 面粉加水 28～30 kg)，使其成细长条形或蚕豆大小的颗粒，然后送入常压蒸锅中，当最后一包碎面块入蒸锅后，翻拌，待全部冒汽后即可；二是将面粉与水充分拌和成碎面块后，立即连续进入蒸料机内，蒸熟的面糕连续出料。蒸熟的标准是面糕呈玉色，嘴嚼时不黏牙且稍有甜味。

2)制曲

将蒸熟的面糕冷却至 40 ℃，打碎，接入 0.3%～0.5%的种曲(米曲霉 As. 3.951)，充分拌和均匀。面酱生产要求米曲霉分泌糖化型淀粉酶的活力强，因此制曲培养温度应适当提高，一般控制品温为 36～40 ℃。米曲霉培养后要求菌丝发育旺盛，即肉眼能看到曲料全部发白，孢子不宜过多。

3)制酱

发酵制酱方法可分为传统法和速酿法，但产品色泽和风味以传统法产品为优。①传统酿制法：将面曲堆积升温至 50 ℃，送入发酵罐(池)，加入 16°Bé 的盐水浸渍，泡涨后适时翻拌，日晒夜露。夏天 3 个月可成熟。气温低的季节需半年才能成熟。②速酿法：即高温保温发酵法，根据加盐水的方式不同分为两种方法。一是将面曲送入发酵罐(池)，让其自然升温，并随即从面层四周徐徐一次注入制备好的 13°Bé 的热盐水(60～65 ℃)，待盐水全部渗入曲内后，将面层压实，加盖保温发酵。温度维持在 53～55 ℃，每天搅拌一次，经 4～5 天，面曲已吸足水分而糖化，再经 7～10 天发酵成浓稠带甜的面酱。二是将面曲堆积升温至 45～50 ℃，将面曲与相当于面粉质量 50%的、13°Bé的热盐水(65～70 ℃)充分拌和，送入发酵容器，53～55 ℃下保温发酵，发酵时间为 10 天。待发酵完毕，再加入沸盐水适量，最后经压缩空气翻匀，发酵成浓稠带甜的面酱。

食盐对于淀粉酶、蛋白酶的活力有显著的抑制作用，同时，产品中若盐分含量高，在口感上甜味被遮盖，也影响产品质量。因此，面酱的发酵习惯上用低盐发酵。低盐发酵的优点是成熟快，香气好，既能防腐，又能及时成熟。

4)成品的后处理

面酱成熟后，含有疙瘩，因此要研磨并过筛子使其成细腻的产品。甜面酱如短时食用，可直接作为调味品，一般不再进行灭菌处理。若存储时间长，甜面酱容易继续发酵并生白花，所以要经 65～70 ℃灭菌 30 min，也可添加 0.1%的苯甲酸钠防腐。

3. 面酱成品质量

色泽呈黄褐色或红褐色，有光泽；具有面酱香，无其他不良气味；味甜而鲜咸适口，无苦、焦糊或其他异味；稀稠适度，无霉花，无杂质。

9.5　日本纳豆、印尼天培和中国豆豉

日本的纳豆和印尼的天培及我国的豆豉有一定的渊源，在制作上也有异曲同工之处，但它们的发展和影响力都已远远超过了我国的豆豉。

9.5.1　日本纳豆的生产工艺

纳豆是由大豆经发酵而成的，表面布满黏液，夹起来有很长细丝的一种食品，流行于日本。关于纳豆起源的说法很多。一般认为纳豆是由中国的豆豉演化而来的。据记载，唐天宝 13 年(公元 754 年)高僧鉴真东渡日本时，带去了豆豉和豆豉制作技术，最初在纳所(寺庙中的厨房)制作，因此被称为纳豆。

日本纳豆分为细菌型和米曲霉菌型两类，以细菌型最常见，其制作方法和我国的细菌型豆豉基本相同。

纳豆的制作工艺流程如下：

大豆→清洗→浸泡→沥干→蒸煮→冷却→接种→发酵→后熟→干燥→纳豆

↑（接种）

纳豆菌

纳豆制作一般选用个体小，大小均匀，表面光滑的大豆，经水洗、除去杂质和劣质豆，于凉水中浸泡过夜(根据季节气温不同，一般夏季泡 12 h，冬季泡 20 h)，沥掉泡豆水后，浸泡后的大豆一般吸水达 110%～130%。

将浸泡好的大豆在 0.15 MPa 下蒸煮 30～40 min，煮好的大豆应很软，用手指即可轻易碾碎。煮好的大豆冷却后接种纳豆杆菌，接种可以采用 5%～10%的新鲜纳豆，也可采用干粉型或液态的商业纳豆杆菌，每千克大豆接种量为 10^3 个孢子。大豆接种之后应

搅拌使菌种分布均匀(传统的纳豆生产方法是将蒸煮好的大豆以稻草包裹，稻草中含有纳豆杆菌，因此不需另外接种)。接种后的大豆于40～41 ℃下发酵14～20 h；5 ℃下后熟24 h。

与其他的无盐发酵食品一样，新鲜纳豆易变质，其保质期与贮藏温度有关：－18 ℃冷冻可保存6个月；0～4 ℃可保存8～10天；低温冷冻干燥至含水量低于5%再粉碎成粉末可较长期保存。纳豆不宜直接高温加热，否则会破坏其营养成分。

9.5.2　印尼天培生产工艺

天培，又名丹贝、天贝、田北等，是以豆类、花生和小麦等为原料，经脱壳、浸泡、接种根霉菌后经短时间固态发酵而成的食品。天培的成品呈白色饼状，厚2～3 cm，含水50%～60%，口感柔软黏滑，质地较豆豉稍硬，具有类似酵母和奶酪的香味，常用油炸或与肉类烩制食用。20世纪60年代以来，东南亚及美国的科学家们对天培进行了深入研究，发现天培中含有丰富的维生素B_{12}并具有很强的抗氧化活性。

天培在制作上采用无盐固态法发酵，周期比较短。天培最早是由家庭采用自然发酵形式制作，后来采用接种发酵，且规模不断扩大。天培的生产工艺很多，其根本区别在于所采用的发酵方法和酸化的方法不同。在印尼传统工艺中，酸化是依靠大豆在长时间浸泡过程中产酸菌(主要是乳酸菌)的生长来完成的，后来发展起来的纯种发酵工艺则是在浸泡水中加入1%(V/V)的乳酸进行人工酸化。此外，各地不同的风俗和气候条件对天培的制作工艺也有一定影响。

传统天然发酵天培的制作流程如下：

精选大豆→浸泡过夜→去皮→水煮→控水→冷却摊晾并用香蕉或其他叶片覆盖→发酵(1～2天)→成熟

具体操作是将大豆水泡去皮，水煮0.5 h后捞出控水，晾至豆粒表面不带水。取一块新制成的天培揉搓接种，拌匀后摊在竹席上，厚2～3cm，盖上蕉叶，在温暖处发酵1～2天，直到豆粒长满白色菌丝结成饼状，即可烹制食用或冷冻干燥存放。

现代的天培生产工艺如下：

精选大豆→浸泡(18～24 h)→蒸煮(0.8 MPa，20 min)→酸化基质(加0.8%乳酸)→接种(少孢根霉)→分装→恒温培养(36℃±1℃，30 h)→成熟

用于制作天培的大豆应去皮，原因是根霉不具备分解大豆外皮的酶系，在未去皮的大豆上生长不良。去皮分为湿法和干法两种：湿法去皮是将大豆浸泡过夜，然后通过踩踏或机械方法将种皮去除，再通过悬浮法将种皮分离；干法去皮是直接通过机械摩擦去皮，再通过气流将种皮分离。

发酵成熟的天培应及时处理，否则发酵期延长，菌丝分化成孢囊，会使产品变黑，氨基酸进一步氨化使产品风味变差，还易滋生杂菌导致产品腐败。新鲜天培在室温下的保质期很短，一般是当天制作当天食用，如果放置时间过长，天培的颜色会变成暗褐色，表面由于细菌生长会发黏，产品也会出现苦味。

9.5.3　中国豆豉生产工艺

豆豉是以整粒大豆为主要原料，经蒸煮发酵过程而制成的发酵豆制品。豆豉的种类较多，按加工原料可分为黑豆豉和黄豆豉；按口味可分为咸豆豉和淡豆豉；按参与发酵的主要微生物，可分为米曲霉型豆豉、毛霉型豆豉和细菌型豆豉。豆豉含有丰富的蛋白质、脂肪和碳水化合物，且含有人体所需的多种氨基酸、矿物质和维生素等营养物质。除此之外，豆豉还以其特有的香气使人增加食欲，促进吸收。

豆豉是我国传统的发酵豆制品。古代称豆豉为“幽菽”，也叫“嗜”。关于豆豉最早的记载见于汉代。古人不仅把豆豉用于调味，而且还入药，在《汉书》、《史记》、《齐民要术》和《本草纲目》等文献中都有相关记载。经过几千年来的不断发展和提高，豆豉已成为独具特色、广受欢迎的调味佳品，并流传到海外。

豆豉制作的一般工艺流程如下：

辅料 ↓（加入拌曲）

原料大豆→筛选→洗涤→浸泡→蒸煮→冷却→接种→制曲→洗曲→拌曲→发酵→干燥→干豆豉

发酵 ↓ 水豆豉

1. 原料筛选

应选择成熟充分、蛋白质含量高、颗粒饱满均匀、皮薄肉多、无虫蚀、无霉烂变质并有一定新鲜度的小型豆。大豆有黄豆和黑豆之分，制作豆豉以黑豆为佳，使用黑豆时尤其应注意其新鲜程度，因为长期贮存的黑豆，种皮中的单宁及糖配体会在酶的作用下水解和氨化，增加苦涩味，从而影响成品的风味。

2. 洗涤、浸泡

用少量水多次洗去原料中混有的砂粒杂质，然后进行浸泡。浸泡的目的是使大豆吸收一定水分，以便在蒸料时迅速达到适度变性，使淀粉易于糊化，溶出微生物发酵所需要的营养成分，并供给微生物生长所必需的水分。浸泡时间不宜过短，若大豆含水量低于 40%，制曲过程会明显延长，且经发酵后制成的豆豉不够松软；若浸泡时间延长，吸水率高于 55%时，大豆会因吸水过多而胀破，失去完整性，制曲时会发生“烧曲”现象，经发酵后制成的豆豉味苦，且易霉烂变质。

3. 蒸煮

蒸煮的目的是破坏大豆内部的分子结构，使蛋白质适度变性，易于水解，淀粉糊化，同时可起到灭菌的作用。煮豆的方法有水煮和汽蒸两种，民间制作多用水煮法，工业生产上一般采用高压蒸煮罐在 0.1 MPa 下蒸煮 1 h 左右，以含水量在 45%左右为宜。蒸好的大豆会散发出豆香气，用手压迫豆粒，豆粒柔软，豆皮能用手搓破，豆肉充分变色，咀嚼时豆青味不明显，且有豆香味；未蒸好的大豆，豆粒生硬，表皮多皱纹；蒸煮过度的大豆，组织软、豆粒脱皮。

4. 制曲

制曲的目的是使煮熟的豆粒在霉菌或细菌的作用下产生相应的酶系。在发酵过程中产生丰富的代谢产物，使豆豉具有鲜美的滋味和独特风味。制曲的方法有天然制曲和接种制曲，天然制曲不添加种曲，通过控制适宜的温度和湿度，使特定的微生物大量繁殖生长。天然制曲依靠空气中自然落入微生物的繁殖，因此除主要微生物的生长繁殖之外，还伴随着其他多种微生物的繁殖。天然制曲分为曲霉制曲、毛霉制曲和细菌制曲。接种制曲是在蒸好的大豆(曲料)中接入人工培养的曲种(曲霉或毛霉)。天然制曲和接种制曲各有其优缺点。天然制曲由于生长的微生物较杂，酶系较复杂，豆豉风味较好，缺点是制曲技术较难控制，质量不容易稳定，生产周期较长，生产受到季节限制，尤其是毛霉制曲要求温度低，只能在冬季生产，制曲周期更长；接种制曲法的优点是质量稳定，生产周期短，其缺点是风味稍差。制曲方法有曲霉制曲、平霉制曲、细菌制曲和接种制曲。

(1)曲霉制曲。把蒸煮后的大豆冷却至 35 ℃左右，装入竹簸箕(内厚 2～3 cm，四周厚，中间薄)，移入曲室，在室温 26～30 ℃、品温 25～35 ℃条件下培养。入室 24 h 品温上升，豆粒稍有结块，48 h 左右布满菌丝，豆粒结块，品温可达 37 ℃，此时进行第一次翻曲，用手搓散豆粒，并互换竹簸箕上下位置使温度均匀，有利于分生孢子形成。翻曲后品温下降至 32 ℃左右。再过 48 h，品温又回升至 35～37 ℃，开窗通风降温，保持品温在 28～30 ℃，6～7 天出曲。成曲水分含量在 21%左右，豆粒有皱纹，孢子呈暗黄绿色，用手搓可观察到孢子飞扬，掰开豆粒内部大都可见菌丝。曲霉型豆豉在我国起源最早且分布最广，以广东阳江豆豉和湖南浏阳豆豉最出名。

(2)毛霉制曲。蒸煮后的大豆冷却至 30～35 ℃，入曲室上簸箕或晒席(厚度为 3～5 cm)，冬季入房，室温为 2～6 ℃，品温为 5～12 ℃。制曲周期因气候变化而异，一般为 15～21 天。入室 3～4 天豆豉上可见白色霉点；8～12 天菌丝生长整齐，且有少量褐色孢子生成；16～21 天毛霉转老，菌丝由白色转为浅灰色，质地紧密、直立，高度为 0.3～0.5 cm，同时紧贴豆粒表层有暗绿色菌体生成，此时即可出曲，每 100 kg 原料可得成曲 125～135 kg。毛霉型豆豉在全国同类产品中产量最大，主要产于重庆，以永川豆豉及潼川豆豉为代表。

(3)细菌制曲。一般家庭制作豆豉多为细菌制曲，其制作方法是将大豆水煮，捞出沥干，趁热用麻袋包裹，保温密闭培养，3～4 天后豆粒表面布满黏液、可牵拉成丝并有特殊的豆豉味即可出曲。值得注意的是，在干燥地区制作细菌型豆豉，有时会伴生肉毒杆菌，如新疆地区曾发生多起食用家庭制作的细菌型豆豉所导致的肉毒杆菌中毒事件。细菌型豆豉是云南、贵州和山东等地民间制作的家常豆豉。

(4)接种制曲。接种制曲一般采用曲霉和毛霉，采用的曲霉有沪酿 3.042 米曲霉和以其为出发菌经诱变获得的曲霉 3.798 等，毛霉有四川省成都市调味品研究所分离驯化的 M.R.C—1 号等。纯种曲霉制曲方法如下：大豆煮熟出锅，冷却至 35 ℃，接入 0.3%的 3.042 种曲，拌匀入室，装入竹簸箕中，厚 2 cm 左右，保持室温为 25 ℃，品温为 25～35 ℃，22 h 左右豆粒结块，表面布满白色菌丝。当品温上升至 35 ℃左右，进行第一次翻曲；72 h 左右豆粒布满菌丝和黄绿色孢子时可出曲。纯种毛霉制曲方法如下：大豆蒸熟后，冷却至 30 ℃，接种 0.5%的纯种毛霉种曲，拌匀后入室，装入已杀菌的簸箕内，厚 3～5 cm，保持品温为 23～27 ℃。入室 24 h 左右豆粒表面有白色菌点，36h 豆粒布满菌丝且略有曲香，48h 后毛霉生长旺盛，菌丝直立，由白色转为浅灰色，孢子逐渐增多，通常 3 天可出曲。

在天然制曲和接种制曲过程中都应注意翻曲。一般制曲过程中需要翻曲两次，翻曲时要用力把豆曲抖散，要求每粒都要翻开，不得粘连，否则会造成菌丝难以深入豆内，导致发酵后的成品豆豉硬实、不疏松。

5. 洗曲

豆豉成曲表面附着许多孢子和菌丝，含有丰富的蛋白质和酶类，如果不经洗除，孢子和菌丝会继续残留在成曲的表面，尽管经发酵水解后部分孢子和菌丝可被溶解和水解，但很大部分仍附着于豆曲表面，会给豆豉带来苦涩味，并造成色泽暗淡。因此，豆豉的成曲必须用清水将表面的霉及污物清洗干净。洗曲时应注意尽可能降低成曲的脱皮率。

豆豳的洗涤方法有手工法和机械法两种。人工洗曲时，豆曲不宜长时间浸泡在水中，以免含水量增加。成曲洗后应使表面无菌丝，豆身油润，不脱皮。机械洗曲是将豆曲倒入洗豆豉机中，并加入清水，启动电机，带动盛载豆豉的铁制圆筒转动，使豆粒相互摩擦，洗去豆豉表面的曲菌。洗涤后的豆豉，用竹箩盛装，再用清水冲洗 2～3 次即可。

6. 发酵及干燥

豆曲经洗曲后，喷水、加盐和香辛料，然后入坛发酵。发酵前需调整豆曲的含水量，其方法如下：将水洗后的豆曲沥干、堆积，并间歇洒水，调整豆曲含水量在 45%左右。若含水量超过 47%，则会造成豆豉表面颜色减退、发红，甚至烂身、脱皮；若含水量低于 40%，则酶的水解作用受到抑制，成品不疏松，鲜味较差。

发酵容器可用木桶、缸和坛等，且以陶瓷坛为最佳。装坛时宜装满，层层压实，用塑料薄膜封口，置于室内或室外常温自然厌氧发酵，4～6 个月成熟。发酵过程中，在微生物所分泌的各种酶的作用下，形成豆豉特有的色、香、味。

按以上工艺发酵成熟的豆豉为水豆豉，可以直接食用。水豆豉出坛后经过干燥，水分降至20%左右即为干豆豉。

9.5.4　纳豆、天培和豆豉生产工艺的比较

纳豆、天培和豆豉均属于大豆发酵制品。日本纳豆和我国的细菌型豆豉相似，而天培则类似于我国的霉菌型豆豉。三者在制作工艺上也相似(豆豉的制曲实际上也是一种发酵过程，加盐入坛后的发酵可以看做后酵)：

菌种
↓
大豆→前处理→蒸煮→冷却→接种→发酵
- →低温后熟→纳豆
- →天培
- →加盐后酵→豆豉

尽管纳豆天培和豆豉的制作工序基本相同，但三者在菌种的使用和发酵参数等方面有一定的区别。此外，纳豆与天培均为无盐发酵，而豆豉则为有盐厌氧发酵。

目前纳豆和天培都实现了纯种发酵和规模化生产，产品质量稳定，而我国豆豉生产主要还是沿袭传统的自然发酵和作坊式生产，因此有必要继续深入研究，并借鉴国外的成功经验，将我国的豆豉生产由传统作坊式向工业化和标准化方向转变，提高产品质量，发挥自身的优势，进而走向国际市场。

思　考　题

1. 酱油生产中蛋白质原料为什么要润水?
2. 酱油酿造中主要发生哪些化学反应?
3. 酱油生产中低盐固态和高盐稀态发酵有何不同?
4. 食醋酿造过程中的生物化学反应主要有哪些?
5. 腐乳坯在后期发酵中应如何腌坯和配料装坛、促进成熟?
6. 腐乳前期发酵和后期发酵的侧重点是什么?
7. 酱类生产有哪些方法? 各有哪些优缺点?
8. 豆制品发酵过程中发生了哪些生物化学变化? 发酵豆制品的风味是怎样形成的?
9. 豆豉制曲可采用哪几类微生物? 采用不同微生物制曲在操作上有何不同?
10. 纳豆、天培和豆豉在生产工艺上有哪些相同和不同之处?

第10章　发酵蔬菜生产工艺

发酵蔬菜是我国历史悠久的传统发酵食品，其制作工艺可以追溯到先秦时代。传统发酵蔬菜是以蔬菜为原料，利用有益微生物的活动及控制一定生产条件对蔬菜进行发酵加工制成的产品。常见的发酵蔬菜产品有泡菜、酸菜和酱腌菜等。其加工工艺简单、原料来源广泛、成本低廉，且具有一定的营养和保健功能，在国内外备受关注。

10.1　泡菜的生产

蔬菜的泡渍是利用盐渍(或腌)的方式把生鲜蔬菜保藏起来的一种加工方式。蔬菜泡渍是中国最古老、最基本的蔬菜保鲜贮藏及加工方式之一。《诗经》有“中田有庐，疆场有瓜，是剥是菹，献之皇祖”的诗句，其中，“瓜”是蔬菜，“菹”是渍制加工的意思。盐渍菜是泡菜的雏形，由此泡菜的历史可以追溯到三千多年以前。

泡菜是以生鲜蔬菜或蔬菜咸坯为原料，添加或不添加辅料，经中低浓度食盐水(1%～10%，一般为2%～8%)泡渍发酵，调味(或不调味)，包装(或不包装)，灭菌(或不灭菌)等加工而成的蔬菜制品。泡菜的典型特点是食盐水(2%～8%)密闭泡渍、厌氧发酵，以乳酸菌为优势菌，主导乳酸发酵，乳酸含量为0.3%～1.0%；产品具有新鲜、清香，嫩脆、味美的特点。

泡菜的分类方式有多种。按工艺可分为泡渍类(食盐水泡渍发酵后，水菜不分离，固形物含量大于等于50%)，调味类(食盐渍制后脱盐、脱水、调味而成，水分含量小于等于90%)和其他类；按加工原料可分为叶菜类泡菜(如白菜、甘蓝)、根菜类泡菜(如萝卜)、茎菜类泡菜(如莴笋)、果菜类泡菜(如茄子、黄瓜)、食用菌泡菜(如木耳)和其他类泡菜(如泡凤爪、泡猪耳朵)；按泡菜食盐含量可分为超低盐泡菜(食盐量2%～3%)、低盐泡菜(食盐量4%～5%)、中盐泡菜(食盐量5%～10%)和高盐泡菜(食盐量10%～13%)；按口味可分为清香味、甜酸味、咸酸味、红油辣味和白油味等；按地域可分为中国泡菜、日式(日本)泡菜、韩式(韩国)泡菜、西式泡菜和俄式泡菜等。

中国泡菜历史悠久，文化深厚，是源自中国本土的发酵生物技术产品。我国的湖南、湖北、广东、广西和四川等地都保留了传统的泡菜加工方法，其中最有代表性、体系最完整、最具特色和影响最广的为四川泡菜。四川泡菜取材广泛、香型味型多样、色泽艳丽、口感脆嫩、酸鲜爽口，具有鲜明的特征，在国内外享有盛誉。

10.1.1 泡菜生产的原辅材料

1. 蔬菜原料

泡菜加工对蔬菜原料的一般要求是新鲜、大小基本一致、成熟适度、质地致密而嫩脆、无病虫害、无机械损伤、无发热现象，卫生(包含重金属和农残)指标必须达到无公害要求。对于现代工业化泡菜生产加工的原料品种，还应符合高产抗逆、干物质含量较高、水分含量较低、加工过程中不易发生色泽变化(如酚类物质含量应较低)和脆度变化、易保持蔬菜的自身风味、菜汁液不易外流、耐贮运等要求。

适于制作泡菜的蔬菜很多，常用的有根菜类的萝卜、胡萝卜；茎菜类的莴苣、球茎甘蓝、生姜、大蒜、藠头；叶菜类的大白菜、芹菜、芥菜、雪里蕻、紫苏；果菜类的辣椒、黄瓜、豇豆和苦瓜等。

2. 食盐

食盐是泡菜加工的主要辅料之一，在蔬菜的泡渍发酵中起防腐、脱水、变脆和呈味等作用。

3. 水

泡菜加工过程中用水量较大，水质必须达到《生活饮用水卫生标准》(GB 5749-2006)中的要求。

4. 调味料和香辛料

我国民间在制作泡菜时常加入一些香辛料和调味料，在泡菜生产加工中添加香辛料和调味料，不但可以起到调味和调色的作用，而且具有不同程度的防腐杀菌作用，可延长泡菜的保质期。四川泡菜常用的调味料和香辛料有酱油、食醋、味精、花椒、胡椒、八角、排草、甘草、白菌、小茴香、桂皮、山柰、橘皮、丁香、白酒、料酒、醪糟汁、甜味剂(白砂糖、饴糖、甜蜜素、安赛蜜、甜菊糖苷)和着色剂(姜黄、柠檬黄、辣椒红)等。泡菜生产中的食品添加剂务必严格按照《食品添加剂使用卫生标准》(GB 2760-2007)中的规定添加。

10.1.2 泡菜酿造微生物及生物化学

1. 泡菜中的微生物

随着人们对泡菜的日益关注和泡菜工业的发展，越来越多的学者对泡菜的微生物体系进行了研究。乳酸菌是泡菜发酵的主要微生物，它对泡菜制作除风味方面的贡献以外，还产生了酸及其他微生物抑制剂，从而抑制了可能产生异味的有害微生物的繁殖。近年来国内学者相继对泡菜中乳酸菌区系和泡菜中乳酸菌的分离、菌种特性以及乳酸菌纯菌种发酵等进行了研究。从传统四川泡菜中分离出的乳酸菌有肠膜明串珠菌、植物乳杆菌、干酪乳杆菌、短乳杆菌、植物乳链球菌等。酵母菌对泡菜的风味、质地以及发酵后的贮藏有着重要影响，在利用可发酵糖方面也起着有益作用，酵母菌发酵生成的乙醇对后熟阶段的酯化反应和芳香物质的生成很重要。但如果对酵母菌的酒精发酵不加控制，酒精度过高也会损害泡菜的正常风味。此外，一些产膜酵母的大量繁殖会使泡菜表面生花、长白膜，并产生不愉快的酸臭味。从四川泡菜中分离得到的酵母菌有酿酒酵母、黏红酵母、粗状假丝酵母、异变酒香酵母、汉逊酵母等。对四川民间优质泡菜汁的研究结果显示，在分离得到的多株酵母菌中，粗状假丝酵母和近平滑假丝酵母符合四川泡菜发酵要求，且具有较好的发酵性能。

2. 泡菜发酵过程中的物理、化学和生物化学变化

泡菜生产过程包括一系列复杂的物理、化学和生物化学变化。归纳起来主要有两个方面：一是泡渍过程中食盐的渗透作用；二是泡渍过程中大量微生物的生长、繁殖，即微生物的发酵作用。另外，还有香辛料的作用。

1)渗透作用

泡菜盐水俗称“酸水”，是以食盐为主的水溶液。食盐为强电解质，渗透力强，渗透的过程实质是物质交换的过程，通过物质交换把蔬菜中的水、气体置换出来，使蔬菜细胞渗透呈香呈味的有益成分并恢复膨压。食盐水中除食盐外还有糖类和酒精等物质，这些物质均具渗透性质，加上发酵等方面的作用，增加了泡菜的风味和保藏性。

2)发酵作用

在泡菜发酵的整个过程中，兼性厌氧菌、乳酸菌和酵母菌的数量会经历一个“上升—最高点—下降”的过程。泡菜入坛后，根据微生物的活动和乳酸积累量可以大致分为三个阶段。

第一阶段为发酵初期。原料装坛后，蔬菜表面带入的微生物会迅速活动并开始发酵。由于溶液的 pH 较高(通常在 5.5 以上)，加上原料中带入一定量的空气，一些繁殖速度快但不耐酸的肠膜明串珠菌、片球菌及酵母，利用糖和蔬菜中溶出的汁液开始生长，并迅速进行乳酸发酵及微弱的酒精发酵，生成乳酸、乙醇、乙酸和 CO_2。此时的发酵以异型乳酸发酵为主，溶液的 pH 下降至 4.5～4.0，大量排出 CO_2，坛内形成厌氧状态，腐败菌的生长受到抑制，这一阶段一般为 2～3 天，泡菜的含酸量可达到 0.3%～0.4%。

第二阶段为发酵中期。由于乳酸积累、pH 降低和厌氧状态的形成，植物乳杆菌的同型乳酸发酵活动变得活跃，数量可达$(5\sim10)\times10^7$ cfu/mL，乳酸积累可达 0.6%～0.8%，pH 下降至 3.5～3.8，大肠杆菌等不耐酸的细菌大量死亡，酵母菌的活动也受到抑制。这一阶段为 5～9 天，为泡菜的晚熟阶段。

第三阶段为发酵后期。同型乳酸发酵继续进行，乳酸积累可达1.0%以上，进入过酸阶段。当乳酸含量达到1.2%以上时，植物乳杆菌受到抑制，菌数下降，发酵速度减慢乃至停止。

3. 泡菜风味的形成

泡菜的风味形成是一个比较复杂的过程。蔬菜在泡制过程中，细胞结构和化学成分发生了一系列变化，形成了泡菜制品特有的质地和色、香、味。经过泡制的蔬菜，一些原有的香气和味道消失，而另一些新的风味形成。蔬菜在泡制过程中所发生的与风味形成有关的变化主要有以下几个方面。

(1)因发酵作用而形成的风味。泡菜发酵一般以乳酸发酵为主，伴随着少量的乙醇发酵和微量的醋酸发酵，发酵产物有乳酸、醋酸和其他有机酸、乙醇等物质，它们除具有防腐作用外，还给泡菜带来了爽口的滋味和香气。此外，有机酸和醇可以反应生成具有各种芳香气味的酯。

(2)蛋白质水解形成香气和鲜味。在泡制过程中和后熟期，蛋白质在微生物和泡菜自身所含蛋白酶的作用下逐步水解为氨基酸，这一变化是泡菜制作过程中非常重要的生物化学变化，也是泡菜制品产生特定色泽、香气和风味的主要来源。一些氨基酸本身就有一定的鲜味和甜味，如果再和其他化合物作用，可以形成更为复杂的产物，泡菜色香味的形成多与氨基酸的变化有关(如天冬氨酸和谷氨酸可与钠离子结合形成鲜味)。

(3)糖苷类物质降解产物和某些有机物形成的香气。一些蔬菜含有糖苷类物质，具有不快，的苦辣味，在发酵过程中可以降解形成具有芳香气味的物质，如十字花科蔬菜所含有的芥子苷在腌渍过程中降解生成具有特殊香气的芥子油。

(4)蔬菜本身含有的一些挥发性成分。蔬菜本身所含有的挥发性成分(如醇、酮、醛、萜烯等)都有浓郁的香气。

(5)泡制过程中吸附的佐料香气。研究显示，自然发酵泡菜较老盐水发酵泡菜、直投式功能菌剂发酵泡菜之间主体风味成分存在较大地差异，老盐水发酵泡菜与直投式功能菌剂发酵泡菜的主体成分相近。直投式功能菌剂发酵泡菜中的乙偶姻(不愉快气味)相对含量较其他泡菜要低。

10.1.3 泡菜制作工艺

传统的四川泡菜加工大多数是小规模企业或家庭作坊，占地面积小、产量低，一般以陶坛为主要泡渍发酵容器，用食盐水(2%～10%)溶液密闭泡渍发酵，泡渍发酵完成后即食(以乳酸发酵为主，乳酸含量为0.5%～1.0%)。多数不包装或散装，不作杀菌处理，泡菜产品新鲜、清香、脆嫩、可口。四川地区的泡菜食用方法是直接食用(本味清香)或拌上调味品(主要为红辣椒酱)食用。传统泡菜的一般制作工艺流程如下：

加入配制食盐水
↓
生鲜蔬菜→挑选、整理→清洗、切分→预泡渍→入坛→泡渍、发酵→检测→出坛→泡菜产品

1. 蔬菜预处理

首先将蔬菜浸入水中淘洗，除去污泥及各种杂质，再用清水洗净，捞出，沥去浮水。去除不可食用的部分，并根据各类蔬菜的不同特点纵向或横向切割为条块状或片状，然后进行预泡渍(传统上称“出坯”)，即泡头道菜，目的是利用食盐渗透压除去菜中的部分水分、渍入盐味和杀灭腐败菌，同时能保持正式泡制时盐水浓度。一般预泡渍的食盐水浓度为 2%～10%，也有的可高达 15%(一般用于在旺季时贮藏蔬菜)。预泡渍所使用的食盐水浓度与蔬菜的品种有关。莲白、青菜头、黄瓜、莴苣等质地嫩脆、含水量高、食盐易渗透、不宜久贮的蔬菜，预泡渍的食盐水浓度要低；而辣椒、芋艿、大葱等质地老、含水分少、宜久贮的蔬菜，预泡渍的食盐水浓度可稍高一些。预泡渍的时间也与蔬菜的质地有关，气味浓烈的大蒜、洋葱、辣椒和子姜等，预泡渍时间应长一些(如 1～3 天)，但也不宜太长，否则会造成蔬菜原料中可溶性固形物和营养成分的损失；易褪色的浅色蔬菜预泡渍时间应短一些(如 1～5 h)。此外，预泡渍的时间还与蔬菜贮藏时间的要求有关，蔬菜旺季时，为了解决蔬菜贮藏困难的问题，需采用高浓度的食盐水(15%以上)进行预泡渍(或称“腌制”)，这样预泡渍可达到 1～6 个月而蔬菜不腐烂。预泡渍之后的食盐水可继续用于同品种蔬菜的“出坯”。

2. 泡渍

预泡渍之后进行正式泡渍发酵，首先配制食盐水和准备好泡渍用的辅料(香辛料等)，然后把预泡渍后的蔬菜转入坛内，进行密闭泡渍发酵。

(1)食盐水的配制。食盐水的配制采用冷开水，按冷开水重的 2%～10%配制食盐溶液，若食盐水中有杂质则需过滤除去后使用，食盐水配制好后存放备用。食盐最好采用不加碘的精制食用盐。

(2)盐水与泡渍用辅料的准备。泡渍高质量的泡菜，常在盐水中添加食糖和香辛料等辅料(表 10-1)。其中，白酒、料酒、醪糟汁等起辅助食盐渗透、防止产膜(腐败菌滋生)、增香增味和保嫩脆等作用；红糖或白糖起着促进泡渍发酵、护色和协调诸味的作用；辣椒、生姜、大蒜、花椒、八角、排草和白菌等香辛料起着增香增味和除异香异味的作用，使用时可将其包裹于单层或双层纱布中(称为“香料包”)，然后放置于泡渍盐水中。对于一些浅色蔬菜，需要保持新鲜色泽，不宜使用红糖或八角，可用白糖或山柰代替；对于一些本身味淡的蔬菜(如藕和地瓜等)可加入白菌增鲜。

表 10-1 盐水辅料与泡渍辅料

辅料		用量/%	说明
盐水用辅料	白酒	0.5～1.5	高粱白酒(50%～65%)
	料酒	1～2	黄酒(15%～20%)
	醪糟汁	1～2	自酿或购买
	红糖	1～3	可用白糖代替
泡渍用辅料(香辛料)	红辣椒(干)	1～5	新鲜、干净
	大蒜(干皮蒜头)	0.5～2	新鲜、干净
	生姜(干)	0.5～2	新鲜、干净
	花椒	0.1～0.5	新鲜、干净
	八角	0.01～0.1	新鲜、干净
	山柰	0.01～0.1	新鲜、干净
	排草	0.01～0.1	新鲜、干净
	甘草	0.01～0.5	新鲜、干净
	茴香	0.01～0.1	新鲜、干净
	桂皮	0.01～0.1	新鲜、干净
	白菌	0.01～0.5	新鲜、干净

(3)蔬菜(装)入坛。传统四川泡菜制作一般用泡菜坛，这是其工艺独特之处。泡菜坛通常为陶土制成，口小肚大，在距坛口边缘 6～16 cm 处设有一圈水槽，称为坛沿，槽沿稍低于坛口，泡制时坛沿装满水(称为坛沿水)以隔绝外界空气，而坛内发酵产生的气体可通过水逸出。

将前述配制好的食盐水(按菜水比 1∶2～5)装入干净的泡菜坛中，按比例放入泡渍辅料或“香料包”，然后装入预泡渍后的蔬菜，直至菜水离坛口 5～10 cm，用竹篾卡(或石头压)住蔬菜，使其完全淹没在盐水中，盐水离坛口 3～5 cm，此为“盐水装坛”，适用于可靠重力自行沉没的茎根类蔬菜(如萝卜、蔃头和大葱等)；另一种装坛方法为“干装坛”，适用于不能靠重力自行沉没的叶果类蔬菜(如辣椒等)，其方法是先装预泡渍后的蔬菜和泡渍辅料或“香料包”(“香料包”位于坛的中央)，直至菜离坛口 5～10 cm，用竹篾卡(或石头压)住蔬菜，然后灌入配制好的食盐水，盐水离坛口 3～5 cm。

4. 泡渍发酵

装坛完成后，随即盖上坛盖，并在坛沿内加入清水或盐水，使坛盖底端与坛沿结合处全部淹没，以密闭隔绝空气，此时泡渍发酵正式开始。泡渍发酵是泡菜生产的关键环节，发酵温度一般为室温，也可采用恒温(通常在直投菌剂时使用)。

泡渍发酵是典型的乳酸发酵，属厌氧发酵，应保持泡渍发酵房或车间的清洁，做到干净卫生，同时要保持密闭发酵，随时检查并保持坛沿内不缺水。泡渍发酵的初期，有气泡从泡菜坛内通过坛沿水冒出，其响声不大，间隔有规律，打开坛盖无刺鼻的气味，则表明泡渍发酵正常；如果气泡响声大而急促，打开坛盖有刺鼻的气味，菜水色泽不正常(盐水浑浊等)，则表明泡渍发酵不正常，其原因是感染了杂菌(腐败菌等)而产气。若感染不严重，加入较高浓度的食盐水或 1%的高粱白酒或抑菌作用较强的香辛料等；若感染较严重则应弃去。

泡渍发酵时间长短与蔬菜品种、切分的大小、食盐水浓度和发酵温度等有关，其中盐水浓度和发酵温度是主要影响因素。一般夏季的发酵时间为 3～7 天，冬季为 5～15 天，也有的发酵时间达 30 天甚至更长。

泡渍发酵后的盐水可多次使用，但需补加适量的食盐以保持盐水的浓度。

现代泡菜（调味泡菜）是在传统泡菜生产工艺的基础上，利用现代食品工程技术和设备设施、调味技术、包装和杀菌技术等生产加工而成的蔬菜制品，其主要生产工艺包括原料选择、（发酵）预处理、处理（脱盐）、配料（调味）、包装和杀菌等过程。与传统泡菜制作加工相比主要有以下特点：规模化加工、产量大；以盐渍池（或大型陶坛或大型不锈钢容器）为主要（盐渍）发酵容器；食盐用量较大（10%～15%）；泡菜需要进行配料（调味）；需要进行包装和杀菌处理；机械化和自动化程度较高等。

10.1.4　泡菜品质的保持和风味的调配

1. 保持泡菜色泽

绿色蔬菜先在微碱性溶液中浸泡（pH 为 7.5～8.5）或漂烫，或适度提高出坯的用盐量（20%以上），均可起到护色的作用。在泡制前加入适量的护色剂（如 $CuSO_4$）也可起到护色的作用。浅色蔬菜的护色主要是防止其褐变（主要是酶促褐变），可采用漂烫，或调节 pH 至 4.5～5.5 或适当利用护色剂（食盐、曲酸和植酸等）等延缓其色泽的变化。此外，也可用着色剂（色素）来调制。

2. 保持泡菜脆性

发生泡菜软化是食盐浓度较低或植物原料本身或微生物分泌的软化酶造成的。最常见的软化酶是果胶酶，它能分解蔬菜中的果胶而使泡菜软化。此外，还有能使果实种子发生软化（软心）的聚半乳糖醛酸酶等。适当提高食盐浓度可防止泡菜软化，但高盐会带来一些不利影响，目前常采用添加钙盐（$CaSO_4$、$CaCl_2$ 和葡萄糖酸钙等）增加泡菜水硬度等措施来保脆。

3. 调配泡菜风味

泡菜的香气和滋味有些是蔬菜和辅料（如香辛料）本身具有的，但更主要的是在发酵过程中形成的。发酵风味的形成需要一定的时间，因此要获得优良的风味，就必须保证合理的泡菜生产周期。在工业化生产中可采取调配的方式达到泡菜的最佳风味，常用的调味料有食用植物油、红油辣椒、辣椒粉、酱油、食醋、有机酸（乳酸、柠檬酸等）、白砂糖、味精、核苷酸（I+G）、五香粉以及各种蔬菜香精、调味液（膏）和色素等。

10.2 酱腌菜的生产

酱腌菜是我国的传统小菜，相传已有近三千年的历史。我国幅员广阔，各地的加工方法和生产季节不同，加上人们的口味各异，所以各地都有各具特色的酱腌菜产品，如我国北方的酸菜、四川的榨菜、扬州酱菜、萧山萝卜干和北京六必居酱菜等，都是极富特色、驰名中外的产品。

酱腌菜的种类很多，根据《中华人民共和国国内贸易行业标准(SB/T 10439-2007)，酱腌菜包括酱渍菜、盐渍菜、酱油渍菜、糖渍菜、醋渍菜、糖醋渍菜、虾油渍菜、盐水渍菜和糟渍菜，其中酱(油)渍菜是以蔬菜咸坯，经脱盐、脱水后，用酱(油)渍加工而成的蔬菜制品；盐渍菜是以蔬菜为原料，用食盐盐渍加工而成的蔬菜制品；糖渍菜是以蔬菜咸坯，经脱盐、脱水后，用糖渍加工而成的蔬菜制品；糖醋渍菜是以蔬菜咸坯，经脱盐、脱水后，用糖醋渍加工而成的蔬菜制品；虾油渍菜是以蔬菜为主要原料，用食盐盐渍后经虾油渍制加工而成的蔬菜制品；糟渍菜是以蔬菜咸坯为原料，用酒糟或醪糟渍加工而成的蔬菜制品。

10.2.1 酱腌菜生产原材料

1. 原料

酱腌菜加工的主要原料为蔬菜的根、茎、叶、瓜果，而花菜类较少。适于制作酱腌菜的根菜类有萝卜、胡萝卜、大头菜、芜菁(又名蔓菁)和芜菁甘蓝(又名洋大头菜)等，其中萝卜的比例最大；茎菜类有莴苣、苤蓝、榨菜、生姜、宝塔菜、土姜、莲藕、大蒜、藠头等；叶菜类有雪里蕻、箭杆白菜、酸白菜、春菜、川东菜、南丰菜、梅干菜、大白菜、京冬菜、结球甘蓝、芹菜等；瓜果类有黄瓜、菜瓜、辣椒、茄子、豇豆等；花菜类有黄花菜、韭菜花等。此外，石花菜、海带和一些果仁、果脯也可用于制作酱腌菜。

2. 辅助原料

(1)食盐。食盐是酱腌菜的主要辅助原料之一，它使酱腌菜具有咸味，并与氨基酸化合成为氨基酸的钠盐，使酱腌菜具有鲜味，食盐更重要的作用是防止蔬菜的腐败，使它们得以长期保存。我国的酱腌菜成坯，常采用高浓度盐水保存(即“封缸”)。酱腌菜用盐的要求是水分及杂质少、颜色洁白、卤汁少。

(2)甜面酱和黄酱。酱是生产酱菜的重要辅助原料。酱的质量往往是酱菜质量的决定因素，酱菜质量的感观鉴定指标(色、香和味)都来源于酱。因此，制作优质的甜面酱和黄酱，是保证酱菜质量的先决条件。

(3)虾油和鱼露。虾油和鱼露是制作虾油渍菜的辅助原料。虾油和鱼露的不同之处在于原料：以小海虾为主的产品叫虾油；以海鱼为主的产品叫鱼露。

(4)辣椒块、辣椒酱和辣椒油。辣味酱腌菜又称为辣椒酱和辣椒油渍菜，其辣味物质主要是辣椒，以辣椒块、辣椒酱、辣椒粉或用辣椒粉炸的辣椒油作为辅助原料。

(5)辛香料。酱腌菜除本身所具有的香味之外，各种辛香料在增加风味方面也起到一定的辅助作用。常用的辛香料有花椒、大料(八角、大茴香)、桂皮、胡椒、小茴香、咖喱粉、芥末面、五香粉、香辣粉、味精、胡椒粉和花椒粉。此外，还有姜粉、辣椒面、丁香、甘草、橘皮、砂仁、豆蔻、草蔻和山柰等。

(6)酱色料。酱腌菜品种的色泽对其质量有一定影响。瓜类、蒜苗、豇豆、辣椒、胡萝卜等应尽量保持蔬菜本身的天然色泽，但有些原料(如酱萝卜、蔃头、脯、甜咸大头菜)等则需要改变颜色才能增加其特色，这就需要使用着色料。常用的着色料有酱色、酱油、食醋、红曲和姜黄等。

(7)防腐剂。防腐剂的作用是抑制酵母、霉菌和细菌等微生物的生长，延长酱腌菜制品的贮藏期。常用的防腐剂有苯甲酸钠和山梨酸钾等，一般在前期腌渍过程中不使用，后期包装时可适当使用，但要严格按照国家防腐剂的标准使用。

10.2.2　酱腌菜酿造微生物及生物化学

1. 酱腌菜酿造过程中的微生物

1)细菌

蔬菜腌制中常见的细菌有乳酸菌、醋酸菌、丁酸菌和腐败菌。乳酸菌将糖发酵生成乳酸，乳酸发酵是蔬菜腌制中主要的发酵作用；醋酸菌是一种好气性细菌，在有空气的条件下可将乙醇氧化生成醋酸，少量的醋酸有利于腌制品风味的形成；丁酸菌是一类专性好气性细菌，在蔬菜腌制过程中以糖和乳酸为基质进行丁酸发酵，形成的丁酸具有强烈的不快气味，同时又消耗了糖与乳酸，因此对蔬菜腌制来说是一种有害菌；腐败菌的活动可以分解蔬菜组织蛋白质及其他含氮物质，引起蔬菜腌制过程中腐败的发生。

2)酵母菌

在蔬菜腌制中，正常酵母可在腌制中将糖发酵生成酒精，有利于形成制品的香气，但产膜酵母则在盐液表面形成菌层薄膜，消耗蔬菜组织内的有机物质，同时还分解腌制中生成的乳酸和乙醇，降低了腌制品的品质及保藏性，甚至导致腌制品的败坏。

3)霉菌

在蔬菜腌制过程中，一些霉菌(如曲霉、青霉等)的作用可使制品出现生霉现象，其生霉的部位一般在盐液表面或菜坛上层。霉菌能分泌果胶，使制品变软。同时，霉菌还能大量、迅速地分解乳酸，使制品的风味变劣，进而引起腌制品的败坏。

2. 酱腌菜酿造过程中的生物化学

蔬菜经过食盐腌制，由于渗透压的作用，蔬菜组织中的可溶性物质从细胞中渗出，使微生物和酶加以利用而引起一系列的生化反应，从而引起外观、质地、风味和组织的变化。蔬菜的体积随着细胞中水分的渗出而减小，同时盐卤渗入菜内，将组织内的空气排出，使菜的质地呈紧密半透明状态，在加工处理中不易折断。在整个腌制过程中，发酵是主要的变化。各种腌制品，除用盐量过大而使发酵停止外，一般都进行不同程度的乳酸发酵，同时也进行醋酸、酒精和丁酸发酵以及糖类、淀粉和蛋白质等的分解，在这些过程中乳酸发酵占主要地位。乳酸发酵可以改进腌制品的风味，并延长贮存期；乙醇发酵生成的酒精能与发酵产物中的酸作用生成酯，成为腌制品香味的主要来源之一；醋酸发酵在蔬菜腌制过程中也产生少量的醋酸及其他挥发酸，对腌制品同样起着改进风味和延长贮存期的作用；丁酸发酵及腐败细菌、有害酵母和霉菌的活动则对腌制有害。由于发酵作用和生物化学作用的结果，蔬菜的化学组织发生一系列变化。

1)糖与酸的互相消长

一般发酵性腌制品经过发酵作用后含糖量降低，而酸含量相应升高。非发酵性腌制品，酸含量基本没有变化，含糖量则出现两种不同情况：腌制品由于部分糖分扩散到盐水中，含糖量降低；酱菜及糖醋渍菜由于在腌制中加入大量糖分，含糖量明显提高。

2)含氮物质的变化

发酵性腌制品含氮物质有较明显减少。非发酵性腌制品含氮量的变化有两种情况：咸菜(盐渍品)由于部分蛋白质在腌制过程中浸出，含氮物质减少；酱菜由于酱内的蛋白质浸入菜内，产品蛋白质含量增高。

3)维生素的变化

在腌制过程中，维生素 C 因氧化作用而大量减少，一般规律是腌制时间越长、用盐量越大、产品露出盐卤表面接触空气越多、产品的冻结和解冻次数越多，维生素 C 的损失也越多。蔬菜中的其他维生素在腌制过程中较为稳定，变化不大。

4)水分的变化

湿态发酵性腌制品水分含量基本无变化；半干态发酵性腌渍品水分含量明显减少；非发酵性腌渍品与鲜菜相比明显降低；糖醋腌制品的水分含量基本无变化。

5)矿物质含量的变化

经过腌制的蔬菜灰分含量显著提高，各矿物质中钙的含量提高，而磷和铁的含量降低；酱菜中各种矿物质含量均有明显提高。

6)风味的形成

蔬菜经过腌制后，原有的不良风味消失，由于发酵过程中的酯化作用和某些氨基酸的形成而产生一种特殊的香气。

7)色泽的变化

发酵性腌制品及糖醋腌制品，由于乳酸、醋酸的作用，使绿色蔬菜失去鲜绿的色泽；一些非发酵性腌制品(盐制品、虾油制品)经适当工艺操作可基本保持蔬菜的绿色；酱制品由于吸附了酱的色素会改变原有的颜色。

10.2.3　发酵酸菜制作工艺

酸菜的种类很多，东北、华北、西北以及华中一些地区的酸菜是以白菜为原料，另一类较普遍的酸菜是以芥菜为原料。此外，还有用胡萝卜、蔓菁、芹菜及菊芋的块根、块茎等作为原料腌制的酸菜。由于所用原料、生产工艺以及所处地域的不同，其发酵微生物种类也不同，形成了各地风格各异、各具特色的酸菜。酸菜制作的一般工艺流程如下(以白菜和卷心菜为例)。

原料→清洗、修剪→整理/切丝/切半→加盐→加水(没过菜体)→发酵→成品→包装

1. 原料选择与处理

选取新收获的白菜或卷心菜，去除残次部分，清洗、切丝、切半或整棵不切割，放入坛内或缸内。由于地域不同，具体选择的菜品及要求也不同，如卷心菜宜选择口味淡爽、偏甜的白色品种，它的菜头偏重，外面的绿叶较少，含可发酵性糖的浓度大约为5%，其中果糖和葡萄糖含量几乎相同，蔗糖含量少，制作的酸菜口味较好。

一般来讲，大多数的白菜和卷心菜都可以进行正常的乳酸发酵，但也有少数品种无法进行正常的乳酸发酵，致使产品质量很差。这是因为这些品种的原料中含有某些抑制乳酸菌生长的成分，或者缺乏乳酸菌生长所必需的营养成分。

2. 加盐

盐对蔬菜发酵有很大影响：①加盐后渗透压升高，可以抑制有害菌生长；②加盐有利于蔬菜中营养成分的释放，从而促进乳酸菌的生长；③加盐可以提高发酵蔬菜的适口性。盐浓度在1.8%～2.5%时可以使乳酸菌正常生长，发酵结束时产品的酸浓度和盐浓度适合，产品口感好；盐浓度高于3.5%时对于肠膜明串珠菌的生长不利；过高的盐浓度会使产酸速度降低，发酵的酸菜，盐和酸的比例不当，口味较差；如果盐的浓度低于2%，会因产酶菌的活动而使产品软化。

3. 发酵

酸菜装入容器并加盐后，将容器口封好或加水使水没过蔬菜，使蔬菜处于厌氧环境，抑制好氧菌的生长，进行乳酸菌发酵，发酵温度一般为20～25 ℃，发酵时间为4～6周，最终酸度在1.5%左右(以乳酸计)，pH在4.1以下。

温度对酸菜发酵非常重要，不同温度下进行发酵的乳酸菌类型不同，最终的酸含量和风味也不同。一般来讲，低温发酵要比高温发酵的酸菜具有更好的风味、颜色和性质，这主要是因为温度高时主要由同型乳酸菌完成发酵，乳酸多而乙酸少，导致发酵蔬菜的风味和适口性较差。

10.2.4 腌黄瓜的酿造工艺

在我国，黄瓜腌渍的历史悠久，腌渍方法也较多，下面介绍几种腌黄瓜的制作方法。

1. 甜酱黄瓜

(1)原料配比：鲜嫩黄瓜 50 kg，盐 25 kg，天然面酱 50 kg。

(2)工艺过程：黄瓜下缸时一层黄瓜一层盐，入缸码好，等卤与黄瓜相平时，再用竹针扎眼，晚间把黄瓜晾在席上，散热及夜露，第二天再入原缸，连续三次后，再倒缸一次，用盐码好，不带卤，封缸。然后把腌好的黄瓜用水浸出盐分，每 36 h 换一次水，出缸控干，日晒至水分减少 30%左右再装入口袋，入缸下酱，每袋重 2.5 kg，一层口袋一层酱，每天串两次缸，15～20 天即成。

(3)感官指标：外表呈碧绿色，内心呈红色，口脆，清香带甜味。

2. 糖醋黄瓜

(1)原料配比：鲜嫩黄瓜 50 kg，盐 3.5 kg，糖 12.5 kg，醋 15 kg。

(2)工艺过程：挑选后的嫩黄瓜，下缸腌渍，鲜瓜 50 kg 分层下盐，压盖放上适当质量的石头。根据气温适当地进行乳酸发酵，时间不宜过长，否则容易变坏。然后捞出放在清水里，泡去盐分，再压去适当水分，浸泡在糖醋液里腌渍。

(3)感官指标：酸甜口味，清脆爽口。

3. 绍兴酱瓜

(1)原料配比：鲜嫩黄瓜 50 kg，盐 7.5 kg，酱籽 28 kg。

(2)工艺过程：鲜嫩黄瓜洗净沥干后，每 50 kg 加盐 7.5 kg，入缸腌制 4 天。出缸沥干，再加 2.5 kg 盐作第二次腌制，腌 3 天后取出沥 4 h，此时瓜重约为原重的 65%。酱制时 50 kg 瓜坯用酱籽(甜面酱的半成品) 28 kg，预先晒干捣碎，按一层酱籽一层瓜的装法入缸，瓜坯要排列整齐，经 5～6 天，瓜卤逐渐上升使表面酱籽湿润，即可进行第一次翻缸，如果此时尚未湿润，可洒入少量酱油，室外腌制约 30 天即可。抹去表面的面酱，装坛，坛口加原酱 1～1.5 kg 后密封贮藏即为成品。

黄瓜经腌渍后，风味多样且适宜长期食用，但由于腌制品本身含有各种有机成分，在微生物活动和环境条件影响下，容易发生变质、变色、变味、发黏、长霉等腐败现象，不利于长期贮存。为了防止腐败的发生，在缸藏时，应使总盐分达 18%～20%，菜卤高出菜面 10～14 cm，低温避光，并经常检查，保证菜卤清晰。瓶装酱菜可用高温灭菌。此外，采用无菌真空包装以及适量添加防腐剂、香料、糖、酱、酒和辣料等，都能起一定的防腐作用。

10.2.5　发酵橄榄制作工艺

橄榄的发酵类似于酸菜，只是在盐渍之前需将橄榄在 1.6%～2.0%的碱液中浸泡 4～7 h(21～25 ℃)，其目的是除去橄榄中的苦味物质。碱液浸泡之后以清水洗涤，然后进行盐渍，盐浓度为 5%～15%，具体根据橄榄的品种和大小而定。在橄榄发酵的过程中，乳酸菌中的乳球菌类(明串珠菌和啤酒片球菌等)先占据生长优势，然后是乳杆菌(植物乳杆菌和短乳杆菌等)。碱处理对于微生物生长有一定影响，因此橄榄的发酵时间较长，一般为 6～10 个月，最终产品酸含量为 0.18%～1.27%，pH 为 3.8～4.0。

10.2.6　韩国泡菜制作工艺

韩国泡菜是以新鲜蔬菜(多为大白菜)为主要原材料，以其他蔬菜(萝卜、黄瓜、青菜等)为辅料，加入大蒜、生姜、大葱和辣椒粉等各种调味料，经盐腌、调味等工序加工，并在低温下通过乳酸发酵而制成的具有传统风味的酱腌菜。韩国泡菜在制作上讲究腌渍，其精华在于各类腌制调料，种类丰富，配比合理，从而形成韩国泡菜特有的风味和口感。

韩国泡菜中有 70%以白菜为原料(辣白菜)，20%以切片的萝卜为原料，其他原料占 10%。香辛料有大葱、大蒜、红辣椒粉、姜、韭葱、芥末、黑胡椒、洋葱和肉桂；调味料有盐、盐渍及发酵的虾、凤尾鱼、黄豆酱、醋、化学调味剂、甜味剂、芝麻及芝麻油、牡蛎等，这些调味料根据具体情况选择添加。其他辅料有水果、谷物、海产品和肉类。添加鱼类和肉类可改善泡菜的风味，添加谷物可增强乳酸发酵。

白菜（主料）→修剪、切割→清洗→盐渍→清洗→沥干→盐渍白菜

辅料+调味料+香辛料+其他材料→预处理→混合→混合辅料

盐渍白菜＋混合辅料→填充→装坛→发酵→成品

原料应选择紧实、无腐烂、无虫害的新鲜白菜。将选好的白菜剥去老叶、干边叶、虫害叶等不良部分，切去根部，要求去根彻底，切面平整。然后将白菜纵切为两半，将切分好的白菜置于盐渍槽内，将配制好的食盐水打入盐渍槽内，并保持盐水温度。将白菜完全浸入盐水中盐渍 7～8 h。盐渍好的白菜反复清洗 4 次，以流水清洗表面食盐水及异物。将清洗后的白菜沥水 8 h 左右，将脱水后的白菜放于挑选台上，人工挑选，将变色和不良部分除去。将辅料按照配方配制成调味酱，对挑选后的白菜进行人工抹料，将配制好的配料逐层均匀涂抹在白菜叶面上，装坛发酵。由于韩国泡菜的制作过程中不向发酵坛内加水，因此并非严格厌氧，其乳酸发酵过程是属于兼性厌氧型的，这一点与四

川泡菜有明显区别。

10.3 发酵蔬菜汁饮料的生产

发酵蔬菜汁饮料一般以蔬菜原汁为原料进行发酵制作，经发酵后的蔬菜汁饮料，不仅产品口感和风味大有改善，而且其独特的抗菌保健作用及改善肠道消化等功能也为一般饮料所不及，因此发酵蔬菜汁饮料具有广阔的市场前景。

10.3.1 发酵蔬菜汁饮料的生产原材料

可用于制作发酵蔬菜汁饮料的原料较多，常用的有西红柿、胡萝卜、冬瓜、番茄、豆芽、平菇、甘蓝、南瓜和甜菜等。除了以蔬菜汁外，还可添加果汁或乳品以增加发酵饮料的风味和营养价值。所用的水果有苹果和葡萄等，乳品有牛奶、羊奶以及豆乳等。

发酵蔬菜汁饮料原料的选择可参考以下原则：①具有发酵微生物活动所需要的碳源、氮源，有利于微生物生长代谢。若碳源、氮源不足则微生物生长和发酵速度慢，易感染杂菌。一般蔬菜均可满足微生物生长代谢所需要的碳、氮及微量元素，如果蔬菜汁含糖量在3%以下，则须补充蔗糖或葡萄糖，此外，混合一些含氮物质较丰富的蔬菜如豆芽、平菇，有利于增加产品风味；②营养丰富或富含某种特殊的营养成分，对人们具有保健或疗效作用；③来源广泛，资源丰富。

10.3.2 蔬菜汁饮料发酵微生物及生物化学

发酵蔬菜汁饮料的生产可选用乳酸菌或酵母菌。蔬菜汁乳酸菌发酵饮料制作一般选择对蔬菜发酵适应性好的植物乳杆菌、发酵乳杆菌和肠膜明串珠菌等。从产酸性能和产品风味等综合考虑，通常采用几株乳酸菌混合共酵，也可在蔬菜汁中添加乳品改善产品的风味。在添加乳品的蔬菜乳酸菌发酵饮料制作中，一般使用保加利亚乳杆菌、嗜酸链球菌和长双歧杆菌等，可用单一乳酸菌种，也可将两种或多种共用以提高发酵产品风味，尤以乳杆菌和链球菌共酵的效果为好。普通酵母如啤酒酵母或葡萄酒酵母等产酒精能力较强，用于制作发酵蔬菜汁饮料会使酒精度偏高，因此蔬菜汁酵母菌发酵饮料制作一般采用特种酵母，即克鲁维酵母属的乳酸克鲁维酵母和脆壁克鲁维酵母，单独或混合使用。这类酵母产酒精能力较低，同时还产生各种有机酸，可以形成较好的饮料风味。

10.3.3 发酵蔬菜汁饮料生产工艺

发酵蔬菜汁饮料的一般生产方法是先制备蔬菜原汁，加热灭菌后，冷却到适当温度，再接种预先培养的微生物进行发酵。

1. 蔬菜汁乳酸菌发酵饮料的制作

蔬菜汁乳酸菌发酵饮料的一般制作工艺如下：

蔬菜原料→预处理→打浆→混合→加热灭菌→冷却→接种→保温发酵→调配→均质→预热→装瓶→灭菌→冷却→检验→成品

预处理包括原料的选剔、去皮、修整、切分、预煮。对于各种不同的原料有不同的要求，如胡萝卜应选心柱细小、色泽鲜艳的品种，去除发芽的肉质根；平菇应选色浅淡者。为了便于打浆，各种蔬菜原料都要求含粗纤维少，去除老叶、老根、病虫害、机械损伤等不可食部分。胡萝卜、冬瓜和番茄等需要去皮的蔬菜，可采用碱液去皮、机械去皮或热烫去皮。胡萝卜采用3%～6%沸碱液去皮；番茄采用去皮打浆机去皮打浆去籽。冬瓜、甘蓝等较大块蔬菜应适当切分，以便于预煮、打浆。预煮主要是灭酶护色，并软化组织，便于打浆。不同种类、品种的蔬菜采用不同预煮温度、时间。一般采用沸水，番茄需煮1～2 min，冬瓜(小薄片)煮2～3 min，豆芽煮2 min。胡萝卜组织致密，经高压蒸煮(0.1 MPa，15 min左右)后打浆效果较好。

经预处理好的蔬菜用打浆机打浆，使其微粒大小为0.3～0.5 mm；也可以采用胶体磨磨细，使口感更细腻。

采用多种蔬菜汁混合发酵可互补单一蔬菜风味的缺陷，增加营养，且有利于乳酸菌活动，也使得产品发酵风味更佳。

蔬菜浆汁混合后，在95～100 ℃加热2 min灭菌，如条件允许可采取板式换热器进行。加热灭菌对产品的营养成分和风味影响较大，若前述各工序的清洁卫生程度高，使用活力强的乳酸菌种子液发酵，并控制发酵条件使乳酸菌生长旺盛，迅速产酸抑制杂菌活动，也可不进行加热灭菌。

植物乳杆菌、发酵乳杆菌和肠膜明串珠菌按1∶1∶1混合接种。接种量为5%～10%，发酵温度控制在30 ℃左右。乳酸菌活动需要一定的碳源，若菜汁中碳源不足(含糖量低于3.0%)，应补加蔗糖或葡萄糖，使含糖量在5%左右，以满足乳酸菌充分发酵产酸所需。此外，也可添加5%～10%的脱脂奶粉，增加产品风味。

发酵成熟度取决于产品要求的酸度。混合乳酸菌共酵产酸量可达1.5%。若直接饮用发酵原汁，一般酸度为0.3%～0.4%时终止发酵。但一般发酵原汁较稠，考虑到消费者的接受性，采用稀释饮用效果更佳。因此，可在发酵原汁酸度达到1.0%以上时终止发酵，然后按20%～30%发酵原汁调配成成品。终止发酵可采用热处理杀死乳酸菌(85 ℃，1 min)，也可采用低温冷冻(4 ℃以下)，后者多用于含有活菌体的发酵饮料。

蔬菜汁乳酸发酵饮料可调配成甜酸味、咸鲜味和辛香味等，满足不同消费者的需要。甜酸味主要添加糖，甜酸适度、风味爽口；咸鲜味则添加盐和味精，清香可口、咸酸适宜；辛香味则添加5%～10%芹菜汁、1%～2%姜汁及糖、盐和味精等调味。

蔬菜打浆后不经过滤直接发酵，可以充分利用资源，但灌装后易产生沉淀，影响外观且口感较糙，因此调配后的蔬菜汁需经高压均质处理，均质压力在18 MPa以上。

产品调配好经均质后，预热至75～85 ℃，趁热灌装、封口，在95～100 ℃下杀菌8～10 min然后冷却，即为成品。

2. 蔬菜汁酵母菌发酵饮料的制作

蔬菜汁酵母发酵饮料的加工工艺基本同蔬菜汁乳酸菌发酵饮料。将蔬菜汁加热到90 ℃灭菌后，冷却到适当温度，接种预先培养好的酵母菌进行发酵。接种量取决于所用酵母菌的性能、活性和对发酵液质量的要求，一般应使每毫升基质达到$1\times10^5\sim5\times10^6$个细胞为宜。发酵过程中要防止杂菌污染，发酵温度为25～40 ℃，温度低时发酵时间长，温度高时发酵饮料的香味较差。

蔬菜汁发酵液中含有菌体，可直接加工成产品，也可通过过滤或离心除去菌体后制成产品，或将发酵液浓缩、干燥或配制后成产品。蔬菜汁发酵液的浓缩可采用反渗透法或真空法；干燥可采用喷雾干燥或冷冻干燥法等。在产品化的最后阶段可加入适量的糖和香料等进行调配。采用高浓度的蔬菜汁发酵，或是将发酵液浓缩或干燥处理进行产品化或饮用时，需要进行适当的稀释。此外，如果在生产时添加CO_2，还可制成碳酸饮料。

3. 发酵蔬菜汁饮料生产实例

由于原料特性和发酵菌种等不同，各种发酵蔬菜汁饮料的具体生产工艺通常会有一定差别。以下为几种发酵蔬菜汁饮料的制作实例。

(1)胡萝卜汁乳酸菌发酵饮料。取鲜胡萝卜汁(糖度为6.0%)80 L、鲜西红柿汁(糖度为4.8%)15 L、鲜南瓜汁(糖度为7.8%)5 L、脱脂奶粉3 L混合均匀并溶解后，调整pH到6.5，于95 ℃下加热灭菌再冷却到37 ℃，接种保加利亚乳杆菌和嗜酸链球菌，使菌数达到3×10^6cfu/mL，于37 ℃下静置发酵7 h，此时发酵液pH为4.5，乳酸含量可达240 mg/100 mL。将此发酵液进行离心分离，取清液100 L，加砂糖152 g和柑橘香料0.5 g于95 ℃下加热灭菌，然后冷却到10 ℃，即制成发酵饮料。在以上制作过程中单用胡萝卜汁也可以，但和西红柿汁并用效果更好。胡萝卜汁用量应在60%以上，如果胡萝卜汁用量低于60%，乳酸发酵不能很好地进行，且有杂味。

(2)南瓜汁乳酸菌发酵饮料。取鲜南瓜汁(糖度为10.0%)20 L、脱脂奶粉3 L、水80 L、混合均匀并溶解后，调整pH到6.5，于95 ℃下加热灭菌后，再冷却到37 ℃，接种保加利亚乳杆菌和嗜酸链球菌，使菌数达到3×10^6 cfu/mL，于37 ℃下静置发酵10 h，此时发酵液pH为4.8，乳酸含量可达150 mg/100 mL。将此发酵液离心分离，取其清液100 L，加砂糖121 g，柑橘香料0.5 g，混合均匀后，于90 ℃加热灭菌，然后冷却到10 ℃即为成品饮料。

(3)胡萝卜汁酵母菌发酵饮料。胡萝卜经挑选、水洗并破碎后，用带有直径为2 mm的滤网的筛分机榨汁，胡萝卜汁于90 ℃下加热灭菌后，冷却到30 ℃，接种预先培养的脆壁克鲁维酵母，于30 ℃下进行静置发酵。发酵过程中产酒精比较缓慢，发酵中产生的有机酸、各种发酵产物和原料能够很好地融为一体，因此发酵液的风味平衡，尤其当酒精含量在1%(W/V)以下时，发酵香味更为怡人。

(4)西红柿汁酵母菌发酵饮料。西红柿经挑选并用水洗净后破碎，再用带有直径为 0.5 mm 的滤网的精选机榨汁，榨汁后进行分离，所得西红柿汁浓缩至 1/2，90 ℃下加热杀菌，冷却到 35 ℃，然后分别接入预先培养的乳酸克鲁维酵母和脆壁克鲁维酵母，使两种菌数分别达到 5×10^5 cfu/mL。在防止外界杂菌污染的条件下，于 35 ℃下理静置发酵 40 h，所得发酵液的酒精含量为 0.8%(W/V)，pH 为 4.2。此发酵液经离心分离后为发酵母液。发酵母液加水稀释 2 倍进行配制，配制比例为 100 L 发酵母液加 200 g 砂糖和 0.5 g 柠檬香精。配好后于 95 ℃温度下杀菌 10 min，冷却后即为成品。

思 考 题

1. 四川泡菜发酵过程中包括哪些微生物的作用？
2. 四川泡菜风味的形成与哪些因素有关？
3. 酱腌菜制作过程中有哪些生物化学变化？
4. 韩国泡菜和四川泡菜在制作工艺方面有哪些不同？
5. 可以用哪些微生物来制作发酵蔬菜汁饮料？
6. 在蔬菜发酵中采用纯种发酵有哪些优点和缺点？

第 11 章　发酵肉与鱼制品生产工艺

发酵肉制品是指在自然或人工控制条件下，以畜禽肉类为原料，经腌制，利用有益微生物或酶的作用加工而成的一类具有特殊风味、色泽和质地且具有较长保存期的肉制品。发酵肉制品主要有发酵香肠和发酵火腿两大类。目前出现了一些发酵鱼制口。

发酵肉制品具有悠久的历史，在欧洲，尤其是地中海地区，其生产历史可以追溯到大约二千年前，但直到 20 世纪 70 年代前，各国的发酵肉制品生产仍处于经验性、季节性、小规模、长周期、高成本的作坊式发展状态。随着肉类消费迅速增长，生物技术迅猛发展，发酵肉制品逐渐完成了从传统的自然发酵向定向接种培育的工业化生产的转变。通过发酵剂的使用、发酵参数的标准化等，发酵肉制品的产量和质量得以稳步提高。

11.1　发酵香肠概述

发酵香肠是发酵肉制品中产量最大的一类产品，风味独特、色泽美观、营养丰富、保质期长、产品安全性高、质量稳定、无需冷藏、便于贮存和运输。

11.1.1　发酵香肠生产

发酵香肠是指将绞碎的肉和动物脂肪同糖、盐、发酵剂和香辛料等混合后灌进肠衣，经过微生物作用而制成的具有稳定的微生物特性和典型发酵香味的肉制品。在欧洲部分地区，一些发酵香肠的最终产品通常在常温下贮存、运输，并且不经过熟制处理直接食用，而中式发酵香肠也可在常温下运输和贮存，但需熟制后方可食用。

我国传统的中式香肠主要利用微生物自然发酵，在西式发酵香肠中，多采用纯微生物发酵，人为控制发酵过程，抑制有害菌的生长，保证产品质量，并可缩短生产周期。

由于加工条件、产品组成及添加剂不同，发酵肠种类很多，可按以下方法分类。

(1)按地名。这类分类方法就是根据产地，国外如黎巴嫩大红肠、塞尔维拉特香肠、欧洲干香肠、萨拉米香肠，国内如广式香肠、四川香肠、湖南大香肠等。

(2)按干燥程度。可分为半干发酵香肠和干发酵香肠。半干发酵香肠的含水量为 33%或更高，这类香肠主要有夏季香肠、图林根香肠、黎巴嫩大红肠等。干发酵香肠一般加工时间较长，其含水量为 30%或更低，这类香肠主要有热那亚式萨拉米香肠、意大利腊肠、干香肠、加红辣椒的猪肉干香肠等。中式香肠多为干发酵香肠。

(3)按发酵程度。可分为低酸度和高酸度发酵香肠两种。这种分类方法是根据产品的 pH 进行划分，成品的发酵程度是决定发酵香肠品质的最主要因素。低酸度发酵香肠习惯上是指发酵后 pH 在 5.5 及以上的发酵香肠。它有着悠久的历史，形成了许多特色产品，如中式香肠及法国、意大利、南斯拉夫、匈牙利的萨拉米香肠等。低酸度发酵香肠通常是采用低温发酵和低温干燥制成的，低温和一定的盐浓度是抑制杂菌的手段。低酸度发酵香肠在生产上不添加碳水化合物，发酵、干燥时间较长，温度控制较低。高酸度发酵香肠是指产品 pH 在 5.4 以下的发酵香肠。它不同于传统低酸度发酵香肠，绝大多数是通过添加发酵剂或添加已发酵的香肠进行接种后发酵制成的。

11.1.2　发酵香肠生产原材料

1. 原料肉

用于生产发酵香肠的肉糜中瘦肉含量为 50%～70%。各类肉均可用作发酵香肠的原料，一般常用的是猪肉、牛肉和羊肉。在意大利、匈牙利和法国由于消费者偏爱猪肉的风味和颜色，这些国家仅用猪肉生产发酵香肠，而典型的德国发酵香肠的原料肉则采用 1/3 猪肉、1/3 牛肉和 1/3 猪背脂为原料。若使用猪肉，则 pH 应在 5.6～5.8，这有助于发酵，并保证在发酵过程中有适宜的 pH 降低速率。使用 PSE 肉［PSE 肉俗称灰白肉，其颜色暗淡(灰白)，pH 及系水力较低，肌肉组织松软并伴有大量渗水，嫩度和风味较差］生产发酵香肠，其用量应少于 20%。就经验来说，老龄动物的肉较适合加工干发酵香肠，并用来生产高品质的产品。

2. 脂肪

脂肪是发酵香肠的一个重要组分，经干燥后脂肪的含量有时会达到 50%。发酵香肠，尤其是干发酵香肠，其重要特性之一是具有较长的保质期(至少 6 个月)，因此要求使用不饱和脂肪酸含量低、熔点高的脂肪。牛脂和羊脂因气味太大，不适于用作发酵香肠。一般认为色白而又结实的猪背脂是生产发酵香肠的最好原料，这部分脂肪只含有很少的多不饱和脂肪酸，如油酸和亚油酸的含量分别为总脂肪酸的 8.5%和 1.0%。如果猪日粮中多不饱和脂肪的含量较高，脂肪组织会较软，使用这样的猪脂肪会导致最终产品的风味和颜色发生不良变化，也可能发生脂肪氧化酸败，缩短货架期。

3. 碳水化合物

在发酵香肠的生产中经常添加碳水化合物，其主要目的是提供足够的微生物发酵底物，有利于乳酸菌的生长和乳酸产生。添加碳水化合物的数量和种类，应满足乳酸发酵，同时避免 pH 降低过多，其添加量一般为 0.3%～0.8%，常添加的碳水化合物是葡萄糖和寡聚糖的混合物。

4. 腌制材料

腌制材料包括食盐、亚硝酸钠或硝酸钠、D-异抗坏血酸钠等。

(1)食盐。在发酵香肠中食盐的添加量一般为 2.5%～3.0%，涂抹型发酵香肠的最终产品中食盐的含量可能达到2.8%～3.0%，切片型发酵香肠的最终产品中食盐含量可能达到3.2%～4.5%，这可将初始原料的水分活度降低到0.96，但在意大利的萨拉米肠中，最终产品的食盐含量甚至达到8.0%。高的食盐含量与亚硝酸盐以及低pH结合，使原料中大部分有害微生物的生长受到抑制，同时有利于乳酸菌和微球菌的生长。

(2)亚硝酸钠和硝酸钠。除干发酵香肠外，其他类型的发酵香肠在腌制时首先选用亚硝酸钠。亚硝酸钠可直接加入，添加量一般少于150 mg/kg。亚硝酸钠对于形成发酵香肠的最终颜色和延缓脂肪氧化具有重要作用，在生产发酵香肠的传统工艺或生产干发酵香肠的工艺中一般加入硝酸钠，其添加量为200～500 mg/kg。如果开始腌制时亚硝酸钠的浓度过高，则会抑制有益微生物产生风味化合物或其前体物质的活力。一般认为，用硝酸钠生产的干香肠在风味上要优于直接添加亚硝酸钠的香肠。

(3)酸味剂。添加酸味剂的主要目的是确保肉馅在发酵早期阶段的pH快速降低，这对于不添加发酵剂的发酵香肠的安全性尤为重要。在涂抹型发酵香肠生产中，酸味剂也经常和发酵剂结合使用，因为涂抹型发酵香肠需要在一定时间内将pH快速降低以保证其品质。然而，在其他的制品中发酵剂与酸味剂结合使用将会导致产品品质降低，所以很少添加酸味剂。常用的酸味剂是葡萄糖酸-δ-内酯，其添加量一般为0.5%左右。它能够在24 h内水解为葡萄糖酸，迅速降低肉的初始pH。

(4)D-异抗坏血酸钠。D-异抗坏血酸钠作为发色助剂，可保持发酵香肠色泽，防止亚硝酸盐形成，改善风味，使香肠切口不易褪色。一般添加量为0.5～0.8 g/kg。

(5)其他辅料。主要指香辛料，以胡椒、大蒜、辣椒、肉蔻等最常用。香辛料的种类和数量视产品的类型和消费者的喜好而定，一般为原料肉重的0.2%～0.3%。

此外，发酵香肠的生产中可添加大豆分离蛋白，但其添加量应控制在2%以内。

11.1.3 发酵香肠中的微生物及生物化学

1. 发酵香肠中的微生物

微生物是生产发酵肉制品的关键。传统的发酵肉制品是依靠原料肉中天然存在的乳酸菌与杂菌的竞争作用，乳酸菌作为优势菌群，很快产生乳酸抑制其他杂菌的生长。在香肠的自然发酵过程中，起发酵作用的微生物主要有三类：细菌、霉菌和酵母。随着商业化肉品发酵剂的开发，用于肉类发酵的发酵剂品种日益丰富。目前，商业化香肠发酵剂主要包括乳酸菌、微球菌、葡萄球菌、放线菌、酵母及霉菌等(表11-1)。

表11-1 发酵香肠中的常用微生物

微生物种类	菌种
酵母(yeast)	汉逊式德巴利酵母(*Dabaryomyces hansenii*) 法马塔假丝酵母(*Candida famata*)
霉菌(fungi)	产黄青霉(*Penicillium chrysogenum*) 纳地青霉(*P. nalgiovense*) 扩展青霉(*P. expansum*)

续表

微生物种类		菌种
细菌 (bacteria)	乳酸菌 (*lactic acid bacteria*)	植物乳杆菌(*L. plantarum*) 清酒乳杆菌(*L. sake*) 乳酸乳杆菌(*L. lactis*) 干酪乳杆菌(*L. casei*) 弯曲乳杆菌(*L. curvatus*) 酸乳片球菌(*P. acidilactici*) 戊糖片球菌(*P. pentosaceus*) 乳酸片球菌(*P. lactis*)
	微球菌(*micrococci*) 葡萄球菌(*staphlococci*)	变异微球菌(*M. varians*) 肉食葡萄球菌(*S. carnosus*) 木糖葡萄球菌(*S. xylosus*)
	放线菌(*actinomycetes*)	灰色链球菌(*S. griseus*)
	肠细菌(*enterobacteria*)	气单胞菌(*Aeromonas* sp.)

1)酵母

酵母适合加工干发酵香肠，汉逊式德巴利酵母是常用菌种。该菌耐高盐、好氧并具有较弱的发酵性，一般生长在香肠的表面。通过添加该菌，可提高香肠的风味。该菌与乳酸菌、微球菌合用可获得良好的产品品质。酵母除能改善干香肠的风味和颜色外，还能够对金黄色葡萄球菌的生长产生一定的抑制作用。但该菌本身没有还原硝酸盐的能力，同时还会使肉中固有的微生物菌群的硝酸盐还原作用减弱。

2)霉菌

霉菌常用于生产干发酵香肠。常用的两种不产毒素的霉菌是产黄青霉和纳地青霉，它们都是好氧菌，因此只生长在干香肠表面。另外，由于这两种霉菌可分泌蛋白酶和脂肪酶，因而通过在干香肠表面接种这些霉菌可增加产品的芳香成分，提高产品品质。

3)细菌

用作发酵香肠发酵剂的细菌主要是乳酸菌和球菌。乳酸菌能将碳水化合物分解成乳酸，降低原料的 pH，抑制腐败菌的生长。同时，由于 pH 的降低，蛋白质的保水能力下降，有利于香肠的干燥，因此乳酸菌是发酵剂的必需成分，对产品的稳定起决定作用。而微球菌和葡萄球菌能将硝酸盐还原成亚硝酸盐，能分解脂肪和蛋白质以及产生过氧化氢酶，对产品的色泽和风味起决定作用。因此，发酵剂常采用乳酸菌和微球菌或葡萄球菌的混合剂。此外，灰色链球菌可以改善发酵香肠的风味，气单胞菌无任何致病性和产毒能力，对香肠的风味有利。

用作发酵香肠发酵剂的细菌应满足以下条件：①必须具有与原料肉中的乳酸菌有效竞争的能力，对致病菌或其他的非必须菌具有拮抗作用，与其他的发酵剂菌种具有协同作用；②必须具有产生适宜数量乳酸的能力，但不代谢产生生物胺和黏液；③必须耐盐，且能在至少 6.0%的食盐中生长；④必须耐亚硝酸钠，并在 100 mg/kg 的亚硝酸钠中能生长；⑤必须能在 15～40 ℃的温度范围内生长，且最适温度范围为 30～37 ℃；⑥必须是同型发酵乳酸菌；⑦必须无蛋白质分解能力；⑧不能产生大量的过氧化氢，并应当是过氧化氢酶阳性；⑨应当具有还原硝酸钠的能力；⑩应当具备提高产品风味的能力。

能满足以上条件的细菌主要有乳酸菌、片球菌、微球菌和葡萄球菌。乳酸菌包括两个亚群：同型发酵乳酸菌和异型发酵乳酸菌。前者按 EMP 途径发酵葡萄糖产生乳酸；后者因缺少果糖二磷酸醛缩酶，其最终产物是乳酸、乙醇和 CO_2。在发酵香肠中应用的乳酸菌总是同型发酵乳酸菌。肉类工业中作为发酵剂常用的乳酸菌包括植物乳酸菌、清酒乳酸菌、干酪乳酸菌和弯曲乳酸菌等。片球菌属于兼性厌氧乳酸菌，能通过 EMP 途径发酵葡萄糖产生 L-乳酸或 DL-乳酸。片球菌无过氧化氢酶活性，某些片球菌产生的细菌素能抑制单核增生李斯特杆菌的生长。生产中常用的片球菌有戊糖片球菌和乳酸片球菌。微球菌是需氧的革兰氏阳性菌，能通过氧化途径分解葡萄糖产生酸和气体。微球菌具有过氧化氢酶活性和脂酶活性，对食盐有较高的耐受性(最高 15%)。微球菌的许多菌株能使产品着色，特别是由 α-胡萝卜素和 β-胡萝卜素衍生而来的黄色。微球菌能有效地将硝酸钠还原为亚硝酸钠，并改善产品的风味。生产上常用的微球菌是变异微球菌。葡萄球菌既可以进行有氧氧化，也可以进行无氧酵解。在无氧条件下，葡萄球菌发酵碳水化合物产生 D-乳酸和 L-乳酸。葡萄球菌具有分解硝酸钠的能力，也具有脂酶活性，在 15%的食盐溶液中也能生长。生产上常用的葡萄球菌有木糖葡萄球菌、肉食葡萄糖球菌和模仿葡萄球菌。

2. 发酵香肠在成熟过程中的生化变化

发酵香肠成熟过程中发生了一系列复杂的生物化学变化，主要有脂肪变化、蛋白质降解及特征风味物质的形成等，使发酵香肠获得了独特的风味品质。

1)脂肪的变化

脂类物质在发酵香肠加工中的变化主要表现在两个方面：脂肪的水解及脂肪的氧化。一方面，发酵香肠在成熟过程中脂肪会发生水解，产生游离脂肪酸和低一级的甘油酯，当添加发酵剂或有酶时这种水解尤为强烈。葡萄球菌和微球菌是最重要的脂肪酶来源，乳酸菌的脂酶活性则低很多，但在大多情况下乳酸菌的数量要比葡萄球菌和微球菌多，故其分泌的脂肪酶类在脂肪水解中的作用也不容忽视。另外，在由霉菌成熟的干发酵香肠中，来自霉菌的脂肪酶在脂肪水解中的作用也很重要。另一方面，脂肪水解产生的游离脂肪酸为其后的脂肪氧化反应提供了底物，发酵香肠脂肪氧化基本只涉及不饱和脂肪酸，氧化通常是自动氧化和酶氧化，生成与发酵香肠风味有关的醛、酮、醇等物质。发酵香肠成熟过程中，温度、pH、盐分含量、成熟时间是控制脂肪降解的主要因素。低温延缓脂肪分解菌生长并降低脂肪酶水解脂肪的能力；pH 降低也会大大降低脂肪酶产生菌的生长速率；氯化钠能抑制脂肪酶活性，降低脂肪分解作用。

2)蛋白质的变化

发酵香肠成熟期间，蛋白质也发生降解产生多肽、寡肽及氨基酸等，一部分氨基酸随后脱羧、脱氨或进一步代谢成醛、酮等其他小分子化合物。蛋白质的降解作用主要受温度、pH、盐分含量、硝酸盐和亚硝酸盐含量的影响。研究表明，温度升高时蛋白质降解增强；pH 降低，干香肠中蛋白质的降解增强；盐分含量增加使肌原纤维蛋白质和肌浆蛋白质的降解作用减小；硝酸盐一方面能够抑制具有蛋白质降解活性的微生物的生长，另一方面能促进游离氨基酸的降解，从而减少游离氨基酸的含量。

3)碳水化合物的变化

碳水化合物的代谢在发酵香肠肉馅制好之后就已开始。一般情况下，发酵过程中大约有 50%的葡萄糖发生了代谢，其中大约 74%生成了有机酸(主要是乳酸)，同时还有乙酸及少量的中间产物(丙酮酸)，21%左右生成 CO_2 和乙醇等。肉馅中添加的葡萄糖大约有 18%在干燥过程中被代谢，其余转化为乳酸。乳酸的生成量受到温度、菌群组成以及氧分压等因素的影响。当氧分压较高时有利于碳水化合物完全氧化成 CO_2 和 H_2O。

4)风味物质的形成

发酵香肠中的风味物质可分为九大类，包括脂肪烃、醛、酮、醇、酯、有机酸、硝基化合物、其他含氮物和呋喃等，这些风味物质主要来源于：①添加到香肠内的成分(如盐、香辛料等)；②非微生物直接参与的反应(如脂肪的自动氧化)产物；③微生物酶降解脂类、蛋白质、碳水化合物形成的风味物质。其中，微生物酶降解是形成发酵香肠风味物质的最主要途径。碳水化合物经微生物酶降解形成乳酸和少量醋酸，赋予发酵香肠(尤其是半干香肠)典型的酸味；脂肪和蛋白质的降解产生了游离脂肪酸和游离氨基酸，这些物质既可作为风味物质，又可作为底物产生更多的风味化合物。脂类物质分解成醛、酮、短链脂肪酸等挥发性化合物，其中多数具有香气特征，从而赋予发酵香肠特有的香味；蛋白质在微生物酶的作用下分解为氨基酸、核苷酸、次黄嘌呤等，这些物质是发酵香肠鲜味的主要来源。

总之，发酵香肠的最终风味是来自原料肉、发酵剂、外源酶、烟熏、调料及香辛料等所产生的风味物质的复合体。

11.1.4　欧美发酵香肠加工工艺

欧美发酵香肠制作工艺常采用接种发酵的方式，生产过程主要包括配料、发酵和成熟干燥三个阶段。从发酵的温度来划分，可把发酵香肠的生产工艺划分为两大类：一类是以欧洲的低温发酵法为代表，发酵温度一般不超过 24 ℃；另一类是以美国的高温快速发酵法为代表，发酵温度一般都高于 24 ℃，有的甚至采用 40 ℃的高温进行快速发酵。

1. 工艺流程

原料肉(4 ℃冷却或部分冷冻)→绞肉→斩拌(加入辅料及发酵剂)→灌肠→接种霉菌或酵母菌→发酵→干燥和成熟→包装→成品

2. 生产过程

1)原料肉的选择

原料肉新鲜度要高，并且加工过程中没有加热过程，初始菌数要低。尽管发酵香肠的质构不尽相同，但粗绞时原料精肉的温度应当在－4～0 ℃之间，而脂肪要处于－8 ℃的冷冻状态，以避免水的结合和脂肪的融化。

2)斩拌

首先将精肉和脂肪倒入斩拌机中，稍加混匀，然后将食盐、腌制剂、发酵剂和其他辅料均匀地倒入斩拌机中斩拌混匀。斩拌的时间取决于产品的类型，一般肉馅中脂肪的颗粒直径为1～2 mm或2～4 mm。生产上应用的乳酸菌发酵剂多为冻干菌，使用时通常将发酵剂放在室温下复活18～24 h，接种量一般为10^6～10^7 cfu/g。

3)灌肠

将斩拌好的肉馅用灌肠机灌入肠衣。灌制时要求充填均匀，肠坯松紧适度。整个灌肠过程中肠馅的温度维持在0～1 ℃。为了避免气泡混入，最好利用真空灌肠机灌制。

生产发酵香肠的肠衣可以是天然肠衣，也可以是人造肠衣(纤维素、胶原肠衣)。肠衣的类型对霉菌发酵香肠的品质有重要的影响。利用天然肠衣灌制的发酵香肠具有较大的菌落并有助于酵母菌的生长，更为均匀且风味较好。无论选用何种肠衣，其必须具有允许水分透过的能力，并在干燥过程随肠馅的收缩而收缩。德国涂抹型发酵香肠通常用直径小于35 mm的肠衣，切片型发酵香肠用直径为65～90 mm的肠衣，接种霉菌或酵母菌的发酵香肠一般用直径为30～40 mm的肠衣。

4)接种霉菌或酵母菌

肠衣外表面霉菌或酵母菌的生长不仅对于干香肠的食用品质具有非常重要的作用，而且能抑制其他杂菌的生长，预防光和氧气对产品的不利影响，并代谢产生过氧化氢酶。

商业上应用的霉菌和酵母菌发酵剂多为冻干菌种，使用时，将酵母和霉菌的冻干菌制成发酵剂菌液，然后将香肠浸入菌液中即可。配制接种菌液的容器应当是无菌的，以避免二次污染。

5)发酵

发酵温度依产品类型而有所不同。通常对于要求pH迅速降低的产品，所采用的发酵温度较高。发酵温度每升高5 ℃，乳酸生成的速率将提高1倍。但提高发酵温度也会带来致病菌，特别是金黄色葡萄球菌生长的危险。发酵温度对于发酵终产物的组成(乳酸和醋酸的相对比例)也有影响，较高的发酵温度有利于乳酸的形成。当然，发酵温度越高，发酵时间越短。一般涂抹型香肠的发酵温度为22～30 ℃，时间最长为48 h；半干香肠的发酵温度为30～37 ℃，时间为14～72 h；干发酵香肠的发酵温度为15～27 ℃，时间为24～72 h。

在发酵过程中，相对湿度的控制对于干燥过程中避免香肠外层硬壳的形成和预防表面霉菌和酵母菌的过度生长也是非常重要的。高温短时发酵时，相对湿度应控制在 98%左右，较低温度发酵时，相对湿度应低于香肠内部湿度 5%～10%。

发酵结束时，香肠的酸度因产品而异。对于半干香肠，其 pH 应低于 5.0，在美国生产的半干香肠 pH 更低，德国生产的干香肠 pH 为 5.0～5.5。香肠中的辅料对产酸过程有影响，在真空包装的香肠和大直径的香肠中，由于缺乏氧，产酸量较大。

6)干燥和成熟

干燥的程度是影响产品的物理化学性质、食用品质和贮藏稳定性的主要因素。在香肠的干燥过程中，必须注意控制香肠表面水分的蒸发速率。在半干香肠中，干燥损失少于其湿重的 20%，干燥温度为 37～66 ℃。温度高，干燥时间短，温度低时，干燥可能需要几天。

干香肠的干燥温度较低，一般为 12～15 ℃，干燥时间主要取决于香肠的直径。商业上应用的干燥如下：16 ℃，相对湿度 88%～90%(24 h)→24～26 ℃，相对湿度 75%～80%(48 h)→12～15 ℃，相对湿度 70%～75%(17 天)→成品；25 ℃，相对湿度 85%(36～48 h)→16～18 ℃，相对湿度 77%(48～72 h)→9～12 ℃，相对湿度 75%(25～40 天)→成品。

许多类型的半干香肠和干香肠在干燥的同时进行烟熏，烟熏的主要目的是通过干燥和熏烟中的酚类、低级酸等物质的沉积和渗透抑制霉菌的生长，同时提高香肠的适口性。对于干香肠，特别是接种霉菌和酵母菌的干香肠，在干燥过程中会发生许多复杂的化学变化，也标志着香肠的成熟。在某些情况下，干燥过程是在较短时间内完成的，而成熟则一直持续到消费，通过成熟形成发酵香肠的特有风味。

7)包装

为了便于运输和贮藏，保持产品的颜色和避免脂肪氧化，成熟以后的香肠通常要进行包装。真空包装是最常用的包装方法。不足之处是真空包装后由于产品中的水分会向表面扩散，打开包装后，导致表面霉菌和酵母菌快速生长。

11.1.5　中国发酵香肠加工工艺

中国传统的发酵香肠制作工艺常采用先腌制后发酵的方式。代表产品有哈尔滨风干肠、广味香肠及川味香肠等。

1. 工艺流程

原料选择与处理→切丁→配料→拌馅、腌制→灌装→结扎→排气→晾晒或烘烤→熏制→保藏发酵→成品

2. 生产过程

1)原料选择与修整

香肠的原料肉以猪肉为主，要求新鲜卫生，最好是不经过排酸冷却成熟的肉。原料肉剔去筋腱、结缔组织、骨头和皮。瘦肉用绞肉机以0.4～1.0 cm的筛板绞碎，肥肉切成0.6～1.0 cm大小的肉丁。肥瘦肉分别存放。

2)配料

哈尔滨风干肠(kg)：瘦肉75，肥肉25，食盐2.5，酱油1.5，白糖1.5，白酒0.5，硝石0.1，苏砂0.02，大茴香0.01，豆蔻0.017，小茴香0.01，桂皮粉0.018，白芷0.018，丁香0.01。

广式香肠(kg)：瘦肉70，肥肉30，食盐2.2，白糖7.6，白酒(50°P)2.5，白酱油5，硝酸钠0.05。

川味香肠(kg)：瘦肉80，肥肉20，食盐3.0，白糖1.0，酱油1.0，曲酒1.0，硝酸钠0.05，花椒0.1，胡椒0.1，混合香料(大茴香、山柰、桂皮、甘草、荜拨)0.15。

3)拌馅与腌制

按选择的配料标准，把肉和辅料混合均匀，清洁室内放置2～4 h即可灌制。

4)天然肠衣准备

选天然肠衣(猪或羊的小肠)或胶原肠衣，均可食用。干肠衣先用温水浸泡，回软后沥干水分备用。

5)灌制

肠衣套在灌肠机灌嘴上，填充尽量均匀，不能过紧或过松。

6)捆线结扎

每隔10～20 cm用细线结扎一道。

7)排气

每一节香肠上用排气针扎刺若干小孔，排出空气。

8)漂洗

将湿肠用清水漂洗一次，挂在竹竿或晾晒架上，以便晾晒、烘烤。

9)晾晒和烘烤

日光下曝晒2～3天，夜间送入烘烤房内烘烤，温度保持在42～49 ℃。一般经过三昼夜的烘晒即完成。

10)烟熏

果木不充分燃烧产生熏烟，在烟熏机中使用循环延期熏制，50～80 ℃，熏6～12 h，然后冷却至0～7 ℃。

11)风干发酵

悬挂在通风干燥处，在8 ℃以下，风干1～3个月，香肠干燥失水，失重20～35%。在挂晾期间，香肠自然发酵，赋予制品特殊风味。

11.2　发酵火腿的生产

发酵火腿是以带皮、带肉、带脚爪的整只猪腿(多用后腿)为原料，用食盐、亚硝酸盐、硝酸盐、糖和香辛料等物质，经腌制、长期的自然发酵和干燥脱水等工艺加工而成的肉制品，特殊的产品还要经过熏制和蒸煮。

11.2.1　发酵火腿概述

发酵火腿根据习惯通常可分为中式和西式发酵火腿两种。中式发酵火腿香味浓郁，色泽红白鲜明，外形美观，营养丰富，可长期贮藏。我国以前有四大名火腿，即金华火腿、如皋火腿、宣威火腿和恩施火腿。目前恩施火腿已很少见，而金华火腿、如皋火腿、宣威火腿因口味好而深受广大消费者的喜爱，成为南腿、北腿和云腿的代表。南腿主要产于浙江省金华地区；北腿主要产于江苏省北部的如皋、东台、江都等地；云腿主要产于云南省的宣威、会泽等地和贵州省的威宁、盘县、水城等地。三种火腿的加工方法基本相同，其中以金华火腿加工较为精细，产品质量最佳。

西式发酵火腿由于在加工过程中对原料的选择、处理、腌制及成品的包装形式不同，品种较多，主要有带骨火腿、去骨火腿等。

中式和西式发酵火腿的加工工艺大同小异，大部分中式发酵火腿仍然采用传统的加工方法生产，而西式发酵火腿有些已完全采用工业化标准化生产。

11.2.2　发酵火腿生产原材料

1. 原料

发酵火腿的生产原料一般均选择猪的鲜后腿，不同产品对生产原料有具体的要求。我国的金华火腿采用金华“两头乌”猪的鲜后腿，宣威火腿采用乌金猪的鲜后腿为生产原料，原料要求皮薄骨细，腿心(股骨)饱满，精肉多、肥肉少，肥膘厚度适中，金华火腿的腿坯质量为 5.5～6.0 kg，宣威火腿为 7～10 kg。法国科西嘉火腿采用科西嘉猪，按照传统饲养或放牧饲养方式，24 月龄进行屠宰，体重(141±15) kg，胴体和鲜腿分别为(115.5±14)kg 和(11.5±1.1) kg。西班牙伊比利亚火腿采用伊比利亚猪，按照传统饲养或放牧饲养方式，育肥阶段以橡子为饲料，屠宰体重为 160 kg 左右，鲜腿重 10～12 kg。意大利帕尔玛火腿采用家庭饲养的 10～12 月龄的肥猪，遗传型为大白×长白×杜洛克，屠宰活重 160～180 kg，鲜腿平均重 12.8 kg。

2. 腌制材料

腌制材料有食盐、硝酸盐、亚硝酸盐、蔗糖、葡萄糖、异抗坏血酸钠和香辛料等。

11.2.3 发酵火腿中的微生物及生物化学

1. 发酵火腿中的微生物

发酵火腿中的微生态系统是由乳酸菌、微球菌、葡萄球菌、酵母菌、霉菌等微生物菌群构成的，它们在肉制品的发酵和成熟过程中发挥了各自独特的作用。

1)细菌及其作用

乳酸菌包括清酒乳杆菌、弯曲乳杆菌、乳酸片球菌和戊糖片球菌。清酒乳杆菌能分泌蛋白酶和脂肪酶，并含有极为丰富的细菌素，对改善发酵肉制品的风味，提高产品的贮藏性能具有重要作用。乳酸片球菌具有较强的食盐耐受性，最适生长温度 35～42 ℃，能还原硝酸盐和发酵糖类物质产生双乙酰等风味物质。金华火腿现代化工艺发酵过程中内部的优势细菌是乳酸菌，其次是葡萄球菌。经鉴定乳酸菌主要是戊糖片球菌、马脲片球菌和戊糖乳杆菌等，葡萄球菌主要是马胃葡萄球菌、鸡葡萄球菌和木糖葡萄球菌等。

微球菌和葡萄球菌在肉制品的发酵过程中通常会发生有益的反应，如分解过氧化物，降解蛋白质和脂肪。

2)真菌及其作用

发酵火腿传统发酵工艺检测出的霉菌较多，发酵前期青霉菌占优势，主要有意大利青霉、简单青霉、灰绿青霉，桔青霉等；发酵后期，曲霉菌占优势，主要包括萨氏曲霉、灰绿曲霉、黄柄曲霉等。

在发酵火腿的成熟中，霉菌的作用如下：①形成特征的表面外观，并通过霉菌产生的蛋白酶、脂肪酶作用于肉品形成特殊风味；②通过霉菌生长耗掉氧气，防止氧化、褪色；③竞争性抑制有害微生物的生长；④使产品干燥过程更加均匀。

长期以来人们普遍认为火腿上的霉菌与火腿质量和色香味的形成有直接关系。宣威火腿以“身穿绿袍，肉质厚，精肉多，蛋白丰富，鲜嫩可口，咸淡相宜，食而不腻”而享有盛名。在金华火腿传统生产工艺中，习惯上在发酵阶段有意识地让火腿上长满各种霉菌，并把它作为感官检查火腿质量好坏的标志之一，火腿外表显“青蛙花”色(指多种霉菌)的质量较好，显有黄污色(指细菌)的则往往成为三级腿或等外品级。火腿上所生长的霉菌对那些污染的腐败细菌生长有抑制作用。在火腿腌制阶段，随着腌制时间的延长霉菌的检出株数逐渐减少，而腐败细菌检出的株数则逐渐增多。在发酵阶段，随着发酵时间的延长霉菌的检出株数逐渐增多，而腐败细菌的检出株数则逐渐减少。

酵母是火腿发酵成熟的重要条件，在无霉菌的条件下，宣威火腿照样能完成发酵、成熟和风味的形成。在我国的发酵火腿中，腿内优势菌种多是酵母菌。金华火腿现代化工艺发酵过程中内部优势酵母菌主要是欧诺比假丝酵母、红酵母、赛道威汉逊酵母、白色布勒掷孢酵母、多形汉逊酵母和汉逊德巴利酵母等。研究人员从宣威火腿中分离到100 株以上真菌、放线菌，30 株细菌，腿体内酵母含量高时达 10^6～10^7 cfu/g，酵母不但是宣威火腿全发酵中的优势有益菌群，而且对成熟火腿维生素 E、脯氨酸、色氨酸等香甜成分的增加及风味的形成起重要作用。

2. 发酵火腿生物化学

发酵火腿特有的风味主要来源于蛋白质分解、脂肪水解和氧化、美拉德反应、硫氨素的降解以及微生物的作用几个方面。

1)蛋白质分解

蛋白质分解是发酵火腿生产工艺过程中重要的生化反应，受工艺过程中温度、pH 和盐含量、水分含量等因素影响。在火腿加工过程中肌肉组织的蛋白质在酶的作用下分解为多肽和游离氨基酸。虽然酶种类很多，但起作用的主要是组织蛋白酶和钙激活中性蛋白酶，这两种酶都是酸性酶，活性随肌肉 pH 升高而下降。在火腿加工过程中，火腿中水分活度不断下降，当 $A_w<0.95$ 时，组织蛋白酶活性下降，成熟温度高，则酶活性增强。长期成熟加工有利于肌肉蛋白酶作用，导致蛋白质大量降解。

发酵火腿中的肽、游离氨基酸与其特征风味密切相关，是火腿酸味、甜味、苦味的前体物质。多肽一般呈苦味，疏水性残基增强苦味感。一些带有亲脂性侧链的小肽是导致苦味的重要物质，特别是分子量低于 1800 Da 的寡肽。各种氨基酸含量与干燥成熟工艺时间长短密切相关。成熟过程中，肽和游离氨基酸的数量大大增加，对风味影响较大。研究发现赖氨酸和酪氨酸与火腿熟化滋味相关，酪氨酸、赖氨酸含量高的火腿感官评价得分高。色氨酸和谷氨酸对咸味有作用，苯丙氨酸和异亮氨酸对酸味有作用。游离氨基酸除对滋味有贡献之外，对挥发性芳香成分的构成也有贡献，如 2-甲基丙醛、2-甲基丁醛、3-甲基丁醛来自于支链氨基酸的降解。发酵火腿中的含硫化合物及来自于斯托勒克降解的硫醇和美拉德反应的吡嗪，其前体物质均是游离氨基酸。

2)脂质分解氧化

火腿发酵工艺过程的另一个主要生化反应是脂质分解氧化。脂质分解氧化对发酵火腿风味有重要贡献。一方面，不饱和脂肪酸的自动氧化或酶促氧化直接产生大量的风味物质，同时一级氧化产物还可以与氨基酸发生美拉德反应而生成更多的风味成分。发酵火腿中特征香味的产生与脂质氧化的开始是一致的，脂肪烃和醇类大多数是由脂质氧化分解而来的。例如，1-戊醇来自于亚油酸，1-己醇可能由棕榈酸和油酸生成，1-辛醇来源于油酸氧化。部分酮类化合物也来源于脂肪酸氧化，如庚酮是亚油酸氧化产物，甲基酮可能是 β-酮酸脱羧和脂肪酸 β-氧化的产物。

发酵火腿的醛类物质主要包括直链醛、支链醛、烯醛和芳香族醛。其中，直链醛、烯醛主要来源于不饱和脂肪酸，如亚油酸、亚麻酸和花生四烯酸氧化形成的过氧化物裂解。由于醛的风味阈值低及在脂质氧化过程中生成速率快，它们是发酵火腿中特征风味形成的重要因素。脂肪族的酯由肌肉组织中脂质氧化产生的醇和游离脂肪酸之间相互作用而产生，是食品的重要组分。

3)美拉德反应

发酵火腿生产过程中，水分活度不断降低，干制结束后火腿半膜肌水分活度为0.88，二头肌水分活度为0.92，pH为6.02，这种环境条件和长时间的生产过程有利于美拉德反应的进行，该反应既有氨基酸与还原糖之间的反应，也有氨基酸与醛之间的反应。美拉德反应过程复杂，形成的风味物质众多，反应的中间产物活泼，易于发生进一步的反应，如羟基丙酮、二羟基丙酮、羟基乙酰、乙二醛、丙酮醛、羟乙醛、甘油醛等，它们容易与其他化合物发生反应或发生自身缩合反应，美拉德反应的最终产物主要是含N、S、O的杂环化合物，如糖醛(呋喃甲醛)、呋喃酮、噻吩、吡咯、吡啶、吡嗪、噻唑等物质，这些杂环化合物往往具有C_5～C_{10}的烷基取代基，氨基酸是N、S的主要来源，烷基则通常由脂肪族醛衍生而来，在已鉴定的火腿风味成分中，含有吡啶、吡嗪、呋喃、吡咯类化合物，构成发酵火腿的主要风味。

4)硫氨素的降解

发酵火腿中硫氨素降解主要产生含硫杂环化合物，虽然在挥发性物质中含量较低，但其阈值很低，能赋予火腿一定的香味。

11.2.4 欧美发酵火腿生产工艺

欧美发酵火腿生产选料考究，工艺精细，腌制和发酵(成熟)是制作的关键环节。

1. 伊比利亚火腿

西班牙的伊比利亚火腿是用猪的后腿经腌制、干燥和发酵成熟等加工步骤制作而成的一种干腌肉制品，是国际著名的发酵火腿。伊比利亚火腿的制作工艺和品质特点与金华火腿相似，据传是由马可波罗将金华火腿的生产技术带回西欧而发展起来的。

1)工艺流程

原料猪选择及屠宰→冷却→上盐腌制→清洗和烘干→涂猪油→发酵→检验→成品

2)生产工艺

(1)原料选择。伊比利亚火腿采用黑猪猪腿做原料，一般以重12 kg左右的为宜。

(2)冷却，在0～4 ℃快速冷却48 h，以使原料腿冷却至2 ℃。

(3)上盐腌制。将原料腿挤血后，堆叠入不锈钢桶上盐，温度控制在2～5 ℃，以2 ℃/2 h在2～5 ℃间循环变化1周，目的是热胀冷缩有利于盐的渗入，再上盐，重复操作1周，有的工厂只上一次盐，总上盐量为3.5%。

(4)清洗和烘干。腌制好后，清洗、压模、挂架于3～5 ℃下干腌9周后修腿，然后干燥，干燥温度为22～25 ℃，共4周。

(5)发酵。在22～24 ℃下发酵，发酵开始时需要在火腿上抹猪油或其他添加剂(或通过浸渍上油)，目的是防止氧化，发酵时间为18～20个月，结束前3周升温到28 ℃。

(6)成品检验。发酵结束后经插签检验后即为成品。产品最终含盐量约为2.5%。

2. 帕尔玛火腿

意大利的帕尔玛火腿以其优良的风味和鲜艳的红色而闻名。其制作工艺与中国的金华火腿、西班牙的伊比利亚火腿基本相似。

1)工艺流程

原料猪选择及屠宰→冷却→修割→上盐腌制→放置→清洗和烘干→涂猪油→成熟和陈化→检验、做标记

2)生产工艺

(1)原料猪选择及屠宰。用于制作帕尔玛火腿的猪必须产自意大利中部和北部的11个地区，饲料以奶酪副产品、粟、玉米和燕麦为主。猪饲养期必须超过9个月，体重不低于150 kg。鲜猪后腿重12～14 kg，皮下脂肪最好厚20～30 mm。选用新鲜的猪后腿用于火腿制作。

(2)冷却。新鲜的猪后腿被放入冷却间(0～3 ℃)冷却24 h，直到猪腿的温度达到0 ℃，这时猪肉变硬，便于修整。用于生产帕尔玛火腿的猪后腿不能冷冻贮藏，宜放置在1～4 ℃条件下的钢制或塑料制作的架子上24～36 h，在这一时间内按后腿质量完成分类和修割。

(3)修割。需修割成鸡腿的形状。修割环境温度需控制在1～4 ℃，修割时要去掉一些脂肪和猪皮，为后面的上盐腌制做好准备，修割损失的脂肪和肌肉量大约是总质量的24%，在操作过程中，如果发现一些不完美的地方则必须将其切除。

(4)上盐腌制。冷却并修割后的猪后腿从屠宰车间被送到上盐车间。从1993年起，在腌制中已停止使用硝酸钠或亚硝酸盐。腌制时需先对猪腿进行机械排血，然后腌制。腌制全部用海盐，上盐的方式根据不同的部位有所不同，猪皮表面部位使用粗粒湿盐(约含20%的水分)，其用量为后腿质量的1%～2%；在瘦肉部位要抹上中粒干盐，用盐量为后腿质量的2%～3%。将上盐后的猪腿放入冷藏室，冷藏室的温度为1～4 ℃，相对湿度为75%～90%，存放7天，完成第一阶段的腌制。然后取出进行盐的更新，进入第二阶段的腌制。放入另一间冷藏室(1～4 ℃)，相对湿度为70%～80%，在冷藏室保存约21天，时间长短要取决于猪后腿的质量，后腿重的时间要长，后腿轻的时间要短。

(5)放置。除掉猪后腿表面上多余的盐分，将其吊挂到冷藏间(1～4 ℃)里存放60～90天，分两个阶段控制湿度，第一段时间为14天，相对湿度为50%～60%；余下时间为第二阶段，相对湿度为70%～90%。在放置阶段需要进行“呼吸”，不能太湿也不能太干，目的是防止干燥过快而使后腿肉形成表面层，防止形成后腿肉组织的空隙。

(6)清洗和烘干。放置阶段结束后，后腿要用温水(38 ℃以上)进行清洗，目的是去除盐渍形成的条纹，或微生物繁殖所分泌黏液的痕迹，去除盐粒和杂质。洗涤后的后腿需放入干燥室内逐步烘干，前期为12天，热流空气温度为20 ℃，后期为6天，温度逐渐降至15 ℃，或利用周围环境的自然条件，选择晴朗干燥有风的天气进行风干，其目的是防止后腿膨胀和酶活力不可控制地增长。

(7)涂猪油。涂猪油的目的是使后腿肌肉表面层软化，避免表面层相对于内部干燥过快，避免进一步失水。猪油里掺入一些盐、胡椒粉，有时掺入一些米粉。

(8)成熟和陈化。传统的悬挂方式，火腿在车间里自然风干，根据车间内的湿度适时打开窗户，逐渐、均匀地风干。在成熟阶段要求温度为 15 ℃，相对湿度为 75%，时间长短视后腿质量而定，小于 9 kg 的后腿风干约需 7 个月，大于 9 kg 的后腿风干约需 9 个月，其质量损失为 8%～10%。陈化阶段要求时间为 4～5 个月，温度为 18 ℃，相对湿度为 65%。在第 7 个月，帕尔玛火腿被放入“地窖”，这里凉爽、风更小。在这一过程中，会发生非常重要的酶促反应，这是决定帕尔玛火腿香味和口感的重要因素。

(9)检验、做标记。当陈化过程结束后，后腿质量会减少 25%～27%，最高可达 31%。理化测试部位取脱脂的股二头肌，火腿成品水分活度为 0.88～0.89，水分含量低于 63.5%，盐分含量小于 6.7%，蛋白质水解指数小于 13%。感官检验，以嗅觉为主。经检验合格的火腿，用火打上“5 点桂冠”印记，作为企业的识别标记。

11.2.5 中国发酵火腿生产工艺

中式发酵火腿是我国著名的传统腌腊制品，因产地、加工方法和调料不同而分为金华火腿(浙江)、宣威火腿(云南)和如皋火腿(江苏)等。中式发酵火腿是用猪的前后腿肉经腌制、发酵等工序加工而成的一种腌腊制品。中式发酵火腿皮薄肉嫩、爪细、肉质红白鲜艳，肌肉呈玫瑰红色，具有独特的腌制风味，虽肥瘦兼具，但食而不腻，易于保藏。

1. 金华火腿

金华火腿历史悠久，驰名中外。相传起源于宋朝，早在公元 1100 年间民间已有生产，它是一种具有独特风味的传统肉制品。1915 年，金华火腿在巴拿马国际食品博览会上获得一等金质奖章，新中国成立后，该产品又陆续获得国家和部委的多项奖。

1)工艺流程

猪后腿→修割腿坯→腌制→浸腿→洗刷→晒腿→修形→发酵→成品

2)加工工艺要点

(1)原料选择。原料是决定成品质量的重要因素，金华地区猪的品种较多，其中两头乌最好。其特点是，头小、脚细、瘦肉多、脂肪少、肉质细嫩、皮薄(皮厚约为0.2 cm，一般猪为 0.4 cm)，特别是后腿发达，腿心饱满。原料腿的选择：一般选质量为 5～6.5 kg/只的健康卫生鲜猪后腿(指修成火腿形状后的净重)，皮厚小于 3 mm，皮下脂肪不超过 3.5 mm。要求选用屠宰时放血完全，不带毛，不吹气的健康猪。

(2)修割腿坯。刮净皮面和脚蹄间的残毛及血污物，用小铁钩勾去小蹄壳和黑色蹄壳。把整理后的鲜腿斜放在肉案上，左手握住腿爪，右手持削骨刀，削平腿部趾骨(俗称眉毛骨)，削平髋骨(俗称龙眼骨)，并不露股骨头(俗称不露眼)；从荐椎骨处下刀削去椎骨；劈开腰椎骨突出肌肉的部分，但不能劈得太深(俗称不塌鼻)；根据腿只大小，在腰椎骨 1～1.5 节处用刀斩落。把鲜腿腿爪向右，腿头向左平放在案上，把胫骨和股骨之间的皮割开，成半月形。开面后将油膜割去。操作时刀面紧贴皮肉，刀口向上，慢慢割去，防止硬割。然后将鲜腿摆正，腿爪向外，腿头向内，右手拿刀，左手捋平后腿肉，割去腿边多余的皮肉。沿股动、静脉血管挤出残留的淤血。最后使猪腿基本形成竹叶形。

(3)腌制。修整腿坯后，即转入腌制过程。腌制是加工火腿的主要环节，也是决定火腿质量的重要过程。金华火腿腌制采用干腌堆叠法，就是多次把盐硝混合料撒布在腿上，将腿堆叠在“腿床”上，使腌料慢慢渗透。总用盐量以每次 10 kg 鲜净腿计算，控制在 700～800 g，做到大腿不淡，小腿不咸。由于食盐溶解吸热，一般腿温要低于环境温度 4～5 ℃，因此腌制火腿的最适温度应是腿温不低于 0 ℃，室温不高于 8 ℃。腌制时间与腿的大小、脂肪层的厚薄等因素有关，一般腌制 6 次，约需 30 天。

(4)洗腿。鲜腿腌制结束后，清洗腿面上油腻污物及盐渣，以保持腿的洁净，有助于提高腿的色、香、味。洗腿的水需洁净，可在水缸(池)中清洗。应先放水将腿逐只平放于水中，肉面向下(最底层肉面向上)，腿皮必须浸没水中，不得露出水面。浸腿时间长短要根据气候、腿只大小、盐分多少、水温高低而定。冬季一般要浸泡 25 h 左右，春季一般是 6～8 h。腿浸一段时间后，即可进行洗刷。将洗刮干净的腿再置于清水中浸漂约 3 h，再刷洗一次。如果火腿浸泡后肌肉颜色发暗，说明火腿含盐量小，浸泡时间应相应缩短；如肌肉面颜色发白而且坚实，说明火腿含盐量较高，浸泡时间需酌情延长。如用流水浸泡，则应当缩短时间。

(5)晒腿和整形。用草绳将腿拴住吊起，挂在晒架上，再用刀刮去脚腿和表面皮层上的残余细毛和油污杂质，并用手用刀抹掉积水。吊挂时火腿要相互错开，留开一定距离，以免遮挡光线，使肉面向阳，晾干水渍，即可在腿皮面上盖印，再晒 3～4 h 可开始整形。整形是在晾晒过程中将火腿逐渐校成一定的形状。将小腿骨校直，脚步弯曲，皮面压平，腿心丰满，使火腿外形美观，而且使肌肉经排压后更加紧缩，有利于贮藏发酵。整形之后继续晾晒。晾晒时间的长短根据季节、气温、风速、火腿大小、肥瘦、含盐量的不同而异。在冬季晾晒 5～6 天，在春季晾晒 4～5 天。晾晒时避免在强烈的日光下暴晒，以防脂肪融化流油。在晾晒过程中，遇到阴天时则挂在室内，若产生黏液应及时揩去，严重时应重新洗晒。晒腿时应检查腿头上的脊骨是否折断，如有折断应用刀削去，以防积水，影响质量。晾晒以紧而红亮并开始出油为度。

(6)发酵。火腿经腌制、洗晒后，内部大部分水分虽然外泄，但是肌肉深处，还没有足够干燥。因此，必须经过发酵过程，一方面使水分继续蒸发，另一方面使肌肉中的蛋白质、脂肪等部分分解，使肉色、肉味、香气更好。火腿进入发酵场前，应逐只检查腿的干燥程度，是否有虫害和虫卵。在腿架上应按大、中、小分类悬挂，彼此相距 5～7 cm。发酵间要保持干燥，通风阴凉，室内的相对湿度应控制在 70%左右。火腿发酵时间一般自上架起 2～3 个月。一般发酵时已进入初夏，气温转热，残余水分和油脂逐渐外泄，同时肉面生长出绿色、白色霉菌，这些霉菌分泌的酶，使腿中的蛋白质、脂肪等发生降解，使火腿逐渐产生了香味和鲜味。在自然条件下，腿上长出小白点、小绿点霉菌，随气温变化，小点霉菌由白变绿，逐步扩大到整只腿的肉面，这属于正常发酵。腿的皮面潮湿发黏，有黄糊，肉面霉呈白色或黑色，这是发酵异常的表现。发现发酵异常应及时采取措施，如可以用生石灰铺在地面上吸潮，或用白砻糠抹在腿的肉面上吸潮等。

(7)干腿整形。火腿发酵后，水分蒸发，腿身逐渐干燥，腿骨外露，需再次修整。将腿放在工作台上，用劈刀把突出于肌肉的趾骨削平，然后分三刀把突出于肌肉的“龙眼骨”修成荞麦形。把火腿两边多余的膘皮修成弧形，用斜刀法割去油膘、瘦肉高起部分，用平刀法割去肉面不平整部分。干火腿整修后应达到刀工光洁，腿形呈竹叶形。

(8)落架、堆叠、分等级。火腿挂至 7 月初，根据洗晒、发酵先后批次、质量、干燥程度依次从架上取下，称为落架。刷去火腿上的霉菌，按传统火腿的规格质量标准进行分级堆放。每堆高度不超过 15 只，腿肉向上，腿皮向下，根据气温不同每 10 天左右翻堆一次。翻堆时根据需要可在火腿上涂抹少量的火腿油或食用植物油。

2. 宣威火腿

宣威火腿产于云南省宣威县，距今已有 250 余年的历史。在清雍正年间(公元 1722～1735)宣威火腿就已闻名。宣威火腿的特点是腿肥大，形如琵琶，故有“琵琶腿”之称，其香味浓郁，回味香甜。

1)工艺流程

选料→修整→腌制→发酵→堆放

2)加工工艺

(1)选料。选用云南乌蒙山至金沙江一带出产的乌金猪的鲜腿为原料。原料腿要求新鲜、干净，且皮薄、腿心饱满，无淤血和伤残斑疤。

(2)修整。鲜腿修整与火腿成品的外形和质量密切相关。修腿时应去掉血污，挤出血管中的残血，刮净残毛，边缘修割整齐，得到火腿的坯形。

(3)腌制。一般采用干腌法，选用云南省一平浪精盐和黑井筒盐为腌制用盐，用量为鲜腿质量的 7%。腌制前将盐磨细，分三次将盐涂擦在腿肉和腿皮上，每次用盐量分别为鲜腿质量的 2.5%、3.0%和 1.5%。在第一次用盐后(俗称头道盐)，堆码 2～3 天第二次上盐(俗称二道盐)，接着堆码 3 天即可进行第三次上盐(俗称三道盐)。涂擦时先擦脚爪和后腿部位，然后擦腿皮，最后擦腿肉面，使其盐分能均匀地分散于腿中。一般腌制时间为 15～20 天。当火腿肌肉由暗红转为鲜艳的红色，肌肉组织坚硬，小腿部呈橘黄色且坚硬时，表明已腌好，可进行上挂发酵。

(4)发酵。经腌制后的猪腿于一定温度和湿度条件下，发生一系列生物化学变化，使部分营养成分发生分解，产生更多的风味物质。发酵时要求场地清洁、干燥、通风良好。挂腿时相互保持一定距离，不发生接触，以利于发酵微生物的生长，促进发酵，最终达到发酵的目的。发酵好的火腿即为成品，成品率为 76%左右，平均重 5.75 kg。

(5)堆放。火腿发酵完毕，即可从悬挂架上取下，并按大、中、小火腿堆叠在腿床上，一般堆叠不超过15只。大腿堆叠时腿肉向上，腿皮向下，然后每隔5～7天上下翻堆，同时，检查火腿的品质。

11.3　发酵鱼制品生产

发酵鱼制品是水产品加工中颇具代表性的一大类产品，包括咸鱼、鱼露、鱼酱等。随着发酵技术的发展，发酵鱼制品以其独特的风味和口感以及高的营养价值，日益受到消费者喜爱。

11.3.1　发酵鱼制品概述

发酵鱼制品是指鱼类在酶或微生物作用下，经过一系列降解反应后得到的产品。传统的发酵鱼制品多采用自然发酵方法进行手工作坊式生产，存在发酵时间长、产品质量稳定性差、安全性低的问题。现代工业化生产着眼于改进鱼制品加工工艺，使产品适于长期贮藏，方便食用，质量稳定提高。

发酵鱼制品的生产一般要经过腌制和发酵两道工序，以形成其独特的风味特征。腌制主要是食盐渗透的过程，它不仅赋予产品主要滋味，而且使鱼脱水到一定程度，对微生物进行选择性培养，有抑制腐败微生物的作用。发酵是利用酶或微生物对鱼体或副产物中养分进行降解，使其产生一定的风味和色泽。根据产品的生产过程及成品的外形或用途，发酵鱼制品常可分为以下几种：

(1)腌腊鱼。腌腊鱼是一类典型的微生物发酵制品。腌腊制品的加工一般要经过腌制和干制两道工序，以形成其独特的风味特征。干燥可脱除大部分水分，使成品质量稳定、便于贮藏。干燥过程中有大量的乳酸菌、微球菌、葡萄球菌、酵母菌、霉菌生长。

(2)酒糟鱼。酒糟鱼经盐腌、干燥和糟制等工序加工而成，具有甜咸和谐、醇香浓郁、回味悠长、口感柔和、色泽亮丽等特点，是湖北、江西和浙江等地居民普遍制作的水产加工品。糟制可对酒糟鱼中的微生物进行选择性培养，促进制品风味的形成，是酒糟鱼加工的重要工序。

(3)鲊鱼。鲊鱼是中国传统的特色发酵鱼制品，以鱼块、米粉为主要原材料，进行固态发酵而制成，因其具有发酵风味浓郁、酸香可口、营养丰富且易于消化吸收等特点而深受广大消费者的欢迎。

(4)鱼露。鱼露是以新鲜的海鱼和盐为原料，经自然发酵或生物酶解而成的液态调味品。鱼露营养丰富，风味独特，其鲜味主要来自氨基酸、呈味核苷酸、多肽及有机酸等。

11.3.2　腌腊鱼发酵制品

水产品腌制加工具有悠久的历史，也是中国20世纪50～60年代保藏水产品的主要手段，著名的产品有咸带鱼、咸黄鱼、咸鲕鱼和咸鲱鱼等。然而目前人们进行腌制鱼的加工更多的是为了追求腌制品独特的风味和口感。

1. 生产原材料

(1)原料鱼。腌制鱼类主要有蓝圆鲹、鲐鱼、金线鱼、化眉笛鲷、勒氏笛鲷、鲳鱼、带鱼、黄鱼、鲤鱼、鲫鱼、鲢鱼等。

(2)腌制材料。主要为食盐，其他辅料为白糖、花椒、生姜、八角、桂皮等。

2. 腌腊鱼发酵制品微生物及生物化学

1)腌腊鱼中的微生物

乳酸菌、微球菌、葡萄球菌和酵母菌是腊鱼中的优势微生物。不同条件腌制的腊鱼中的各类微生物数量有明显差异。降低食盐用量及提高腌制温度，腌腊鱼中各类微生物的数量均显著增加。所有菌株在 15 ℃以上均能良好生长。所有分离的乳酸菌均具有胞外蛋白酶活性但无胞外脂肪酶活性。松鼠葡萄球菌、产色葡萄球菌和腐生葡萄球菌具有胞外蛋白酶活性，除松鼠葡萄球菌外，其余葡萄球菌均具有胞外脂肪酶活性。

2)腌腊鱼中的生物化学变化

由于鱼体和微生物酶的作用，蛋白质、脂肪被分解，游离氨基酸增加并溶出，形成腌腊风味。同时，随着鲜度的下降，鱼腥味增加，其成分主要是挥发性盐基氮。当鲜度继续下降时，微生物引起的腐败变质可产生令人厌恶的异臭、异味。

(1)蛋白质。在腌腊鱼加工中，微生物代谢所产生的蛋白酶和原料中的内源蛋白酶均可能催化鱼肉中蛋白质的水解。游离氨基酸是蛋白质水解的最终产物，是腌腊制品中重要的呈味物质。腌腊鱼中的总游离氨基酸含量为 2.7～3.2 g/100g（干基）。组氨酸、甘氨酸、精氨酸和丙氨酸是腌腊鱼中的主要游离氨基酸，其含量均大于 300 mg/100g（干基），占游离氨基酸总量的 30%以上。组氨酸和精氨酸主要呈苦味和略甜味，而甘氨酸和丙氨酸则呈鲜甜味，且其含量均为呈味阈值的几倍到几十倍，因此对腌腊鱼的滋味可产生重要影响。此外，脯氨酸、赖氨酸和苏氨酸的含量也相对较高，脯氨酸和苏氨酸是典型的甜味氨基酸，对腌腊鱼的鲜味也具有重要的辅助作用。

(2)脂肪。鱼肉中的粗脂肪含量在整个加工过程中变化不大。鱼肉中的 *TBA* 值在腌制阶段变化不大，干燥阶段呈显著增长趋势，说明鱼肉中脂肪的分解与氧化主要发生在干燥阶段。脂质的分解氧化是挥发性风味物质产生的重要途径。腌腊鱼中的脂质含量尽管较少，但是富含各种不饱和脂肪酸，为脂质的氧化创造了条件。经过脂质氧化可以产生醇、醛、酮、烷烃等风味物质。*TBA* 值的变化规律说明，腌腊鱼干燥过程中发生了显著的脂肪氧化反应。腌腊鱼中检出的 1-辛烯-3-醇可由脂质的酶解产生，检出的己醛、庚醛、壬醛和辛醛等 C_6～C_{10} 饱和醛主要来源于油酸、亚油酸、亚麻酸及花生四烯酸等不饱和脂肪酸的氧化。

3)腌腊鱼发酵制品加工工艺

(1)工艺流程。自然发酵：原料鱼→整理→清洗→沥干→腌制→风干→成品。人工接种发酵：原料鱼→整理→清洗→沥干→腌制→接种混合发酵剂→发酵→干燥→成品。

(2)腌腊鱼生产过程。以接种发酵为例，其生产过程如下：①原料选择，原料鱼选用鱼鳞完整，鱼体肉质坚实、有弹性、鱼眼发青、鱼鳃干净的冻鱼，鱼体较长，且头尾大小均称，易于加工；②腌制，采用4 ℃、10%盐水和0.5%白砂糖进行腌制，M(鱼)∶V(盐水)=1∶2，腌制10 h后取出备用；③接种发酵，采用注射法沿鱼背部两侧各均匀接种约1 mL混合菌液(植物乳杆菌和木糖葡萄球菌的比例为1∶2)，倒挂于鼓风干燥箱内发酵，发酵温度为35 ℃，发酵10 h；④干燥，于65 ℃下干燥至含水量约为60%；⑤包装成品，一般采用真空包装。

11.3.3　鱼露发酵制品

鱼露发酵制品是以鱼为原料经盐渍或腌制发酵后抽取澄明的滤汁，配以食盐、糖及其他辅助原料精制加工而成的一种味道鲜美、营养价值高的调味料。鱼露呈红褐色、澄明有光泽、味道鲜美，入口留香持久，香气四溢，具有原鱼特有的香味，营养丰富。

鱼露发酵制品在我国辽宁、天津、山东、江苏、浙江、福建、广东、广西等地均有生产，以福州的产品最为出名，产量也最大，远销多个国家和地区。

1. 鱼露发酵制品生产原材料

1)原料鱼

选用食用鱼类，要求新鲜、蛋白质丰富，发酵成熟后，香质好、味鲜、无异味。一般用淡水鱼、海水硬骨鱼、海水软骨鱼等低值鱼，如鳀鱼、鳁鱼(金色小沙丁鱼)、七星鱼、三角鱼(绒纹单角鲀)、黄鳍鲔、鲭、鲫、鲤、鲱、鲹鱼、比目鱼等。

原料鱼中各种成分含量对鱼露加工工艺、成品的产量、营养价值、香气及味道有不同程度的影响，尤其是蛋白质和酶对鱼露风味影响最大。不同种类的鱼，化学组成不同、蛋白酶活力不同，同一种鱼的不同部位、在不同的生长时期，其成分含量也不同。以下脚料为原料时，应注意蛋白质含量不同部位的比例。过去认为以淡水鱼为原料生产的鱼露风味较差，但研究表明，通过加酶、加曲，利用淡水鱼也可以生产出风味好的鱼露。

2)腌制材料

(1)食盐。一般用盐量为30%～40%，大鱼、脂肪含量高或有腐败迹象的鱼，用盐量都应多些。将鱼按鲜度分级，则新鲜鱼用盐量为鱼重的25%～30%，次鲜鱼为30%～50%。用盐量根据气温变化可适当增减，气温高时盐量增加。食盐在鱼露发酵过程中的作用如下：①抑制腐败菌的繁殖；②破坏鱼细胞组织结构，更易于酶发挥作用；③影响总氮与氨基氮的生成；④与谷氨酸结合为谷氨酸钠，增加产品的鲜味；⑤高盐抑制蛋白酶的活力，使发酵周期延长，为了缩短发酵周期，可以先低盐发酵，使蛋白酶充分作用一段时间后，再补足盐量，在用曲或加酶发酵的情况下，需要加入的盐量比较低，一般在5%～15%之间，但不能太低，太低除影响风味外，还会影响到产品的保存。

(2)其他。白糖，添加量可根据口味而定。

2. 鱼露发酵制品微生物及生物化学

1) 微生物

(1)乳酸菌。乳酸菌对鱼露生产极为重要，它可以产生有机酸、活性肽等物质，与鱼露的风味和质量有密切关系。研究人员从发酵半年的鱼露发酵液中筛选出产蛋白酶乳酸菌共22株，根据*HR*值(透明圈直径与菌落直径之比)的大小，选出*HR*值较大及菌落直径较大的乳酸菌12株，测定结果表明它们均有一定蛋白酶活力和降低pH的作用。

(2)米曲霉。一些国内外学者把发酵酒或大豆酱油的曲种加进鱼露中，也能促进鱼露的快速发酵。鱼露加曲发酵的过程类似酱油的酿造过程，所选用的菌种主要是酿造酱油用的米曲霉。米曲霉可分泌多种酶，如蛋白酶、淀粉酶、脂肪酶等，这些酶在鱼露发酵过程中，将原料鱼中的蛋白质、碳水化合物、脂类充分分解，经过复杂的生化过程，形成具有独特风味的物质。利用米曲霉制得的种曲，生长旺盛、水解能力强，可以用于鱼露的快速发酵生产。

(3)嗜盐和耐盐微生物。鱼露发酵过程中，盐浓度一般为20%～30%，如此高的盐浓度不仅抑制腐败微生物的生长繁殖，同时也抑制了鱼自身蛋白酶和有益发酵微生物的活性。一些学者把目光集中于嗜盐微生物，希望得到高产蛋白酶的嗜盐微生物，促进鱼露快速发酵。嗜盐微生物在胞内积累大量的小分子极性物质，如甘油、单糖、氨基酸及它们的衍生物，作为渗透调节物质，帮助细胞从高盐环境中获取水分。

2) 生物化学

鱼露之所以深受人们的喜爱，主要是因为其具有独特的香味和鲜味。鱼露的香味是多种醇和酯类成分综合作用的结果，其主要来源有：原料鱼自溶；曲霉发酵产物；空气中存在的耐盐乳酸菌、耐盐酵母菌的代谢产物；由各种代谢产物化学反应所生成。鱼露的鲜味主要来自多肽、氨基酸、核酸降解生成的呈味核苷酸，有机酸也能赋予鱼露以鲜味。谷氨酸为鱼露中所有氨基酸中含量最高的一种，占总氨基酸含量的1/5～1/6。

3. 鱼露发酵制品加工工艺

1)鱼露生产工艺流程

鱼→盐渍或盐腌→发酵→过滤→调配→检验→包装→成品

2)鱼露生产过程

将捕获的鱼采用食盐盐渍或盐腌。盐渍或盐腌与发酵是密切结合在一起的，盐渍或盐腌过程可以看做是鱼的保存过程，也可以看做是发酵的初级阶段。

(1)鱼的盐渍或盐腌。要求如下：应按鱼品种大小、鲜度分等级处理，大型的鱼应用绞肉机绞碎。在生产过程中，盐渍或盐腌一般在大型水泥池或罐中进行，用活动玻璃等盖子封口，在太阳光下暴晒，以利光和氧以及自身的酶系加速鱼体的自溶。用盐量应足以抑制腐败微生物的繁殖，但又不影响鱼的发酵速度。盐与鱼应混合均匀，一层盐，一层鱼，顶层鱼用盐覆盖，且加石压。鱼经过一段时间盐渍或盐腌，便有大量卤水渗出，最后将鱼全部浸没。一般情况下，盐渍或盐腌时间长，鱼体在下阶段发酵所需要的时间就会短些，成品鱼露的风味也较好。但是为了提高设备利用率，缩短生产周期，也不宜将盐渍或盐腌的时间拖得太长，一般掌握在半年到一年。

(2)鱼露发酵。鱼露的发酵可采用天然发酵和人工快速发酵两种方法。天然发酵法生产周期长，但成品风味好；人工快速发酵法生产周期短，但成品风味差。

在鱼露发酵过程中，加入适量的活鱼内脏，因其含有丰富的蛋白酶，如胰蛋白酶、胰凝乳蛋白酶、组织蛋白酶等，可以加速蛋白质的分解，缩短发酵周期。研究表明，外加蛋白酶可以明显促进蛋白质的分解，大大缩短发酵周期。

在鱼露发酵过程中，加入一些酿造酱油所用的米曲霉或酿造清酒所用的曲种等，利用它们所分泌的蛋白酶、脂肪酶、淀粉酶等，将原料鱼中的蛋白质、脂肪、碳水化合物等充分分解，经一系列的生化反应，形成鱼露特有的风味。

3)过滤和浸提半成品

抽取原鱼露发酵液，进行粗滤，经澄清，取澄清液于 85～92 ℃下加热灭菌。趁热用硅藻土或高岭土加细砂过滤，滤液即为半成品。

原鱼露的发酵渣用卤水或一定波美度的盐水进行浸提。浸提的作用主要是回收渣中的氨基酸，并提高氨基态氮的收得率。浸提所需要的时间视发酵渣内氨基酸含量而定，短者为 4～5 天，长者为 10～15 天。浸渍之后再进行提取，经反复浸渍抽提浸渍物后，当浸渍液中的氨基酸含量降到 0.20％以下时，停止浸提。

4)调配

浸提后的鱼露根据不同等级进行混合调配，较稀的可用浓缩锅浓缩，蒸发部分水分，使氨基酸含量及其他指标达到国家标准。

5)检验

对调配好的鱼露进行检验。具体标准如下：

(1)感官指标。一级品：橙红到棕红色，透明无悬浮物和沉淀物，具固有香味，无异臭味；二级品橙黄色，较透明，无悬浮物和沉淀物，具固有香味，无异臭味。

(2)理化和微生物指标。理化指标具体见表 11-2，微生物指标见表 11-3。

表 11-2　鱼露理化指标

项目	指标
氨基酸态氮($g \cdot dL^{-1}$)	0.5～1.0
全氮($g \cdot dL^{-1}$)	0.7～1.40
食盐($g \cdot dL^{-1}$)	≤29
挥发性盐基氮/氨基酸态氮(％)	≤28
相对密度(20 ℃)	≥1.2

表 11-3 鱼露微生物指标

项目	指标
细菌总数/(cfu·mL^{-1})	≤5×10^{3}
大肠菌群/(cfu·100 mL^{-1})	≤30
致病菌	不得检出

6)成品

将检验好的鱼露按等级分别灌装于消毒和干燥后的玻璃瓶内，封口贴标，即为成品。

思 考 题

1. 发酵香肠的分类及其特点是什么？
2. 发酵香肠的生产原料主要有哪些？发酵香肠中的微生物有哪些，各起什么作用？
3. 中式和西式发酵香肠的生产工艺有哪些区别？
4. 发酵火腿的生产原料主要有哪些？发酵火腿中的微生物有哪些，各起什么作用？
5. 发酵火腿的特有风味主要由哪些物质经什么途径变化而来？
6. 发酵鱼制品常经哪两道工序制成，其具体内容是什么？
7. 什么是鱼露制品，其有何特点？
8. 鱼露制品的特有风味主要由哪些物质经什么途径变化而来？

第12章　发酵乳制品生产工艺

发酵乳制品是一个综合名称，典型的发酵乳制品包括酸奶、奶酪、发酵酪乳、乳酸菌饮料、开菲尔、酸奶油、乳酒(以马奶为主)等。

发酵乳的名称是由于原料乳中添加了发酵剂，使部分乳糖转化成乳酸。根据国际乳品联合会(IDF)1992年发布的标准，发酵乳制品是指乳或者乳制品经特征微生物发酵而制成的酸性凝乳状产品，在保质期内，产品中必须有大量特征微生物存在或具有活性。

发酵乳制品的特点是营养丰富，风味独特，比原料乳更容易被人体消化吸收，并具有如下功效：①调节人体肠道中的微生物菌群平衡，抑制肠道有害菌的生长繁殖，对便秘和细菌性腹泻具有预防治疗作用；②发酵中产生的有机酸可促进胃肠蠕动和胃液的分泌，有利于健康。③可显著缓解“乳糖不耐症”，发酵乳制品更适合于亚洲人的体质；④乳酸可降低胆固醇水平，酸乳中含有3-羟基-3-甲基戊二酸和乳酸，常饮酸乳可明显降低胆固醇，从而预防老年人心血管疾病；⑤发酵后会产生某些抗生素，提高人体抗病能力，具有抑制肿瘤发生的潜能；⑥饮用酸乳对预防和治疗糖尿病、肝病也有一定效果；⑦酸乳还具有美容、润肤、明目、固齿、健发等作用。有丰富的氨基酸、维生素和钙，益于头发、眼睛、牙齿、骨骼的生长发育；酸乳还能改善消化功能，防止便秘，抑制有害物质如酚、吲哚及胺类化合物在肠道内过多产生和积累，防止细胞老化，使皮肤白皙健美。

12.1　酸奶概述与生产

12.1.1　制作发酵酸奶制品的基本要求

利用乳酸菌发酵将乳糖转变成乳酸对牛奶有保护作用，低pH能够抑制腐败细菌和其他有害微生物的生长，达到延长产品货架期的目的。但是，低pH的酸乳为酵母菌和霉菌提供了良好的生长环境，一旦被这些微生物污染，就会引起产品的不良风味。

发酵乳制品生产的核心问题是：①必须为发酵剂创造最佳的生长条件，牛乳适度的热处理是生产优质酸奶的关键工序之一，合理的热处理工艺既能保证杀灭原料乳中的微生物，又能促使牛乳中的乳清蛋白适度变性以减少乳清析出；②发酵期间必须保持最适的发酵温度；③当发酵乳获得最好的滋味和香味时，必须迅速冷却以结束前发酵，进入后熟阶段。如果发酵时间过长或过短，风味和黏稠度都会相应变差；④良好的外观和凝乳状态也是其质构特性的重要方面，酸奶凝块结构的致密性取决于预处理参数和合理添加剂的使用。要想使酸奶在生产时凝块结构的致密性良好，需要对原料乳进行充分的热处理和均质，有时还通过增加非脂乳固体(MSNF)含量、使用稳定剂等方法来获得。

12.1.2 发酵乳与酸乳的概念及分类

1. 发酵乳

发酵乳是以生牛(羊)乳或乳粉为原料，经杀菌、发酵后制成的低 pH 的产品。

2. 酸奶

酸奶是以牛(羊)乳或乳粉为原料，经杀菌、接种嗜热链球菌和保加利亚乳杆菌(德氏乳杆菌保加利亚亚种)发酵制成的产品。成品中含有大量的、相应的活性微生物。

(1)凝固型。在包装容器中发酵和冷却，成品呈凝乳状态，其特点是先灌装、后发酵，其典型工艺如图 12-1 所示。

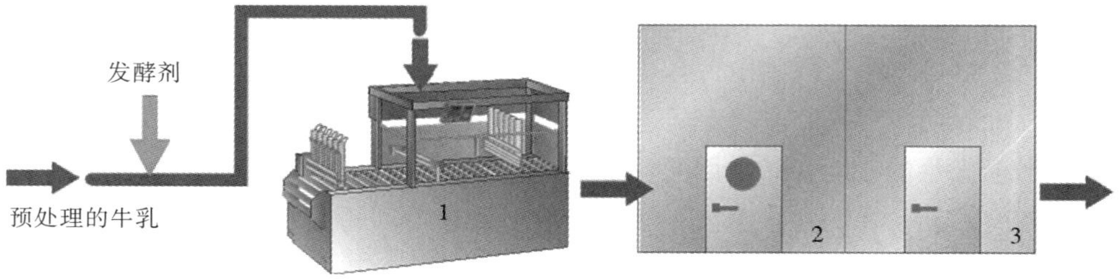

1—杯灌装机；2—发酵室；3—连冷室

图 12-1 凝固型酸奶的典型工艺

(2)搅拌型。在罐中发酵，包装前冷却，发酵后的凝乳已在灌装前和灌装过程中搅碎而成黏稠状组织状态，特点是先发酵后灌装，其典型工艺如图 12-2 所示。

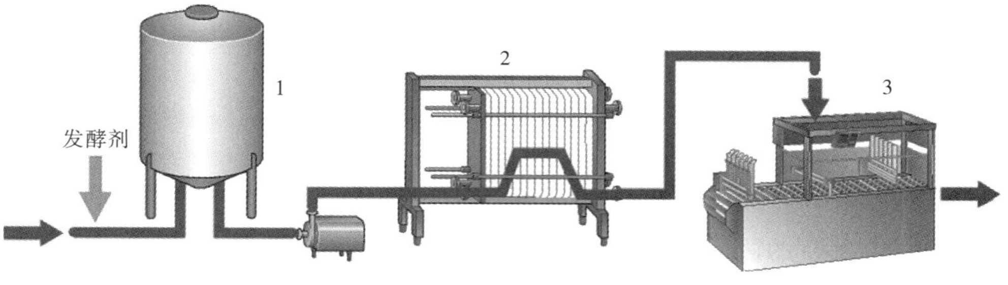

1—培养罐；2—冷却器；3—杯灌装机

图 12-2 搅拌型酸奶的典型工艺

(3)饮用型。类似搅拌型，但包装前凝块被“分解”成液体，其典型工艺如图 12-3 所示。

(4)冷冻型。在发酵罐里培养，像冰淇淋一样凝冻，其典型工艺如图 12-4 所示。

(5)浓缩型。在罐里培养，包装前浓缩和冷却，其典型工艺如图 12-5 所示。

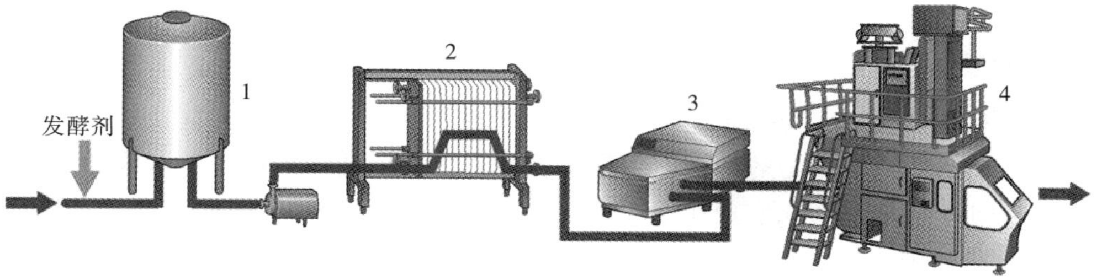

1—培养罐；2—冷却器；3—均质机；4—灌装机

图 12-3　饮用型酸奶的典型工艺

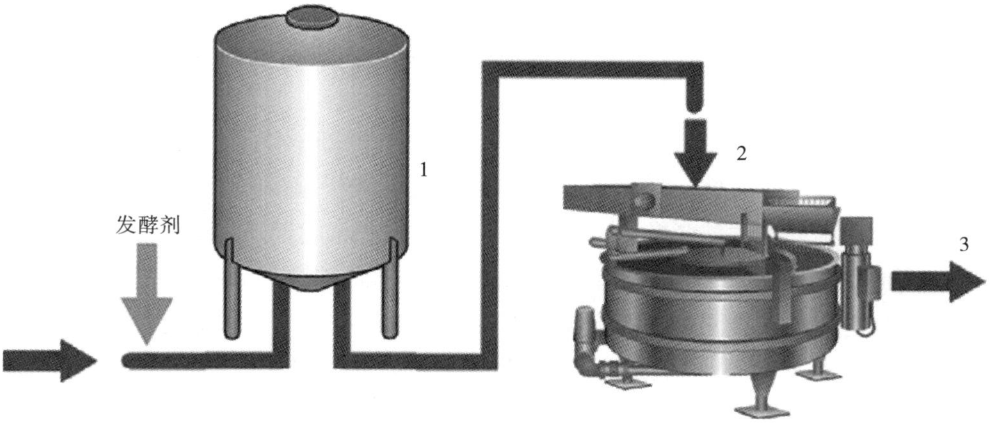

1—培养罐；2—冰淇淋凝冻机；3—速冻隧道

图 12-4　冷冻酸奶的工艺

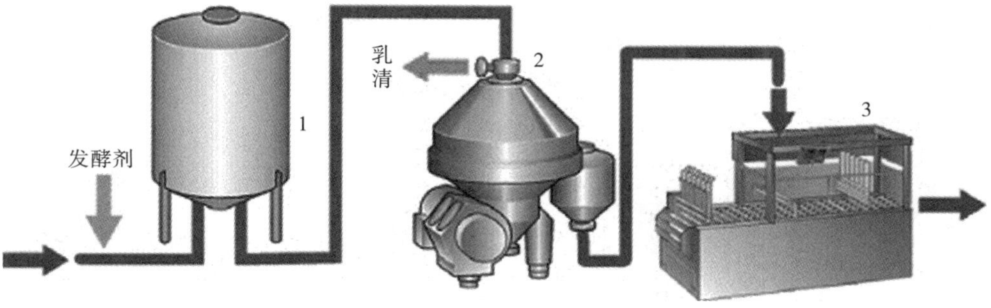

1—培养罐；2—分离机；3—杯灌装机

图 12-5　浓缩型酸奶的工艺

12.1.3　风味发酵乳及风味酸奶

风味发酵乳是以 80%以上生牛(羊)乳或乳粉为原料，添加其他辅料，经杀菌、发酵，发酵前或后添加或不添加食品添加剂、营养强化剂、果蔬、谷物等制成的产品。

风味酸奶是以 80%以上生牛(羊)乳或乳粉为原料，添加其他辅料，经杀菌、接种嗜热链球菌和保加利亚乳杆菌(德氏乳杆菌保加利亚亚种)发酵，发酵前或后添加或不添加食品添加剂、营养强化剂、果蔬、谷物等制成的产品。

常用的果料添加物是浓缩果浆、加工过的或成酱状的水果或浆果。果料或果浆添加量通常在15%左右，其中果浆含糖量约为50%。

果料在包装以前或在包装的同时与酸奶混合，也可以在包装前先加入包装容器的底部再加入酸奶，或者与酸奶实现在线添加。

有时在酸奶中也添加香草、蜂蜜、咖啡等香精，色素和糖经常与香料一起添加。在酸奶生产中常用的糖类有蔗糖、果葡糖浆、阿斯巴甜和安赛蜜等。

酸奶中还可以添加稳定剂，以改变酸奶的黏稠度，改善产品的质构特性。添加剂增加了酸奶成品的干物质含量。果料酸奶的典型组成成分如下：脂肪0.5～3.0%，乳糖3.0～4.5%，非脂乳固体11%～13%，稳定剂0.3%～0.5%，果料12%～18%。

12.1.4　影响酸奶质量的因素

为了生产出滋味、香味、质构状态理想的、无乳清析出和长货架期的高质量酸奶，在生产过程中必须严格控制各种生产因素，防止影响产品质量。①牛奶的选择。总乳固体(TS)达标的无抗生素的新鲜原料乳是优质酸奶的基础。②牛奶的标准化。按照产品标准约定的指标进行主成分调整。③乳类添加物。根据标准承诺的产品特性选择性地添加符合国家添加剂要求的添加物。④脱气。除去异味，改善口感，延长货架期。⑤均质。满足优良质构状态的关键工艺步骤。⑥热处理。正确的杀菌参数是保证优质酸奶的关键工序。⑦发酵剂的选择。突出产品特色，体现产品差异化。⑧发酵剂的制备。保证产品发酵顺利进行，预防杂菌和噬菌体污染。⑨工厂设计。体现工艺特色，优化水电气汽等能源消耗。

12.1.5　酸奶生产原料

1. 牛乳的选择

用于酸奶生产的牛乳原料必须具有最高卫生质量标准，细菌总数低，无阻碍酸奶发酵的物质，不得含有抗生素、噬菌体、CIP清洗剂残留物或杀菌剂。因此，乳品厂用于制作酸奶的原料奶均要经过严格选择，酸度在18°T以下，细菌总数不高于5×10^5 cfu/mL，总干物质含量不低于11.5%。

根据我国乳品工业手册要求和FAO/WHO准则，牛乳的脂肪和固形物含量通常要标准化，基本原则如下。

(1)脂肪。酸奶的含脂率以0.5%～3.5%的最常见，根据FAO/WHO的标准，可把酸奶按乳脂率分成以下几种：①普通酸奶最小含脂率为3%；②部分脱脂酸奶最大含脂率小于3%，最小含脂率大于0.5%；③脱脂酸奶最大含脂率为0.5%。

(2)干物质含量。根据我国现行标准和FAO/WHO标准要求，最小非脂乳固体含量为 8.2%，总干物质的增加，将使酸奶凝固得更结实致密，乳清也不容易析出。

对干物质含量标准化最常用的方法如下：①蒸发(经常蒸发掉 10%～20%的水分)；②添加脱脂奶粉，通常为 3% 以上；③添加炼乳；④ 添加脱脂奶的超滤剩余物。

2. 酸奶添加剂的选择

糖或糖替代物(甜味剂)和稳定剂可作为酸奶生产中的添加剂。

(1)糖或甜味剂。双糖(蔗糖)或单糖(葡萄糖)均能单独添加或与果料一起添加到酸奶中。对患有糖尿病的消费者而言，应使用无热量或低热量甜味剂，因为甜味剂使用量很小，甜度大，又不额外增加产品热量。果料通常含有 50%的糖或相应的甜味剂，添加 12%～18%的果料通常能提供酸奶所需要的甜味。

应该注意，如果在接种/发酵期以前添加过多的糖类(含量超过 10%)，则会对发酵产生不良影响，过多的糖会改变牛乳的渗透压，从而影响发酵菌种的生长繁殖。

(2)稳定剂。亲水性胶体能很好地与乳结合形成稳定相，能增加酸奶的稠度，防止乳清析出。稳定剂的类型和添加的比例必须由每个生产厂家通过试验和经验来确定，如果稳定剂使用错误或过量，则会导致产品变得坚硬，甚至变成橡胶状的胶体。

乳固体含量达标时，酸奶不需要添加稳定剂，因为它会自然形成高黏度、致密、稳定的胶体，在果料酸奶里可添加稳定剂，而对于非活菌的巴氏杀菌酸奶则必须添加稳定剂。常用的稳定剂有果胶、变性淀粉、食品级明胶、琼脂等亲水性胶体，用量一般为 0.1%～0.5%。

12.1.6　酸奶发酵微生物及生物化学

1. 酸奶发酵微生物

(1)发酵剂用主要菌种和选择。发酵剂用主要菌种及其特征见表 12-1。发酵剂的质量至关重要，决定着发酵乳的产品特点，应根据生产目的选择适当的菌种。选择时以产品的主要技术特性，如产香味、产酸力、产黏物质及蛋白质水解能力为主要依据。通常选用两种或两种以上的发酵剂菌种混合使用，相互产生共生作用。例如，嗜热链球菌和保加利亚乳杆菌德氏亚种就是常用的混合菌种，研究证明混合使用的效果比单一使用好。当两种菌混合使用时，在 40～50 ℃已灭菌的乳中发酵 2～3 h 可达到所需要的凝乳状态与酸度，而单一的球菌和杆菌的发酵时间均在 5 h 以上。因为保加利亚乳杆菌在发酵初期分解乳中酪蛋白形成氨基酸(缬氨酸为主)和多肽，促进了嗜热链球菌的生长，随着嗜热链球菌的快速增长，产生甲酸，又刺激了保加利亚乳杆菌生长，发酵初期，嗜热链球菌生长快，发酵 1 h 后与保加利亚乳杆菌的比例为(3∶1)～(4∶1)。在随后的发酵过程中，嗜热链球菌的生长由于乳酸的抑制作用而变得缓慢，保加利亚乳杆菌也逐渐与嗜热链球菌数量相近。因此，菌种的数量比例直接影响着发酵过程及最终产品的色、香、味、体。例如，当球菌和杆菌的比例为 1∶1 或 2∶1 时，可获得品质最佳的酸奶。一些特殊的活性酸奶也可以在传统酸奶菌种中添加嗜酸乳杆菌、双歧杆菌等益生菌菌株，常作为第 2 代、第 3 代发酵剂。

表 12-1　发酵剂所用菌种及其特性

通称	菌种名称	特性							
		乳酸发酵	产生丁二酮（联乙酰）	产气	蛋白分解	脂肪分解	丙酸发酵	酒精发酵	产生细菌素
乳酸球菌	嗜热链球菌（*Str. thermophilus*）	○		○	○				
	乳酸链球菌（*Str. lactis*）	○	△		○	△			△
	乳脂链球菌（*Str. cremoris*）	○	△		○	△			△
	丁二酮乳酸链球菌（*Str. diacetylactis*）	○	○						
	噬柠檬酸明串珠菌（*Leuc. citrovorum*）	○	○	○				△	
	葡聚糖明串珠菌（*Leuc. dextranicus*）	○	○	○					△
乳酸杆菌	嗜酸乳杆菌（*L. acidophilus*）	○			○	○		△	
	德氏保加利亚乳杆菌（*L. bulgaricus*）	○	○	△		△			
	嗜热乳杆菌（*L. Thermophilus*）	○							
	干酪乳杆菌（*L. casei*）	○	△		○	○			

注：○—各菌特性；△—部分菌种特性。

酸奶菌种的生物学特征：①嗜热链球菌，革兰氏阳性，显微镜下形状为链球状，不产生芽孢，菌落表明光滑，有光泽，微白，最低生长温度为 20 ℃，适宜温度为 40～45 ℃。能分解蔗糖、乳糖、果糖而产酸，产酸能力为 0.8%～1%，凝乳时间一般为 8～24 h，极限酸度为 110～115°T，味微酸；②保加利亚乳杆菌，革兰氏阳性，显微镜下为长杆状，无色的絮状小菌落，为高产酸菌，产酸能力为 1.5%～2.0%，适宜生长温度为 40～50 ℃，最高可达 53 ℃，20 ℃以下不发育。凝固一般需要 8～12 h，极限酸度为 300～400°T，味酸。

(2)发酵剂的制备技巧。酸奶发酵剂的制备常分为三个阶段，即依据生产需要逐级扩培的三种类型：①乳酸菌纯培养物；②母发酵剂；③生产发酵剂。生产工艺如图 12-6 所示。

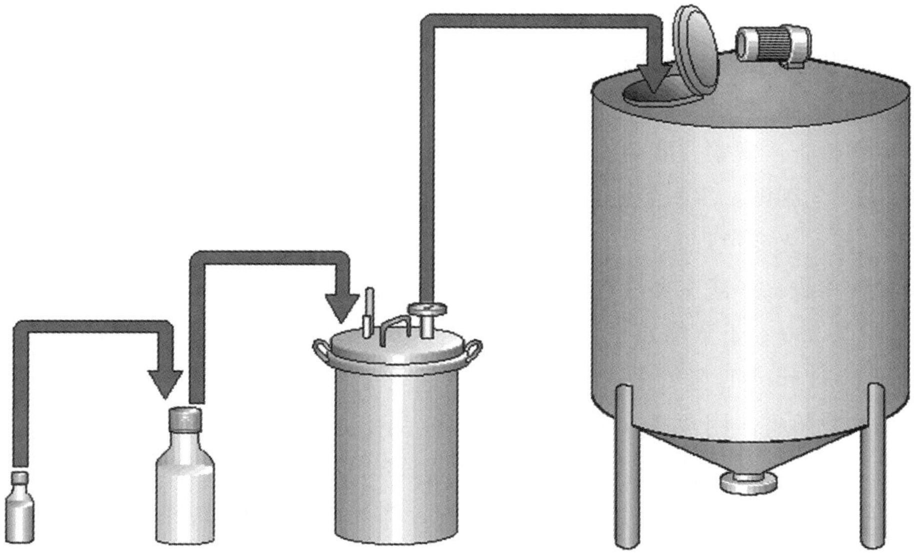

1—商品菌种；2—母发酵剂；3—中间发酵剂；4—生产发酵剂

图 12-6　发酵剂的逐级培养过程

母发酵剂是指在无菌条件下扩大培养的用于制作生产发酵剂的培养物，是乳酸菌纯培养物在脱脂乳或其他培养基上活化、传代培养而扩大制备的发酵剂。母发酵剂的制备方法如下：取脱脂乳 100～300 mL，装入三角瓶中，121 ℃高压灭菌 15 min，并迅速冷却至 40℃左右进行接种，接种脱脂乳量 1%～3%的充分活化的乳酸菌纯培养物，混匀后，放入恒温箱中培养。凝固后移入灭菌脱脂乳中，如此反复 2～3 次，使乳酸菌保持一定活力，制成母发酵剂，用于制作生产发酵剂。

生产发酵剂是利用母发酵剂进一步扩大培养制作的直接用于生产的发酵剂。生产发酵剂的制备方法如下：取实际生产量 3%～4%的脱脂乳，装入灭菌容器中，以 90 ℃杀菌 15～30 min，冷却。接种脱脂乳量 3%～5%的母发酵剂，充分混匀后置于恒温箱中培养，待达到所需酸度时即可置于冷藏库中备用。

制备生产发酵剂时应特别注意发酵温度的控制，嗜热链球菌和保加利亚乳杆菌的最佳发酵温度不尽相同，发酵温度的选择需要兼顾两种菌种的增菌特性，否则可能造成菌种比例失调。大多数酸奶中球菌和杆菌的比例为 1∶1 或 2∶1，起始阶段杆菌始终不允许占优势，否则酸度升高太快。生产经验是，在 40 ℃下培养，球菌与杆菌的比大约为 4∶1，而 45 ℃时约为 1∶2。

发酵乳生产中的直投式菌种(DVI 或 DVS)或一次性菌种是指一种高浓缩(10^7个/mL)和标准化的冷冻或冷冻干燥发酵剂菌种，可供生产企业直接加入热处理的原料乳中进行发酵，而无需对其进行活化、扩培制作母发酵剂和生产发酵剂。直投式菌种包括冷冻型和干燥型两种。使用直投式菌种快捷方便，可以防止菌种在保存、扩培过程中组成、活性发生变化和有害菌、噬菌体的污染。但其前期的酸化能力很弱，需要对加工过程进行调整。

3)发酵剂的质量要求与检验

发酵剂的质量直接影响成品的质量，故在使用前应对发酵剂进行质量检查和评定。

(1)感官检查：观察发酵剂的质地、组织状态、色泽、味道及乳清析出等。良好的发酵剂应凝固均匀细腻，组织致密而富有弹性，乳清析出少，具有一定酸味和芳香味，无异味，无气泡，无变色现象。

(2)化学检查：一般主要检查酸度和挥发度。酸度以 90～110 °T 为宜。测定挥发酸时，取发酵剂 250 g 于蒸馏瓶中，用硫酸调整 pH 至 2.0，用水蒸气蒸馏，收集最初的 1000 mL 用 0.1 mol/L 氢氧化钠滴定。

(3)微生物检查：用常规方法测定总菌数和活菌数。

(4)发酵剂污染的检验：在生产中应对连续繁殖的母发酵剂进行定期检验，在透明的玻璃皿中看其在凝结后气体条纹及其表面状况，作为判定污染与否的迹象。如果气体条纹较大或表面有气体产生，则要用镜检法判定污染情况，也可用平板检验法检测污染情况。平板培养基可用马铃薯 D-葡萄糖琼脂来测定酵母和霉菌，也可用平皿计数琼脂检验污染情况。

(5)发酵剂活力测定：发酵剂的活力是指该菌种的产酸能力，即产酸力。活力的测定通常采用两种方法。①酸度测定法。在高压灭菌后的脱脂乳中加入 3%的发酵剂，置于 37.8 ℃的恒温箱中培养 3.5 h，测定其酸度。若乳酸度达 0.7%～0.8%以上，则认为活力良好，即滴定酸度在 70～85°T 之间则认为活力良好，可用于生产中。②刃天青还原试验。于 9 mL 脱脂乳中加入发酸剂 1 mL 和 0.005%刃天青溶液 1 mL，在 36.7 ℃的恒温箱中培养 35 min 以上，如完全褪色则表示活力良好。

(6)联乙酰的检验：将 2.5 mL 待试发酵剂放在一支直径为 16 mm 的试管中，再加入 10 mg 肌酸和 2.5 mL 40%的氢氧化钠溶液，混合均匀后使其静置。若在表面出现红色，则表示联乙酰的存在，颜色的深浅代表联乙酰含量的多少，量多表示酸奶风味良好。

2. 酸奶发酵过程中的生物化学变化

发酵剂是一种含有高浓度乳酸菌并能促使乳酸化的特定微生物培养物。使用发酵剂可使原料乳发生一系列生物化学变化。

1)乳酸发酵

乳糖为乳酸菌提供碳源和能源，乳酸菌发酵使牛乳中的部分乳糖转变成乳酸，使其 pH 降低。实际上，乳酸菌不能直接利用乳糖，需要通过分泌的乳糖酶将乳糖分解成葡萄糖和半乳糖后才能被利用，再通过一系列酶的生化作用转化成乳酸，其反应式如下：

$$C_{12}H_{22}O_{11}+H_2O \longrightarrow 4C_3H_6O_3$$

研究表明，在酸奶发酵过程中，有 20%～30%的乳糖被消耗。在产生的乳酸中有 50%～70%为 L(+)乳酸，对人体具有重要的生理和营养价值。发酵 2～4 h 后，乳的滴定酸度增加，pH 降低，促使乳中酪蛋白凝固聚集，形成均匀细腻的凝乳。

2)分解蛋白质

在蛋白酶的作用下，部分酪蛋白被水解成游离氨基酸和多肽，除部分供乳酸菌氮源外，大部分存在于酸奶中，因而，牛乳经发酵成酸奶后，氨基酸明显增加。

3)产生风味

乳酸发酵可产生良好的风味。发酵过程中形成丁二酮、乙醛、CO_2、醋酸和其他物质，使产品具有独特的滋味和香味。与风味有关的微生物以明串珠菌、丁二酮链球菌为主，还有其他链球菌和乳杆菌。这些菌能使乳中所含柠檬酸分解生成丁二酮、3-羟甲基-2-丁酮、丁二醇等化合物和微量的挥发酸、酒精、乙醛等，其中以丁二酮、乙醛对风味的贡献最大。乙醛形成酸乳的典型风味，不同的菌株产生乙醛能力不同，因此乙醛生成能力是选择优良菌株的重要指标之一。用于开菲尔和乳酒制作的微生物还能产生乙醇。

4)降解脂肪

有些乳酸菌可以分解脂肪酸，使原料乳中的长链脂肪酸部分分解变成中短链脂肪酸，更有利于人体消化吸收，并赋予酸奶一定的风味。

5)产生抗菌素

乳酸链球菌和乳油链球菌中的个别菌株，能产生乳酸链球菌素和乳油链球菌素等抗生素，可防止杂菌和酪酸菌的污染。

3. 发酵乳的质量标准

我国食品安全国家标准(GB 19302-2010)规定了发酵乳和酸乳的概念，明晰了酸乳与发酵乳的区别。规定的发酵乳主要质量标准如下。

1)发酵乳感官特性

应符合 GB 19302-2010(表 12-2)的规定。

表 12-2　发酵乳感官要求

项　目	要求		检验方法
	发酵乳	风味发酵乳	
色泽	色泽均匀一致，呈乳白色或微黄色	具有与添加成分相符的色泽	取适量试样置于 50 mL 烧杯中，在自然光下观察色泽和组织状态。闻其气味，用温开水漱口，品尝滋味
滋味、气味	具有发酵乳特有的滋味、气味	具有与添加成分相符的滋味和气味	
组织状态	组织细腻、均匀，允许有少量乳清析出；风味发酵乳具有添加成分特有的组织状态		

2)发酵乳理化指标

应符合 GB 19302-2010(表 12-3)的规定。

表 12-3 发酵乳理化指标

项目	指标		检验方法
	发酵乳	风味发酵乳	
脂肪[a]/［g·(100 g)$^{-1}$］	≥3.1	≥2.5	GB 5413.3
非脂乳固体/［g·(100g)$^{-1}$］	≥8.1	—	GB 5413.39
蛋白质/［g·(100g)$^{-1}$］	≥2.9	≥2.3	GB 5009.5
酸度/°T	≥70.0		GB 5413.34

注：a 仅适用于全脂产品。

3)发酵乳微生物指标

符合 GB 19302—2010(表 12-4)的规定。

表 12-4 发酵乳微生物指标

项 目	采样方案[a]及限量(若非指定，均以 cfu/g 或 cfu/mL 表示)				检验方法
	n	*c*	*m*	*M*	
大肠菌群	5	2	1	5	GB4 789.3 平板计数法
金黄色葡萄球菌	5	0	0 /25 g(mL)	—	GB 4789.10 定性检验
沙门氏菌	5	0	0 /25 g(mL)	—	GB 4789.4
酵母	≤100				GB 4789.15
霉菌	≤30				

注：a 样品的分析及处理按 GB 4789.1 和 GB 4789.18 执行。食品微生物学检验中的采样方案分为二级和三级采样方案。二级采样方案设有 n、c 和 m 值，三级采样方案设有 n、c、m 和 M 值。n：同一批次产品应采集的样品件数；c：最大可允许超出 m 值的样品数；m：微生物指标可接受水平的限量值；M：微生物指标的最高安全限量值。

4. 发酵乳乳酸菌数

发酵乳乳酸菌数应符合 GB 19302-2010 的规定。乳酸菌数大于或等于 1×10^6 cfu/g (mL)。发酵后经热处理的产品对乳酸菌数不做要求。

12.1.7 主要酸奶品种生产工艺

1. 酸奶生产工艺中的共性问题

1)原料乳

选用符合质量要求的新鲜乳、脱脂乳或再制乳为原料。抗菌物质检查应为阴性，因为乳酸菌对抗生素极为敏感，乳中微量的抗生素都会使乳酸菌不能生长繁殖。

2)标准化

为提高干物质含量，可添加脱脂乳粉或蒸发掉乳中部分水分。某些国家允许添加少量的食品稳定剂，其加入量为 0.1%～0.3%。根据国标要求，酸乳中全乳固体含量应为 11.5%以上。蔗糖加入量为 5%，浓度过量，不仅影响乳酸菌产酸，而且提高生产成本。

3)脱气

用于发酵乳制品的牛乳中空气含量越低越好，然而，如果为增加非脂乳固形物含量而添加奶粉时，混入一些空气是不可避免的，所以添加奶粉后应该进行脱气处理。当通过蒸发来增加非脂乳固形物含量时，蒸发也是一个脱气过程。

脱气具有以下优点：①改善均质机的工作条件，确保均质效果；②减少热处理期间产生沉淀物；③提高酸奶的黏稠性和稳定性，减少乳清析出；④去除挥发性异味(脱臭)。

4)均质

对以制作发酵乳制品的牛乳进行均质的目的主要是阻止奶油上浮，并保证乳脂肪均匀分布。即使脂肪含量低，均质也能改善酸奶的稳定性和黏稠度。均质和随后的热处理(一般是在 90～95 ℃ 5min 下处理左右)对发酵乳的黏稠度有很好的效果。

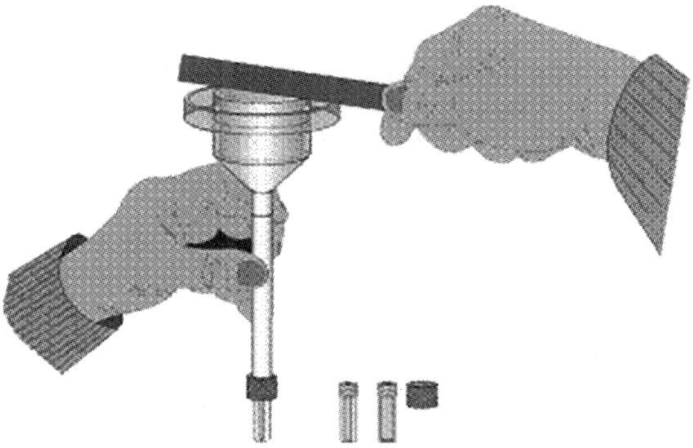

图 12-7　SMR 黏度计

黏度可以用一种简单的黏度计(SMR 黏度计)来测量。在 20 ℃时，用 100 mL 产品通过某一直径管嘴的时间来表示。图 12-7 所示为一个有几个可变管嘴的黏度计，管嘴的直径为 2～6 mm，对于酸奶黏度指标的评判简单而有效。

不管牛乳是否进行普通的热处理，均质过的牛奶制成的发酵乳的黏度与均质压力成正比，高温处理也能使产品变得黏稠。为了使产品获得最佳物理状态，牛奶的均质压力和温度应为 20～25 MPa 和 65～75 ℃。

5)热处理

牛奶在接种发酵剂以前需要进行热处理，目的如下：①改善作为细菌培养基的牛奶的性能；②保证成品酸奶的凝块结实；③防止成品乳清析出。

因此，牛奶在 90～95 ℃下进行 5 min 热处理的效果最好，其作用是杀死病原菌及其他微生物，使乳中酶的活力钝化和抑菌物质失活，使乳清蛋白 70%～80%变性，主要是乳清蛋白中的 β-乳球蛋白与 κ-酪蛋白相互作用，这种结构状态持水能力会增强，使酸奶成为一个稳定的凝固体。

热处理温度偏低或时间不够，就不能使大量乳清蛋白变性，变性乳清蛋白可与酪蛋白形成复合物，能容纳更多的水分，并且具有保持不变脱水收缩作用。要保证酸乳吸收大量水分和不发生脱水收缩作用，至少要使 75%的乳清蛋白变性，这就要求进行 85 ℃、20～30 min 或 90 ℃、5～10 min 的热处理。UHT 加热(135～150 ℃、2～4 s)处理虽能达到灭菌效果，但不能达到 75%的乳清蛋白变性，所以酸乳生产不宜用 UHT 加热处理。

6)发酵剂的选择

目前，许多专制发酵剂能满足特殊风味和黏度的需要。一般而言，如生产短保质期普通酸奶，发酵剂中球菌和杆菌的比例应调整为 1∶1 或 2∶1。生产保质期为 14～21 天的普通酸奶时，球菌和杆菌的比例应调整为 5∶1。

7)发酵剂的制备

在酸奶和其他发酵乳制品生产中，发酵剂制备的要求是最大程度的准确性和最好的卫生条件。浓缩发酵剂、冷冻发酵剂和冻干发酵剂不但可以省去制作发酵剂的房间和贮存发酵剂的设施，节约投资，还可直接用于生产，避免菌种传代时造成的污染。

8)车间设计

发酵期间形成的凝乳对机械处理非常敏感，要特别注意选择合适的管道、阀门、泵、冷却器等，不要使产品在传输过程流动状态发生突然改变，影响产品质构。对于凝固型酸奶，还应特别注意发酵间的温度要均匀一致且可控，避免温度大范围波动。

2. 不同类型酸奶生产技术

几种典型酸奶的生产流程如图 12-8 所示。经过预处理并冷却到接种温度后，工艺要根据酸奶的类型。酸奶的组织状态和风味质量取决于生产线的设计、牛奶的处理和产品的处理。现代化的酸奶生产线设计要尽可能满足高产量、高质量和连续化生产的要求，自动化程度各不相同，但 CIP 系统通常是完整的。

在现代化加工厂中，常常是同时生产凝固型和搅拌型酸奶。在凝固型酸奶的生产中，从牛奶预处理到产品包装是连续控制的。在搅拌型酸奶的生产中，预处理的牛奶泵入发酵罐及添加发酵剂等过程是连续的，但由于发酵需要一定的时间，生产连续性被中断，在培养期间要尽量防止物理搅动。

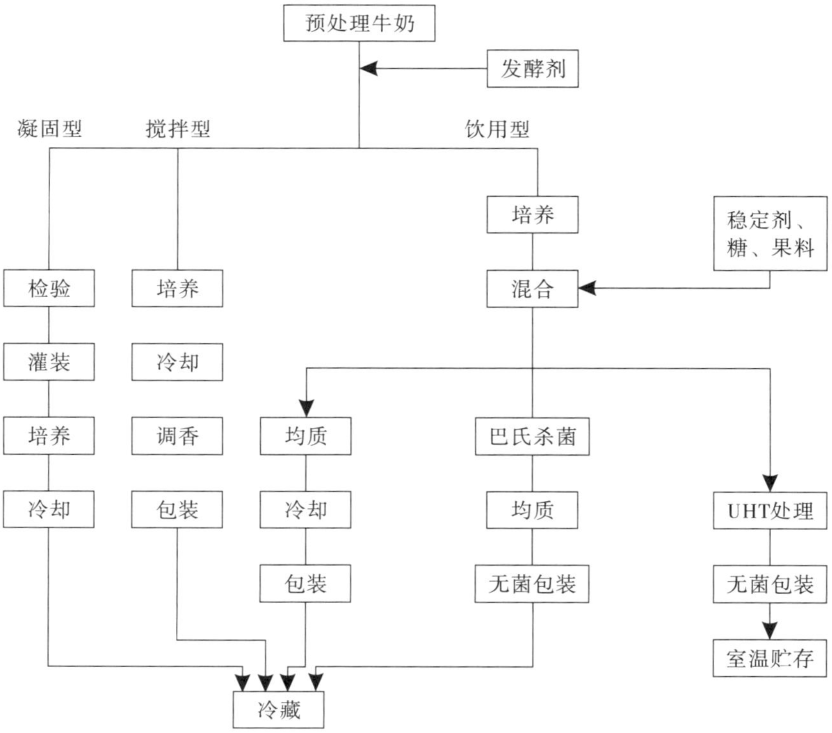

图 12-8　凝固型、搅拌型、饮用型酸奶生产工艺流程图

1)搅拌型酸奶

预处理的牛奶冷却到培养温度，然后连续地与所需体积的生产发酵剂一并泵入发酵罐内，罐满后，启动搅拌 1～3 min，保证发酵剂均匀分散。

发酵罐必须是隔热的，以保证在整个培养期间恒温。同时还要随时监测罐内酸度。

典型搅拌型酸奶生产的培养温度和时间分别为 42～43 ℃、2.5～3 h，使用普通型生产发酵剂(接种量 2.5%～3%)。为了获得最佳产品，当 pH 达到理想值时，必须终止发酵，产品温度应在 30 min 内从 42～43 ℃冷却至 15～22 ℃；当浓缩、冷冻和冻干菌种直接加入酸奶培养罐时，培养温度和时间分别为 43 ℃、4～6 h(考虑到其迟滞期较长)。

搅拌型酸奶生产的工艺特点如下：

(1)凝块的冷却与破乳。在发酵的最后阶段，已达到所需的酸度时(pH 为 4.2～4.5)，酸奶必须迅速降温至 15～22 ℃(一般通过板式热交换器实现)，这样可以暂时阻止酸度的进一步升高。同时为确保成品具有理想的黏稠度，破乳时对凝块的机械处理必须柔和。冷却是在具有特殊板片的板式热交换器中进行的，这样可以保证产品不受强烈的机械扰动。为了确保产品质量均匀一致，泵和冷却器的容量应恰好能在 20～30 min 内排空发酵罐。如果发酵剂使用的是其他类型并对发酵时间有影响，那么冷却时间也应相应变化。冷却的酸奶在进入包装机以前一般先打入缓冲罐中暂存。

(2) 调味。冷却到 15～22 ℃以后，进入包装工序。可在酸奶从缓冲罐到包装机的输送过程中利用计量泵连续地把果料和香料打到酸奶中(图 12-9)。混合装置的设计是静止和卫生的，并且保证果料与酸奶混合均匀。果料计量泵和酸奶给料泵是同步运转的。果料应尽可能均匀一致，也可以加果胶作为增稠剂，果胶的添加量不能超过果料量的 0.15%，相当于在成品中含 0.05%～0.005% 的果胶。在对果料添加物的预处理中，适当的热处理是非常重要的。可以使用刮板式热交换器或带刮板装置的罐对固体颗粒的果料或整个浆果进行巴氏杀菌。杀菌温度应能钝化所有微生物，而不影响水果的味道，以快速加热和冷却的连续生产较好。热处理后的果料在无菌条件下灌入灭菌容器中。发酵乳制品经常由于果料没有足够的热处理引起再污染而导致产品腐败。

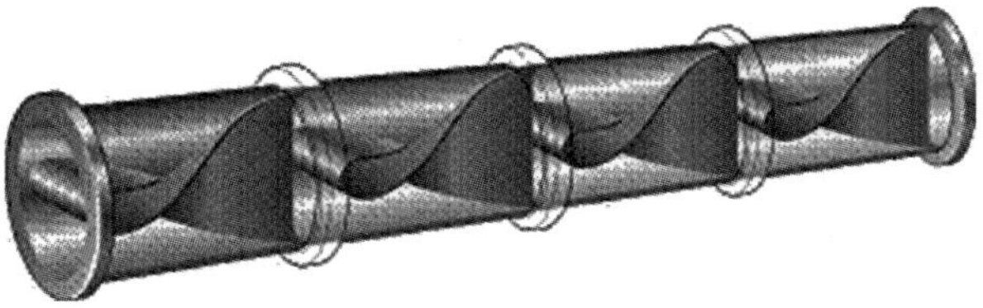

图 12-9　安装在管道上的果料混合装置

(3)包装。酸奶的包装机类型很多。市场上的产品包装体积也各不相同，生产要求包装能力与巴氏杀菌容量匹配，以便使整个车间获得最佳生产条件。

2) 凝固型酸奶

(1)为了减少设备成本，凝固型酸奶和搅拌型酸奶的生产可以使用同一生产线，从牛奶的预处理到冷却至培养温度，工艺是一样的。如图 12-10 所示。牛乳从中间的贮存罐

(缓冲罐)出来与从计量泵出来的发酵剂混合后一起进入包装机，实现在线混合，减轻了在缓冲罐、接种、灌装过程中对发酵的影响，减少了杂菌污染的概率。

凝固型酸奶生产的工艺特点是：香精可以在牛乳包装前连续、计量地添加。如果需要添加带颗粒的果料或添加剂，先将果料加入，再灌装接种好的牛乳。必须注意，低 pH 的添加剂会对发酵产生不利影响。

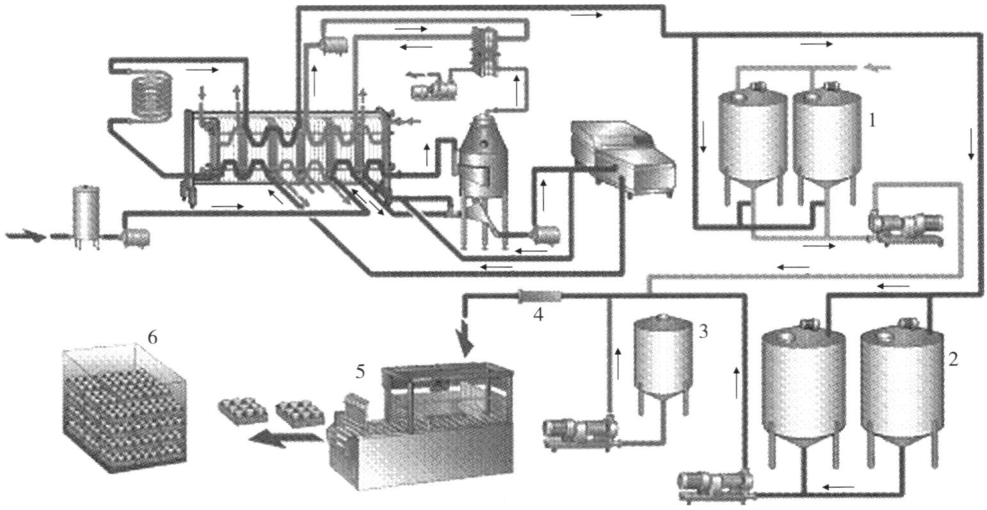

1—生产发酵剂罐；2—缓冲罐；3—香精罐；4—在线混合器；5—包装；6—发酵

图 12-10　凝固型酸奶生产线

还有一种改进的凝固型酸奶生产线，如图 12-11 所示。此系统给生产计划提供了弹性，因为它不需要预处理能力和包装量匹配。

牛奶的预处理和搅拌型酸奶生产相同，然后把它冷却至 5～10 ℃，最好为 5 ℃，输送到发酵罐中，接种，搅拌混匀，包装前牛乳经过板式热交换器加热至培养温度 42 ℃，生产中要严格控制温度。生产发酵剂也可提前加入，然后加热至培养温度 42 ℃。

灌装后，产品装入箱中，然后放到托盘上，并运到两种发酵系统中的任一种中进行发酵，在发酵终了后冷却，发酵室和冷却室互相连接。培养结束，托盘平稳地通过隧道连续冷却系统，然后运送到冷藏库。

当酸奶发酵至最适 pH (4.5)时，开始冷却，正常情况下降温到 18～20 ℃，阻止细菌的进一步生长，即在 30 min 内温度应降至 35 ℃左右，在随后的 30～40 min 内把温度降至 18～20 ℃，最后在冷库内把温度降至 5 ℃，产品贮存进入后发酵阶段。

在发酵期间，托盘(周转箱)是静止的，它们被放在发酵间里，原则是先进先出。一般培养时间为 3～3.5 h，在最后的 2～2.5 h 期间，产品不能遭受机械震动，因为这时最容易出现乳清分离，是关键控制点之一。

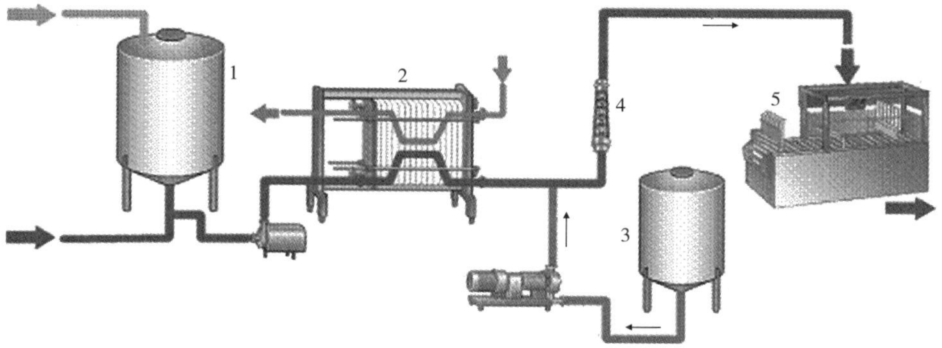

1—培养罐；2—片式热交换器；3—加香；4— 包装；5—杯灌装机

图 12-11　凝固型酸奶生产线的改进工艺

3）饮用型酸奶

饮用型酸奶可选用 3 种生产工艺流程，如图 12-12 所示 3 种工艺均可生产符合质量标准的饮用型酸奶，可根据各工厂实际情况和产品特点进行选择，现在流行一种低黏度的饮用型酸奶，这种酸奶产品正常情况下脂肪含量低，符合低热量营养要求。

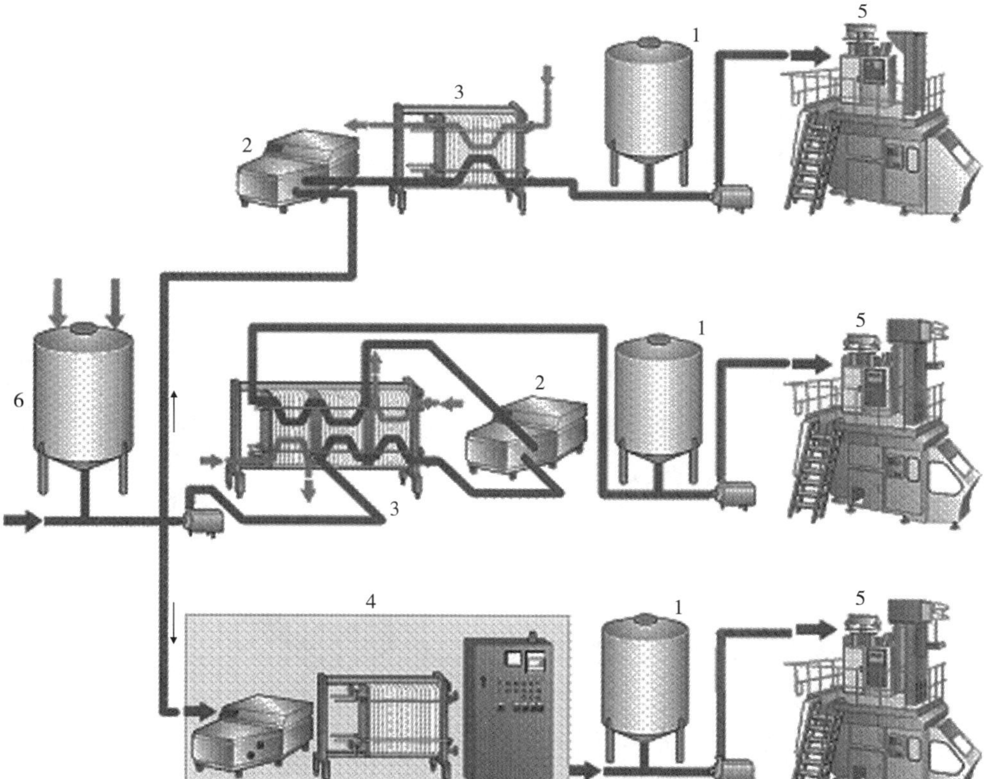

1—缓冲罐；2—均质机；3—片式热交换器；4—均质冷却单元；5—灌装机；6—调配罐

图 12-12　饮用型酸奶生产线

饮用型酸奶生产中，用普通方法制作酸奶，然后来进行搅拌，冷却至 18～20 ℃，再送到调配罐，在调配罐中，稳定剂和香精与酸奶混合。酸奶混合采用的方法取决于产品需要的货架期。

12.1.8 新型酸奶

1. 长货架期酸奶

酸奶越来越趋向于大规模集约化生产，市场辐射范围不断扩大，产品运距要求加大，在某些情况下，市场区域过大，以致每周一次物流运输才是经济合理的，这样就要求产品货架期要长，才能满足市场需求。在冷链困难时，需要对酸奶进行杀菌。

延长发酵乳制品货架期有两种方法：①在无菌条件下进行生产和包装，同时对冷链有严格要求；②对包装前或包装后的成品进行热处理，产品中不含活菌，室温下可贮运。

2. 长货架期酸奶生产工艺特点

1)无菌条件下生产

在无菌生产中，防止酸奶被霉菌、酵母菌污染。主要措施是彻底清洗管路，对产品接触的所有表面进行灭菌。在无菌条件下，通过采用无菌空气加压的无菌罐、自控无菌阀、用于加果料的无菌计量装置和无菌灌装机等设施，能防止空气中微生物的污染，大大延长了产品的货架期。

2)“净室”生产条件

在所有的食品工业中均必须保持良好的卫生条件，这不仅包括直接与产品接触的设备，也包括生产厂房。图 12-13 所示为 1 个“完全过滤器”的空气过滤系统，它能使加工车间和罐里的空气达到纯净的高标准，杜绝外来微生物的污染。该设备是一个供应 4 个罐的空气过滤系统，其组成如下：①1 个风扇，大约运送 400 m^3/h 的过滤空气，平均每个罐洁净空气通风量在 130 m^3/h 以上；②一个“完全过滤器”，能拦截直径大于或等于 0.3 μm 的颗粒，这将挡住绝大部分微生物；③1 个放置过滤器的外壳箱；④1 根总导管；⑤4 根连接管道；⑥阀和压力表等。

图 12-13 “净室”的空气过滤系统

空气的速率大约为 0.5 m/s，罐内的正压为 5～10 m H_2O。通常过滤器放在加工车间，这样室内空气的所有污染颗粒都全部滤出，从而创造一个“净室”条件。

3)酸奶的热处理

酸奶的热处理延长了其货架期，作用机制如下：①钝化发酵细菌及其酶；②杀死污染菌，如酵母和霉菌。

在搅拌型酸奶生产中，从发酵罐里出来的酸奶在热交换器中加热到72～75 ℃，并保持几秒钟后冷却。为了防止再次污染，应进行无菌包装。凝固型酸奶可在特殊的巴氏杀菌室中经72～75 ℃加热5～10 min，可杀死酸奶中所有的致病菌。

3. 冷冻酸奶

冷冻酸奶的生产有两种方法：一种是在进一步加工之前，酸奶与冰淇淋混合物混合后凝冻；另一种是基料混合发酵后凝冻。冷冻酸奶可分成软、硬两种类型。两种酸奶的基料有所不同，典型的配方见表12-5，冷冻酸奶工艺流程如图12-16。

表12-5　典型冷冻酸奶的配方　　单位：%

成分	软质	硬质
脂肪	4	6
糖	11～14	12～16
非脂乳固体	10～11	12
稳定剂、乳化剂	0.85	0.85
软化水	71	66

4. 酸奶混料的生产

添加了合适的稳定剂和乳化剂的混料的生产基本上与传统酸奶生产方式一样，混合的生料在70 ℃下脱气和均质，然后在热交换器中进行巴氏杀菌(95 ℃、5 min)，冷却至43 ℃后，把牛奶送到发酵罐添加生产发酵剂。

发酵剂添加量为4%～6%，牛乳泵入发酵罐的同时把发酵剂加进管内。酸奶混料的培养时间比正常酸奶要长一些。这是因为混料里含有更多的碳水化合物。如果糖含量占10%～12%，要想得到酸奶的典型pH为4.5，需要发酵7～8 h。

当达到所需酸度时，酸奶混料在热交换器中冷却以阻止进一步发酵。在酸奶被送到中间贮存罐以前，把所有的香料和糖等辅料通过计量泵加到混料装置里。

12.1.9　新型发酵乳制品

1. 开菲尔酸奶酒

开菲尔是最古老的发酵乳制品之一，它起源于高加索地区，原料为山羊乳、绵羊乳或牛乳。开菲尔黏稠、均匀、表面有光泽，口味新鲜酸甜，略带酵母味，pH通常为4.3～4.4。

用于生产酸奶酒的特殊发酵剂是开菲尔粒。该粒由蛋白质、多糖和微生物群(如酵母、产酸、产香形成菌等)组成。在整个菌落群中酵母菌占5%～10%。

开菲尔粒呈淡黄色，颗粒直径为15～20 mm，形状不规则，不溶于水和大部分溶剂中，当浸泡在奶中时，膨胀并变成白色。在发酵过程中，乳酸菌产生乳酸，而酵母菌发酵乳糖产生乙醇和 CO_2。在酵母的新陈代谢过程中，某些蛋白质发生分解从而使开菲尔产生一种特殊的酵母香味。乳酸、乙醇和 CO_2 的含量和培养温度有关。

1)典型的开菲尔酸奶酒工艺生产流程

典型的开菲尔酸奶酒生产工艺流程如图 12-14 所示。

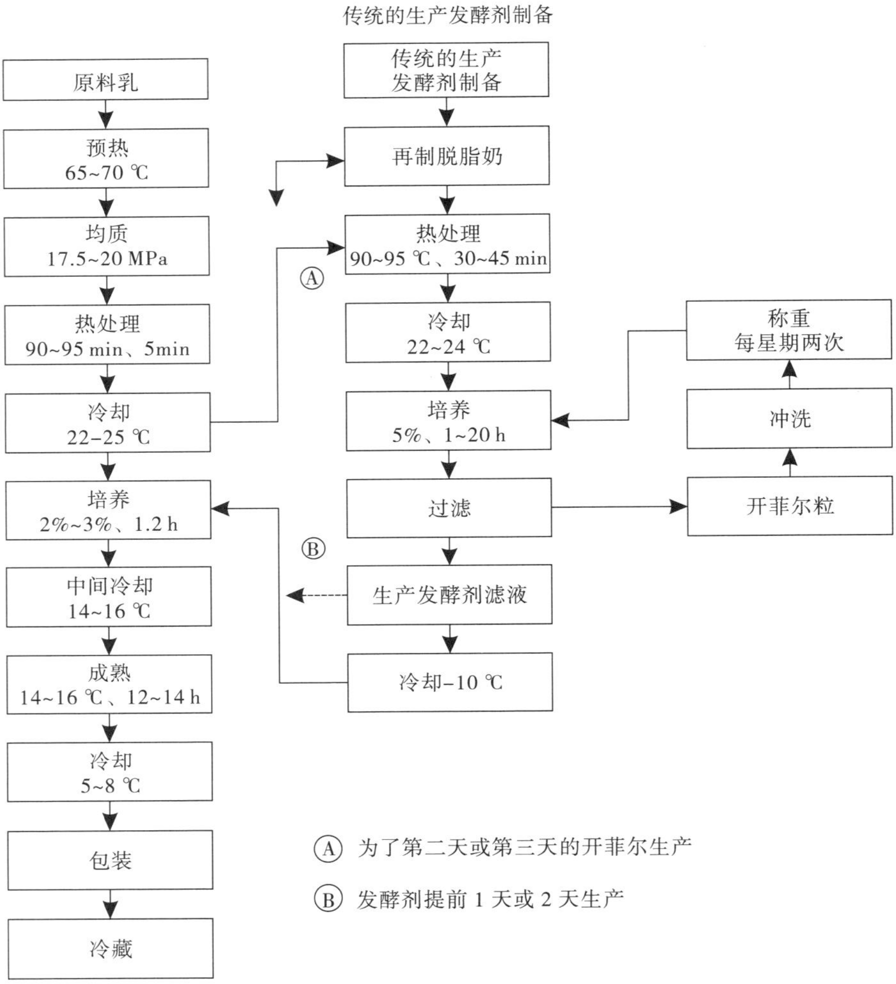

图 12-14　典型的开菲尔酸奶酒生产工艺流程图

2)开菲尔酸奶酒生产技术

(1)原料乳。和其他发酵乳制品一样，开菲尔酸奶酒的原料乳的质量十分重要，不能含有抗生素和其他杀菌剂。开菲尔酸奶酒生产的原料可以是山羊乳、绵羊乳或牛乳。

(2)发酵剂的制备。开菲尔发酵剂通常用脂肪含量不同的牛奶来生产。但为了更好地控制开菲尔粒的微生物组成，使用脱脂乳和再制脱脂乳制作发酵剂。生产分两个阶段，图 12-17 中表示了典型的开菲尔生产的不同阶段。第一阶段，经预热的牛乳用活性开菲尔粒接种，23 ℃下培养，接种量 4%～5%，培养时间约为 20 h；这期间开菲尔粒逐渐沉降到底部，要求每隔 2～5 h 间歇搅拌 10～15 min。当 pH 为 4.3～4.4 时，搅拌发酵液，用过滤器把开菲尔粒从母发酵剂中滤出(滤液)，过滤器的孔径为 3～4 mm。开菲尔粒在过滤器中用灭菌水冲洗(或脱脂乳)，它们能在培养新一批母发酵剂时再用。培养期间每周微生物总数增长 10%，因此它的质量会增加，在再次使用时要去掉多余的部分。第二阶段，如果滤液在使用前要暂存几个小时，则最好把它冷却至大约 10 ℃。如果要大量生产开菲尔酸奶酒，可以直接把滤液接种到预热过的牛乳中制作生产发酵剂，接种量为 3%～5%，在 23 ℃下培养 20 h，再把制备好的生产发酵剂接种到已经处理好的原料乳中进行培养，实现量化生产。

(3)开菲尔酸奶酒生产的工艺流程。典型的传统开菲尔生产过程：① 脂肪标准化，开菲尔的脂肪含量为 0.5%～6%，一般是利用原料乳中原有的脂肪(通常原料乳中脂肪含量为 2.5%～3.5%)；② 均质，标准化后，牛奶在 65～70 ℃、17.5～20 MPa 条件下进行均质；③ 热处理，90～95 ℃下处理 5 min，以保证乳糖适度变性；④ 接种，热处理后，牛奶被冷却至接种温度(通常为 22～25 ℃)，可进行接种，已经活化好的发酵剂添加量为 2%～3%。⑤培养，正常情况下分酸化和后熟两个培养阶段，酸化阶段持续至 pH 为 4.5 或酸度为 85～110 °T，大约要培养 12 h，然后搅拌凝块，在罐里预冷，当温度达到 14～16 ℃时冷却停止，继续搅拌，在随后的 12～14 h 内开始产生典型的轻微“酵母”味，当酸度达到 110～120°T(pH 为 4.4 左右)时，开始最后的冷却；⑥冷却，产品在板式热交换器中迅速冷却至 4～6 ℃，以防止 pH 进一步下降。冷却后随即进行产品包装，包装时非常重要的一点是处理要柔和，此为关键控制点之一。因此，在泵、管道和包装机中的机械搅动必须限制到最小程度。因空气会增加产品分层的危险性，所以应避免空气进入，基于开菲尔酸奶酒的标准化生产目前已经开发出一种冻干浓缩发酵剂，使用方法与其他形式的发酵剂类似。

2. 发酵稀奶油(酸奶油)

酸奶油可分为低脂稀奶油(含脂量为 10%～12%)和高脂稀奶油(含脂量为 20%～30%)。发酵剂中含有乳酸链球菌、乳脂链球菌、丁二酮链球菌和嗲柠檬酸明串珠菌，其中后两种菌主要用于产香。

酸奶油成品表面光亮，质地均匀，是相对黏稠的产品；口感柔和而略带酸味。酸奶油和其他发酵产品一样，货架期较短。

酵母和霉菌能在不密封的包装里存活，这些微生物主要污染酸奶油的表面。如果贮存时间延长，能破坏 β-乳球蛋白的细菌酶变得活跃，会使酸奶油味道变苦。同时 CO_2 和其他风味物质由于未密封而慢慢地散发掉，酸奶油改变其原有的风味，引起质量劣变。

酸奶油的生产工艺包括脂肪的标准化、均质和奶油的热处理、培养和包装等。

(1)均质。稀奶油需要均质，含脂肪 10%～12% 的稀奶油均质的压力为 15～20 MPa，温度为 60～70 ℃，均质温度的增加有利于稠度改善。含脂肪 20%～30%的稀奶油均质的压力应为10～12 MPa，因为酪蛋白含量低，不足以覆盖扩大的总脂肪表面。

(2)热处理。均质以后的稀奶油要进行热处理，通常是在90 ℃下处理5 min。

(3)接种和包装。经过预处理的稀奶油冷却至接种温度18～21 ℃，然后添加1%～2%的生产发酵剂。培养可以在罐里或包装物里进行。发酵时间为18～20 h，当发酵完成后，酸奶油迅速冷却，以阻止进一步产酸。发酵稀奶油的黏度可能很高，因此包装会困难些。酸奶油在搅拌期间，泵打和包装时，要十分小心，尽量减少机械处理引起产品黏度下降。

为避免机械损伤，稀奶油在包装中接种、发酵，产品在20 ℃下培养16～18 h，直到酸度达到85°T，然后把包装小心地送入冷库，在6 ℃下至少要保持24 h后才可以发送。

3. 酪乳及发酵酪乳

(1)酪乳。酪乳是从甜奶油或酸奶油分离出来的奶油生产的副产品，其脂肪含量约为0.5%。酪乳中有较高卵磷脂等膜成分。货架期很短，因为脂肪球膜成分的氧化，酪乳的口味会很快改变。从酸奶油中分离出的酪乳常常有乳清分离现象。

(2)发酵酪乳。为了克服酪乳产生异味和不易贮存的缺点，出现了发酵酪乳，所用的原料是从甜奶油生产时分离出来的甜酪乳、脱脂乳或低脂乳。原料在90～95 ℃下处理5 min，然后冷却到接种温度。发酵剂是常规的乳酸菌。当原料为脱脂乳或低脂乳时，可以添加一些奶油，使产品更接近酪乳。

12.2 奶酪概述与生产

人们普遍认为，奶酪是游牧民族发明的。据说公元前四千年，奶酪发祥于以伊拉克为中心的西南亚地区，他们早先将鲜牛奶存放在牛皮囊中，但往往几天后牛奶就变酸。后来他们发现，变酸的牛奶在凉爽的气候下经过数日，会结成块状，而且很好吃，于是这种保存牛奶的方法得以流传。随后由亚洲的旅行家将奶酪带到了欧洲，并以意大利为中心，在欧洲各国得到广泛发展和普及，17世纪20年代由欧洲传入美洲。

12.2.1 奶酪基础知识

1. 奶酪的概念

奶酪，亦叫干酪，是指在乳中(脱脂乳、稀奶油、酪乳等或其混合物)加入适量的乳酸菌和凝乳酶，使乳蛋白质(主要是酪蛋白)凝固后，排出乳清，将凝块压成所需形状而制成的产品。制成后未经发酵成熟的产品称为新鲜奶酪；经长时间发酵成熟而制成的产品称为成熟奶酪。国际上将这两种奶酪统称为天然奶酪。

2. 奶酪的种类

世界上奶酪品种繁多，制作方法多样，种类多达 800 种以上，其中比较著名的有 20 多种。有些奶酪在原料和制造方法上基本相同，但由于制造国家或地区不同，其名称也不尽相同。世界上比较著名的奶酪包括瑞士的埃蒙塔尔、法国的羊奶奶酪、丹麦的达纳布路奶酪、和萨姆索奶酪、荷兰的圆形奶酪。另外，还有一些著名的奶酪，如契达奶酪、农舍奶酪、马苏里拉奶酪等。

(1)传统分类。国际上通常把奶酪划分为天然奶酪、再制奶酪和奶酪食品 3 类。

(2)国际乳品联合会(IDF 1972)对于天然奶酪的分类。①特硬质奶酪，含水量小于 41%；②硬质奶酪，含水量为 49%～56%；③半硬质奶酪，含水量为 54%～63%；④半软质奶酪，含量水为 61%～69%；⑤软质奶酪，含水量大于 67%。注意其含水量为除去脂肪后的百分比。

(3)学术界根据奶酪的加工工艺、组成及微观结构对天然奶酪进行分类：①酸凝鲜奶酪；②酶凝鲜奶酪；③加热酸凝奶酪；④软质成熟奶酪；⑤半硬质水洗奶酪；⑥低温硬质奶酪；⑦高温硬质奶酪。

但习惯上仍以奶酪的软硬度及与成熟有关的微生物种类来进行分类和区别(表 12-6)。奶酪中的含水量可用于区别奶酪类型，如硬质(低水分)、半硬质和软质奶酪。

表 12-6　奶酪的种类

<table>
<tr><th colspan="2">种类</th><th>与成熟有关的微生物</th><th>含水量/%</th><th>主要产品</th></tr>
<tr><td rowspan="3">软质
奶酪</td><td>新鲜</td><td>不成熟</td><td rowspan="3">40～67</td><td>农家奶酪
稀奶油奶酪</td></tr>
<tr><td>成熟</td><td>细菌</td><td>比利时奶酪
手工奶酪</td></tr>
<tr><td></td><td>霉菌</td><td>法国浓味奶酪
布里奶酪</td></tr>
<tr><td colspan="2" rowspan="2">半硬质奶酪</td><td>细菌</td><td rowspan="2">36～40</td><td>砖型奶酪
修道院奶酪</td></tr>
<tr><td>霉菌</td><td>法国羊奶奶酪
青纹奶酪</td></tr>
<tr><td></td><td></td><td>细菌</td><td rowspan="2">25～36</td><td>荷兰奶酪
荷兰圆形奶酪</td></tr>
<tr><td rowspan="2">硬质
奶酪</td><td>实心</td><td>细菌(丙酸菌)</td><td>埃蒙塔尔奶酪
瑞士奶酪</td></tr>
<tr><td>有气孔</td><td>细菌</td><td><25</td><td>帕尔逊奶酪
罗马诺奶酪</td></tr>
<tr><td colspan="2">再制奶酪</td><td></td><td><40</td><td>再制奶酪</td></tr>
</table>

12.2.2 奶酪生产原材料

1. 原料乳

生产奶酪的原料乳要求与酸奶原料近似，不含抗生素，符合乳的卫生标准，初乳等异常乳不能用于生产奶酪。生产奶酪用的原料乳最重要的特性是加入凝乳酶时的凝结能力和凝块排除乳清的能力。此外，不得不含有对奶酪有害的细菌——乳丁酸梭菌，在奶酪中易引起异常发酵。

2. 发酵剂

应用于奶酪加工的发酵剂有两种基本类型：①最适温度为 20～40 ℃的嗜温菌发酵剂；②在 45 ℃时仍能生长的嗜热菌发酵剂。

最常用的发酵剂都是由几种菌种混合而成的，无论嗜温菌还是嗜热菌，混合菌株中均有两种及以上的菌株相互之间存在共生关系，这些发酵剂不仅产乳酸，而且生成香味物质和 CO_2，而 CO_2 则是孔眼奶酪和小气孔型奶酪生成空穴所必需的。例如，由嗜温发酵剂生产的高达、曼彻格和 Tibiter 奶酪及嗜热发酵剂生产的埃蒙塔尔和格鲁耶尔奶酪。

单菌株发酵剂主要用于只需生成乳酸和降解蛋白质的奶酪，如契达及相关奶酪。

3. 凝乳酶

凝乳酶即皱胃酶，由犊牛第四胃(皱胃)提取，是制作奶酪必不可少的凝乳剂，可分为液状、粉状和片状 3 种制剂。

除几种类型的鲜奶酪(如农家奶酪、夸克奶酪)的乳主要是通过乳酸来凝固外，其他所有奶酪的生产全是依靠凝乳酶或类似酶的反应而形成凝块。

4. 添加剂

在奶酪生产中，根据工艺不同，可以使用 $CaCl_2$、CO_2、硝石($NaNO_3$ 或 KNO_3)、色素等作为添加剂，各自发挥不同的作用。

12.2.3 奶酪生产中的微生物及生物化学反应

1. 奶酪成熟过程中成分的主要变化

(1)水分减少。成熟期间，由于水分蒸发质量减轻。

(2)乳糖的变化。生奶酪中仍含 1%～2%的乳糖，其余乳糖在 48h 内被分解，在成熟后 2 周内消失，所形成的乳酸变成丙酸或乙酸等挥发酸。生产不同品种的奶酪采用不同的技术，关键是控制和调节乳酸菌的生长和活力，以此方式影响乳糖发酵的程度和速度。例如，在契达奶酪生产中，乳糖在凝块上模前已经发酵。一般情况下，乳糖的绝大部分降解发生在奶酪的压榨过程中和贮存的第一周或前两周。奶酪中生成的乳酸相当一部分以乳酸盐的形式存在于奶酪中。在最后阶段，乳酸盐类为丙酸菌提供了适宜的营养，而丙酸菌是埃蒙塔尔、Gruyere 和类似奶酪加工中重要的微生物之一。在这些奶酪中，除生成丙酸、乙酸外，还生成了大量的 CO_2，导致奶酪形成大的圆孔。用于生产硬质和半硬质类型奶酪的发酵剂不仅可以发酵乳糖，还可以利用奶酪中的柠檬酸产生 CO_2，以形成圆孔眼或不规则孔眼。

(3)蛋白质分解。在奶酪成熟过程中，蛋白质分解是最重要的生化过程，此过程十分复杂，主要表现在凝乳时形成的副酪蛋白在凝乳酶和乳酸菌的蛋白水解酶作用下形成小分子的胨、多肽、氨基酸等可溶性含氮物。成熟期间蛋白质的变化程度常以总蛋白质中所含水溶性蛋白质和氨基酸的量为指标。水溶性氮与总氮的百分比被称为奶酪的成熟度。一般硬质奶酪的成熟度为 30%，软质奶酪则为 60%。

(4)脂肪分解。在成熟过程中，部分乳脂肪被解脂酶分解产生多种水溶性挥发脂肪酸及其他高级挥发酸等，这与奶酪风味的形成关系密切。

(5)产生气体。在微生物的作用下，使奶酪中产生各种气体。有的奶酪产品在丙酸菌作用下生成 CO_2，使奶酪产生带孔眼的特殊组织结构。

(6)形成风味物质。奶酪成熟中所形成的各种氨基酸、多种水溶性挥发脂肪酸是奶酪风味物质的主体。

2. 奶酪发酵中的微生物

1)发酵微生物

奶酪发酵剂分为细菌发酵剂和霉菌发酵剂两大类。细菌发酵剂以乳酸菌为主，其作用是产酸和相应的风味物质。常用作奶酪发酵剂的乳酸菌有乳酸乳球菌、乳油链球菌、嗜酸乳杆菌、嗜热链球菌、丁二酮链球菌、保加利亚乳杆菌、干酪乳杆菌、瑞士乳杆菌、噬柠檬酸明串珠菌、蚀橙明串珠菌、嗜热乳杆菌和植物乳杆菌等，有时为了使奶酪形成特有的组织状态，还要使用丙酸菌。霉菌发酵剂主要是用对脂肪分解强的卡门倍尔奶酪青霉、奶酪青霉、娄地青霉等。某些酵母，如解脂假丝酵母等也在一些奶酪中得到应用。

2)发酵剂的作用

在奶酪生产中，发酵剂主要有 3 个重要的作用：①酸化，发酵乳糖产生乳酸，降低 pH；②改善质构，参与酪蛋白凝固，降解蛋白质；③形成风味物质和 CO_2。

3)非发酵剂微生物

非发酵剂微生物是指不作为发酵剂人工添加，而是自然存在的微生物，这部分微生物对干酪发酵成熟的作用比较细微或没有作用。干酪中非发酵剂的乳酸菌被称为次级乳酸菌，一般在牛乳中生长缓慢，对产酸不起作用。代表菌株有干酪乳杆菌、KW 乳酸菌(日本麒麟公司专利)和鼠李糖乳杆菌等。酵母菌是干酪中常见的真菌，对干酪质地和风味有积极作用，也能刺激乳酸菌异型发酵，使干酪质地松散多孔。代表菌株有汉逊德巴利氏酵母、皱褶假丝酵母和接合酵母等。

4)发酵剂的制备

乳酸菌发酵剂的制备同酸奶发酵剂。霉菌发酵剂制备的过程如下：将除去表皮后的面包切成立方体小丁，盛于三角瓶，加适量水进行高压灭菌处理，此时如加入少量乳酸增加酸度则更好；将霉菌悬浮于无菌水中，再喷洒于无菌面包上；置于 21～25 ℃的恒温箱中经 8～12 d 培养，使霉菌孢子布满面包表面；从恒温箱中取出，在约 30 ℃的条件下干燥 10 d，或在室温下进行真空干燥，最后研成粉末，经筛选后盛于容器瓶保存。

3. $CaCl_2$的使用

如果生产奶酪的牛乳质量差，则凝块会很软。这会引起细小颗粒(酪蛋白)及脂肪的严重损失，并且在奶酪加工过程中凝块收缩能力很差。

每 100 kg 牛乳中添加 5～20 g $CaCl_2$即足以恒定凝固时间并使凝块达到足够的硬度。过量的 $CaCl_2$会使凝块过硬而难以切割。对于低脂奶酪，如果法律允许，在加入 $CaCl_2$之前，有时可添加 $NaHPO_4$，通常用量为 10～20 g/kg，这会增加凝块的塑性，因为 $NaHPO_4$与 $CaCl_2$ 会形成胶体磷酸钙，它与裹在凝块中的乳脂肪几乎具有相同的效果。

4. 凝乳酶及其作用

1)凝乳酶的作用机制

凝乳酶中的主要活性成分是皱胃酶。在凝乳酶加入乳中后，凝聚反应很快发生，这一过程的机制至今也不完全清楚，然而，可将其凝聚过程分为两个主要阶段：①在凝乳酶作用下，酪蛋白转化为副酪蛋白；②在钙离子存在的情况下，副酪蛋白分子间形成“钙桥”，促使副酪蛋白微粒发生团聚作用而产生凝胶体，发生聚沉。

酪蛋白凝聚是奶酪生产中的基本工序，通常情况下，这一过程由凝乳酶来完成，与酸凝聚截然不同，酶凝聚时钙和磷酸盐并不从酪蛋白微球中游离出来。其他的蛋白酶也能使用，通过酸化酪蛋白到其等电点(pI＝4.6～4.7)的方法也能实现。全部过程受乳的温度、酸度和钙含量及其他因素所控制。凝乳酶的最适温度在 40 ℃，但实际使用的温度要低一些，以避免凝块过硬。

2)动物性凝乳酶的来源。

动物性凝乳酶主要是胃蛋白酶，采自青年牛犊的胃并以液体形式出售。其强度为 1∶10000～1∶15000，即一份凝乳酶在 35 ℃下 40 min 内可凝聚 10000～15000 份牛乳。成年牛和猪凝乳酶也可以使用，但通常要与牛犊凝乳酶复合使用，一般复合比例为 50∶50、30∶70 等，粉末状的凝乳酶的活力通常是液体凝乳酶活力的 10 倍以上。

3)动物凝乳酶的替代品

由于皱胃酶成本高及目前肉牛的生产实际等原因，开发、研制其代用酶越来越受到重视，有一些代用酶已经应用到生产中。目前主要有两种类型的代用凝固剂：①来自于植物的凝固用酶如无花果蛋白酶、木瓜蛋白酶和凤梨酶；②来自于微生物的凝固用酶，可分为霉菌、细菌、担子菌 3 种来源。

研究表明，来自“植物酶”的制剂的凝结能力通常不错，但有一个缺陷是使奶酪在贮存过程中经常出现苦味。近年来，利用基因工程技术生产凝乳酶取得了一定进展。

5. 其他添加剂

1)硝石

如果奶酪乳中含有丁酸菌或大肠菌，就可能引起发酵问题。$NaNO_3$或 KNO_3可用于抑制这些细菌，但是其用量必须依照牛乳的组成、各种奶酪的加工工艺等确定。过量的硝石会抑制发酵菌生长，硝石过量还会影响奶酪的成熟，甚至使成熟过程终止，使奶酪脱色，引起红色条纹和不良的滋味。硝石的最大允许使用量为 30 g/100 kg 乳。

2)色素

奶酪的颜色很大程度上取决于乳脂肪的颜色，并随季节变化，色素诸如胡萝卜素、安那妥等通常在允许使用色素的国家用于调整随季节变化的奶酪色泽。也有使用叶绿色的，如用于蓝纹奶酪中，与蓝霉奶酪相比产生一种“灰色”。

3)CO_2

添加 CO_2是提高奶酪原料乳质量的一种方法。CO_2天然存在于乳中，但在加工中，大部分会逸失。通过人工手段加入可使牛乳的 pH 降低 0.1～0.3 个单位，这会缩短凝乳时间，可减少凝乳酶使用量，也能取得同样的凝乳效果。

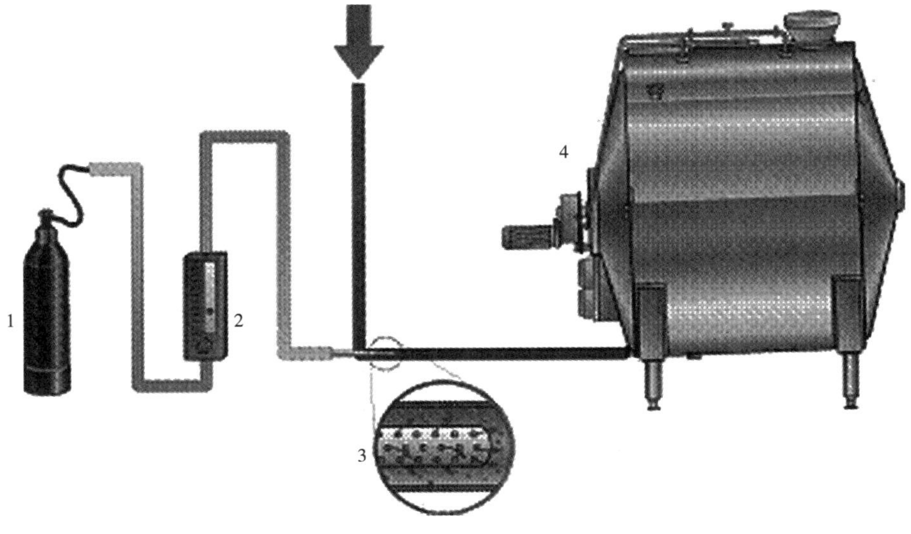

1—气筒(或一组液气贮缸)；2—流量计；3—多孔喷射管；4—奶酪生产缸

图 12-15　CO_2在奶酪乳中的添加方式

CO_2的添加可在生产线上与奶酪槽/缸进口连接处进行，如图 12-15 所示。注入 CO_2

的比例及混入凝乳酶之前与乳的接触时间要在系统安装之前进行计算。此法可节省一半的凝乳酶，而没有任何负效应。

12.2.4　硬质和半硬质奶酪生产技术

1. 一般性工艺流程

奶酪生产包括一系列的主要阶段，对于大多数的奶酪都适用。但也有一些处理过程只适用于一定类型产品的特殊要求，硬质和半硬质奶酪的主要生产步骤如图 12-16 所示。

硬质和半硬质奶酪生产工艺流程具有广泛的代表性，能够说明奶酪生产的共性问题。奶酪用乳经处理，加入某种特定菌种预发酵后，加入凝乳酶。凝乳酶使乳凝固成固体胶冻状凝块，凝块用特殊切割工具切割成要求尺寸的小凝块，利于乳清析出。在凝块加工过程中，细菌生长并产生乳酸，凝块颗粒在搅拌器具作用下进行机械处理，同时凝块按预定的程序被加热。这 3 种作用的混合效果(细菌生长、机械处理和热处理)使凝块收缩，使乳清自凝块中进一步析出，最终凝块被装入金属、木制或塑料模具中，模具决定奶酪终产品的外形。

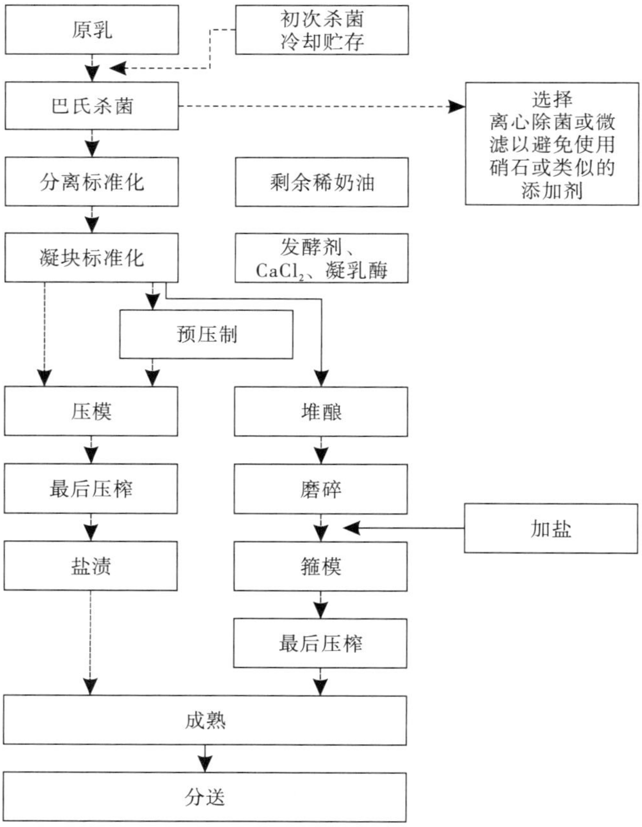

注：虚线连接部分表示可供选择。

图 12-16　硬质和半硬质奶酪的生产工艺流程

2. 关键技术及质量控制

1)原料乳的预处理

生产奶酪的原料乳必须经过感官检验，酸度测定(牛乳在 18°T 以下，羊乳为 10～14°T)，必要时进行青霉素及其他抗生素检测。检验合格后，进行原料乳的预处理。

(1)净乳。某些形成芽孢的细菌，在巴氏杀菌时不能被杀死，对奶酪的生产和成熟造成很大危害。例如，丁酸梭状芽孢杆菌在奶酪的成熟过程中产生大量气体，破坏奶酪的组织状态，且产生不良风味。用离心净乳机进行处理，不仅可以除去乳中杂质，而且可以将乳中 90%的细菌除去，尤其对比重较大的芽孢菌最为有效。离心除菌经实验证明是一种有效减少乳中芽孢数的方法，因为芽孢的比重比乳大。

(2)原料乳的热处理。在冷贮过程中，乳中的蛋白质和盐类特性发生变化，从而对奶酪生产特性产生破坏。在 5 ℃下经 24 h 贮存后，约 25%的钙以磷酸盐的形式沉淀下来。当乳经巴氏杀菌时，钙重新溶解而乳的凝固特性也基本全部回复。在贮存中，β-酪蛋白也会离开酪蛋白胶束，从而进一步影响奶酪生产性能，经巴氏杀菌后也能完全恢复。在实际生产中多采用 63 ℃、30 min 或 71～75 ℃、15 s。

(3)标准化。奶酪的类型常以脂肪占干物质的比例来分类。因此，奶酪乳中的脂肪含量依此进行调整。原料乳中蛋白质和脂肪的含量存在波动，需要将两者标准化到要求值。首先准确测定原料乳的乳脂率和酪蛋白的含量，再调整原料乳中的脂肪和非脂乳固体的比例，使其比值符合产品要求。

2)添加发酵剂和预酸化

原料乳经杀菌后，直接打入奶酪槽使牛乳冷却至 30～32 ℃，然后加入发酵剂。一般在管道中按剂量加入，原因在于：①使细菌良好均匀分散；②给细菌一定时间适应新培养基，从培养到开始生长所需时间(也称预成熟时间)，为 30～60 min。

不同类型的奶酪需要使用的发酵剂的剂量不同。在所有的奶酪生产过程中要避免牛乳进入奶酪槽时裹入空气，因为这将影响凝块的质量，可能是酪蛋白损失于乳清中。通过添加发酵剂，发酵乳糖产生乳酸，提高凝乳酶活性，缩短凝乳时间；促进切割后凝块中乳清的析出；发酵剂在成熟过程中，利用本身的各种酶类促进奶酪的成熟，防止杂菌繁殖。

通常添加原料乳 1%～2%的工作发酵剂，边搅拌边加入，并在 30～32 ℃条件下充分搅拌 5 min。为了促进凝固和正常成熟，加入发酵剂后进行短时间发酵，以保证充足的乳酸菌数量，此过程称为预酸化。经 10～15 min 预酸化后，取样测定酸度。

3)加入添加剂和凝乳酶

为了使加工过程中凝块适度，色泽一致，防止产气菌的污染，要加入相应的添加剂和调整酸度。①添加剂。如有必要，在添加凝乳酶前可加入 $CaCl_2$ 和硝石，$CaCl_2$(预先配成 10%的溶液)添加量为 5～20 g/100 kg 原料乳，以调节盐类平衡，促进凝块的形成。奶酪的颜色取决于原料乳中脂肪的色泽。为了使产品的色泽一致，需在原料乳中加入胡萝卜素等色素物质，现多使用胭脂树橙红的碳酸钠抽提液，通常每 1000 kg 原料乳中添加 30～60 g。为了防止和抑制产气菌，可同时加入适量的硝石，剂量不超过 30 g/100 kg 乳。在一些国家硝石的使用剂量受到法律的限制或禁止使用。添加发酵剂并经 30～60 min发酵后，酸度为 0.18%～0.22%，但该乳酸发酵酸度很难控制。为了使奶酪成品质量一致，可用 1 mol/L 的盐酸调整酸度，一般调整酸度至 0.21%左右，具体的酸度值应根据奶酪品种而定。②凝乳酶，每 100 kg 乳中可加 30 mL 活力为 1∶10000～1∶15000的液体凝乳酶，为了便于分散，凝乳酶至少要用双倍的水稀释。加入凝乳酶后，小心搅拌牛乳 2 min。在随后的 8～10 min 内让乳静止下来，这样可以避免影响凝乳过程和酪蛋白损失，并在 28～32 ℃下保温 30 min。

4)凝块的形成与切割

典型的凝乳时间大约是 30 min。在凝块切割之前，通常要进行一个简单实验来鉴定凝块的乳清排出质量。典型的方法是将一把小刀刺入凝固后的乳表面下然后慢慢抬起，直至裂纹出现呈适宜状态，一旦出现玻璃样分裂状态，就认为凝块已适宜切割。

切割把凝块柔和地分裂成 3～15 mm 大小的颗粒，其大小取决于奶酪的类型。切块越小，最终奶酪中的含水量越低。切割工具可依不同方式进行设计，图 12-17 和图 12-18 所示为一个普通开口奶酪槽，它装有几个可更换的搅拌和切割工具，根据要求可自由更换相关工具。

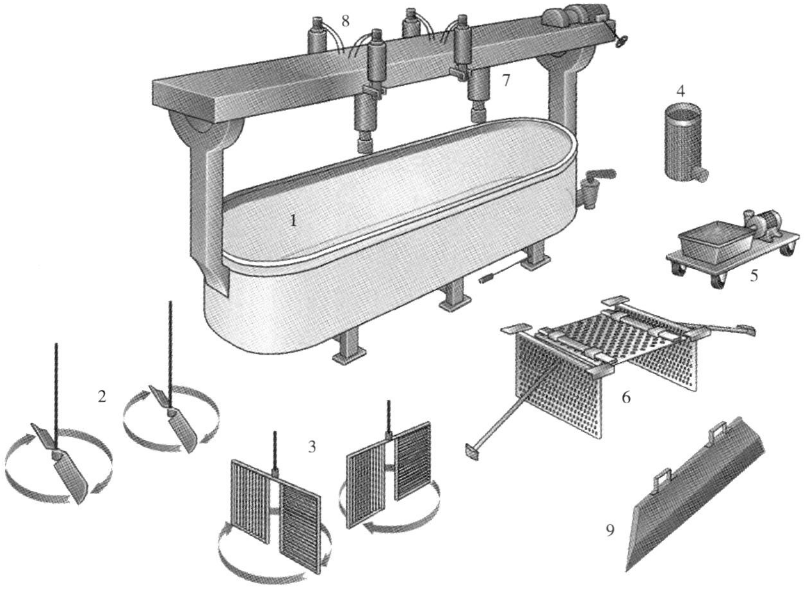

1—带有横梁和驱动电机的夹层奶酪槽；2—搅拌工具；3— 切割工具；4—置于出口处过滤器奶酪槽内侧的过滤器；5—带有一个浅容器小车上的乳清泵；6—用于圆孔奶酪生产的预压板；7—工具支撑架；8—用于预压设备的液压筒；9—奶酪切刀

图 12-17　带有奶酪生产用具的普通奶酪槽

在现代化的密封水平奶酪罐(图 12-19)中，搅拌和切割由焊在一个水平轴上的工具来完成。水平轴由一个带有频率转换器的装置驱动。这个具有双重用途的工具是搅拌还是切割取决于其转动方向。凝块被锋利的辐射状不锈钢刀片切割，反向运转时，刀背呈圆形，以提供轻柔的搅拌。

另外，奶酪槽可安装一个自动操作的乳清过滤网，能良好分散凝固剂(凝乳酶)的喷嘴以及能与 CIP(就地清洗)系统连接的喷嘴。

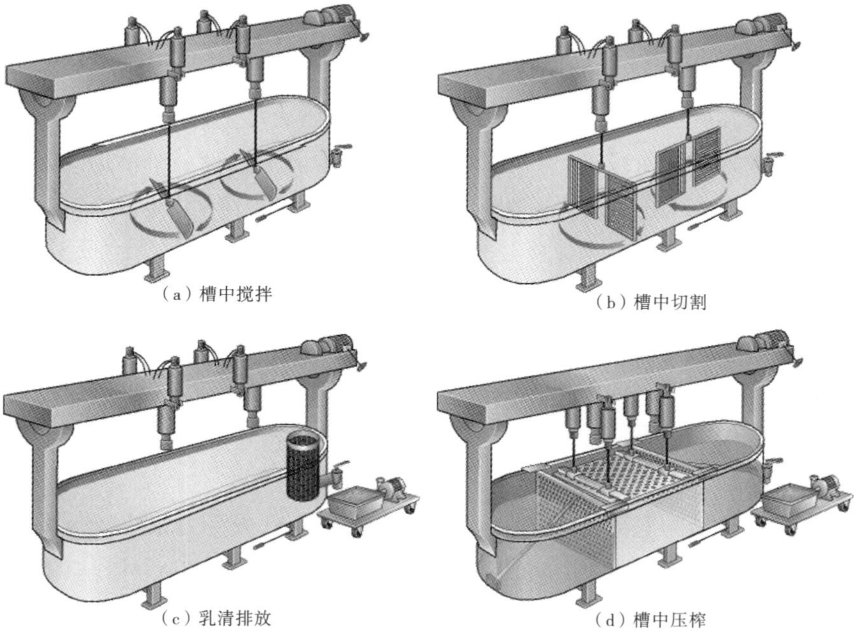

(a) 槽中搅拌　(b) 槽中切割

(c) 乳清排放　(d) 槽中压榨

图 12-18　带有奶酪生产用具的普通奶酪槽

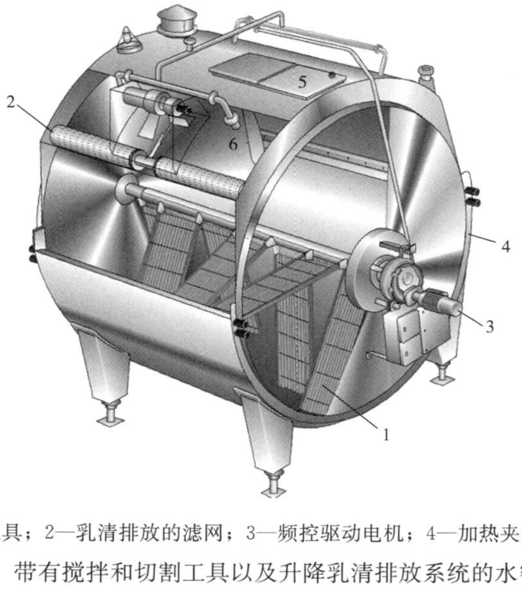

1—切割与搅拌相结合的工具；2—乳清排放的滤网；3—频控驱动电机；4—加热夹套；5—人孔；6—CIP 喷嘴

图 12-19　带有搅拌和切割工具以及升降乳清排放系统的水密闭式奶酪缸

5)预搅拌与加温

刚刚切割后(此时测定乳清的酸度)的凝块颗粒对机械处理非常敏感，因此，用奶酪耙或奶酪搅拌器搅拌时必须缓慢，以防止将凝块碰碎，经过 15 min 后，搅拌速度可稍微加快。与此同时，为使凝块的大小和酸度符合要求还需要进行热处理，通过加热，产酸细菌的生长受到抑制，这样使得乳酸的生成量符合要求。除对细菌的影响以外，加热亦促进凝块的收缩并伴以乳清析出(脱水收缩)。可通过以下方式加热：①仅通过奶酪槽或罐夹套中的蒸汽加热；②通过夹套中的蒸汽伴以在凝块/乳清混合物中加入热水；③仅通过向凝块/乳清混合物中加入热水。

加热的时间和温度程序由加热的方法和奶酪的类型决定。加热到 40 ℃以上时，有时亦称为热煮。通常分两个阶段进行，在 37～38 ℃嗜温乳酸链球菌的活力下降，此时停止加热，检查酸度，随后继续加热到预期的最终温度。嗜温菌在 44 ℃以上时完全失活，并在 52 ℃下保持 10～20 min 时被杀死。

加热到 44 ℃以上时称为热烫。某些类型的奶酪(如埃蒙塔尔、Gruyere、Parmesan 和 Grana)的热烫温度甚至高达 50～56 ℃，只有极耐热的乳酸菌可经此处理而残留下来，其中之一是薛氏丙酸杆菌，该菌对于埃蒙塔尔奶酪特性的形成是至关重要的。

在整个升温过程中应不停止搅拌，以促进凝块的收缩和乳清的析出，防止凝块沉淀和相互粘连。此过程全程确保颗粒能悬浮于乳清中。

凝块沉淀在奶酪槽的底部会形成黏团，这会使搅拌机械受力很大。低脂奶酪的凝块沉积到奶酪槽底部的趋势很强，意味着低脂凝块需要的搅拌要比高脂凝块的搅拌强烈。

6)乳清排放

在搅拌升温的后期，乳清酸度达 0.17%～0.18%时，凝块收缩至原来的一半(豆粒大小)，用手捏奶酪粒感觉有适度弹性或用手握一把奶酪粒，用力压出水分后放开，如果奶酪粒富有弹性，搓开仍能重新分散时，即可排除全部乳清。乳清由奶酪槽底部通过金属网排出。此时应将奶酪粒堆积在奶酪槽的两侧或压于中间，促进乳清排出。排出的乳清脂肪含量一般约为 0.3%，蛋白质约为 0.9%。若脂肪含量在 0.4%以上，表明操作不理想，应将乳清回收，作为副产物进行综合利用。

乳清在高容量下排放，持续 5～6 min。排放乳清时，停止搅拌，凝块可能形成黏团，所以乳清的排放总是在搅拌操作的间隙中进行，通常是在预搅拌的第二段和加热之后进行。

对圆孔/眼形成的研究表明，当凝块在乳清液面下被收集起来时，凝块含有微小的空穴。发酵剂细菌在这些细小的充满乳清的空穴中繁殖，生成的气体首先溶解在液体中。但随着细菌持续生长，区域内出现过饱和，引发微小孔眼的生成。随后，由于底物如柠檬酸缺乏，气体生成停止，气体的扩散变成了最重要的过程，这一过程使 CO_2 不断聚集，大孔眼不断增大，小孔眼消失，形成了典型的圆孔奶酪。气体聚集是气体表面张力引起的，该张力表明，增大一个比较大的孔所需的气体压力比增大一个比较小的孔所需的气体压力小，所以容易形成大孔，与此同时，一些 CO_2 逸出奶酪。

7)堆酿

乳清排出后，将奶酪粒堆积在奶酪槽的一端或专用的堆积槽中，上面用带孔木板或不锈钢板压 5～10 min，或者在奶酪槽中直接挤压，压出乳清使其成块，这一过程即为堆酿。有的奶酪品种在此过程中还有保温，调整排出乳清的酸度，进一步使乳酸菌达到一定的活力，以保证成熟过程对乳酸菌的需要。

如果是用于生产帕斯塔一费拉塔类(如 Mozzarella 奶酪、Kashkaval 奶酪等)奶酪的设备，则有两条或三条传送带。在生产过程中，堆酿是加工技术的一部分，但通常需在加热和压榨之前进行，奶酪条不加盐。

不管有几条传送带，机器上都装备着与 CIP 系统相连的喷嘴以保证清洗与消毒。外层可打开的不锈钢罩板保证卫生。

8)成型压榨

将堆积后的奶酪块切成方砖型或小立方体，装入成型器中进行定型压榨。奶酪成型器依奶酪品种不同，其形状和大小也不同。成型器周围设有小孔，由此渗出乳清。在内衬衬网的成型器内装满奶酪块后，放入压榨机上进行压榨定型。压榨的压力与时间依奶酪的品种而异。先进行预压榨，一般压力为 0.2～0.3 MPa，时间为 20～30 min。预压榨后取出进行调整，视情况可以再进行一次预压榨或直接正式压榨。将奶酪反转后装入成型器内以 0.4～0.5 MPa 的压力在 15～20 ℃条件下再压榨 12～24 h。压榨结束后，从成型器中取出的奶酪称为生奶酪。

成型压榨的目的：①协助最终乳清析出；②提供组织状态；③奶酪成型；④为以后的长时间成熟阶段提供奶酪表面的坚硬外皮。

小批量奶酪生产可使用手动操作的垂直或水平压榨，图 12-20 所示为垂直压榨器。

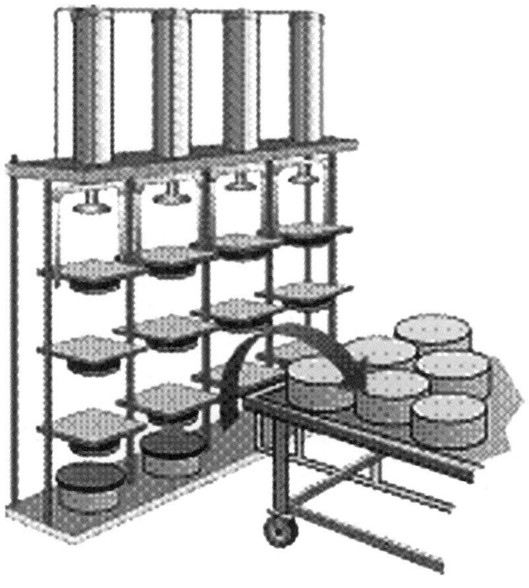
图 12-20　带有气动操作压榨平台的垂直压榨器

大批量生产所用的压榨系统有多种，主要包括活动台压榨、自动充填隧道式压榨、传送压榨系统及成坯压榨系统等。

9)加盐

加盐的目的在于改进奶酪的风味、组织和外观，排出乳清或水分，增加奶酪硬度，同时限制乳酸菌的活力，调节乳酸的生成和奶酪的成熟，防止和抑制杂菌的污染。在奶酪中，盐也是防腐剂，同时盐也能降低发酵剂活力，降低成熟期中细菌的作用。

加盐引起的副酪蛋白上的钠和钙交换也给奶酪的组织带来良好影响，使其变得更加光滑。一般而言，在乳中不含有任何抗菌物质的情况下，在添加原始发酵剂 5～6 h 后，pH 为 5.3～5.6 时在凝块中加盐。除少数例外，奶酪中盐含量为 0.5%～2%，而蓝霉奶酪或白霉奶酪的一些类型通常盐含量为3%～7%。

加盐的方法有3种：① 干盐法，在定型压榨前，将所需的食盐撒布在奶酪粒中或将食盐涂布于生奶酪表面；②湿盐法，将压榨后的生奶酪浸于盐水池中浸盐，盐水浓度为17%～18%，1～2 d，以后保持20%～23%，浸盐4～6 d，为了防止奶酪内部产生气体，盐水温度应保持在8 ℃左右，如图12-21所示；③混合法，是指在定型压榨后先涂布食盐，过一段时间后再浸入食盐水中的方法。

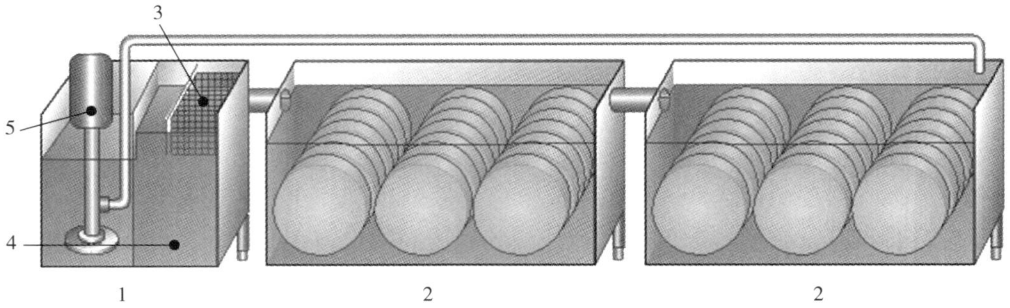

1—盐溶解容器；2—盐水容器；3—过滤器；4—盐溶解；5—盐水循环泵

图12-21　带有容器和盐水循环设备的盐渍系统

盐水和奶酪间的渗透压不同导致一些溶于水的物质(如乳清蛋白、乳酸和盐)随水分流出，并代之以氯化钠。在配制盐水时，pH要调整到5.2～5.3。在低pH时比在高pH时可吸收更多的盐。然而，奶酪在pH<5.0时，组织会变硬变脆；在pH>5.6时，组织变得有弹性。

奶酪在盐化时，一部分钙非常松散地与酪蛋白连接，松散键接的钙的数量决定了奶酪的组织状态。在盐化时，松散键接的钙通过离子交换被钠所取代，松散键接的钙对H^+的存在很敏感。H^+越多，离开酪蛋白胶束的Ca^{2+}就越多，H^+取代了Ca^{2+}。在盐化中，H^+不会被盐水中的Na^+取代，这意味着：①在高pH(5.8～6.0)时，酪蛋白含钙高，最终更多的钠会键接到酪蛋白胶束上，而奶酪将会变软并在成熟中进一步失形；②pH在5.2～5.6之间时，有足够的Ca^{2+}和H^+交换，键接足够多的Na^+，确保奶酪组织状态良好；③在低pH(低于5.2)时，将包容更多的H^+；Na^+因不能替换H^+，奶酪组织将会变硬、变脆。

因此，保证奶酪在盐化之前的pH在5.4左右是很重要的。温度同样影响盐的吸收率，并从而影响水分的损失速率。温度越高，吸收速率越快。

盐化时间取决于：①盐浓度，尤其是对某些类型的奶酪；②奶酪的大小，尺寸越大，时间越长；③盐水的温度和盐含量。

10)奶酪的成熟

除鲜奶酪以外，其他的奶酪在经凝块化处理后，要经过一系列的微生物、生物化学和物理方面的变化。这些变化涉及乳糖、蛋白质和脂肪，并由三者的变化形成成熟循环。这一循环随硬质、半硬质和软质奶酪的不同而有很大区别。

将生鲜奶酪置于 10～12 ℃和 85%～90%相对湿度条件下，经 3～6 月，在乳酸菌等有益微生物和凝乳酶的作用下，使奶酪发生一系列物理和生物化学变化，称为奶酪的成熟。成熟的主要目的是改善奶酪的组织状态和营养价值，增加奶酪的特有风味。

奶酪的成熟通常在成熟库(室)内进行。成熟时低温比高温效果好，一般为 5～15 ℃。相对湿度，一般细菌成熟硬质和半硬质奶酪为 85%～90%，而软质奶酪和霉菌成熟奶酪为 95%。当相对湿度一定时，硬质奶酪在 7 ℃条件下需 8 个月以上的成熟时间，在 10 ℃时需 6 个月以上，而在 15 ℃时则需要 4 个月左右。软质奶酪或霉菌成熟奶酪需要 20～30 天。

在奶酪成熟库中，每天用洁净的棉布擦拭表面，防止霉菌繁殖。同时为了表面水分蒸发均匀，擦拭后要反转放置。此过程一般要持续15～20天。

有些奶酪，为了防止霉菌生长和增加美观，将前期成熟后的奶酪清洗干净后，用食用色素染成红色。待色素干燥后，在 160 ℃的石蜡中进行挂蜡，现多采用塑料真空及热塑密封方式。为了使奶酪完全成熟，以形成良好的口感、风味，还要将挂蜡后的奶酪继续成熟 2～6 个月。成品奶酪应放在 5 ℃及 80% ～ 90%相对湿度条件下贮藏。

奶酪的成熟尤其是硬质奶酪的成熟主要标志是蛋白质的降解。蛋白质降解的程度在很大程度上影响着奶酪的质量，尤其是组织状态和风味，引起蛋白质降解的酶系统为凝乳酶、微生物产生的酶及胞质素(纤维蛋白溶酶的一种)。

凝乳酶的唯一作用是把亚酪蛋白分子分解为多肽，细菌酶可直接对酪蛋白分子起作用，使蛋白质降解速率加快。对于高热煮处理的奶酪，如热烫类奶酪、埃蒙塔尔、珀尔梅散，胞质素在初次降解中起着重要的作用。

11)贮存

贮存的目的是要创造一个尽可能控制奶酪成熟循环的外部环境。对于每一类型的奶酪，在成熟的不同阶段，需要特定的温度和相对湿度，先进的奶酪贮存室能够自动调节室内的温湿度，调湿空气经塑料喷嘴吹入每一层干酪。

典型的奶酪品种的贮存条件如下：①契达类奶酪通常在低温 4～8 ℃下成熟，相对湿度要求低于 80%，这种奶酪在被送去贮存前，通常被包在塑料膜或袋中，装于纸盒或木盒中，成熟时间相差很大，一般为几个月至 10 个月，以满足不同消费者的需求；②其他类型的奶酪，如埃蒙塔尔，可能需要贮存在一个较高且可变化温度的特定的发酵室，(称为“绿”奶酪室)中，即首先在 8～12 ℃下，经 3～4 周后，贮存在一个“发酵”室，然后控制温度为 22～25 ℃，贮存周期为 6～7 周，相对湿度通常为 80～90%；③表面黏液类型奶酪，如 Tilsiter、Havarti 和其他类型，通常贮存于发酵室约 2 周，室温为 14～16 ℃，相对湿度为 90%，在此期间，表面用特殊混有盐液的发酵剂进行黏化处理，当形成合乎要求的黏化表面时，奶酪即被送入发酵室，在 10～12 ℃、90%相对湿度条件下进一步发酵 2～3 周，最后，黏表面被洗去后，奶酪被包装于铝箔中，送入冷藏室贮存，于 6～10 ℃、相对湿度为 70%～75%条件下贮存直至售出；④其他硬质和半硬质奶酪，如高达和类似的品种，可首先在“绿”奶酪室中于10～12 ℃、75%相对湿度的条件下贮存2周，随后在12～18 ℃、75～80%相对湿度条件下发酵3～4周。最终奶酪送入10～12 ℃、75%相对湿度的贮存室中，在此，奶酪形成最终特有品质。

无硬皮奶酪由塑料膜或可收缩塑料袋包装。包装具有双重目的：①防止水分过量损失；②防止表面被微生物污染和染上灰尘。

12.2.4 奶酪标准

相对而言，我国生产的奶酪品种较少，销售量也非常有限，我国将奶酪常按其成熟度进行分类：①成熟奶（干）酪，生产后不能马上使(食)用，应在一定温度下贮存一定时间，以通过生化和物理变化产生该类干酪特性的干酪；②霉菌成熟奶（干）酪，主要通过干酪内部和(或)表面的特征霉菌生长而促进其成熟的干酪；③未成熟奶（干）酪包括新鲜干酪，是指生产后不久即可使(食)用的干酪。

我国国家标准(GB 5420-2010)主要规定了奶酪的感官和微生物指标，对理化指标未做具体约定，只规定了污染物限量应符合GB 2762的规定；真菌毒素限量应符合GB 2761的规定。同时，感官指标比较模糊，有待改进。

(1)奶酪感官指标。奶酪感官指标要求具有该产品正常的色泽；组织细腻，质地均匀，具有该产品应有的硬度；具有该产品应有的滋味及气味。

(2)奶酪微生物指标。奶酪微生物限量应符合表12-7的规定。

表12-7 奶酪微生物限量

项目	采样方案[a]及限量(若非指定，均以cfu/g或cfu/mL表示)				检验方法
	n	c	m	M	
大肠菌群	5	2	100	1000	GB 4789.3 平板计数法
金黄色葡萄球菌	5	2	100	1000	GB 4789.10 平板计数法
沙门氏菌	5	0	0 /25 g	—	GB 4789.4
单核细胞增生李斯特氏菌	5	0	0/25 g	—	GB 4789.30
酵母	≤50				GB 4789.15
霉菌[b]	≤50				

注：a 注样品的分析及处理按GB 4789.1和GB 4789.18执行。b 不适用于霉菌成熟干酪。

(3)食品添加剂和营养强化剂。食品添加剂和营养强化剂质量符合GB 2760和GB 14880的规定。

12.2.5 几种代表性奶酪加工工艺

1. 硬质奶酪

1)埃蒙塔尔奶酪

一般用于生产埃蒙塔尔奶酪的原乳不经过巴氏杀菌，但要进行脂肪标准化。当乳中的细菌芽孢含量比较高时，原料乳也可在 50～63 ℃热处理之前，先经过细菌分离机或微滤机械处理以减少原料乳中芽孢含量。经预处理，包括添加必要辅料后，就可以开始凝乳。图 12-22 所示为无硬皮埃蒙塔尔奶酪的简单生产线。

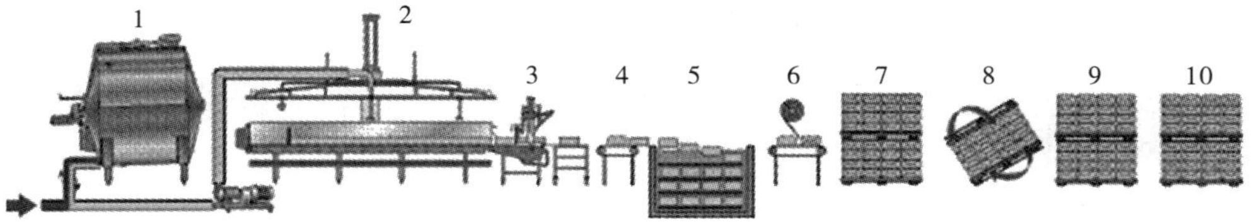

1—干酪槽；2—凝块全压的压榨槽；3—卸料和切割装置；4—传送带；5—盐化；6—包于薄膜和纸箱中；7—在绿干酪室中排架上的干酪；8—翻转干酪；9—发酵贮存室；10—成熟贮存

图 12-22　去皮的埃蒙塔尔奶酪机械化生产流程图

当凝块达到适宜的酸度和硬度时，部分乳清从奶酪槽排出并运送到压榨槽。当一定量乳传送完后，凝块/乳清的混合物经 3 个分送器泵入压榨槽。随着凝块/乳清的传送并将凝块手工铺平(也可用机械分送和铺平系统)加压盖降下，多余的乳清自动地排出。按设定程序压榨 10～20 h，时间长短取决于乳酸生成情况。压榨后，成片的奶酪在推过卸料装置时被切成大小适宜的奶酪坯，卸料装置上配有横向或纵向的切刀。

将成片的奶酪切成坯使坯没有“皮”的表面增加。为了使盐水穿透一致，这些新表面在奶酪盐化时还要用一个由聚氯乙烯包着的热熨斗烫一下，类似“密封”奶酪皮。

由于埃蒙塔尔奶酪通常较大，一般为 30～50 kg，所以盐化的过程会有变化，时间差别可能高达 7 天以上。盐化后，在送入贮存室之前，无硬皮奶酪要用薄膜包裹起来，装入纸箱。为取得良好的形状和形成更为一致的孔眼，要求奶酪在贮存时要不停翻转。

2)契达奶酪

契达奶酪及其类似产品是世界上最广泛生产的品种。通常契达奶酪的水分占无脂干固物的 55%，这意味着契达奶酪水分虽然在半硬质奶酪的边缘，但仍被认做是硬质奶酪类。图 12-23 所示为高度机械化的生产线。凝块一般由标准化和巴氏灭菌后的牛乳制成。在乳酸达到 0.2%时，经过 2～2.5 h 的加工，凝块和乳清混合物从奶酪槽经泵送到连续加工的契达机，一般不进行乳清的预排放。为保证连续供料，按合适数量的奶酪槽依次按一定时间间隔排放，如每 20 min 排放一次。

经过大约 2.5 h 的堆酿操作，包括磨成奶酪条，在酸度约为 0.6%时加干盐，酪条被吹送到酪坯成型机。为实现加工连续化，保证成型酪坯的数量。每一酪坯从契达机中出来后，被手工推入塑料包装袋，装袋的酪坯随后送到真空封口机密封，密封后的奶酪经称重后被送入包装机装入纸盒，随后被送到排架上，排架一装满，即用叉车将其送入成熟室，在成熟室中，奶酪将在 4～8 ℃条件下贮存 4～12 个月。

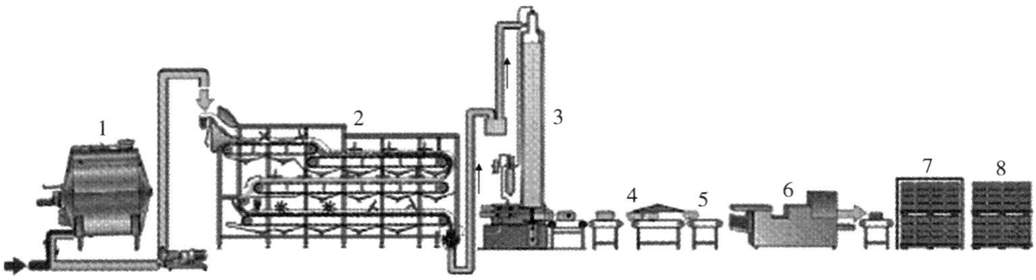

1—干酪槽；2—契达机；3—坯块成型及装袋机；4—真空密封；5—称重；6—包装机；7—排架；8—成熟贮存

图 12-23　契达奶酪机械化生产流程图

2. 半硬质奶酪

1)高达奶酪

高达奶酪是最知名的圆孔型奶酪的代表，通常情况下，对已经脂肪标准化的巴氏杀菌乳制成的凝块进行常规处理，要求乳清 2 h 内排出。有时为了提高奶酪质量，在加热时也可加入原始乳量 10%～20%的热水(50～60 ℃)促进乳清排出。但应注意凝块形成后要求先排放掉 20%～30%的乳清。

在凝块制取完成后，再次排放乳清使凝块/乳清的比例达到 1∶(3.5～4)，随后，将奶酪槽中的内容物质倾入缓冲缸，搅拌使凝块良好分布在乳清中。缸要有夹套冷却，用冷水或冰水冷却凝块至 1～2 ℃，这一点在降低发酵剂活力的阶段是必要的。

将凝块/乳清混合物从缓冲缸用泵送入预压榨筒中。在预压榨开始前，先将一部分奶酪槽开始排放时的乳清注入压榨筒中，以避免凝块在进入压榨筒时暴露在空气中。在连续生产时，一定合适数量的奶酪槽依次工作，并有规律地每间隔 20～30 min 排空一次。

随着凝块在每一压榨筒底部的横切系统切出预定大小的酪坯，随后，酪坯被推出机口。通常酪坯由重力作用直接装入从清洗机传送来的在压榨筒下方的干净模具中。一个完整的机械化系统还包括：①模具的机械加盖；②传送模具至传送压榨或隧道压榨机，在预定的压力和时间程序下压榨；③压榨机的进出料；④模具传送经过脱盖站、翻转装置、脱模系统和称重天平后到达先进的盐化系统。

模具和模具盖分别被传送回清洗机清洗后再次使用。经盐化后的奶酪贮于“绿”奶酪贮存室约 10 天，室温为 10～12 ℃，随后在 12～15 ℃下在成熟室贮存 2～12 个月。

2)马苏里拉奶酪

典型的马苏里拉奶酪源于意大利中部水牛饲养地，现在有些用牛奶生产该种干酪。奶酪在一些国家也称为“比萨”奶酪。奶酪生产过程主要涉及的关键工序如下：①常规凝块生产；②堆酿，包括酪条研磨，但不加盐；③热煮并压延以获得黏性拉丝特性；④成坯，硬化和盐化；⑤包装，和盐一起包于塑料袋中；⑥短时间存放。

乳经标准化和巴氏杀菌后，按常规加工为凝块，之后，凝块和乳清经泵送至机械化缓冲缸，在该机工作下凝块被熔融和研碎轧成酪条，这一过程需 2～2.5 h。

酪条由螺旋传送器传送到热煮—压延机的入口，塑性化的凝块随后连续挤到装模机，在进入装膜机的途中，奶酪可加干盐使盐化时间从约 8 h 缩短至约 2 h。

凝块装入模具后传送通过硬化隧道，在隧道中，冰水喷淋模具奶酪从 65～70 ℃冷却到 40～50 ℃。在隧道末端，模具通过脱膜装置脱模后，奶酪落下并缓慢进入冷盐水(8～10 ℃)槽，空模具则运送回清洗机清洗后返回填充机。

奶酪可被包装并装入纸盒，然后放置于排架上，用叉车送入贮存室。

12.2.6　特色奶酪加工工艺

随着生物技术的不断发展，一些新菌种、新工艺、新技术在奶酪生产中得到了应用、推广，结合各地原料特色和地域特性，形成了一些特色奶酪品种。这些奶酪主要在欧洲国家生产。

1. 太尔西特奶酪

太尔西特奶酪是“粒纹”组织奶酪的代表。乳处理和凝块制取的过程与高达奶酪生产类似。差别是当预压筒被注满后，凝块和乳清在凝块刚一进入压榨筒前要分离开。这一过程由安装在压榨筒顶部的旋转排放器完成。除此以外，生产过程与高达奶酪完全一致。

然而，加盐后，太尔西特奶酪要经过特殊处理，包括用含 5%盐液的细菌发酵剂进行表面黏化处理以获得特殊风味，这样，太尔西特奶酪先要贮存在相对湿度为 90%～95%，温度为 14～16 ℃的发酵室中。黏化过程可以手工进行，也可部分机械化操作，黏化后的奶酪贮存约 10～12 天。奶酪表面黏化处理后，进一步在 10～12 ℃下成熟贮存。通常先要经清洗机清洗。贮存需 2～3 周。从成熟库中出来时，要清洗并包装在铝箔中，然后送入 0～10 ℃冷藏间。

2. 蓝纹奶酪

蓝纹奶酪是一类在干酪内部形成蓝一绿霉菌的干酪，典型代表是 Roquefort 羊奶干酪，它始于法国。使用任何其他乳生产的类似干酪，都不能称为 Roquefort 干酪。

脂肪标准化的乳在 70 ℃下进行巴氏杀菌，冷却至 31～32 ℃送入干酪槽。加入常用的发酵剂的孢子悬液后，充分柔和搅拌，使微生物良好分散在乳中，之后加入凝乳酶。

为了使氧气进入干酪，利于霉菌生长，干酪在贮存 5 天之后要进行穿孔。用直径约 2 mm、长度约等于干酪厚度的针具穿孔。针具的数量取决于圆柱形干酪的直径，为避免干酪破裂，穿孔自干酪顶部和底部轮流进行。

干酪通常置于杯形架或枢轴辊上(图 12-24)，这有利于干酪的翻动，要经常旋转，以保持干酪的圆柱形。在相对湿度低于 90%，温度为 8～12 ℃的条件下，需经 5～8 周的预成熟。在预成熟后，干酪通过清洗机以除去黏液，这些黏液是霉菌生长形成的(贮存室湿度高)，经清洗后，包于铝铂或塑膜中，送入约 5 ℃的贮存间，2 天后，奶酪分送到零售贮存室。

3. 卡曼贝尔奶酪

卡曼贝尔奶酪代表表面覆盖着卡曼贝尔青霉和 *Penicillium Candidum* 的白霉类奶酪。此种奶酪的生产过程在很大程度上与蓝纹奶酪是一致的。

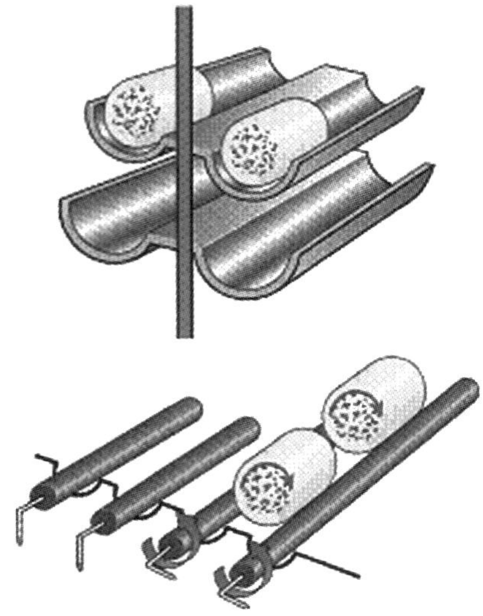

图 12-24　用于蓝纹干酪贮存的杯形架和枢轴辊

不同之处在于，卡曼贝尔奶酪要小一些。靠自重压榨，奶酪在模具中要经历 15～20 h，在此其间干酪要翻转 4 次。随后奶酪在饱和盐水(约 25%盐)中盐化 1～1.5 h。

奶酪盐化后置于不锈钢网架上或浅盘中。干酪架垛高可达 15～20 层，随后用叉车送入温度为 18 ℃和相对湿度为 75～80%的贮存室干燥 2 天。随后干酪送入成熟库，在 12～13 ℃，90%相对湿度条件下成熟。

成熟期间要定期翻转，当白霉充分生成后，通常在 10～12 天之后将奶酪包于铝箔中，并装入箱中，然后送入冷藏库，库温为 2～4 ℃，直至分送零售。

4. 农家奶酪

农家奶酪是一种典型的软质鲜奶酪，其状态如拌有稀奶油的新鲜凝块，酸度也较低。可以选择 3 种方式生产该产品：①长时凝乳方法(14～16 h)；②半时凝乳方法(8 h)；③短时凝乳方法(5 h)。无论哪种方式，凝块切割后均要静置 15～35 min。静置后要搅拌，凝块要热煮，通常是直接加热 1～3 h 直至温度达到 47～56 ℃。

当农家干酪的所有生产过程在同一干酪槽中完成时，需要排放掉一定量的乳清，以便于添加等量清洗用的冷却水。此时，凝块通常用温度分别为 30 ℃、16 ℃和 4 ℃的水清洗 3 次。通过清洗稀释乳糖和乳酸，同时因凝块被冷却到 4～5 ℃，进一步的乳酸生成和凝块收缩随之停止。整个清洗，包括中间乳清排放约需 3 h。

当所有水排放后，按量加入经巴氏杀菌(80～90 ℃)的、冷却到 4 ℃的、含有少量盐的稀奶油到凝块中并彻底搅拌。传统的农家奶酪含有约 79%的水分、16%的非脂乳干固物、4%的脂肪和 1%的盐。

农家奶酪可以在一个奶酪槽中完成生产，也可在不同的容器中进行生产，如特殊清洗和拌奶油系统、着装，使生产过程更方便。

12.3　乳酸菌饮料概述与生产

近年来，乳酸菌饮料以其营养保健功能和独特的风味受到消费者的喜爱，销量不断攀升，市场前景广阔。乳酸菌饮料的发源地在日本，尤以日本乳酸菌饮品著名品牌“yakult”为优。乳酸菌及乳酸菌饮料在营养上的卓越功能已被国内外学术界所证实。通过乳酸菌在牛乳中的生长，除乳酸菌大量繁殖外，还产生大量对人体有益的代谢产物。乳酸菌在生长过程中首先将牛乳中的大分子蛋白质分解成小分子的多肽(短链氨基酸)或游离氨基酸，利于人体消化吸收，这些多肽成分有些具有生理活性，对健康有益。还能将乳糖降解成小分子单糖，解决了部分人群因不能分解乳糖而引起的腹胀甚至腹泻，不能喝牛奶的人却能喝乳酸菌饮料。与此同时，乳酸菌还大量生成维生素和酚类、醛类等代谢物质，能够清除氧自由基、延缓衰老、增强免疫力、调节胃肠道平衡。

12.3.1　乳酸菌及益生菌的概念

乳酸菌是指能够发酵碳水化合物，分解、消化牛奶中的乳糖而产生乳酸的一类细菌，号称“肠内清道夫”。其主要功能是促进肠道蠕动、帮助消化。乳酸菌目前分为 11 个属，每个属又有上百株菌种。目前常把这一类菌统称益生菌，主要包括乳酸菌和部分酵母菌。

人用益生菌系指对人体有益无害的细菌，所产生的短链脂肪酸、细菌素、多糖、特殊酶系和细胞表面的脂磷壁酸、肽聚糖、表面蛋白成为其发挥生理功能的物质基础。

益生菌制品包括活菌体、死菌体和菌体成分制成的产品。通过改善肌体的微生态平衡，刺激特异性和非特异性免疫机制，起到增强机体健康、防止某些疾病和延缓衰老的作用。

12.3.2　乳酸菌饮料的概念

在含蛋白质或糖类的基质原料中，接入乳酸菌培养，乳酸菌生长产生一定的乳酸，之后可添加糖类、酸味剂、稳定剂、香料并用净化水稀释而形成的一种凝乳状或半流质状的含菌或不含菌(杀菌)的发酵饮料。目前主要的乳酸菌饮料是以鲜乳或乳制品为原料基质生产的含蛋白质的乳酸菌饮料，按照国家标准规定，这类乳酸菌饮料中蛋白质含量应不低于 0.7%。除此之外，还有少量以某些蔬菜为基质发酵而成的乳酸菌饮料。

一般所说的乳酸菌饮料，基本都是以新鲜牛奶为主要原料，接一定比例添加乳酸菌进行发酵，使牛乳中的蛋白质、乳糖降解而生成多种氨基酸和低级脂肪酸、乳酸、乙醛、双乙酰等特有的营养成分和风味，并根据定型配方标准加以稀释，添加白砂搪、果蔬汁、稳定剂、防腐剂等，按特定的生产工艺制成的。它含有较丰富的蛋白质、碳水化合物、食用有机酸和维生素等营养成分，由于活性乳酸菌的作用，蛋白质和钙等营养成分更易被人体吸收和利用，同时有利于破坏和抑制肠道中腐败菌的作用，调整菌群平衡，使人体免受或减轻有害物质的侵害。

12.3.3 乳酸菌制剂的概念

乳酸菌制剂是将乳酸菌培养后，用适当的方法制成带活菌的粉剂、片剂或丸剂等。服用后起到整肠和防治肠胃疾病的作用。生产乳酸菌制剂的主要菌种有粪链球菌、嗜酸乳杆菌和双歧杆菌等在肠道内能够存活的有益微生物。此外，也可以采用其他菌种，但其能在肠道内存活，而不能继续繁殖，只能起到降低肠内 pH 的作用。近来国际上已采用产芽孢的乳酸菌种，使乳酸菌制剂进入新的发展阶段。

12.3.4 乳酸菌饮料的分类

根据我国乳酸菌饮料有关标准，乳酸菌饮料通常依据杀菌方式不同分为如下两类：

(1)活性乳酸菌饮料。原料乳经过乳酸菌发酵后，添加已灭菌的果汁、白砂糖、稳定剂等其他辅料，不杀菌而制成的产品。成品中含有大量的活性微生物，称为活性乳酸菌饮料。此类产品保质期较短，一般在 4 ℃下冷藏保质期为 1 周。

(2)非活性乳酸菌饮料。原料乳经过乳酸菌发酵后，添加果汁、白砂糖、稳定剂等其他辅料，再经均质、杀菌等工序而制成的产品，因不含有活性微生物，可在常温下保质 3～6 个月。

12.3.5 乳酸菌饮料的生产原材料

1. 具有代表性的乳酸菌饮料的配方

典型的乳酸菌饮料参考配方见表 12-8。各生产企业可根据其产品诉求依据国家法律法规合法添加功能性成分，形成差异化的产品。

表 12-8 乳酸菌饮料参考配方

配料	每 1000 kg 中用量/kg
发酵乳(发酵脱脂乳)	350～400
白砂糖 (其中 40%可用甜味剂替代)	120～140
稳定剂(复合稳定剂)	3.5～5.5
酸味剂 (乳酸或柠檬酸)	1.0～1.2(根据发酵乳酸度确定)
浓缩果汁(苹果汁)	12～15
香料	0.5～1.0
净化水	补充至 1000

2. 主要原辅材料

1)发酵剂

乳酸菌饮料发酵剂的制备、活化、使用等同酸奶发酵剂相似。

2)原料乳

乳酸菌饮料原料乳同酸奶原料乳要求一致，高乳固体含量，细菌总数含量低，无阻碍乳酸菌发酵的物质，不含抗生素、防腐剂、噬菌体、CIP 清洗剂残留物或杀菌剂。要求酸度在 18 °T 以下，杂菌数不高于 5×10^5 cfu/mL，总干物质含量不低于 11.5%。

3)稳定剂

合理选择乳化稳定剂是乳酸菌饮料保持质量稳定的关键。稳定剂主要是各种亲水性胶体，如高甲氧基果胶、明胶、CMC、瓜尔豆胶、微晶纤维素、黄原胶等。通常是几种不同性质的胶体复配才能达到满意的效果。

复配原则如下：① 利用表面活性剂具有降低细小颗粒表面能量的功能，控制颗粒的聚集与生长，从而实现细小、均匀颗粒的稳定存在；②利用高分子的稳定作用，进一步保护细小颗粒的再生长；③利用增大粒子所带电荷，增加彼此之间的排斥力，从而减小胶体粒子因相互碰撞接触而造成粒子长大的概率，防止聚沉现象发生。

4)酸味剂

为了保证产品口味良好，酸甜适度，调整合适的糖酸比以满足消费者愉悦的口味需要，根据发酵乳的酸度，换算酸味剂的使用量，酸味剂可以单独使用，也可以复合使用，一般以柠檬酸与乳酸复合最为常见。糖酸比一般控制在(20～25)∶1。

5)香料

产品差异化的形成主要靠香料实现，以天然香料为佳。

6)净化水

乳饮料的高品质及高稳定性，水质是关键。一般水质要求达到国家软化水要求，以净化水为佳，多采用二级反渗透技术实现水质净化。

3. 乳酸菌饮料发酵微生物及其生理功能

1)乳酸菌饮料发酵微生物

用于乳酸菌饮料发酵的微生物与酸奶发酵菌种类似，主要包括嗜热链球菌、保加利亚乳杆菌、双歧杆菌、嗜酸乳杆菌、鼠李糖乳杆菌、高加索乳酸杆菌、干酪乳杆菌等。

2)乳酸菌的生理功能

乳酸菌及其乳酸菌饮料的功能主要表现在以下方面：①整肠作用，调整微生态失调，防治腹泻，乳酸菌活着进入人体肠道内，通过其生长及各种代谢作用促进肠内细菌群的正常化，抑制肠内腐败物质产生，保持肠道机能的正常；②改善乳糖不耐症，乳糖不耐症是由于缺乏 β-半乳糖苷酶造成乳糖消化不充分，而乳酸菌饮料或经乳糖酶处理过的牛奶有助于缓解乳糖不耐症；③养胃健胃、预防幽门螺杆菌感染，幽门螺杆菌是胃窦炎的病原体，广泛存在于胃黏膜下的上皮细胞里，这种细菌和很多慢性胃炎、溃疡有密切关系，部分乳酸菌能抗胃酸，黏附在胃壁上皮细胞的表面，通过其代谢活动抑制幽门螺旋杆菌的生长，从而达到健胃养胃的效果；④预防高血压、改善血脂代谢的作用，除乳酸菌活菌本身具备的生理功能外，乳酸菌代谢产物也能发促挥健康作用，乳酸菌能特异分解酪蛋白，产生具有抑制血压上升的多肽；⑤防治肝性脑病，肝性脑病是与肝功能衰竭有关的神经系统功能紊乱，健康人在肠道细菌尿素酶作用下产生氨，经肝脏解毒，当患者肝功能衰竭时解毒功能受损，导致血液中氨水平升高，当高浓度血氨进入脑细胞后，大量消耗脑中α-酮戊二酸，引起三羧酸减弱，使脑组织生成的三磷酸腺苷减少，导致大脑功能障碍。对这些病人，用乳酸菌替代尿素酶活性强的微生物来改变肠道菌群，可能是有效的防治方法；⑥降低肠源性内毒素和血氨，乳酸菌发酵代谢产物可降低肠源性内毒素和血氨，内毒素是肠道内的革兰氏阴性菌产生的外膜脂多糖，主要经肝脏细胞解毒，患肝病时，肝脏细胞解毒功能下降，内毒素由门静脉进入血液，形成肠源性内毒素血症；⑦抗辐射作用，放射治疗对于肠道微生菌群、肠黏膜均造成明显的伤害，放射治疗后，摄入发酵乳及活菌型乳酸菌饮料均会降低因放疗引起的晚期不良反应；⑧乳酸菌对黄曲霉素的作用，乳酸菌对曲霉菌的生长和产生的黄曲霉素有明显的抑制作用。

12.3.6 乳酸菌饮料的质量标准

根据我国乳酸菌饮料标准(GB 16321-2003)，活菌型和非活菌型饮料的标准基本一样，主要区别是活性乳酸菌饮料对乳酸菌数有明确的要求。

(1)感官指标。乳酸菌饮料的感官指标应符合表12-9中的规定。

表12-9 乳酸菌饮料的感官要求

项 目	要 求
色泽	呈均匀一致的乳白色，稍带微黄色或相应的果类色泽
滋味及气味	口感细腻、甜度适中、酸而不涩，具有该乳酸菌饮料应有的滋味和气味，无异味
组织状态	呈乳浊状，均匀一致不分层，允许有少量沉淀，无气泡、无异物

(2)理化指标。乳酸菌饮料理化指标应符合表12-10中的规定。

表12-10 乳酸菌饮料理化指标

项目	指标	项目	指标
蛋白质/[g·(100 mL)$^{-1}$]	≥0.70	铜(Cu)/(mg·L^{-1})	≤5.0
总砷(以As计)/(mg·L^{-1})	≤0.2	脲酶试验	阴性
铅(Pb)/(mg·L^{-1})	≤0.05		

(3)微生物指标。乳酸菌饮料微生物指标应符合表12-11中的规定。

表12-11 乳酸菌饮料微生物指标

项目	指标	
	未杀菌乳酸菌饮料	杀菌乳酸菌饮料
乳酸菌/(cfu·mL^{-1})	≥1×10^{6}	—
	有活菌检出	—
菌落总数/(cfu·mL^{-1})	—	≤100
霉菌数/(cfu·mL^{-1})	≤30	≤30
酵母数/(cfu·mL^{-1})	≤50	≤50
大肠菌群/[MPN·(100 mL)$^{-1}$]	≤3	
致病菌(沙门氏菌、志贺氏菌、金黄色葡萄球菌)	不得检出	

12.3.7　乳酸菌饮料生产工艺

1. 工艺流程

乳酸菌饮料生产工艺流程如图 12-25 所示。

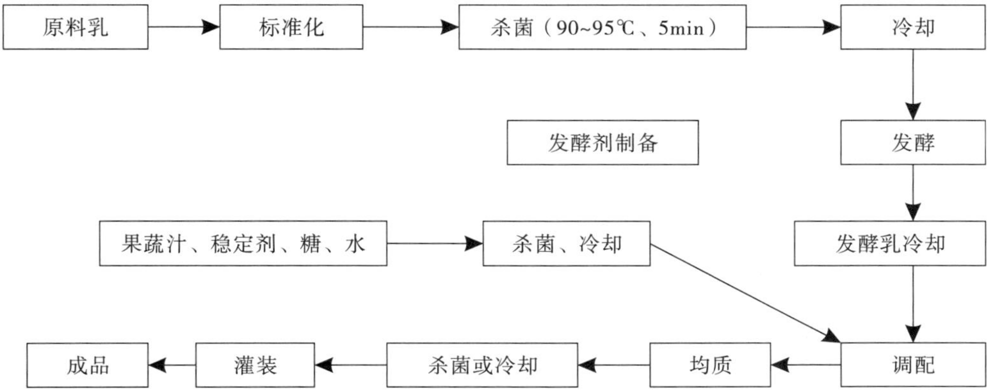

图 12-25　乳酸菌饮料生产工艺流程图

2. 工艺要点及质量控制

1)标准化

将原料乳或脱脂乳中的非脂乳固体调整至 15%，必要时可以添加脱脂乳粉。混合后，进行杀菌(90～95 ℃、5～6 min)，然后冷却至 37 ℃。

2)发酵

按比例在无菌条件下接入保加利亚乳杆菌和嗜热链球菌等乳酸菌，在 35～37 ℃条件下发酵，培养至酸度为 1.5%～2.0%，一般时间周期为 12～48 h，因各技术特点而定，活菌数达到 10^8 cfu/ mL，发酵结束后立即冷却至 10 ℃以下。

3)混合与调配

一般糖用量为 11%左右，pH 调至 3.8～4.2。可用甜味剂替代部分蔗糖。在混合调配时，首先将稳定剂和白砂糖等干粉混合均匀，再用 75～80 ℃热水溶解，高速剪切，制成糖浆添加，然后加入果汁、酸味剂等，最后加入香料等。添加酸液时注意要边搅拌边添加，添加速度要缓慢均匀，避免混合料中局部酸度变化过大，对产品稳定性造成影响。

4)均质

为了保证产品稳定性必须进行均质处理，均质是防止乳酸菌饮料沉淀的一种有效工艺技术，均质前应考虑过滤，均质压力为 20～25 MPa，温度为 55～60 ℃为佳，这样能够保证液滴微细化，提高料液黏度，防止沉淀产生。

5)杀菌

对于非活菌型乳酸菌饮料而言，要进行杀菌，目的是延长产品保质期，经合理杀菌、无菌灌装后的饮料，保质期一般可达 6 个月以上。

6)灌装

对于杀菌过的非活菌乳酸菌饮料要进行无菌灌装，以确保此过程无二次污染，对于活菌型乳酸菌饮料也应该在有净化系统的灌装间完成，避免杂菌污染。

7)蔬菜汁预处理

在加工蔬菜汁乳酸菌饮料时，要首先对蔬菜汁进行加热杀菌和灭酶，通常在沸水中烫漂 6～7 min，经灭酶后打浆或取汁，再与杀菌后的原料乳混合。

思 考 题

1. 发酵乳、酸奶的概念，发酵乳具有哪些生理保健功能?
2. 酸奶发酵剂和奶酪发酵剂有什么异同?
3. 影响酸奶质量的因素主要有哪些? 主要措施包括哪些?
4. 酸奶发酵过程中的主要生化变化有哪些?
5. 简述凝固型酸奶和搅拌型酸奶加工与贮藏过程中常出现的质量问题和解决方案。
6. 简述奶酪的概念、分类及其营养价值。
7. 简述奶酪生产中的主要微生物及其生化变化。
8. 奶酪发酵剂的作用和目的是什么? 在制备和使用时应注意哪些事项?
9. 凝乳酶在奶酪生产中的作用机理是什么? 影响凝乳的因素有哪些?
10. 简述硬质及半硬质奶酪的一般性工艺流程及技术要点。
11. 简述乳酸菌饮料的加工工艺和技术要点。
12. 简述乳酸菌饮料主要微生物及其生理功能。

第 13 章　有机酸发酵

有机酸泛指羧酸(R—COOH)、磺酸(R—SO_2—OH)、亚磺酸(R—SOOH)、硫代羧酸(R—COSH)等的总称，但一般所说的有机酸通常指羧酸。羧酸有一元酸、二元酸、三元酸、多元酸、不饱和羧酸以及环状羧酸等。利用微生物发酵法生产有机酸是生物工程领域中一个重要分支，在世界经济发展中，占有一定的地位。

13.1　柠檬酸发酵

13.1.1　柠檬酸简介

柠檬酸又名枸橼酸，学名 2-羟基-1，2，3-己三酸，分子式为 $C_6H_8O_7$，为无色、无臭、半透明结晶或白色粉末，易溶于水及酒精。加热可以分解成多种产物，与酸、碱、甘油等发生反应。柠檬酸主要应用于食品工业，因为柠檬酸有温和爽快的酸味，普遍用于各种食品加工；柠檬酸在化学工业上可作化学分析用试剂、络合剂、掩蔽剂、配制缓冲溶液；柠檬酸或柠檬酸盐类作助洗剂，可改善洗涤产品的性能。

13.1.2　生产原理

1. 生产方法简介

目前，柠檬酸生产方法有水果提取法、化学合成法和生物发酵法三种。水果提取法是指从柠檬、橘子、苹果等柠檬酸含量较高的水果中提取，此法提取的成本较高，不利于工业化生产。化学合成法的原料是丙酮、二氯丙酮或乙烯酮，此法工艺复杂，成本高，安全性低。发酵法发酵周期短，产率高，节省劳动力，占地面积小，便于实现自动化控制和连续化，现已成为柠檬酸生产的主要方法。

2. 发酵法生产柠檬酸的反应方程式

$$\underset{\text{蔗糖}}{C_{12}H_{22}O_{11}} + H_2O + 3O_2 \longrightarrow \underset{\text{柠檬酸}}{2C_6H_8O_7} + 4H_2O$$

13.1.3　工艺过程及流程图

1. 工艺过程

1)菌种培养

在 4～6°Bé 的麦芽汁内加入 2.0%～3.0%的琼脂，然后接入黑曲霉菌种，在 30～32 ℃条件下培养 4 天左右，作为斜面菌种。将麸皮和水以 1∶1 的比例掺拌，再加入 10%的碳酸钙、0.5%的硫酸铵，拌匀后装入容量为 250 mL 的三角瓶中，在150 kPa压力下灭菌 60 min。接入斜面培养的菌种，培养 96～120 h 后即可使用。

2)原料处理

湿粉渣必须经过压榨脱水，使含水量在 60%左右；干粉渣含水量低，应按 60%的比例补足水分；结块的粉渣需粉碎成 2～4 mm 的颗粒，然后加入 2%碳酸钙和 10%～11%米糠，掺匀后，堆放 2 h，再进行蒸煮。蒸煮可采用加压蒸料和常压蒸料两种方式：加压蒸料最好用旋转式蒸锅，常压蒸料可用固定式蒸锅或固定式水泥蒸锅。先用扬麸机将蒸煮好的料破碎，再加入含抗污染药品的沸水。

3)接种、发酵

当料冷却到 37～40 ℃时，接入菌种悬浮液。接种后，送入曲室发酵(此时料温不得低于 27 ℃)。发酵室要注意消毒，定期用甲醛或硫黄熏蒸，甲醛用量为 10 mL/m^3，硫黄为 25 g/m^3。

4)发酵工艺条件的控制

(1)通风。发酵过程中要注意适当通风，因黑曲霉菌是好气性细菌。

(2)控湿。发酵室内的相对湿度应保持在 86%～90%之间。

(3)控温。整个发酵过程分为三个阶段：第一阶段为前 18 h，室温为 27～30 ℃，料温为 27～35 ℃；第二阶段为 18～60 h，料温为 40～43℃，不能超过 44 ℃，室温要求在 33 ℃左右；第三阶段为 60 h 以后，料温为 35～37 ℃，室温为 30～32 ℃。

5)浸取柠檬酸

将曲料放入浸取缸，用 90 ℃以上的水连续浸泡五次，每次浸泡约 1 h。当浸液酸度低于 0.5%时，停止浸泡进行出渣。将浸液倒入搪瓷锅，加温至 95 ℃以上，保持 10 min 后，停止加热，让其静置沉淀 6 h。

6)清液中和

将经过沉淀的清液移入中和罐，加温至 60 ℃后，加入碳酸钙中和，边加边搅拌。柠檬酸与碳酸钙形成难溶性的柠檬酸钙，从发酵液中分离沉淀出来，达到与其他可溶性杂质分离的目的。加完碳酸钙后，升温到 90℃，保持 30 min 待碳酸钙反应完成后，倒入沉淀缸内，抽去残酸，再放入离心机脱水，用 95 ℃以上的热水洗涤钙盐，以除去其表面附着的杂质和糖分。在这里要重点检查糖分是否洗净(洗净的柠檬酸钙盐最好能迅速进行酸解，不要过久贮放，否则会因发霉变质造成损失)，方法是滴一滴 1%～2%高锰酸钾溶液到 20 mL 水中，3 min 不变色即说明糖分已基本洗净。

在清液中和过程中，控制中和的终点很重要，过量的碳酸钙会造成胶体等杂质一起沉淀，不仅影响柠檬酸钙的质量，而且给后续工序造成困难。一般按计算量加入碳酸钙(碳酸钙总量=柠檬酸总量×0.714)，当 pH 为 6.5～7.0，滴定残酸为 0.1%～0.2%时即达到终点。若碳酸钙添加过量，则需要补加发酵母液。

7)酸解与脱色

酸解是将柠檬酸钙与硫酸作用，生成柠檬酸与硫酸钙，反应式如下：

$$Ca(C_6H_5O_7)_2+3H_2SO_4 \longrightarrow 2C_6H_8O_7+3CaSO_4$$

具体操作是把柠檬酸钙用水稀释成糊状，慢慢加入硫酸(一般根据投入碳酸钙的量来计算硫酸量，以碳酸钙用量的 92%～95%为宜)，在加入计算量的 80%以后，就要开始测定终点。测定方法如下：取甲乙两支试管，甲管吸取 20%硫酸 1 mL，乙管吸取 20%氯化钙 1 mL，分别加入 1 mL 过滤后的酸解液，水浴内加热至沸腾，冷却后观察两管溶液，如果不产生浑浊，则分别加入 1 mL 95%酒精，如甲乙两管仍不产生浑浊，即认为达到终点。甲管有浑浊，说明硫酸加量不足，应再补加一些柠檬酸钙。酸解达到终点后，煮沸 30～45 min，然后放入过滤槽过滤。

在所得清液中，加入活性炭(一般用量的柠檬酸量的 1%～3%，视酸解液的颜色而定)脱色，在 85 ℃左右保温 30 min，即可过滤。滤瓶用 85 ℃以上热水洗涤，洗至残酸低于 0.3%～0.5%即可结束，洗水单独贮放，作为下次酸解时的底水使用。

8)浓缩、结晶

将脱色后过滤所得清液，用减压法浓缩(真空度为 600～740 mm Hg，温度为 50～60 ℃)。柠檬酸液浓缩后，腐蚀性较大，因此多采用搪瓷衬里的浓缩锅，浓缩液的浓度要适当，如浓度过高，会形成粉末状，但浓度过低，会造成晶核少，成品颗粒大，数量少，母液中残留大量未析出的柠檬酸，影响产量。当浓缩达到 36.7～37 °Bé 时即可出罐。柠檬酸结晶后，用离心机将母液脱净，然后用冷水洗涤晶体，最后用干燥箱除去晶体表面的水。母液可以再直接进行一次结晶，剩下的母液往往因含大量杂质，不宜做第三次结晶，但可以在酸解液中套用，或用碳酸钙重新中和。干燥箱的温度要控制在 35 ℃以下，如气温高于 20 ℃时，可采用常温气流干燥。

2. 工艺流程图

发酵法生产柠檬酸工艺流程图如图 13-1 所示。

13.1.4　主要设备选择

生产过程的主要设备有发酵罐、种母罐、抽滤桶、脱色柱、浓缩锅和结晶锅等。

1. 发酵罐

发酵罐是用来进行微生物发酵的装置，其主体一般用不锈钢板制成的，其容积为一至数百立方米。罐体中有搅拌桨，用于发酵过程中的搅拌。罐体上有控制传感器，用来监测发酵过程中发酵液的 pH、溶解氧以及其他指标。

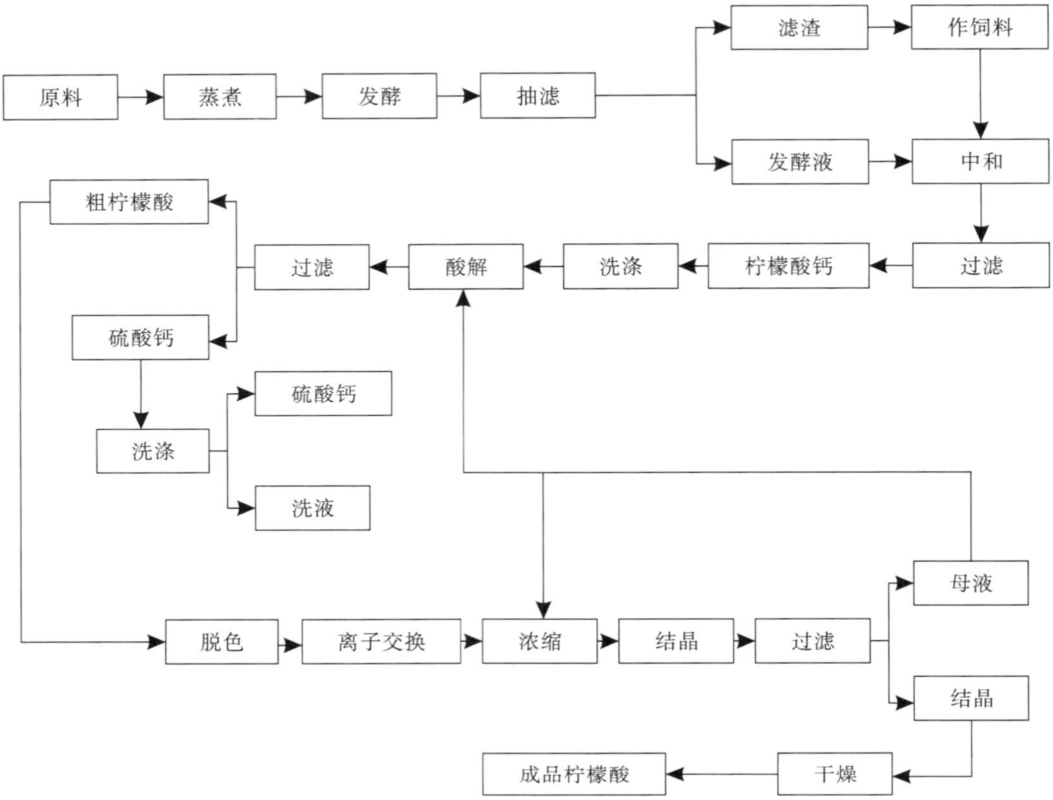

图 13-1　发酵法生产柠檬酸工艺流程图

2. 抽滤桶

抽滤桶主要用于化工、医药、石油等行业生产工艺中的真空过滤。它具有质量轻、安装维修方便、操作简单等优点。操作压力为－0.1 MPa，操作温度为－10～100 ℃ 。

3. 浓缩锅

浓缩采用外加热自然循环与真空负压蒸发相结合的方式，蒸发速度快，浓缩相对密度可达 1.3，在 50 ℃～60 ℃，79～93 MPa 真空条件下蒸发浓缩，当柠檬酸的相对密度由 1.07 提高到 1.34～1.35 时，浓缩操作即告结束。

13.1.5　主要用途及注意事项

1. 主要用途

1)用于食品

柠檬酸有温和爽快的酸味，普遍用于各种饮料、汽水、葡萄酒、糖果、点心、饼干、罐头果汁、乳制品等食品的制造。

2)用于化工、制药和纺织业

柠檬酸在化学上可作化学分析试剂，配制缓冲溶液。采用柠檬酸或柠檬酸盐类作助洗剂，可改善洗涤产品的性能，可以迅速沉淀金属离子，防止污染物重新附着在织物上，保持洗涤必要的碱性，使污垢及灰分散和悬浮。

3)用于环保

柠檬酸-柠檬酸钠缓冲溶液由于其蒸汽压低、无毒、化学性质稳定、对 SO_2 吸收率高，是极具开发价值的脱硫吸收剂。

4)用于化妆品

柠檬酸具有加快角质更新的作用，常用于乳液、乳霜、洗发精、美白用品、抗老化用品及青春痘用品等的生产加工中。

5)用于杀菌

柠檬酸具有杀灭细菌芽孢的作用，可杀灭血液透析机管路中污染的细菌芽孢。

2. 注意事项

(1)食用危险。柠檬酸对人体无直接危害，但它可以促进体内钙的排泄和沉积，如长期食用含高柠檬酸的食品，有可能导致低钙血症，并且会增加患十二指肠癌的概率。胃溃疡、胃酸过多、龋齿和糖尿病患者不宜经常食用柠檬酸。柠檬酸不能加在纯奶里，否则会引起纯奶凝固。

(2)工业危险。柠檬酸可燃，粉体与空气可形成爆炸性混合物，遇明火、高热或与氧化剂接触，有引起燃烧爆炸的危险。

柠檬酸在医药、化学等其他工业中也有一定的作用。柠檬酸铁胺可以用作补血剂；柠檬酸钠可用作输血剂；柠檬酸可制造食品包装用薄膜及无公害洗涤剂。

13.2　乳　酸　发　酵

乳酸又名 α-羟基丙酸，是一种结构简单的羟基羧酸，广泛存在于自然界。1780 年瑞典化学家 Scheele 发现酸牛奶除去蛋白并用草酸沉淀钙后可得到一种酸，因为是从乳中得到的，所以将其称为乳酸。

乳酸发酵是指糖经无氧酵解而生成乳酸的过程。与乙醇发酵同为生物体内两种主要的发酵形式。在乳酸发酵过程中，发酵产物绝大多数是乳酸的菌类，称为同型乳酸发酵菌，链球菌、双球菌、小球菌及部分乳酸杆菌均属此类；产物除乳酸以外，还有乙醇、乙酸和二氧化碳等的发酵称为异型乳酸发酵，明串球菌属及部分乳酸杆菌属于此类。

13.2.1　同型乳酸发酵途径

同型乳酸发酵总的反应式如下：

$$C_6H_{12}O_6 + 2Pi + 2ADP \longrightarrow 2C_3H_6O_3 + 2ATP + 2H_2O$$

整个过程既不需要 O_2 也不产生任何副产物，理论转化率为 100%。

1 分子葡萄糖进行乳酸发酵产生 2 分子 ATP，供细胞维持生命活动之需。同型乳酸发酵经酵解途径合成。1 分子葡萄糖氧化为丙酮酸时形成 1 分子 $NADH_2$，$NADH_2$ 是丙酮酸还原为乳酸时的氢供体。

13.2.2 异型乳酸发酵途径

1. 6-Pi-葡萄糖酸途径

经 6-Pi-葡萄糖酸途径进行异型乳酸发酵的总反应式如下：

$$C_6H_{12}O_6 \longrightarrow C_3H_6O_3 + C_2H_6O + CO_2$$

异型乳酸发酵不需要 O_2，理论转化率为 50%，异型乳酸发酵过程中，1 分子葡萄糖产生 1 分子 ATP，供菌体维持生命活动之需。

2. Bifidus 途径

双歧杆菌的异型乳酸发酵途径与上述异型发酵有所不同。总反应式为：

$$2C_6H_{12}O_6 \longrightarrow 2C_3H_6O_3 + 3C_2H_4O_2$$

整个过程不需要 O_2，理论转化率为 50%，反应过程中产生 5 分子 ATP(1 分子葡萄糖产生 2.5 分子 ATP)。

已发现乳酸菌群以外的微生物(如根霉、毛霉)在通气培养时也能累积、分泌乳酸，但其生物合成途径尚不清楚。

同型乳酸发酵和异型乳酸发酵的生物合成途径不同，但最终都由丙酮酸还原而合成乳酸。同型乳酸发酵和异型乳酸发酵与所分泌的乳酸的构型没有对应关系。两种乳酸发酵可产生 L-乳酸，也可产生 D-乳酸。

生成乳酸的构型取决于细胞内的乳酸脱氢酶，如存在 D-乳酸脱氢酶则生成 D-乳酸。微生物发酵产物往往是某种构型的光学活性异构体。但乳酸发酵则不同，目前工业生产用的菌株大多产生 DL-乳酸，其机制和生物学意义均不清楚。可能是因为存在两种脱氢酶，也可能存在乳酸消旋酶或者和细胞透性有关。

3. 乳酸发酵工艺流程

乳酸发酵工艺流程如图 13-2 所示。

(1)预处理和水解。预处理主要是除去原料中的杂质，使淀粉达到最高的纯净度。淀粉在淀粉酶的作用和适宜的条件下，易于水解成葡萄糖、麦芽糖、糊精等单体或低聚物。合理控制水解，尽可能减少副反应发生，是糖化工艺所要控制的关键。

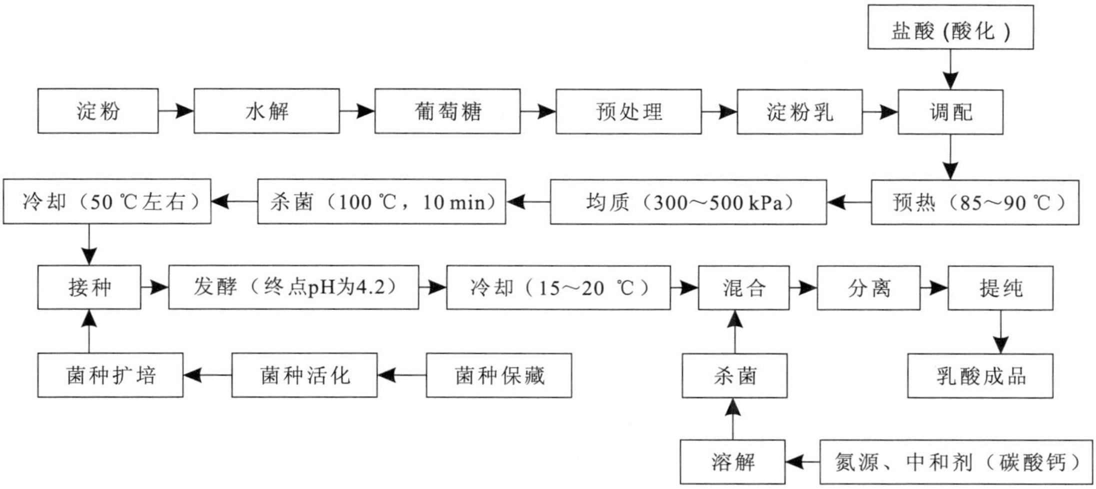

图 13-2　乳酸发酵工艺流程

(2)预热。预热可以杀菌，而且由于适当加热，可以使葡萄糖液化，并完全去除淀粉和多聚糖，增加产品的稳定性。预热温度控制在 85～90 ℃。

(3)均质。均质主要是使原料充分混合均匀，阻止分层，提高葡萄糖的稳定性和稠度，并保证单体均匀分布，从而获得质地细腻、口感良好的产品。均质压力控制在 300～500 kPa。

(4)杀菌。杀菌的目的在于杀灭原料中的杂菌，确保乳酸杆菌的正常生长和繁殖，钝化原料中的天然抑制物。杀菌温度一般为 100 ℃，保温 10 min 即可。

(5)冷却。冷却主要是为接种的需要。经过热处理的糖乳需要冷却到一个适宜的接种温度，此温度控制在 50 ℃左右。

(6)接种和发酵。接种是造成糖乳受微生物污染的主要环节之一，因此接种时应严格注意操作卫生，防止细菌、酵母、霉菌、噬菌体及其他有害微生物的污染。接种时应充分搅拌，使发酵菌与原料混合均匀。发酵温度控制在 50 ℃左右，从而为微生物代谢提供最适的温度环境，发酵时间为 24 h，发酵过程中不搅拌。发酵时罐口敞开，让 CO_2 自由逃逸。当残糖降到 1 g/L、pH 为 4.2 时即可停止发酵。

(7)冷却。冷却的目的是抑制乳酸菌的生长、降低酶的活性，防止产酸过度，使糖液逐渐凝固，降低和稳定 CO_2 析出的速度。将发酵乳迅速降温至 15～20 ℃即可。

(8)混合。将经溶解和杀菌的氮源、中和剂与发酵乳进行混合。

(9)分离提纯。由于乳酸在发酵过程中加入碳酸钙，因此，发酵最终的醪液中乳酸与碳酸钙形成乳酸钙，它以水合形式存在。根据这一特性，采取相应的过滤介质和方法，即离子交换脱盐转酸方式进行分离提纯工艺。

应用细菌发酵生产乳酸是古老的发酵技术，除细菌外，霉菌也能生产乳酸，所用菌种为米根霉、小麦曲根霉、薯根霉等根霉属菌株。例如，以葡萄糖为碳源、硫酸铵为氮源，加少量磷酸二氢钾、硫酸镁、硫酸锌等无机盐配合的培养基，进行根霉通气发酵，可获得含 8.7%乳酸钠的发酵液。

13.3 苹果酸发酵

13.3.1 苹果酸简介

苹果酸学名为α-羟基丁二酸或羟基琥珀酸，是一种无色或微黄色粉状、粒状或结晶状固体，无臭，略带刺激性爽快酸味，易溶于水，微溶于酒精或醚，吸湿性强，保存时易受潮。苹果酸广泛存在于多种水果中，因其在苹果中的含量最高而得名。苹果酸的分子式为$C_4H_6O_5$，由于苹果酸分子中有一个不对称碳原子，故有 L-苹果酸、D-苹果酸和 DL-苹果酸之分。自然界中广泛存在的是 L-苹果酸。近年来随着食品工业、医药工业及化学工业的迅速发展，国内外市场对苹果酸的需求量越来越大。

13.3.2 生产方法

生产苹果酸可分为化学合成法和发酵法，所不同的是，发酵法生产利用了微生物酶的立体异构专一性，生产的都是 L-苹果酸，这是生物体内所固有和可以利用的构型。而合成法只能生产 DL-苹果酸，如果用于食品和药物，则有一半不能得到利用。因此，在苹果酸生产上，发酵法占主导地位。目前正在研究开发的发酵法生产 L-苹果酸的工艺主要有以下三类。

(1)一步发酵法：又称直接发酵法，即采用一种微生物直接发酵糖质原料或非糖质原料生成 L-苹果酸。利用淀粉原料生产 L-苹果酸的微生物目前主要有黄曲霉、米曲霉、寄生曲霉等，这些菌株大多具有糖化淀粉的能力，可以直接利用淀粉原料，发酵工艺条件温和，产品成本低，因此一步发酵法与其他方法相比更具有优势。目前我国多采用直接发酵法生产苹果酸，工艺流程如图 13-3 所示。

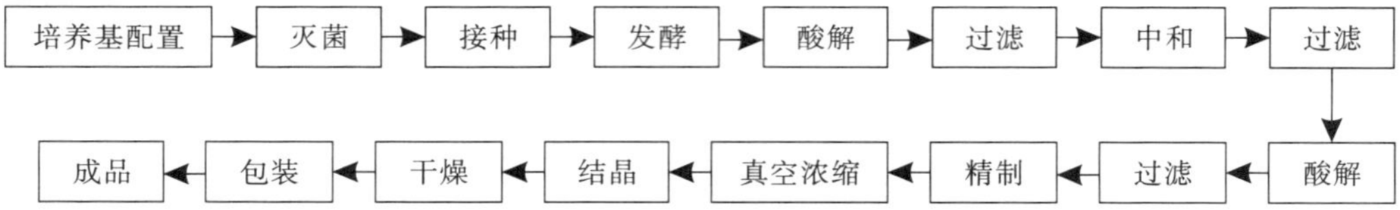

图 13-3 一步发酵法生产苹果酸工艺流程

(2)两步发酵法：即采用两种不同功能的微生物，其中一种微生物是先将糖质或其他原料发酵成富马酸，另一种微生物将富马酸转化成 L-苹果酸。两种微生物可先后加入，也可同时加入。两步发酵法由于涉及两种微生物，培养条件要求比较严格，发酵周期较长，产酸率相对较低，副产物较多，尚未实现工业化生产。其工艺流程如图 13-4 所示。

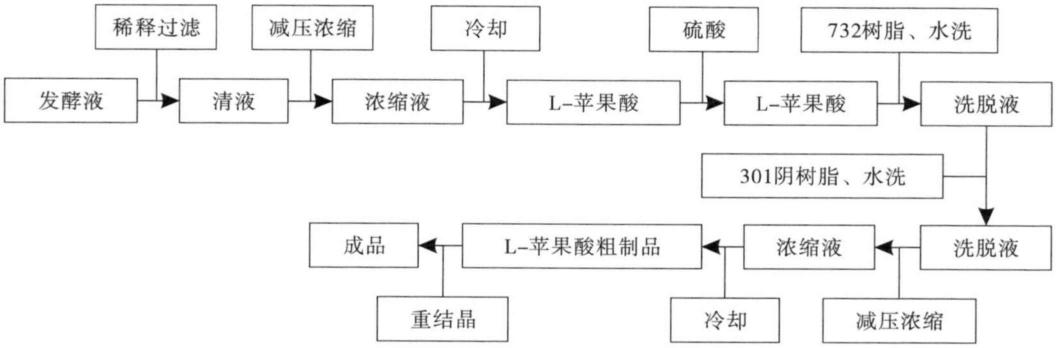

图 13-4　两步发酵法生产苹果酸工艺流程

(3)固定化酶或细胞转化法：利用具有高活性富马酸酶的微生物细胞或富马酸酶，采用固定化酶或细胞反应器，将富马酸转化成 L-苹果酸。图 13-5 所示为一种固定化细胞转化法生产 L-苹果酸工艺流程图。

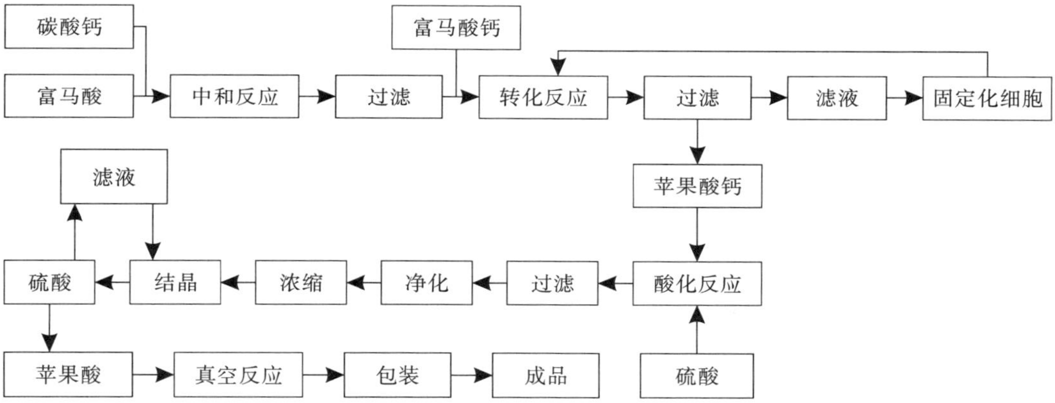

图 13-5　固定化细胞转化法生产 L-苹果酸工艺流程图

13.3.3　苹果酸的应用

苹果酸味道柔和，有特殊的苹果香味和明显的呈味作用，其酸度为柠檬酸的 1.2～1.3 倍，在食品、医药、化工等行业有着非常广泛的应用。

1. 食品工业

L-苹果酸能模拟天然果实的酸味特征，味觉自然丰满，可添加于饮料中作酸味剂，也可与甜味剂配合使用，主要用于果汁、果酱、果冻、水果糖等的生产中，允许摄入量不需特殊规定。L-苹果酸还能延长低盐香肠和果酱的保存期，调节酸乳发酵的 pH，在葡萄酿造中除酒石酸盐等。

2. 医药行业

苹果酸是医药工业中的重要原料，可用于各种片剂糖浆的配制，使片剂、糖浆呈水果味，并有利于药物在体内的吸收扩散。苹果酸用于配制复合氨基酸注射液，可提高氨基酸的利用率，有助于手术后虚弱和肝功能障碍病人迅速恢复健康。L-苹果酸钾是良好的钾补充药，它能保持人体水分平衡，治疗水肿、高血压和脂肪积聚等病症。L-苹果酸钠则是治疗肝病，尤其是肝功能障碍导致的高血氨症的良好药物。这是因为苹果酸直接进入三羧酸循环，可以减少氨基酸的代谢损失和弥补肝功能的缺陷。

3. 日用化工和化学工业

苹果酸可用于牙膏和合成香料的生产，也可用于生产清洁剂和除臭剂，用来清除体臭和食品贮藏过程中的异味。在化工产品生产中，苹果酸可添加至虫胶清漆和其他清漆中用来防止漆面结皮。苹果酸作为合成聚合物的单体，可用于聚酯树脂和醇酸树脂的生产。此外，苹果酸还可用于水垢清除和化学电镀等方面。

4. 其他

苹果酸衍生物可用于烟草加工，改善烟叶香味。苹果酸也可作为饲料添加剂用于家畜家禽饲养，可改善牛奶的质量，促进家禽的生长。

13.4 几种主要氨基酸发酵

13.4.1 谷氨酸发酵原理

目前工业上应用的谷氨酸产生菌有谷氨酸棒状杆菌、乳糖发酵短杆菌、散枝短杆菌及黄色短杆菌等。我国常用的菌种有北京棒状杆菌、钝齿棒状杆菌等。

谷氨酸的生物合成途径大致如下：葡萄糖经 EMP 途径和 HMP 途径生成丙酮酸，再氧化成乙酰 CoA，然后进入 TCA 循环，生成 α-酮戊二酸。α-酮戊二酸在谷氨酸脱氢酶的催化及有 NH_4^+ 存在的条件下，生成谷氨酸。当生物素缺乏时，菌种生长十分缓慢；当生物素过量时，则转为乳酸发酵。因此，一般要将生物素控制在亚适量条件下，才能得到高产量的谷氨酸。

在谷氨酸发酵中，如果能够改变细胞膜的通透性，使谷氨酸不断地排到细胞外面，就能大量生成谷氨酸。影响细胞膜通透性的主要因素是细胞膜中的磷脂含量。因此，对谷氨酸产生菌的选育，往往从控制磷脂的合成或使细胞膜受损伤入手，如生物素缺陷型菌种的选育。生物素是不饱和脂肪酸合成过程中所需的乙酰 CoA 的辅酶。生物素缺陷型菌种因不能合成生物素，从而抑制了不饱和脂肪酸的合成。而不饱和脂肪酸是磷脂的组成成分之一。因此，磷脂的合成量也相应减少，这就会导致细胞膜结构不完整，提高细胞膜对谷氨酸的通透性。

在发酵过程中，氧、温度、pH 和磷酸盐等是最主要的工艺参数，需要很好地调节。谷氨酸产生菌是好氧菌，通风和搅拌不仅会影响菌种对氮源和碳源的利用率，而且会影响发酵周期和谷氨酸的合成量，加大通气量有利于谷氨酸的合成。菌种生长的最适温度为 30～32 ℃。当菌体生长到稳定期时，适当提高温度有利于产酸。因此，在发酵后期，可将温度提高到 34～37 ℃。谷氨酸产生菌发酵的最适 pH 为 7.0～8.0。但在发酵过程中，随着营养物质的利用，代谢产物的积累，培养液的 pH 会不断变化。如随着氮源的利用，放出氨，pH 会上升；当糖被利用生成有机酸时，pH 会下降，因此，应随时检查 pH 并予以调整。磷酸盐是谷氨酸发酵过程中必需的，需有充足的量。

1. 谷氨酸的提取

发酵法生产谷氨酸的提取工艺如下：发酵液经灭菌后进入超滤膜进行超滤，澄清的谷氨酸发酵液在第一调酸罐中调整 pH 为 3.20～3.25，然后进入常温的等电点连续蒸发降温结晶装置进行结晶、分离、洗涤，得到谷氨酸晶体和母液，将一部分母液输入脱盐装置，脱盐后的谷氨酸母液一部分与超滤后澄清的谷氨酸发酵液合并；另一部分在第二调酸罐中调整 pH 至 4.5～7.0，蒸发、浓缩，再在第三调酸罐中调 pH 至 3.20～3.25 后，进入低温的等电点连续蒸发降温结晶装置，使母液中的谷氨酸充分结晶，低温的等电点连续蒸发降温结晶装置中排出的晶浆被分离、洗涤，得到谷氨酸晶体和二次母液。

2. 味精的生产工艺

从发酵液中提取得到的谷氨酸仅仅是味精的半成品。谷氨酸与适量的碱进行中和反应，生成谷氨酸钠，其溶液经过脱色，除铁，除去部分杂质，最后通过减压浓缩，结晶及分离程序，得到较纯的谷氨酸钠的晶体，不仅酸味消失，而且有很强的鲜味。

1)味精的生产流程

味精的生产流程如下：

淀粉、水→调浆(加 Na_2CO_3 和淀粉酶)→喷射液化→灭菌→过滤→层流罐→贮罐→冷却→糖化(先调 pH 再加糖化酶)→灭酶→离心过滤→葡萄糖液→冷却→发酵→冷却→等电点中和→谷氨酸晶体→加水溶解→二次中和→谷氨酸钠溶液→活性炭脱色→过滤→离子交换脱金属离子→浓缩→蒸发结晶→分离出湿味精→干燥→晶体味精→筛选→分装

2)主要生产工序

(1)糊化。调浆时淀粉浓度为 35%，温度控制在 30 ℃左右，用碳酸钠调整 pH 至 6.4。料液经泵输送和蒸汽一起进行喷射液化，也就是糊化过程，蒸汽的温度为 120 ℃，喷射液化器出口温度为 100～105 ℃，喷射液化时间为 1 h。液化好的料液经管道过滤除去大的颗粒后进入缓冲罐，温度为 95～100 ℃。

(2)糖化。经高温糊化的淀粉糊用离心泵泵至层流罐，层流罐的温度为95～100 ℃。进入糊化罐前料液要求冷却到60 ℃，用盐酸调整pH至4.0～4.4，采取酶解法糖化，糊化温度为60 ℃，时间为48 h。糖化率大约为90%。糊化好的料液经蒸汽灭酶，灭酶温度为80～85 ℃，然后离心过滤除去滤渣，得到糖化液。

(3)发酵。滤液冷却到32 ℃，进入发酵罐发酵，用冷却水调温，每隔12 h升温1～2 ℃，发酵34 h时，温度升至37 ℃。加水使糖化液浓度为14%，发酵34 h，发酵菌种的产酸量与葡萄糖量之比为50%。发酵完的料液进行离心分离后进行谷氨酸提取。

(4)谷氨酸提取。发酵液进入等电点中和罐，进入罐前使温度降为22 ℃。谷氨酸的等电点为3.2。加硫酸调节pH，该过程要先以较快的速率加酸，将pH先调整至5.0，停止加酸，搅拌1.5 h，保证晶体增长。继续缓慢加酸调整，直至pH降为3.2，温度冷却至8 ℃，使之达到等电点，停止中和及搅拌。谷氨酸沉淀后用离心泵送到离心分离机进行分离，得到谷氨酸的凝沉物。然后进入二次中和罐加水及纯碱中和成谷氨酸钠，加水溶解温度为40～60 ℃，加碳酸钠调整至pH 5.6，中和温度控制在70 ℃以下。得到谷氨酸钠的溶液再进行精制。

(5)谷氨酸钠精制。提取得到的谷氨酸钠盐溶液进入活性炭脱色器脱色，分离，再进入离子交换柱除去Ca^{2+}、Fe^{2+}、Mg^{2+}等金属离子。脱色液进入结晶罐进行浓缩结晶，当溶液浓度达到29.5 Bé时加入晶种，蒸发结晶到80%时放入助晶槽。结晶槽内真空度为0.075～0.085 MPa，温度为70 ℃，最终浓缩液浓度为33～36°Bé，结晶时间为10～14 h。晶体经板框过滤机分离。

(6)干燥。湿晶体经过流化床干燥器干燥，细小粉尘经旋风分离回收，得到大小不一的晶体，再进行筛分分级，小颗粒作为晶种添加，大颗粒进行分装，得成品。

3. 味精生产过程中常见的质量问题

1)味精发黄

引起味精发黄主要是由以下原因引起的：①在由谷氨酸制造味精的过程中，中和液需要经过粉末活性炭和K-15活性炭的脱色除杂处理。如果脱色除杂不彻底，脱色液仍含有色素，则用这种脱色液浓缩结晶得到的味精晶体往往带有黄色。这是引起味精发黄的主要原因；②味精晶体在进行离心分离操作时，应用少量水淋洗晶体，以洗去黏附在晶体表面上的母液。如果省去了淋洗晶体这一操作步骤，晶体表面上的母液未被洗去，而母液或多或少地还带有一些色素和杂质，因此，晶体一经干燥，就会发黄；③晶体干燥时间太长或温度太高，造成部分晶体破坏而引起色变。

2)晶体色灰

味精色灰的主要原因是味精中混有活性炭细粉或含有硫化钠。

3)味精色红

味精含有硫化亚铁时，呈红色。

4)晶体无光泽

可能原因如下：①晶体在 75 ℃以上经长时间干燥处理，晶体光泽减退；②晶体表面上黏附着的母液未经除去就进行干燥处理，得到的干燥晶体往往无光泽；③晶体在干燥处理过程中，因进料量太多引起晶体相互磨损，结果造成晶体光泽减退。

5)晶体粗细不一

可能原因如下：①由于晶体质量差，晶种本身粗细不一，以致由晶种长成的晶体也粗细不一，不匀称；②在结晶过程中，需要数次加入蒸馏水，以溶解掉小晶核，与此同时，有部分晶体也被溶解，结果造成晶体粗细不一，不匀称；③在晶体离心分离时，如果淋水温度超过 50 ℃或淋水量过大，则会损伤晶体，造成晶体不匀称和粗细不一。

6)晶体发脆

可能原因如下：①中和除铁液的 pH 低于 6.2，如果不加以调整就进行浓缩结晶，则得到的味精晶体往往发脆；②母液经多次回收处理，其中杂质含量高，用这种母液再结晶，得到的晶体往往发脆；③浓缩结晶时，干燥温度高、时间长，晶体失水脆化。

7)味精溶解后透明度差

在对谷氨酸溶液进行中和操作时，由于泡沫的产生，往往用添加消泡剂的办法来加以解决。如果消泡剂的添加量较大，就会影响味精溶解后的透明度。味精含硫量高，将其溶解在酸性溶液中时，由于硫的析出，而使溶解透明度变差。这种现象会在测定味精成品比旋光度时发生。

8)味精发臭

活性炭渣和炭柱没有及时处理回收，由于该渣水浓度低，温度适宜，最容易染菌繁殖。母液存放时间太长或容器受到杂菌污染，或湿谷氨酸堆放时间久，谷氨酸长菌霉变引起异味。

13.4.2　赖氨酸发酵

根据天冬氨酸族氨基酸的代谢调节机制，选育赖氨酸产生菌应从以下几个方面着手。

1. 切断或削弱支路代谢

在赖氨酸发酵育种中，选育营养缺陷型或渗漏突变株(即切断或削弱合成蛋氨酸和苏氨酸的支路)，可达到积累赖氨酸的目的。

据报道，选育的谷氨酸棒杆菌的高丝氨酸缺陷 Hom^-、黄色短杆菌的苏氨酸或蛋氨酸缺陷 Thr^- 或 Met^-、黄色短杆菌的高丝氨酸缺陷菌株可分别积累赖氨酸 50 g/L、34 g/L和 23 g/L。在 Hom^- 菌株中，由于缺乏催化天冬氨酸半醛生成高丝氨酸的脱氢酶，因此丧失了合成高丝氨酸的能力。这一方面阻断了合成苏氨酸和蛋氨酸的支路代谢，节省了原料，使天冬氨酸半醛这种中间产物全部转入赖氨酸的合成；另一方面通过限制高丝氨酸的补给量，使苏氨酸与蛋氨酸的生成有限，从而解除了苏氨酸和赖氨酸对天冬氨酸激酶的协同反馈抑制，使赖氨酸得以积累，如图 13-6 所示。除选育 Hom^- 菌株外，还可选育 Thr^-、异亮氨酸缺陷(Ile^-)、Met^- 菌株，但这些标记不如 Hom^- 更直接、有效。对于选育得到的单个缺陷标记的菌株，有时会出现生产不稳定、易发生回复突变等现象。如果选育双重缺陷菌株，如 $Hom^- + Thr^-$ 或 $Hom^- + Met^-$，则可以大大降低回复突变的概率，使菌种更加稳定。

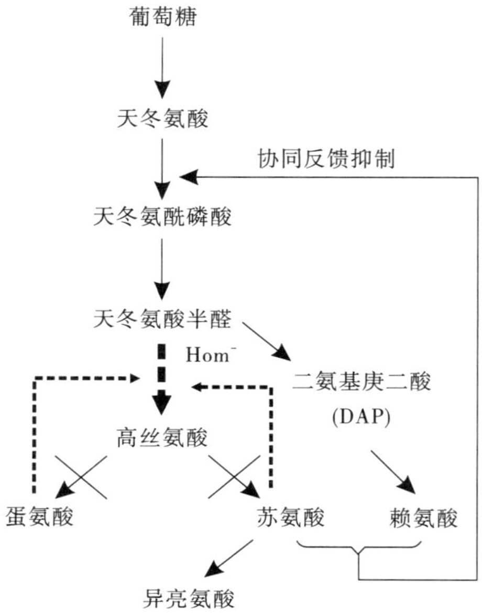

图 13-6　谷氨酸棒杆菌高丝氨酸缺陷菌株赖氨酸发酵

高丝氨酸渗漏(Hom^L)型突变株是由于高丝氨酸脱氢酶活性下降但不完全丧失，使得代谢流发生变化，由原来优先合成高丝氨酸(即合成苏氨酸+蛋氨酸)的方向转到合成赖氨酸的方向，而蛋氨酸与苏氨酸只是少量地合成，由于生成的苏氨酸的量不足以与赖氨酸共同对天冬氨酸激酶起协同反馈抑制作用，就使赖氨酸得以积累。

2. 解除反馈调节

解除反馈调节包括解除代谢产物对关键酶的反馈抑制或阻遏，从葡萄糖到赖氨酸这条途径，有三个关键酶起限速反应作用：一是催化由磷酸烯醇式丙酮酸到天冬氨酸反应的磷酸烯醇式丙酮酸羧化酶；二是催化由天冬氨酸到天冬氨酸磷酸反应的天冬氨酸激酶；三是催化由天冬氨酸半醛到二氢吡啶二羧酸反应的二氢吡啶二羧酸合成酶，其中磷酸烯醇式丙酮酸羧化酶受天冬氨酸的反馈抑制，天冬氨酸激酶受赖氨酸和苏氨酸的协同反馈抑制，二氢吡啶二羧酸合成酶受亮氨酸的代谢互锁作用。

1)天冬氨酸激酶反馈调节的解除

所谓脱敏，就是使该酶抗反馈抑制和反馈阻遏。天冬氨酸激酶(在黄色短杆菌、谷氨酸棒杆菌和乳糖发酵短杆菌中)只受苏氨酸和赖氨酸的协同反馈抑制作用。

除选育结构类似物抗性突变株之外，还可选育组合型突变株，如营养缺陷型和结构类似物抗性的组合突变株，由于其具有两者的优点，因而可大幅度地提高赖氨酸产量。

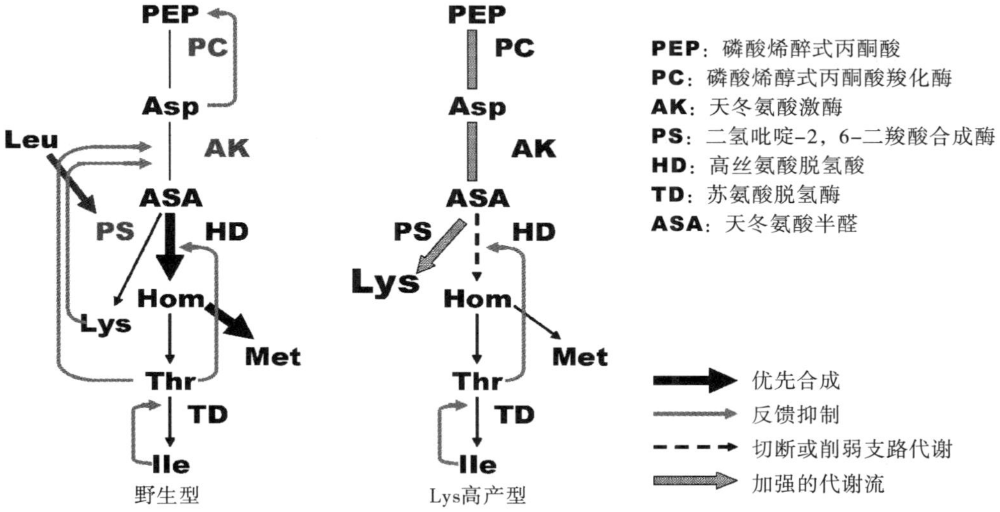

图 13-7　赖氨酸高产菌育种思路图

2)磷酸烯醇式丙酮酸羧化酶的脱敏与激活

在赖氨酸生物合成途径中，磷酸烯醇式丙酮酸羧化酶催化磷酸烯醇式丙酮酸羧化生成草酰乙酸。磷酸烯醇式丙酮酸羧化酶受天冬氨酸的反馈抑制。在丙酮酸激酶的催化下，磷酸烯醇式丙酮酸生成丙酮酸。为了增加赖氨酸前体物质天冬氨酸的量，就必须切断生成丙酮酸的支路，同时解除天冬氨酸对磷酸烯醇式丙酮酸羧化酶的反馈抑制(图 13-7)。具体方法如下：

(1)选育丙氨酸缺陷(Ala^-)或丙氨酸温度敏感(t^s)突变株，Ala^-可以切断天冬氨酸到丙氨酸的代谢途径，减少天冬氨酸的损失，中断丙酮酸到丙氨酸的反应，增加磷酸烯醇式丙酮酸的量，从而有利于赖氨酸的累积。

(2)选育天冬氨酸氧肟酸盐抗性($AspHx^r$)突变株、磺胺类药物抗性突变株(磺胺类药物有磺胍、磺胺嘧啶、磺胺哒嗪等)。$AspHx^r$ 突变株可解除天冬氨酸对磷酸烯醇式丙酮酸羧化酶的抑制，使磷酸烯醇式丙酮酸更多地生成天冬氨酸。

(3)选育氟丙酮酸敏感(FP^s)突变株。氟丙酮酸抑制丙酮酸脱羧酶的作用，使丙酮酸积累。在生物素存在时，丙酮酸优先合成草酰乙酸，谷氨酸和草酰乙酸再通过转氨基作用生成天冬氨酸。FP^s 突变株的作用是提供了最佳的丙酮酸脱羧酶/磷酸烯醇式丙酮酸羧化酶活力比。

(4)用 200～500 μg/L 的生物素激活磷酸烯醇式丙酮酸羧化酶。生物素在赖氨酸生产中有两个方面的作用：一是确保谷氨酸不排出细胞，从而产生足够的反馈抑制，使代谢流转向赖氨酸的合成；二是增强磷酸烯醇式丙酮酸羧化酶的活性，促进磷酸烯醇式丙酮酸羧化生成草酰乙酸，再生成天冬氨酸，这样对于赖氨酸的生物合成非常有利。日本户坂修等在培养基中添加 200～500 μg/L 的生物素，培养乳糖发酵短杆菌，明显地提高了赖氨酸的产量(产赖氨酸盐 42 g/L)。

(5)选育在琥珀酸平板上快速生长的突变株。

(6)用基因工程方法构建丙酮酸激酶缺陷的工程菌株。

(7)用基因工程方法构建柠檬酸合成酶活力低或者缺陷的工程菌株。

(8)增大谷氨酸的反馈抑制，使代谢流转向生成草酰乙酸，其标记是 $GluHx^s$。

(9)用乙酰 CoA 激活磷酸烯醇式丙酮酸羧化酶。

(10)采用低糖流加法激活磷酸烯醇式丙酮酸羧化酶(糖浓度为 4%～5%)。

以上方法，目的都是增强磷酸烯醇式丙酮酸羧化酶的活力或切断支路代谢，从而积累更多的赖氨酸生物合成的前体物质，以便提高赖氨酸产量。

3. 解除代谢互锁

在乳糖发酵短杆菌中，赖氨酸的生物合成与亮氨酸之间存在代谢互锁。赖氨酸生物合成分支途径中的二氢吡啶二羧酸合成酶的合成受亮氨酸阻遏。在此情况下，副产物丙氨酸和缬氨酸生成量显著地增加，这是因为二氢吡啶二羧酸合成酶的合成受到阻遏，酶活力显著降低，使丙酮酸生成赖氨酸的代谢受阻，而丙酮酸转向合成丙氨酸和缬氨酸。可见，要提高赖氨酸产量，应解除这种代谢互锁。其方法如下：①选育亮氨酸缺陷(Leu^-)突变株，通过在培养基中限量添加亮氨酸可以解除亮氨酸对二氢吡啶-2，6-二羧酸合成酶的阻遏。例如，以 AEC^r 的赖氨酸生产菌为出发菌株，经过诱变获得 AEC^r+Leu^- 突变株，其赖氨酸盐酸盐产量为 41 g/L，而出发菌产量仅为 18 g/L，另外，也可选育亮氨酸渗漏型(Leu^L)突变株；②选育抗亮氨酸结构类似物突变株，抗亮氨酸结构类似物突变株从遗传上解除亮氨酸对二氢吡啶二羧酸合成酶的阻遏，如由乳糖发酵短杆菌的 AEC^r+Ala^- 突变株诱变得到 $AEC^r+A1a^-+2-TA^r$ 突变株。在葡萄糖和醋酸的混合碳源培养基中，生成赖氨酸盐 110 g/L，而亲本产量为 70 g/L，还可以通过其他方法选育巯基亮氨酸抗性($S\text{-}Leu^r$)突变株、亮氨酸氧肟酸盐抗性($LeuHx^r$)突变株、$2\text{-}TA^r$ 及 β-羟基亮氨酸抗性($\beta\text{-}HL^r$)突变株；③选育亮氨酸温度敏感突变株，亮氨酸温度敏感突变株可提高赖氨酸的产量；④选育对苯醌或喹啉衍生物敏感的突变株也是一种产生 Leu^L 菌株的方法。此外，还可选择萘乙酸缺陷突变株和亮氨酸温度敏感突变株。

4. 改善膜的通透性

代谢终产物(如赖氨酸)在菌体内合成之后，通过细胞膜渗透到发酵液中，这一方面可以使产物易于提取，另一方面可以降低产物在菌体内的浓度，从而使产物达不到足以引起反馈抑制或阻遏作用的浓度。

据报道，乳糖发酵短杆菌 AEC^r 突变株的赖氨酸是通过主动运输系统排出体外的，而且当培养基中赖氨酸的浓度相当于细胞内浓度的 5 倍时，赖氨酸仍能排出，这说明乳糖发酵短杆菌受产物反馈抑制的作用较小。

5. 增加前体物质的合成

切断支路代谢、解除反馈调节和解除代谢互锁都是为了尽可能地增加赖氨酸的合成，而通过增加代谢途径中的前体物质，可使碳源尽可能多地流向赖氨酸。增加前体物质的合成可采用下列方法。

(1)选育 Ala^-突变株。Ala^-之所以重要，是因为在乳糖发酵短杆菌 AEC^r的赖氨酸产生菌中，游离氨基酸以丙氨酸浓度最高。在微生物中，丙氨酸的生物合成有三种方式：一是在丙氨酸脱氢酶的作用下，由丙酮酸氨基化生成；二是在丙酮酸-L-氨基酸转氨酶的作用下，由丙酮酸生成；三是在天冬氨酸-β-脱羧酶的作用下，由天冬氨酸脱羧生成。在乳糖发酵短杆菌中，丙氨酸脱氢酶几乎检测不出。丙酮酸-L-氨基酸转氨酶的活性比天冬氨酸-β-脱羧酶高 50 倍，所以丙氨酸的生成以第二种方式为主，丙酮酸和天冬氨酸是丙氨酸和赖氨酸的共同前体物质。选育 Ala^-突变株，切断丙酮酸合成丙氨酸的代谢流，丙酮酸就能充分地用于合成天冬氨酸，增加赖氨酸的产量。例如，用乳糖发酵短杆菌的 AEC^r突变株经 N-甲基-N′-硝基-N-亚硝基胍处理，获得 Ala^-突变株，在限量供给丙氨酸时，产赖氨酸盐 39 g/L，而亲本的产量仅为 17 g/L。

(2)选育抗天冬氨酸结构类似物突变株。在黄色短杆菌中，天冬氨酸对磷酸烯醇式丙酮酸有反馈抑制作用，这种抑制作用由于α-酮戊二酸的存在而增强。为了解除天冬氨酸对自身合成途径中关键酶的反馈抑制，可选育抗天冬氨酸结构类似物突变株。例如，谷氨酸棒杆菌的 $AspHx^r$突变株产赖氨酸盐酸盐 33 g/L，而亲本的产量仅为 25 g/L。

(3)选育适宜的 CO_2固定酶/TCA 循环酶活性比突变株。草酰乙酸是赖氨酸合成的前体物质，草酰乙酸的生成可以由 TCA 循环生成，也可由磷酸烯醇式丙酮酸或丙酮酸经 CO_2固定反应生成。草酰乙酸的合成方式不同，赖氨酸收率也有很大差异。

6. 选育温度敏感突变株

温度敏感突变株的突变位置多数发生在某酶的肽键结构编码的顺反子中，由于发生了碱基的转换或颠换，使翻译出的酶对温度敏感，容易受热失活。如果突变发生在亮氨酸合成酶系编码的基因中，则高温条件下就不能合成亮氨酸，即成为 Leu^-株。户坂修为了解除代谢互锁，选育在 30 ℃下生长良好，而在 34 ℃不能生长的温度敏感突变株——乳糖发酵短杆菌 AJ11093(AEC^r＋CCL^r＋Ala^-＋t^s)和 AJ11099 (AEC^r＋$A1a^-$＋t^s)两株赖氨酸产生菌，在发酵前期于 29～33 ℃下培养，发酵 24～48 h 后提高温度到 34℃以上，抑制菌体繁殖，并解除了亮氨酸对二氢吡啶二羧酸合成酶的阻遏。结果两株菌分别合成赖氨酸盐 45 g/L 和 39 g/L，糖转化率分别为 45%和 39%。

7. 选育尿酶质回复突变株

以赖氨酸生产菌谷氨酸棒杆菌 A11(Hom^-＋AEC^r＋$Urase^-$)为出发菌株，经 N-甲基-N′-硝基-N-亚硝基胍诱变获得 Au111-2（$Hom^{-}+AEC^{r}+Urase^{+}$），Au111-2 的产酸由原来的 50～55 g/L 提高到 60～70 g/L，比原菌株提高 25%，糖转化率由原菌株的 30%～36%提高到 36%～40%。

13.4.3 苏氨酸发酵

1. 苏氨酸高产菌应具备的生化特征

从天冬氨酸族氨基酸的代谢调节机制来分析，苏氨酸高产菌应具备下列生化特征：①CO_2固定反应能力强；②天冬氨酸合成能力强；③天冬氨酸激酶活力强；④高丝氨酸脱氢酶活力强；⑤二氢吡啶二羧酸合成酶活力微弱或丧失；⑥琥珀酰高丝氨酸转琥珀酸酶活力微弱或丧失；⑦谷氨酸脱氢酶活力弱；⑧苏氨酸脱氨酶活力微弱或丧失。

2. 选育苏氨酸生产菌的方法

根据苏氨酸生物合成途径及代谢调节机制和苏氨酸高产菌应具备的生化特征，选育苏氨酸生产菌应从以下几个方面着手。

1)切断支路代谢

在苏氨酸发酵代谢控制育种上，切断或减弱除苏氨酸以外的能控制共同酶的赖氨酸和蛋氨酸的合成途径，一方面降低了这些物质的浓度，解除了它们对代谢途径中关键酶的反馈调节作用；另一方面还可以节省碳源，使代谢流高效地转向所需的目标产物——苏氨酸，因此，选育和利用营养缺陷型突变株是生产苏氨酸的有效措施。

2)解除反馈调节

在苏氨酸发酵中，必须解除终产物对关键酶天冬氨酸激酶和高丝氨酸脱氢酶的反馈调节。选育抗赖氨酸、抗苏氨酸结构类似物突变株，可以得到天冬氨酸激酶对苏氨酸、赖氨酸协同反馈抑制脱敏的突变株(如选育编码天冬氨酸激酶的结构基因发生突变的菌株)。选育抗苏氨酸结构类似物突变株，可遗传性地解除苏氨酸对高丝氨酸脱氢酶的反馈抑制，这是苏氨酸发酵育种的重要手段，也是目前氨基酸发酵育种的主要方法。

3)增加前体物质天冬氨酸的合成

天冬氨酸是苏氨酸生物合成的前体物质，增加天冬氨酸的合成，可以使苏氨酸得以大量积累。可采取以下措施来增加天冬氨酸的合成。

(1)选育天冬氨酸结构类似物抗性突变株。苏氨酸生物合成的前体物质天冬氨酸的合成受自身的反馈调节。天冬氨酸合成过量会反馈抑制磷酸烯醇式丙酮酸羧化酶，使天冬氨酸的生物合成停止，从而影响苏氨酸的积累。因此，应设法解除天冬氨酸的这种自身反馈调节，选育天冬氨酸结构类似物抗性突变株。

(2)选育丙氨酸缺陷突变株。在乳糖发酵短杆菌中，丙酮酸和天冬氨酸是苏氨酸和丙氨酸生物合成的共同前体物质。虽然丙氨酸并不抑制苏氨酸的生物合成，但是丙氨酸的形成意味着苏氨酸的前体物质丙酮酸和天冬氨酸的减少，从而浪费了碳源和氮源，切断丙酮酸、天冬氨酸向丙氨酸代谢的支路，选育 Ala^-突变株，使代谢流完全转向苏氨酸的合成，提高苏氨酸的产量。

(3)强化从丙酮酸到苏氨酸的代谢流。可采取以下措施：①选育 FP^s突变株，使磷酸烯醇式丙酮酸大量积累；②选育以琥珀酸为唯一碳源而生长良好的 Suc^g突变株，强化 CO_2固定反应；③利用基因工程手段减少或消除丙酮酸激酶和柠檬酸合成酶，强化代谢流；④在培养基中添加 20～5000 μg/mL 生物素，激活磷酸烯醇式丙酮酸羧化酶。

(4)谷氨酸优先合成的转换。由于谷氨酸比天冬氨酸优先合成，为了使优先合成发生逆转，并使代谢流转向草酰乙酸，可选育谷氨酸结构类似物敏感突变株来增大谷氨酸的反馈抑制。一般，可选育谷氨酸氧肟酸盐敏感突变株($GluHx^s$)和谷氨酰胺敏感突变株(Gln^s)，或者供给过量的生物素(大于 30 μg/L)以保证谷氨酸不向胞外渗漏而产生足够的反馈抑制作用，使代谢流转向合成天冬氨酸。选育青霉素抗性突变株，使谷氨酸不能从细胞内渗透到细胞外，也能增加谷氨酸对谷氨酸脱氢酶的反馈抑制和阻遏。

(5)利用平衡合成。天冬氨酸与乙酰 CoA 形成平衡合成，增加乙酰 CoA 的量可加强天冬氨酸的合成。添加乙醇、醋酸等能促进乙酰 CoA 的生成，并诱导合成乙醛酸循环酶，以提高产酸和转化率。

4)切断苏氨酸进一步代谢的途径

由于细胞可以以苏氨酸为前体物质进一步合成异亮氨酸，这就必然会导致苏氨酸积累量的减少，为避免苏氨酸被菌体利用，还需要切断苏氨酸进一步代谢的途径，即选育 Ile^-或 Ile^L、Ile^+突变株。

5)利用现代生物技术选育苏氨酸生产菌

具体可采取以下措施选育生产菌：①利用转导和原生质体转化法选育苏氨酸产生菌；②利用原生质体融合技术选育苏氨酸生产菌；③利用基因工程技术构建苏氨酸工程菌，如 *B. lactoferrnentam* 变异株 M-15 染色体 DNA 上编码高丝氨酸脱氢酶的 DNA 片段，经剪切并克隆，得到重组质粒 pAJ 210，再将该质粒导入 M-15 中，得到形态变异株 AJ12021，其酶活性为 M-15 的 2 倍左右，苏氨酸和高丝氨酸的积累在 M-15 中分别为 17.5 g/L 和 0.5 g/L，而在 AJ12021 中提高到 25 g/L 和 2.8 g/L，将改良后不再受反馈抑制的苏氨酸合成酶基因导入改良型黏质沙雷氏菌(*Serratiamar cescens*)，以蔗糖为碳源进行发酵，积累苏氨酸 60 g/L。

13.4.4　色氨酸发酵

世界市场色氨酸年需求量在 1.2 Mt 以上，而目前全世界的生产能力只有约 1000 t，且主要集中在日本、美国等少数国家，因而色氨酸的市场前景巨大。目前具有 L-色氨酸生产能力的只有日本、德国、美国等少数发达国家，我国因技术水平限制尚未进行工业化生产。

色氨酸的生产最早主要依靠蛋白质水解法和化学合成法，但是随着对微生物法生产色氨酸研究的不断深入，微生物法已经走向实用并且处于主导地位。微生物法大体上可以分为酶法、微生物转化法和直接发酵法。近年还出现了将直接发酵法与化学合成法相结合、直接发酵法与转化法相结合生产色氨酸的研究。另外，重组 DNA 技术在微生物育种和酶工业上的应用极大地推动了酶法和直接发酵法生产色氨酸的工业化进程。

1. 酶法

色氨酸的酶法合成是利用微生物中 L-色氨酸生物合成酶系的催化功能生产 L-色氨酸，这些酶包括色氨酸酶、色氨酸合成酶和丝氨酸消旋酶等。该法既可以直接加入细胞壁溶解酶使细胞破壁后使用，也可以将所需的酶固定化后使用。

2. 微生物转化法

使用葡萄糖作为碳源，同时添加合成 L-色氨酸所需的前体物质(如邻氨基苯甲酸、吲哚、L-丝氨酸等)，利用微生物的色氨酸合成酶系转化前体物质来合成 L-色氨酸。这种方法同直接发酵法一样，需要解除生物合成途径中大部分酶所受到的反馈调节，以使 L-色氨酸能够高浓度积累。另外，所添加的前体物质大都是抑制微生物生长的，因此添加量不可过大，一般采取分批少量添加的方法。同时，可以筛选前体物质的抗性突变株来提高前体物的添加量。微生物转化法的不足之处在于，当转化液中前体物质浓度较高时，转化率有所下降，通过分批次少量添加前体物质可以降低其抑制作用。另外，L-色氨酸前体物质的价格比较昂贵，不利于降低成本。

3. 直接发酵法

直接发酵法是以葡萄糖、甘蔗糖蜜等廉价原料为碳源，利用优良的 L-色氨酸生产菌种来生产 L-色氨酸。对这种方法的研究进行得比较早，但在相当长的一段时间内达不到工业化生产的要求。主要原因是从葡萄糖到 L-色氨酸的生物合成途径比较漫长，其代谢流也比较弱，而且 L-色氨酸的合成需要多种前体物质，若想进一步提高 L-色氨酸的积累量，就必须设法增强合成这些前体物质的代谢流；L-色氨酸生物合成途径中的调控机制比较复杂，除反馈抑制和反馈阻遏这一粗调系统之外，还存在着细调系统——弱化系统。随着重组 DNA 技术在微生物育种中的应用，为优良的 L-色氨酸生产菌株的筛选和产酸水平的提高提供了可靠的技术保障，使微生物直接发酵法生产 L-色氨酸成为一种廉价的工业化生产方法。

13.4.5 苯丙氨酸发酵

苯丙氨酸是 1879 年 Scholze 和 Barbieri 发现的，并且首先从扁豆中分离出来。接着 1901 年 Fischer 用盐酸水解酪朊分离制得苯丙氨酸，从此对苯丙氨酸的研究更加深入。

20 世纪 60 年代日本中山公司用糖质发酵苯丙氨酸获得成功，并由协和发酵公司实现了工业化生产。20 世纪 70 年代用糖质发酵的发酵液苯丙氨酸浓度可达 4.2%。目前，L-苯丙氨酸的生产方法主要有化学合成法、酶法和直接发酵法。

1. 化学合成法

1983 年 Plxht 用苯甲醛和 N-乙酰甘氨酸为原料合成 N-乙酰苯丙氨酸，再经氨基酰化酶拆分得 L-苯丙氨酸。用氯苄和丙二酸二乙酯或乙酰胺基丙二酸二乙酯或乙酰胺基氰基乙酸乙酯为原料，经氨基酰化酶水解，制成 L-苯丙氨酸和 D-苯丙氨酸，再将所得产物进行光学拆分后制成 L-苯丙氨酸，收率为 84%。日本则采用苯基环氧乙烷、乙酰胺及 CO 为原料，在钴催化下进行氨化、羧基化反应制取 N-乙酰苯丙氨酸，再用微生物或酶使其转化成 L-苯丙氨酸。日本发明的另一种制法是使苄基乙内酰脲在 L-乙内酰脲存在下水解生成 L-氨甲酰苯丙氨酸和 D-苄基乙内酰脲；D-苄基乙内酰脲经消旋后水解，L-氨甲酸苯丙氨酸经水解制成 L-苯丙氨酸。但化学合成路线长，副产物多，且产物为光学消旋体，需进行光学拆分，因而成本较高。

2. 酶法

酶法生产是利用 L-苯丙氨酸的合成前体物质(如苯丙酮酸或肉桂酸)，经过微生物细胞内酶系催化合成 L-苯丙氨酸，用氨基转移酶由苯丙酮酸生产 L-苯丙氨酸的方法，也可由发酵的方式来进行，因其生产产物单一、浓度高、光学纯度高和回收率高而备受关注。目前，国内有用大肠杆菌 EP8-10 和假单胞菌 E4-106 转化苯丙酮酸来生产 L-苯丙氨酸的，最高产量可达 50.4 g/L。后来，用固定化介质使细胞固定化，取得较好效果。用苯丙氨酸氨解酶由肉桂酸生产 L-苯丙氨酸的方法，是国内用得较多的制备 L-苯丙氨酸的方法，它的主要优点是生产工艺简单、生产成本低，但是它需使用生物化工技术，分离精制有一定困难，而且存在底物转化率低、产物浓度低、未反应的肉桂酸无法进行循环使用、环境污染严重等缺点。近年来，有用基因重组技术在大肠杆菌中克隆并表达苯丙氨酸氨解酶，用于转化肉桂酸生成 L-苯丙氨酸的，也有与发酵法结合在黏红酵母中进行 L-苯丙氨酸生产的。但由于该酶比较脆弱、易失活、稳定性差，在很大程度上制约着生产工艺的发展。考虑到固定化酶具有稳定性好、酶密度高且不易流失等优点，曾有人对固定化酶法合成 L-苯丙氨酸进行了一些探讨。

与发酵法相比，使用酶法合成好处是产物浓度高、纯化步骤较少、生产能力较强；不足之处是原料成本高、有时还需要有辅助因子。目前，国内外用于工业化生产 L-苯丙氨酸的主要是微生物发酵法。

3. 微生物发酵法

微生物发酵法生产 L-苯丙氨酸主要有两类：

(1)前体物质发酵。以氨基酸生物合成途径中的某些中间体为原料来发酵生产L-苯丙氨酸。此法可以绕过终产物对合成途径中某一关键酶的反馈调节，缺点是原料来源有限、成本较高。

(2)直接发酵法。直接发酵法是利用合适的生产菌株，直接由无机碳源、氮源等原料来生产L-苯丙氨酸。由于可以利用廉价易得的原料，反应又可以在常温常压下进行，因而这是生产氨基酸的主要方向。

国内生产L-苯丙氨酸的主要方法有如下几种：中国科学院成都生物研究所进行了肉桂酸转氨酶路线的研究，已在浙江绍兴亚美生物化工有限公司建成产能为300 t/a的生产装置；南京工业大学开发的海因(己内酰脲)酶法新工艺，采用苯丙酮酸转氨酶路线，已在江西南昌化工原料厂建成产能为100 t/a的装置；平顶山煤业集团易元公司采用华东理工大学遗传育种得到的菌株发酵法生产L-苯丙氨酸，产能为100t/a；复旦大学采用诱变育种和基因工程技术相结合的方法选育获得高产苯丙氨酸菌种，新疆伊宁复祥生化公司采用此技术生产L-苯丙氨酸。不同路线生产L-苯丙氨酸的成本也不相同：发酵法成本约为16万元/t，肉桂酸酶法为(16～17)万元/t，氯苄羰基合成法约为13.5万元/t，海因酶法成本约为10万元/t。

13.4.6 丙氨酸发酵

丙氨酸亦称α-氨基丙酸，具有甜味，常用作调味料。酵母、细菌、放线菌等微生物都能够由糖类和无机氮源、有机氮源发酵生产L-丙氨酸。后来又开发了酶法及固定化法等，原料则使用延胡索酸或L-天冬氨酸。

发酵法生产L-丙氨酸，主要是以降解葡萄糖等碳源生成的丙酮酸为底物，经过氨基转移反应或还原氨基化反应完成的。酶法是以L-天冬氨酸为底物，经过L-天冬氨酸-α-脱羧酶的反应，生成L-丙氨酸。

1. 氨基转移反应

氨基转移反应的反应式如下：

$$丙酮酸+氨基酸\rightleftharpoons L\text{-}丙氨酸+\alpha\text{-}酮酸$$

氨基转移反应很早就已为人所知，该反应广泛存在于在植物、动物、微生物的代谢过程中。

2. 还原氨基化反应

还原氨基化反应的反应式如下：

$$丙酮酸+NH_4^+ + NADH \rightleftharpoons L\text{-}丙氨酸+NAD^+ + H_2O$$

3. 天冬氨酸-β-脱羧反应

天冬氨酸-β-脱羧反应的反应式如下：

$$\text{L-天冬氨酸} \longrightarrow \text{L-丙氨酸} + CO_2$$

由于大多数采用直接发酵法生产的丙氨酸是 DL-天冬氨酸，而 L-天冬氨酸可通过酶法由反丁烯二酸廉价生产，因此，可以以天冬氨酸为原料，利用天冬氨酸-β-脱羧酶催化 L-天冬氨酸-β-羧基的裂解来生产 L-丙氨酸，这也是目前 L-丙氨酸的主要生产方式。

思　考　题

1. 柠檬酸发酵过程中有哪几个控制要点？如何控制？
2. 简述乳酸发酵工艺过程。
3. 简述味精生产过程中常见的质量问题。
4. 选育赖氨酸生产菌应从哪几个方面着手？
5. 苏氨酸高产菌应具备的生化特征有哪些？
6. 简述色氨酸微生物转化发酵法。
7. 简述苯丙氨酸化学合成的发酵方法。

第 14 章　食品发酵工业废水的生态化利用

食品工业是以农、牧、渔、林业产品为主要原料进行加工的行业。食品工业在满足人们日常需要以及为经济增长作贡献的同时，也排放大量的废物，会对环境造成较大影响。

14.1　食品发酵工业的废水

食品发酵工业废水中，含有大量的油、蛋白质、糖类、酸类等有机物质，如处理不当，将对环境和人类健康造成严重的影响。

14.1.1　废水的来源与性质

食品工业以水作为原料用水和清洁用水，用量很大，废水排放量也很大。食品工业废水主要来源于三个生产工段：一是原料清洗工段，大量沙土杂物、叶、皮、鳞、肉、羽、毛等进入废水中，使废水中含大量悬浮物；二是生产工段，原料中很多成分在加工过程中不能全部利用，未利用部分进入废水中，使废水含大量有机物；三是成型工段，为增加食品色香味、延长保存期，使用了各种食品添加剂，一部分流失进入废水，使废水化学成分复杂。

食品工业废水的特点主要表现在以下 6 个方面：①废水量大小不一，各类食品的生产加工方式不同，产品品种繁多，生产规模各异致使食品发酵企业产生的废水量不等；②生产随季节变化，废水水质、水量也随季节变化，如苹果汁加工过程中，前期苹果清洗需要的水量较小，而后期由于腐烂苹果的增多，清洗时需要的水量增大；③食品工业废水中可生物降解成分多，大多数食品发酵工业的原料是农副产品，经过加工后产生的废水中自然有机物质成分较多(如蛋白质、脂肪、糖、淀粉)，基本不含有毒物质，故生物降解性好，一般其 BOD_5/COD 比例高达 0.80 以上；④废水中含有各种微生物，故废水易腐败发臭；⑤多数属高浓度有机废水，其 BOD 值在 500 mg/L 以上的情况很多，其中浓度高达数万毫克每升的亦不罕见；⑥废水中会同时出现氮、磷含量过高的情况。在肉类、豆类和动物胶加工时，会因蛋白质的降解产生氮，在水产品加工、鱼膏等制品加工以及火腿和腊肠制作时，会导致废水中的氮、磷增高。

14.1.2　废水处理的基本方法

按作用原理可以将废水处理的方法分为物理法、化学法和生物法三类，每一类有若干种工艺及设备。

1. 物理法

通过物理作用分离、回收废水中不溶解的呈悬浮状态的污染物(包括油膜和油珠)的废水处理法。通常采用沉淀、过滤、离心分离、气浮、蒸发结晶、反渗透等方法，将废水中悬浮物、胶体物和油类等污染物分离出来，从而使废水得到初步净化。

用于食品发酵工业废水处理的物理法主要有筛滤、撇除、调节、沉淀、气浮、离心分离、过滤、微滤等。前五种工艺多用于预处理或一级处理，后三种主要用于深度处理。

1)筛滤

筛滤是预处理中使用最广泛的一种方法。主要作用是从废水中分离出较粗的分散性悬浮固体物，所用的设备有栅格和格筛。格筛拦截较粗的悬浮固体，其作用是保护水泵和后续处理设备。食品发酵工业废水中常用的格筛有固定筛、转动筛和振动筛等，格筛最常用的孔径是 10～40 目。

2)撇除

某些食品工业废水中含有大量的油脂，这些油脂必须在进入生物处理工艺前予以除去，否则会造成管道、水泵和一些设备的堵塞，还会对生物处理工艺造成一定的影响。此外，油脂除去并回收又有较大的经济价值。

3)沉淀

沉淀是用来除去原废水中无机固体物和有机固体物，以及分离生物处理工艺中的固相和液相。用沉砂池除去原废水中的无机固体物，用初沉池除去原废水中的有机固体物，用二沉池分离生物处理工艺中的生物相和液相，沉砂池一般设在格栅和格筛之后。为了清除废水中无机固体物表面的有机物，表面废水中有机固体物在沉砂池中产生沉淀，可采用曝气沉砂池。

4)气浮

气浮主要用于去除食品工业废水中的乳化油、表面活性物质和其他悬浮固体，有真空式气浮、加压溶气气浮和散气管(板)式气浮，应用最普遍的是加压溶气气浮。当废水进入溶气气浮池之前，往水中投加化学混凝剂或助凝剂，可提高乳化油脂和胶体悬浮颗粒的去除率。

5)其他处理工艺

为了解决用水紧张的问题，需将处理后的水回用。为此，需对二级处理水进行深度处理。最常用的方法是过滤，可采用砂滤池或复合滤料滤池。按滤速大小分慢速砂滤池和快滤池(重力式、压力式和多层式)。一般单层砂滤池的滤速为 8～12 m/h。

2. 化学法

通过化学反应和传质作用来分离、去除废水中呈溶解、胶体状态的污染物或将其转化为无害物质的废水处理法。通常采用的方法有中和、混凝、氧化还原、萃取、汽提、吹脱、吸附、离子交换以及电渗透等方法。

混凝法是食品工业废水处理中最常用的化学处理工艺。混凝法不能单独使用，必须与物理处理工艺的沉淀法、澄清法或气浮法结合使用，构成混凝沉淀或混凝气浮。混凝沉淀可作为生物处理的预处理，也可作为生物处理的后续处理。常用的混凝剂有石灰、硫酸铝、三氯化铁、聚合氯化铝、聚合硫酸铁以及有机高分子的混凝剂(如聚丙烯酰胺)，但这种有机高分子混凝剂经常作为助凝剂。

3. 生物法

通过微生物的代谢作用，使废水溶液、胶体以及微细悬浮状态的有机物、有毒物等污染物质，转化为稳定、无害物质的废水处理方法。生物处理法分为需氧处理和厌氧处理两种。需氧处理法目前常用的有活性污泥法、生物滤池和氧化塘等。厌氧处理法又名生物还原处理法，主要处理高浓度有机废水和污泥，使用的处理设备主要为消化池等。

1)好氧生物处理工艺

好氧生物处理法是在提供游离氧的前提下，以好氧微生物为主，使有机物降解的无害化处理方法。废水中以胶体状态和溶解状态存在的有机物，可作为微生物营养源。这些高能位的有机物经过一系列的生化反应过程，逐级释放能量，最终以低能位的简单无机物稳定下来，达到无害化的目的。

好氧生物处理法的优点是反应速度快、反应时间短、反应容器小、反应过程基本上不产生异味、同时运行条件控制简单，适于大规模废水处理。一般来说，如果有机物浓度较低，供氧速率能满足生物氧化速率时，采用好氧生物处理较适宜。对于城市生活污水和中、低浓度工业有机废水(一般 BOD_5 低于 500 mg/L)，一般采用好氧生物法处理。

好氧生物处理工艺根据微生物的生长状态又分为活性污泥工艺和生物膜法工艺。

(1)活性污泥工艺。采用活性污泥工艺处理食品工业废水的污泥负荷范围为 0.01～0.5 kg BOD/(kg MLVSS·d)。污泥负荷一般是指有机物质量与活性污泥质量的比值，即单位质量的活性污泥或单位体积曝气池(m^3)在单位时间(d)内所承受的有机物量(kg BOD)。而污泥浓度是指 1 L 混合液内所含的悬浮固体(常表示为 MLSS)或挥发性悬浮固体(MLVSS)的质量，单位用 mg/L 或 g/m^3 表示。混合液悬浮固体的浓度保持在 2500 mg/L，运行正常的活性污泥系统中 BOD 除去率通常超过 90%。活性污泥处理废液的关键是要培养出足够数量和性能良好的活性污泥，活性良好的污泥颗粒一般在 0.02～0.2 mm之间，具有较大的表面积，含水率在 99%以上。

随着现代工业的迅速发展，人们对传统活性污泥法进行了多方面的改革，提高了净化能力，并产生了一批新型的活性污泥工艺(表 14-1)。

表 14-1 各种新型的活性污泥工艺比较

方法	优点	缺点
传统活性污泥法	工艺性能稳定，设备容易设计，运行参数易控，应用广	投资和运行费用中等，污泥沉降性能一般

续表

方法	优点	缺点
完全混合法	设计运行简单，抗毒性负荷强，应用广泛	投资和运行费用中等，对丝状微生物生长敏感
延时曝气法	设计运行简单，污泥产量低，剩余污泥稳定性好，硝化程度高	反应器体积大，污泥沉降性能差，需氧量高
高纯氧法	反应体积小，抗有机负荷冲击能力强，溢出气体少	机械复杂，不适应低负荷运行
选择器法	污泥沉降性能好，与大多数污泥法相适应	应用时间短，经验少，机械复杂，对毒性有机物敏感
批处理反应器法	设计运行简单，出水质量高，工艺运行模式容易调整	出水不连续，反应器体积相对较大

(2)膜法工艺。生物膜处理法是指废液流过生长在固相支撑物表面的生物膜，利用生物氧化作用和各相间的物质交换，降解废液中有机物的方法。该方法对于低浓度的废水处理效果较好，而活性污泥法不适宜处理这类废水，如果原废水的 BOD 长期低于 60 mg/L，将影响活性污泥絮凝体的形成和增长，但生物膜法可使 BOD 为 20～30 mg/L 的原废水正常运行并降至 5～10 mg/L。

生物滤池法又分为普通滤池、高负荷滤池、塔式滤池及活性生物滤池等，塔式滤池及活性生物滤池都属于高负荷生物滤池的范畴。生物滤池在构造上主要由滤床、排水设备和布水装置组成，如图 14-1 所示。在整个系统的运行过程中应注意合理的滤床比表面积和空隙率，保证滤料表面生长足够量的微生物和有良好的通风效果，防止滤床堵塞。

活性生物滤池与活性污泥法两种工艺相串联，将二沉池污泥回送到滤池进水中，该法可处理高浓度的食品工业废水，不仅可防止活性污泥的膨胀，而且能承受冲击负荷。

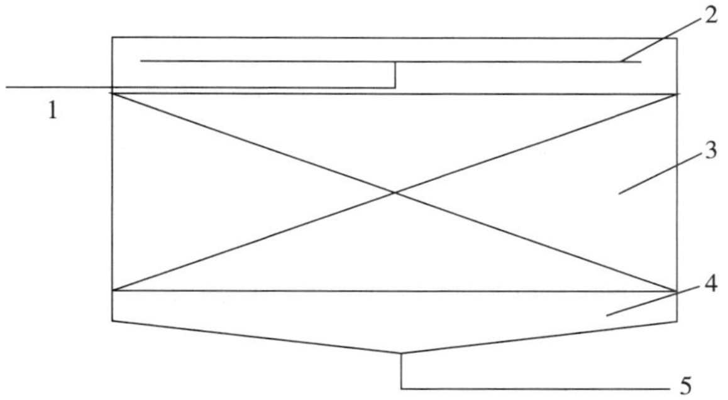

1—进水管；2—布水横管；3—滤料；4—渗水装置和排沟；5—至二沉池

图 14-1　生物滤池的结构示意图

2)厌氧生物处理工艺

厌氧生物处理法是指在没有游离氧的情况下，以厌氧微生物为主要菌群对废水中的有机物进行降解、稳定的处理方法。在厌氧生物处理过程中，复杂的有机物被降解，转化为简单、稳定的化合物，同时释放能量。在此过程中，有机物的转化分为三部分：部分转化为甲烷气体，可回收利用；部分被分解为 CO_2、水、氨气、硫化氢等无机物，并为细胞合成提供能量；仅少量有机物转化合成为新的细胞组成部分。

由于食品发酵工业废水中含有易生物降解的高浓度有机物，无毒性，所以适于采用厌氧生物处理工艺进行处理。厌氧处理动力消耗低，产生的沼气可作为能源，生成的剩余污泥量少；厌氧处理系统全部密闭，利于改善环境卫生，可以季节性或间歇性运转，污泥可长期贮存，由此可见，厌氧生物处理是一项具有经济效益的处理技术。但是，厌氧生物处理后的出水达不到直接排入水体的要求，故它只能作为好氧工艺的前处理，或者作为排放到城市下水道之前的预处理。

厌氧生物处理工艺也可分为厌氧活性污泥法和厌氧生物膜法。前者包括厌氧接触消化法、升流式厌氧污泥床和水力循环厌氧接触池等，后者有厌氧生物滤池、厌氧生物转盘、厌氧膨胀床和厌氧流化床等。

(1)厌氧接触消化法。厌氧接触消化法是对传统消化池的一种改进，是将从消化池溢出的混合液脱除溶解气体，经沉淀池分离固体物，再将沉淀池的污泥回流入消化池的处理工艺，如图14-2所示。由于增加了污泥的停留时间，因而提高了厌氧消化池的负载能力和处理效率。

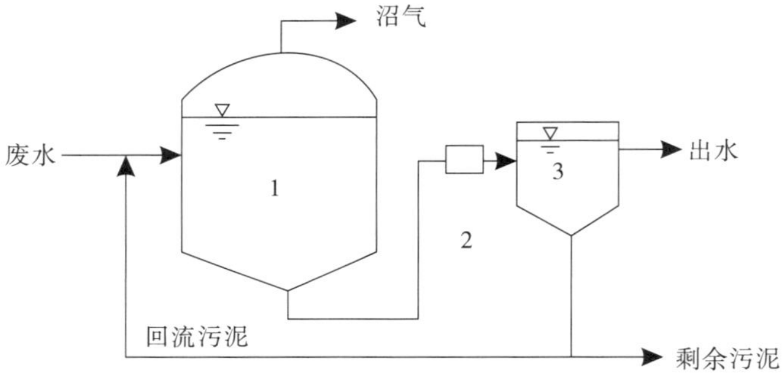

1—消化池；2—真空脱气器；3—沉淀池

图14-2　厌氧接触消化法的工艺流程

(2)厌氧滤池。厌氧滤池是装有滤料的厌氧生物反应器，在滤料表面有一层类似生物膜形态生长的微生物群体，在滤料空隙中截留了大量悬浮生长的微生物，当废液通过滤料层时，有机物被滤料表面的生物膜中的微生物和滤料空隙中的微生物吸附、代谢、分解，得到净化。该工艺的优点是微生物浓度高、出水水质较好、系统紧凑、混合充分、处理性能与污泥沉降性无关。但工艺均衡调节能力和对有毒物质的稀释较差。

(3)固定床工艺。固定床是由荷兰Wageningen农业大学Lettinga教授发明的，该工艺的主体结构分为配水系统、反应区、三相(气相、液相、固相)分离区以及沼气收集区四大部分。该工艺具有占地面积少、投资运行费用低、生物处理效率高、有利于形成厌氧颗粒污泥等优点，因此在食品工业废水处理中有着较明显的优势。

(4)膨胀颗粒污泥床。膨胀颗粒污泥床是一种新型的厌氧处理方法。该工艺使用了适当的三相分离器和布水系统，可使装置在膨胀态下工作。在处理高浓度废水时，因产气量较大，水流在气流的夹带作用下上升，流速达到5～6 m/h，反应器中部颗粒污泥膨胀率为40%左右。由于这个原因，污泥能达到较高的高度，可以更好地与污水中的可生物降解的有机物接触，获得较好的处理效果。这也正是膨胀颗粒污泥床从根本上区别于固定床的地方。

3)稳定塘工艺

稳定塘是利用菌藻共生的作用处理废水。稳定塘工艺可分为好氧塘、兼性塘、厌氧塘、曝气塘和生物塘(包括养鱼塘和人工植物塘等)。一般厌氧塘、兼性塘和好氧塘串联使用。从建造和运行角度而言是最经济的一种处理工艺，处理效果较好，但会产生异味，且占地较多。

曝气塘是处理食品工业废水较普遍采用的方法，由于采用人工曝气装置，从而缩短了废水在塘内的停留时间。

4)土地处理工艺

污水土地处理系统是一种以土壤作为介质的净化废水的方法，投资少、能耗低，是一条既可解决水资源短缺又可解决化肥供应问题的较好途径。

土地处理工艺主要包括渗滤和慢滤两种。国外均有用于处理食品工业废水的实例。国内采用灌溉农田的方法净化肉类加工等食品工业废水有很长的历史。实践证明，在使用合理的情况下，可使农作物大幅度增产。

14.2　废水处理的生态化策略

在进行废水处理时不能仅考虑废水末端处理工艺，而应从生产源头入手，尽量减少废水的排放量；还应考虑对食品工业废水的综合利用，这样不仅可以变废为宝，而且可以降低污染，减轻处理的负荷。

14.2.1　废水的减量与清洁化生产

清洁生产是一个相对抽象的概念，包括了多方面的内容，如废物最少化、无废少废工艺、清洁工艺、预防污染等，但清洁化生产不包括末端治理技术，如空气污染控制、废水处理、固体废弃物焚烧或填埋。联合国环境规划署和环境规划中心(UNEPIE/PAC)综合了各种说法，对清洁生产做了如下定义：清洁生产是指将综合预防的环境策略持续地运用于生产过程和产品中，以减少对人类和环境的风险性。对生产过程而言，清洁生产包括节约原材料和能源、减少有毒材料的使用、在废物离开生产过程以前减少其数量和毒性等；对产品而言，清洁生产指减少产品在生产过程中(包括从原料提炼到产品的最终处置)对人类和环境的影响。

清洁生产力求达到两个目标：一是通过资源的综合利用(如二次能源的再利用)、短缺资源的代用以及节能、降耗、节水等工艺控制，合理利用自然资源，减缓资源的耗竭；二是减少废物和污染物的排放，促进工业产品的生产、消耗过程与环境相容，降低工业活动对人类和环境的风险。

14.2.2 废水的生物转化与利用

一般来说食品工业废水中营养物质含量高(BOD、COD很大)，毒性低，因此采用生物转化的方式对废水处理是较好的方法之一。

传统的酵母生产法是一条很好的废水资源化道路，可以将废水中的有机质转化为酵母菌体。酵母菌体富含蛋白质和氨基酸，是代替鱼粉的良好饲料添加剂。该技术在我国推广应用较好，目前在蔗糖、酒精及味精、赖氨酸生产等行业得到一定的推广应用。

酵母菌有较高的耐盐能力，对于一些普通活性污泥法不易处理的工业废水，如高酸和高盐环境下的废水处理具有优越性，如硫酸盐浓度最高允许值可达20 g/L，因此当高浓度有机废水含硫酸盐浓度很高(如植物油脂工业的脂肪废水，硫酸盐含量在10 g/L以上)，不能采用厌氧处理时，可先采用酵母菌处理，从而与常规生物废水处理技术起到互补作用。另外，酵母菌与活性污泥相比，处理负荷高、需要的反应池小、产生的剩余污泥少，便于后续处理。

在豆腐加工过程中产生大量有机废水(俗称黄浆水或黄泔水)和废渣，其中黄浆水属于含高浓度有机物的废水，水中含有单糖、维生素、有机酸、水溶性蛋白、氨基酸、脂类等营养成分。谭新国等以白地霉1315为菌种，采用液体深层发酵法培养，使白地霉菌体蛋白产率达到10 g/L左右，产品的蛋白质含量达41.6%，发酵前后废液中COD平均降低71.1%，SS含量平均降低73.4%。

近年来，国外在应用光合细菌处理高浓度有机废水方面取得了很好的效果，如可处理食品酿造企业排放的BOD高达10 g/L以上的有机废水及菌体。这种方法处理废水比活性污泥处理废水等方法有无可比拟的优点，引起国际注目。光合细菌不但能直接同化油脂，还能同化低分子有机物。目前日本利用光合细菌处理淀粉工业废水、酱油工业废水、豆酱厂废水等均取得了较好的效果，并实现工业化。

14.3 废水资源的综合利用

食品发酵工业废水最大的特点是本身无毒性且含有大量蛋白质、糖等可被微生物利用的有机物，因此可以对这类废水进行二次利用，通过废水的再生利用直接生产转化为产品，从而达到减少最终污染物的处理费用、降低生产成本、减轻环境污染。

14.3.1 单细胞蛋白生产

单细胞蛋白，也叫菌体蛋白、微生物蛋白，它是以各种有机或无机营养物为培养基，在适宜条件下培养单细胞微生物，使其大量增殖，并将菌体收集、加工后产生的蛋白质。

利用食品发酵工业废水生产单细胞蛋白的技术主要是采用专门选育的单一的菌种在无菌的条件下，按一定的比例接种于配置好的废水和辅料发酵罐中进行培养，当菌体浓度达到最高时放罐收集菌体。培养方式采用连续发酵培养方式较好，这种方式有利于降低电耗，提高生产效率，提高原料利用率。在一定通风量的情况下，连续发酵培养的重点在于控制好稀释率，使菌体生长始终处于对数期，从而达到最高生物量和最大程度地降低 COD。但采用深层液态培养菌体时存在以下两个方面的缺点：一是在生产过程中需要通风，通风的耗能比较大；二是有机废液中基质浓度较低，因此菌体浓度也不会太高，后续对菌体的分离、干燥成本也较高。

目前利用工业废水生产单细胞蛋白最常用的菌种主要是酵母菌，有时会加入霉菌进行混合发酵。生产原料不同所选菌株亦不同(表 14-2)，如热带假丝酵母可以利用各种糖类来满足自身生长的需要；产朊假丝酵母除可以利用各种糖原之外，还可以分解纤维素一类的物质；相比较而言，脆壁克鲁维酵母耐乳酸的能力较强，因此对于一些乳酸含量高的原料，可以选择该菌株进行生产。霉菌同化淀粉与纤维素的能力强，可将大分子碳水化合物降解为酵母可利用的单糖、双糖等简单糖类，使得酵母良好地生长繁殖，基于以上优点，混合菌协同发酵越来越受到青睐。

表 14-2　利用废水生产单细胞蛋白的酵母菌种

菌种	废水
解脂假丝酵母解脂变种(*Candidalipolytica* var. *lipolytica*)	大豆乳清废水
毛壳菌(*Chaetomiun cellulolyticum*)	纤维素废料
禾谷镰刀霉(*Fusarium graminearum*)	淀粉废水
圆弧青霉(*Penicillium cyclopium*)	乳清
里氏木霉(*Trichoderma reesei*)	甜菜浆
扣囊拟内胞霉(*Endomycopsis fibuligera*)	黄泔水
克鲁维酵母(*Kluyveromyces marxianus*)	甜菜浆
酿酒酵母(*Saccharomyces cerevisiae*)	味精废水
葡萄酒酵母(*Saccharomyces uvarum*)	味精废水
白地霉(*Geotrichum candidum link*)	淀粉废水、味精废水、黄泔水
热带假丝酵母(*Candida tropicalis*)	黄泔水
产朊假丝酵母(*Candida utilis*)	黄泔水
白色球拟酵母(*Torulopsis candida*)	柠檬酸生产废水

此外，一些细菌也能利用工业废水生产单细胞蛋白，应用较好的有光合细菌和氢细菌。目前能利用食品工业废水生产单细胞蛋白的光合细菌见表 14-3。

表 14-3　生产单细胞蛋白的主要光和细菌

菌株	培养基
甲基球菌(*Methyloc occaceae*)	C_1化合物
短杆菌属某些种(*Brevibacterium* spp.)	C_1～C_4化合物
甲烷单毛杆菌(*Methanomonas methanica*)	沼气
链霉菌属某些种(*Streptomyces* spp.)	甲醇

14.3.2　生物酶类生产

目前，利用微生物菌群固态发酵的方法进行各种酶类的生产取得了可喜的结果，

Reddy G. V. 等报道以糙皮侧耳等为菌种，利用香蕉生产废物固态发酵生产木质素及纤维素降解酶，25 ℃条件下堆放可以得到较好的酶活及酶产量。Chandran Sandhya 等以富含油脂的废料为培养基，分别采用固态发酵和液态发酵方式生产中性蛋白酶，结果发现在固态发酵条件下中性蛋白酶的产量是液态发酵的 3.5 倍。Burkert 等报道利用 Galactomyces geotrichumb 以玉米浆为原料可以生产脂酶；Tubesha 等报道利用毛霉属的某些菌种以乳清废水为原料可以生产蛋白酶。

14.3.3 生物质能源生产

生物质是指通过光合作用而形成的各种有机体，包括所有的动植物和微生物。生物质能就是将能量以化学能的形式贮存在生物质中的能量形式，即以生物质为载体的能量。它直接或间接地来源于绿色植物的光合作用，可转化为常规的固态、液态和气态燃料，取之不尽，用之不竭，是一种可再生能源，同时也是唯一一种可再生的碳源。生物质能的原始能量来源于太阳，所以从广义上讲生物质能是太阳能的一种表现形式。在各种可再生能源中，生物质能源是唯一可再生、可替代化石能源转化成液态和气态燃料以及其他化工原料或者产品的碳资源，目前很多国家都在积极研究和开发利用生物质能。地球上的生物质能资源较为丰富，每年经光合作用产生的物质有 173 Gt，其中蕴含的能量相当于全世界能源消耗总量的 10～20 倍，但目前的利用率不到 3%。

目前生物质能源的开发利用主要集中在制备液态燃料和气态燃料上。液态燃料主要包括燃料乙醇、生物柴油等；气态燃料包括氢气和沼气等。

目前，利用富含淀粉的粮食生产燃料乙醇(第一代生物质燃料乙醇)的技术已经成熟，但世界银行的政策研究报告表明，第一代生物质燃料乙醇的大规模发展导致粮食价格上涨 70%～75%，继续发展下去将导致全球 8 亿机动车与 20 亿贫困人口争粮的状况，因此现在世界各国均开始限制以粮食为原料的燃料乙醇企业的发展。以木质纤维素为原料的第二代生物质燃料乙醇的生产开发引起了世界各国的关注，但由于微生物不能直接利用纤维素产生酒精，而目前纤维素的降解技术还没有突破性进展，主要是菌种的纤维素酶活性普遍偏低，降解效率较差，所以用纤维素生产燃料乙醇的成本较高，还不适于大规模工业化生产。

近年来，利用沼气发酵法处理啤酒厂的工业废水，取得了较好的效果，不但使废水得以净化，还能产生大量的沼气，作为燃料使用。沼气发酵法生产沼气的主要流程如下：综合废水先流入酸发酵罐，在这里碳水化合物加水分解并通过厌氧微生物作用，生成乙酸、丙酸、酒精和氢气等，然后流入沼气发酵罐，以乙酸为主的低级脂肪酸，在厌氧沼气菌群作用下，生成沼气、CO_2和氨气等，沼气浓度占 70%～90%。

我国是世界上沼气利用开展得较好的国家之一，生物质沼气技术已相当成熟，利用的原料主要是动物粪便和高浓度的有机废水，目前已进入商业化应用阶段。污水处理的大型沼气工程技术也已基本成熟，进入商业示范和初步推广阶段。

思 考 题

1. 食品发酵工业废水的特点是什么?

2. 食品发酵工业废水有什么危害?

3. 按照作用原理，食品发酵工业废水处理的方法有哪些? 物理处理法有哪些? 化学处理法有哪些? 化学处理法主要可以去除废水中的哪些污染物?

4. 生物处理法分为哪两种方式?

5. 根据微生物生长状态，好氧处理法可分为哪些工艺?

6. 简述各种新型活性污泥工艺处理污水的优缺点。

7. 厌氧生物处理法有哪些处理工艺?

8. 简述膨胀颗粒污泥床与固定床的区别。

9. 稳定塘工艺利用哪种生物进行废水处理?

10. 什么叫做清洁化生产? 简述清洁生产与末端处理的区别。

11. 废水的生物转化有哪些方法?

12. 食品发酵工业废水生物转化处理的新方法有哪些?

13. 什么叫单细胞蛋白?

14. 什么叫生物质? 目前进行生物质能源开发有哪些方法?

第 15 章 食品发酵工业废渣的生态化利用

发酵废渣一般无毒无害，还含一定的营养成分，适合微生物的生长繁殖，极易受微生物作用而迅速腐败，不易长期保存，腐败时产生令人不愉快的气味，污染环境。有些液体糟液不经处理，直接排入下水道及河沟，对生态环境造成严重影响。

15.1 食品发酵工业的废渣

15.1.1 废渣的来源与性质

食品发酵工业废弃物有不同的分类方法，按其形态可分为固体废弃物(废渣)、废水和废气，按生产工艺可分为发酵食品工业废弃物和非发酵食品工业废弃物。

发酵食品工业中的废渣主要是以农副产品为原料，生产各种产品过程中产生的废弃物，如酒糟、粮食废渣、果蔬废渣、菌体等。这些废渣大部分无毒，营养丰富，有的可直接作为家禽饲料，有的可以作为固体发酵产品或单细胞蛋白的生产原料。

在食品加工过程中，可利用的只是原料的一部分，其中有30%～50%的原料未被利用或在加工过程中被转化为废弃物。

15.1.2 废渣处理的基本方法

食品工业废弃物中，大多是废水和废渣的混合物，混合物中固形物含量一般5%～6%，其中含有大量蛋白质、氨基酸、维生素及多种微量元素，是很好的微生物营养物和饲料原料。在处理前，一般都需要先进行固液分离，然后进行处理和利用。这些技术包括分离技术、干燥技术、生物发酵技术、好氧堆肥技术和厌氧消化技术等。

1. 分离技术

在食品废渣、废水混合物中，悬浮颗粒体积的差异很大，从微小的胶体物质到粗大的悬浮颗粒，因此，需要采用比较有效的方法对其进行分离。常用的固液分离技术有离心法、沉降法和过滤法等。

2. 干燥技术

通过固液分离后，食品废渣、废水中的固体物质被分离出来。为了保持物料的营养物质，通常采用干燥技术进行物料干燥，以防止其霉烂变质，使制品能较长时间贮存，减小体积和质量，便于加工、运输，扩大供应范围。干燥的方法有多种，如通风干燥、滚筒干燥、真空干燥、喷雾干燥、升华干燥等。

3. 生物发酵技术

通过生物发酵可把食品有机废弃物转化成菌体蛋白。菌体蛋白是良好的饲料，既可解决废弃物的处理问题，又可开发新的饲料资源，是一种非常有发展前途的方法。生物发酵的关键是优良菌株的选育和发酵参数的优化组合。由于食品工业废弃物种类多、成分杂，因此，常采用优良菌株进行优化组合发酵。生物发酵的一般工艺过程如下：

废渣→配料→拌料→蒸煮→冷却→接种→固体发酵池发酵→干燥→粉碎→包装→成品

经过固体发酵后，食品废渣的性质会发生很大地改变，其利用价值(如饲料养分)常会得到较大地提高。以柠檬酸废渣为例，经固体发酵后，粗蛋白含量由 9.75%提高到 32.48%，而粗纤维含量却由 22.40%降低到 8.53%，其饲料价值明显提高。

4. 堆肥技术

堆肥是指利用自然界中广泛存在的微生物，通过人为调节和控制，促进可生物降解的有机物向稳定的腐殖质转化的生物化学过程。几乎所有的食品废弃物都可通过堆肥转化成有用的产品，如有机肥料，实现废弃物的资源化转化。依据堆肥过程中利用的是好氧微生物还是厌氧微生物，可把堆肥分为好氧堆肥和厌氧堆肥。好氧堆肥是指在有氧条件下，好氧微生物通过自身的生命活动进行的氧化分解和生物合成的过程。通过氧化分解过程，一部分有机物转化成简单的成分，并释放出能量；另一部分有机物则通过合成过程转化成新的物质，使微生物生长繁殖，产生更多的中间产物和微生物体等组成。厌氧堆肥则是在无氧条件下，厌氧微生物对有机物进行氧化分解和生物合成的过程。

厌氧堆肥利用的是厌氧微生物的活动，无需供给氧气，因而动力消耗不大，但发酵效率低、堆肥速度慢、稳定化时间长。好氧堆肥利用的是好氧微生物的活动，需要始终供给足够的氧气，因而动力消耗较大，但好氧堆肥发酵效率大、堆肥速度快、稳定化时间短，易于实现大规模工业化生产，因此，工业化堆肥一般都采用好氧堆肥方法。

15.2　废渣处理的生态化策略

15.2.1　废渣的减量与清洁化生产

1. 废渣的减量

减量是从省资源、少污染的角度提出的，要在保证产量的情况下减少原材料用量，其有效途径之一是提高转化率、减少损失率，减少废渣排放量。

当前减量应该注意从以下途径来实现：①用更高效的加工技术减少产生废渣的途径，如培育淀粉含量更高的马铃薯，从而有助于减少加工后的废物；②加强管理与控制，防止加工时控制不善或包装不恰当，或流通期间管理失误产生废渣，例如，现在市场所用的一次性塑料袋，就是因为包装不善，给环境带来了大量的“白色垃圾”；饮料所用许多包装也是城市固体垃圾的重要组成部分；③加工环境对食品加工中所产生的废渣也起到不可忽视的作用，将食品加工厂建在远离污染的城市郊区不仅是考虑到食品厂对环境有较大影响，同时也考虑到食品加工对环境的苛刻要求，污染严重的地方显然不适合食品加工，在污染较轻的郊区有利于食品废渣的治理。

2. 清洁生产

在现代食品生产中，实现废渣减量的有效手段是实行清洁生产，即从产品设计、原材料选择、工艺路线、设备采用、废渣利用各个环节入手，通过不断地加强管理和技术进步，提高资源利用率，减少污染物排放量，把污染尽可能地消除在生产过程中。因而可以认为，食品工业的清洁化生产是食品工业生态学研究的中心内容，是实施生态化食品工程的重要技术和管理手段之一。

清洁生产主要包括清洁的能源、清洁的生产过程和清洁的产品三个方面。清洁的能源是指采用各种方法对常规的能源进行清洁利用；清洁的生产过程是指原材料从投入到生产产品的全过程，包括节约原材料和能源，替代有毒原料、改进工艺技术和设备、充分利用劣质原料和资源综合利用，并将排放物的数量和毒性削减在离开生产过程之前；清洁的产品是指覆盖产品的整个生命周期，即产品的设计、生产、包装、运输、流通、消费、报废，从全过程减少产品对人类和环境的不利影响。清洁生产是实现绿色产品的技术手段，它具有如下特点。

(1)寿命周期可持续发展性。清洁生产是从产品寿命周期的角度考虑问题，其强调在产品寿命周期的各个环节采取“绿色”措施，所以在产品的生产、使用、回收处理及再利用过程中能节省资源和能源，减少或消除环境污染，并能为劳动者提供良好的劳动保护，真正做到经济、环境、资源的可持续发展。

(2)系统性。产品寿命循环各阶段的清洁生产内容相互之间都有内在联系，它们之间相互影响，共同构成一个整体，因此应运用系统工程的原理和方法去规划清洁生产系统，使系统的各要素有机地集成在一起，达到最佳运行状态。

(3)效益性。发展经济和提高生活质量是人类追求的目标，但必须以自然资源和良好的生态环境为依托。忽视资源与环境的保护，经济发展也会受限。清洁生产注重生态效益、经济效益和社会效益的综合，并把系统的整体效益放在首位。

(4)预防为主，治理为辅。与传统生产企业的末端治理不同，清洁生产采取预防为主，治理为辅的战略，在产品的整个寿命循环自始至终都将环境、资源、能源、劳动保护等因素的影响考虑在内，其最终目标是实现“零污染”。由于传统企业在生产的前期所采取的预防措施较少，因此后续产生较大的污染，带来许多难以解决的环境问题，不得不对其进行大面积的治理，而清洁生产的整个寿命循环都采取预防措施，在生产过程中最大限度地减少污染物，因此污染较小，治理量也较少。

(5)设计的主导作用。设计是实现清洁生产的关键，只有通过寿命循环设计和分析才能实现绿色产品的清洁化制造、清洁化使用和清洁化回收及再利用。

在此以啤酒生产为例，探讨清洁生产的应用。

清洁生产以节能、降耗、减污为目标，以管理技术为手段，实施工业生产全过程控制污染，使污染物的生产量、排放量最小化。它不仅强调生产工艺的改进，还强调对企业内部的统筹管理；不仅考虑原材料的充分利用，还考虑工业废渣的有效处理，使企业达到节能、降耗，减轻对环境的污染。清洁生产是建立现代工业新文明，参与综合决策，实现环境与经济可持续发展的最佳途径。

啤酒清洁生产首先应从源头抓起，减少制麦过程的排污量，从清洁生产的角度宜采用大麦代替部分麦芽生产啤酒的技术；其次在生产过程中，对啤酒废酵母进行回收利用；最后通过加强工艺设备管理，最大限度地减少麦汁、啤酒等的损失。这样就可以大幅度地减少污水的排放量并降低污染负荷，充分利用原料，提高社会效益和经济效益。

(1)大麦代替部分麦芽生产啤酒技术。据张华等研究，采用大麦代替部分麦芽生产啤酒的工艺较之于传统工艺，万吨啤酒可减少水耗 2223 t，减少 COD 负荷 2580 kg，污水排放量也相应减少，同时节省了部分制麦过程，降低能耗，减少人力物力的投入。

(2)啤酒废酵母回收利用技术。在啤酒生产过程中，每生产 1×10^4 t 啤酒，约有15 t 酵母产生。其中，2/3 是主酵酵母，这部分酵母质量较好、活性高、杂质少，回收之后约有 1/5 可用作接种酵母；其他 1/3 是后酵酵母，在贮酒过程中，与其他杂质共同沉淀于贮酒罐底，一般弃置不用，排放于下水道内，造成了很大的污染。啤酒废酵母中含有丰富的氨基酸、核苷酸及其他营养成分，经深度处理加工后的产物可应用于食品、调味品、医疗和啤酒酿造，可制成酵母抽提物、核苷酸、蛋白粉、酱油等。

(3)加强工艺、设备管理，尽量降低总损失。啤酒生产总损失指生产过程中，各工序生产期所发生的流失量与总量之比的综合指标。它包括冷却损失、发酵损失、过滤损失、包装损失等方面。要解决啤酒生产总损失就必须抓好工艺管理和设备管理。①改进工艺技术，降低各个环节的啤酒生产损失。对各车间工序的残留麦汁、残留酒液、酒头酒尾进行回收利用。通过采用热凝固物回收装置，将旋涡沉淀槽底的热凝固物和酒花槽中夹带的麦汁回收，可降低啤酒生产总损失 1.5%～2.0%。加强酵母泥中酒液回收，可使总损失下降 0.5%左右。改善麦汁过滤和洗糟效果，尽可能控制最低残糖浓度，可降低总损失 0.5%左右。安装次酒回收罐，回收可能回收的次酒，将次酒在每次麦汁煮沸结束前打入煮沸锅中，进行杀菌处理，此项可降低总损失 1.2%以上。加强啤酒的过滤管理，采用硅藻土过滤技术，严格按操作规程操作。②严格工艺管理。根据双乙酰还原情况，尽可能提前降温，促进酵母凝聚，以减少酵母排放次数，从而减少啤酒损失。加强对啤酒理化指标的控制，如 CO_2 含量过高，易使瓶破，造成损失，且灌酒时易冒沫。采取工艺措施，降低灌酒温度、压力，防止冒酒损失。灌酒过程中要控制好巴氏灭菌温度，以防止高温引起瓶爆，造成啤酒损失。③加强设备管理。设备尤其是灌装设备是造成酒损的主要因素，应严格各项管理制度，提高设备完好率。加强对先进灌装设备的消化、吸收、改造，注意选用性能先进的灌装设备，定期进行维修保养，要定机定人，跟班维护，定期大修和及时解决设备存在问题，减少跑、冒、滴、漏等损失。

15.2.2 废渣的生物转化与利用

由于微生物具有生长速度快、生长条件简单以及种类多、代谢途径多样化等特点，在适宜条件下，可以利用微生物的某种特定代谢功能，对食品加工废渣进行生物转化，生产出人类所需要的发酵产品。

1. 传统酿造业的发酵转化产品

中国白酒的生产工艺中有混蒸续渣法的半循环发酵工艺，其特点是一部分酒醅或酒糟在加入一定数量的新料蒸煮蒸馏后，拌入酒曲，入窖(或瓮)发酵。原料经过多次续渣发酵，提高了原料中淀粉的利用率，也有利于积累酒香物质，同时反复发酵的酒质量也较好。这种对酒糟的多次发酵转化，可以节约粮食，增加酒的产量。

但是混蒸续渣法仅仅是将没有利用完的碳水化合物进行再利用，对里面大量的蛋白质成分的利用较少。在续渣法中，经过蒸馏后的另一部分酒醅或酒糟被丢弃，其中也含有一定量的蛋白质和多种碳水化合物。由于发酵中有酵母的参与，所以富含蛋白质的酵母菌体也留在糟中，导致丢糟干物质中的蛋白质含量高于原料中的含量。有的酿造者仅通过补充豆粕等粮食加工副产品，利用适当的微生物混合发酵，生产发酵酱油等新产品。

2. 食品加工废渣的发酵转化

在罐头、果脯等各类果品加工中，果皮、果核含有丰富的有机物、微量元素、维生素等。将果皮、果核粉碎，加入适当的微生物进行发酵，可以制成果酒；果皮、果核经加水研磨、蒸煮杀菌、压滤等程序，也可制成果饮料，提高原料的利用率。

在水产品的加工中，日本熊本县水产开发中心利用过剩的紫菜加入纤维素酶和蛋白酶分解，再加乙醇和醋酸菌酿造发酵，酿制出了风味特佳、富含氨基酸的紫菜醋。

3. 利用粮食副产物发酵生产真菌多糖饮品

真菌(如金针菇、银耳、香菇、灵芝、猴头菇、茯苓、虫草等)中所含多糖具有免疫激活、抗肿瘤、抗衰老、降血糖、降血脂、保肝、防血栓等生理功能。可利用粮食副产物各种真菌，再以真菌为原料生产各种保健品。在此介绍灵芝多糖和香菇多糖的发酵生产。

1)灵芝多糖

通过液态深层发酵法，已能将豆饼粉等粮食加工副产品直接发酵转化为灵芝菌丝体，发酵液用胶体磨研磨后，添加少量奶粉、稳定剂等，经均质、脱气、灌装、杀菌后，可获得色泽乳白、体态均匀、口感良好的灵芝蛋白液制品；或者发酵液经机械研磨后，加入甜酒药进行二次发酵，可得到口味纯正、澄清透明、淡蜂蜜样色泽的灵芝菌丝体营养保健酒，这些产品中都含有较多的灵芝多糖，其发酵工艺流程如图 15-1 所示。

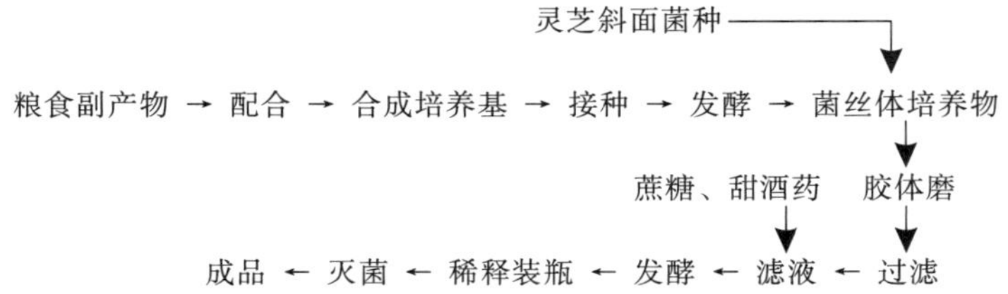

图 15-1　灵芝菌丝体营养保健酒发酵工艺流程

2)香菇多糖

麸皮、花生粕等粮食加工副产品通过液态深层发酵，也能直接发酵转化为香菇菌丝体发酵液，用胶体磨研磨，并经高压匀浆、灌装杀菌后，可得到浅黄色透明、酸甜适口、无杂味的香菇多糖营养液，其营养成分的含量：多糖为 0.4 g/100 mL，含有 18 种氨基酸，氨基酸总量为 3.26 mg/mL，8 种人体必需氨基酸齐全，并占氨基酸总量的 28.53%，其他还含有维生素 B_1、维生素 B_2、维生素 D、维生素 E 等维生素以及钾、钙、磷、铜、锌、铁、锰、锶、锗、硒等对人体有益的无机盐和微量元素。香菇多糖营养液发酵工艺流程如图 15-2 所示。

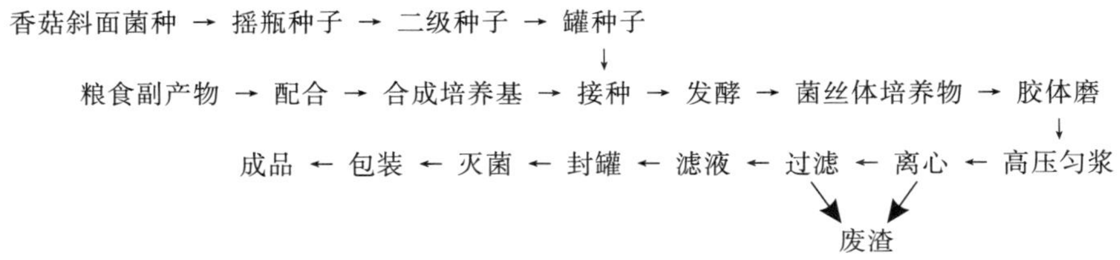

图 15-2　香菇多糖营养液发酵工艺流程

15.3　“废渣”资源的综合利用

15.3.1　生产饲料

1. 啤酒工业废渣在饲料生产中的综合利用

啤酒生产的主要原料是大麦、大米和酒花，但啤酒发酵主要利用原料中的淀粉，大部分蛋白质留在麦糟及凝固物中，可以综合利用。

1)啤酒废酵母在饲料生产中的应用

传统啤酒生产工艺中，啤酒酵母约为啤酒产量的 0.1%～0.2%(干基)，而露天发酵大罐，由于选择的酵母菌种不同，啤酒酵母约为啤酒产量的 0.2%～0.3%(干基)。目前，啤酒厂除将少部分酵母泥留作种子使用外，大部分连同其中残留的啤酒直接排入下水道，严重污染环境(酵母泥的生物耗氧量、化学耗氧量均高于100 g/L)。实际上，啤酒废酵母含有丰富的蛋白质、维生素和矿物质，因此，啤酒废酵母作为人类食品或家禽饲料添加剂都具有很高的营养价值。

在饲料工业，可将啤酒废酵母用于生产蛋白饲料添加剂，通常作为配制其他混合饲料的蛋白源，可配制畜牧、鱼虾等饲料，代替鱼粉，前景十分广阔。此外，可将酵母泥、糖化废麦糟等分别压滤、干燥，再加入制麦所得废麦根进行混合粉碎，可制得颗粒混合饲料，产品广泛适用于饲养业，应用这种方式，对啤酒厂废渣进行综合治理和利用，不仅减少环境污染，变废为宝，并且有可观的经济效益。

2)啤酒糟在饲料生产中的应用

啤酒糟可以直接作为饲料，但一般采取深度加工利用，加工方法简单，产品附加值可大大提高。其一般的生产过程如下：将鲜啤酒糟压榨，滤去10%的水分，然后在一个蒸汽管供热的干燥室中进行干燥，使含水量降至10%，再通过三级粉碎和振荡分级，可得三种产品，第一、第二种产品进一步粉碎作饲料，第三种产品用于食品工业中。

啤酒糟还可经过发酵生产单细胞蛋白。武汉东啤集团公司在这方面的做法是，将平菇、黑曲霉、啤酒酵母进行不同的组合，加入到啤酒糟中，经发酵促进单细胞蛋白的合成。单细胞蛋白是高质量的蛋白饲料，约含50%的粗蛋白，氨基酸组分齐全，其营养成分与鱼粉相近，完全可以代替三级鱼粉。

2. 酒精工业废渣在饲料生产中的综合利用

酒精工业是国民经济重要的基础原料产业。

众所周知，目前用于发酵法酒精生产的原料主要有三大类：薯类(薯干)、谷物类(主要为玉米)和糖类(糖蜜)。不同原料生产得到的酒精糟液的组成有所差别，其综合利用的途径也各有异同。

1)以薯类为原料的酒精废渣在饲料生产中的应用

安徽阜阳酒精厂以酒糟培养 FJ-84 真菌，制得菌丝蛋白饲料。据统计，我国饲料工业年产 1×10^8 t 混、配合饲料，需15%的蛋白饲料，该方法生产菌丝蛋白饲料可以在相当程度上缓和这个矛盾。

2)以糖蜜为原料的酒精废渣在饲料生产中的应用

糖蜜酒糟液中含有糖类、有机酸等，南宁糖厂酒精车间以甘蔗酒糟液培养假丝酵母(饲料酵母)，实现了废渣的治理。

3. 白酒工业废渣在饲料生产中的综合利用

白酒是我国传统的蒸馏酒，也是世界六大蒸馏酒之一。过去10多年以来，由于国内葡萄酒市场不断升温，啤酒消费份额也持续增加，白酒在市场所占份额稍微有所下降，但白酒的消费量依然很大。

我国白酒生产采用固态酒精发酵和固态蒸馏传统操作，是世界上独特的酿酒工艺。白酒糟是这种酿造工艺的副产品，其中残存许多未能完全利用的营养物质，并且含有丰富的发酵副产物，可进行多方面的综合利用。根据目前的研究报道，白酒槽综合利用可分为以下四个方面：培养食用菌、酿醋、生产食品添加剂和饲料。

白酒糟中含有多种氨基酸和维生素，是生产饲料的优质原料。若及时将白酒糟转化为高蛋白多酶菌体饲料，既可解决环境污染问题，又可取得显著的经济效益，因而是白酒糟综合利用的最优选择。白酒糟制饲料，主要有三种方法：一是白酒糟的青贮；二是将鲜糟干燥制成粉状或粒状饲料；三是对白酒糟进行深层处理生产菌体蛋白饲料。

4. 葡萄酒工业废渣在饲料生产中的综合利用

在葡萄酒生产过程中，产生的废渣包括葡萄皮渣、葡萄酒糟和葡萄泥，如不加以合理利用，不仅会影响企业的经济效益，而且会造成严重的环境污染。因此，积极开展葡萄酒工业废渣综合利用的研究，变废为宝，具有十分重要的意义。

1)葡萄皮渣在饲料生产中的应用

葡萄皮渣可以替代部分牧草，作为家畜饲料。从蒸馏、清洗车间排出的葡萄渣含有大量水分，任其堆放会生长霉菌或腐败细菌，甚至腐烂发酵，可采用窖藏法、晒干法、干燥法等设法使葡萄渣长时间保存，以便逐渐使用，饲养家畜。为很好地将葡萄渣用作饲料原料，可采用转盘式干燥机对湿葡萄渣进行干燥，使其中的水分低于 12%。

2)葡萄酒糟在饲料生产中的应用

葡萄原料经发酵后，将发酵醪压榨分离出来的滤液生产葡萄酒，滤渣含有少量发酵糖和葡萄酒等，即为葡萄酒糟。干燥粉碎后的葡萄酒糟组成：水分 3.2%～9.6%，灰分 5.0%～6.6%，蛋白质 12.0%～14.8%，纤维素 17.7%～35.0%。酒糟中还富含维生素、微量元素、氨基酸(尤其是赖氨酸和色氨酸)、类胡萝卜素及果胶质，对猪的代谢起着有益的作用，作为猪的饲料，效果较好。

15.3.2　食品及食品添加剂生产

1. 啤酒工业废渣在食品及食品添加剂生产中的综合利用

1)啤酒废酵母在食品工业中的应用

啤酒酵母由于所含氨基酸、维生素和矿物质等营养成分比较丰富，因而在食品行业具有广阔的应用前景。啤酒酵母在食品中的最新用途是生产酵母蛋白营养粉。其生产过程如下：酵母泥稀释过筛后，自动沉淀，沉淀物用 5%左右的氯化钠清洗脱苦，再经离心分离，加热自溶(控制温度在 50 ℃±1 ℃，pH 为 5)，制成的酵母乳液在 85 ℃下进行灭菌，此乳液添加一些营养成分，干燥即得成品。酵母蛋白营养粉可添加到面包、饼干和香肠等食品中，能赋予食品复杂而广阔的口味和浓郁感，在食品加工领域有广阔的应用前景。

利用啤酒废酵母制取鲜酱油、营养酱油的工艺已获得成功，为啤酒废酵母的应用开辟了一条新途径。啤酒酵母还可生产酵母浸膏，用作发酵工业的培养基，特别是用它做霉菌等真菌的培养效果最佳。另外，啤酒废酵母可生产肉香剂、核苷酸天然调味剂。

2)啤酒糟在食品工业中的应用

啤酒糟采取深度加工后，部分产品含蛋白质高达54%，且纤维素少，可以代替部分面粉，生产面包和饼干。由于蛋白质含量高，其营养价值和风味接近黑面包，市场前景看好。

2. 酒精工业废渣在食品及食品添加剂生产中的综合利用

1)以薯类为原料的酒精废渣在食品及食品添加剂生产中的应用

薯类原料酒糟上清液中含有无机盐、粗蛋白，特别是可溶性无机氮含量高，可以生产淀粉酶。德国学者以枯草杆菌 ATCC 21556 为菌种，接入3%菌种在30 ℃培养29 h后，发现发酵液中酶活性达最高值，该淀粉酶适宜的作用温度为60 ℃。

2)以玉米为原料的酒精废渣在食品及食品添加剂生产中的应用

糖化酶在酶制剂工业中应用广泛，以酒糟液替代部分原料生产糖化酶，可以大大降低糖化酶的生产成本。郑州轻工业学院对此进行研究，在产酶相当的前提下，用酒糟液生产糖化酶可节约生产用水70%，节约原料20%，具有很高的推广价值。

赖氨酸是动物不能自身合成的限制性氨基酸，在食品、医学及饲料方面应用广泛。黑龙江省轻工科学研究院以玉米(含薯类)酒糟为原料，用赖氨酸产生菌 FL-02 进行固态发酵，赖氨酸的含量可达4%～6%，并伴有多种酶、维生素及氨基酸生成，为有效利用酒精糟液开辟了一条新途径。

3. 白酒工业废渣在食品及食品添加剂生产中的综合利用

1)培养食用菌

利用酒糟可栽培多种食用菌，如平菇、金针菇、香菇、凤尾菇、黄背木耳、黑木耳、猴头菌等。酒糟栽培食用菌的技术，通常是首先对酒糟进行预处理，用日光曝晒法除去酒糟中含有的醇类、醛类及易挥发有机酸类，然后加4%左右(鲜酒糟加1.5%左右)石灰粉降低酒糟酸度，再添加一定比例的辅料(如木屑、米糠、磷酸钙等)，经装袋灭菌，接种和发酵，并按规程管理，控制好温度、湿度，即可取得较好的收益。

2)酒糟酿醋

一般白酒酒糟中含有一定量的粗淀粉、粗蛋白、糖和有机酸，因而作为酿醋原料是酒糟综合利用的途径之一，所用菌种为甘薯曲霉 As3.324、米曲霉3.811、自然曲、K40酵母菌和醋酸菌 Asl.41。其原料的配比为在酒糟原料中添加配料麸皮、大米、米粉或面粉等。各酒厂的酒糟所含成分略有差别，一般情况下，酒糟为 70%左右，配料为 30%左右。具体操作方法如下：大米浸泡后蒸熟，入池加水调温，加入菌种，经 24 h 后加入酒母，经 48 h 酒化，为成熟醪。成熟醪与混合粮、鲜酒糟拌料进行醋酸发酵，品温为 27～38 ℃。根据品温每隔 2～3 天翻醅一次，至酸度不再升高，结束醋酸发酵。然后将醋酸转入发酵池，压紧，加盖塑料布，加盐封池，后熟约 30 天。再对醋醅进行浸淋，灭菌，经检验即得成品。利用酒糟做原料，可生产色泽、口味、卫生标准、理化指标都符合国家标准的二级食醋，而且减少环境污染。

3)利用酒糟生产食品添加剂

从酒糟中提取复合氨基酸及微量元素，是酒糟综合利用的一个方面，其优点是原料来源丰富、价廉，工艺简便，设备简单。由于精制提取物中谷氨酸含量较高(约占1/4)，味道鲜美，且含有钙、锌、锰、铁、铜、镉和锡等微量元素，特别是钙、铁与氨基酸混合，利于人体肠道吸收，据有关医学报道，用酒糟制取的复合氨基酸中支链氨基酸与芳香族氨基酸分子比值远远大于正常人 2.6～3.5 的比值，更适合于肝脏、肾脏疾病的治疗。利用酒糟提取复合氨基酸及微量元素的具体方法是，用工业 H_2SO_4 水解酒糟蛋白质，再用石灰乳中和酸，提取复合氨基酸及微量元素。氨基酸的生成率为 18.0%～23.0%，氨基酸种类有 17 种，其中包括 7 种人体必需氨基酸。

在白酒生产中，甘油是以淀粉为原料发酵酿酒的后期产物，当乙醇蒸出后，少量甘油则留在酒糟中，一般含量为每吨酒糟中含甘油 1.3 kg 左右。若单纯对酒糟中含有的如此少量的甘油进行提取，从提取设备、工艺技术和成本效益上考虑是没有经济价值和实际意义的，但酒糟中尚含有在酿酒过程中没有完全利用的淀粉，占酒糟的 10%左右，可经过再发酵，制取甘油产品。制取甘油的主要技术要点：用 10%麦芽浆作糖化剂，60 ℃保温搅拌糖化 3 h，再用清水配成 2%糖液，加入 0.4%～0.5%的酒曲作发酵剂，同时加入总液量 0.8%的 Na_2SO_3 做固定剂，于 30～32 ℃下保温发酵 72 h，用 $Ca(OH)_2$ 中和，然后过滤和浓缩，得粗品，再经精制脱色即得精制甘油。

4. 黄酒工业废渣在食品及食品添加剂生产中的综合利用

黄酒是历史悠久、营养丰富的民族传统美酒，早在一千多年前已负盛名。近年来，随着人们生活水平的提高，黄酒销势日旺，黄酒业有了新的发展，开发了机械化黄酒生产等新工艺。但黄酒行业的迅速发展带来的环境污染问题也日趋严重，引起人们的关注。

黄酒发酵成熟后，经过滤使酒液与固形物分离，滤渣即为黄酒糟。黄酒糟含有大量淀粉、蛋白质和酒精等，又具有黄酒的香味，用途很广，是很有利用价值的副产品。由于黄酒品种不同，原料和生产工艺不一样，因此出糟率差别甚大。普通黄酒出糟率一般为 20%～30%。绍兴黄酒酿造时使用较多的生麦曲作糖化剂，因其生淀粉在糖化过程中不能被充分分解利用而残留下来，因此出糟率相对较高，如元红酒为 31%左右，加饭酒为 33%左右。不言而喻，黄酒生产应尽可能提高出酒率，降低出糟率。

1)黄酒糟在酒类中的深加工利用

黄酒糟中含有大量的酒精和淀粉，经密封贮存，让酒糟中的残酶和微生物陆续进行缓慢的糖化发酵及酯化作用，月余后再上甑蒸馏，即得芳香浓郁、醇和绵爽、回味悠长的蒸馏白酒，此酒在江南一带统称为糟烧。

经蒸馏的酒糟还含有部分淀粉可重新利用，事先将酒糟放冷到30 ℃，加入15%清蒸后的稻谷糠，加入麸曲和活化的白酒活性干酵母，拌匀、打堆发酵，发酵4～5天，上甑蒸馏，可得二次白酒，叫复制糟烧。

经二次发酵后，酒糟还含有少量淀粉、有机酸和香味物质。酒糟出甑后冷却至45 ℃，将糖化酶(用量为每克原料100～150单位)用10倍40 ℃温水溶解，然后拌入糟醅中。用酒头酒尾调整酒醅酒精度至1.5%左右，到品温降至30 ℃时，接入活化好的生香酵母，接种量为每克原料0.2亿个细胞，然后拌匀、堆积培养。一般到8 h左右品温开始上升，此时翻堆降温，12 h后可将香醅摊开(醅料厚度为10～15 cm)并用塑料布盖满隔绝空气，培养20～24 h香醅即成熟。在上甑时可先在底锅中加入75%稀释酒精，面层撒上香糟，在蒸馏时使酒精蒸气串过香糟层，将酒糟中的香味物质带到酒体中，使酒精中杂味大为降低，经过缓慢蒸馏，去头截尾，产品具有糟香风味、口感醇爽。

2)黄酒糟在调味品中的综合利用

黄酒糟可作为加工菜肴的添加剂。将未经蒸馏的新鲜酒糟轧碎后，加入茴香、花椒、丁香、肉桂、桂皮等香料和适量的食盐，装坛压实，密封一年，即得风味独特的香糟。制得的香糟可用来加工和保藏鱼、肉、禽蛋等，制得风味特别香美的食品。

黄酒糟中含有丰富的蛋白质，是酱油生产的理想材料，可采用酶法制备酱油。也可在酸性条件下，采用加热分解、中和、分离、精制、陈化等工序试制成一种复合氨基酸调味液。

15.3.3 有效成分的提取和再利用

1. 啤酒工业废渣中有效成分的提取和再利用

1)啤酒废酵母在生物制药工业上的应用

啤酒酵母除含有多种生物活性物质外，还含有许多完整的酶系，所以啤酒酵母是提取多种生化物质及生化药物的宝贵资源。例如，从酵母细胞中提取凝血质、麦甾醇和卵磷脂，利用啤酒酵母制取核酸、核苷酸、核苷类药物，制取药物果糖二磷酸钠、谷胱甘肽和碱不溶性葡聚糖等。

2)酒花糟的开发利用

利用酒花糟可提取酒花浸膏，进一步制取酒花素片和酒花油剂。酒花素是一种疗效高、副作用小、疗程短的广谱抗菌类药物。酒花素中的葎草酮、蛇麻酮具有脂溶性能，容易穿透结核杆菌的薄膜而发生复合作用，破坏菌体的生长而使之死亡。故酒花素作抗结核病药效果好。酒花浸膏的生产已工业化，目前最新的工艺是采用超临界 CO_2 萃取技术，解决了常规萃取溶剂的残留问题。

2. 葡萄酒工业废渣中有效成分的提取和再利用

1)从葡萄皮中提取果胶和色素

对于含色素较高的红葡萄酒糟，可以用 70 ℃的热水加以浸提，然后使浸提液经冷却器进入沉淀槽分离杂质，再通过树脂柱，使色素被树脂吸附，当树脂吸附饱和后，用酒精将色素洗脱下来，树脂再生，对溶有色素的酒精溶液进行减压蒸馏，最后的色素溶液经喷粉干燥器制得色素粉，也可以把色素溶液进一步浓缩到含 200～250 g/L 干物质的浓溶液，进而冷却到 2～5 ℃贮存。虽然其贮存不如色素粉方便，但使用很简便，也可减少设备投资。提取所得的葡萄红色素有一定的耐光性，短时间能耐较高温度，它色泽鲜艳自然，无毒无害，是一种比较理想的天然色素，可广泛应用于酸性食品和饮料，但遇铁会使其结构发生变化，产生沉淀，因而生产和应用时，应避免与铁制品接触。

另外，葡萄皮中含有一定量的纤维素和果胶物质，果胶的提取率与所使用的溶剂有关，一般情况下得到的果胶含量为干物质含量的 5%～9%，其果胶性质接近高酯果胶。

2)从葡萄皮中提取酒石酸

酒石酸是用途广泛的有机酸，主要用于制备医药、媒染剂、糅剂等精细化学品以及果子精油和饮料，也用于有机合成。酒石酸有左旋、右旋、外消旋和内消旋四种。市场上以右旋酒石酸最为重要。传统是采用氧化法或分析法制备右旋酒石酸，这些制备方法成本较高。利用葡萄皮中含有丰富酒石酸钾来生产酒石酸，不仅成本低，而且得到的全为右旋体，能大大满足市场的需求，提高经济效益。

思　考　题

1. 简述食品发酵工业废渣处理的基本方法。
2. 废渣的减量，当前应该从哪些途径来实现？
3. 简述清洁生产的概念及特点。如何联系实际将其应用于生产上？
4. 如何最大限度地对各种发酵食品的废物进行利用？
5. 清洁生产力求达到什么目标？